湖北省博物馆 70 年

1953—2023

湖北省博物馆　编著

武 汉 出 版 社

（鄂）新登字08号
图书在版编目（CIP）数据

湖北省博物馆70年：1953—2023 / 湖北省博物馆编著. — 武汉：武汉出版社, 2023.12

ISBN 978-7-5582-6406-1

Ⅰ.①湖… Ⅱ.①湖… Ⅲ.①博物馆–工作概况–湖北–1953-2023 Ⅳ.①G269.276.3

中国国家版本馆CIP数据核字（2023）第234314号

湖北省博物馆70年（1953—2023）
HUBEISHENG BOWUGUAN 70 NIAN (1953—2023)

编　　著：湖北省博物馆
责任编辑：杨　振　蔡文华
助理编辑：杨仪静
封面设计：沈力夫
出　　版：武汉出版社
社　　址：武汉市江岸区兴业路136号　　邮　　编：430014
电　　话：(027) 85606403　　85600625
http://www.whcbs.com　　E-mail: whcbszbs@163.com
印　　刷：武汉新鸿业印务有限公司　　经　　销：新华书店
开　　本：787 mm × 1092 mm　　1/16
印　　张：36.5　　字　　数：820千字
版　　次：2023年12月第1版　　2023年12月第1次印刷
定　　价：198.00元

编辑委员会

庆祝湖北省博物馆建馆七十年
创建中国特色世界一流博物馆

筚路蓝缕七十载，荆楚长歌百万年。2023 年是湖北省博物馆的七十华诞。从成立之初的筹备工作到荆楚大地上第一座文物展陈大楼竣工，从湖北省博物馆二期扩建到三期改扩建工程完工，湖北省博物馆的七十年，不仅是基础设施建设逐步完善的七十年，也是陈列保管、公众服务、社会影响、对外交流等多方面逐步提升的七十年。时至今日，历史的接力棒已经传到了我们手中。新的时代，伟大征程，湖北省博物馆将以创建中国特色、世界一流博物馆为主要目标，砥砺奋进，一往无前。

一

湖北省博物馆成立于 1953 年。1989 年，湖北省文物考古研究所从湖北省博物馆分离。2002 年，湖北省博物馆、湖北省文物考古研究所合署办公。2021 年 12 月，湖北省文物考古研究所与湖北省水下文化遗产保护中心整合，组建湖北省文物考古研究院。2023 年 2 月，湖北省博物馆与湖北省文物考古研究院独立运行。

建馆伊始，老一辈湖北省博物馆人筚路蓝缕，奋发图强，典守文脉，开拓创新。他们或选址建馆、举贤任能，或主持发掘、倡率研究，或搜采藏品、策划展览。他们以学术研究为公器，以文化惠民为己任，逐步打造荆楚文化的高堂邃宇，夯实荆楚文化的展示平台。

七十年来，湖北省博物馆主持发掘了一批重大考古项目。1954 年发现的黄陂盘龙城遗址、1955 年发掘的京山屈家岭遗址、1965 年发掘的荆州望山沙冢墓群、1973 年起开始发掘的大冶铜绿山古铜矿遗址、1975 年发掘的云梦睡虎地秦墓、1978 年发掘的随州曾侯乙墓、1987 年发掘的荆门包山二号墓、1989 年和 1990 年发掘的“郧县人”头骨化石、1992 年开始的湖北三峡库区考古、2001 年发掘的钟祥梁庄王墓、2002 年发掘的枣阳九连墩楚墓、2005 年发掘的钟祥郢靖王墓、2006年开始的南水北调湖北库区考古、2011年启动的随州叶家山曾国墓地发掘等，都是震惊中外的大手笔。一大批荆楚瑰宝的面世让困扰学界的众多难题得以逐步澄清，也为湖北省博物馆的展陈设计打下了坚实的基础，提供了巨大的空间。

七十年来，湖北省博物馆主持了一批重大文物保护项目，申报了一批文物保护专利。仅荦荦大端而言，湖北省博物馆是国家文物局首批“出土木漆器保护国家文物局重点科研基地”依托单位，在竹、木漆器类文物的现场保护、脱水与修复、制作工艺及复原等方面，解决了国际性难题，几十年来仍然是出土饱水木漆器脱水保护专业领域之首选；在青铜器修复和复制方面，1984年，湖北省博物馆主持的曾侯乙编钟复制研究取得圆满成功，1985年，该成果获得文化部科技成果一等奖。

七十年来，湖北省博物馆打造了一批重要的基本陈列。1961年到1978年开展的“湖北历史文物展览”“湖北革命文物陈列”“湖北地方革命文物陈列”“湖北省自然环境与自然资源展览”，是湖北省博物馆最重要的基本陈列，奠定了湖北省博物馆的展陈基础。1978年由于曾侯乙墓的意外发现，故从1980年至1998年近二十年的时间里，曾侯乙墓出土文物陈列便成为湖北省博物馆最重要、最核心的基本陈列。2007年二期新馆开放，推出包括“曾侯乙墓”“楚文化展”“梁庄王墓”在内的基本陈列12个，湖北省博物馆也乘着免费开放的东风，迅速成为具有鲜明地域文化特色的文化窗口和开展对外交流的国际性平台。

湖北省博物馆建馆之初，得到了第一代党和国家领导人以及社会各界人士的关心与爱护。1956年，湖北省博物馆筹备处与湖北省工农业展览馆在姚家岭街联合主办“湖北自然环境与矿产资源”展览，毛主席亲临视察。1959年，国家副主席董必武视察湖北省博物馆。1960年秋，湖北省博物馆陈列展览大楼落成，董必武来馆并题写馆名。1961年10月，陈毅元帅来馆视察，在参观了“湖北历史文物展览”“湖北革命文物陈列”后题词“前事不忘，后世之师”。1964年，董必武第三次来馆视察。1979年，“曾侯乙墓”展出后，叶剑英、李先念等党和国家领导人视察了湖北省博物馆，重点观看曾侯乙墓出土文物。1979年4月27日，中共中央副主席叶剑英同志来馆视察，用放大镜逐字察看编钟上的铭文。他情不自禁连声赞美：“这是祖国的伟大之处啊！”再三嘱咐“这些文物都是国宝，要认真保管好”！并欣然题词：“认真作好文博工作，为提高全民族科学文化水平而贡献力量。”这些党和国家领导人对湖北文博事业的腾飞给予了莫大的鼓励和支持。

二

2020年11月14日，中共中央总书记、国家主席、中央军委主席习近平在南京主持召开全面推动长江经济带发展座谈会并发表重要讲话。习近平总书记指出，长江造就了从巴山蜀水到江南水乡的千年文脉，是中华民族的代表性符号和中华文明的标志性象征，是涵养社会主义核心价值观的重要源泉。要把长江文化保护好、传承好、弘扬好，延续历史文脉，坚定文化自信。要保护好长江文物和文化遗产，深入研究长江文化内涵，推动优秀传统文化创造性转化、创新性发展。

众所周知，长江流域位居北纬 25° 至 35° ，其中轴线是北纬 30°，湖北省在这条纬线上跨了约 8 个经度，可谓造化的骄子。

在云谲波诡的历史进程中，湖北有着极其特殊的地位。遥远的先祖“郧县人”与“长阳人”在这里栖居繁衍；以江汉平原为腹地的“三苗”与尧、舜、禹的部族有过你来我往的艰苦斗争。夏商时期，鄂东南的铜矿资源成为青铜时代的原动力，促进了南北文化的融合；西周时期的昭王南征与星罗棋布的小国，推动了湖北的文明化进程。“抚有蛮夷，以属诸夏”的楚国以湖北为中心，创造了与古希腊文化并驾齐驱的优秀成果；三国时期的荆楚大地，演绎着英雄与时势的生动传奇。密集分布的大明藩王体现了湖北的富饶；而近现代的太平天国运动、辛亥革命、北伐战争，在祸福相倚的过程中应验了先祖们“亡秦必楚”“勇武刚强”的坚定誓言。以上历史碎片不仅承载着湖北的文化记忆，赋予人们精神给养，也让我们真真切切地感受到荆楚先民的可亲可敬、元气淋漓。

2020 年以来，湖北省博物馆先后举办了多个长江文明的展览。2021 年，联合长江沿线各大博物馆，举办了“长江文明百物展”，这是文博界第一次把先秦时期的长江文明作集中展示，也是湖北省博物馆打造的首个线上数字展；2023 年，由湖北、湖南、河南、安徽、江西五省文物局主办，湖北省博物馆、湖北省文物考古研究院承办的“惟见长江天际流——考古中国 · 长江中游文明进程研究成果展”，展出 2020 年以来鄂、湘、豫、皖、赣五省考古新成果，聚焦前 3700 年—前 221 年的长江中游地区，从新石器时代的文明曙光，到中原夏商文化对本地文明的催生、周王朝对南方的经营、楚对南方的开发直至秦统一这一重要而漫长时段的历史进程。以上展览，对湖北省博物馆打造长江文化品牌和长江文物利用研究起到了重要推动作用。

2018 年 4 月 27 日，国家主席习近平同印度总理莫迪在湖北省博物馆参观精品文物展，湖北省博物馆获得“国家文化客厅”的美誉。习近平指出：“荆楚文化是悠久的中华文明的重要组成部分，在中华文明发展史上地位举足轻重。”这句话既强调了荆楚文化在整个中华文明中的重要地位，也为湖北省博物馆做好荆楚文化的传承和弘扬指明了方向。

2021 年 12 月 20 日，湖北省博物馆三期新馆建成并对外开放。全面建成后的湖北省博物馆总用地面积为 8.5 万平方米，总建筑面积为 11.47 万平方米，其中展览面积为 3.6 万平方米。馆内“曾侯乙”“曾世家——考古揭秘的曾国”“越王勾践剑特展”“楚国八百年”“梁庄王珍藏”“天籁——湖北出土的早期乐器”六大基本陈列，于 2022 年国际博物馆日获评“全国十大陈列展览精品”。除此之外，党的十八大以来，湖北省博物馆还向俄罗斯、美国、意大利、埃及、墨西哥、日本、印度等国家及中国香港、台湾地区引进和推出了一系列的外展，在国内外赢得了良好的口碑和声誉。

现如今，湖北省博物馆拥有藏品近 40 万件（套），国家一级文物近千件（套），尤以商周青铜器、战国秦汉漆木器、楚秦汉简牍、先秦及明代藩王墓出土的金玉器为特色，体系完整、数量丰富、质量精美、地域特色鲜明，在国内外享有盛誉。

进入21世纪之后，湖北省博物馆进入快速发展期，影响力持续提升。2001年，湖北省博物馆入选第二批全国爱国主义教育示范基地。2007年11月，二期工程建成，并率先向社会免费开放，产生广泛社会影响。2008年，入选首批国家一级博物馆。2009年，被确定为八家“中央与地方共建国家级重点博物馆”之一。2010年，入选第三批全国古籍重点保护单位。2013年，获评国家AAAAA级旅游景区。2018年，获“全国文物系统先进集体”荣誉称号。2023年，入选第二批“国家级文明旅游示范单位”。

三

2023年是湖北省博物馆建馆七十周年，也是贯彻落实党的二十大精神，博物馆独立运行后推进创建中国特色、世界一流博物馆的关键一年。如何以宣传贯彻党的二十大精神为主线，坚持“保护第一、加强管理、挖掘价值、有效利用、让文物活起来”的新时代文物工作方针，以人民为中心，明确博物馆工作的历史定位和时代使命；如何将博物馆事业主动融入湖北经济社会发展大局，进一步统筹谋划，加强规范管理，聚焦主责主业，挖掘荆楚特色，通过深化教育职能，激发研究潜能，拓展传播功能，提升服务效能，促进交流互鉴，逐步探索构建符合本馆实际的高质量发展新格局，推动荆楚文化的创造性转化、创新性发展，成为湖北省博物馆的必答题。

以创建中国特色、世界一流博物馆为抓手，当好博物馆高质量发展的“领头羊”，统筹推进博物馆事业高质量发展，推动荆楚文化更好传承发展，是未来几年湖北省博物馆的核心工作。湖北省博物馆将进一步提高政治站位，加强统筹谋划，聚焦主业，突出特色，守正创新，重点做好“7个三”工作：

1. 制订三年计划，即2023—2025年事业发展三年计划和陈列展览三年计划，做好顶层设计，科学构建发展体系、展陈体系。

2. 完成三期工程后续工作，包括老馆维修改造，“湖北通史展”陈列布展。重点打造好“湖北通史展”，体现历史文脉赓续，展示中华文明突出的连续性、创新性、统一性、包容性与和平性。

3. 培育三类人才（领军型研究人才、复合型管理人才、青年后备人才），构筑文博人才“智库”，形成一批在全省乃至全国范围内有影响力的专家团队。

4. 加强三大领域研究（长江文物保护利用研究、博物馆社会服务研究、博物馆管理创新研究），为提升文物保护研究利用水平和现代化治理水平、增强公共服务能力提供支撑。

5. 优化三个环境（展厅环境、库房环境、网络环境），提升观众观展的体验感，改善文物保存环境，提高网络界面的友好度，让文物活起来，线上线下结合讲好荆楚故事。

6. 强化三类特色文物（漆木器、青铜器、古籍善本）保护，加强传统的出土木漆器保护国家文物局重点科研基地、金属文物保护国家文物局重点科研基地湖北工作站，拓展以古籍善本为代表的纸质文物保护国家文物局重点科研基地湖北工作站，打造湖北乃至华中地区的古籍文物保护中心。

7. 打造三大品牌（社教品牌、文创品牌、宣传品牌），以礼乐学堂、少儿体验馆等社教品牌为代表，满足不同层次、年龄人群的文化需求。结合文物特色，重点推出镇馆之宝文创系列，让文物潮起来、火起来。构建宣传矩阵，打造“最荆楚、最湖北”的博物馆文化品牌。

以上“7 个三”工作，是湖北省博物馆未来三年工作的总方略。与此同时，还将以国际影响、荆楚特色，着力推进文化强省建设发挥重要作用为总目标，将湖北省博物馆建成“中国特色、世界一流”博物馆，发挥其在全省博物馆事业改革发展中的核心引领作用和在全国同级博物馆中的示范作用。

2023 年，湖北省博物馆将以建馆七十周年、机构改革、老馆维修改造陈列布展为契机，以创建中国特色、世界一流博物馆为目标，紧紧围绕以下四个方面开展工作：

一是紧紧围绕主题教育活动成果，以高水平党建引领高质量发展。按照“思想引领、学习先行”要求，深入推进中心组理论学习，提高政治站位，切实发挥党委、党员、中层干部“关键少数”表率作用，加强队伍建设，转变工作作风，转化大调研成果，形成干事创业、创先争优的良好氛围。

二是紧紧围绕三期老馆改造与陈列布展，破除制约发展的瓶颈问题。重点是切实加快进度，推进老馆维修改造，为同步陈列布展创造有利条件。同时，按照省领导指示要求，打造高水平通史展，科学构建荆楚特色展示体系，实现专题性、通史性展览优势互补，实现全馆展厅对外开放全覆盖，充分展现湖北省博物馆作为“荆楚文化中枢”举足轻重的地位。

三是紧紧围绕博物馆评估体系，系统提升治理体系和治理能力现代化水平。加强评估指标研究，以评估体系引领日常工作，针对当前存在的问题和短板，重点在理事会法人治理结构、藏品信息化建设、学术研究、社会教育、观众服务、对外交流等方面列出清单，压实责任，统筹做好基础性、创新性业务工作。

四是紧紧围绕观众心理特点和参观体验，在满足多样化需求上实现突破。始终坚持博物馆是为人的终身发展提供服务的理念，将人作为工作的落脚点。通过加大人员、经费投入，利用智慧导览、智能语音讲解等技术手段，重点在门票预约、入馆安检、大件寄存、展厅噪声、排队焦虑、展览讲解等六个方面做绣花功夫，让预约和安检快起来，让噪声和焦虑降下来，让更多观众走进博物馆，开开心心地来，收获满满地走，更好地感受博物馆的温度和深度。

到 2025 年，湖北省博物馆在弘扬社会主义核心价值观、传承荆楚优秀传统文化、推动荆楚文化走出去、提高民众素质和社会文明程度等方面将进一步发挥重要作用，在全国同类博物馆中的地位将进一步巩固；文博信息化水平将进一步提高；公共文化服务功能和社会教育作用更加彰显；文博创意产业持续发展；科技与文物保护深度融合，文物保护利用水平将进一步提升；文物安全总体平稳，组织机构完善健全，人才结构更加优化，制度体系更加完备。

四

过去的七十年，是不平凡的七十年。在国家文物局的关怀和指导下，在湖北省委、省政府的高度重视下，在湖北省文化和旅游厅党组的坚强领导下，七十年来，一代又一代博物馆人锐意进取，砥砺奋进，开拓创新，湖北省博物馆在场馆建设、公众服务、社会影响、对外交流等各方面取得了令人瞩目的成就，成为当之无愧的“国家文化客厅”“荆楚文化中枢”，为创建中国特色、世界一流博物馆奠定了坚实基础。

在未来，我们要高举习近平新时代中国特色社会主义思想伟大旗帜，全面贯彻落实党的二十大和湖北省第十二次党代会精神，深入学习贯彻习近平总书记关于文物考古工作和“荆楚文化”的重要论述精神，紧紧围绕“五位一体”总体布局、“四个全面”战略布局以及全省经济社会重大发展战略区域布局，坚持党的领导，坚持以人民为中心，坚持依法治理，坚持改革创新，坚持突出荆楚特色，按照“建设全国构建新发展格局先行区”的目标定位和新时代文物工作方针，为加快“建成支点、走在前列、谱写新篇”贡献自己的绵薄力量。

值此建馆七十周年之际，我们衷心感谢关心、爱护湖北省博物馆的各级领导和友人们。因为你们的提携与抬爱，湖北省博物馆从无到有，茁壮成长，一路走来好山好水，柳暗花明。

值此建馆七十周年之际，我们深切缅怀为湖北省博物馆鞠躬尽瘁的前辈们。因为你们的艰辛努力，如今的湖北省博物馆宫阙崔巍，藏品丰硕，宾客盈门，俊秀蔚兴。

值此建馆七十周年之际，我们恭谨感念虽已长眠于地下但精神永存的荆楚先人们。天不假年和地不爱宝的遗憾造就了馆藏的纷华照眼，也造就了我们肩上沉甸甸的文化责任。湖北省博物馆将继续以如履薄冰的心态博物致知，接续文脉；将一如既往地探索前进，风雨兼程。

湖北省博物馆党委书记、馆长

目　录

一
历史沿革

湖北省博物馆筹备处于1953年成立，至今已70年。而往前可追溯至1928年，其间历史没有间断，那么，截至2023年，湖北省博物馆的历史应该有95年。

（一）湖北省博物馆的前身

湖北省博物馆的前身可追溯至湖北省立公共科学实验馆。湖北省立公共科学实验馆是民国时期湖北省教育厅创设的一个重要教育辅助机构，主要为省立中等以上学校提供科学实验服务。

1928年，南京国民政府正式组建成立，同年5月15—28日，第一次全国教育会议召开，长江以南各省区及河南、河北、山东、陕西等省的教育厅厅长和教育学术专家出席会议。1928年夏，为落实本次会议精神，湖北省教育厅向省政府提出，在武汉筹建省立公共科学实验馆，将其作为各校学生共同的科学实验基地，并获省政府同意。1929年2月，湖北省教育厅派员筹办，同年9月正式成立，蔡礼成为馆长；1930年夏正式开馆。馆址位于今武昌解放路西侧蛇山南麓的原省立外国语专门学校旧址（图1–1）。

图1–1　湖北省立公共科学实验馆全景

图 1–2　1934 年湖北省立公共科学实验馆全体职员合影

湖北省立公共科学实验馆经过运行，发现设施设备明显不足，到 1934 年分三期进行了新的建设（图 1–2）。除建设硬件设施、购置实验设备外，还收集了国内外稀有的动植物标本，设立多个实验室（图 1–3、图 1–4）、研究室、观测所等。全面抗战时期，湖北省政府将武汉地区各中级以上学校有计划地迁往鄂西，湖北省立公共科学实验馆也随之转迁。“1938 年 7 月，湖北省立公共科学实验馆由武昌迁往宜都，10 月转迁巴东，至 1939 年 1 月才将各种仪器、标本、设备运至恩施开馆。这一时期的科学馆因在迁移调整的阶段，除与农专举办鄂西植物虫害等调查外，其余业务均没有开展，民众科学教育基地的作用并未很好地发挥。这归根到底是受战时环境影响，在进入较为稳定的‘新湖北建设’时期后，科学馆的作用得到了很大的发挥，可以说是这一时期的整理奠定了重要基础。”1941 年，为普及科学教育，《新湖北建设计划大纲》规定，本省应设立一所省立科学馆。湖北省政府例会决议将原有的湖北省立公共科学实验馆改组为湖北省立科学馆，分设总务、展览、推广、研究实验四部，并附设植物园及动物园，其主要业务除传播科学知识外，还有辅助各学校实施科学教育及个人从事科学研究。1942 年，湖北省立科学馆开放实验，仅当年下半年参加实验人数就有 740 余人。1944 年 4 月 3 日，湖北省立科学馆创办了《通俗科学》半月刊，刊载介绍通俗科学知识的文章。抗战胜利后，该馆迁回武汉，馆址位于武昌水陆街。

1949 年 5 月，武汉解放，湖北省人民政府成立，委派中国人民解放军武汉市军事管制委员会代表韩克华、郭力文，文教部干部、科学工作者李振凡接收湖北省立科学馆，并改称湖北人民科学馆（图 1–5），随即着手进行文物调查、征集、保护及展览宣传等工作，李振凡任副馆长。次年，该馆举办了“生物进化与社会发展史”展览（图 1–6），使刚刚获得解放的江城人民耳目一新，给江城人民留下了难以忘怀的印象。

1
2
3 | 4

1. 图 1-3　湖北省立公共科学实验馆生物部学生实验
2. 图 1-4　湖北省立公共科学实验馆化学部学生实验
3. 图 1-5　湖北人民科学馆前景
4. 图 1-6　观众参观“生物进化与社会发展史”展览

1949 年，湖北省人民政府设立湖北省文物保管委员会，受中共湖北省委统战部领导，会址设在武昌候补街。

1950 年，湖北省人民政府设立湖北省文物管理委员会，受湖北省人民政府文教厅领导，唐醉石任主任委员，会址设在武昌解放路。

1951 年，湖北人民科学馆举办“科学普及展览”，这是新中国成立后湖北省举办的第一个宣传历史唯物主义和普及科学知识的展览。

1952 年，湖北省文物保管委员会改称湖北省文史研究馆，受湖北省人民政府直接领导；湖北省文物管理委员会改称湖北省人民政府文物管理委员会，直属湖北省人民政府，湖北省人民政府文教厅厅长李实兼任主任委员，唐醉石任副主任委员，并有委员多人。

（二）湖北省博物馆筹备处阶段

1953 年 1 月，湖北省博物馆筹备处成立，附属于湖北省人民政府文物管理委员会，与湖北人民科学馆均隶属湖北省人民政府文化事业管理局；同年 3 月，根据中央规定，湖北省人民政府文化事业管理局决定撤销湖北人民科学馆编制，正式成立湖北省博物馆筹备处，局社会文化科科长陈国钊兼任主任，原湖北人民科学馆馆长李振凡任副主任。筹备处依托湖北人民科学馆的馆舍、设备、藏品等开始新型的社会主义的湖北省地志博物馆的筹备工作（图 1–8），办公地点在武昌水陆街科学馆原址。筹备处成立期间，工作人员一方面进行原科学实验馆器材的接收工作，另一方面协助湖北省人民政府文物管理委员会将收藏的文物加以整理，作为博物馆的部分陈列基础。

图 1–7　湖北人民科学馆职员合影（1953 年元旦）

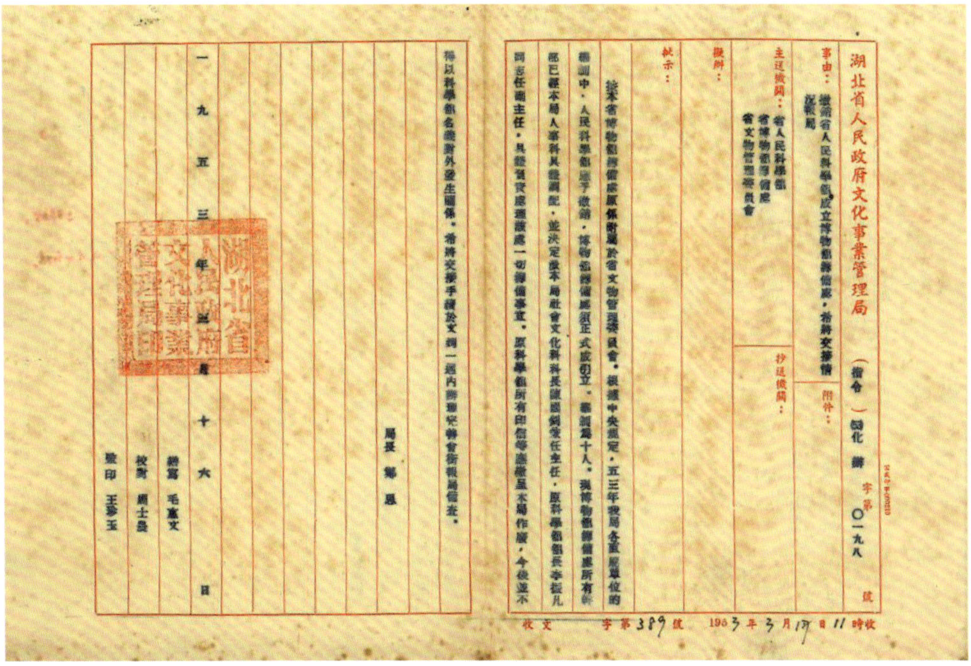
湖北省人民政府文化事業管理局
（指令）四化辦字第〇一九八號
事由：撥歸省人民科學館成立博物館籌備處，希辦交接情況報局
主送機關：省人民科學館 省博物館籌備處 省文物管理委員會
抄送機關：
附件：
擬辦：
批示：
查本省博物館籌備處原係附屬於省文物管理委員會。根據中央規定，五三年我局各直屬單位的編制中，人民科學館已予撤銷，博物館籌備處須正式成立。編制為十八人。現博物館籌備處所有幹部已經本局人事科具體調配，並決定派本局社會文化科科長陳國鈞兼任主任，原科學館館長李振凡同志任副主任，具體負責處理該處一切籌備事宜。原科學館所有印信等應繳呈本局作廢，今後並不得以科學館名義對外發生關係。希將交接手續於文到一週內辦理完竣會銜報局備查。
局長 鄭思
一九五三年三月十六日
繕寫 毛憲文
校對 胡士發
監印 王珍玉
收文 字第389號 1953年3月17日11時收

图 1–8　1953 年湖北省人民政府文化事业管理局关于正式成立湖北省博物馆筹备处的批复

1953 年 4 月，湖北省人民政府决定，湖北省人民政府文物管理委员会改称湖北省文物管理委员会，与湖北省博物馆筹备处合署办公，统属于湖北省人民政府文化事业管理局，加强了领导，充实了业务人员。同年，湖北省文物管理委员会（包括湖北省博物馆筹备处）与隶属中共湖北省委统战部的湖北省文史研究馆合并，改称湖北省文史研究会，隶属湖北省人民政府办公厅。同年，湖北省人民政府决定恢复湖北省文物管理委员会，归属湖北省文化事业管理局。

1956 年 1 月，周恩来在《关于知识分子问题的报告》中指出：“为了实现向科学进军的计划，我们必须为发展科学研究准备一切必要的条件。在这里，具有首要意义的是要使科学家得到必要的图书、档案资料、技术资料和其他工作条件。必须增加各个研究机关和高等学校的图书费并加以合理的使用，加强图书馆、档案馆、博物馆的工作。”为支持湖北省博物馆筹备处的建设，文化部拨付基建投资经费人民币 10 万元，并指示湖北省文化行政领导部门择址建馆。湖北省人民政府决定将这笔投资与省农业部门的投资合并使用，在武昌姚家岭新建湖北省工农业展览馆，以其三分之一给湖北省博物馆筹备处使用，并制作“湖北省自然环境与矿产资源”展览，于 1957 年 2 月与湖北省工农业展览会同时开放。

1956 年 7 月，由于湖北省博物馆筹备处接收、考古出土的文物越来越多，而现有湖北省农业展览馆三分之一的场馆面积有限，湖北省博物馆筹备处向湖北省人民政府申请将湖北省农业展览馆全部用作馆址，但未获批准。同月，湖北省文物管理委员会再次与湖北省博物馆筹备处合并。

1956 年秋，湖北省人民政府和武汉市人民政府决定，将武汉市文物管理委员会并入湖北省文物管理委员会，人员与文物一并交省统一管理。

1956 年 11 月，经湖北省人民政府批准，湖北省博物馆筹备处迁至东湖。在此之前的 1955 年，由于受场地限制，湖北省博物馆筹备处将当年中南文化部撤销后移交的 100 余箱文物存放在东湖管理处，为湖北省博物馆迁至东湖管理处提供了条件。东湖管理处希望博物馆就此发展文博事业，并将一栋新落成的面积达 1600 平方米的新陈列馆无偿提供给湖北省博物馆筹备处长期使用。

1958 年 2 月，根据中共湖北省委指示，湖北省文化局、湖北省政协、湖北省博物馆筹备处共同筹建了湖北革命博物馆，位于武昌阅马场的红楼。

1958 年 2 月，与湖北省博物馆合署办公的湖北省文物管理委员会独立运行，并改名为湖北省文物管理处。

1959 年春，湖北省人民政府拨款 22 万元，在东湖扩建新的陈列展览大楼，建筑面积 2000 平方米，展览面积 1600 平方米。

图 1–9　湖北省博物馆陈列展览大楼（南—北）

1960 年，湖北省工农业展览馆撤销，湖北省人民政府决定将湖北省文物管理处和湖北省博物馆筹备处同时迁往东湖。

1960 年 10 月，湖北省博物馆陈列展览大楼落成（图 1–9），董必武亲自题写馆名“湖北省博物馆”（图 1–10）。

1960 年 10 月，因政府缩短文教战线，精简机构，湖北省文物管理处再次与湖北省博物馆筹备处合并，并设立文物工作队、江陵工作站（对外挂“湖北省考古队”招牌）。

1961 年冬，由于湖北省博物馆筹备处不是管理机构，在进行全省文物保护管理工作时多有不便，因此启用“湖北省文物管理委员会”“湖北省文物管理委员会文物工作队”和“湖北省文物商店管理处”机构名义。其时，湖北省文物管理委员会和湖北省博物馆筹备处对内工作统一安排布置，经费统一预算开支。

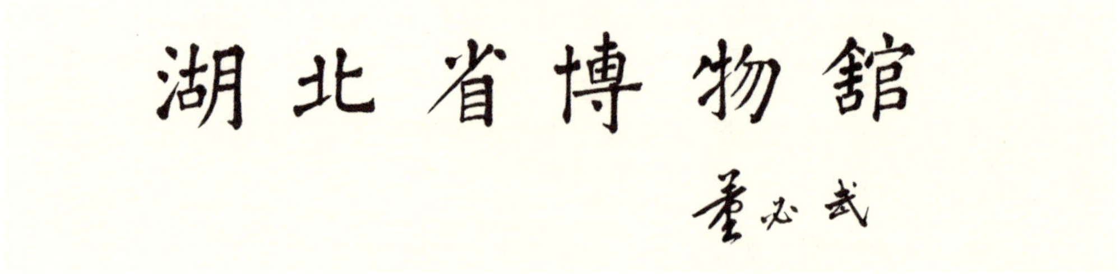

图 1–10　董必武为湖北省博物馆题写的馆名

（三）湖北省博物馆独立发展阶段

1963 年 1 月，湖北省博物馆筹备处与湖北省文物管理处经湖北省文化局党委批准合并，正式改名为湖北省博物馆，并将分散在姚家岭的人员、文物和物资等全部迁至东湖馆舍。其时馆藏各类文物 13 万余件，馆舍总面积达到 7000 余平方米，成为全省文物及标本的主要收藏机构、宣传教育机构和科学研究机构。

1964 年上半年，湖北省博物馆按照当年 3 月召开的"大型古遗址保护工作座谈会"精神，在荆州城西门外太晖观的将台中学内正式设立江陵考古工作站。

1965 年春，湖北省人民政府决定恢复湖北省文物管理委员会，委任方壮猷教授为专职副主任委员，仍与湖北省博物馆合署办公。

1966 年"文化大革命"开始后，湖北省博物馆各项业务被迫处于停顿或半停顿状态，原计划以既有展览为基础，逐步完成文化部规定的省级地志博物馆必有的自然、历史（包括革命史）、社会主义建设三大基本陈列的设想和实践也被迫停止。

1972 年，湖北省博物馆被列为湖北省对外开放的重点单位之一。

1975 年，湖北省博物馆文物考古队建立盘龙城考古工作站。

1976 年，在纪南城内东南隅建设考古工作站，江陵考古工作站也因此更名为湖北省博物馆江陵纪南城考古工作站。

1979 年，由湖北省博物馆部分工作人员筹组的湖北省文物商店成立，成为湖北省文化厅直属事业单位。

1980 年 1 月，为做好曾侯乙编钟复制研究和实验，湖北省博物馆成立附属文物复制工厂，并对外设立营业服务部。

1981 年 10 月 7 日，辛亥革命武昌起义纪念馆举行开馆仪式，馆名由中华人民共和国名誉主席宋庆龄题写。辛亥革命武昌起义纪念馆与湖北省博物馆合署办公。

1982 年 10 月，征用武昌东湖路蔡家嘴处土地建设湖北省博物馆宿舍。

1983 年 12 月 29 日，湖北省博物馆隆重庆祝建馆 30 周年，李先念（图 1–11）、王任重（图 1–12）等领导人和国际友人路易 · 艾黎题词，文化部文物局致电祝贺。中共湖北省顾问委员会、湖北省人大常委会、湖北省人民政府、中共湖北省委宣传部、湖北省文化厅、故宫博物院和文物出版社有关负责同志及省、市各界来宾百余人到会祝贺。

1987 年，湖北省博物馆扩建工程作为湖北省“八五”期间重点项目获批并正式启动。12 月 12 日，湖北省博物馆扩建工程设计方案专家论证会召开，经充分论证，专家认为湖北省博物馆总体布局要以建筑群体和有特色、有新意的建筑外形取胜，建筑外形要体现层台累榭的楚国宫殿特色和古代楚国建筑的神韵。此次论证会还奠定了湖北省博物馆三期建设的基础。

1988 年 7 月，湖北省文物考古研究所成立，与湖北省博物馆合署办公。

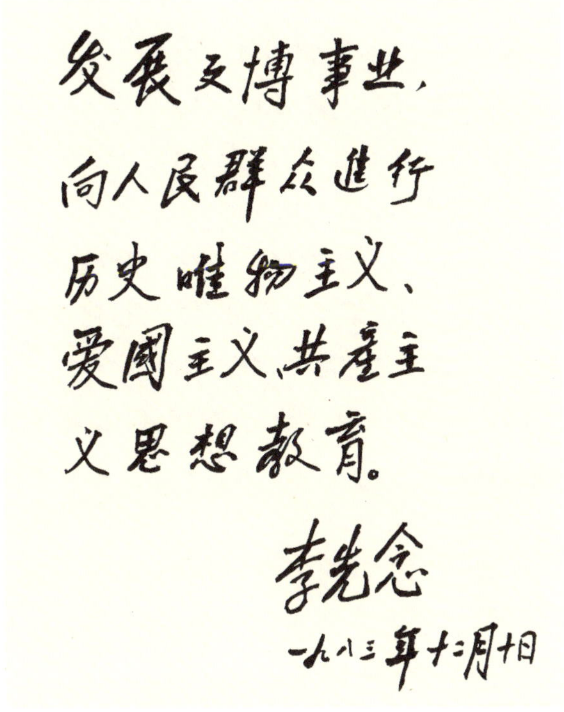

图 1–11　李先念为湖北省博物馆成立 30 周年题词

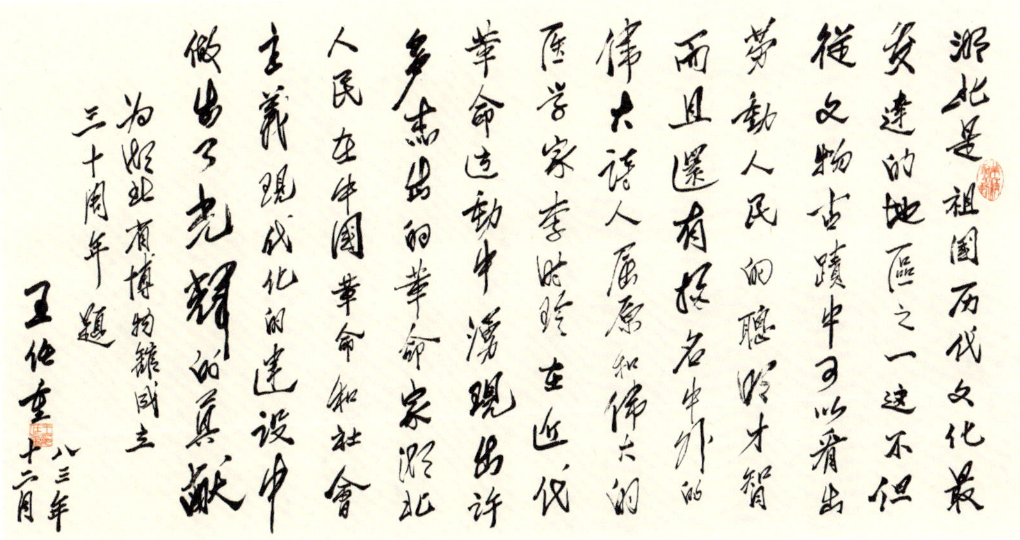

图 1–12　王任重为湖北省博物馆成立 30 周年题词

（四）湖北省博物馆与湖北省文物考古研究所分开运行阶段

1989 年 4 月，湖北省文物考古研究所与湖北省博物馆分开，成为湖北省文化厅直属的具有独立法人的事业单位，具备国家文物局考古发掘团体领队资格。同时，江陵纪南城考古工作站、盘龙城考古工作站隶属湖北省文物考古研究所。

1999 年 1 月，湖北省博物馆一期工程即编钟馆建成开馆，该馆是为“国宝”——曾侯乙编钟量身定做的一座集文物陈列和古乐器演奏功能于一体的专题展馆。高耸的台基、宽敞的屋檐和覆斗式的大坡面屋顶，体现出楚文化“一台一基”的建筑特色，而华美光洁的现代装饰墙体和黑色塑钢屋面又给人以鲜明的时代感（图 1–13）。一期工程完成建筑面积 6511 平方米，其中编钟馆 5717 平方米（含地下一层文物库房 1849 平方米），包括曾侯乙墓展厅、编钟演奏厅及辅助用房；设备用房 794 平方米。总投资 3000 万元。同年 12 月，湖北省博物馆二期工程珍宝馆项目获湖北省计划委员会批准立项。

2001 年 6 月，湖北省博物馆入选全国爱国主义教育示范基地。

2001 年 10 月，国家计划委员会批复湖北省博物馆项目建议书，原则上同意扩建，占地 122 亩，整体建筑群将形成一主两翼的“品”字形布局，扩建总建筑面积 33962 平方米，其中综合陈列馆建筑面积 24008 平方米，楚文化馆建筑面积 4471 平方米，文史资料馆建筑面积 3600 平方米，设备楼建筑面积 980 平方米，其他配套工程建筑面积 663 平方米，总投资 25200 万元。

图 1–13　湖北省博物馆一期编钟馆全景（东北—西南）

（五）湖北省博物馆与湖北省文物考古研究所合署办公阶段

2002 年 10 月，湖北省博物馆与湖北省文物考古研究所合署办公，实行对外两块牌子、对内一套班子的制度。

2002 年 12 月 8 日上午，湖北省博物馆二期工程楚文化馆正式破土动工，2003 年 4 月底主体结构封顶；2003 年 12 月 28 日，综合陈列馆正式开工。

2003 年，成立湖北省文物保护中心，该中心是从事文物保护科学技术研究与实践的专业机构，同时也是国家文物局首批“出土木漆器保护国家文物局重点科研基地”的依托单位。

2005 年 12 月，楚文化馆建成开放，该展馆是以楚文化为主题的专题陈列馆。

2006 年，湖北省博物馆的古建筑保护维修职能划归湖北省文化厅古建筑保护中心。同年，湖北省水下文化遗产保护中心成立。

2007 年 10 月 18 日，湖北省博物馆二期工程楚文化馆、综合陈列馆建成并免费开放试运行；11 月 6 日举行综合陈列馆落成典礼，当天正值第八届中国艺术节在湖北开幕，湖北省政府领导在开幕式上宣布湖北省博物馆向全社会永久免费开放。二期新馆建成后，湖北省博物馆占地面积 81910 平方米（约 123 亩），建筑面积 49611 平方米，展厅面积 1.2 万平方米。建筑群坐南朝北，以居中的综合馆为核心，以左侧的楚文化馆、右侧的编钟馆为两翼，形成中国传统的“品”字形布局，中间是开阔的博物馆广场，前对双阙门楼构成的大门，高度体现了“中轴对称、一台一殿、多台成组、多组成群”的楚国高台建筑格局和“楚宫双阙对阳台”的建筑风貌。（图 1-14）该建筑荣获 2008 年度中国建设工程最高荣誉——鲁班奖，并被评为 2009 年度“辉煌 60 年·武汉十大经典工程”。

图 1-14　湖北省博物馆二期新馆全景（北—南）

2008 年 5 月，湖北省博物馆成为首批国家一级博物馆。

2009 年 2 月，编钟馆改造工程立项。

2009 年 12 月，湖北省博物馆成为中央地方共建国家级重点博物馆。

2010 年，湖北省博物馆被评为“全省对外开放先进单位”。

2011 年 4 月 22 日，以湖北省文物考古研究所为依托单位的国家水下文化遗产保护武汉基地在黄陂木兰湖揭牌。

2011 年 12 月 22 日，湖北省博物馆三期扩建工程开工仪式隆重举行。时任湖北省委书记、省人大常委会主任李鸿忠，省委副书记、省人民政府省长王国生，省政协主席杨松，省委副书记张昌尔，国家文物局党组成员、副局长顾玉才，省委常委、省政府党组副书记王晓东，省委常委、省委宣传部部长尹汉宁等领导出席并参加奠基仪式。

2012 年 9 月，中国博物馆协会乐器专业委员会成立，湖北省博物馆为主任委员单位。

2013 年 10 月，湖北省博物馆所在的武汉东湖景区获批为 5A 级旅游景区。

2013 年 12 月，作为湖北省“十二五”规划重点建设项目，湖北省博物馆三期扩建工程正式启动。工程包括新建文展大楼和观众服务中心、文物保护中心、文物研究中心，改建编钟馆和设备楼，改造综合馆和楚文化馆，完善配套设施等。

2015 年 8 月，中国博物馆协会乐器专业委员会与中国艺术研究院音乐研究所、中国科学院自然科学史研究所三方联合发起并成立了乐器及其他音乐文化遗产研究平台“编钟研究院”。

图 1-15　湖北省文物考古研究所木兰湖考古整理基地全景（东—西）

2017 年，湖北省文物考古研究所木兰湖考古整理基地建成。该基地位于武汉市黄陂区木兰湖风景区，占地面积 100 亩，总建筑面积近 1 万平方米，包括文物整理展示中心、水下考古基地和科研中心（图 1–15）。

2021 年 12 月，经中共湖北省委编办批准，整合湖北省文物考古研究所和湖北省水下文化遗产保护中心，组建湖北省文物考古研究院。

2021 年 12 月 20 日，湖北省博物馆三期新馆建成并举行了隆重的开馆仪式。时任湖北省委书记、省人大常委会主任应勇，省委副书记、省长王忠林，文化和旅游部副部长、国家文物局局长李群为新馆揭幕。应勇、李群为湖北省文物考古研究院揭牌。

图 1–16　湖北省博物馆三期新馆全景（北—南）

建成后的湖北省博物馆总占地面积 85080.04 平方米（127.62 亩），总建筑面积 114694.66 平方米，展厅面积 36000 平方米。建筑群具鲜明时代风格和荆楚文化内涵，是武汉市一座光彩夺目的标志性建筑。其场馆按照南馆（文展大楼）、北馆（综合馆）以及东（楚文化馆）、西（编钟馆）两个独立展馆的格局进行总体布局，其中新建的南馆建筑风格以“鼎盛江城，楚韵基石”为核心设计理念，通过对“鼎”形体的提炼与概括及对高台的处理，抽象表达出“楚韵基石”超拔之美（图 1–16、图 1–17）。

2023 年 2 月，湖北省博物馆与湖北省文物考古研究院分开独立运行。

图 1–17　湖北省博物馆三期新馆全景（南—北）

二

机构设置

（一）历任领导

湖北省博物馆、湖北省文物考古研究所（院）历任领导表

姓　名	职　务	任职时间
陈国钊	筹备处主任 馆长	1953 年 3 月—1961 年 9 月 1961 年 10 月—1980 年 9 月
李振凡	筹备处副主任 副馆长（1961 年对外称湖北省博物馆）	1953 年 3 月—1961 年 9 月 1961 年 10 月—1981 年 7 月
孟　吾	党支部书记 副馆长	1957 年—1968 年 1961 年 10 月—1968 年
龚凤亭	副馆长	1961 年 10 月—1969 年 1 月
李慕白	副馆长	1980 年 9 月—?
蔡明实	副馆长	1980 年 9 月—?
方述才	副馆长	1980 年 9 月—?
屠忠琳	副馆长	1980 年 9 月—?
王　劲	副馆长	1980 年 9 月—1985 年
谭维四	副馆长 馆长	1978 年 4 月—1980 年 9 月 1980 年 9 月—1985 年？ 月
陈乃成	馆党委书记 馆长（代）	1986 年 8 月—1989 年 4 月
舒之梅	馆党委书记 馆长	1989 年 5 月—1998 年 1 月
陈中行	馆长	1998 年 1 月—2002 年 9 月
张通宝	馆党委书记	1998 年 1 月—2002 年 9 月
冯光生	副馆长	1992 年 10 月—2002 年 9 月

续表

姓　名	职　务	任职时间
陈乃成	所党委书记	1989 年 5 月—2001 年 4 月
陈振裕	所长	1989 年—2001 年
王红星	副所长 所长	1992 年—2001 年 4 月 2001 年 4 月—2002 年 9 月
万全文	副馆长	2001 年 4 月—2002 年 9 月
王风竹	副所长	2001 年 5 月—2002 年 9 月
王建刚	馆、所党委书记	2002 年 10 月—2003 年 6 月
王红星	馆、所长	2002 年 10 月—2010 年 7 月
后德俊	馆、所党委副书记（正处级） 馆、所党委书记	2002 年 10 月—2003 年 6 月 2003 年 6 月—2005 年 11 月
万全文	常务副馆、所长	2002 年 10 月—2013 年 5 月
余常海	副馆、所长	2002 年 10 月—2010 年 10 月
唐刚卯	副馆、所长	2002 年 10 月—2004 年 1 月
王风竹	副馆、所长	2002 年 10 月—2005 年 5 月
张昌平	副馆、所长	2002 年 10 月—2009 年 4 月
李桃元	副馆、所长	2004 年 2 月—2010 年 7 月
孟华平	馆、所长助理 副馆、所长	2004 年 2 月— 2005 年 5 月 2005 年 5 月—2019 年 9 月
黄　勤	馆、所党委书记	2005 年 11 月—2013 年 5 月
包东波	馆、所长	2010 年 7 月—2013 年 2 月
张艺军	副馆、所长， 纪委书记（兼）	2010 年 12 月—2016 年 12 月 2016 年 4—12 月
方　勤	馆、所（院）长	2013 年 5 月—2023 年 2 月
万全文	馆、所（院）党委书记，常务副馆、所（院）长	2013 年 5 月—2023 年 2 月
罗运兵	副馆、所（院）长	2014 年 6 月—2023 年 2 月
王先福	副馆、所长	2016 年 4 月—2023 年 2 月
何　广	副馆、所长， 纪委书记（兼）	2016 年 12 月—2023 年 2 月 2017 年 8 月—2023 年 2 月
张晓云	馆党委书记、馆长	2023 年 2 月—
王先福	副馆长	2023 年 2 月—
何　广	副馆长	2023 年 2 月—

（二）内设机构

1953 年 3 月，湖北省博物馆筹备处正式成立，编制 10 人，另有编外人员 1 人，无内设机构。其中陈国钊兼任主任，副主任李振凡，秘书孟吾、谭维四，会计蔡英昀，总务牛金铎，文印任定文，通讯舒端立，炊事方启焕，内勤洪长达，传达贺甫臣（编外）。当时馆内的业务工作主要围绕文物（历史、革命、自然）征集、墓葬调查、古建筑维修等开展，也举办过临时展览。

1953 年 4 月，湖北省文物管理委员会与湖北省博物馆筹备处合署办公，设办公室、征集股和保管股。征集股下设清理组、征集组，征集组又分自然资源、民主建设、历史文物和革命文物几类；保管股下设保管整理组、陈列展览组，保管整理组分自然资源、民主建设、历史文物和革命文物几类。

1958 年 2 月，湖北省文物管理委员会与湖北省博物馆筹备处分开后，设有行政组、自然组、历史组、建设组、美工组和图书资料室，并设历史文物鉴定委员会（利用馆外社会力量）。

1960 年 10 月，湖北省文物管理处与湖北省博物馆筹备处合并，增设文物工作队。

1963 年 1 月，湖北省博物馆筹备处正式更名为湖北省博物馆，设有办公室、总务组、陈列部、保管部、文物工作队和图书资料室。其中陈列部设有自然组、历史组、社会主义建设组、美工组和群众工作组。

1975 年 6 月，成立湖北省文物工作队，与湖北省博物馆合署办公，馆、队下增设政工组（与办公室合并办公）、历史文物工作分队和革命文物工作分队；陈列部更名为陈列展览部。

1976 年 7 月，湖北省文化局临时党委以鄂文〔76〕第 37 号文件下达《关于你馆机构设置和干部配备的批复》，确定下设办公室、政工组、总务组、保管部、陈列展览部、文物工作队和图书资料室 7 个部门，编制 93 人。

1977 年 2 月，陈列展览部更名为群众工作部。

1979 年初，湖北省博物馆下设办公室、党史陈列研究部、美术工作部、群众工作部、藏品征集保管部、通史陈列研究部、考古研究部、文物保护管理部、行政科和实验室 10 个部门。

1980 年 1 月，设立附属文物复制工厂，并设对外营业部。

1983 年 7 月 28 日，湖北省博物馆召开工会成立大会，李慕白任工会主席，甘骏任副主席。

1984 年 1 月，设立人事保卫科。

1984 年 2 月，设立近现代史陈列研究部。

1985 年 1 月，辛亥革命起义纪念馆独立运行。

1987 年 3 月，设立古代音乐文物陈列研究室。

1988 年 7 月，湖北省文物考古研究所成立，与湖北省博物馆合署办公。

1989 年 4 月，湖北省文物考古研究所与湖北省博物馆分开独立运行，内设机构重新设置。其中湖北省博物馆下设通史部、党史部、音乐研究室、文献研究室、美工部、保管部、群工部、行政科、保卫科和财务科等 10 个部门；湖北省文物考古研究所下设办公室、人事科、财务保卫科、遗物办公室、古建办公室、文保中心以及第一、第二、第三考古研究室等 9 个部门。

1999 年，湖北省博物馆成立市场部。

2002 年，湖北省博物馆与湖北省文物考古研究所合署办公。

2004 年，根据国务院办公厅、中共湖北省委办公厅、湖北省政府办公厅关于在事业单位实施人员聘用制度和中共中央组织部、中共中央宣传部、人事部、文化部关于深化文化事业单位人事制度改革文件以及湖北省文化厅人事制度改革工作会议精神，馆、所制定了《人员聘用制度实施方案》，根据本单位工作性质和工作任务要求，内设办公室、人事部、计划财务部、后勤部、保卫部、信息中心、陈列部、社教部、保管部、市场部、史前考古部、历史时期考古部、考古协调部、地上文物研究室、文保部、基建办公室等 16 个部门。同年，地上文物研究室从馆内分离，并入湖北省古建筑保护中心。

2009 年，为提高单位考古质量和科研水平、服务离退休老干同志，增设科技考古部和老干部服务部。

2015 年，为配合博物馆三期工程建设及馆内运营，将后勤部与基建办合并为后勤部（基建办），新增学术研究中心（《江汉考古》编辑部）和开放管理部。

2023 年 2 月，湖北省博物馆与湖北省文物考古研究院分开独立运行。

（三）支部设置

1957 年，第一次建立党支部，支部书记为孟吾（副馆长），支部成员不足 10 人。

1981 年经过改选，成立党的支委会。1982 年，中共湖北省博物馆委员会成立，党员人数增加到了 40 多人，同年建立了中国共产主义青年团湖北省博物馆委员会，有共青团员 60 余人。

1988 年，考古队从湖北省博物馆独立出去，成立湖北省文物考古研究所。2002 年，湖北省博物馆与湖北省文物考古研究所合并，成立中共湖北省博物馆考古所委员会。

2016 年，按照“支部设在处室”的要求，湖北省博物馆经过改选，由原先的 4 个党支部改选为 9 个党支部；2022 年换届改选时成立 13 个党支部。

2023 年 2 月，馆、院独立运行后，党支部整合为 8 个。

（四）法人治理

湖北省博物馆为贯彻落实《中共中央　国务院关于分类推进事业单位改革的指导意见》（中发〔2011〕5 号）、国务院办公厅《关于建立和完善事业单位法人治理结构的意见》（国办发〔2011〕37 号）和国家事业单位登记管理局《事业单位法人治理结构建设试点工作实施方案》（国家登函〔2014〕4 号）文件精神，完善事业单位的公益职能，提升服务质量，提高运行效率，接受政府监管和社会监督，依照《湖北省全面深化文化体制领导小组 2014 年工作要点》的要求，于 2014 年产生湖北省博物馆第一届理事会，建立以理事会领导下的管理层为主要架构的事业单位法人治理结构。

第一届理事会由 17 名理事组成，其中，湖北省文化厅（文物局）委派代表 1 人，湖北省财政厅委派 1 人，湖北省博物馆、考古所管理层 5 人，文博专家 1 人，社会人士 2 人，服务对象 2 人，单位职工代表 5 人。

2019 年 1 月 29 日，第二届湖北省博物馆理事会第一次会议在湖北省博物馆召开（图 2–1）。本次会议根据《湖北省博物馆理事会章程》和近年来博物馆事业发展的实际情况产生了新一届理事会成员，在湖北大学校长谢红星教授、湖北省社会科学院原副院长刘玉堂研究员、华人集团董事局主席邝远平等人继续担任湖北省博物馆理事会理事的基础上，还充实了湖北省文联主席刘醒龙、武汉大学中国传统文化研究中心主任杨华教授等社会知名人士进入本届理事会。

图 2–1　湖北省博物馆理事会召开第二届一次会议

1/2

1. 图 2–2　湖北省博物馆理事会召开第二届二次会议
2. 图 2–3　湖北省博物馆监事会成立大会

2020 年 12 月 4 日，第二届湖北省博物馆理事会第二次会议在湖北省博物馆召开（图 2–2）。根据《湖北省博物馆理事会章程》和近年来博物馆事业发展的实际情况，在第二届原有理事成员的基础上，充实武汉市第四十九中学美术老师熊文进入理事会。至此，第二届湖北省博物馆理事会共有 19 名理事，其中湖北省文化厅（文物局）委派代表 1 人、馆所领导理事 5 人、社会人士 7 人、单位职工代表 6 人。

2020 年，在第二届湖北省博物馆理事会第二次会议上，湖北省文化和旅游厅博物馆处张德志同志宣读了湖北省文化和旅游厅关于同意湖北省博物馆成立监事会的批复。湖北省博物馆第一届监事会正式成立，并召开了第一届监事会会议。第一届监事会由 5 名监事组成，其中湖北省文化和旅游厅（文物局）委派代表 1 人、社会人士 1 人、馆所领导 1 人、职工代表 2 人。

三 藏品工作

截至2022年底，湖北省博物馆收藏了242757件（套）各个时期、各种质地的文物，其中珍贵文物36987件（套），包括一级文物996件（套），禁止出国（境）文物9件（套），馆藏文物数量和质量在全国博物馆中名列前茅。

大体而言，文物征集的方式有考古发掘、标本采集、调拨、移交、捐赠、收购等。其中，考古发掘是最重要的来源，主要来自全省各地的遗址和墓葬。传世文物则主要是社会各系统、各单位的调拨、移交，专题性的征集，以及个人的捐赠，收购等。

（一）藏品体系

湖北省博物馆藏品丰富，特色鲜明，从旧石器时代到近现代没有缺环，全面而系统，尤以楚文化藏品最负盛名。

1. 藏品特色

旧石器时代文物以建始人和郧县人化石为代表，其他还有郧西人和汉阳人化石，以及近年发现的郧县黄龙洞牙齿化石等。鄂西地区是长江流域乃至中国旧石器时代材料最为丰富的地区之一，该地区的重要发现对中国人类起源的研究具有十分重要的意义。

湖北省新石器时代的文化遗址有数千处，分布于全省各地，先后有城背溪文化、大溪文化、油子岭文化、屈家岭文化、石家河文化等，并形成相对独立的文化区域格局。其中，屈家岭文化是湖北地区最具地方特色的一种新石器时代文化，其范围广、影响大，彩绘蛋壳陶具有代表性。其稻作农业的发展以及石家河、陶家湖、阴湘城、鸡鸣城等城址的兴建是探索中国早期文明起源的重要线索。以屈家岭文化为标志，长江中游地区史前文化开启了中国早期文明的新历程。新石器时代的重要文物有秭归东门头出土的太阳人石刻，黄梅焦墩遗址出土的卵石摆塑龙，宜昌杨家湾出土的绿松石坠饰及骨串饰，天门肖家屋脊遗址出土的玉人面饰、蝉、龙、虎、鹿等。

商代早期南方的中心盘龙城是商王朝南征的军事重镇，出土了一批重要青铜器、玉器等文物，其中，大铜鼎、大铜钺、大玉戈是同时期该类型文物中最大的。另外，崇阳出土的兽面纹铜鼓、汉阳东城垸出土的铜尊是不可多得的文物珍品，兽面纹铜鼓是商代仅有的两件传世铜鼓之一。

西周时期的青铜器在江陵万城，随州熊家老湾、叶家山等地大量出土，其中的有铭铜器尤为重要。商周青铜器铭文主要是一些族徽标志、国名、器主名等，铭文国名有楚、陈、曾、蔡、吴、邓、息、江、黄、巴、鄀、长、魏等，这些资料对研究湖北境内古代国家及其相互关系有着重要作用。

春秋战国时期，经过发掘的墓葬有数千座，大型墓葬有曾侯乙墓、包山楚墓、九连墩楚墓等，出土了大量楚国及与楚国相关的文物，反映了丰富多彩、独具风格的楚文化。青铜器中，编钟、大尊缶、鉴缶、联禁大壶、建鼓座、铜鼎等都是大器、重器，尊盘、越王勾践剑、吴王夫差矛、鹿角立鹤、错金银凤纹铁带钩、错银龙凤纹铜樽、人骑骆驼铜灯等精美绝伦的文物反映了当时高超的青铜冶铸技术。大冶铜绿山出土的大铜斧等采矿工具反映了当时铜矿开采和冶炼的生产水平，对中国冶金史的研究具有很高的科学价值。曾侯乙墓的金盏是迄今出土的先秦时期最大的金器。郢爯和蚁鼻钱是当时最具地方特色的货币之一。江陵九店出土的天平砝码见证了楚国在度量衡方面的发展状况。玉器中，龙凤十六节玉佩及龙形、虎形、叠人踏豕形等各种玉佩、玉琮、玉梳、玉雕小动物等，精雕细琢，巧夺天工。当时的制漆工艺有着极高的水平，出土的木漆器数量大、种类多、制作精美。曾侯乙墓的内外棺，包山楚墓的彩绘凤纹棺、折叠床，九连墩的虎座鸟架鼓等，体现其大；彩绘木雕小座屏、鸳鸯豆、龙衔蛇形座莲瓣盘豆、卧鹿、辟邪等，体现其精。曾侯乙墓的二十八宿天文图衣箱被认为是迄今所见我国二十八宿全部名称最早的文字记载。包山楚墓出土的车马出行图漆奁彩画则是中国最早运用多种彩料的绘画作品。而曾侯乙、望山、包山、九店、郭店等墓出土的战国竹简包含了典籍、司法文书、日书、卜筮祭祷、丧葬记录等各方面内容，其数量之多、范围之广、价值之大，在全国占有重要地位，湖北省称为“简牍之省”实不为过。需要特别指出的是，曾侯乙墓出土的编钟、编磬、鼓、瑟、琴、笙、排箫、篪等一批极为重要的音乐文物，为中国音乐考古史上的空前发现，举世瞩目，曾侯乙墓也被誉为“地下乐宫”。其他重要的音乐文物还有随州文峰塔出土的“曾侯與”编钟，枣阳郭家庙曾国墓地出土的编钟、编磬及琴、瑟，纪南城出土的彩绘凤鸟纹石编磬，九连墩楚墓出土的编钟、编磬、琴、瑟与节奏类乐器等，材料十分丰富。

秦汉时期，木漆器数量也很多，生活实用器剧增，包括盛食器、酒器、妆具、水器等，乐器、丧葬用器不多见。特色器物有牛马图扁壶、豹纹扁壶、猪形口长圆盒、彩绘人物木梳等。其中以云梦睡虎地秦墓出土的竹简最为有名，这些竹简内容十分丰富，涉及政治、法律、农业、手工业、历法等方面，是研究秦代历史与法律极为珍贵的资料。

三国两晋南北朝时期，湖北地区出土了一大批青瓷器、铜镜。这些青瓷器主要出自孙吴西都鄂州地区，与长江下游地区的瓷器既有共性又有差别。典型器物有三国人顶灯、晋猪首壶、南朝莲花尊，以及各种青瓷模型明器、陈设用瓷等。铜镜亦主要出自鄂州地区，数量多且铸造精。其时的鄂州号为“铜镜之乡”，是江南铸镜中心之一。鎏金画纹带神兽镜，建安、黄武、嘉禾等纪年镜是其中的代表作。同时，黄武元年（222年）弩机等兵器的出土，则反映了当时战乱频仍的时代背景。

隋唐时期，南北各地窑口的瓷器在湖北均有出土，主要是青瓷和白瓷，还有三彩器、各种陶俑等，乐俑较为珍贵。其中，隋代的青瓷在武昌出土很多，风格非常明显。此外，郧县李泰家族墓出土的白瓷和金器，皆是唐王朝的赏赐之物，亦很精美。

湖北地区出土了大量宋代的青白瓷，输入的产品以江西景德镇窑为代表，自产的产品以江夏青山窑为代表，形成"湖泗窑系"。黄石西塞山出土了数量巨大的宋代窖藏铜钱和一批银锭，对货币史的研究有重要的意义。明代藩王墓葬出土了大量的瓷器、玉器、金银器等文物，如元青花四爱图梅瓶、元青花龙纹梅瓶、元青花莲纹玉壶春瓶、元青花牡丹纹塔式盖瓶、明永乐青花龙纹高足杯、明永乐仕女图高足杯等都是非常重要的文物。特别是梁庄王墓出土的金器和玉器，工艺精湛，美不胜收。

传世品中，元玉泉琴、明鎏金铜玄武、明针灸铜人、清康熙青花十二月花神杯、杨守敬木刻地图雕版等，都是国之瑰宝。其中，杨守敬木刻地图雕版历经战乱，辗转迁徙，保存至今，实属不易。

湖北省博物馆还藏有大量的六朝隋唐经卷、明清书画。这些经卷主要来自敦煌藏经洞，弥足珍贵。绘画作品中，几乎包罗了当时的主要流派，有明早期以戴进为代表的浙派、吴伟为代表的江夏派；明中期以沈周、文徵明、唐寅、仇英为代表的吴门派；明后期以董其昌为代表的松江派，以蓝瑛为代表的武林派；清初以王时敏、王翚、王鉴、王原祁（"四王"）为代表的正统派，以朱耷（八大山人）等"四僧"为代表的革新派；清中期以"扬州八怪"为领袖的扬州派。其中，吴伟《雪渔图轴》、八大山人《鱼鸟轴》、郑板桥《墨竹通景屏》等，都是艺术水准极高的大幅作品。法书作品中，从台阁体到帖学到馆阁体到碑学，都有作品传世，代表性的人物有李东阳、王守仁、祝允明、文徵明、董其昌、米万钟、倪元璐、张瑞图、王铎、邓石如等，后世以杨守敬、张裕钊的书法收藏最为丰富。

近现代文物以太平天国、辛亥革命和国内革命战争时期的文物为主。有黄兴、孙武、刘公、刘静庵、王汉、彭楚藩、杨洪胜、蔡济民、熊秉坤等辛亥英杰的一大批珍贵的辛亥革命文物和资料，使得湖北成为辛亥革命研究的中心。有董必武、李先念等指点江山的国家领导人的文物，有施洋、陈潭秋、恽代英、林育南、项英等救国救民的革命先烈的文物，有徐海东、王树声等领兵征战的军旅名将的文物，还有建功立业的科技精英、学术大师、文艺泰斗等的文物，不胜枚举。

湖北省博物馆是第三批全国古籍重点保护单位，收藏有9000多部70000多册古籍线装书，其中有1000多部9000多册善本。入选《国家珍贵古籍名录》16种（含出土竹简7种）、《湖北省珍贵古籍名录》8种。

纵观湖北省博物馆馆藏文物，各个时期、各种质地的文物都有，形成了三大主要体系：一是以屈家岭、石家河文化遗物为代表的史前文化系列，二是以盘龙城和楚国、曾国文物为代表的青铜文化系列，三是以梁庄王墓、郢靖王墓、武当文物为代表的明代精品文物系列。尤以商周青铜器、战国秦汉木漆器、楚秦汉简牍、先秦及明代藩王墓出土的金玉器最具特色。

2. 镇馆之宝

2009年，曾侯乙编钟代表湖北省博物馆被评为“荆楚辉煌60名片”。2020年11月，湖北省博物馆举行了“十大镇馆之宝评选活动”。12月13日，经广大网友和专家委员会历时一个月的评选，湖北省博物馆“十大镇馆之宝”正式揭晓，分别是郧县人头骨化石、石家河玉人像、崇阳商代铜鼓、越王勾践剑、曾侯乙编钟、曾侯乙尊盘、虎座鸟架鼓、彩绘人物车马出行图、云梦睡虎地秦简、元青花四爱图梅瓶。

（二）接收原湖北人民科学馆藏品

1953年3月湖北省博物馆筹备处正式成立时，从撤销的湖北人民科学馆接收了移交的各种标本、模型共2716件。

（三）藏品征集

湖北省博物馆文物的征集分为两大部分，一是社会传世文物的征集，二是考古出土文物的征集。

1. 社会传世文物的征集

社会传世文物的征集来源广、途径多，主要是专题性的征集，社会各系统、各单位的调拨、移交，以及个人的捐赠，收购等。

（1）专题性征集

藏品征集最早可追溯至湖北省立公共科学实验馆，如1929年接收了湖北省立图书馆的部分标本，1934年征集国产化工原料和工业制品及动植物标本等。

湖北省博物馆筹备处于1953年元月成立后，更是将藏品征集作为一项重要任务来落实。自1953年5月起，筹备处就开始了征集工作，首先是以中华人民共和国时期部分农业经济

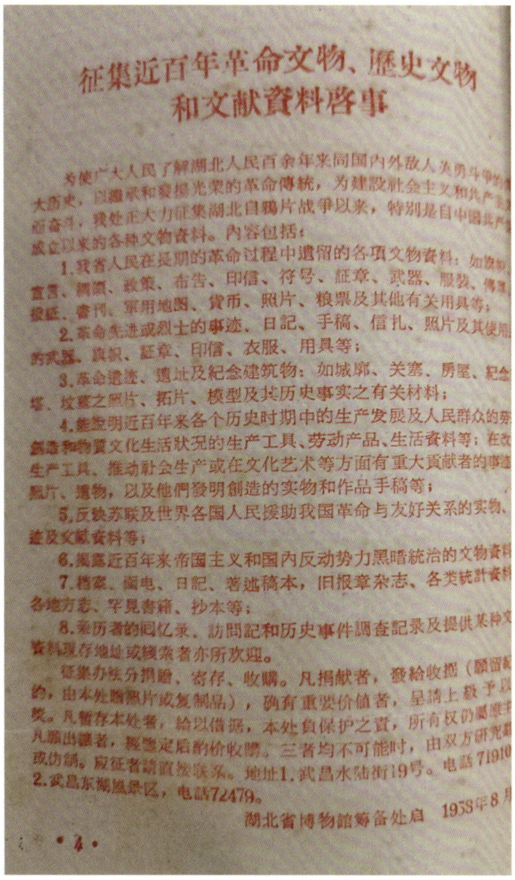

征集近百年革命文物、歷史文物
和文献資料啓事

为使广大人民了解湖北人民百余年来同国内外敌人英勇斗争的
大历史，以继承和發扬光荣的革命傳統，为建設社会主义和共产
而奋斗，我处正大力征集湖北自鴉片战争以来，特别是自中国共产
成立以来的各种文物資料。内容包括：
1.我省人民在長期的革命过程中遺留的各項文物資料：如旗
宣言、綱領、政策、布告、印信、符号、証章、武器、服装、傳
證、書刊、軍用地图、貨币、照片、粮票及其他有关用具等；
2.革命先进或烈士的事迹、日記、手稿、信扎、照片及其使用
的武器、袭职、証章、印信、衣服、用具等；
3.革命遺迹、遺址及紀念建筑物：如城廓、关寨、房屋、紀念
塔、坟墓之照片、拓片、模型及其历史事实之有关材料；
4.能說明近百年来各个历史时期中的生产发展及人民群众的劳
創造和物質文化生活狀况的生产工具、劳动产品、生活資料等；在改
生产工具、推动社会生产或在文化艺术等方面有重大貢献者的事迹
照片、遺物，以及他們發明創造的实物和作品手稿等；
5.反映苏联及世界各国人民援助我国革命与友好关系的实物、
迹及文献資料等；
6.揭露近百年来帝国主义和国内反动势力黑暗統治的文物資料
7.档案、函电、日記、著述稿本，旧报章杂志、各类統計資料
各地方志、罕見書籍、抄本等；
8.亲历者的回忆录、訪問記和历史事件調查記录及提供某种文
資料現存地址或线索者亦所欢迎。
征集办法分捐贈、寄存、收購。凡捐献者，發給收据（願留
的，由本处贈照片或复制品），确有重要价值者，呈請上級予以
奖。凡暂存本处者，給以借据，本处負保护之責，所有权仍屬
凡願出讓者，經鑒定后酌价收購。三者均不可能时，由双方研究
或仿制。应征者請直接联系。地址1.武昌水陆街19号。电話7191
2.武昌东湖風景区，电話72479。
湖北省博物館筹备处启 1958年8月
·4·

图 3–1 征集近百年革命文物、历史文物和文献资料启事

和地方资源作为重点分头进行的。农业经济方面通过与中共湖北省委农村工作部、湖北省政府农林厅、省级几个国营农场的联系，获得部分书面材料，如派人深入浠水调查征集农业经济改造、互助合作运动的发展材料。另外，在徐家棚棉场、金水农场、南湖农场分别进行了棉、稻、麦方面材料的制作和征集。地方资源部分着重在土特产与工矿方面，主要有桐、茶、漆等几种重要经济作物及其工业制成品、半制成品等。在文化教育方面，与湖北省文联、湖北省画报社、湖北省剧团等联系，征集了部分地方戏曲、民间剪纸艺术、新旧年画、木刻版本等；与湖北人民革命大学联系，征集到该校从开办到结束时的全部资料；还通过湖北省选举委员会委托征集选举材料；与湖北日报社建立经常的联系，获得 1949 年至 1953 年各方面的照片 400 多幅。同时，与地方文化馆和外省博物馆或筹备处联系，协助征集藏品。

1955 年 6 月 5 日，筹备处在《湖北日报》发表《征集革命文物启事》征集革命文物。

1958 年 8 月，在“近百年革命斗争史实展览”开展之际，筹备处又发布《征集近百年革命文物、历史文物和文献资料启事》（图 3–1）。

1980 年，征集辛亥革命文物和其他革命文物 60 件。

1982 年，征集革命文物 19 件、社会主义建设文物 450 件。

（2）社会各机构、单位拨交

社会各机构、单位拨交是馆藏传世文物最重要的来源之一，以青铜器、陶瓷、书画、玉石、杂项等历史和艺术类文物为主，不仅数量多，价值也高，奠定了传世文物收藏的基础。重要批次包括：

1953 年，接收中南土改展览会湖北地区土改文物资料 800 件。

1954 年，办理原湖北省文物管理委员会历史文物交接手续，入藏 4203 件。10 月，接收中南行政委员会移交文物 8010 件、图片资料 2252 件。

1955 年，中南文化部撤销后移交藏品近 200 箱。

1956 年 7 月，湖北省文物管理委员会与湖北省博物馆筹备处再次合并后，前者移交了 3000 余件文物；同年，在湖北省工农业展览馆展出的 3000 余件展品在展出完成后移交湖北省博物馆筹备处。

1957 年、1970 年、1976 年先后接收武汉军区转交文物 384 件、189 件、221 件，共计 694 件。

1958 年，接收湖北省政协拨交的辛亥革命武昌首义原革命实录馆档案资料 780 件，清点接收武汉市文物管理委员会文物 12632 件，接收北京故宫博物院转拨清代文物 633 件。

1958 年“九年成就展”、1959 年“十年成就展”后，收集了反映新中国成立后各方面建设成就的文物、资料。

1959 年 7 月，上海博物馆文管会、文物仓库拨交历史文物 1003 件，北京故宫博物院拨交清代文物 319 件。

1971 年 8 月，接收湖北省文史研究馆文物 841 件。

在 1991—1993 年短短三年期间，仅武汉铁路公安处就查获走私文物 1200 多件，珍贵文物有战国错金银铜带钩、秦汉铭文铜鼎、“前军司马”铜印等。这些走私文物的截获，颇费周折，得来不易。为了表彰干警们的突出业绩，湖北省文化厅、湖北省公安厅、武汉铁路局联合召开表彰大会，颁发了“业绩伴青史长在，金盾共国宝齐辉”的锦旗，授予其“文物卫士”称号，并给予适当的物质奖励。

2021 年，武汉海关、湖北省人民检察院移交罚没文物 118 件（套）。

（3）私人捐赠

捐赠文物给国家是中华民族的美德，特别是新中国成立初期，一些有爱国心的收藏家、知识分子不计名利，不计个人得失，慷慨捐赠私人所藏，体现了大爱无私的高尚情操和家国情怀。这些私人捐赠种类繁多，包罗万象，特别是书画，数量大，精品多。主要和大宗的私人捐赠包括：

1953 年 6 月，湖北省博物馆筹备处正式成立后收到了第一次私人捐赠——刘金有捐赠 2 件新四军军服（图 3-2）。

1955 年 1 月，通山县明道春老人捐赠鄂东兵工厂证章、赤卫队臂章和 1932 年鄂东工农

捐贈革命文物收據

茲蒙 劉金有同志 捐贈革命文物 新四軍軍服 棉上衣 合計 貳 件

除妥善保存以供展覽研究外並致以熱烈的

謝忱

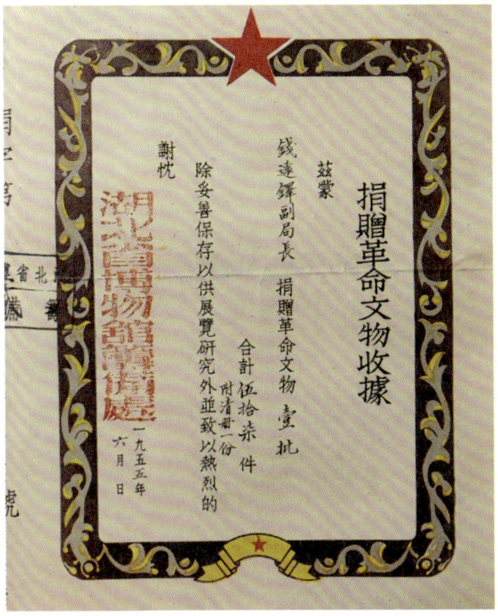

捐贈革命文物收據

茲蒙 錢遠鐸副局長 捐贈革命文物 壹批 合計伍拾柒件 附清冊一份

除妥善保存以供展覽研究外並致以熱烈的

謝忱

湖北省博物館籌備處

一九五五年 六月 日

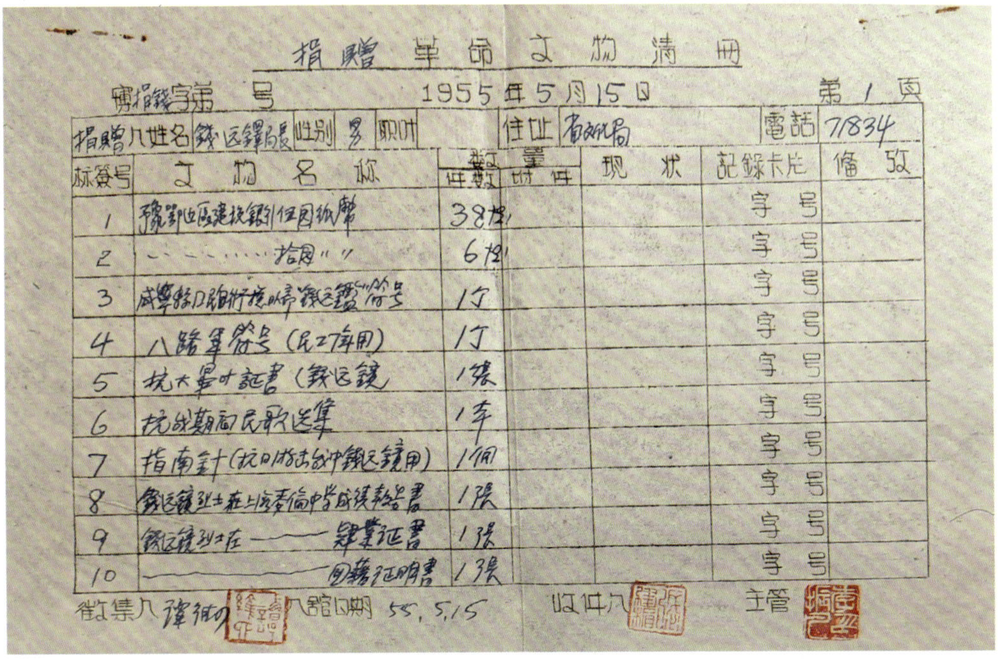

捐贈革命文物清冊

1955年5月15日 第1頁

捐贈人姓名：錢遠鐸局長 性別：男 住址：省文化局 電話：71834

标簽号	文物名称	數量 件數	數量 附件	現状	記錄卡片	備考
1	豫鄂邊區建設銀行伍圓紙幣	38張			字 号	
2	……拾圓〃〃	6張			字 号	
3	咸寧縣口鎮行政公所錢遠鐸符号	1个			字 号	
4	八路軍符号（民工隊用）	1个			字 号	
5	抗大畢业証書（錢遠鐸	1張			字 号	
6	抗戰期間民歌選集	1本			字 号	
7	指南針（抗日游击战中錢遠鐸用）	1個			字 号	
8	錢遠鐸烈士在上海委偏中学成绩报告書	1張			字 号	
9	錢遠鐸烈士在——肄業証書	1張			字 号	
10	——回籍証明書	1張			字 号	

徵集人 譚 入館日期 55.5.15 收件人 主管

1 | 2
3

1. 图 3–2 刘金有捐赠收据

2. 图 3–3 钱远铎捐赠收据

3. 图 3–4 钱远铎捐赠清单

银行发行的纸币等文物 97 件。

1955 年 5 月，时任湖北省文化局副局长的钱远铎捐赠革命文物 57 件（图 3–3、图 3–4）。

1956 年，晏石卿捐赠古代字画 2894 件。

1959 年 6 月，李春萱先生捐赠有关辛亥革命史资料 387 件。

1960 年 3 月，江夏大收藏家徐行可先生捐赠古代字画、碑帖、拓片、铜镜、印章等历史文物资料 5793 件，蔚为大观。湖北省博物馆藏书画作品中，精品多为徐行可先生所捐。

徐行可先生喜欢结交文人雅士，一生收藏宏富。新中国成立后，其后代慨然将其所收藏的十余万件古籍捐赠给湖北省图书馆，书画、碑帖、印章等文物捐赠给湖北省博物馆，是一位不可忘却的有功之人。徐行可先生“黄金散尽为收藏”，可谓呕心沥血，殚精竭虑。其收藏非为一己之欲、一己之利，而是收之于民、用之于民，“不为一家之蓄，俟诸三代之英”，最后化私为公，全部无偿捐赠给国家，不留一纸一片一物，这是一种何等令人感佩的壮举和胸襟！2010 年是徐行可先生捐赠文物和古籍 50 周年，湖北省博物馆、湖北省图书馆分别举办文物展、古籍展，既是缅怀、追思、答谢，也可以让观众在欣赏这些精品的同时，领略一代大家的收藏、研究世界，以及至高至上的人生境界。2021 年 6 月 28 日，“徐行可捐赠古籍文物 60 周年精品展”在湖北省图书馆开展。这是湖北省图书馆、湖北省博物馆首次联合展出徐行可捐赠古籍文物精品，共有 52 件珍品首度合体展出。

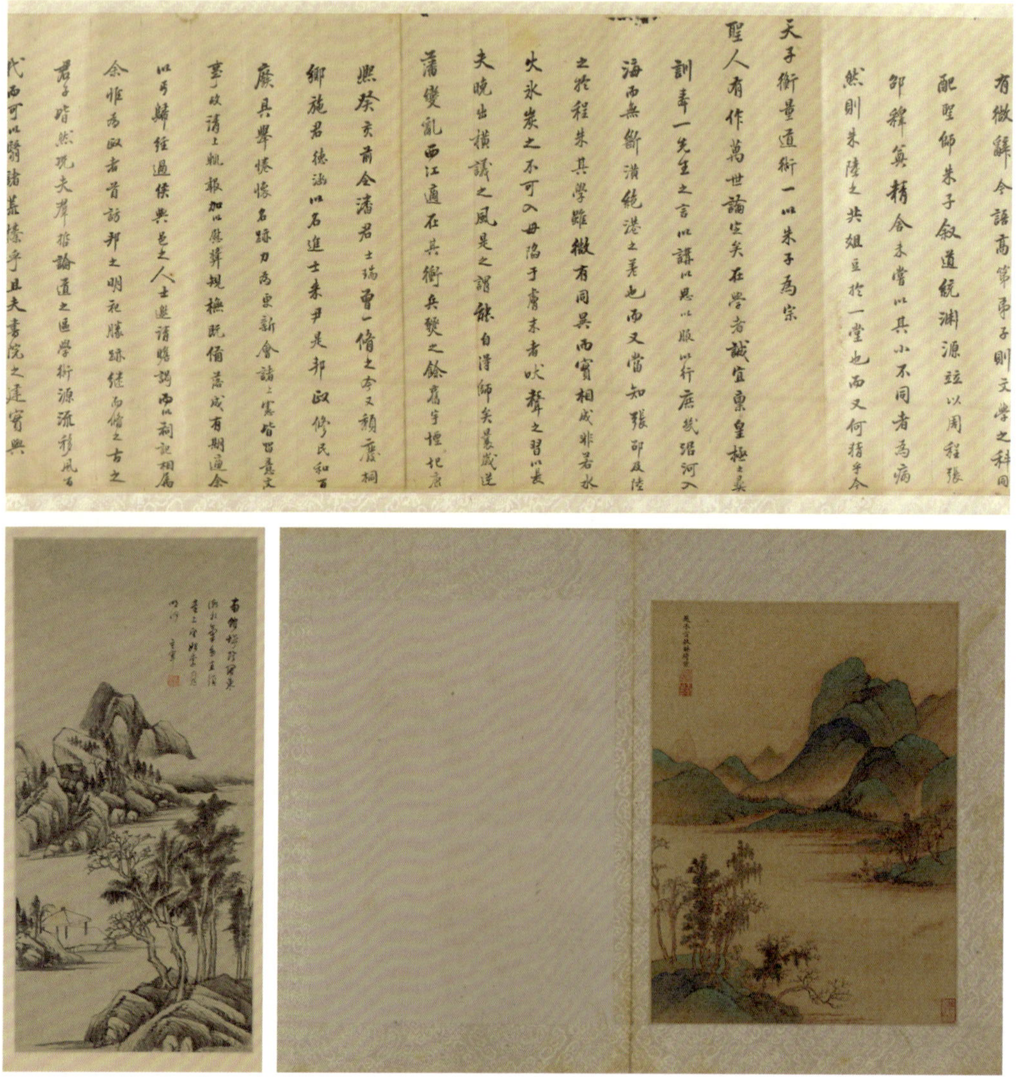

图 3–5　徐行可先生捐赠文物（部分）

1965 年 4 月，秦鸿钤捐赠字画 61 件。

1965 年 6 月，陈根久捐赠字画 120 件。

1971 年 5 月，徐孝宓捐献印章 146 枚。

1971 年 8 月，接收杨守敬后人捐赠的木刻地图雕版 38 种计 2639 块。1963 年，其后代杨先梅、杨树千先生将这批书版捐赠给文史研究馆，并附记："这批书版原藏于武昌斗级营街寓所。1937 年抗日战起，为了保存起见，冒日寇飞机轰炸之危险，用小船分三批运往汉口，租屋保存，因租金奇昂，一迁于汉润里，再迁于坤厚里，最后又迁于汉口郊外农民家。时日寇侵犯汉口，见欲毁之，经农民泣求始免，1945 年抗战胜利后，始迁于现居之满春巷。"可见保存之不易，捐赠大义之可嘉。

1973 年 9 月，沈肇年先生家属捐赠文物 486 件。

1979 年，辛亥老人张难先之子张彻生同志捐赠有关辛亥革命文物 28 件，董必武同志的夫人何连芝同志捐赠有关董必武同志的文物 580 件，王树声同志的夫人杨炬同志捐赠有关王树声同志遗物 62 件。

2005 年至 2008 年，来自台湾的徐武军教授三次捐赠了其父亲、一代学术大师徐复观先生的遗物，包括重要学术信札、手稿、杂件等 500 多件。

2012 年 11 月 19 日，刘华清上将捐赠军礼服。

2013 年，汤文选之子汤立捐赠汤文选书画作品 70 件。

2015 年 5 月 18 日，范氏后人范廻中、范延中等人捐赠范轼、范熙壬父子的《蕻园稿存》《蕻园老人书札》《敬胜阁稿存》《敬胜阁主人遗墨》四部手书遗稿。

2016 年，孙辉捐赠 20 世纪七八十年代的音乐唱片 90 件（套）。

2016 年，邵声朗的后人捐赠其生前创作的 83 件（套）绘画作品。

以上捐赠不一而足，这些化私为公、大义可嘉的收藏家永远铭刻在湖北省博物馆的功劳簿上，熠熠生辉。

（4）有偿征集

湖北省博物馆还通过有偿或以奖代补方式征集、收购了少量藏品。

1971 年，落实中央 12 号文件精神，通过湖北省民主人士学习班酌价收购文物 1265 件。

2007 年，湖北省博物馆二期新馆开馆，在湖北省各市、县博物馆有偿调拨了一批文物，共 200 多件（套），仅鄂州博物馆就达 41 件（套）。这批文物主要以出土文物为主，一级文物多，具有很高的历史、艺术、科学价值，丰富了馆藏，充实了展览。

2013 年，购买"楚王媵随仲嬭加"铜鼎。

2019 年，征集文物 161 件（套），包括日本瓷器、茶道文物、地契、紫砂壶等。

2. 考古出土文物的征集

考古出土文物的征集主要是通过考古发掘、标本采集、调拨而来。考古发掘是最重要的来源，主要来自湖北省各地的遗址和墓葬。湖北是出土文物大省、强省，重要考古发现层出不穷，成果丰硕。这些重要考古发掘的文物，有相当一部分收藏在湖北省博物馆，为湖北省博物馆跻身国家级博物馆奠定了坚实基础。

湖北省博物馆、湖北省文物考古研究所承担的全省考古发掘项目，时代涵盖旧石器时代至明清时期，考古项目整理完成后遴选的文物充实了馆藏。

重要批次出土文物征集包括：

1953—1954 年，在江陵郢城、万城、纪南城，京山屈家岭，天门土城等地开展考古调查采集文物标本。

1955—1956 年，对京山屈家岭、毛家楼遗址，天门石家河遗址进行发掘，出土文物 200 余箱。

1955 年，在黄石西塞山发现窖藏宋代银锭共 292 锭；1967 年，再次在西塞山发现并清理宋代窖藏铜钱，计出土从汉到宋古铜钱 22 万余斤，其中还有少量辽、西夏、金的钱币。

1956 年，发掘蕲春明荆端王朱厚烇次妃刘娘井墓，出土文物 64 件。

1958 年，配合鄂城基建，清理六朝隋唐古墓 32 座，出土文物 288 件。

1962 年，江陵万城出土西周早期青铜器 18 件；在江陵葛陂寺清理楚墓 14 座，出土部分随葬器物。

1963 年、1964 年、1974 年，多次发掘黄陂盘龙城商代遗址，清理宫殿建筑基址、墓葬、灰坑等遗迹，出土较多的为青铜器、陶器、玉器等。

1963 年，在孝感野猪湖围垦工程中发现楚蚁鼻钱窖藏，收集入藏 4632 枚。

1964 年、1971—1972 年，分别在江陵拍马山清理楚墓 13 座、27 座，出土文物 100 余件。

1965—1966 年，发掘江陵望山一号、二号墓葬和沙冢一号墓葬三座大型楚墓。出土了大量精美铜器和竹木漆器，著名的越王勾践剑出土于望山一号墓，湖北省第一批竹简亦出土于该墓；清理武汉十里铺北宋墓，出土随葬器物 44 件；在京山县郑家河水库干渠发现 97 件春秋早期曾国铜器。

1969 年，调查枝江百里洲王家岗出土的一批春秋早期铜器。

1970 年，在江陵纪南故城附近发现战国时期楚彩绘石编磬 25 件。

1971 年，在宜昌前坪、葛洲坝发掘战国两汉墓 43 座，出土较多随葬器物。

1972 年，调查随县均川熊家老湾 1970 年出土铜器 6 件、1972 年出土铜器 9 件；清理发掘云梦大坟头西汉早期木椁墓 1 座，出土随葬器物 150 多件，漆器保存较好。

1973 年，发掘江陵凤凰山汉墓，出土竹简 400 余枚、木牍 9 枚和其他一些较珍贵的文物；清理枣阳熊集曾国墓葬，出土铜器 289 件；在襄阳山湾发掘楚墓 33 座，出土一批完好的东周青铜器，少量有铭文，如邓公乘鼎、子季嬴青簠、楚子敦等。

1974 年，发掘大冶铜绿山古铜矿冶炼遗址矿井两处；清理襄阳蔡坡十二号墓，出土吴王夫差剑。

1975 年，对纪南城遗址进行大规模考古发掘工作，出土较多陶筒瓦、板瓦、排水管及生活用器等；发掘云梦睡虎地秦墓 12 座，其中十一号墓出土记载秦律等内容的秦简 1155 支。

1976 年、1980 年，分别发掘宜城楚皇城战国秦汉墓 14 座、8 座，出土了陶器、铜器、玉器等 100 余件。

1977 年，会同崇阳县文化馆调查征集汪家咀发现的商代铜鼓。

1978 年，发掘随县擂鼓墩曾侯乙墓，出土各类文物 1.5 万余件，包括著名的曾侯乙编钟等古乐器 125 件、青铜礼器 100 余件、竹木漆器 200 多件、金器 9 件、玉器 300 余件、保存完好的墨书竹简 240 多枚等。

1980 年，接收考古出土文物 409 件。

1986 年，发掘荆门包山楚墓，入藏二号墓出土文物 219 件（套）。

2001 年，发掘钟祥明梁庄王墓，入藏各类出土文物 558 件（套）。

2002 年，发掘枣阳九连墩楚墓，入藏一、二号墓及祔葬车马坑出土文物 4371 件（套）。

2006 年，发掘钟祥明郢靖王墓，入藏出土的元青花四爱图梅瓶、龙纹梅瓶。

2019 年，为配合三期新馆基本陈列“曾世家——考古揭秘的曾国”，将叶家山墓地 M1、M2、M28、M50、M126 等 5 座墓葬的出土文物调拨湖北省博物馆充实展陈，移交铜器、陶瓷器、玉器文物 1159 件，入库 1012 件，极大丰富了湖北省博物馆藏品储备，为展览提供了可靠的展品保障；2020 年，入藏叶家山出土文物 511 件。

与此同时，湖北省博物馆也有文物支援其他博物馆。1959 年，湖北省博物馆拨给中国历史博物馆出土文物 43 件，1989 年又拨交曾侯乙墓出土的鉴缶、大铜缶及曾仲斿父壶等青铜重器 19 件（套）。1976 年 8 月，拨交恩施地区文物工作队自然标本 1000 余号。

（四）藏品管理

湖北省博物馆馆址几经变迁，由候补街至水陆街，至洪山姚家岭农展馆，一直到搬至东湖畔才最终安定下来。库房亦如此，随馆址几经搬迁，由 1954 年 3 月才有第一个文物保管仓库的几间房子，发展到数百平方米的库房，再到 1956 年搬至东湖畔 2000 多平方米的二层大楼，由小到大，由简陋到初具规模，保管条件由一般到逐步改善。初步统计，湖北省博物馆正式定名时共有藏品 122026 件，包括自然标本 3794 件、历史文物 95985 件（含古钱币 57894 件）、革命文物 7723 件、社会主义建设文物 14524 件。定级一级藏品 257 件，其中历史文物 230 件、革命文物 21 件、社会主义建设文物 6 件。

保管部由初期和其他部门的分分合合，到最后固定下来成为最为重要的“三部制”之一，人员由少到多，管理水平逐步提高，其间经历了一个较长的发展过程，凝聚了几代人的努力。如果说东湖畔的2000多平方米二层库房大楼的建成是一个重要的分水岭，那么2002年湖北省博物馆与湖北省文物考古研究所的合并及2007年文物搬进7000余平方米的新库房则具有里程碑式的意义。2021年三期新馆建成时又新增了3000余平方米的库房，使得目前文物库房总面积达到1.3万余平方米。由此，文物保管条件和各项工作都跃上一个新的台阶。

1. 2002年馆、所合并，极大地解决了藏品的来源问题

馆、所合并显而易见的一个好处是拓宽了途径，丰富了馆藏。馆所分开，缺了考古发掘文物这一块，博物馆藏品的来源就缺了最重要的一环，特别是对综合性的地志性省级博物馆而言，更是如此，这一直是大多数博物馆的心中之“痛”。如果没有考古发掘文物，仅仅靠社会征集，就好比一条腿走路，会成为“跛足之腿”。湖北省博物馆自1989年与湖北省文物考古研究所分开至2002年合并的14年间，由于诸方面的原因，就没有从考古所调拨征集过一件文物。自2002年合并以来，两家的文物就合为一处，合为一体，同时由于合为一家，考古发掘人员也更愿意、更有积极性将在全省各地发掘的文物精品有选择性地带回来，大大提高了湖北省博物馆文物的数量和质量，整合了资源，提升了档次，丰富了馆藏，使博物馆藏品的来源成为有本之木、有源之水，从根本上解决了博物馆藏品来源不足的问题，解决了博物馆展品的不足之“渴”和心中之“痛”。如二期新馆的“郧县人——长江中游的远古人类”“屈家岭——长江中游的史前文化”“盘龙城——长江中游的青铜文明”和三期新馆的六大专题性基本陈列，都充分利用了考古所发掘出土的大量藏品，其中“曾侯乙”与“梁庄王珍藏——郑和时代的瑰宝”均为整座墓葬出土文物的展示，“曾世家——考古揭秘的曾国”“楚国八百年”“天籁——湖北出土的早期乐器”“越王勾践剑特展”全部是出土品展示。即使是“土与火的艺术——古代瓷器专题展”也有相当部分特别是早期瓷器多为出土文物，包括著名的郢靖王墓出土的元青花四爱图梅瓶及元青花龙纹瓶等。可以说，湖北省博物馆的历史性展览完全由考古出土文物支撑。

2. 库房面积成倍增长

最初的老库房面积只有2000多平方米，拥挤不堪，且只有传世品库1个、出土文物库1个、书画库1个、近现代文物库1个、古籍库1个等5个库房。各库面积小，特别是书画库、古籍库更小，很拥挤，过道狭窄，文物提取都不方便。二期库房达7000平方米，蔚为可观，有传世品库1个、出土文物库3个、漆木器库1个、书画库1个、近现代文物库1个、古籍库1个、周转库1个、装箱库1个、鉴赏室1个、摄影室1个等，面积大为增加，空间更加宽敞。三期新馆建成后，又增加了6个设施更为完善的库房，面积增加3000多平方米。

3. 环境控制彻底改善

以前的库房为老建筑，历经几十年而老旧不堪，墙皮斑驳，窗户锈蚀，经常漏雨。完全靠自然通风、采光，夏季炎热，冬季酷冷，对文物保护极为不利，后来虽然增加了一些单体柜式空调，但杯水车薪，效果不佳。新库房则全部为中央空调控制，建成之初仅书画库、漆木器库为恒温恒湿库，至 2021 年大部改造为恒温恒湿库，而且库房安装了新风机，保管环境得到极大改善。

4. 柜架等保管设备焕然一新

以前老库的柜架多为 20 世纪 50 年代至 80 年代逐步添置的，只有 800 台左右，以木制柜架为主，金属柜架为辅。数量少，多已老旧，样式不新，柜间隔板少，浪费空间，实用性较差，面临淘汰。二期库房花费 400 多万元全部更换为新柜架，共计 1800 多台，全部为木制，整齐一致，根据各类文物量身定做，柜间隔板可增减，实用性强。2022 年，三期库房花费 1300 余万元添置可自由组合的钢制柜架。同时，库房地面铺设了 PVC 地板胶，干净整洁，易于打扫，富有弹性，比以前的水泥地面要好得多。二、三期库房均设置了专用电梯，可直通展厅，而且电梯大，利于大件文物的运输。以前只有两台自制的木质平板拖车，后来添置了多种搬运设备，有电瓶车、叉车、液压车、升降车、小推车、筐式推车等。还定制了 50 多个各种规格的环保包装木箱，用于外展需要。馆内有两位出身世家的囊匣制作师傅，荣获省级非物质文化遗产传承人称号，手艺精，制作的囊匣质量好。他们以馆为家，长年坚持制作，不曾间断，为一级品和易损的珍贵瓷器、木漆器、玉器等制作了囊匣，大大有利于文物的保管和运输。

5. 文物清理和档案建设工作走向深入

摸清家底是最基础的工作，与文物清理、鉴选定级、登记入藏等工作密不可分。鉴选是基础，湖北省博物馆自建馆以来对馆藏文物进行过多次定级、鉴定。早期的鉴选主要有：

1954 年 7—11 月，甄别古器物 3235 件。

1961 年，组织部分美术家对馆藏古画进行集体鉴定，分出了珍、精、真、存四个等级，并淘汰了部分不值得保存的书画。

1962 年 10 月—1963 年 8 月，根据中央文化部关于加强一级藏品的保管编目工作的指示，鉴定一级藏品 257 件，包括历史文物 230 件、革命文物 21 件、社会主义建设文物 6 件。

1964 年元月，中央文化部书画鉴定小组的王辉、谢稚柳、启功、刘九庵等几位先生对馆藏书画进行了鉴定。

特别值得称道的是，1966 年，由老文博工作者方壮猷先生发起的在我国著名古文字学家、历史学家、文物考古学家之间开展的关于越王勾践剑铭文考释的学术讨论，至今仍在我国学术界传为佳话。参与讨论的著名专家有郭沫若、夏鼐、于省吾、唐兰、容庚、陈梦家、罗福颐、商承祚、苏秉琦、徐中舒、王振铎、胡厚宣、顾铁符、史树青、马承源等，大家都发表了自己的见解，相互切磋，历时两月的切磋争鸣，终于取得了一致的意见。后来，郭沫若先生赋诗一首："越王勾践破吴剑，专赖民工字错金。银缕玉衣今又是，千秋不朽匠人心。"

1972 年 5 月，徐邦达先生对馆藏书画进行了鉴定。

1989 年 10 月，国家文物局书画鉴定小组的谢稚柳、刘九庵、杨仁凯先生对馆藏书画进行了鉴定。

1994 年，国家文物局青铜、陶瓷、杂件、革命文物鉴定组的专家杜廼松、王海文、郝本性、高至喜、耿宝昌、张浦生、赵自强、朱家溍、杨伯达、沈庆林、阮家新、万冈、陈肇庆、夏传鑫等对馆藏三级以上陶瓷、青铜、杂件、革命文物进行了鉴定。

2005—2006 年，湖北省文物局为配合国家文物局"文物调查和数据库管理系统建设"项目的开展，在全省范围内对各博物馆馆藏文物进行了巡回鉴定，历时长，规模大，效果好。

文物的编目建档是一项专业性强的基础工作，湖北省博物馆以保管部为主，在其他业务部门的配合下，经过多年努力，基本完成珍贵文物的编目建档工作，一般文物的编目建档工作正在有条不紊地进行中。这些鉴选定级、登记入藏、编目建档都是幕后的、默默无闻的工作，是很繁重而长期的工作，是陈列展览、宣传教育、学术研究等业务活动和信息化建设的基础。没有这个基础，这些业务活动和信息化建设就会成为"空中楼阁"。

6. 文物信息化建设明显改观

文博信息化是推动和促进文博事业发展的必由之路，是大势所趋。2002 年之前，湖北省博物馆的文物拍摄主要依靠摄影室（属于办公室），保管部也只有 1 台电脑，简单地录入文物账本，作用有限。2002 年博物馆、考古所合并以后，为改变落后的手工式的管理方式，开始陆续配置台式电脑、手提电脑、数码相机、扫描仪等。以新库房建成为契机，保管部不仅人手 1 台电脑，而且各库房也相应地配有电脑，每个小组都有数码相机、扫描仪等。初期将所有登账入藏的藏品录入电子表格，便于查询、统计、提用。特别是自 2006 年起，湖北、湖南作为国家文物局"文物调查和数据库管理系统建设"项目的第二批试点省份，湖北省博物馆进入大规模的文物数据库建设高潮。历经多年，到目前为止，基本完成馆藏 3 万件一、二、三级珍贵文物的填表、录入、拍照工作，并报送湖北省文物局和国家文物局。一般文物的数据库建设也正在抓紧进行中。数据库的建立，极大地改变了文物的管理模式，检索、查询、统计非常方便，不必每次都到库房动文物，尽可能避免了文物的损伤，也避免了很多不必要的重复劳动，使博物馆在文物的日常管理、展览、研究方面，效果显著，迈上了一个新台阶。

7. 藏品管理制度不断健全完善

湖北省博物馆坚持以《中华人民共和国文物保护法》《博物馆条例》《博物馆藏品管理办法》等为基础，按照“制度健全、账目清楚、鉴定确切、编目详明、保管妥善、查用方便”的藏品保管“二十四字”方针，不断补充、修订、完善各种藏品管理制度，包括《文物征集管理办法》《藏品计件方法》《库房管理办法》《出入库管理办法》《藏品提用管理办法》《库房参观记录》《藏品安全管理规范》《文物运输安全制度》《展区文物展柜钥匙管理规定》等。这些制度的制定和完善，为湖北省博物馆管理水平的提升及藏品管理的规范化、科学化打下了坚实的基础。

8. 队伍建设和学术研究有较大发展

不可否认，老的保管员工作多年，经验丰富、责任心强、思想纯、杂念少，让人放心。但早期保管员多是从文化系统内其他单位调入，非科班出身人员较多，专业基础较差，而且或多或少存在着将文物、资料视为己有、不愿提供给他人的陋习，难免和其他部门产生矛盾，造成“不好打交道”的负面影响。但随着时代的发展、观念的转变，以及老保管员的退休、科班人员的陆续引进，人才队伍年龄和结构得到了较大的改观。既有专科生、本科生，也有研究生；既有纯粹的文物保管员，也有文物鉴定、研究人员；既有文博专业人员，也有计算机、文保等技术人员。湖北省博物馆大兴学习、研究之风，鼓励保管人员在做好日常管理工作的同时，加强学习，多参加培训，充分利用能方便接触藏品的有利条件，在文物鉴定和学术研究方面多下功夫，多出成果。通过多年来持之以恒的努力，湖北省博物馆培养了一批在陶瓷、书画、青铜、玉杂等文物鉴定、研究方面能独当一面的人才，提升了业务水平和形象。

四

陈列展览

陈列展览是博物馆向社会奉献的最重要的精神文化产品，是博物馆开展社会教育和公共服务、实现社会职能的主要载体和手段。湖北省博物馆陈列展览深入挖掘文物内涵，反映最新研究成果，增加文化含量，艺术水平不断提升，陈列语言和展示手段持续更新，以弘扬中华优秀传统文化，培育和践行社会主义核心价值观为主要价值导向。

目前承担湖北省博物馆展览业务的陈列部，是湖北省博物馆最早成立的业务部门之一，20 世纪 50 年代湖北省博物馆筹建时期，自然组和历史组承担展览内容设计工作，美工组承担形式设计及展览制作工作。1963 年湖北省博物馆正式成立时，参照苏联地志性博物馆的机构设置，成立了陈列部。陈列部下辖自然组、历史组、社会主义建设组、美工组以及群工组，除群工组之外，其他各组的业务范围都与目前的陈列部相吻合。20 世纪 70 年代初，湖北省博物馆的自然标本划拨到恩施后，自然组撤销，历史组更名为历史文物工作队，社会主义建设组扩充为革命文物工作队。20 世纪 70 年代后期，历史文物工作队更名为通史部，革命文物工作队更名为党史部。1989 年，因为曾侯乙墓出土音乐文物的研究与展示需要，成立了音乐文物研究室。20 世纪 90 年代，党史部更名为近现代史部。2002 年馆、所合并，原通史部、近现代史部、美工部、音乐文物研究室与文献研究室五部门合并为现在的陈列部，统筹展览的策划、内容设计、形式设计和展览制作。

近年来，湖北省博物馆集中打造一批精品基本陈列，同时与省内外各兄弟馆合作，每年举办大量交流合作展，整合藏品、展览、人才、技术、资金等资源，策划优秀展览项目巡回展出。多个展览荣获全国博物馆十大陈列展览精品推介精品奖、优胜奖，入选“弘扬中华优秀传统文化，培育和践行社会主义核心价值观”主题展览重点项目。

（一）发展历程

湖北省博物馆在展厅建设和布设展览上可以大致分为六个阶段。

1. 第一阶段：水陆街时期（1953 年至 1956 年）

当时处于湖北省博物馆筹备初期，办公用房系民房，没有展览场地，只能举办一个小型的基本陈列，更多的是临时性的流动展览。

2. 第二阶段：何家垅工农业展览馆时期（1956 年至 1960 年）

1956 年，湖北省人民政府决定湖北省博物馆和湖北省工农业展览馆合建在一起，整个展览场地的三分之一供湖北省博物馆使用，但仍没有独立的展馆。与此同时，从 1956 年开始，湖北省博物馆借用东湖风景区的文物陈列馆场地制作展览。

3. 第三阶段：东湖老陈列楼时期（1960 年至 1989 年）

湖北省博物馆于 1960 年正式在东湖兴建陈列楼。陈列楼建筑面积 2988 平方米，实际展览面积 1600 平方米。

4. 第四阶段：新馆一期工程即编钟馆时期（1989 年至 2005 年）

1999 年 1 月，编钟馆建成开放，编钟馆建筑面积 5171 平方米，展厅面积 2000 余平方米。

5. 第五阶段：新馆二期工程即楚文化馆和综合馆时期（2005 年至 2021 年）

楚文化馆、综合馆与编钟馆呈一主两翼“品”字形布局设计，综合馆为主，楚文化馆与编钟馆为东、西两翼。2005 年 12 月，楚文化馆建成开放，建筑面积 4711 平方米，展厅面积 13427 平方米；2007 年 10 月，综合馆对外试运行，建筑面积 4.96 万平方米，展厅面积 7000 平方米。

6. 第六阶段：新馆三期工程时期（2021 年至今）

2021 年 12 月 20 日，新馆三期工程建成并对外开放，展馆主要为文展大楼，即南馆，建筑面积 41186.46 平方米，展厅面积 12000 平方米。

截至目前，湖北省博物馆总建筑面积 11.469 万平方米，展厅面积 3.6 万平方米。

此外，依托 2022 年 6 月开馆的湖北省文物考古研究所木兰湖整理基地，展陈面积约 1500 平方米。

（二）基本陈列

由比较稳定的主题、内容、展品（主要是馆藏文物标本）和较完美的艺术形式构成的陈列体系称为基本陈列。湖北省博物馆基本陈列经历了多个不同的时期，湖北考古博物馆也布设了三个室内基本陈列和一个“阳光展厅”。

1. 筹备处成立至二期新馆开放前

从 1953 年湖北省博物馆筹备处成立到 2007 年二期新馆开放之前，湖北省博物馆共举办过 5 个基本陈列。

1955 年 11 月，湖北省博物馆筹备处与湖北省文物管理委员会在武昌水陆街馆舍内举办“湖北省出土文物展览”（图 4–1），展示了 1950 年至 1955 年在武汉、黄石及京山、枣阳等十多个市县调查、发掘出土的文物标本。这是湖北省博物馆的第一个基本陈列，后由于 1956 年馆舍迁至东湖而停办。

1956 年在姚家岭街湖北省工农业展览馆，占有三分之一馆舍的湖北省博物馆筹备处举办了“湖北自然环境与自然资源展览”。

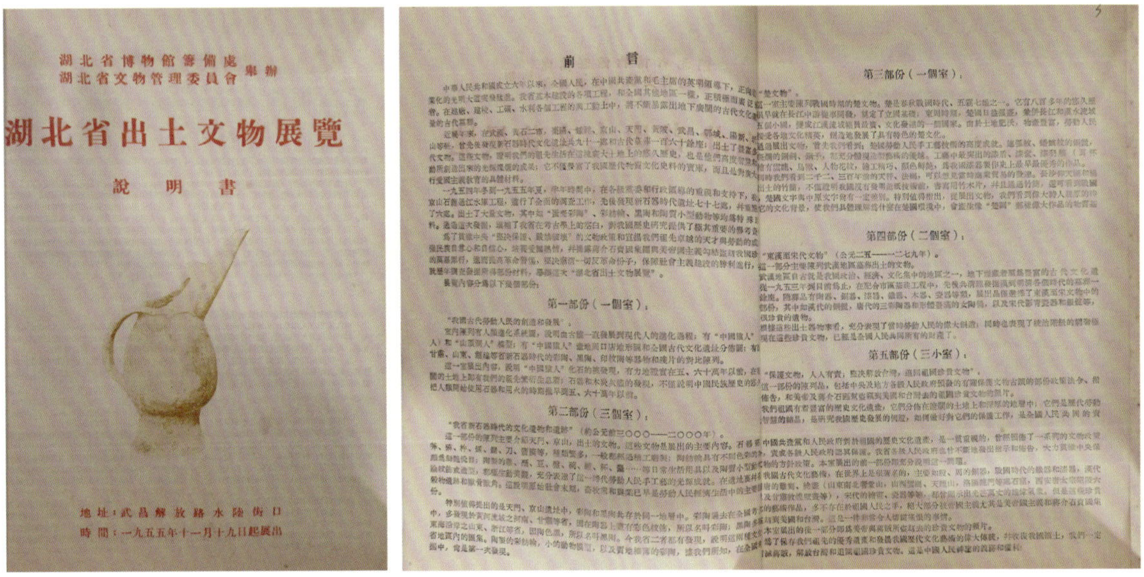

图 4–1 “湖北省出土文物展览”说明书

1956 年，湖北省博物馆筹备处迁至东湖，随即举办了“历史文物展览”（图 4–2）和“革命文物展览”（图 4–3）两大基本陈列。

1960 年 10 月，由董必武题写馆名的湖北省博物馆陈列展览大楼落成。1961 年、1962 年 1 月，改陈后的全新展览“湖北历史文物展览”“湖北革命文物陈列”成为该陈列大楼的两个基本陈列（图 4–4）。

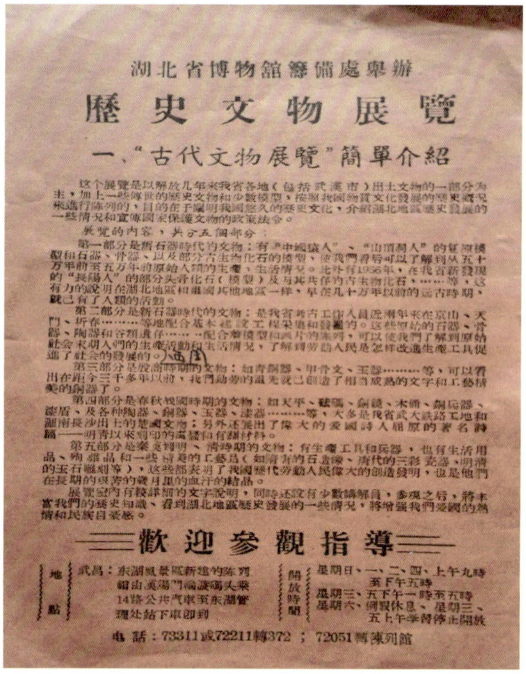

湖北省博物館籌備處舉辦

歷史文物展覽

一、“古代文物展覽”簡單介紹

这个展覽是以解放几年来我省各地（包括武漢市）出土文物的一部分為主，加上一些傳世的歷史文物和少數模型，按照我國物質文化發展的歷史概况來進行陈列的，目的在于闡明我國悠久的歷史文化，介紹湖北地區歷史發展的一些情况和宣傳國家保護文物的政策法令。

展览的内容，共分五個部分：

第一部分是舊石器時代的文物：有“中國猿人”、“山頂洞人”的復原模型和石器、骨器、以及部分古生物化石的模型，使我們看后可以了解到从五十万年前至五万年前原始人類的生產、生活情况。此外有1956年，在我省新發現的“長陽人”的部分头骨化石（模型）及与其共存的古生物化石……等，这有力的說明在湖北地區和祖國其他地區一样，早在几十万年以前的远古時期，就已有了人類的活動。

第二部分是新石器時代的文物：是我省考古工作人員近兩年来在京山、天門、圻春……等地配合基本建設工程采集和發掘的。这些原始的石器、骨器、陶器和各類遺存……一配合着模型和图片的陈列，可以使我們了解到原始社会末期人們的生產活動和生活情况，了解到劳動人民是怎样改進生產工具促進了社会的發展的。

第三部分是殷商時期的文物：如青銅器、甲骨文、玉器………等，可以看出在距今三千多年以前，我們勤劳的祖先就已創造了相当成熟的文字和工藝精美的銅器了。

第四部分是春秋戰國時期的文物：如天平、砝碼、銅鏡、木俑、銅兵器、漆盾、及各种陶器、銅器、玉器、漆器………等，大多是我省武大鐵路工地和湖南長沙出土的楚國文物；另外还展出了偉大的爱國詩人屈原的著名詩篇——明清以来刻印的离騷和有關材料。

第五部分是秦漢到明、清時期的文物：有生產工具和兵器，也有生活用品、殉葬品和一些精美的工藝品（如隋唐的石造像、唐代的三彩瓷器、明清的玉石雕刻等），这些都表明了我國歷代劳動人民偉大的創造發明，也是他們在長期的艰苦的歲月里的血汗的結晶。

展覽室內有較詳細的文字說明，同時还設有少數講解員，参观之后，将丰富我們的歷史知識、看到湖北地區歷史發展的一些情况，將增强我們爱國的熱情和民族自豪感。

歡迎參觀指導

地點：武昌：东湖風景區新建的陈列館由漢陽門輪渡碼头乘14路公共汽車至东湖管理处站下車即到

開放時間：星期日、一、二、四、上午九時至下午五時
星期三、五下午一時至五時
星期六、例假休息、星期三、五上午學習停止開放

电話：73311或72211轉372；72051轉陳列館

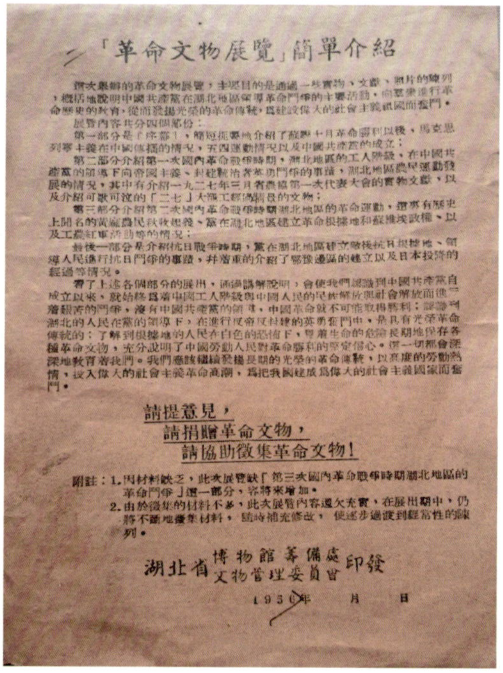

二、「革命文物展覽」簡單介紹

這次舉辦的革命文物展覽，主要目的是通過一些實物、文獻、照片的陳列，概括地說明中國共產黨在湖北地區領導革命鬥爭的主要活動，向羣衆進行革命歷史的教育，從而發揚光榮的革命傳統，爲建設偉大的社會主義祖國而奮鬥。

展覽內容共分四個部份：

第一部分是「序幕」，簡短扼要地介紹了蘇聯十月革命勝利以後，馬克思列寧主義在中國傳播的情況，五四運動情況以及中國共產黨的成立；

第二部分介紹第一次國內革命戰爭時期，湖北地區的工人階級、在中國共產黨的領導下向帝國主義、封建統治者英勇鬥爭的事蹟，湖北地區農民運動發展的情況，其中有介紹一九二七年三月省農協第一次代表大會的實物文獻，以及介紹可歌可泣的「二七」大罷工鬥爭經過的文物；

第三部分介紹第二次國內革命戰爭時期湖北地區的革命運動，還專有歷史上聞名的黃麻農民秋收起義、黨在湖北地區建立革命根據地和蘇維埃政權、以及工農紅軍活動等的情況；

最後一部分是介紹抗日戰爭時期，黨在湖北地區建立敵後抗日根據地、領導人民進行抗日鬥爭的事蹟，并着重的介紹了鄂豫邊區的建立以及日本投降的經過等情況。

看了上述各個部分的展出，通過講解說明，會使我們認識到中國共產黨自成立以來，就始終爲着中國工人階級與中國人民的民族解放與社會解放而進行着艱苦的鬥爭，沒有中國共產黨的領導，中國革命就不可能取得勝利；認識到湖北的人民在黨的領導下，在進行反帝反封建的英勇奮鬥中，是具有光榮革命傳統的；了解到根據地的人民在白色的恐怖下，冒着生命的危險長期地保存各種革命文物，充分說明了中國勞動人民對革命勝利的堅定信心。這一切都會深深地教育着我們。我們應該繼續發揚長期的光榮的革命傳統，以高度的勞動熱情，投入偉大的社會主義革命高潮，爲把我國建成爲偉大的社會主義國家而奮鬥。

請提意見，
請捐贈革命文物，
請協助徵集革命文物！

附註：1. 因材料缺乏，此次展覽缺「第三次國內革命戰爭時期湖北地區的革命鬥爭」這一部分，容將來增加。
2. 由於徵集的材料不多，此次展覽內容還欠充實，在展出期中，仍將不斷地徵集材料，隨時補充修改，使逐步過渡到經常性的陳列。

湖北省博物館籌備處 文物管理委員會 印發

195[illegible]年　月　日

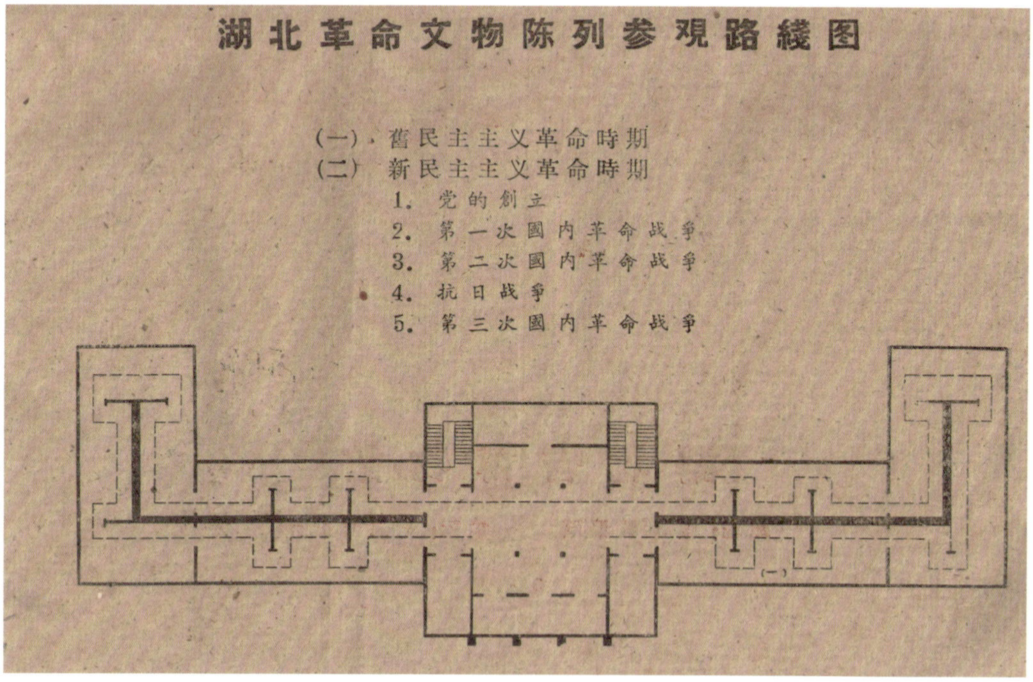

1 | 2
3

1. 图 4–2　“历史文物展览”海报（1956）
2. 图 4–3　“革命文物展览”海报（1956）
3. 图 4–4　“湖北革命文物陈列”参观路线图

1963 年，基本陈列“湖北省自然环境与自然资源展览”举办。

1966 年，湖北省博物馆闭馆。

1972 年 5 月，以“湖北出土文物展览”作为基本陈列，陈列大楼再次开展，直到 1978 年闭展。1979 年再次改陈后展出。

1978 年 9 月，从考古发现的曾侯乙墓文物中挑选珍品千余件制作“湖北随县曾侯乙墓出土文物展览”作为基本陈列在陈列大楼展出（图 4–5），展览至 1979 年 8 月后运到中国历史博物馆展出。1980 年 3 月全部运回本馆展出，引起极大轰动，至 1981 年 7 月，总参观人数达到 150 余万人次，参观人数最多的一天达 8000 多人次。

图 4–5　有“随县曾侯乙墓出土文物展览”主展标的陈列大楼

1981 年 7 月，“湖北革命文物展览”再次改陈后在陈列大楼二楼展出。

1981 年 10 月，为纪念辛亥革命 70 周年，湖北省博物馆在武昌起义湖北军政府旧址举办“湖北军政府旧址复原陈列”“辛亥革命武昌起义史迹陈列”。

1999 年 1 月，湖北省博物馆一期新馆编钟馆建成，“随县曾侯乙墓出土文物展览”成为该馆的基本陈列。

2. 二期新馆基本陈列

2005 年 12 月，二期新馆楚文化馆开馆；2007 年 11 月，二期新馆综合馆对外开放。二期新馆全面建成后，湖北省博物馆面向观众展出的共有 12 个基本陈列，均为专题陈列。基本陈列主要分为三大类型。

（1）地方历史类陈列

包括“郧县人——长江中游的远古人类”“屈家岭——长江中游的史前文化”“盘龙城——长江中游的青铜文明”“楚文化展”和“荆楚百年英杰”，前四个展览萃取最具湖北地方文化特点的“郧县人”、屈家岭文化、盘龙城遗址及楚文化，概括地展示了江汉地区文明自起源至先秦的历史进程。

图 4-6 “郧县人——长江中游的远古人类”展序厅

①郧县人——长江中游的远古人类

郧县人是长江中游地区发现的旧石器时代早期的古人类，属直立人。1989 年和 1990 年，考古工作人员先后在郧县青曲镇曲远河口的学堂梁子发现了 2 具人类头骨化石。遗址年代距今约 100 万年。该展览以湖北境内古人类活动为主线，全面展示了江汉地区旧石器时代文化遗存。

陈列位于综合馆三楼西侧展厅（图 4-6）。

②屈家岭——长江中游的史前文化

屈家岭文化是 1954 年在湖北京山屈家岭最先发现的长江中游地区的新石器文化，距今 5100—4500 年。这一时期社会分层、宗教活动等现象加剧，出现了大量聚落群和古城，以及一系列文明因素。该展览根据时间顺序，依次排列城背溪文化、大溪文化、屈家岭文化、石家河文化的代表性遗物，全方位地揭示了新石器时代长江中游地区人类的定居生活、农业的发生发展以及文明的延续过程。

陈列位于综合馆三楼西侧展厅（图 4-7）。

图 4-7 “屈家岭——长江中游的史前文化”展序厅

图 4-8　“盘龙城——长江中游的青铜文明”展序厅

③盘龙城——长江中游的青铜文明

1954年发现的盘龙城遗址是长江流域首次发现的具有中原商文化特点的早期城市遗址。城址约建于前 15 世纪，在商代晚期衰落。盘龙城的建筑技术、青铜工艺、埋葬习俗、玉器风格、陶器特征等方面都与商代二里冈上层文化（约前 1500 年）一致。该展览展示了商代“南土”盘龙城城址的考古发现。

陈列位于综合馆三楼西侧展厅（图 4-8）。

④楚文化展

楚，既是国名，又是族名。楚国在公元前 223 年被秦国灭掉，立国约有 800 年。20 世纪 60 年代以来，湖北地区发掘了 5000 余座楚墓，出土的大量文物展现了楚国社会生活的各个方面。楚文化作为先秦时期的一个区域文化，独具一格、博大精深，是构成先秦华夏文明的重要组成部分。该展览分为八个部分，集中展出湖北地区出土的楚文物精华，力求全面展示楚文化的辉煌。展品中有越王勾践剑、吴王夫差矛，还有复原的 2002 年在湖北枣阳九连墩发掘的楚国车马坑中的部分车马。

陈列位于楚文化馆一、二楼（图 4-9）。

此后该展览因三期新馆建设撤展，2017 年制作为“凤舞九天——楚文物精品展”在综合馆四楼展出。

图 4-9　“楚文化展”展标

图 4–10 “荆楚百年英杰”展序厅

⑤荆楚百年英杰

近代以来，荆山楚水英杰辈出。其中，有指点江山的党和国家领导人，有救国救民的革命先烈，有领兵杀敌的军旅名将，还有建功立业的科技精英、学术大师、艺术泰斗。“荆楚百年英杰”展展示了董必武等100余位代表人物。该展览以人物为线索，展示了近代中华众多仁人志士在鸦片战争至新中国成立百余年间所进行的艰苦卓绝的斗争历史。

陈列位于综合馆四楼（图 4–10）。

（2）馆藏文物展

湖北省博物馆作为一个综合性博物馆，以器物分类，陶瓷及书画是收藏大项。“土与火的艺术——古代瓷器专题展”“明清书画——湖北省博物馆藏书画选”“湖北省博物馆藏近现代书画选”展示了湖北省博物馆陶瓷及书画的收藏。而经过多年积累，湖北省博物馆逐步形成了自己的收藏特色，“书写历史——战国秦汉简牍”“秦汉漆器艺术”这两个展览就是对湖北省博物馆收藏特色的突出反映。

图 4-11 “土与火的艺术——古代瓷器专题展”序厅

①土与火的艺术——古代瓷器专题展

展览分为两个专题，第一专题为“青瓷白瓷青白瓷”，主要展示了以考古发掘出土为主的高古瓷器，介绍元代以前湖北地区单色釉瓷器的发展脉络；第二专题“元明清瓷器精品”以馆藏传世瓷器为重点，展示元代以后瓷器的发展面貌。多数文物是第一次系统地向公众展示，其中元青花四爱图梅瓶尤为珍贵。

陈列位于综合馆三楼东侧（图 4-11）。

图 4-12 “书写历史——战国秦汉简牍”展序厅

②书写历史——战国秦汉简牍

20 世纪 70 年代以来，全国各地陆续出土了一些战国秦汉简牍，湖北是出土战国秦汉简牍批次和数量最多的地区之一，湖北省博物馆也是全国收藏战国秦汉简牍最丰富的博物馆之一。“书写历史——战国秦汉简牍”以湖北省出土的战国秦汉简牍和书写工具实物为主，辅以原始社会时期的刻画符号和陶文，以及世界各地的书写历史背景，使观众对书写的历史有较全面的了解。

陈列位于综合馆三楼东侧（图 4-12）。

图 4-13 “秦汉漆器艺术”展序厅

③秦汉漆器艺术

漆器是中国古代最伟大的发明之一，秦汉时期发展到鼎盛期。自 20 世纪 50 年代以来，全国各地陆续有大量考古发掘出土的漆木器，而湖北出土的秦汉漆器最具代表性。“秦汉漆器艺术”展集中展示了湖北省博物馆藏最具特色的秦汉漆器。

陈列位于综合馆三楼东侧（图 4-13）。

1 | 2　　1. 图 4–14　“明清书画——湖北省博物馆藏书画选”展序厅
2. 图 4–15　“曾侯乙墓”展序厅

④明清书画——湖北省博物馆藏书画选（湖北省博物馆藏近现代书画选）

展览从馆藏书画中选取了明清至近现代较有代表性的绘画、书法流派人物的作品予以介绍。

出于对书画文物保护的要求，这两个展览是交换展出的基本陈列。

陈列位于综合馆三楼东侧（图 4–14）。

（3）重要墓葬专题展

湖北地区古代遗存丰富，发掘了大量古代墓葬，出土了众多文物。在湖北省博物馆二期新馆的基本陈列中，展出了三个墓葬陈列，分别是“曾侯乙墓”“九连墩纪事”和“梁庄王墓”。

①曾侯乙墓

1978 年在湖北随县（今随州市）城郊擂鼓墩发掘的曾侯乙墓是一座 2400 年前的诸侯国君的墓葬，墓主人为战国早期曾国国君乙。此墓葬出土文物万余件，因数量之大、种类之多、价值之高、保存之好而轰动海内外。“曾侯乙墓”展览陈列了该墓出土的最有代表性的文物，展现了 2400 年以前人们的精神世界和物质生活。陈列分“祭厅”“青铜器”“兵器”“车马器”“竹简”“漆木器”“金玉器”和“乐器”八大部分，共展出最具代表性的文物 360 件。其中，造型奇妙、工艺精湛、纹饰华美的青铜鹿角立鹤、联襟大壶、尊盘、鉴缶，迄今仍很锋利的多戈戟和三角剑形的殳，包容文字资料颇多的我国目前发现的最早的竹简，重达 2156 克的特大金盏，制作方式与风格迥异于楚、秦的漆木竹器等，均是考古中所罕见的珍品。尤其是乐器展品中的一套青铜编钟，更是无价之宝。该套编钟音域宽广，音色优美，可以演奏中外各种乐曲，被誉为世界音乐史上的一大奇迹。

2009 年，“曾侯乙墓”陈列在北京举行的第八届全国博物馆精品陈列展览终评会上，荣获“最佳服务奖”和“最佳新技术、新材料应用奖”。

陈列位于综合馆二楼西侧（图 4–15）。

1｜2　　1. 图 4–16　“九连墩纪事”展序厅
　　　　2. 图 4–17　“梁庄王墓”展序厅

②九连墩纪事

九连墩墓葬群位于湖北省枣阳市吴店镇。2002 年 9 月至 2003 年 1 月，为配合湖北省孝感至襄樊（今襄阳）高速公路的建设，文物考古工作者对九连墩 1、2 号墓及陪葬的车马坑进行了科学发掘。“九连墩纪事”展展示了墓葬发掘的过程和楚国高级贵族墓的墓葬文化。

陈列位于综合馆二楼东侧（图 4–16）。

③梁庄王墓

明梁庄王墓是明仁宗朱高炽第九子朱瞻垍与魏妃的合葬墓，文物工作者于 2001 年对其进行了抢救性发掘，出土金器、玉器、瓷器等珍贵文物 5300 件。在展出的梁庄王墓出土文物中，一件来自“西洋”的金锭是郑和下西洋的重要见证。

陈列位于综合馆三楼北侧（图 4–17）。

3. 三期新馆基本陈列

三期新馆基本陈列分为两个部分，一是三期新馆即南主馆的六个基本陈列，包括从二期新馆基本陈列全新改陈的“曾侯乙”“梁庄王珍藏——郑和时代的瑰宝”“楚国八百年”，新增的“越王勾践剑特展”“曾世家——考古揭秘的曾国”“天籁——湖北出土的早期乐器”，该部分展览已于 2021 年对社会开放；二是二期新馆改造完成后的基本陈列，即对原综合馆（北主馆）进行部分改陈的“荆楚百年英杰”，以及后续进行改陈的楚文化馆（东馆）。

图 4–18 “曾侯乙”展序厅

（1）三期新馆基本陈列

①曾侯乙

曾侯乙生活在公元前 5 世纪，是周代诸侯国曾国的国君。他的墓葬于 1978 年在湖北随县（今随州城郊）被发现，从墓葬中发掘出土的 15000 余件工艺精湛、无与伦比的文物，呈现了高度发达的礼乐文明，体现了古人敬畏天地、神明和祖先的丰富精神世界，揭示了中国古代青铜铸造、天文历法、音乐艺术等方面的极高成就。

展览分为“敬天崇祖”“金声玉振”“所尚若陈”“观象授时”“车马仪仗”“永保用享”六个部分，多角度阐释曾侯乙文物，体现古代的礼乐文明，凸显文物艺术特色。

陈列位于南主馆一、二层，面积 3800 平方米（图 4–18）。

②梁庄王珍藏——郑和时代的瑰宝

展览以海上丝绸之路为历史背景，分“天潢贵胄”“珠围翠绕”“丝路撷珍”三个部分，以刻有“自西洋等处买到”字样金锭和出土的部分精美文物，展示海上丝绸之路带来的中西文化交流情况。

陈列位于南主馆三层，面积 1900 平方米（图 4–19）。

图 4–19 “梁庄王珍藏——郑和时代的瑰宝”展序厅

图 4-20 “楚国八百年”展序厅

③楚国八百年

展览以文化展为基本定位，分为“开疆拓土”“礼俗百业”“惊采绝艳”“上下求索”四个部分，打破以材质为主要门类的叙述脉络，吸收新的研究成果，增加楚国历史知识，突出楚人“筚路蓝缕”“一鸣惊人”的精神内涵，从物质到精神、从文献到文物，全面展示楚国的历史和文化。

陈列是对原位于东馆（原楚文化馆）“楚文化”和北主馆（原综合馆）“凤舞楚天——楚文物精品展”的全新改陈，位于南主馆三层，面积 2700 平方米（图 4-20）。

④越王勾践剑特展

越王勾践剑是国宝级文物，湖北省博物馆“十大镇馆之宝”之一。越王勾践剑所反映的历史故事、科技成就十分丰富，因此设立专馆展出。展览以越王勾践剑为中心，分为“越国春秋”“惊世发现”“剑中王者”三个单元。以越国历史作为切入点，介绍文物背后楚昭王、越王勾践联姻的美好故事，以不朽之谜介绍越王勾践剑的科技成就。

图 4-21 “越王勾践剑特展”展厅

陈列位于南主馆二层，面积 600 平方米（图 4-21）。

⑤曾世家——考古揭秘的曾国

曾国考古是湖北省近年来取得成果最多、社会关注度最高的考古发现之一。叶家山、文峰塔、郭家庙、苏家垄等考古发现引起社会各界瞩目。展览分为“始封江汉”“汉东大国”“佐佑楚王”“华章重现”四个部分，通过考古成果，揭示曾国从在江汉地区独领风骚到滋养楚国、最后融入楚文化的发展历程。

陈列位于南主馆二层，面积1900平方米（图4–22）。

图4–22　“曾世家——考古揭秘的曾国”展序厅

⑥天籁——湖北出土的早期乐器

本展览是结合湖北省博物馆馆藏特色推出的中华传统音乐文化专题展，以早期乐器的发展历程为主轴，展出135件（套）湖北出土的音乐文物，年代为新石器时代至战国晚期。展品中既有湖北省博物馆的重要收藏，如首次对外展出的西周扉棱镈钟、“十大镇馆之宝”之一的崇阳铜鼓，也有历年重要的考古发现，如4200年前的石家河陶铃，郭家庙30号墓出土的琴（目前考古发现最早的琴），九连墩墓出土的编钟、编磬、琴、瑟等乐器组合，集中体现了先秦时期的音乐成就和文明盛况。结合展览主题特色，展厅首次引入视障人士导览设施，在主展线、多媒体设备附近铺设盲道，辅以盲文导览。

陈列位于南主馆负一楼，面积600平方米（图4–23）。

图4–23　“天籁——湖北出土的早期乐器”展厅

（2）二期新馆（北主馆、东馆）改陈

①荆楚百年英杰

本展览展示了近代以来对中国近现代历史、科学文化和经济建设有过重要影响和突出贡献的湖北籍或在湖北长期工作过的革命家、文化俊杰和科教精英的生平事迹。

展览分“国家主席”“辛亥仁人”“革命志士”“军旅名将”“科学精英”“文化俊杰”“抗疫英雄”七个单元，通过大量珍贵图片资料及文物，生动展现湖北近现代历史与文化的闪光点，勾勒湖北近现代历史的发展进程，叙说其产生的深远影响。展览共展出 198 套（件）文物，包括董必武保存的 1948 年中国人民银行发行的第一套人民币票样、1933 年陈潭秋在赴中央苏区前给其兄长的亲笔信、抗战时期李先念使用的怀表、开国大将徐海东挑着儿女行军用的箩筐等。

此次展品以“徽章”为线索，各单元相互呼应。改陈中新增了“抗疫英雄”单元，展品主要来自社会各界向湖北省博物馆捐赠的抗疫见证物，集中展示湖北人民在习近平总书记领导下，打赢疫情防控人民战争的伟大历程。“抗疫英雄”单元特别展出张定宇同志提供的“人民英雄”国家荣誉证书及勋章，刘智明烈士家属提供的“全国优秀共产党员”证书及勋章、“全国抗疫先进个人”证书及勋章，以及医院、高校、公益机构或团体等捐赠的抗疫纪念章。通过可歌可泣的英雄事迹、珍贵的抗疫见证物，展示湖北人民对伟大抗疫精神的坚决践行。

2021 年 7 月 1 日，“荆楚百年英杰”（第三展厅）改陈完成。

2021 年 12 月 31 日，“荆楚百年英杰”（第一、二展厅）改陈完成。

该展览入选 2021 年中宣部、国家文物局联合推介的“庆祝中国共产党成立 100 周年精品展览”，成为各界开展党史学习教育的又一重要资源。

陈列位于北主馆（原综合馆）四楼，面积 675 平方米（图 4-24）。

图 4-24 “荆楚百年英杰”展厅

②永远的三峡——三峡文物保护利用数字展

本展览将主题创意、空间设计与数字展示技术相融合，在内容上以三峡工程为背景，以葛洲坝、三峡、后三峡三个阶段为时间轴，从重庆、湖北两个库区来呈现三峡文物保护工程的过程、收获、影响以及模式；在形式上利用数字信息技术应用在活化、交互和深度体验方面的优势，为社会公众提供鲜活、丰富、多元的深度沉浸式观展体验。

展览共分为“序厅”“世纪三峡”“考古三峡”“守望三峡”“传承三峡”和“尾厅”六个部分，反映出三峡文物保护是中国有史以来最大的文物保护工程，它完成了世纪文物大保护，为后三峡的利用和开发奠定了基础；它形成的经验和模式，成为后续大型文物保护工程的范式。

陈列位于东馆（原楚文化馆）一楼，面积 1000 平方米（图 4–25）。

图 4–25　“永远的三峡——三峡文物保护利用数字展”序厅

③少儿体验馆

湖北省博物馆少儿体验馆是全省首家，也是全国博物馆行业面积最大的以考古发掘和研究工作为特色的专项少儿体验馆。少儿体验馆整体采用叙述式游线，利用量身定制的多媒体技术手段实现交互功能，设有“发现地层”“分门别类”“花花万物一起绘画吧”“考古学家的朋友们”等多个功能单元，秉承“以儿童为中心，为儿童而展示”的理念，为 3 至 14 岁的孩子提供集科学性、知识性、趣味性于一体的体验空间，通过情景再现、互动体验的学习方式，激发少年儿童的学习兴趣，培养他们的观察力、想象力、行动力、创造力。

位于东馆（原楚文化馆）二楼，面积 800 平方米（图 4–26）。

图 4–26　少儿体验馆

1 | 2　1. 图 4-27　“千年文脉——长江文明考古展·湖北”展序厅
2. 图 4-28　“世纪工程——三峡考古成果展”展厅

4. 湖北考古博物馆基本陈列

湖北考古博物馆共有三个基本陈列和一个阳光展厅。

（1）千年文脉——长江文明考古展·湖北

展览分为“人类起源”“文明之路”“夏商南土”“周之南国”“江汉入秦”五个部分，时间线自距今 200 万年左右的湖北建始人开始，至公元前 221 年秦统一六国止，通过选取典型遗存出土的具有明确时代特征的成组陶器、铜器、石器、玉器等展品 1000 余件，揭示了“百万年的人类史、一万年的文化史、五千多年的文明史”和多元一体中华文明的形成、发展历程，呈现了源远流长的长江文明汇入博大精深的中华文明的历史进程，在传承中弘扬荆楚文化，赓续千年文脉。

陈列位于整理楼一楼（图 4-27）。

（2）世纪工程——三峡考古成果展

展览分为“大江之中”“巴楚之地”“千年走廊”三个部分，选取陶器、瓷器、铜器及石刻拓片近百件，概要介绍三峡地区新石器时代考古学文化、巴楚文化和统一的多民族国家形成后的文化面貌，通过扎实而丰富的考古成果，历时性展示这一区域在长江文明乃至中华文明形成和发展中的重要地位。

陈列位于整理楼一楼（图 4-28）。

（3）长江文明展（数字）

展览采用数字化与图版相结合的方式，分为“文明之光”“金道锡行”“礼乐中国”“异彩纷呈”“交融和合”五个单元，选取长江沿线各大博物馆各时段的化石、石器、陶器、玉器、青铜器、漆木器、竹简木牍等 100 余件藏品进行数字化展示。这是先秦时期长江文明的第一个数字展览，也是湖北省博物馆第一个手机端的数字展览，可以让大家对长江文明有更多

图 4–29　“长江文明展（数字）”展厅

的认识，对全面了解中华文明起到一定的推进作用。

陈列位于整理楼一楼（图 4–29）。

（4）阳光展厅

主要展出石家河遗址与关洲遗址的陶器、石器等。

位于整理楼南侧室外艺术考古微广场（图 4–30）。

此外，湖北省文物考古研究所纪南城工作站基本陈列“纪南城工作站文物展”于 2015 年 11 月 25 日开展。

图 4–30　阳光展厅

（三）馆内临时展览

临时展览是基本陈列的重要补充，也是培养观众忠诚度的主要手段。20 世纪 70 年代以来，湖北省博物馆还举办了大量的临时展览，其中既有原创的，也有引进的。

1. 原创临时展览

（1）从建馆之初到 20 世纪 90 年代

武汉解放后，最早的展览是湖北省博物馆前身湖北人民科学馆在武昌水陆街举办的“生物进化与社会发展史展览”。

湖北省博物馆筹备处成立后，馆舍先后位于武昌水陆街、姚家岭、东湖风景区陈列馆（借用），1960 年秋，新的陈列大楼竣工后就有了自己的展馆，此外还有武昌红楼。其间举办的主要展览如下：

1954 年，在武昌水陆街举办“总路线图片展览”与“文物展览”。

1956 年，在武昌东湖举办“新民主主义革命文物展览”。

1957 年，湖北省博物馆筹备处与湖北省工农业展览馆举办“湖北省自然环境与矿产资源展览”。

1958 年，在武昌东湖风景区陈列馆举办“新民主主义革命文物巡回展览”“湖北省九年经济文化建设成就展览”，与故宫博物院联办“六百年来中国工艺美术展览”；在武昌阅马场红楼举办“革命文物展”。

1960 年，在武昌东湖举办“楚文物展览”“古代工艺品展览”。

1961 年，在武昌东湖陈列大楼举办“辛亥革命武昌起义文物资料展览”。

1962 年，在武昌东湖陈列大楼举办“两个时代两种命运展览”“金石书法展览”“花鸟画展览”，后两个展览还到武汉展览馆展出。

1966 年，在武昌东湖陈列大楼举办“社会主义教育展览”。

1972 年，在武昌东湖陈列大楼举办“文物保护政策法令宣传展览”“赴京出土文物汇报展览”。

1973 年，在武昌东湖陈列大楼举办“选送出国文物汇报展览”，在武汉各地流动举办“雷锋事迹展览”。

1974 年，在武昌东湖陈列大楼举办“批林批孔展览”，在武汉各地举办“批林批孔图片展览”。

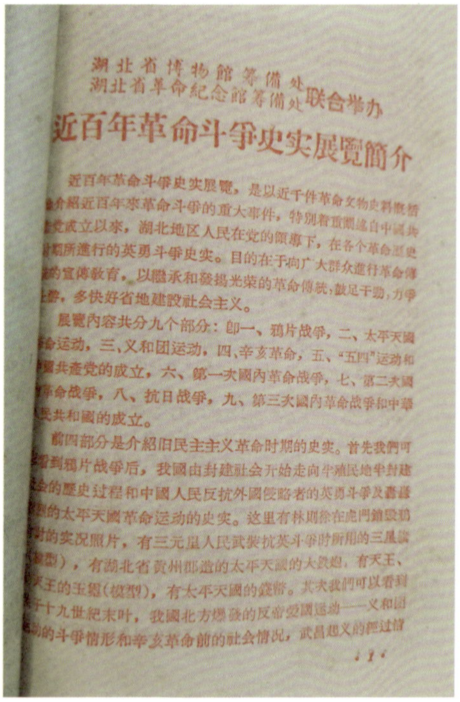

湖北省博物館籌備处
湖北省革命紀念館籌備处联合举办

近百年革命斗爭史实展覽簡介

近百年革命斗爭史实展覽，是以近千件革命文物史料概括介紹近百年來革命斗爭的重大事件，特別着重闡述自中國共产党成立以來，湖北地区人民在党的領導下，在各个革命历史时期所進行的英勇斗爭史实。目的在于向广大群众進行革命傳統的宣傳教育，以繼承和發揚光榮的革命傳統，鼓足干劲，力爭上游，多快好省地建設社会主义。

展覽内容共分九个部分：即一、鴉片战爭，二、太平天國革命运动，三、义和团运动，四、辛亥革命，五、"五四"运动和中國共產党的成立，六、第一次國內革命战爭，七、第二次國內革命战爭，八、抗日战爭，九、第三次國內革命战爭和中華人民共和國的成立。

前四部分是介紹旧民主主义革命时期的史实。首先我們可以看到鴉片战爭后，我國由封建社会开始走向半殖民地半封建社会的歷史过程和中國人民反抗外國侵略者的英勇斗爭及轟轟烈烈的太平天國革命运动的史实。这里有林則徐在虎門銷毁鴉片时的实况照片，有三元里人民武装抗英斗爭时所用的三星旗（模型），有湖北省黄州鑄造的太平天國的大鉄炮，有天王、翼王的玉璽（模型），有太平天國的錢幣。其次我們可以看到关于十九世紀末叶，我國北方爆發的反帝愛國运动——义和团运动的斗爭情形和辛亥革命前的社会情况，武昌起义的經过情

· 1 ·

1│2　　1. 图 4–31　“近百年革命斗争史实展览”简介
　　　　2. 图 4–32　周恩来同志 1958 年视察麻城时穿过的呢大衣（展品）

1975 年，在武昌东湖陈列大楼举办“革命传统教育展览”“邢远长事迹展览”。

1976 年，在武昌东湖陈列大楼举办“毛主席永远活在我们心中图片展览”“毛主席在湖北革命实践活动展览”。

1977 年，在武昌东湖陈列大楼举办“周恩来同志生平事迹展览”（图 4–32）与“革命传统代代传展览”。

1979 年，在武昌东湖陈列大楼举办“湖北出土战国、秦汉漆器展览”。

1980 年，在武昌东湖陈列大楼举办“董必武同志纪念展览”。

1981 年，在武昌东湖陈列大楼举办“湖北革命文物陈列”；为纪念辛亥革命 70 周年，在武昌红楼举办“辛亥革命湖北军政府旧址陈列”及“辛亥革命武昌起义纪念展览”。

1983 年，在武昌红楼举办“马克思主义在湖北的传播”展览，在武昌东湖陈列大楼举办小型书法、绘画展览。

1983 年以后至二期新馆开放前，湖北省博物馆的展览工作除“曾侯乙”等基本陈列外，主要面向外展，馆内基本没有举办临时展览。

（2）二期新馆开放至三期新馆开放前

该时期的临时展览集中于综合馆、编钟馆举办，主要如下：

2008 年 9 月至 10 月，举办“近年来考古成就展”。该展览从近年各重要工程遗址中（不包括三峡工程、南水北调工程）挑选了部分典型文物举办专题汇报展，以展示近年来湖北省在文物保护方面所做的努力和湖北省文物考古研究所配合工程建设所取得的部分成果。

2008 年 11 月 6 日至 2009 年 2 月，在武汉保卫战 70 周年之际，与八路军武汉办事处纪念馆联合举办“保卫大武汉——武汉会战 70 周年纪念展”，旨在让观众朋友了解这一历史事实，不忘国耻，明白落后就要挨打的真理，同时缅怀和铭记那些在反法西斯战争中捐躯的中外英雄。

2008 年 11 月 16 日，“心与音”展览开幕，展览讲述了乐器及音乐的人文故事。

2009 年 5 月 28 日至 8 月 9 日，“千古英雄——《大三国志展》归国汇报展”在综合馆举办（图 4-33），这是国内博物馆首次举办的三国文物特展，也是湖北省首次举办中国出国文物展览的汇报展。

2010 年 1 月 28 日至 2 月 10 日，举办“徐行可收藏展”。

2010 年 8 月 31 日，推出“童心趣画——2010 年暑期儿童绘画成果汇报展”。

2011 年 6 月 28 日至 9 月 18 日，综合馆举办“荆楚英华——全省博物馆馆藏文物精品联展”。

2012 年 4 月 8 日至 6 月 12 日，举办“道生万物——楚地道教文物特展”。该展览以湖北出土道教文物和武当山道教文物为主，重点反映楚地原始道教的发展过程以及道教文化的影响。

2013 年 6 月 20 日至 29 日，综合馆大厅举办“中国抗震救灾”展。

2013 年 8 月 7 日至 9 月 1 日，综合馆二楼九连墩展厅举办“天地神韵——汤文选绘画精品展”。

2014 年 1 月 28 日至 3 月 10 日，综合馆二楼九连墩展厅举办“张其军摄影展”。

2014 年 5 月 18 日至 30 日，综合馆书画厅举办“一代英杰张难先展”。

2015 年 10 月 17 日至 11 月 17 日，编钟馆一楼举办“民族魂——徐世鸣国画展暨李林倬油画展”。

图 4-33　“千古英雄——《大三国志展》归国汇报展”序厅及观众

2016年1月17日至2月22日，编钟馆一楼举办“探秘非洲摄影作品展”暨杨明《遇见》画册首发式。

2016年1月29日至3月1日，综合馆书画厅举办“穆穆曾侯——枣阳郭家庙曾国墓地特展”。

2016年2月1日至29日，综合馆二楼九连墩展厅举办“镌刻世纪——中华文化先贤新影像展”。

2016年10月18日至20日，编钟馆一楼举办“三苗与南土——湖北省文物考古研究所‘十二五’重要考古新发现图片展”。

2017年7月28日至2018年3月10日，编钟馆举办“艺超象外——邵声朗捐赠作品展”。邵声朗先生是湖北画坛学院派代表，2014年因病逝世后，其夫人汪均女士及子女秉承邵先生遗志，将邵先生生前创作的83幅绘画精品无偿捐献给湖北省博物馆。这些画作前后跨越60年，有邵先生在中央美术学院学习时的第一张山水写生作业，展示了邵先生多形式的探索表现以及后来艺术风格的形成过程。

图 4–34　“万里茶道”展海报

2017年12月27日至2018年4月15日，综合馆二楼九连墩展厅举办“万里茶道”展（图4–34）。展览联合了万里茶道沿线8个省（自治区）的20余家文博机构和茶叶企业，展品共600余件（套），集中展出了万里茶道文物珍品，不仅有茶具、茶炊等生活用品，还展出茶厂广告、茶叶邮票、明信片等，再现了昔日万里茶道的繁荣风貌。

2020年1月15日至2月29日，综合馆三楼举办“富岳三十六景——浮世绘特展”（图4–35）。展示包括葛饰北斋的“巨浪”“凯风快晴”等一套46件作品，集中呈现了日本江户时代的世俗生活百态。

图 4–35　“富岳三十六景——浮世绘特展”海报

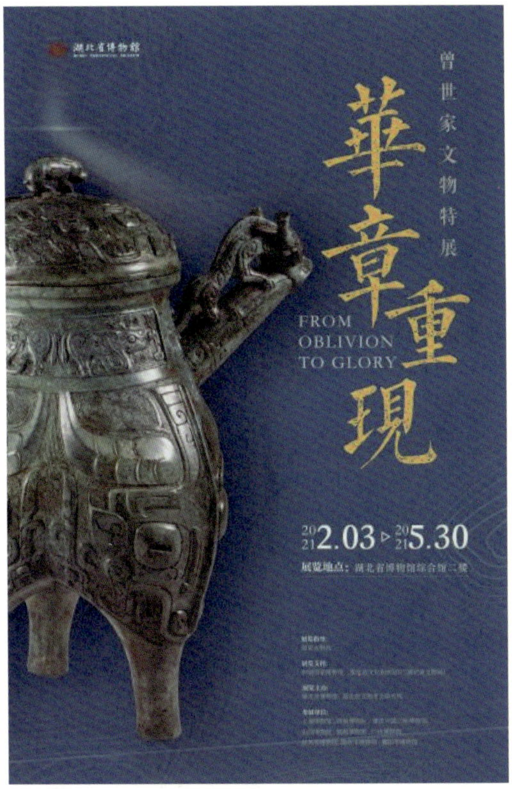

图 4-36　“华章重现——曾世家文物特展”（第二季）海报

2020 年 10 月 15 日至 2021 年 3 月，湖北省博物馆参与由中宣部指导，中共湖北省委、湖北省人民政府主办的“人民至上　生命至上——抗击新冠肺炎疫情专题展览”作品征集和部分大纲创作工作。展览位于武汉客厅，共分六个部分，展出照片 1100 余张、实物展品 1000 余件、视频 45 个、大型场景 33 处。

2020 年 9 月 12 日至 2021 年 1 月 11 日，综合馆二楼举办“华章重现——曾世家文物特展”（第一季）。该展览精选叶家山、苏家垄、文峰塔等重要曾国遗址出土的青铜器，共分“始封江汉”“汉东大国”“左右楚王”“华章重现”四个单元，呈现西周早期到战国中期的曾国青铜文化面貌。此次展览在文化和旅游部、国家文物局的大力支持下，展出了 2019 年我国政府从日本追索回来的“曾伯克父”青铜器群（这是中国在国际文物市场成功制止非法交易、通过跨国追索回归祖国的价值最高的一批文物）。

2021 年 2 月 3 日至 5 月 30 日，综合馆二楼九连墩展厅举办“华章重现——曾世家文物特展”（第二季）。此次展览较大幅度增加了展出文物数量，呈现了 130 余件（套）曾国青铜器精品，全面反映了从距今 3000 多年的西周早期到距今约 2400 年的战国中期的曾国历史文化面貌，带领观众感受曾国深厚的礼乐文明积淀（图 4-36）。

（3）三期新馆开放后至湖北省博物馆、湖北省文物考古研究院独立运行前

该时期的原创临时展览主要在南主馆举办，少量在北主馆（原综合馆）、西馆（原编钟馆）举办，主要如下：

2021 年 12 月 20 日至 2022 年 2 月 21 日，南主馆四楼书画厅举办“书画珍秘——湖北省博物馆藏书画精品展”。本展撷取馆藏各时期书画代表性作品，集中展示湖北省博物馆现藏书画作品

近万件，其中一级品达114件，主要以明清及近现代作品为主，也藏有敦煌、宋代日本经卷和南宋、元时期绘画作品。藏品来源既有武汉市文管会、文史馆等单位的调拨，也有包括徐行可、晏石卿、杨先梅等先生的社会捐赠，特别是徐行可先生捐赠书画近千件。正是这些藏家的无私捐赠，奠定了馆藏书画的基础。

2021年12月20日至2022年2月21日，在保利文化集团的大力支持下，湖北省博物馆与保利艺术博物馆合作，举办新馆的首个临展——“保利藏金——保利艺术博物馆藏青铜器精粹”展（图4-37）。本次展出的36件（套）钟鼎彝器充分反映了自殷商到两周1400余年中华先民非凡的创造力。这些商周吉金也是我们深入了解两三千年以前的社会制度、思想文化以及精神生活的重要物质资料。

图4-37 “保利藏金——保利艺术博物馆藏青铜器精粹”展海报

2022年5月18日至8月29日，北主馆二楼临展厅举办“龢：音乐的力量——中国早期乐器文化”展（图4-38）。该展览是湖北省博物馆为2022年“5·18国际博物馆日”打造的音乐文物特展。在展览内容上，设立“神人以和”“既和且平”“以和邦国”“和而不同”和“天地同和”五个单元，完整梳理了早期乐器的发展历程，展示了礼乐文化在不同发展阶段的形态特征，系统性呈现了早期乐器的品种由少到多、结构由简到繁、制作技艺日渐成熟、音乐性能臻于完善的发展过程，彰显了中国传统音乐追求真善美的永恒价值。该展览受到了参加“5·18国际博物馆日”活动的代表和学者的赞誉，并入选“2022年度文博行业100个热门展览”。

图4-38 “龢：音乐的力量——中国早期乐器文化”展海报

2022年7月10日至10月7日，西馆一楼举办“百年民俗　湖北记忆影像展”（图4-39）。湖北是荆楚故地，历史悠久，人文底蕴深厚。在丰厚历史文化的滋养下，湖北形成了多姿多彩的

图4-39 “百年民俗　湖北记忆影像展”海报

民俗传统。经过精挑细选、全盘统筹、深入考量，展览精选了1200余张老照片，分“岁时节令”“生产习俗”“商业交通水利”“人生礼仪”“衣食居育医”“文艺娱乐”六个部分，汇聚了湖北约280个民俗事象，呈现荆楚百年记忆。湖北地方的岁时节日、生产生活、生养婚娶、丧葬祭祀、语言艺术、游艺娱乐等风土人情和习俗信仰，得到真实生动的记录和反映。

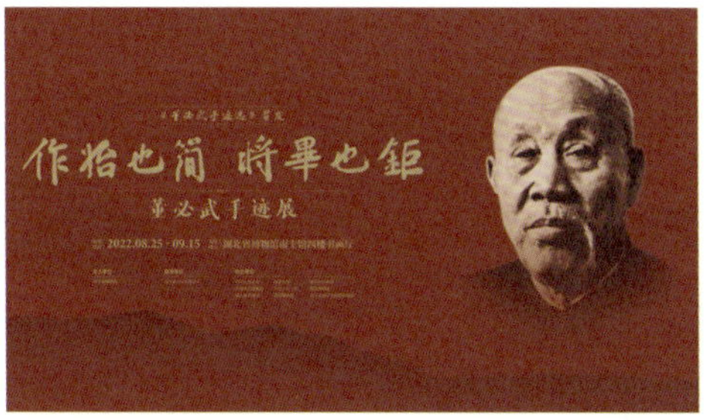

图4–40 “作始也简 将毕也钜——董必武手迹展”海报

2022年8月26日至9月15日，“作始也简 将毕也钜——董必武手迹展”（图4–40）在南主馆四楼书画厅开展。董必武同志是中国共产党的创始人之一，中华人民共和国的缔造者之一，杰出的无产阶级革命家、马克思主义的政治家和法学家，是我们党第一代领导集体的成员和国家的重要领导人。董必武同志是一位信仰坚定的马列主义者，同时也是一位杰出的诗人。董必武同志书法功底深厚，楷书凝重端庄、道劲朴雅，行书清新飘逸、雄浑流畅，具有浓厚的书卷气息。他的诗作和书法相得益彰，是诗意与书艺的完美结合，具有极高的欣赏价值。此次展出的近百件董必武同志题诗、题字等手迹作品，令广大观众能够一睹董老的书法艺术风采和革命者气度。值得一提的是，由董老亲自题写的湖北省博物馆馆名，在展览中也进行了展出。

图4–41 “尚意千载——宋代书法主题展”网上展馆

2022年9月27日至10月28月，南主馆四楼举办“尚意千载——宋代书法主题展”（图4–41）。展览由中国书法家协会、湖北省文化和旅游厅、湖北省文学艺术界联合会主办，故宫博物院、上海博物馆、吉林省博物院、辽宁博物馆和襄阳市图书馆等文博机构提供展品支持。“意”是北宋书学的核心理念，以欧阳修、蔡襄为先导，以苏轼、黄庭坚、米芾为主体，北宋书家创造了十分显著的时代特色，他们在汲取古法的同时崇尚新意，“宋人用意而古法具在”，为后世提供了“学古不泥古，破法不悖法”的实践范本。

2022 年 9 月 27 日至 10 月 28 月，南主馆三楼举办“尚意千载——当代临摹与创作展”，集中展出全国 80 位书法名家临摹宋代法书和以“尚意”书风创作的 100 多幅精品之作。该展面向全国知名书家征稿，根据书家擅长方向、风格，逐一进行选帖沟通，力求所临摹法帖全面展现宋代书法“尚意”书风的精神内涵，并结合临古进行创作延伸，以达到“学古不泥古，破法不悖法”的艺术追求。

2. 引进临时展览

引进的临时展览既有国内各省（直辖市、自治区）、市（自治州）、县（区）博物馆等文化机构的展览，也有境外展览。

（1）引进的国内临时展览

2008 年以来湖北省博物馆引进的国内临时展览如下：

2008 年 4 月 10 日至 6 月 10 日，从浙江省博物馆引进“浑厚华滋——黄宾虹山水精品”展。

2008 年 5 月 18 日至 7 月 18 日，从云南省博物馆和贵州省博物馆引进“七彩霓裳——云贵高原民族服饰展”。

2008 年 7 月 1 日至 9 月 15 日，从浙江省博物馆引进“敝帚自珍——丰子恺晚年漫画精品”展。

2008 年 6 月 6 日至 15 日，新华社湖北分社在湖北省博物馆举办“西藏 3 · 14 真相”图片展。

2008 年 6 月 20 日至 28 日，新华社湖北分社在湖北省博物馆举办“汶川抗震救灾”图片展。

2008 年 9 月 19 日至 11 月 30 日，从浙江省博物馆引进“雄肆朴茂——吴昌硕书画精品”展。

2008 年 11 月 1 日至 2009 年 1 月 2 日，从上海音乐学院引进“心与音——文化视野下的世界民族乐器”展。

2009 年 12 月 29 日至 2010 年 2 月 28 日，从辽宁省博物馆引进“齐白石作品画展”。

2010 年 1 月 28 日至 3 月 1 日，从中国人民革命军事博物馆引进“红色记忆——军博馆藏油画经典展”。

2010 年 3 月 9 日至 6 月 10 日，从重庆中国三峡博物馆引进“自然的吟唱——重庆中国三峡博物馆馆藏花鸟画精品展”。

2010 年 6 月 14 日至 8 月 15 日，从安徽省博物馆引进“新安画派作品展”。

2010 年 8 月 24 日至 10 月 24 日，从吉林省博物馆引进“盛夏清风花鸟画展”。

2010 年 10 月 15 日至 11 月 15 日，武汉电视台《长江写艺》栏目在湖北省博物馆举办“灵心漫游——湖北部分老画家作品邀请展”。

2010年11月3日至2011年1月3日，从南京博物院引进“秋尽江南——南京博物院藏‘扬州八怪’书画精品展”。

2011年4月1日至10日，新华社湖北分社在湖北省博物馆举办“辉煌‘十一五’”大型图片展。

2011年4月13日至6月12日，从中国文物交流中心、西藏博物馆等单位引进“圣地西藏——最接近天空的宝藏”展。

2011年6月20日至27日，荆楚文化研究会在湖北省博物馆举办“海峡两岸荆楚名人书画展”。

2012年1月12日至3月18日，从山西博物院引进“晋国宝藏——山西出土晋国文物特展”。山西博物院在本馆举办“晋国霸业”展览，带来了大量的青铜器、玉器，从多个角度展示了两周时期晋国600余年的发展历程，既可观赏晋国鼎盛时期的霸主风范，也能窥见春秋战国之交列卿秉政、公室中衰的历史变革。晋、楚同为东周强国，两国既有惨烈的争霸，也有和平的会盟，文化也互相影响。展品中西周时期的“楚公逆钟”是目前所见最早的楚国重器，也是晋楚两国友好交往的历史见证。

2012年7月5日至12月10日，从浙江省博物馆引进“惠世天工——中国古代发明创造文物展”。

2012年8月17日至9月16日，湖北省摄影家协会在湖北省博物馆举办“瞬间·甲子——湖北摄影家六十年优秀作品展”。

2013年1月25日至3月17日，从内蒙古博物院引进“黄金草原——中国古代北方各民族文物展”，反映东胡等古代北方草原游牧民族相互承接，共同创造的灿烂游牧文化。

2013年5月8日至10月11日，书画厅举办“楚腔汉调——馆藏汉剧文物展”，展出李金钊先生向湖北省博物馆捐赠的音乐创作和理论研究手稿，以及他使用过的乐器。

2013年6月20日至29日，湖北省博物馆引进新华社“中国抗震救灾”展。

2013年8月27日至11月27日，综合馆三楼举办“浮梁翠色——江西景德镇元明青花瓷展”。江西省博物馆、景德镇考古陶瓷研究所暨御窑厂遗址博物馆是国内收藏出土元明青花瓷的重要博物馆，此次湖北省博物馆联合两馆举办展览，从两馆藏品中精选百余件有代表性的元明青花瓷器，既有传世藏品，也有历年考古发掘的标本，较为全面地展示了元明两代青花瓷的发展历程。该展览也是湖北省博物馆首次举办的专题瓷器展览。

2013年10月30日至11月3日，书画厅举办“回望故乡——杨发维摄影展”，展出的摄影作品以展现农民朴实生活为主，给人摆出的是一幅幅描绘家乡生活的油画。

2013年11月15日至12月15日，书画厅引进湖南省博物馆的“齐白石画展”。湖南是齐白石的故乡，湖南省博物馆也是收藏齐白石书画作品较多的几家博物馆之一。此次展出的100件作品中，有许多齐白石的书法和印章作品，广大观众能够更加全面地一睹这位丹青巨匠的艺术风采。

2013 年 12 月 9 日至 2014 年 2 月 17 日，书画厅举办“笔走风云——刘一原山水花鸟作品回望展”，展出刘一原的山水、花鸟画代表作品。

2014 年 1 月，综合馆大厅展出“申猴朝岁——丙申新春猴文物图片联展”。

2014 年 1 月 28 日至 2 月 10 日，综合馆大厅举办“奔马迎春图片展”。

2014 年 6 月 10 日至 7 月 27 日，书画厅举办“美国原住民摄影展”。

2014 年 7 月 15 日至 8 月 30 日，湖北省博物馆三楼举办“大宗维翰——周原青铜器特展”。该展览展出 120 余件西周铜器珍品，基本反映了西周王畿地区青铜器的面貌。

2014 年 9 月 26 日至 10 月 19 日，九连墩展厅举办“邱汉桥绘画展”。

2014 年 9 月 28 日至 10 月 26 日，书画厅举办“册府千华——湖北珍贵古籍展”。

2014 年 10 月 24 日至 11 月 16 日，“中国战斗——抗日战争时期版画展”在本馆开展。2014 年正值中国人民抗日战争胜利 70 周年，本馆与北京鲁迅博物馆合作展出了 300 余幅胡风先生捐赠的抗战版画，其中的许多作品曾于 1938 年在武汉首次展出。

2014 年 11 月 16 日，以展示杰出女性风采为主题的“新中国第一女性与中国梦”展览在湖北省博物馆开幕。此次展览是在湖北省举办的第一个反映新中国妇女成就的展览，旨在弘扬广大妇女自尊、自信、自立、自强的精神，赞扬她们在社会主义建设和改革开放的伟大实践中，在各条战线上立下的丰功伟绩。

2015 年 2 月 10 日至 3 月 10 日，综合馆大厅举办“九九阳春——乙未新春羊年文物图片联展”。展览由国内多家博物馆共同策划举办，精选河南博物院、浙江省博物馆、湖北省博物馆、辽宁省博物馆、天津博物馆、故宫博物院、广东省博物馆等多家文博机构收藏的代表性羊文物图片 250 余幅。此展览在本馆展出后还将支援地县博物馆进行巡回展览。

2015 年 3 月 24 日至 5 月 24 日，综合馆三楼举办了“红色金融历史展”。本次展览分为“大革命时期”“土地革命时期”“抗日战争时期”“解放战争时期”“中国人民银行成立”五个单元，113 块展板、300 余件实物、6 个展示场景，全面展示先辈们艰苦创业的足迹，梳理红色金融的历史脉络，讲述了我国红色金融的重要历史轨迹。

2015 年 3 月 24 日至 4 月 6 日，编钟馆一楼举办了“郭家庙考古汇报展”。本展览是 2014 年至 2015 年 1 月枣阳郭家庙曾国墓地考古发掘项目出土文物展，该项目是曾国文化的又一重大考古，已入围“2014 年度全国十大考古新发现”。该展在本馆展出后，将在新疆维吾尔自治区博物馆等兄弟博物馆巡展。

2015 年 4 月 3 日，四楼书画厅举办了“四万万人民——中国抗日战争暨世界反法西斯战争胜利七十周年特展”，合作单位有中华世纪坛世界艺术馆、昆明市博物馆、滇西抗战纪念馆、台湾鸿禧美术馆、香江博物馆、北京华协国际文化有限公司。

2015 年 9 月，二楼九连墩展厅举办了“中流砥柱——湖北省纪念中国人民抗日战争暨世界反法西斯战争胜利七十周年展览”。

2015 年 9 月至 12 月，举办“丹青记忆　守望家园——中国文化遗产美术展 2015·中国土司遗址”。

图4–42 “初音——世界口弦文化艺术展”海报

2015 年 12 月 18 日至 2016 年 3 月 20 日，编钟馆二楼举办“清江风物——恩施土家族苗族自治州非物质文化遗产展”。

2016 年 6 月 22 日至 8 月 22 日，编钟馆一楼举办“让文物活起来——全国文博单位文化创意产品联展”。该展览由国家文物局、中国博物馆协会支持，全国多家省级博物馆和文博单位参加，展示近年来各单位开发的以文物为主体的创意产品，推动文化创意产业的发展。

2017 年 1 月 25 日至 2 月 25 日，大厅举办“金鸡报晓——丁酉新春鸡文物图片联展”。该展览集合全国 20 多家文博机构收藏的 149 张鸡文物图片，以及不同材质、不同工艺手法塑造的鸡形象与装饰。

2017 年 9 月 28 日至 10 月 17 日，与武汉浅奇文化传播有限公司合作举办“这就是非洲——喻惠平非洲摄影作品公益展”。展览用视觉语言讲述非洲的人文生态，用镜头记录非洲野生动物的生存状态，用影像与世界对话，向世界呼吁与呐喊——保护人类赖以生存的地球，保护日益脆弱的生态环境。

2017 年 8 月 10 日至 11 月 19 日，综合馆三楼举办“初音——世界口弦文化艺术展”（图 4–42）。展览共展出中国民族博物馆收藏的来自全球 50 余个国家和地区的 200 余套口弦琴。通过口弦琴本体与背景文化形态的结合，向观众展示其背后的民族心理、思维方式、演奏行为等方面的深层次内涵和多样性特征，以共享世界文明互鉴的优秀成果。

2018 年 2 月 13 日至 3 月 4 日，在综合馆二楼举办“骏犬啸天——戊戌狗年新春生肖文物图片联展”。本展览由国内多家博物馆共同策划举办，精选多家文博机构收藏的代表性狗文物图片 250 余幅，向观众展示独具中国特色的生肖犬文化。

2018 年 5 月 12 日至 6 月 20 日，在楚文化馆一楼举办“汶川地震十年摄影展”。2018 年 5 月 12 日是汶川地震 10 周年纪念日，由长江日报报业集团主办，新华社中国图片集团、湖北省博物馆承办的“汶川地震十年摄影展”暨《汶川地震十年画册》首发仪式在湖北省博物馆举办，展览展出了长江日报社摄影师邱焰拍摄的110张关于汶川地震的图片。从2008年5月至2018年5月的10年间，邱焰5次入川，拍摄了1万多张记录地震灾区的图片。其中，他拍摄了10位地震亲历者10年间的变化，通过一个个普通人物的肖像呈现10年来地震留下的印记。邱焰从这万余张图片中精心挑选了部分图片出版成画册《汶川地震十年》，并选取了110张图片在此次展览中展出。

2018年8月26日至9月8日，编钟馆一楼举办“大师窖藏——近现代名家精品系列展”。本展所选50余幅作品，皆为20世纪以来中国名家巨匠的精心之作。这批中国画家绘画所用的传统笔法，包罗万象，既师法前人，亦开创新格。从他们的作品中，不但可见20世纪中国绘画多姿多彩的面貌，也可窥见从古至今中国画的迁变渊源。

2019年9月6日至10月29日，在综合馆三楼主办“藏源藏缘·美丽山南”展。本展览主要以山南境内发现、收藏或保护的史前石器、吐蕃金器、文献资料（经书）、藏传佛教造像、唐卡、民俗文物，以及民族医学等相关文物为题材，通过对藏族历史文化实物载体的展示，力求表现藏民族历史发展的过程。

2019年9月29日至12月1日，湖北省博物馆主办“现代化之路——共和国七十年”展。展览通过精心挑选的300张图片、40件文物，从现代化进程、经济发展、教育科技、文化体育、社会民生五个方面，生动展现新中国走向现代化的战略抉择、发展进程和建设成就，展示海内外中华儿女为祖国现代化建设和实现中华民族伟大复兴的中国梦不懈奋斗的进取精神和感人情怀。

2019年10月9日至11月5日，综合馆大厅举办“第七届世界军人运动会全国美术作品邀请展”。

2019年12月25日至2020年1月22日，编钟馆一楼举办“国宝礼赞——蒋昌忠中国画作品展”（图4-43）。此次画展由“国宝修竹图卷”“爱师竹篇”“部分参加全国美展、获奖作品和其他较大画幅作品”及“加盖尼泊尔佛教祖寺——斯瓦扬·布纳特寺和西藏布达拉宫等寺院法玺和活佛签名作品”四大部分构成。

2020年1月1日至22日，湖北省博物馆与中国文物报社联合30余家文博机构，在综合馆二楼大厅共同举办“瑞鼠吐宝——庚子鼠年新春生肖文物图片联展”（图4-44）。展览分为三个部分，使用图片300余幅，系统介绍了中国的鼠文化，如生肖鼠、鼠的形象与故事等。

2021年1月，在综合馆二楼大厅举办“‘牛’转乾坤——辛丑（牛年）新春生肖文物图片联展”（图4-45）。2021年是中国农历辛丑年，也是十二生肖轮流值岁中的牛年。牛年新春，中国文物报社联合40余家文博机构，众筹数百幅文物艺术品图片，于多地同步奉展给公众。

2022年1月30日至2月28日，引进中国文物报社有限公司举办的“虎虎生福——壬寅（虎年）新春生肖文物图片联展”。

1|2
3|4

1. 图 4–43　“国宝礼赞——蒋昌忠中国画作品展”海报
2. 图 4–44　“瑞鼠吐宝——庚子鼠年新春生肖文物图片联展”海报
3. 图 4–45　“‘牛’转乾坤——辛丑（牛年）新春生肖文物图片联展”参展文物“水晶牛”
4. 图 4–46　“大展宏‘兔’——癸卯（兔年）新春生肖文物图片联展”参展文物“青白玉镂空东升图环饰”

2023 年 1 月 20 日至 2 月 20 日，本馆引进中国文物报社展览“大展宏‘兔’——癸卯（兔年）新春生肖文物图片联展”（图 4–46）。展览在国家文物局的指导下，中国文物报社、生肖文化传播联盟等 50 多家文博机构众筹数百帧兔题材的文物艺术品影像，于春节之际赴多地同步奉展给公众。此次展览为线上展览。

3. 引进的境外临时展览

湖北省博物馆重视对外交流工作，早在二期新馆开放初期，就注重引进港、澳、台地区的优质展览，以丰富本省观众的文化生活。近 10 年来，湖北省博物馆积极引进了意大利乌菲齐博物馆、意大利佛罗伦萨考古博物馆、美国洛杉矶郡艺术博物馆等的文艺复兴、古罗马、印度艺术等题材多样的外国文化展览，不断扩大与国外及港、澳、台地区的合作，成为我国对外交流最活跃的博物馆之一。

湖北省博物馆和台湾鸿禧美术馆素有良好的合作关系，2008 年至 2009 年，推出了反映文人士大夫书画风格变迁的“心游目想：鸿禧美术馆藏中国书画”系列展。这些展览包括：2008 年 12 月 1 日至 2009 年 2 月 15 日顺利开展的第一专题“风韵——且向性灵寻桃源”、

图 4-47　“物我观照：鸿禧美术馆藏雅趣品录”展厅

2009 年 2 月 20 日至 5 月 3 日顺利开展的第二专题“风俗——人间有味是清欢”和 2009 年 5 月 9 日至 7 月 31 日顺利开展的第三专题“风格——乘兴书画自有味”。

2009 年 1 月 20 日至 5 月 8 日，引进台湾鸿禧美术馆的“物我观照：鸿禧美术馆藏雅趣品录”展（图 4-47）。该展精选唐至清代文房雅趣之茶具、饮器、竹雕、漆器、鼻烟壶、笔、墨、砚、笔筒、砚屏、水盂、墨床、笔搁、臂搁、纸镇、笔山、笔盒、印石等文物，让观众在自我与他者的观照中，从不同角度感受中国传统文化的魅力。

2009 年 8 月 12 日至 9 月 13 日，引进台北历史博物馆的“南张北溥——张大千、溥心畬书画展”，展览选出以湖北省博物馆所典藏张大千、溥心畬作品及部分台湾藏家收藏作品共约 140 组（件），展出内容涵括二位大师的山水、人物、花卉绘画及书法等多种题材的作品，旨在将张大千、溥心畬二位大师的艺术成就与风格呈现于观众眼前。

2009 年 8 月 12 日至 9 月 6 日，引进台湾现代著名画家刘国松“宇宙心印——刘国松绘画一甲子”展。

2009 年 10 月 20 日至 12 月 20 日，引进香港中文大学文物馆的“岭南三高画艺”展览。“岭南三高”是高剑父与其弟高奇峰、高剑僧的合称。此次展览的全部作品来自香港中文大学文物馆。该馆自 1972 年成立以来就以收藏、研究广东地区的物质文明和地域文化为主要方向，所藏大量的“岭南三高”绘画作品是研究第一代岭南画派作家极其珍贵的资料，该馆也因此成为研究岭南画派的重镇之一。

2010 年 6 月 18 日至 10 月 11 日，引进意大利乌菲齐博物馆“意大利乌菲齐博物馆珍藏展：十五世纪—二十世纪”（图 4-48）。此次展览是乌菲齐博物馆来华举办的第一个规模性展览，展品数量为该馆借展历史之最，展出的 82 幅画作由 15 至 20 世纪的意大利、荷兰、法国和德国艺术家创作，完整反映了 15 世纪以来欧洲绘画艺术的发展历程。其中，文艺复

图 4-48　参观“意大利乌菲齐博物馆珍藏展”的观众

兴早期佛罗伦萨画派大师波提切利的《三博士来朝》、文艺复兴盛期威尼斯画派大师丁托列托的《丽达与天鹅》以及提香的《维纳斯与丘比特、狗和鹌鹑》堪称“重量级”展品。

2011 年 9 月 27 日至 11 月 27 日，引进意大利那不勒斯卡波迪蒙蒂博物馆“重返巴洛克——那不勒斯的黄金时代绘画展”（图 4-49、图 4-50），展出 40 幅来自那不勒斯卡波迪蒙蒂博物馆的油画珍品，带领观众领略 17、18 世纪的意大利艺术风情。

2012 年 4 月 10 日至 6 月 8 日，引进台北历史博物馆的“画影江山——郎静山摄影作品特展”（图 4-51）。郎静山先生的摄影作品蕴涵了中国绘画的精神气韵，充溢着传统文士的审美品格。郎先生精研古代书画，遍阅唐宋名篇，把画意、诗意融入摄影作品，象外有象，境外有境，融中西文化于一炉，精妙地表达了东方艺术的气质。

1 | 2　　1. 图 4-49　“重返巴洛克——那不勒斯的黄金时代绘画展”展标
　　　　2. 图 4-50　“重返巴洛克——那不勒斯的黄金时代绘画展”展厅一隅

图 4–51　“画影江山——郎静山摄影作品特展”开幕式

2012年6月26日至8月23日，引进西蒙基金会“古典与唯美——西蒙基金会收藏雕塑、绘画”展（图4–52）。本次展出的56件雕塑及23幅画作，都是西蒙基金会藏品中观众喜闻乐见、耳熟能详的作品，它们通过艺术的语言，让观众更为明晰地认识到19世纪的艺术风格。

2012年9月28日至2013年1月5日，引进佛罗伦萨国家考古博物馆等四家博物馆的“辉煌时代——罗国帝国文物特展”（图4–53）。展览分为“历代帝王”“宗教与祭礼”“公众生活”“个人生活”“罗马家庭”“罗马帝国统治下的和平”六个单元，其中有大量成套的硬币、陶器、玻璃器、金器、雕刻精美的石棺、大理石雕塑、小件青铜器和珠宝等文物分布于各个展区，主要展示了从公元前1世纪到公元3世纪中叶，罗马帝国巅峰时期与罗马国王相关的文化遗产。这些展品代表了罗马帝国时代臣民的艺术趋向，这些融入文化与历史遗产之列的艺术品是最具罗马文化艺术代表性的，它们展现了整个罗马帝国的风貌。

2013年4月1日至5月26日，引进中华世纪坛世界艺术馆“美国当代写实油画展”（图4–54）。本展为美国当代写实油画家首次在中国的群展。展品出自约50位美国当代最优秀的写实主义艺术家，他们之中有获得全美各类艺术展金奖者，也有中国观众熟知的艺术家。他们的艺术风格各异，代表了美国写实油画的最高水平，他们的作品为世界许多重要的博物馆所收藏。该展览展品约100件，题材包括人物肖像、静物和风景。

2013年5月30日至7月25日，引进意大利本体艺术美术馆“生命之相——安东尼奥·梅内盖蒂本体艺术绘画”展（图4–55）。展览以“生命之相”为主题，是对梅氏本体艺术的一个初步认识。“相”（Eidos）这个词源自希腊语的 εἶδος，是古希腊哲学家柏拉图常用的一个概念，含义较多，一般指某一类事物的本质、事物的因 、事物之所是，中文过去译成“理念”（idea），现在通称为“相”。以生命之“相”概括梅氏艺术的“本体”，在东方语境中是一个很好的解读。“生命之相——安东尼奥·梅内盖蒂本体艺术绘画”展是湖北省博物馆引进的首个西方当代艺术展，显示出湖北省博物馆在展览理念上有新发展。这也是梅氏的作品在欧洲、南美洲等地博物馆展出之后，首次在中国的博物馆正式展出。

2013 年 9 月 27 日至 2014 年 1 月 10 日，引进来自包括佛罗伦萨国家考古博物馆、特拉维索卡萨德·卡拉雷兹博物馆等在内的 13 家收藏单位的“曙光时代——意大利的伊特鲁里亚文明”展。该展以意大利托斯卡拉大区考古发掘文物为主，共展出文物 314 件（套），内容涉及伊特鲁里亚文明的政治、艺术、宗教信仰、日常生活各个方面，较为全面地反映出伊特鲁里亚文明的面貌。

2014 年 3 月 28 日至 6 月 1 日，引进台湾联合日报“邓丽君特展”，展厅位于综合馆二楼九连墩展厅。此次特展由财团法人邓丽君文教基金会、台湾联合报系共同策划。特展共有 160 余件展品，包括邓丽君生前使用过的化妆用品、首饰、礼服、鞋子以及她在香港故居的家具、照片、书籍等。

1 | 2
3 | 4

1. 图 4-52　“古典与唯美——西蒙基金会收藏雕塑、绘画”展序厅
2. 图 4-53　“辉煌时代——罗国帝国文物特展”参观者
3. 图 4-54　“美国当代写实油画展”观众
4. 图 4-55　“生命之相——安东尼奥·梅内盖蒂本体艺术绘画”展盛况

1│2　1. 图 4–56　“创建真实——人类情感大师威尔第”展开幕式
2. 图 4–57　“美洲原住民——玛雅、印加和北美土著”摄影展展厅

2014 年 5 月 19 日，举办“创建真实——人类情感大师威尔第”展（图 4–56）。2014 年时值意大利歌剧作曲家朱塞佩·威尔第诞辰 200 周年，“创建真实——人类情感大师威尔第”巡展首次向中国中部城市武汉展示音乐大师的“不同凡响”。展览以 21 个威尔第的主要作品影像视频串联威尔第歌剧所揭示的人类的爱情、痛苦、冷漠、死亡、宁静、尊重等 21 种情感，以视听形式展现这位音乐大师的不同凡响。这些珍贵的素材均来自正在筹建的意大利国家影像历史博物馆。

2014 年 5 月 30 日至 6 月 30 日，在书画厅举办“长翅膀的鹿——俄罗斯儿童眼中的中国青铜器”展。此次展览以“六一”国际儿童节、“中俄青年友好年”为契机，展现了俄罗斯的孩子们对青铜时代中国文化的理解，印证了中华文明的魅力。

2014 年 6 月 10 日至 7 月 27 日，书画厅举办了“美洲原住民——玛雅、印加和北美土著”摄影展（图 4–57）。美洲是一片古老而神奇的土地，矗立在大洋彼岸，与中国隔海相望。30 多年来，美国著名民族摄影家杰夫·佛可思拍摄了上万张有关美洲原住民生活的影像。此次展出近 200 幅作品，均为美洲原住民的生活实录，展示了美洲原住民的古代文明成就与现代生活画卷。

2014 年 8 月 29 日至 11 月 23 日，“飞越欧洲的雄鹰——拿破仑文物特展”在二楼九连墩展厅展出（图 4–58）。展览以法国大革命为时代背景，通过不同阶段的代表性人物对拿破仑的评价和拿破仑的自述，展现拿破仑一生中有关的知名战争、重要人物、重大事件，同时辅之以文物，展示拿破仑从科西嘉岛到圣赫勒拿岛长达 50 多年的传奇历程。展出的 200 余件文物主要是法国拿破仑基金会提供的上千件文物中的珍品，题材涵盖雕塑、绘画、文书、服饰、纪念币、家具等类，具有极高的历史、艺术价值，真实立体地反映了拿破仑及其帝国的历史风貌和文化特征，是中国当时规模最大、最全面系统的拿破仑时期文物展览。

2014 年 12 月 23 日至 2015 年 3 月 22 日，湖北省博物馆与美国洛杉矶郡艺术博物馆合作推出的“印度的世界——美国洛杉矶郡艺术博物馆藏印度文物精品展”在综合馆二楼九

1|2　1. 图 4-58　“飞越欧洲的雄鹰——拿破仑文物特展”序厅
2. 图 4-59　“印度的世界——美国洛杉矶郡艺术博物馆藏印度文物精品展”序厅

连墩展厅顺利开幕（图 4-59）。展览展出了石雕像、青铜造像、细密画等各类代表性的文物 127 件（组），展品时间跨度为前 3 世纪到 19 世纪，印度的主要宗教如印度教、佛教、耆那教、伊斯兰教的艺术品都有展示，较为全面地反映了印度各个历史时期的宗教、神话和艺术特色，是介绍印度文化艺术水平较高的展览。

2015 年 1 月 20 日至 3 月 8 日，在综合馆二楼九连墩展厅举办“巨变前夜——阿德里亚诺·马达罗镜头中的中国”摄影展。马达罗时任意大利卡拉雷兹博物馆馆长（73 岁），从孩提时代怀揣着去中国的梦想，从青年时代至今，一直致力于中意两国的文化交流，有当代“马可·波罗”之誉。他是中国改革开放前夕第一个被允许以私人身份来华采访的西方记者。近 40 年来共来华 190 次。自 1976 年到 20 世纪 80 年代末，拍摄了关于中国的 35000 多张照片，这些照片成为中国改革开放历程和社会发展巨变的宝贵见证。

2015 年 4 月 10 日至 5 月 10 日，为了落实湖北省政府与台湾星云文化教育公益基金会的交流合作，在综合馆二楼九连墩展厅举办“星云大师一笔字书法”展，展出的作品大多是星云大师几近失明后所作“盲书”。由于星云大师眼睛看不清，写字落笔只能用心揣摩字与字之间的距离，一笔下去一挥而就，一气呵成，蕴藏了行云流水之态与质朴脱俗之境，鲜活灵动而深刻睿智，适眼合心。

2015 年 5 月 26 日至 6 月 26 日，中法文化之春活动新媒体展“末世化石”在综合馆三楼展出。展览讲述法国艺术家对人类未来的思考：人类和其他物种一样，在更迭中延续生命。然而终有一日，人类也会灭亡。环境的污染、糟糕的气候、险恶的病毒，人类的命运将于何时戛然而止，无法预测；末世是如何的景况，也无法想象。

2015 年 9 月 22 日至 11 月 20 日，“奥地利 100 年绘画展 1860—1960”在编钟馆一楼展出。该展览由中华世纪坛世界艺术馆牵头引进，是奥地利国家博物馆藏品首次来华展出。

2015年9月22日至11月20日，引进天津博物馆“骑士·密码——西班牙现代雕塑大师苏比拉克回顾展”。苏比拉克是现代西班牙雕塑大师，其创作的巴塞罗那圣家族大教堂雕塑作品已成为世界经典，该项目尚未完成就被列为世界文化遗产。展览由天津博物馆引进，由国内多家博物馆合办。

2015年9月29日至12月13日，在综合馆二楼九连墩展厅举办“胜利：1945—2015——纪念世界反法西斯战争胜利70周年俄罗斯美术作品展”。本展览的展品由俄罗斯民族博物馆提供，该博物馆是俄罗斯研究和保存多民族物质文化遗产方面的专业博物馆。本次所展文物时代多为19世纪到20世纪初，代表了居住在黑海到太平洋之间的俄罗斯南部民族的特色文化。

2016年1月22日至3月1日，举办“海上瓷路——粤港澳文物大展”（图4-60）。本次展览展出广东省博物馆、香港艺术博物馆、澳门博物馆提供的190余件汉代至清代的中国外销陶瓷器和外国仿制瓷器，展示中国古代外销瓷器的发展历史，介绍瓷器贸易在中西文化交流中的重要作用。

图4-60　“海上瓷路——粤港澳文物大展”海报

2016年10月28日至2017年2月16日，湖北省博物馆与俄罗斯民族博物馆合作，在编钟馆二楼举办“丝绸之路——俄罗斯民族传统文化展”（图4-61）。展览展出俄罗斯民族博物馆藏丝绸之路沿线各少数民族的服饰、首饰、生活用具等，展示丝绸之路沿线俄罗斯各民族丰富多彩的民族文化。

图4-61　“丝绸之路——俄罗斯民族传统文化展”展出文物

2016年10月28日至2017年2月27日，综合馆三楼举办“五色玲珑——欧洲玻璃艺术展”。展览展出捷克共和国布拉格国家工艺美术博物馆收藏的211件（组）欧洲古代至20世纪初的玻璃艺术品。布拉格国家工艺美术博物馆藏品以波西米亚玻璃最具特色，数量达4万件。该博物馆除了收藏文艺复兴、巴洛克、毕德麦雅以及历史主义、青年、功能主义风格的作品，近现代玻璃工艺艺术精品也多有展出和收藏。

1
2

1. 图 4–62 “文明之海——从古埃及到拜占庭的地中海文明”展海报
2. 图 4–63 “香港回归祖国二十周年——同心创前路 掌握新机遇”巡回展展厅一览

2017 年 2 月 21 日至 5 月 22 日，综合馆二楼临展厅举办“文明之海——从古埃及到拜占庭的地中海文明”展（图 4–62）。展览撷取佛罗伦萨国家考古博物馆、那不勒斯国家考古博物馆等 18 家博物馆的精品，参展文物 246 件（组），包括大理石雕塑、青铜器、陶器、金银器等，其中不少文物是首次出境展览。

2017 年 8 月 22 日至 9 月 10 日，综合馆大厅举办“香港回归祖国二十周年——同心创前路 掌握新机遇”巡回展（图 4–63）。展览通过巨型电子触控式屏幕，回顾过去 20 年香港在经济、科技、基建、旅游、文化及体育等领域取得的发展成就。

2017 年 10 月 17 日至 2018 年 2 月 5 日，在编钟馆二层举办“佛像的故乡——犍陀罗佛教艺术展”（图 4–64）。展览共分五个部分：“本生、因缘与佛传的故事”“佛陀与菩萨像”“其他诸神与众生像” “舍利容器与佛塔” “贵霜帝国钱币” 。精选南京大报恩寺遗址博物馆等机构珍藏的 65 件（组）佛教造像及其他艺术品，展示了犍陀罗佛教艺术的多个侧面，反映了多元文化的交汇与融合。

2018 年 9 月 28 日至 2019 年 1 月 12 日，在综合馆三楼漆器展厅举办“法老的国度——古埃及文物展”。本次展览展出的 180 件（套）展品均来自佛罗伦萨埃及博物馆、罗维戈研究院等专门从事埃及考古研究的意大利博物馆，其中不乏首次来到中国的黄金面具木乃伊等珍贵藏品。

1. 图 4-64 “佛像的故乡——犍陀罗佛教艺术展”海报
2. 图 4-65 “自然的力量——洛杉矶郡艺术博物馆藏古代玛雅艺术品”展海报

2019 年 4 月 26 日至 7 月 26 日，在综合馆二楼九连墩展厅举办“自然的力量——洛杉矶郡艺术博物馆藏古代玛雅艺术品”展（图 4-65）。本展览集中展示了玛雅文明对自然力量的想象和认识。展览通过 200 余件精美的艺术品，为中国观众讲述神秘的玛雅世界观和神话。展览中的展品均来自美国洛杉矶郡艺术博物馆，大部分展品是首次离开美国展出。

2020 年 1 月 15 日至 2 月 29 日，“富岳三十六景——浮世绘特展”在综合馆三楼展厅开展。此次展览以宣扬浮世绘艺术文化为主题，展示包括葛饰北斋的“巨浪”等 1919 年至 1971 年间日本采用传统工艺制作拓印的 46 件版画作品，集中呈现日本江户时代的世俗生活百态。通过这些版画，观众能够了解浮世绘艺术的发展历程，感受日本浮世绘文化与艺术的特征。

（四）输出展览

湖北省博物馆注重对外输出展览，建馆之初至20世纪70年代初，主要是通过小型展览在武汉市和省内部分县、市展出，1972年输出展览第一次走到省外，2007年二期新馆建成并免费开放后，输出省外以及联办的展览在数量、质量、规模上都有很大提升。

1. 省内展览

省内展览主要是推出原创展览，20世纪80年代以前图片展居多，之后文物展开始增多并占据主导地位。主要展览如下：

1955年，在黄石市举办“历史文物展览”，在天门、京山和武大铁路工地举办“出土文物巡回展览”，在武昌解放路举办“湖北省出土文物展览”。

1956年，在蕲春漕河举办“出土文物巡回展览”；在武昌实验中学举办“历史文物展览”和“朝鲜礼品展览”；在沙市和宜昌举办“革命文物巡回展览”，引起极大轰动，观众人数超过10万人次；在钟祥石门水库举办“出土文物巡回展览”。

1957年，在武汉展览馆举办“馆藏明清书画展览”，在武昌东湖陈列楼举办“历史书画展览”。

1958年，在硚口文化馆、工会纪念馆举办“新民主主义革命文物巡回展览”，在武汉展览馆举办“近百年革命斗争史实展览”和“湖北省九年经济文化建设成就展览”，在多个专署、县举办“‘大跃进’中的谷城农业生产图片展览”“向水要粮图片展”“一定要解放台湾图片展览”“刘介梅今夕生活对比图片展览”“为农业生产服务的谷城农具厂图片展览”及“人民公社好图片展览”，在武昌实验小学举办“鲁迅生平事迹展览”，在红安县举办“红安县革命历史陈列”。

1959年，在武汉展览馆举办“延安革命文物展览”和“建国十年来经济和文化建设成就展览”，后者展出两个多月，观众70余万人次，并接待了20余个国家的200余名外宾；在孝感举办“新民主主义革命文物展览”；在汉口民众乐园举办“福建前线对敌斗争展览”和“胡家吉模范事迹展览”；在专署、县举办“大办钢铁图片展览”“毛主席在湖北图片展览”“东风压倒西风图片展览”及“人民公社好图片展览”。

1960年，在专署、县流动举办“一九六〇年元旦开门红图片展览”“延安革命文物图片展览”“‘向自然开战，做自然的主人’图片展览”“高速度发展养猪事业图片展览”“人民公社光芒万丈图片展览”“祖国万寿无疆图片展览”“跃进中的湖北图片展览”及“旭光公社一年来伟大成就图片展览”；在汉口、沙市、宜昌、黄石等地举办“‘照马学礼那样干’展览”流动展。

1962 年，在武汉展览馆举办“金石书法展览”和“花鸟画展览”。

1963 年，在武汉各地流动举办“向雷锋同志学习图片展览”，在武汉、孝感、咸宁等地举办“农民阶级教育展览”。

1964 年，在天门石家河举办“石家河工地出土文物展览”。

1965 年，在江陵举办“江陵望山楚墓出土文物现场展览”，在武汉各地流动举办“抗美援朝图片展览”。

1965 年至 1966 年，在漳河水库二、四干渠工地流动举办“漳河水库工程中出土文物巡回展览”。

1966 年，在荆州地区博物馆举办“江陵楚墓出土文物展览”。

1972 年至 1975 年，在专署、县流动举办“‘保护文物　人人有责’图片展览”。

1975 年，在江陵举办“凤凰山 168 号汉墓现场发掘文物图片展览”及“凤凰山 168 号汉墓出土文物图片展览”，在荆州、沔阳（今仙桃）等地举办“革命传统教育展览”，在武昌举办“邢远长事迹展览”。

1976 年，在武汉展览馆举办“毛主席在湖北革命实践活动展览”。

1977 年，在洪湖等地举办“革命传统代代传展览”。

1978 年，在随县举办“随县擂鼓墩一号墓发掘现场出土文物展览”，在随县文化馆举办“随县擂鼓墩一号墓出土文物展览”。

1979 年，在武汉展览馆、黄石市博物馆举办“周恩来同志纪念展览”。

1980 年，在黄冈举办“董必武同志纪念展览”。

1991 年 2 月，在湖北地质博物馆举办“国宝铜敦回归祖国特展”。

1993 年 9 月，与湖北省科技馆联合举办“心系楚天　泽被江汉——纪念毛泽东同志诞辰一百周年”展。

2013 年 12 月，在咸宁市博物馆举办“瑞玉呈祥——湖北省博物馆典藏明清玉器”展。

2014 年 4 月 12 日至 5 月 26 日，在咸宁市博物馆三楼举办“老革命家摄影画展”。

2014 年 7 月 18 日至 9 月 18 日，在咸宁市博物馆三楼书画厅举办“长翅膀的鹿——俄罗斯儿童眼中的中国青铜器”展。

2015 年 5 月，在荆门市博物馆举办“杨发维摄影画展”。

2015 年 9 月 25 日至 12 月，在长江文明馆举办“穆穆曾侯——郭家庙考古汇报展”。

2018 年 5 月 15 日至 6 月 29 日，与天门市博物馆合作举办“江汉吉金——湖北省博物馆馆藏商周青铜器特展”（图 4-66）。

2022 年 1 月 25 日至 3 月 31 日，湖北省博物馆、咸宁市文化和旅游局在咸宁市博物馆举办“荆楚文明集萃——湖北省博物馆馆藏精品文物展”。

2022 年 5 月 1 日至 8 月 1 日，在武汉博物馆举办“花开并蒂　梅韵江城——湖北省博物馆、武汉博物馆藏元青花四爱图梅瓶首次联展”。

1 | 2　　1. 图 4–66　“江汉吉金——湖北省博物馆馆藏商周青铜器特展”展厅
　　　　2. 图 4–67　陂安南县革命史陈列馆

2022 年 6 月，参与共建的陂安南县革命史陈列馆（图 4–67）“陂安南县革命史陈列”正式开展。“陂安南县革命史陈列”是湖北省博物馆和革命老区红安县共建展览的一次有益尝试，展览通过展示陂安南县苏维埃政府这一基层革命政权的成长、发展之路，体现了中国共产党的坚强领导下，陂安南人民艰难曲折的革命斗争历程，彰显了中国共产党人的初心和使命。陂安南县于 1931 年 6 月建立，下辖黄安县属高桥、八里、平安三个区以及桃花区之一部分和黄陂县属塔耳、姚集、研子、长堰四个区，是汉口通往鄂豫皖根据地的必经之路，战略地位相当重要，为鄂豫皖根据地作出了巨大贡献，建立了不可磨灭的功勋。

2023 年 1 月 16 日至 3 月 15 日，湖北省博物馆与黄石市博物馆共同举办“江汉吉金——湖北省博物馆馆藏商周青铜器特展”（图 4–68）。此次展览展出商周青铜器 32 件，均为湖北省博物馆馆藏精品，展现了江汉地区的青铜文明。

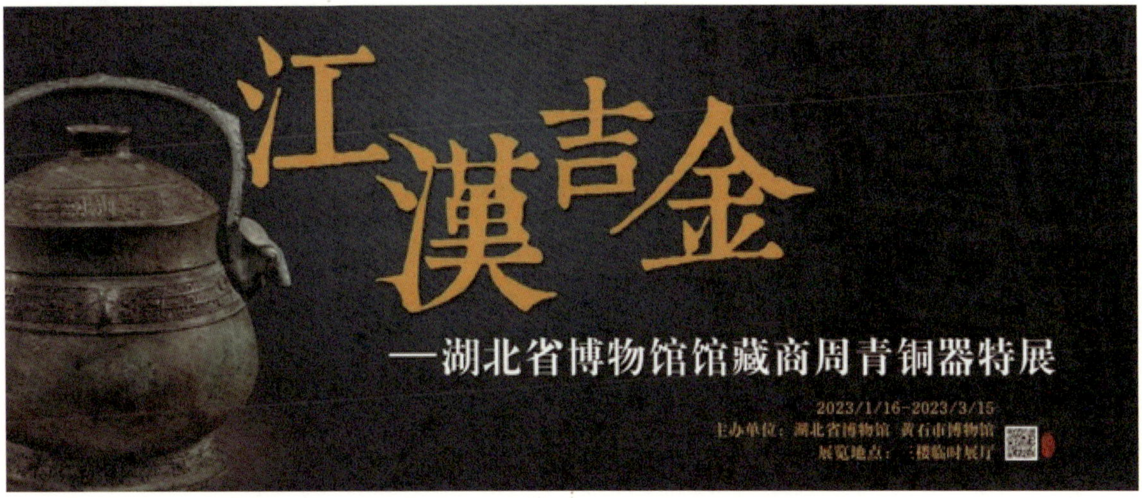

图 4–68　“江汉吉金——湖北省博物馆馆藏商周青铜器特展”海报

2023 年 1 月 16 日至 3 月 31 日，“百年丹青——湖北省博物馆近现代书画特展”在咸宁市博物馆开展（图 4-69）。本次展览选取了齐白石、张大千、徐悲鸿、吴昌硕、黄宾虹、傅抱石等众多名家的精品力作，作为近代绘画的主流，它们是中国近代绘画史的缩影。

2023 年 1 月 17 日至 2 月 17 日，与咸宁市文化和旅游局主办的“长江文物精品展”在咸宁市博物馆开展（图 4-70）。该展览展示了湖北地区长江古文明代表性珍贵文物 40 余件，让广大市民游客感受长江流域的璀璨文明。

2023 年 2 月 5 日，“国宝回家——天兽御尊、汉阳人头骨化石展出”揭幕式在武汉经济技术开发区博物馆举行（图 4-71）。汉阳人头骨化石 1997 年发现于纱帽镇长江边沙滩上，属晚期智人类型，年代距今 5 万—1 万年。天兽御尊 1965 年出土于纱帽山东城垸，时代属于商代晚期。此次展览为湖北省博物馆、湖北省文物考古研究院 70 周年系列活动中的第二项活动，也是自 2022 年春节开始湖北省博物馆支持咸宁、黄石等地博物馆举办“国宝回家”系列展的第三站、第四个展览。

图 4-69 “百年丹青——湖北省博物馆近现代书画特展”海报

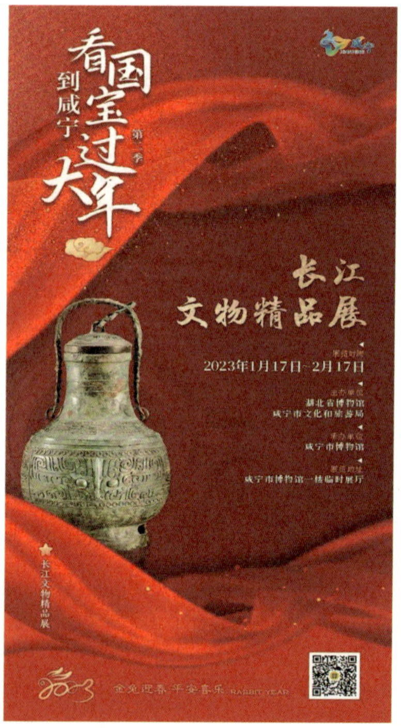

图 4-70 “长江文物精品展”海报

图 4-71 “国宝回家——天兽御尊、汉阳人头骨化石展出”揭幕式海报

2. 省外境内展览

湖北省博物馆与省外大陆地区各兄弟馆合作，每年举办大量交流合作展。主要如下：

1972 年，在北京故宫博物院举办“出土文物展览”，这是湖北省博物馆文物第一次到省外展览。

1979 年，在上海博物馆举办“湖北出土战国、秦汉漆器展览”。

1979 年 9 月至 1980 年 3 月，在中国历史博物馆举办“随县曾侯乙墓出土文物展览”。

1985 年 2 月，在深圳博物馆举办“湖北出土古代音乐文物陈列（商—唐）”。

1985 年 7 月，在广州市博物馆举办“湖北战国曾侯乙出土文物展览”。

2008 年 5 月至 7 月，在广东省博物馆举办“剑舞楚天——湖北九连墩战国墓文物展”，通过展览交流向学界和广大观众展示长江中游的楚国文化。

2008 年 7 月至 9 月，与相关博物馆合办的“迎接奥运展”在北京科技馆展出，“中国记忆——5000 年文明展”“长江文明展”在首都博物馆展出，“孙子兵法展”在中国人民革命军事博物馆展出。

2008 年 8 月至 10 月，在东莞市博物馆举办“剑舞楚天——湖北九连墩战国墓文物展”。

2009 年 5 月 26 日至 8 月 26 日，在湖南省博物馆举办“凤舞九天——楚文物特展”。

2010 年 2 月 5 日至 5 月 31 日，在深圳博物馆举办“剑舞楚天——越王勾践剑暨九连墩楚墓文物特展”。

2010 年 5 月 1 日至 6 月 18 日，在吉林省博物院举办“剑舞楚天——九连墩楚墓文物特展”。

2010 年 9 月 27 日至 12 月 30 日，与故宫博物院等合办“明永乐宣德文物特展”。

2011 年 4 月 15 日至 7 月 3 日，在浙江省博物馆举办“荆楚遗泽——湖北枣阳九连墩楚墓出土文物特展”。

2011 年 8 月 30 日至 11 月 30 日，在山西博物院举办“荆楚长歌——九连墩楚墓出土文物展”。

2012 年 4 月 30 日至 10 月 30 日，在绍兴博物馆举办“江汉吉金——湖北省博物馆馆藏商周青铜器特展”。

2012 年 7 月至 9 月，在新疆博尔塔拉蒙古自治州博物馆举办“鄂博情怀——九连墩楚墓出土文物精品展”。

2012 年 9 月 25 日至 2013 年 2 月 24 日，在新疆维吾尔自治区博物馆举办“荆楚深情——九连墩楚墓出土文物精品展”。

2012 年 9 月 26 日至 2013 年 1 月 5 日，在安徽博物院举办“道生万物——楚地道教文物特展”。

2012 年 12 月 20 日至 2013 年 2 月 24 日，在良渚博物院举办“瑞玉呈祥——湖北省博物馆藏明清玉器精品展”。

2013 年 3 月 8 日至 6 月 10 日，在吐鲁番博物馆举办“荆楚深情——九连墩楚墓出土文物精品展”。

2013 年 3 月 20 日至 6 月 20 日，在义乌博物馆举办“瑞玉呈祥——湖北省博物馆藏明清玉器精品展”。

2013 年 4 月 28 日至 7 月 28 日，在秦始皇帝陵博物院举办“南国楚宝　惊采绝艳——楚文物珍品展”。

2013 年 5 月至 8 月，在广东省博物馆举办“九连墩展”。

2013 年 5 月 18 日至 7 月 20 日，在甘肃省博物馆举办“道生万物——楚地道教文物特展”。

2013 年 7 月 20 日至 10 月 20 日，在大连现代博物馆举办“剑舞楚天——湖北省博物馆藏珍品展”。

2013 年 8 月 1 日至 12 月 1 日，在浙江省博物馆举办“道生万物——楚地道教文物展”。

2014 年 5 月 20 日至 6 月 20 日，与国家大剧院合作举办“楚腔汉调——汉剧文物展”。

2014 年 7 月 3 日至 9 月 3 日，在国家博物馆举办“江汉汤汤——湖北出土商周青铜器展”。

2014 年 8 月 20 日至 9 月 13 日，在新疆博尔塔拉蒙古自治州博物馆举办“瑞玉呈祥——湖北省博物馆典藏明清玉器展”。

2014 年 12 月 19 日至 2015 年 3 月 19 日，在首都博物馆举办“凤舞九天——楚文化特展”。

2015 年 4 月 10 日至 7 月 10 日，在新疆维吾尔自治区博物馆举办“瑞玉呈祥——湖北省博物馆典藏明清玉器展”。

2015 年 3 月至 5 月，在北京鲁迅博物馆举办“巨变前夜——阿德里亚诺·马达罗镜头中的中国”摄影展。

2015 年 6 月 26 日至 8 月 9 日，在佛山市顺德区博物馆举办“楚腔汉调——汉剧文物展”。

2015 年 12 月 24 日至 2016 年 3 月，与良渚博物院合作举办“荆山片玉——湖北枣阳九连墩楚墓玉器特展”，这是继 2012 年“瑞玉呈祥——湖北省博物馆藏明清玉器精品展”后双方的第二次合作。本次展览是九连墩楚墓发掘之后首次展出出土的全部玉器。

2015 年 12 月 29 日至 2016 年 3 月 29 日，与西汉南越王博物馆合作举办了“吉金华彩——湖北九连墩青铜器漆器展”。

2016 年 3 月 4 日至 6 月 4 日，与广西壮族自治区博物馆合作举办“穆穆曾侯——枣阳郭家庙曾国墓地特展”。

2016 年 4 月 5 日至 6 月 12 日，与嘉兴博物馆合作举办“玉魂国魄——湖北枣阳九连墩楚墓玉器特展”。本次展览共展出九连墩楚墓出土的 190 件（组）玉器，完整展示了楚玉的精美外形及其所蕴含的丰富文化内涵。

图 4-72　“问鼎——楚式青铜器特展”展厅

2016 年 5 月 18 日至 8 月 18 日，与宁波中国港口博物馆合作举办“楚风当歌——九连墩出土文物精品展”。展览精选了湖北九连墩战国楚墓中出土的 170 余件（套）文物，以漆器和青铜礼器、青铜兵器为主。

2016 年 6 月 17 日至 9 月 16 日，与广东省博物馆联合举办“问鼎——楚式青铜器特展”（图 4-72）。展览展出了由湖北省博物馆和广东省博物馆珍藏的相关青铜器藏品等共 83 件（套）文物，包括发掘自曾侯乙墓、荆门包山墓、纪南城、九连墩墓等多个大型墓葬的器物，让广东地区的观众更好地了解了周代礼乐制度的变迁，认识了楚国在青铜器铸造方面的成就和对中华青铜文化的贡献。

2016 年 8 月 3 日至 10 月 7 日，在浙江省博物馆举办“金玉默守——湖北蕲春明荆藩王墓珍宝展”。

2016 年 8 月 20 日至 10 月 31 日，在成都金沙遗址博物馆举办“九连墩的故事——湖北九连墩楚墓精品文物特展”。

2016 年 11 月 10 日至 2017 年 8 月 21 日，在新疆博尔塔拉蒙古自治州博物馆举办“穆穆曾侯——枣阳郭家庙出土文物特展”。

2017 年 3 月 11 日至 6 月 25 日，与大连现代博物馆合作举办“朱明盛长——湖北明代藩王宫廷艺术展”。展览展出湖北省博物馆、蕲春县博物馆、武当博物馆收藏的文物 138 件（组），其中一级文物 45 件（组）（图 4-73）。按其内容分为“天潢贵胄”“金昭玉粹”“宗教信仰”三个展览单元。观众可以通过这些价值连城的珍宝，窥见明代贵族们的精致物质生活与精神生活。

2017 年 3 月 17 日至 6 月 21 日，与深圳博物馆合作举办“道生万物——楚地道教文物展”。展出了湖北省博物馆、武当博物馆馆藏文物 90 余件（图 4-74），反映了道教对中国文化、思想和艺术的深刻影响。

1|2
3

1. 图 4-73　“朱明盛长——湖北明代藩王宫廷艺术展”参展文物金钟、青花龙纹瓷钟、银鎏金托
2. 图 4-74　“道生万物——楚地道教文物展”参展文物针灸铜人
3. 图 4-75　“东西汇流——十三至十七世纪的海上丝绸之路”展开幕式

2017 年 4 月 15 日至 2018 年 4 月 15 日，与广东省博物馆合作举办“东西汇流——十三至十七世纪的海上丝绸之路”展（图 4-75）。展览汇聚了中国多家文博单位有关海上丝绸之路的文物精品 110 余件（套），以商品交换、宗教发展、文化交流、古代史迹和水下考古等多维度的内容为载体，展示了 13 至 17 世纪海上丝绸之路发展历程中东西方文明跨海交流、交融共进的宏大历史画卷。

2017 年 5 月 14 日至 7 月 30 日，佛山市顺德区博物馆引进了湖北省博物馆的“楚玉琳琅——湖北枣阳九连墩楚墓玉器展”。展览精选了湖北枣阳九连墩楚墓出土的 190 多件（套）玉器，这些玉器品类丰富，制作精良，图案纹饰繁缛，刻画细致入微，涵盖了战国时期楚国葬玉的各个方面，是战国楚玉的典型代表。

2017 年 12 月 29 日至 2018 年 3 月 11 日，与辽宁省博物馆合作举办“九连墩的故事——湖北九连墩墓出土文物展”（图 4–76）。本次展览精选湖北省博物馆收藏的九连墩墓出土青铜礼器、漆木器、乐器、车马器和兵器 115 件（组），以九连墩战国古墓出土的器物为线索，重点以九连墩 1、2 号墓出土的青铜器和漆器为核心，分为“铸鼎象物——青铜礼器”“金声玉振——乐器”“丹漆之韵——漆木器”“操戈披甲——兵器与车马器”四个部分，为观众细致地呈现了楚人的礼乐、车马、军事、生活和丧葬等多方面的内容。

2018 年 6 月 13 日至 12 月 11 日，在辽宁张氏帅府博物馆举办“瑞玉呈祥——湖北省博物馆典藏明清玉器特展”。展览选取了湖北省博物馆收藏的 104 件（组）玉器精品，涵盖礼玉、服饰和陈设等生活用玉，种类多样，形制繁复，具有很高的历史和艺术价值。明清玉器是湖北省博物馆的一个重要收藏门类，来源于考古发掘、故宫博物院拨交、政府部门拨交等多个渠道，本次展览是湖北省博物馆藏明清玉器一次较大规模的馆外展出。

2018 年 9 月 1 日至 11 月 18 日，在常州博物馆临展厅合作举办了“金·玉·玲珑——大明王室的宝藏”展（图 4–77）。本展览由常州博物馆、湖北省博物馆、蕲春县博物馆、湖北明清古建筑博物馆联合举办。展览分“天潢贵胄”“金昭玉粹”“宗教信仰”三个单元，荟萃了四家博物馆收藏的多个明代藩王墓出土的珍贵藏品 105 件（组），其中一级文物占三分之一。观众通过这些明代早期至中晚期的珍宝，可以了解明代藩王的物质生活、精神生活与文化风貌，感受大明王室生活的精致与辉煌，进而对明代中国有更全面的认知。此次展览是常州地区引进的最高档次的大明王室金银玉器展览。

1. 图 4–76　“九连墩的故事——湖北九连墩墓出土文物展”展标
2. 图 4–77　“金·玉·玲珑——大明王室的宝藏”展序厅
3. 图 4–78　观众参观“天朝瑞祥——湖北省博物馆馆藏故宫旧藏特展”

2018年9月5日至12月4日，与晋中市博物馆合作举办“天朝瑞祥——湖北省博物馆馆藏故宫旧藏特展”（图4-78）。展览精选湖北省博物馆藏180余件（组）珍品，通过“锦绣乾坤”“御窑鉴粹”“燕京八绝”三个展览单元，集中展出了清代宫廷服饰、官窑瓷器、配饰、景泰蓝、雕漆和后宫生活器物。

2018年11月14日至12月16日，与福建省武夷山市博物馆合作举办“万里茶道”文物巡展（福建段）。“万里茶道”展由国家文物局指导，湖北省博物馆牵头，万里茶道沿线8省（区）文博机构联合主办，首展在湖北省博物馆。该展览被列入2018年度国家文物局“弘扬中华优秀传统文化、培育社会主义核心价值观”十大重点推介展览。此次展览以万里茶道文化遗产保护和申遗为背景，以大量的可移动文物为佐证，分“茶的故乡”“香播万里”“文化之路”三个展示部分。开幕当天，来自万里茶道沿线省（区）的博物馆（院）馆藏文物以及部分个人收藏品共300件（套）集中亮相。

2019年1月29日至4月7日，与山西博物院合作举办“万里茶道”特展（图4-79）。本次展览在“一带一路”倡议的框架下展开，以万里茶道文化遗产保护和申遗为背景，共展出万里茶道（中国段）沿线8省（区）20余家文物收藏机构的文物精品279件。为了丰富展览内容，在“万里茶道”文物巡展原有展品基础上，特别增加了太原晋商博物馆等多家山西省内博物馆的20余件藏品，以期更全面、更深入地展示晋商的文化和精神。山西省是“万里茶道”巡展的第三站。

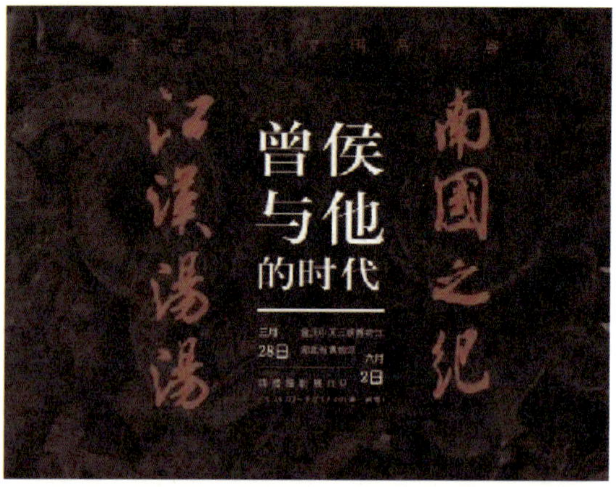

1
2
3

1. 图4-79　“万里茶道”特展山西博物院站海报
2. 图4-80　“江汉汤汤　南国之纪——曾侯与他的时代”展海报
3. 图4-81　“万里茶道”展河北博物院站海报

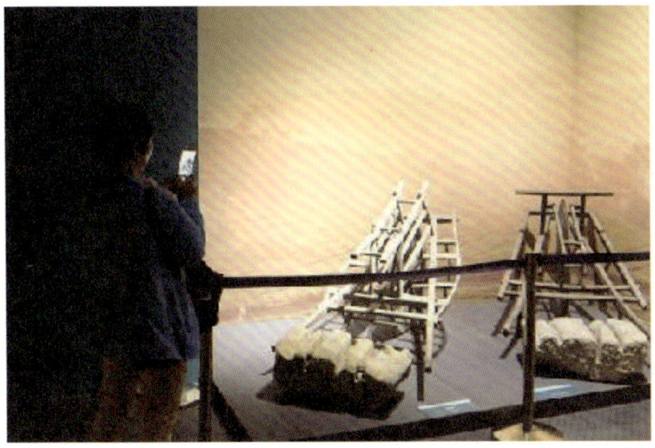

图 4–82　“万里茶道”展内蒙古博物院站观众参观

2019 年 3 月 28 日至 6 月 2 日，在重庆中国三峡博物馆举办“江汉汤汤　南国之纪——曾侯与他的时代”展（图 4–80）。展览分四个单元，展品以郭家庙、苏家垄、熊家老湾、曾侯乙等曾国墓地出土的青铜礼器、乐器为主，配合湖北地区出土的商周青铜器，共计 105 件（套），其中一级文物多达 68 件（套）。

2019 年 4 月 19 日至 7 月 14 日，与河北博物院合作举办“万里茶道”展（图 4–81），用 340 余件文物讲述商道传奇故事。河北省是“万里茶道”巡展的第四站。

2019 年 7 月 30 日至 9 月 30 日，与内蒙古博物院合作举办”万里茶道”展（图 4–82）。展览精选万里茶道在中国境内经过的 8 个省（区）的主要文物遗产 384 件（套），展出了申遗工作的重大进展和茶道调查最新成果，其中不乏初次面世的茶道遗迹和重要文物图片。通过参观展览，广大观众可以充分感受万里茶道曾经所创造的商业辉煌和文化底蕴，欣赏茶道及旅蒙商文化的独特魅力。

2020 年 10 月 1 日至年底，由湖北省博物馆、湖北省文物考古研究所主办，鄂州博物馆承办的“鄂州机场文物保护项目考古成果展”在鄂州博物馆开展。

2021 年 6 月 30 日，参与协助的在新疆生产建设兵团第五师陈列馆举办的第五师“红星之旅”陈列馆基本陈列顺利开展（图 4–83）。根据湖北省文化和旅游厅援疆工作总体部署，湖北省博物馆安排专员负责新疆生产建设兵团第五师陈列馆基本陈列布展工作，协助梳理了兵团第五师发展历程，并结合该师双河市的历史文化脉络，拟定基本陈列主题为“红星耀双河”，编制完成了基本陈列大纲和形式设计方案。本展览分为“西来异境、红星闪耀”“凯歌进疆、屯垦成边”“时代召唤、再造辉煌”三个单元，全方位展示新疆生产建设兵团第五师的发展历程，展现“热爱祖国、无私奉献、艰苦奋斗、开拓进取”的兵团精神。

图 4–83　兵团五师领导参观“红星耀双河”展览序厅

2021 年 6 月 29 日至 9 月 29 日，“天国之享——南朝画像砖艺术”展在新疆生产建设兵团第五师陈列馆开展（图 4–84）。展览由新疆生产建设兵团第五师文化体育广电和旅游局、湖北省博物馆、襄阳博物馆联合举办。本次展览遴选了襄阳地区发现的南朝画像砖精品 60 件（套），其图案多样，主要包括植物、瑞兽、宗教人物、历史故事、贵族生活、法器等六大类，不少画像砖具有西域文化因素。这些画像砖从侧面展示了南朝时期的历史文化、社会生活和人们的精神追求，也反映了当时的雕刻、绘画艺术水平。

2022 年 7 月 10 日，在安徽中国徽州文化博物馆举办“世纪动脉——万里茶道九省（区）文物联展”（安徽站）。

图 4–84　“天国之享——南朝画像砖艺术”展现场

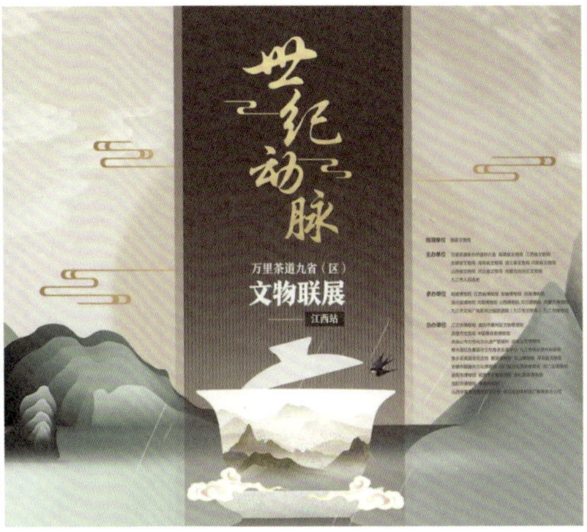

1｜2　　1. 图 4-85　“一见钟琴——从宫廷礼乐到文人雅兴”展海报
　　　　2. 图 4-86　“世纪动脉——万里茶道：九省（区）文物联展”九江站海报

2022 年 9 月 9 日至 12 月 6 日，与重庆中国三峡博物馆合作主办“一见钟琴——从宫廷礼乐到文人雅兴”展（图 4-85）。长江造就了从巴山蜀水到江南水乡的千年文脉，编钟、古琴分别为长江沿线博物馆的特色收藏。本次展览由湖北省博物馆、重庆中国三峡博物馆发起，联合四川博物院、宜昌博物馆、随州博物馆共同推出。本次展览让两千年前的青铜礼器编钟与唐代、北宋等时期的古琴同时与观众见面，可谓“千古遇知音”，展现了“和而不同”的艺术美感，特色鲜明、亮点突出。展品共 57 件（套），其中，一级文物 12 件（套），二级文物 14 件（套），三级文物 11 件（套），珍贵文物（一、二、三级）共计 37 件（套），占比 64.91%。

2022 年 11 月 14 日至 2023 年 2 月 8 日，“世纪动脉——万里茶道九省（区）文物联展”（江西站）在九江博物馆展出（图 4-86），受到观众和社会各界好评。该展览汇聚了 16 家文博单位的 300 余件文物，通过“茶的故乡”“茶播万里”“文化之路”“联合申遗”四个部分，从中国韵味到西式风情，为观众讲述了万里茶道的故事，再现了那段车水马龙、驼铃悠悠的茶叶贸易之路。

3. 出境展览

1973 年，湖北省博物馆参与了在日本举办的“中华人民共和国出土文物展”，越王勾践剑是其中最重要的展品（图 4-87），这也是湖北省博物馆的文物第一次走出国门。时任日本首相田中角荣出席开幕式并发表讲话：“去年秋天，我访问北京的时候，收到了毛泽东主席赠给我的《楚辞集注》，在这次出土文物展览会里还特别展出了与楚辞有关的古墓里发掘出来的越王勾践的剑，对中国政府这种特殊的照顾和好意，我表示衷心的敬意。”

此后，湖北省博物馆不断扩大与国外及中国港、澳、台地区的合作，服务国家战略，赴境外知名博物馆参展，成为我国对外交流最活跃的博物馆之一，为“文物外交”发挥了积极作用。

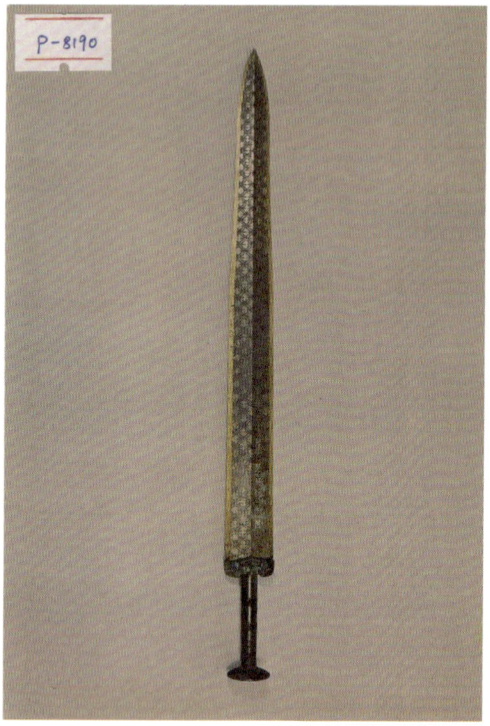

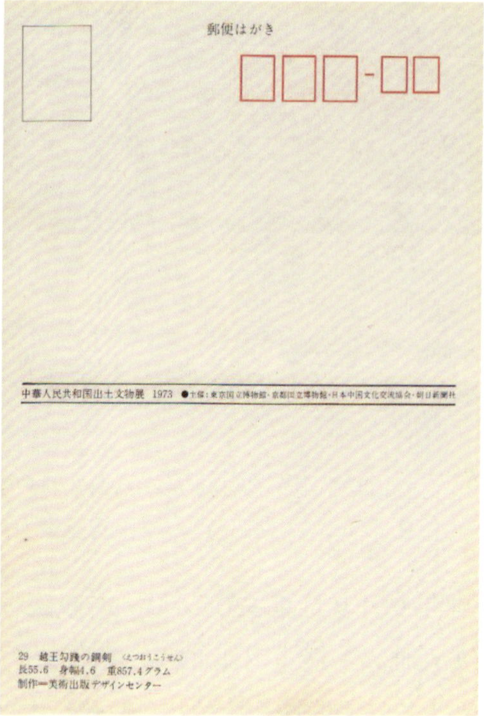

图 4–87 “中华人民共和国出土文物展”在日本举办时发行的“越王勾践剑”首日封

20 世纪 80 年代，湖北省博物馆开始独立主办出境文物展览，重点依托曾侯乙墓、包山楚墓等湖北多个重要考古发现的出土文物。馆藏曾侯乙墓、梁庄王墓出土等重要考古发现的出土文物先后参加纽约大都会艺术博物馆、大英博物馆等举办的重要中国文物展览，反映湖北历史文化的“礼乐中国”“皇家品味”“礼乐·华章”等展览先后赴俄罗斯国家普希金造型艺术博物馆、美国瑞林博物馆、印度国家博物馆展出，展出地域不断扩展突破，策展模式有所创新，社会反响超出预期，成为推动文明互鉴、讲好中国故事，推动荆楚文化走出去的重要方式。

具体参与和主办的展览如下：

1973 年 6 月 9 日至 9 月 30 日，为纪念中日邦交正常化一周年，国家文物局组织在日本东京国立博物馆主办“中华人民共和国出土文物展”，江陵望山楚墓出土的越王勾践剑及漆器、竹简等 17 件（套）文物参展。这也是湖北省博物馆首次参加由国家文物局组织的大型文物外展活动。

1973 年 9 月至 1974 年 12 月，湖北省博物馆参加由国家文物局主办的“中华人民共和国出土文物展”，赴英国、罗马尼亚、南斯拉夫、墨西哥、比利时、美国等国家展出。参展文物有彩漆木雕小座屏（复制件）、铜敦等 8 件。湖北省博物馆保管部王富国同志为随展人员之一，并在英国受到伊丽莎白女王接见。这是湖北省博物馆首次派员参加国家举办的文物外展的随展工作。展出期间，英国首相希思出席了在伦敦的开幕式并讲话；墨西哥总统路易斯·埃切维里亚在墨西哥城主持了开幕式。

1976年9月至1977年10月，湖北省博物馆藏大玉戈等5件文物珍品参加“中华人民共和国出土文物展”，在菲律宾、澳大利亚、日本等国展出。

1976年，湖北省博物馆藏兽面纹铜鼎等3件文物参加“中华人民共和国出土文物展”，在日本展出。

1980年4月至1981年9月，湖北省博物馆藏商代铜鼓、黄陂盘龙城青铜器等参加国家文物局出国文物展览工作室（现中国文物交流中心）承办的“伟大的中国青铜时代”展览，前往美国芝加哥、洛杉矶等地文博机构以及纽约大都会艺术博物馆、波士顿美术博物馆展出。

1984年12月至1985年3月，在香港举办“湖北随州擂鼓墩出土文物、江陵出土越王勾践剑”展览，这是湖北省博物馆首次独立举办出境展。展览引起极大轰动，美国《时代报》《北美日报》，菲律宾《世界日报》，泰国《新中原报》《中华日报》，日本《读卖新闻》，新加坡《联合早报》等都给予了报道。

1989年11月至1990年1月，在香港中文大学文物馆独立举办“湖北出土战国秦汉漆器展”，主要展品有彩漆木雕座屏等。这是经过脱水处理后的湖北省博物馆藏漆木器首次赴境外展出。

1990年，在日本东京国立博物馆举办“湖北随州擂鼓墩出土文物、江陵出土越王勾践剑”展览。

1990年9月至10月，在日本举办“日本近代书法之祖——杨守敬及其交友书法作品展”。

1990年11月至1991年1月，在香港中文大学文物馆举办“湖北出土战国秦汉漆器展”，展出文物100件（套），包括生活用具、乐器、丧葬用具等，如望山一号墓出土的彩绘木雕小座屏（后列入“禁止出国（境）展览文物目录”），曾侯乙墓出土的排箫、篪、十弦琴、二十八星宿图衣箱、盖豆等珍品文物，以中国古代漆器为专题的大型展览，在香港属首次。

1992年，为纪念中日邦交正常化20周年，在日本举办“曾侯乙墓出土文物特别展”，展出文物87套132件，包括曾侯乙铜尊盘、鉴缶及漆豆等，并安排曾侯乙编钟复制件等古乐器随展演奏，在近3个月的时间里接待观众近15万人次。

1993年8月11日，以湖北省博物馆藏品为主的“战国楚文物展”在新加坡开幕。这是楚地出土文物第一次大规模在国外展出。

1994年9月至1995年8月，云梦秦简等9件（组）文物参加在日本东京、名古屋等六城市举办的“秦始皇时代展”。

1995年，在德国举办“中国古代人与神”展览，在美国举办“中国周代艺术品”展览。

1995年4月6日，“中国周代艺术品”展在卢森堡雨果大厅举行开幕式，复制的编钟、编磬同时进行现场演奏，这是中国首次应邀参加“欧洲文化城”盛会，卢森堡、德国、英国、法国等国的10多家电视台、广播台、报刊争相报道“来自中国的节目”。

1997年5月，“中国帝王陵墓”展在美国奥兰多市举办，湖北省博物馆28件（套）文物参展。

1 | 2　　1. 图 4–88　“湖北省博物馆藏品精华展”宣传展板
2. 图 4–89　编钟演奏团与圣迭戈市交响乐团在圣迭戈博物馆门口合演

1997 年 11 月至 1998 年 1 月，湖北省博物馆在台北鸿禧美术馆举办“湖北省博物馆藏品精华展”（图 4–88）。编钟乐团和台湾艺术家一起演奏交响乐《九歌》。

1998 年 7 月至 8 月，在日本东京国立博物馆举办“湖北出土战国秦汉漆器展览”；随后的 8 月至 10 月，展览转至名古屋继续展出。

1998 年 10 月至 11 月，在日本三得利美术馆举办“中日书法名品展”。

1999 年 1 月至 3 月，湖北省博物馆、荆州博物馆、宜昌博物馆在香港中文大学文物馆联合主办“江汉地区先秦文明展”，展出精品文物 98 件（套）。

1999 年 6 月至 8 月，在美国圣迭戈博物馆举办“龙凤共舞——湖北省战国古墓出土文物精品展”。编钟演奏团与该市交响乐团合演（图 4–89）。

1999 年 9 月，湖北省博物馆参与的“中国考古的黄金时代：中华人民共和国辉煌考古成就”展在美国华盛顿国家美术馆开展，两国元首发来贺电。

1999 年 9 月，湖北省博物馆参加国家文物局在法国巴黎举办的“99 巴黎 · 中国文化周——中国古代文物展”。湖北省博物馆提供的展品有兽面纹铜鼓、虎纽錞于等 5 件（组）。

2000 年 4 月至 9 月，在美国史密森尼学会沙可乐美术馆举办“孔子时代的音乐展”，展出了曾侯乙墓出土的编磬、钟棒、建鼓座、笙、排箫、十弦琴、悬鼓及擂鼓墩二号墓编钟等 21 件（组）文物。

2000 年，湖北省博物馆参与在美国、日本等国举办的“中国古代国宝展”与“中国古代文明展”。

2000 年 11 月至 2001 年 2 月，湖北省博物馆与北京大钟寺古钟博物馆联合在法国巴黎音乐城举办“龙之声——中国考古及钟铃艺术展”，展品共 120 件（套），包括曾侯乙编钟复制件和最古老的乐器陶响球等。

2004 年 3 月至 2005 年 2 月，湖北省文物考古研究所参与在法国举办的“中国旧石器时代大展”。参展文物包括郧县人遗址出土的石器和动物化石模型 24 件。

2005年，“荆楚辉煌——湖北省楚文物精品展”在香港展览。

2005年，在荷兰举办“中国曾侯乙编钟”展。

2006年，在香港大学美术博物馆举办“楚文化展”。

2006年，在香港参加“孙中山纪念展”。

2008年10月至2009年3月，湖北省博物馆参加的“大三国志展”先后在日本神户美术馆（图4-90）、福冈美术馆（图4-91）、九州博物馆等地开展。

2009年7月至2010年12月，湖北省博物馆与其他省（市）博物馆在意大利国家博物馆联合举办“秦汉——罗马文明”展。

2009年10月至2010年2月，参与由文化部、国家文物局委托，中国文物交流中心承办，在比利时布鲁塞尔美术馆举办的“天子——中国帝王艺术展”。

2009年10月至2010年5月，在意大利特莱维索市博物馆举办“明代艺术展”。

2010年6月5日至9月5日，湖北省博物馆与其他省市博物馆在台北历史博物馆联合举办“大三国特展”。展览从11个省市34家文博单位的藏品中遴选出147件珍贵文物，力图从政治、经济、军事、文化、生活、宗教等方面再现三国百余年的历史风貌。

2010年8月27日，湖北省博物馆收藏的元青花四爱图梅瓶以及元青花牡丹纹塔式盖瓶从北京启程赴纽约，参加在纽约大都会艺术博物馆举办的“中国元代艺术展”。

2010年11月12日至2011年2月20日，在台北历史博物馆举办“剑舞楚天——越王勾践剑暨楚国出土文物展”，展出湖北出土的楚文物。

2011年2月4日至4月26日，在澳大利亚新南威尔士州艺术博物馆举办“敬天崇祖——楚地礼仪艺术展”（图4-92）。

1
2
3

1. 图4-90 观众参观神户美术馆“大三国志展”

2. 图4-91 福冈美术馆“大三国志展”展厅一角

3. 图4-92 新南威尔士州艺术博物馆“敬天崇祖——楚地礼仪艺术展”开幕式

2011年3月1日，由湖北省博物馆与香港特别行政区康乐及文化事务署联合举办的“辛亥革命百周年展”在香港历史博物馆隆重开幕。

2012年10月10日至2013年9月16日，湖北省博物馆与其他省市博物馆在日本东京国立博物馆举办“中华大文明展”。

2013年6月20日至2014年3月20日，参加在意大利罗马威尼斯宫博物馆举办的“早期中国”展。

2013年5月18日至8月4日，“梁庄王墓文物展”在台湾新北市十三行博物馆举办（图4–93）。

2014年3月3日至4月10日，“礼乐中国——湖北商周青铜器特展”在俄罗斯国家普希金造型艺术博物馆举办（图4–94）。

2014年9月18日至2015年1月5日，参加在大英博物馆联合举办的“明：皇朝盛世五十年（1400—1450）展”（图4–95）。

2014年6月14日至10月19日，“屈家岭——湖北省博物馆藏长江中游史前考古文物特展”在台湾新北市十三行博物馆举办。

2014年12月20日至2015年3月29日，在台北历史博物馆举办“神游武当——道教千年文物特展”。

2015年10月7日至10月15日，赴香港中文大学文物馆举办“楚腔汉调——经典汉剧演出”展演（图4–96）。

2015年5月22日至2016年2月22日，赴台中自然科学博物馆举办“鼎立三十——看先民铸鼎镕金的科学智慧”展（图4–97）。该展览入选国家文物局2015年度“弘扬中华优秀传统文化、培育社会主义核心价值观”重点推介项目。

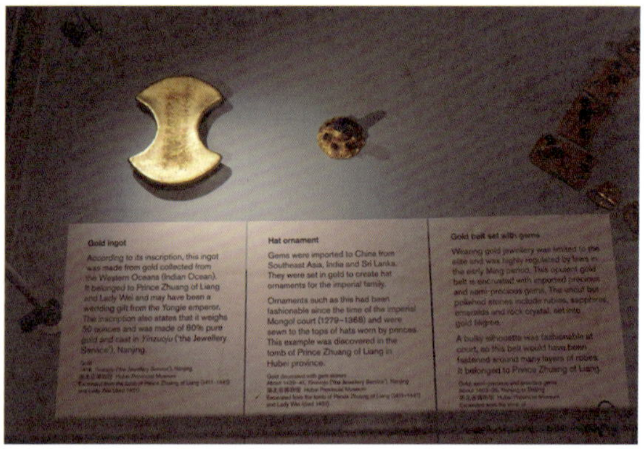

1. 图4–93　十三行博物馆“梁庄王墓文物展”展厅一隅

2. 图4–94　国家普希金造型艺术博物馆“礼乐中国——湖北商周青铜器特展”展厅一隅

3. 图4–95　大英博物馆“明：皇朝盛世五十年（1400—1450）展”参展文物

1. 图 4-96　在香港中文大学文物馆举办的“楚腔汉调——经典汉剧演出”展展品

2. 图 4-97　台中自然科学博物馆展览海报

3. 图 4-98　美国“皇家品味——15 世纪明代藩王宫廷的艺术”展展厅一隅

2015 年 6 月 18 日至 22 日，赴韩国庆州艺术殿堂参与“汉剧展演”。

2016 年 2 月 26 日至 6 月 26 日，在美国佛罗里达瑞林博物馆、南加州大学亚太博物馆举办“皇家品味——15 世纪明代藩王宫廷的艺术”展（图 4-98）。展出了众多源自明代的中国艺术品，不仅包括梁庄王墓、荆王墓等重要考古发现的文物，还有很多奢华唯美的装饰工艺品，例如精美饰物、宗教雕像、针织品与瓷器等，展品中的大多数都是首次在美国公开展出。

2016 年 3 月 22 日至 10 月 21 日，“帝国前的中国——楚文物特展”在意大利埃斯特国立考古博物馆、亚得里亚国立考古博物馆、威尼斯东方艺术博物馆举办（图 4-99）。

2016 年 7 月 3 日至 9 日，第 24 届国际博物馆协会大会暨博物馆博览会在意大利米兰召开。中国博物馆协会特委托湖北省博物馆承担大会中国展位的设计建造任务。展览通过文字、图片及多媒体互动等形式，展示我国文化遗产和博物馆的面貌，介绍近年来中国博物馆建设和文化遗产保护成就，推动与世界各国博物馆的文化交流与合作。

1. 图 4-99 “帝国前的中国——楚文物特展”埃斯特国立考古博物馆展厅
2. 图 4-100 “皇家品味——15 世纪中国藩王的艺术”展开幕式开幕式

2017 年 7 月 22 日至 10 月 22 日，赴俄罗斯民族博物馆举办“皇家品味——15 世纪中国藩王的艺术”展（图 4-100）。展览主要选取湖北省博物馆收藏的明代早期梁庄王墓出土的文物 90 件（组），从解析一位中国明代藩王与王妃的生活、仪式用器入手，通过表现明代早期的宫廷礼仪、宗教信仰和审美情趣，展示当时精致的宫廷艺术。

2017 年 10 月 20 日至 2018 年 3 月 4 日，在香港中文大学文物馆举办“有凤来仪——九连墩玉器展”。展览精选了湖北随州曾侯乙、枣阳郭家庙等曾国墓葬及襄阳山湾、枣阳九连墩、当阳曹家岗、枝江姚家港等楚国墓葬出土的 159 件（套）西周晚期至战国中期玉器，以战国中期九连墩楚墓玉器为主，较为全面地反映了楚国玉文化面貌。

2018 年 6 月 12 日，湖北省博物馆“镇馆之宝”之一的元青花四爱图梅瓶在法国卢浮宫国家装饰艺术博物馆实现 AR 展出，这是湖北省博物馆藏国宝首次以 AR 形式在国外展出。

2018 年 8 月 14 日至 11 月 11 日，湖北省博物馆参加在香港海事博物馆举办的“东西汇流——十三至十八世纪的海上丝绸之路”展（图 4-101）。展览展出 166 件（套）文物，年代从 13 世纪至 18 世纪（南宋至清初），从商品贸易、宗教发展、文化交流、古代史迹和水下考古等角度，展现南海沿岸的海上丝绸之路发展过程及其在促进全球化方面的贡献。

2019 年 7 月至 2020 年 1 月，参加在日本东京国立博物馆举办的“大三国志展”。展览展出了 162 件（组）文物，试图从考古学角度呈现一个“真实的三国志”，湖北省博物馆藏三国时期的弩参与该展览。

2019 年 11 月 10 日至 30 日，在印度国家博物馆举办“礼乐・华章——中国湖北文物特展”（图 4-102）。此次赴印参展的 100 件（组）展品由中印两国专家共同选定，其中约五分之一是国家一级文物，以湖北出土青铜器为主，展现了中国古代礼乐文化和青铜艺术的璀璨华章。这是中国省级博物馆首次在印度国家博物馆举办专题文物展。在举办该展的同时，湖北省在印度国家博物馆中庭举办了“湖北，从长江走来”文化旅游图片展，通过 100 余幅生动的图片充分展示湖北深厚的历史文化底蕴、灵秀的山川美景、近年来经济社会全面发展取得的成就和人民的幸福生活状态。

1｜2　1. 图 4-101　“东西汇流——十三至十八世纪的海上丝绸之路”展参展展品
2. 图 4-102　印度国家博物馆“礼乐・华章——中国湖北文物特展”开幕式

4. 输出文物海内联办展览

湖北省博物馆一直以来与内地各级博物馆、纪念馆保持密切的文物展览联系，自 2010 年以来，通过馆藏文物借展等形式在其他博物馆、纪念馆等联合举办相关展览，主要如下：

2010 年 5 月，湖北省博物馆曾侯乙建鼓座等 4 件一级文物赴上海世博会中国国家馆、城市足迹馆展出。

2013 年 9 月 28 日至 2014 年 1 月 5 日，参加河南博物院主办的“鼎盛中华——中国鼎文化”展。

2014 年 12 月 19 日至 2015 年 3 月 1 日，参加苏州博物馆主办的“吴钩重辉——苏州博物馆吴越青铜兵器特展”。

2015 年 4 月 16 日至 6 月 16 日，参加北京市劳动人民文化宫举办的“咸知古鉴今——资治通鉴”展。

2015 年 5 月 15 日至 7 月 31 日，参加西安曲江艺术博物馆等主办的“赍币往赉——海上丝绸之路精品展”。

2015 年 12 月 7 日至 12 日，参与武汉客厅湖北首届文化艺术品博览会展场布展。

2016 年 7 月 18 日至 10 月 18 日，参加四川广汉三星堆博物馆主办的“两河三国——黄河与长江的青铜文明对话展”。

2016 年 9 月 9 日至 10 月 9 日，参加湖北省美术馆主办的“时序——2016 湖北国际漆艺三年展”。

2016 年 10 月 26 日至 2017 年 4 月 1 日，参加武汉博物馆主办的“南土遗珍——商代盘龙城文物集萃展”。

2016 年 12 月 26 日至 2017 年 4 月 10 日，参加成都博物馆主办的“天府之国与丝绸之路文物特展”。

2017 年 6 月 9 日至 2018 年 7 月 23 日，参加重庆中国三峡博物馆主办的“走进长江文明之大溪文化主题展”（图 4–103）。展览展出湖北省博物馆等多家博物馆的 380 余件（套）藏品，包括石器、骨器、陶器及动植物标本等，帮助观众通过大溪文化认识中国南方地区尤其是长江中游地区文明起源与发展的进程，认识中华文明多元一体的文化特征。

2017 年 6 月 16 日至 8 月 9 日，参加福建博物院主办的“伊秉绶书法艺术展”。

2017 年 6 月 28 日至 9 月 3 日，参加苏州博物馆主办的“大邦之梦——吴楚越青铜器特展”（图 4–104）。展览展出来自全国 22 家知名博物馆收藏的 92 套 115 件吴、越、楚青铜器，包括湖北省博物馆“十大镇馆之宝”之一的越王勾践剑。

2017 年 9 月 24 日至 12 月 24 日，与四川金沙遗址博物馆合作举办“玉汇金沙——夏商时期玉文化特展对话”展（图 4–105）。展览集中展出了湖北省博物馆等 11 家文博单位收藏的夏商时期玉器精品 250 余件（组），是国内夏商时期出土玉器的首次集中展示。湖北省

1 | 2
3 | 4

1. 图 4-103　“走进长江文明之大溪文化主题展”场景
2. 图 4-104　“大邦之梦——吴楚越青铜器特展”海报
3. 图 4-105　“玉汇金沙——夏商时期玉文化特展对话”展展厅
4. 图 4-106　“东方既白——春秋战国文物大联展”开幕式

博物馆精选的 6 件（组）参展玉器，均为盘龙城遗址商代墓地出土，包括杨家湾玉柄形器 2 件、戈 1 件，李家嘴玉戈 2 件，童家嘴玉璋 1 件。

2017 年 9 月 26 日至 2018 年 3 月 26 日，参加山东博物馆主办的“书于竹帛——中国简帛文化展”。

2017 年 12 月 28 日至 2018 年 3 月 28 日，参加湖南省博物馆主办的“东方既白——春秋战国文物大联展”（图 4-106）。展览共由 30 家文博单位合作举办，是湖南省博物馆新馆开馆后的首个大型特展，汇集了 240 件（套）珍贵文物，集中展示了春秋战国时期的文物精华。

2018 年 1 月 23 日至 4 月 16 日，参加宁波博物馆主办的“金玉大明——郑和时代的瑰宝”展。

2018 年 1 月 26 日至 4 月 30 日，遴选文物参加湖南省博物馆主办的“在最遥远的地方寻找故乡——13—16 世纪意大利与中国的跨文化交流”展。本展览分“从四海到七海”“指南针指向东方”“大都的日出”“马可 · 波罗的行囊”“来而不往非礼也”五大部分，为观众讲述了一段多元共生的中西文化交融故事，带领观众体验一场跨越亚欧大陆的时空旅行，感受一次影响世界的深刻变革。

2018年2月10日至3月11日，参加山西博物院主办的“争霸——晋楚文物特展”。

2018年6月9日至8月19日，参加中国国家博物馆主办的“无问西东——从丝绸之路到文艺复兴”展。该展览分“大漠之舟”“跨越七海”“帝国剪影”“凤凰西行”“丝绸之梦”“世界交融”六个单元，不仅对“丝绸之路”作为中西文化交流重要纽带进行展示，也让观众感悟到人类平等交往、和平发展、共同进步的重要性。湖北省博物馆多件展品参加展览。

2018年6月16日至8月8日，遴选文物参加福建博物院、福建省美术馆主办的“张瑞图书法艺术作品展”。展览汇集福建博物院、福建省美术馆、湖北省博物馆及故宫博物院、上海博物馆、辽宁省博物馆等全国各大博物馆以及知名收藏家收藏的张瑞图遗存书画共60余件，再现了张瑞图的艺术成就。同时，本次展览对解读张瑞图书画内涵，加强张瑞图文化艺术的保护、传承和发展具有深刻的意义，也为研究福建省美术书法发展史提供了珍贵的历史资料。

2018年7月12日，湖北省博物馆选送部分展品参加由湖北省人民政府、中华人民共和国外交部在外交部蓝厅主办的“新时代的中国：湖北，从长江走向世界”外交部省（区、市）全球推介活动，分享新时代中国、新时代湖北的精彩故事。

2018年9月20日至11月20日，参加成都金沙遗址博物馆举办的“金色记忆——中国14世纪前出土金器特展”。展览由国内40家考古文博机构联合主办，展出馆藏精品金器850余件，其中名副其实的黄金“重”器是曾侯乙墓出土的蟠螭纹金盏、镂空龙纹金匕，这是一组器食具，出土时金匕放置在金盏中。

2018年11月29日至2019年2月20日，参加杭州南宋官窑博物馆临时展览“锁匙——先秦印纹硬陶·原始瓷器特展”。湖北省博物馆藏盘龙城遗址、叶家山墓地出土的10余件原始瓷器参加展览。展览分“越韵悠长”“藏礼于器”“南北交融”三个单元，共展出296件先秦时期印纹硬陶和原始瓷器。

2018年12月2日至2020年12月2日，盘龙城遗址博物院从湖北省博物馆借出88件（套）盘龙城遗址早期发掘文物参加其“江汉泱泱　商邑煌煌——盘龙城遗址陈列”（图4-107）。此展览为基本陈列，由“浪淘千古”“故邑风物”“角立南土”三个主题构成，将考古与展览融合，以考古发掘为基础，以考古研究为支撑，向观众展示了盘龙城遗址的发现历程、文化面貌、人地变迁、重要价值等。展览获得第十七届（2019年度）全国博物馆十大陈列展览精品推介“精品奖”。

2019年5月6日至7月31日，参加中国国家博物馆举办的“海宇会同——元代瓷器文化展”（图4-108）。此次展览由中国国家博物馆主办，汇聚了国内11家博物馆馆藏文物精品。展出文物96件，共分为四个单元。展览还配合元代瓷器展示，增加了清光绪本《岛夷志略》、张成款剔红人物圆漆盒、僧帽形带柄铜壶等其他类别文物，力求展示元代瓷器的历史、文化、科技和审美等方面的价值，全面还原出元代中外文化交流盛景和物质文化风貌。湖北省博物馆藏元青花莲池纹玉壶春瓶、青花龙纹梅瓶等文物参加展览。

1 | 2　1. 图 4–107　“江汉泱泱　商邑煌煌——盘龙城遗址陈列”参展展品
2. 图 4–108　“海宇会同——元代瓷器文化展”展标

2019 年 2 月 26 日至 4 月 7 日，参加武汉美术馆举办的“书之大者——杨守敬的书法艺术”展。展览从杨守敬一生的学术历程入手，通过“杨守敬与湖北”“杨守敬与潘存”“杨守敬对日本书坛的影响”“杨守敬的朋友圈”四个板块进行梳理和呈现，共计展出 45 件作品及部分出版文献和图片，其中包括杨守敬各个时期的 40 件书法作品。

2019 年 4 月 29 日至 8 月 25 日，参加在成都博物馆举办的“美的历程——中国意大利蛇形艺术展”（又名“灵蛇传奇”）（图 4–109）。展览由成都博物馆和意大利知名珠宝品牌宝格丽公司联合主办，这也是中意两国在文化领域的又一次合作。共有 183 件（套）来自中国、意大利、法国、英国、美国、日本、葡萄牙等 7 个国家的博物馆、美术馆的蛇（龙）形珍贵古代文物和现当代艺术品参加展出。湖北省博物馆藏明代鎏金铜玄武等文物参加展出。

2019 年 5 月 13 日至 8 月 10 日，参加中国国家博物馆举办的“大美亚细亚——亚洲文明展”。展览汇集了包括中国在内的亚洲全部 47 国及希腊、埃及两个文明古国的 451 组文物，包括不少重量级的“国宝”。湖北省博物馆精品文物曾侯乙尊盘、元青花四爱图梅瓶和 1 套 3 件西周铜甬钟参展。

图 4–109　“灵蛇传奇”展览海报

2019 年 5 月 18 日至 7 月 18 日，参加湖南省博物馆举办的“根·魂——中华文明物语展”（图 4–110）。该展览联合全国 22 家博物馆，精心遴选出 30 件（套）在中国古代文明中具有标杆性的文物作为物证，简明地勾勒出中华文明发展历程。湖北省博物馆藏战国时期的曾侯乙铜鉴缶参加展出。

2019 年 5 月 28 日至 9 月 1 日，参加上海博物馆主办的“灼烁重现——十五世纪中期景德镇瓷器大展”（图 4–111）。该展览由上海博物馆与景德镇市陶瓷考古研究所合作举办，展品以景德镇御器厂发掘出土的器物以及上海博物馆的藏品为主，并向包括湖北省博物馆在内的国内外 26 家博物馆、考古研究所借展富有代表性的藏品，总数达 285 件（组）。

2019 年 6 月 6 日至 9 月 6 日，参加浙江省博物馆举办的“越王时代——吴越楚文物精粹展”（图 4–112）。展览汇集了全国 27 家文博机构的 300 余件馆藏精品，以越文化为主线，展示春秋战国时期长江中下游地区三个最有影响力的诸侯国——吴、越、楚之间相互征伐、文化融合的历史片段。湖北省博物馆作为主要参展方，有 20 余件青铜器参展，著名的越王勾践剑在杭州展出 15 天。

2019 年 6 月 8 日至 7 月 8 日，参加国家海洋博物馆主办的“无界——海上丝绸之路的故事”展（图 4–113）。展览共有 313 件（套）文物参展，其中一级文物 3 件（套）、二级文物 36 件（套）、三级文物 130 件（套），分“在海的那一边”“来自海上”“世界的改变”“逐梦天涯”“大海在中国在”五个部分，以讲述主题故事的方式，为广大观众讲述海上丝绸之

1
2
3

1. 图 4–110　“根·魂——中华文明物语展”宣传海报
2. 图 4–111　“灼烁重现——十五世纪中期景德镇瓷器大展”宣传海报
3. 图 4–112　“越王时代——吴越楚文物精粹展”宣传海报

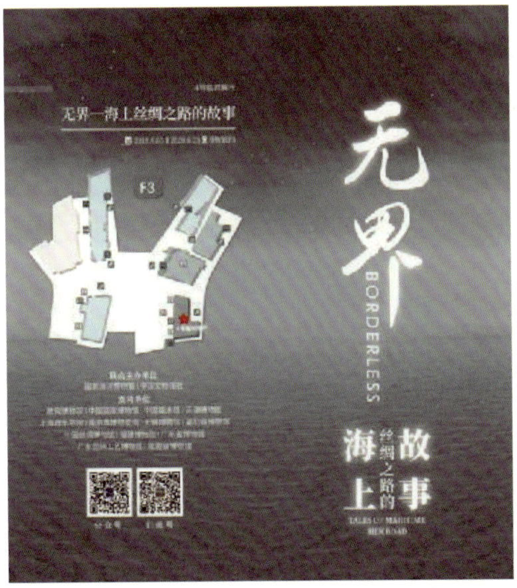

1│2　1. 图 4–113　“无界——海上丝绸之路的故事”展宣传海报
2. 图 4–114　“长江文明物语——长江文明与海上丝绸之路”展宣传海报

路的故事，多角度展示海上丝绸之路的面貌。展览展出文物得到了 13 家收藏机构的大力支持，湖北省博物馆藏的金锭参与展陈。

2019 年 9 月 27 日至 2020 年 3 月 25 日，参加秦始皇帝陵博物院主办的“平天下——秦的统一”展。展览展出的 317 件（组）文物来自中国国家博物馆及湖北省博物馆、河南博物院等 33 家文博单位，其中一级文物占到了三分之一。展出的秦子镈、秦公鼎、秦公镈、秦公钟、商鞅方升、杜虎符、秦木版地图、云梦秦简、秦诏版、两诏秦权、秦车马壁画图，以及包含所有兵种的兵马俑等精品文物，展示了秦“由封国到帝国”的发展之路，以及秦统一的各项措施对中国社会发展所做出的贡献。来自湖北省博物馆的云梦龙岗 M4 之 6 号木牍等参加展出。

2019 年 10 月 19 日至 2020 年 1 月 31 日，参加二里头夏都遗址博物馆（二楼临展厅）举办的“鼎盛中华——中国鼎文化特展”。展览共展出 118 件（套）珍贵文物，突出展现了集唯一性、代表性、历史性、艺术性于一身的器物——鼎的历史发展轨迹，彰显了鼎在中国历史发展进程中形成的深厚的文化和时代内涵。

2019 年 11 月 10 日至 2020 年 2 月 23 日，参加张家港博物馆举办的“长江文明物语——长江文明与海上丝绸之路”展（图 4–114）。展览展出了多家文博单位收藏的 70 件珍贵文物，分“文明曙光”“青铜时代”“兼收并蓄”“文化勃兴”“走向海洋”等五个单元，以文物诉说历史，从长江文明发展的历史进程出发，以时间轴、空间轴来讲述长江文明与海上丝绸之路。许多长江沿线地区出土的彩陶、瓷器、青铜器、漆木器等主要器物，从不同时期、不同地区、不同角度展现源远流长、多姿多彩的长江文明。同时，展览还运用了多媒体、电子地图、全景沙盘等新模式和新技术。

2019年11月10日至30日，参加湖南省博物馆“千年遗墨——中国历代简帛书法展”（图4–115）。展览以时间为序，共分为“楚简帛”“秦简”“西汉简帛”“东汉简”“三国魏晋简”五大部分。战国的典籍、秦代的法律文书、汉代的养生药方、三国的行政公文等，均汇集于此。

2020年1月14日至5月，参加成都博物馆“映世菩提”展（图4–116）。来自全国12家文博机构的百余件文物展示了我国南北朝时期佛教造像艺术之美，不仅有“褒衣博带”“秀骨清像”的南北朝造像，还有印度笈多风格造像，以及极具特色的龙树背龛式造像，观众能从这些造像中感受多元文化交融的艺术魅力。

2020年4月28日至10月8日，参加山东博物馆举办的“六合同风——秦文化特别大展”（图4–117）。展览共展出国内25家文博机构珍藏的140余件精品文物。通过此次展览，观众可以从中感悟2000多年前遥远而神秘的大秦王朝雄风。

2020年11月24日至2021年1月17日，参加东湖杉美术馆举办的“拓寻——汉画像石拓片艺术”展（图4–118）。展览由东湖杉美术馆策划，湖北省博物馆提供学术支持。展览分为三个章节，分别是“乐·府”“农·家”“研”。湖北省博物馆藏汉画像砖参加展览。

2021年3月15日至5月15日，湖北省博物馆藏针灸铜人等展品参加佛山市祖庙博物馆举办的“统握元枢——道教真武文物展”（图4–119）。展览从“真武造像”“道典醮仪”和“庙宇供器”三个不同维度，深入阐述真武的历史文化和宗教信俗：经典的真武造像演绎着巍巍道家气度，展现真武崇信的历史传承谱序；道典醮仪篇章囊括了水陆画、典籍、印版和真

1. 图4–115 “千年遗墨——中国历代简帛书法展”开幕式
2. 图4–116 “映世菩提”展海报

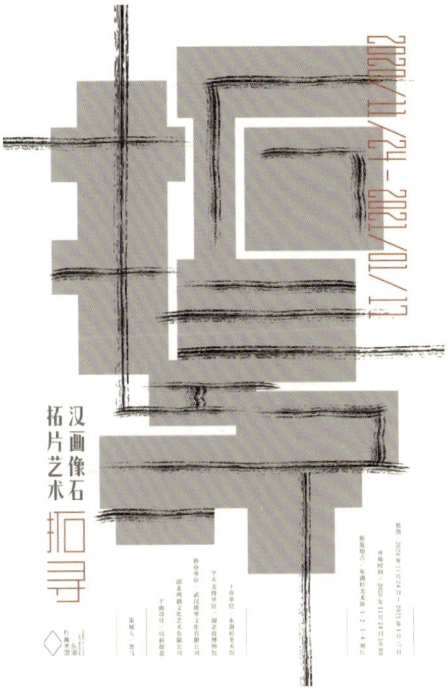

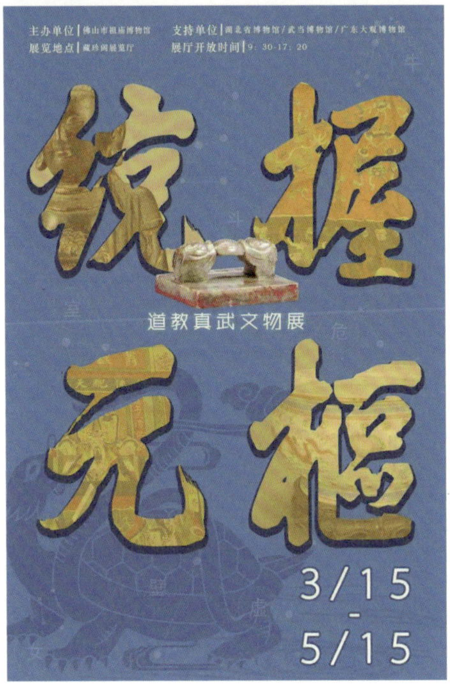

1. 图 4-117 “六合同风——秦文化特别大展”开幕式

2. 图 4-118 “拓寻——汉画像石拓片艺术”展海报

3. 图 4-119 “统握元枢——道教真武文物展”海报

武道场的各式法器，是对真武仪典的解读；庙之供器为尊奉真武及下属诸神的礼器，皇家礼制与民间崇信相互辉映，内含“天人合一、道法自然”的和谐思想。此次“统握元枢——道教真武文物展”荟萃了佛山市祖庙博物馆馆藏和历年征集的道教文物精华，同时融入了武当博物馆、湖北省博物馆、广东大观博物馆等文博机构所藏珍品，涉及铜铁锡器、陶瓷、木雕、丝织品、典籍图册等，共计 132 件，品类丰富，极具特色。

2021 年 3 月 28 日至 8 月 31 日，参加盘龙城遗址博物院主办的“长江万里青——长江流域青铜器精品展”。展览展出来自湖北省博物馆、湖南省博物馆、三星堆博物馆等 12 家参展单位的 118 件（套）文物精品，为我国首个全面梳理长江流域青铜文明的文物特展。展览根据商周时期长江流域文化特征，划分为“既田疾兵”“设宴飨客”“异彩华章”三个单元，以及精品文物展区“物华天宝”，分别展示长江流域代表性的青铜兵器、农具、炊器、宴饮器、祭祀用具和乐器。展览从青铜器精品入手，通过多媒体投影视频、场景画、图像和文字说明等方式，再现长江流域高度发达的青铜文明与独特的艺术审美，实证长江流域和黄河流域同为中华文明的起源。

2021 年 3 月 31 日至 8 月 28 日，参加成都武侯祠博物馆举办的“大三国志展”。来自国内 18 个省（区、市）36 家文博单位的 160 余件（套）精品文物亮相展览，通过“英雄的时代”和“永远的三国”两大板块，全面展示三国历史和三国文化源流，讲述富有中国气派、成都风味的当代“三国志”。此次展览共展出国家一级文物 30 件（套），不少为首次出展或平日极少展出的珍品。

2021 年 4 月 12 日，协助中共湖北省委宣传部、湖北省文化和旅游集团筹备开展湖北全球特别推介活动“英雄的湖北：浴火重生　再创辉煌”展览（图 4–120）。此次湖北全球特别推介活动专门设置展览展示环节，许多珍贵实物第一次在北京展出。比如援鄂医疗队队旗、请战书和签名防护服，志愿者家书，参与“两山”医院建设的工人安全帽和基建工作马甲，有关国家致湖北的感谢信等珍贵实物，展现了各行各业为抗击疫情作出的努力，充分凸显“疫情面前，人人都是英雄”主题。除了展示湖北和武汉抗疫成就外，展览还呈现战胜疫情后的湖北和武汉经济社会全方位发展的新面貌。活动旨在推介加大对外开放的新举措，为各国与湖北加强交流合作搭建新桥梁。

2021 年 4 月 22 日至 8 月 22 日，参加清华大学艺术博物馆举办的“万物毕照——中国古代铜镜文化与艺术”特展（图 4–121）。中国古代铜镜不仅是日常生活中用于照容的实用器，变化无穷的样式、纹饰和铭文等也使其成为具有丰富文化内涵的艺术品，是体现不同时期哲学、思想、文化、宗教、艺术、科技和民俗历史变迁的重要载体。清华大学艺术博

图 4–120　湖北全球特别推介活动现场

1/2

1. 图 4-121 “万物毕照——中国古代铜镜文化与艺术”特展序厅

2. 图 4-122 “宋窑遗珍 湖泗风华——武汉湖泗窑址群出土文物及标本展”海报

物馆以王纲怀先生捐赠的铜镜馆藏为基础，在国内多家文博机构和私人藏家的大力支持下，优中选优，挑选了400余面各具代表性的中国历代铜镜精品，为观众呈现出中国古代铜镜文化和艺术的演进过程，让观众感受铜镜的艺术魅力。

2021年4月28日至2022年2月18日，湖北省博物馆文物参加武汉博物馆“宋窑遗珍 湖泗风华——武汉湖泗窑址群出土文物及标本展”（图4-122）。展览以湖泗窑出土文物和器物标本为基石，分为“明珠重现”“良工巧匠”“小家碧玉”和“重放珠华”四个单元，展出文物及标本329件（套），其中包括国家一级文物9件（套），青釉瓜棱瓷执壶为其中代表。展览详细介绍了湖泗窑址群的发现经过、考古工作情况、宋代陶瓷烧造过程、湖泗窑产品的特点以及近年来对湖泗窑址群的保护利用，首次对湖泗窑址群这一极具武汉地方特色的窑址群进行详细梳理和展示，展现出武汉地区宋代制瓷手工业的面貌和宋代制瓷工匠的智慧与创造。

2021 年 6 月 28 日至 30 日，参加湖北省图书馆举办的“徐行可捐赠古籍文物六十周年精品展”（图 4–123），这是湖北省图书馆首次联合湖北省博物馆展出徐行可捐赠的古籍文物精品。本次展览两馆共展出徐行可捐赠古籍文物 52 件，有古籍、手札、碑帖、书画、铜镜、印章等。包括纪昀批注《史通训故补》、宋拓本“麓山寺碑”、汉代陈氏五乳镜、明代无疑“东桥老史”长方牙印等。本次展览通过展板、展柜、数字化演示等多元化的形式呈现。数字化演示展现了徐行可与杨树达、张元济、马一浮、熊会贞、蔡尚思、余嘉锡等 30 余名学者以书会友的佳话。

2021 年 8 月 24 日至 11 月 28 日，参加成都博物馆主办的“发现中医之美——中国传统医药文物特展”（图 4–124）。本次特展展出文物 300 余件（套），其中国家一级文物 90 余件（套）。展览以中医

1. 图 4–123　“徐行可捐赠古籍文物六十周年精品展”展品之唐写本《维摩诘经卷（下）》
2. 图 4–124　“发现中医之美——中国传统医药文物特展”序厅

图 4-125 “驱遣云烟到笔端——近代美术教育先驱贺良朴诞辰 160 周年特展”海报

图 4-126 “山高水阔 长流天际——长江流域青铜文明特展”海报

药的起源与发展为序，用“天人合一”“仁心仁术”“对症下药”“手到病除”“防患未然”五大单元分别介绍了古人对于疾病的认知、诊断与治疗、本草与方剂、针灸等外治疗法与疫病的防治，最后以中医药文化在新时代的传承创新之举与成就作为收尾，将中国传统中医药的前世今生、发展历程与瞩目成就系统地呈现在观众眼前，引导观众发现、探索、学习、感受中医之美。

2021 年 9 月 29 日至 10 月 29 日，参加湖北美术学院美术馆举办的“驱遣云烟到笔端——近代美术教育先驱贺良朴诞辰 160 周年特展”（图 4-125）。贺良朴（1861—1937 年），字履之。湖北蒲圻（今赤壁市）人，清代拔贡。中国近代著名的诗人、画家、美术教育家。2021 年 10 月恰逢贺良朴先生诞辰 160 周年，本展览汇集了散落、深藏于国内各地、各处鲜有面世的 60 余件贺良朴原作精品与 60 余件珍贵文献史料，完整回顾了贺良朴在绘画、书法、诗词、剧作以及艺术教育等各方面的成就。

2021 年 9 月 28 日至 2022 年 1 月 3 日，参加四川博物院举办的“山高水阔 长流天际——

长江流域青铜文明特展”（图 4-126）。展览汇聚了长江流域 10 省（市、区）48 家文博单位的重量级文物，所属年代上起商代，下迄秦统一，以青铜器为主，包括金器、玉器、漆器在内共 518 件（套）。其中，一级文物多达 209 件（套），在本次展览中占比高达 40%，是同类型展览中的首次，也是本次展览的一大亮点。

2021 年 10 月 18 日至 2022 年 2 月 28 日，参加在景德镇中国陶瓷博物馆举办的“王者之器——明代藩王用瓷特展”（图 4-127）。本次特展集结国内 14 省（市、区）的 30 余家文博机构，历经三载精心准备，汇集藩王瓷器展品、标本一共 460 件（套），详尽地展示历年有关明代藩王瓷器重要考古发现，同时也对最新的蜀王、淮王等王府遗址考古发掘资料进行集中展示。

2021 年 10 月 28 日至 2022 年 2 月 16 日，湖北省博物馆藏文物赴张家港博物馆参加“考古里的长江文明专题展览”（图 4-128）。为全景展现近百年来长江流域考古事业取得的重要成果，展览主办方联合 16 家考古文博单位，特别汇集了从良渚到东山村、从盘龙城到大洋洲、从马王堆到海昏侯、从景德镇到黄泗浦等 16 处长江流域重要考古遗址出土的 100 件文物珍品，向中国现代考古学诞生 100 周年致敬，构成了“百年百物颂华光”的展览主题。

2021 年 12 月 9 日至 2022 年 1 月 9 日，参加由文化和旅游部公共服务司指导，国家图书馆、湖北省文化和旅游厅主办，湖北省图书馆、湖北省博物馆承办的“珠还合浦 历劫重光——《永乐大典》的回归和再造”湖北巡展。系列展览包括《永乐大典》的回归和再造、湖北省古籍保护工作成果展、湖北省博物馆精品古书画展、古籍文创展、古籍修复展及技艺展。湖北省博物馆参展的 30 件文物均为精品，其中 5 件为国家一级

1. 图 4-127 “王者之器——明代藩王用瓷特展”海报
2. 图 4-128 “考古里的长江文明专题展览”展海报

1. 图 4-129 “江天万里——长江文化展”海报

2. 图 4-130 “大美亚细亚——亚洲六国文物特展”海报

文物，其他为国家二级、三级文物等，包括王翚、张裕钊、倪元璐、文徵明、溥心畬、张大千等人的书画。这批藏品，既有武汉市文管会、文史馆等单位的调拨，也有社会捐赠，特别是徐行可先生捐赠的书画，本次共展出了 7 幅。

2021 年 12 月 21 日至 2022 年 3 月 21 日，参加中国国家博物馆举办的“江天万里——长江文化展”（图 4-129）。本次展览以中国国家博物馆藏品为基础，汇集 300 余套各类材质的长江文化代表性物证，以“横穿万古岁月流”“文明传承绵延长”“千年文脉润古今”“黄金水道通九州”“大江安澜丰碑立”五个单元，全面展示长江的历史之久、人文之盛、生态之美、工程之巨，对于赓续中华民族历史文脉、坚定全民族文化自信具有重大作用。

2022 年 1 月 28 日至 3 月 21 日，参加四川博物院主办的“大美亚细亚——亚洲六国文物特展”（图 4-130）。本次展览分为“悠远璀璨——两河流域文明”“兼容并蓄——印度河与恒河流域文明”“华夏之光——黄河与长江流域文明”三个单元，亚洲六国 270 件（套）文物集中亮相，集中展示出亚洲多个国家的文物精品，凸显文明对话、交流、互鉴轨迹，反映地缘相近、文化相亲、和而不同、和平相处的亚洲文化。据了解，本次展览的内容和叙述逻辑不同于前面几站，而是进行重新创作，对亚洲三大流域的文明进行了梳理，结合展出文物各有侧重，兼顾历史背景和大众普及，让观众近距离、一次性领略亚洲古老文明的魅力与精彩。

图 4–131　“色如天相　器传千秋——中国古代绿松石文化展”海报

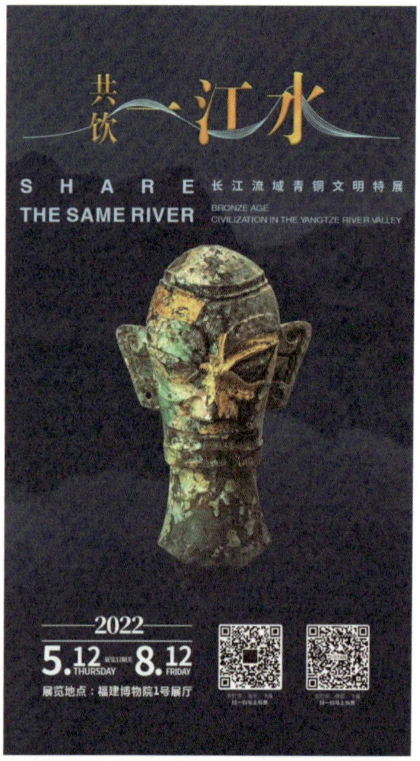

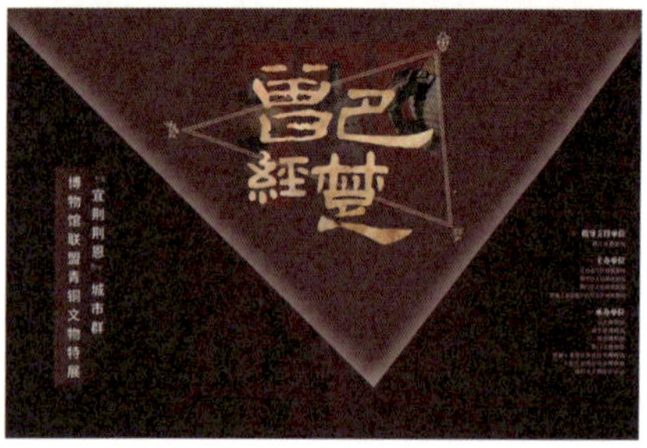

1. 图 4–132　“共饮一江水——长江流域青铜器特展”海报
2. 图 4–133　“曾经巴楚——‘宜荆荆恩’城市群博物馆联盟青铜文物特展”海报

2022 年 3 月 15 日至 6 月 25 日，参加盘龙城遗址博物院主办的“色如天相　器传千秋——中国古代绿松石文化展”（图 4–131）。本次展览集合全国 14 个省（市、区）共计 38 家文博单位的精美展品，共同呈现我国悠久灿烂的绿松石文化。贾湖遗址、二里头遗址、金沙遗址、殷墟遗址、晋侯墓地、马家塬墓地、曾侯乙墓、满城汉墓、吐尔基山辽墓、梁庄王墓等出土的 165 件（套）绿松石文物精品，见证我国自新石器时代起，历经夏商、两周、秦汉、隋唐、宋明，长达 9000 年的波澜壮阔的中华文明多元一体的发展历程。

2022 年 5 月 12 日至 8 月 12 日，参加福建博物院举办的“共饮一江水——长江流域青铜文明特展”（图 4–132）。展览分为“巴蜀并辉”“群雄竞华”“多元一体”“天下归一”四个部分，展示了长江流域青铜文明的历史光辉和璀璨成就。

2022 年 6 月 3 日至 8 月 3 日，参加在宜昌博物馆 2 号临展厅（3 楼）举办的“曾经巴楚——‘宜荆荆恩’城市群博物馆联盟青铜文物特展”（图 4–133）。该展览以“宜荆荆恩”四地三个诸侯国历史文献的梳理为基础，展出包括宜昌万福垴、京山苏家垄、沙洋左冢、荆州雨台山及巴东东瀼口等重要遗址出土的青铜文物百余件，彰显“宜荆荆恩”城市群共通、共建、共享的历史文化基因。

图 4-134 “铮铮越吟——越文化精品文物特展”展厅

2022 年 7 月 21 日至 10 月 7 日，参加诸暨市博物馆举办的“铮铮越吟——越文化精品文物特展”（图 4-134）。展览根据先秦时期的脉络，以时间为序，分序厅和“越源”“越兴”“越绝”三个单元，通过文物、考古遗址场景复原及数字化展陈方式，系统地展示从商周至西汉武帝时期的越文化代表性精品文物 158 件（组），其中一级文物 17 件、二级文物 29 件、三级文物 61 件。展品荟萃了上海博物馆、湖北省博物馆、浙江省博物馆、苏州博物馆等国内 19 家文博机构珍藏，有伎乐铜屋、羽人划舟纹青铜钺、越王不光剑、吴王光剑、吴王夫差剑等重量级珍贵文物，多件文物精品在国内尚属首次展出。展览力图全方位、多角度钩沉越国兴衰融合、精勤耕战的历史脉络，展现越文化的价值内涵和独特魅力。

2022 年 7 月 30 日，参展中国国家版本馆基本陈列。作为国家版本资源总库和“中华文化种子基因库”，中国国家版本馆于 2022 年 7 月 30 日开馆，中央总馆（文瀚阁）和西安分馆（文济阁）、杭州分馆（文润阁）、广州分馆（文沁阁）共同构成“一总三分”的中华版本保藏体系。在基本陈列之一“斯文在兹——中华古代文明版本展”中，藏有湖北地区出土的睡虎地秦简、彩漆木鹿、吴王夫差矛等多件一级文物，以不同的“版本”形式予以呈现。现场还展出了崇阳铜鼓、越王勾践剑的复制品，以及曾侯乙编钟的巨幅图片。

2022 年 8 月 28 日至 11 月 28 日，参加张家港博物馆举办的“考古里的长江文明——新时代·新发现”展（图 4–135）。展览共展出来自 19 家博物馆及科研院所的 163 件文物，分为“江源寻悠”“巴蜀根脉”“荆楚沧桑”“吴地风华”“风起黄泗浦”五个部分，展览叙事的视野覆盖了长江沿岸 11 个省份，从长江源头的通天河岩画到成都平原的金沙遗址，从长沙铜官窑到新干大洋洲，再到张家港地区的东山村和黄泗浦遗址，来自长江沿线的考古新发现、文明研究新成果、展示传播新创作，清晰勾勒出长江文明兴起、发展的历史图景。

2022 年 9 月 1 日至 11 月 30 日，参加郑州博物馆“繁星盈天——百年百大考古发现展”（图 4–136）。展览汇集了 2021 年评选出的“中国百年百大考古发现”的各个项目，共展出各类文物 800 余件（套），其中一级文物 115 件（套）。湖北省入选的六大项目遴选文物 30 余件（套）参展，包括屈家岭遗址出土的鼎、簋、盘、曲腹杯等典型屈家岭文化陶器，石家河遗址出土的人像、虎、蝉等石家河文化玉器，盘龙城遗址出土的簋、提梁卣等商代铜器，铜绿山遗址出土的春秋斧、锛、镢等铜制工具和孔雀石、赤铁矿、黄铁矿、铜蓝、云母等矿石标本，曾侯世代墓葬出土的西周曾侯簋、冉鼎、方鼎、鬲及玉佩，睡虎地秦墓出土的凤形勺、猪形盒等漆器，参展的文物来自湖北省博物馆、随州博物馆、黄石市博物馆等收藏单位。

2022 年 9 月 8 日至 12 月 20 日，参加在广西民族博物馆举办的“共饮一江水——长江流域青铜文明特展”（图 4–137）。本次展览共汇集 12 家文博单位的 114 件文物，以青铜器为主，另有少量玉器、漆器、瓷器等，一级文物占比高达 50%。展览以长江流域上、中、下游的主要青铜文化圈为结构主线，通过 4 个板块系统展示长江流域青铜文明的历史光辉和璀璨成就。

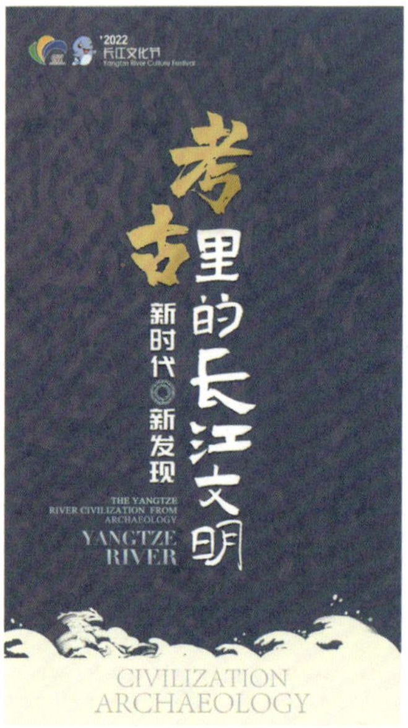

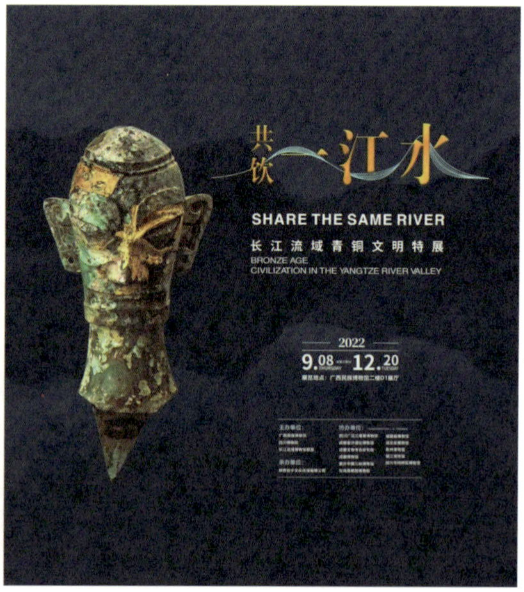

1｜2｜3　1. 图 4–135　“考古里的长江文明——新时代·新发现”展海报
2. 图 4–136　“繁星盈天——百年百大考古发现展”海报
3. 图 4–137　“共饮一江水——长江流域青铜文明特展”海报

1|2　　1. 图 4–138　“南方有嘉木——长江流域茶文化展”海报
　　　2. 图 4–139　“商邑金戈——盘龙城青铜文明陈列”海报

2022 年 9 月 22 日，“南方有嘉木——长江流域茶文化展”在长江文明馆开幕（图 5–138）。展览展出长江流域各时期茶文化主题相关展品总共 143 件（套），其中珍贵文物 35 件（套），彰显长江流域传统文化的独特魅力。中国茶文化是世界茶文化之源，是中华民族对人类文明的伟大贡献。长江流域各族人民创造、积淀、传承的丰富茶文化，是长江文化的重要组成部分，也是中华文明长河中的一颗璀璨明珠。

2022 年 9 月，参加北京展览馆“奋进新时代”主题成就展。此次展览设序厅、中央综合展区、地方展区、展望展区、室外展区和互动展区 6 个展区，面积超过 3 万平方米，全面宣传展示党的十八大以来党和国家各项事业取得的历史性成就、发生的历史性变革。

2023 年 2 月 23 日至 5 月 23 日，参加二里头夏都遗址博物馆举办的“商邑金戈——盘龙城青铜文明陈列”（图 5–139）。展览由二里头夏都遗址博物馆联合盘龙城遗址博物院、湖北省博物馆共同策划，共展出包括青铜器、玉器、绿松石器、陶器及遗址考古发掘资料等在内的各类文物 131 件（套），进一步加深了早期中国及夏商时期诸遗址的交流互鉴。本次展览是盘龙城遗址出土文物首次大规模走出湖北，参展精品文物众多，其中值得关注的代表性文物主要有带鋬弧形器、绿松石镶金饰件等。

图 4–140 “探索未知 记忆荆楚——湖北省 2022 年度考古工作成果展”海报

2023 年 2 月 25 日至 6 月 11 日，参加盘龙城遗址博物院举办的“探索未知 记忆荆楚——湖北省 2022 年度考古工作成果展”（图 4–140），这是全国首个以省域年度考古工作为主题的展览。展览精选 2022 年湖北省内田野考古发掘出土文物 150 件（套），全方位表现湖北省旧石器时代到明清时期的文化特征，讲述千湖之省悠久灿烂的历史文化，展现荆楚考古工作者风采。

考古发现

五

时间如逝水，匆匆而过的70年是湖北考古的重要发展阶段，一次次重大发现、一项项重要收获由湖北省博物馆、湖北省文物考古研究所（院）揭示给世人，将湖北的考古事业逐步推向辉煌。

湖北位处长江中游，其优越的自然条件和地理位置使之成为中华文明的重要一极。建始人牙齿化石的发现把湖北的人类起源推到了距今200万年前，郧县人头骨化石的发现证实了中国“百万年的人类史”。距今约1万年的桅杆坪遗址是湖北新石器时代文化的开端，在距今8000年至4000年的新石器时代，湖北便是先民们的聚居地，迄今已发现千余处聚落遗址。先秦时期，在这块土地上孕育、发展起来的楚文化博大精深，与中原文化同为中国灿烂文化的瑰宝。秦汉以后，深厚的文化积淀和宽松的文化环境使湖北成为南学的摇篮、禅宗的温床，在各领域内不乏英才硕果。

正是灿烂的古代文化为湖北这块土地留存了丰富的文化遗产，为湖北赢得了“文化聚宝盆”的美誉，为考古工作者提供了施展才干的天地。

70年来的考古工作，不仅发掘了大量的古代遗址、墓葬，而且出土了大批文物，其中相当一部分文物既有很高的历史价值和科学价值，又有十分珍贵的艺术价值，在中国古代文化发展史上也居于举足轻重的地位。这些重要考古发现及收获，奠定了湖北省各级博物馆发展的坚实基础。

（一）史前考古

1. 旧石器时代考古

（1）古人类化石的发现

湖北目前先后发现了8批次古人类化石，包括建始人牙齿化石、郧县人头骨化石、梅铺人牙齿化石、郧西白龙洞人牙齿化石、长阳人牙齿化石、郧西黄龙洞人牙齿化石、果酒岩人头骨碎片化石、汉阳人头骨化石等，是探索古人类起源的重要地域。湖北省博物馆、湖北省文物考古研究所（院）等参与了其中的多次调查和发掘工作。

1968年春，中科院古脊椎动物与古人类研究所的一个野外考察队首先在位于湖北省建始县高坪镇麻扎坪村东南面的建始人遗址中发现了一枚似人似猿的下第一臼齿化石，其后

图 5–1　建始人遗址龙骨洞地层堆积

又于 1970 年在遗址堆积层中发现了 3 枚人类牙齿化石，被认为“很可能代表南方古猿在亚洲的一个新种类”。1999 年、2000 年 4—6 月，中科院古脊椎动物与古人类研究所、湖北省文物考古研究所等单位再次对遗址进行联合发掘（图 5–1），共发掘出 2 枚古人类牙齿化石、30 多个种属的大哺乳动物化石和 50 多个种属的小哺乳动物化石，同时在堆积物中还发现了石器、石制品和骨器。建始人距今 215 万—195 万年。2004 年 9—11 月，为配合宜万铁路建设，湖北省文物考古研究所等单位组队继续对建始人遗址及其附近的杨家坡洞、岩湾洞、猪头包化石点等 30 处洞穴进行发掘，发掘出了大量哺乳动物化石。

湖北省文物考古研究所分别于 1989 年、1990 年在位于十堰市郧阳区青曲镇弥陀寺村汉水左岸曲远河口的学堂梁子（又被称为郧县人遗址）进行发掘，出土了两具基本完整的远古人类颅骨化石——郧县人 1、2 号颅骨化石（图 5–2、图 5–3），同时还发现了大量的石制品和伴生哺乳动物化石。最新研究成果显示，两具郧县人头骨距今 93.6 万年左右，是世界上更新世早期重要的直立人化石之一；整个遗址年代距今 98.4 万—78 万年，石制品面貌比较古老，是中国南方典型的砾石石器文化传统；大型哺乳动物化石显示出中国更新世早期的动物特征。1991 年、1995 年、1998 年、1999 年、2000 年、2006 年、2007 年、2022 年分别进行第三至十次发掘，特别是 2022 年发掘出土了郧县人 3 号头骨化石（图 5–4），2022 年 9 月经国家文物局“考古中国”重大项目发布。郧县人 3 号头骨化石是迄今为止欧亚内陆发现的同时代最为完好的古人类头骨化石，保留了该阶段人类重要而稀缺的解剖学特征。该化石处在古人类近 200 万年演化历程的中间和关键环节上，为探讨东亚古人类演化模式、

1 | 2
3

1. 图 5-2　郧县人 1 号头骨化石发现地点
2. 图 5-3　郧县人 2 号头骨化石发现地点
3. 图 5-4　2022 年郧县人遗址发掘考古方舱内景

东亚直立人来源、东亚直立人与智人演化关系等重大课题提供了翔实而关键的化石及文化证据，为证实中华大地百万年的人类演化史，讲好东方人类故乡先民演化和文化发展的故事，证明华夏人群自古以来就对社会进步和文化发展做出过重大贡献，提供了关键节点的重要依据与信息。

1970 年，位于十堰市郧阳区梅铺镇西寺沟口村杜家沟东侧山坡上的梅铺人遗址被当地群众发现。1975 年夏季和秋季，中国科学院古脊椎动物与古人类研究所工作者先后在此进行两次发掘，发现了 3 枚直立人牙齿化石，加上从老百姓采集的化石中发现的 1 枚，共计 4 枚牙齿化石；同时发现的还有 1 件人工痕迹清楚的石核和 20 多种哺乳动物化石。梅铺人的时代属早更新世，不晚于郧县人。

1976 年 7 月，郧西县文化馆工作人员在位于郧西县安家镇的白龙洞内调查时发现了 2 枚古人类牙齿化石。1977 年 4—5 月和 1982 年 8—9 月，中科院古脊椎动物与古人类研究所工作者进行了两次发掘，共发现人类牙齿化石7枚。1978—1979年，当地文博工作者清理出土了一批石制品。2007年4—5月，经湖北省文物考古研究所工作者整理后重新试掘，随后中科院古脊椎动物与古人类研究所工作者也对其进行发掘，除出土了一批新的石制品材料和动物化石材料外，还发现疑似用火遗迹。白龙洞人的时代属早更新世晚期，接近郧县人。

1956年，工作人员在湖北长阳土家族自治县钟家湾发现一批古脊椎动物化石，湖北省文化局和长阳县文化科先后派人前往调查，并收集了一些化石，包括1件人类的上颌骨化石，这是长江以南地区第一次发现的古人类化石，被称为长阳人。次年2—3月，中国科学院古脊椎动物与古人类研究所贾兰坡等人会同湖北省文化局徐松俊和长阳县文化科龚发达等人前往该地点做了调查和发掘。在发掘中，又发现一颗人类的左下第二前臼齿和许多动物化石。目前发现的长阳人化石包括1件残破的左上颌骨和一颗单独的左下第二前臼齿。长阳人具有一定的原始性，又显示出若干进步特征，整体来说，其所表现出的进步性状比原始性状为多，属于早期智人类型。经铀系法测年，结果为距今20万年左右，地质年代属中更新世。

2004年6—8月和2005年1月，湖北省文物考古研究所为配合十漫高速公路建设组成考古队，对位于郧西县香口李师关村的黄龙洞先后进行两次发掘（图5-5），共出土5枚古人类牙齿化石、23件石制品、20件骨角制品和大量动物化石。2006年10—11月，中科院古脊椎动物与古人类研究所同湖北省文物考古研究所、郧西县文化局对黄龙洞进行第三次考古发掘，又出土2枚古人类门齿、11件石制品、6件骨制品、1500余件动物化石、11枚植物果壳化石和疑似人类用火遗迹等。测年结果为距今10万年左右。

图5-5 郧西黄龙洞人遗址发掘现场

1980年，长江流域规划办公室505地质队在长阳县勘测地下水流量时，在龙舟坪镇果酒岩村一石灰岩溶洞中发现人骨化石。湖北省博物馆派人前往调查，收集到重要的人骨化石材料，随后进行清理。人头骨化石包括额骨、左右侧顶骨、颞骨、蝶骨、颧骨和枕骨等30余片，肢骨包括肱骨和左右肢骨，还收集到2件残下颌骨，其石化程度较长阳人深。共生的哺乳动物化石非常零碎，仅见猪牙、鹿牙和牛牙，难以鉴定种类。初步判断地质时代为晚更新世晚期。

1997年2月，湖北省文物考古研究所研究员李天元在武汉市汉南区环保局职工毛湊元家发现一件人类头盖骨化石，毛介绍说是在纱帽镇附近的长江沙滩上捡回来的。标本保留了额骨和左右侧顶骨，呈褐色。这件头盖骨可能来自30岁左右的女性个体。初步推测为晚期智人，可能与资阳人、山顶洞人时代相当。因纱帽镇以前一直为汉阳县所管辖，故标本名为汉阳人。李天元等随后在当地进行多次调查，在纱帽山断壁地层中发现一层古土壤条带，并在该层中采集到一件双台面石核。由是推测，汉阳人化石有可能产自此地层中，被江水冲到江边沙滩。

（2）旧石器时代早中期遗址的发掘（早更新世、中更新世）

该时期的遗址发现较少，除上述发现古人类化石的建始人遗址、郧县人遗址、梅铺人遗址、郧西白龙洞遗址、长阳人遗址外，主要发掘了大冶石龙头遗址、丹江口北泰山庙遗址等。这一时期的分期依据除了个别地点有较为全面的测年数据或明确的伴出动物群时代特征外，更多的是依靠对石制品的文化面貌时代特征、所处阶地地层和堆积的构成等进行归纳总结，并与已经有明确时代的地点进行对比，从而推出其文化年代和地质年代。截至目前，相关的研究结果表明，湖北地区属于旧石器时代早中期阶段的遗址和地点总共有52处，以大冶石龙头遗址为代表。

石龙头遗址于1971年冬在大冶县章山公社石龙头（今黄石市西塞山区河口镇龙山村下刘湾）的石灰岩裂隙式洞穴内被发现。1971年冬至1972年春，中国科学院古脊椎动物与古人类研究所和湖北省博物馆、大冶县文化馆的工作人员对该地点进行了两次发掘，堆积分三层，获得了一批石制品和哺乳动物化石。石制品原料为石英砾石、燧石结核等，器形有砍砸器、刮削器及石核、石片等。其特点有四：（1）打片以锤击法为主，有时也用砸击法；（2）石核和石片的形状不规则，没有柱状石核，没有三角形石片和石叶；（3）第二步加工用的是直接打击法，没有采用压制法或用其他较软的材料进行修整；（4）石器类型不多，以砍砸器为主，砍砸器用砾石石核或石片石核制成，没有发现尖状器，也没有发现手斧或类似手斧的工具。通过与北京人及丁村、匼河等地点的石制品进行对比后，考古人员认为大冶石龙头遗址的石器，无论是类型还是制作技术，都是我国旧石器时代文化中普遍存在的，其基本性质是相同的。就其文化发展阶段而言，大冶石龙头应与北京人相当或稍晚。哺乳动物化石相当破碎，可鉴定到属种的有豪猪、大熊猫、中国鬣狗、虎、东方剑齿象、中国犀、野猪、斑鹿、鹿、牛亚科，属于狭义的“大熊猫—剑齿象动物群”。测年数据为距今 37.5 万—18.2 万年，属中更新世晚期阶段，即旧石器时代早期的晚期阶段。

旧石器时代早中期的动物化石材料分为早更新世动物群和中更新世动物群，早更新世动物群中又分为中国南方典型的巨猿动物群的建始龙骨洞动物群和具有南北过渡地带特色的郧县直立人动物群，中更新世动物群则为大冶石龙头动物群。其石制品材料除了建始人遗址的材料比较独特外，其余的都属于典型的南方砾石石器工业传统。

（3）旧石器时代晚期遗址的发掘

旧石器时代晚期，人类的活动范围迅速扩大。近年来在湖北各地陆续发现了 200 余处这一时期的遗址，除上述郧西黄龙洞、果酒岩、纱帽山等古人类遗址外，代表性的有鸡公山、房县樟脑洞、枝城九道河、丹江口石鼓后山坡、九里岗等遗址。

鸡公山遗址位于荆州市荆州区郢城镇郢北村北一处名为鸡公山的小土岗上。面积约 1000 平方米，文化层厚 0.6~0.75 米。1992 年由荆州博物馆、北京大学考古学系发掘，发现了数量众多的石制品和文化遗迹（图 5-6）。堆积分上下两层：上层出土石制品近 500 件，绝大部分是形体很小的石片石器，岩性主要为石英、燧石及石英岩，石器类型主要为小型刮削器和尖状器，时代距今 2 万—1 万年；下层是该遗址的主体，清理出面积约 500 平方米的人类居住活动面，发现 5 处由砾石围成的圆形石圈和脚窝遗迹，石圈外径约 4 米，其内面积 5~8 平方米，南面有两处石器加工区，出土有刮削器、尖状器、砍砸器等石制品和石锤、砧等石器加工工具以及大量石核、石片，时代距今 5 万—4 万年。该遗址是一处长期使用并保存完好的石器制作场，在中国首次揭示了旧石器时代人类在平原活动的历史遗迹，填补了我国旧石器时代平原居址的空白。

图 5-6　荆州鸡公山遗址发掘现场

图 5–7　房县樟脑洞遗址外景

樟脑洞遗址位于房县中坝乡龙滩村，1986 年 4 月被发现，经湖北省博物馆调查确认为一处旧石器时代洞穴遗址（图 5–7）。同年 4 月、10 月由中国科学院古脊椎与古人类研究所、湖北省博物馆等单位组队进行了两次发掘。堆积分 5 层，第 2—4 层出土石核、石片、砍砸器、刮削器等石制品 2000 余件；伴生动物化石有大熊猫、剑齿象、梅氏犀、巨貘、苏门羚、鹿、羊等 13 种，分属 5 个目，属“大熊猫—剑齿象动物群”。年代测定距今 1.3 万年左右。

九道河遗址位于宜都市枝城镇九道河村一生成于寒武纪的灰岩溶洞中。1986 年被发现，1986 年 9 月、10 月及 1987 年 2—3 月，湖北省博物馆先后主持三次发掘。洞内堆积物厚 3~5 米，自上而下分为四层，文化遗物出自第 3 层带斑点的红色黏土中。出土有砍砸器、刮削器、石核、石片等 500 余件。石制品以石英岩为主，少量为燧石结核。加工方法均为捶击法。器形简单，制作粗糙，加工技术较为原始。伴生的动物化石种属有豪猪、熊猫、中国鬣狗、东方剑齿象、犀、巨貘、牛、鹿等，属“大熊猫—剑齿象动物群”。其地质时代可能属晚更新世早期，文化时代为旧石器时代晚期。

石鼓遗址位于丹江口市石鼓镇石鼓村石鼓河一级台地上。1984 年被发现，1987 年 7 月对其进行调查，1988 年 6—7 月，湖北省博物馆和丹江口市博物馆进行联合发掘。遗址面积约 500 平方米，文化层厚约 3 米，分 4 层。在红色砂质黏土中采集有动物化石和石制品。动物化石有鬣狗、犀、猪、鹿、牛的牙齿和破碎骨片。石制品有石核、石片、砍砸器和刮削器等，原料以燧石为主。地质时代可能属中更新世晚期或晚更新世早期，文化时代为旧石器时代晚期。

九里岗遗址位于当阳市庙前镇井岗村、烟集村与旭光村，分布范围 25 万平方米。2022 年 7—11 月发掘。发掘的晚更新世地层由上至下可分 7 层（第 2 至 8 层），除第 8 层以外，第 2 至 7 层均出土有石器，其中又以第 6 层出土的石器最为丰富（可能为小型石器加工场）。共出土石制品 300 余件，类型有手镐、砍砸器、尖状器、刮削器、石核、石片、断块、石渣等，打制技术以锤击和砸击为主。石料多为采自河滩的块状砾石。岩性主要为黄褐色、白色石英岩，占总数的75%以上，次为黑色硅质岩，另有少量黄色砂岩、白色脉石英等。年代从旧石器时代中期一直延续至晚期。九里岗处于山前岗地，是早期人类从洞穴走向平原的过渡性遗存。

旧石器时代晚期的动物化石都是南方典型的“大熊猫—剑齿象动物群”，其中以建始杨家坡洞和郧西黄龙洞为代表，尤其是杨家坡洞发现的哺乳动物成员达80种，基本上囊括了南方晚更新世所有的哺乳动物成员。其石制品材料具有很明显的晚期文化特点：石制品形体小型化，石片石器占主导和主要地位，以刮削器为主，并有其他小型石器。其中鸡公山遗址直接提供了下层非典型砾石石器和上层石片石器两种不同石器工业传统之间的地层关系，直接为我们阐释了中国南方从砾石石器工业向石片石器工业的过渡历程。

2. 新石器时代考古

新石器时代考古发现是湖北地区考古工作的一个重点，先后发掘文化遗存1000余处，涵盖新石器时代早、中、晚期，以中晚期为主，湖北省博物馆、湖北省文物考古研究所（院）承担了其中的大部分项目。

（1）新石器时代早中期（距今1万—5500年）

在距今1.2万—1万年的旧、新石器时代过渡时期，长江中游地区存在着江西万年仙人洞吊桶环遗址、湖南道县玉蟾岩遗址、湖北长阳桅杆坪遗址等。距今1万—7500年，湖北史前文化除了桅杆坪遗址外，其他基本为空白。距今7500—5500年，湖北史前文化呈现多元发展、群星闪耀的格局，鄂西南、鄂西北、鄂东南、江汉平原地区分别形成了相对独立的文化体系，不同文化交流、融合，为湖北地区新石器时代晚期文化一统奠定了基础。

① 鄂西南地区

该区南邻洞庭湖平原，西接长江三峡，是连接湖北与湖南、长江中游与上游的通道。新石器时代早中期，鄂西南是湖北史前文化中心，该地区发现了距今1万年左右的桅杆坪遗址。距今7500年之后，城背溪文化、柳林溪文化、大溪文化相继发展。其中，大溪文化实现了江汉平原西部、洞庭湖平原、峡江地区考古学文化面貌的统一，出现了玉器和大型农业聚落，是长江中游文化发展的第一个高峰。

桅杆坪遗址位于长阳土家族自治县渔峡口镇赵家湾村清江南岸，文化层遭严重破坏。1991—1992年，为配合清江隔河岩水电站建设，由湖北省文物考古研究所主持发掘（图5-8）。地层分5层，清理出灰坑、房基、墓葬，时代为新石器时代初期至大溪文化晚期，跨度近5000年。其中新石器时代初期遗存为遗址第5层，出土石铲、石锤、石片和10余块铁矿石，以及 1 件角器、1 块黑色篮纹陶片，经放射性碳素测定，其绝对年代为距今 10070 ± 190 年，是湖北发现最早的新石器时代文化遗存。

城背溪文化因城背溪遗址而得名。城背溪遗址于 1973 年发现于湖北枝城（今宜都），经过 20 世纪 80 年代的发掘（图 5-9），被认定是长江中游新石器时代中期的一种文化遗存，年代为距今 7500—5000 年。城背溪文化是湖北地区所发现的年代最早的新石器时代考古学文化。

城背溪文化分布范围较广，目前发现有 20 多处遗址，主要分布于长江西陵峡段与江汉平原西部，遗址多位于长江两岸，主要还有宜都栗树窝、花庙堤、金子山、枝城北，松滋关洲，枝江青龙山，秭归东门头，巴东楠木园、鸭子嘴、火焰石、白羊坪等遗址，在湖南的洞庭湖区及澧水流域也发现了许多具有相似特征的文化遗存。其年代距今 7500—6800 年。

1/2

1. 图 5-8　长阳桅杆坪遗址发掘现场

2. 图 5-9　宜都城背溪遗址 T8、T9 发掘现场

城背溪文化源于彭头山文化，生业经济以定居农业为主，种植水稻。其陶器制作水平不高，表面凹凸不平，器形常歪斜不正。制作方法有泥饼拼筑法、泥片贴筑法和泥条盘筑法，以泥饼拼筑法为主。陶质以夹炭夹砂陶为主，约占 90.57%，多为釜、罐等炊器；夹砂陶、夹炭陶次之，均在 4.5% 左右，多为支座、盘、钵等盛储器；泥质陶的数量极少，仅占 0.59%。城背溪文化人群使用的生产工具基本为石器，石料均取材于当地的河漫滩。有打制与磨制之别，以打制为主。磨制石器仅刃部磨光，通体磨制者很少。器类有斧、锛、铲、刀等。在属该文化类型的东门头遗址（距今 7700—7500 年）采集的太阳人石刻，表明当时可能存在太阳崇拜。

距今 6800—6000 年，城背溪文化发展为柳林溪文化，以秭归柳林溪遗址（图 5-10）命名。其分布范围与城背溪文化相当，发现的遗址更多。柳林溪文化遗址主要有宜昌三斗坪、清水滩、伍相庙，秭归朝天嘴、将军滩、龚家大湾、砂罐岭、玉中地，巴东鸭子嘴、店子头、链子溪等遗址，还在重庆东部有所分布。在陶器组合上它继承了城背溪文化，但支座上出现了繁缛的装饰，也出现了彩陶。柳林溪文化时期，峡江上下的生业经济可能存在明显差异：重庆大水田遗址以旱作为主，而巴东店子头遗址以狩猎采集为主。在柳林溪遗址发现了大量的刻画符号和圆雕人像，这暗示着原始艺术已经起步。

大溪文化因在今重庆市巫山县大溪遗址发现而得名，是继柳林溪文化之后发展起来的一种新石器时代中期文化，年代为距今 6000—5500 年。

大溪文化被发现之初，人们以为它只是峡区的一种原始文化。20 世纪 70 年代中期以后，在江汉平原和洞庭湖区陆续发现了大量大溪文化类型的遗址，人们才认识到其分布中心在

图 5-10　秭归柳林溪遗址发掘现场（1998 年）

图 5-11　枝江关庙山遗址大溪文化房址 F30 全景（西—东）

峡区以东，分布范围较大，除峡江地区外，还有江汉平原、洞庭湖平原等地区，可分成几个地方类型。

大溪文化的手工生产有着明显的进步：石器普遍为磨制，出土了许多制作精美的石器。在宜昌中堡岛遗址和枝城红花套遗址中还发现有制作石器的作坊，说明大溪文化晚期在石器制作方面已经出现社会化的分工。陶器的制作工艺和技术也有了新的发展，尤其是在大溪文化晚期，在长期使用慢轮的基础上，发明快轮制坯成形，所制陶器圆正而轻巧美观，以薄胎彩陶最为突出。红陶占大多数，主要纹饰是戳印纹。有少量彩陶，主要是红衣黑彩，其典型的纹饰为横条纹、横人字纹、水涡纹、绳索纹等，都是取材于水的不同流态，表达了制作者对水的深切感受。还发现了少量乐器。该遗址出土了长江中游最早的玉器，种类有璜、玦、镯、坠、环、管等，主要出土于墓葬中。

大溪文化的社会经济生活以稻作农业为主，渔猎、采集等辅助经济占一定比重，房屋建筑则分为半地穴式和地面建筑两种。关庙山遗址发现了大溪文化的红烧土房屋（图 5-11），是这一时期建筑的杰出代表。

大溪文化是长江中游文化发展的第一个高峰，为后续屈家岭文化、石家河文化实现更大范围的考古学文化面貌统一奠定了基础。这一时期长江中游与周边地区通过绿松石、玉器、彩陶等器物的交换已经产生了广泛的联系，大溪文化居民知识结构中的世界囊括了长江中游、黄河中游、长江下游等区域。这种大范围内对其他文化类型人群的认知，除了技术层面的了解和交流外，也增进了不同文化类型人群在审美、生活习惯等方面自我认同的形成。黄河中游流行的彩陶虽然在大溪文化中有所体现，但大溪文化人群依然使用素面陶器，彩陶并未引领大溪文化人群审美的潮流，由此可以看到湘鄂文化圈表现出强烈的文化传统。

② 鄂西北地区

鄂西北紧邻南阳盆地，是史前黄河流域和长江流域交通的咽喉之地。这一时期，黄河流域的老官台文化、后岗一期文化、仰韶文化半坡类型、仰韶文化庙底沟类型先后南下，经营这一地区。直到朱家台文化的出现，这一区域才实现了文化的本土化发展。

老官台文化主要分布于渭水流域和汉水上游，是这一区域最早的旱作农业遗存，距今7500—6800年。目前湖北境内的老官台文化遗址仅发现庹家洲一个遗址，其文化面貌与汉水上游一致。老官台文化进入鄂西北以后，并未停下脚步，鄂西南的城背溪文化中也发现了老官台文化因素。

庹家洲人群的日常生活用陶器主要有筒腹罐、圆腹罐、鼓腹罐、圜底钵、平底钵、三足钵、碗、小口广肩壶等。关中盆地的老官台文化人群采取定居农业的生活方式，种植的农作物有粟和油菜，但农业并不发达，家养动物有猪、水牛、狗、鸡等。庹家洲遗址的陶器与关中盆地的老官台文化如出一辙，其生活方式、生计类型应该有一定的相似性。

后岗一期文化主要分布于豫北冀南、豫中、豫西南、鄂西北地区，在鄂西北地区发现10余处。其陶器以泥质红陶为主，夹砂红褐陶次之，泥质灰陶、泥质黑陶较少，主要器类有鼎、钵、碗、罐、支座、盆、罐、鼓等，与以彩陶为主的仰韶文化形成了鲜明的对比。鄂西北的后岗一期文化人群的生业经济以旱作农业为主。郧阳店子河遗址较为典型（图5-12）。

仰韶文化下王岗二期文化类型主要发现于随枣走廊、鄂西北及豫西南地区，距今6000—5500年。仰韶文化向长江流域扩散，在鄂西北形成了下王岗二期文化类型，它兼具后岗一期文化类型、仰韶文化半坡类型和庙底沟文化类型三者风格。其陶器以夹砂陶为主，泥质陶稍少，纹饰以斜向绳纹最多，彩陶较常见；器形以小口尖底瓶、鼎、深腹罐、瓮、盆、钵、锉、器座、器盖等为主。枣阳雕龙碑遗址为其代表（图5-13）。

朱家台文化以丹江口市朱家台遗址而得名，主要分布于鄂西北、豫西南的汉水中游地区，距今5500—5300年。陶器多夹砂陶，其次为泥质陶，以灰陶为主。器表多素面，纹饰

1 | 2　1. 图5-12　郧阳店子河遗址第二次发掘现场
2. 图5-13　枣阳雕龙碑遗址新石器时代房址F15全景

有弦纹、附加堆纹、乳钉纹、按窝纹等，以弦纹最多，见有少量彩绘陶。器类有鼎、罐、钵、盆、瓮、器盖等。朱家台遗址和青龙泉遗址下层为其代表。

③ 鄂东南地区

鄂东南地区位于长江中游与长江下游的接壤地带。长江南北在这一地区为山脉所阻，形成了独特的文化廊道。受长江下游的影响，鄂东南先后形成了黄鳝嘴文化和薛家岗文化，直到屈家岭文化时期，这一区域进入长江中游文化圈。

黄鳝嘴文化主要分布于皖西南与鄂东南，距今6300—5500年。居址出土的陶器陶质以泥质、夹砂为主，墓葬出土的以泥质为主。陶色有红色、灰色、黑色、白色四类，居址出土的以红陶为主，墓葬出土的以灰陶为主，所占的比例很低。陶器装饰方式基本相同，但所占比例相差很大，居址出土的以素面为主，约占85%，墓葬出土的有纹饰者占82%。鼎有罐形、盆形、壶形之别。圈足器有圈足盘、圈足杯、圈足罐、圈足碗等，以高柄圈足盘居多。发现的石器均系磨制，普遍周身磨制光滑，形制规整，刃部锋利。器类有穿孔石斧、斧、锛、凿、刀、磨石等。代表性遗址有黄梅塞墩、黄冈螺狮山等。

薛家岗文化主要分布于皖西南、鄂东南、赣北区域，分别形成了薛家岗文化的三个类型，即皖西南的薛家岗类型、鄂东南的鼓山类型、赣北的郑家坳类型。距今5500—5000年。薛家岗文化的形成与黄鳝嘴文化、崧泽文化、北阴阳营文化都有一定关系，发展过程中受东方文化影响更为明显，晚期则北方的影响相对增加，同时薛家岗文化的若干文化因素也开始向外传播。代表性遗址有武穴鼓山（图5-14）、黄梅陆墩等遗址。

图5-14　武穴鼓山新石器时代墓地部分墓葬

④ 江汉平原地区

新石器时代早中期，江汉平原的文化发展尚处于形成阶段，有边畈文化和油子岭文化，明显受到了黄河流域和洞庭湖平原等地区新石器时代文化的影响，但已经显露出文化的创造性和社会的复杂性，例如发明了漫彩的彩绘技术，形成了以扣碗为核心的祭祀仪式，出现了长江中游第一座城址等，这些成就都为后续长江中游史前文化的勃兴和扩张奠定了基础。

边畈文化仅见于钟祥边畈遗址，距今 6800—6000 年。陶器以粗泥陶为主，陶色中红色占 80%～90%，大部分涂红衣；主要器类有鼎、釜、钵、盆、罐、豆、碗、器座等。边畈文化的形成明显受到了洞庭湖、长江中游等地区文化的影响。

油子岭文化以京山油子岭遗址命名，距今 6000—5500 年。形成于距今约 6000 年的汉东地区，同类遗存目前仅天门龙嘴、谭家岭，京山油子岭、屈家岭，钟祥六合、寨子山，枣阳雕龙碑等遗址；此外，在天门谢湾、姚家岭、唐马台等遗址调查采集了部分典型油子岭文化遗存。除雕龙碑遗址外，其他遗址分布相对集中在汉东地区京山、天门一带。本文化遗址数量少、分布范围小，且材料较零碎。典型陶器有罐形鼎、附耳圈足盘、折沿圈足罐、彩陶碗、簋形豆、簋等。它的兴起标志着长江中游新石器时代文化发展进入加速阶段。一方面，社会生产力明显提升，如制陶中慢轮修整技术出现，新出现了玉器加工技术；另一方面，社会复杂程度显著提高，遗址数量及人口大大增加，城等大型聚落出现，墓葬随葬品显示礼制等级与贫富分野明显。后段遗存以天门龙嘴遗址为中心。其影响东至黄冈一带；向西扩展至汉西，触角延伸至巫峡一带；向南越过长江到达洞庭湖北部及沅水中游；向西北渗透到汉水中上游，为之后屈家岭—石家河文化的鼎盛奠定了基础。

作为中心的龙嘴遗址位于天门市石河镇龙嘴岗地南端，发现城址 1 座。城垣依地势而建，三面环湖、一面为壕。城垣平面近圆形，南北长约 305 米，东西宽约 269 米，面积约 8.2 万平方米，城内面积约 6 万平方米。城垣残高 1~3.2 米，底宽约 17 米。分两期筑成，早期可能与防水有关。城内清理出房址、灰坑、灰沟、土坑墓、瓮棺葬等遗迹（图 5–15）。出土陶器以泥质红衣红陶为大宗，泥质黑陶次之，泥质灰陶、红陶和夹砂红陶较少，红衣的呈色剂为铁红。陶器以素面为主，纹饰以弦纹、棱纹、戳印纹、镂空纹、按窝纹为主，篮纹、附加堆纹、压印纹次之，且多为复合纹饰。彩陶在整个油子岭文化陶器中所占比例不高。龙嘴遗址的彩陶主要见于薄胎碗、杯类器物，以红衣黑彩为主，少量红衣红彩。红彩的主要呈色剂是朱砂（HgS）和铁红（Fe_2O_3），纹饰多网格、条带、圆点、旋涡，另有白衣黑彩。谭家岭遗址还出现了一些白衣黑彩。饰彩的陶碗，其器壁非常薄，因此被学界称为蛋壳彩陶，它是这一时期高超制陶工艺的体现。另发现了 4 件玉器。该遗存以油子岭文化为主，还存在诸如雕龙碑二期文化、汤家岗文化、大溪文化等同时期其他考古学文化因素。

图 5–15　天门龙嘴遗址 2005 年发掘部分探方

（2）新石器时代晚期（距今 5500—4000 年）

距今 5500 年左右，湖北地区的四个文化系统开始整合，脱胎于油子岭文化的屈家岭文化及继之而起的石家河文化代表了长江中游史前文化的巅峰，它们在屈家岭文化晚期至石家河文化早期，分布范围与影响力空前。距今 4200—4000 年进入国家文明形成的关键期，长江下游的良渚文明衰落，而中原以石峁、陶寺、王城岗城址及长江中游以石家河城址为代表的大型中心聚落的出现将文明推升到了一个新高度。

① 屈家岭文化

距今 5500 年前后，脱胎于油子岭文化的屈家岭下层文化迅速崛起，分布范围东至黄冈一带；向西扩展至汉西，触角延伸至巫峡一带；向南越过长江到达洞庭湖北部及沅水中游；向西北渗透到汉水中上游。这一强势文化整合现象，为之后屈家岭—石家河文化的鼎盛发展奠定了基础，可视为长江中游文明的第一次奠基。屈家岭下层文化的主要成就：快轮制陶出现，陶器更加规范统一，为考古学文化面貌的统一准备了条件；出现专为死者烧制的泥质黑灰陶明器，表明出现了专门的陶业分工；墓葬随葬品贫富差别更加明显，且可见男女分工的出现；不同族群间的争斗更加明显，代表军权的石钺常见于墓葬之中。正是由于这一文化的强势崛起，汉东地区成为长江中游文明发展的重心，谭家岭古城兴起，石家河成为长江中游文明的中心。

距今 5300 年左右，典型屈家岭文化（或称屈家岭上层文化）继屈家岭下层文化之后兴起并迅速扩张，广泛分布于长江中游地区。调查发现屈家岭文化遗址数百处，典型遗址见于京山屈家岭，沙洋城河，天门石家河，宜昌杨家湾、中堡岛，巴东李家湾，保康穆林头，襄州凤凰咀，郧县青龙泉，武昌放鹰台，孝感叶家庙，以及湖南澧县城头山、怀化高坎等，陶器以双腹鼎、双腹豆、双腹碗、敞口杯、壶、高领罐、高圈足杯、缸盆甑等为基本组合，其中，以红陶杯、彩陶壶、双腹器为特色器物。屈家岭文化的制陶技术得到了进一步发展，快轮制陶已经普及，陶器的烧制火候明显提高，出现了精美的薄胎晕染彩陶。陶纺轮的数量较大溪文化明显增加，形态也有显著变化，由大而厚重变为小而轻薄，说明屈家岭文化的纺织手工业也取得了突出成就。

该文化是在屈家岭下层文化基础上，主要接收了来自黄河下游大汶口文化的大量文化影响之后形成的。其向北深入中原腹地，在豫南留下了大量的遗址，在豫中地区的郑州大河村、西山等遗址都能见到典型的屈家岭上层文化遗迹。向南，屈家岭上层文化沿沅水等河流一直到达湘西南的怀化一带。向西北，屈家岭文化不仅占据了此前一直是中原地区文化分布区的鄂西北丹江库区，也进入陕南、豫西南等地。向西则一举瓦解了分布在江汉平原西部和三峡地区的大溪文化。屈家岭上层文化首次统一了长江中游及周边地区，将鄂西南的大溪文化系统、鄂西北的仰韶文化系统整合起来。

屈家岭文化是广泛分布于长江中游的一支考古学文化，因首先发现于湖北京山县屈家岭遗址而得名。该遗址位于湖北省荆门市屈家岭管理区和京山县雁门口镇高墩村，是考古工作者在湖北省境内运用科学方法首次发掘的古代遗址，也是湖北考古肇始之地。遗址总面积达 2.84 平方公里，是以屈家岭遗址点为核心，包括殷家岭、钟家岭、冢子坝、九亩堰、大禾场、土地山和杨湾等遗址点的新石器时代大型环壕聚落，青木垱河和青木河从屈家岭遗址点东、西两侧穿过，并在遗址点南端汇合。勘探和解剖发掘显示，外壕主要分布在屈家

图 5-16　京山屈家岭遗址 1956 年第一次发掘现场

图 5-17　京山屈家岭遗址 2017 年发掘 H74 出土油子岭文化陶器组合

岭遗址点北部和西部，西南部现为青木河故道和鱼塘，东段、东南段分别穿过钟家岭遗址点和冢子坝遗址点。遗址于 1954 年配合石龙过江水库工程调查时被发现，1955 年、1956—1957 年，中国科学院考古研究所分别对其进行了第一、二次发掘（图 5-16），初步了解了遗址的文化内涵，并在发掘报告《京山屈家岭》中首次提出屈家岭文化的命名。1989 年进行的第三次发掘，主要清理了 13 座土坑竖穴墓葬和两期文化堆积，发现了一批早于屈家岭文化的遗存。2015 年 5 月以来，为配合屈家岭考古遗址公园建设和中华文明探源工程项目，湖北省文物考古研究所会同荆门市博物馆、屈家岭遗址管理处组成联合考古队开展持续的考古工作，揭露了一批油子岭文化（图 5-17）、屈家岭文化、石家河文化遗存。从油子岭文化早期至石家河文化晚期，屈家岭遗址始终是以稻为主、粟为辅的农业经济结构；遗址内发现了天然铜矿石，部分矿石表面和内部有很多黑色氧化铜。

近年来，经考古调查、发掘，发现了多座屈家岭文化城址，最大的石家河古城的面积 100 万平方米左右。古城四周都有壕沟和城垣，有些城垣至今尚有 5 米多高、30 多米宽。这些筑有城垣的古城，一般也就是中心聚落。中心聚落的出现和城垣防御体系的构筑，说明当时社会组织和公共活动的规模有了进一步扩大。在各地屈家岭文化遗址中还发现有相当多的宗教活动遗迹和遗物，如祭祀坑和巨型陶祖，宗教活动盛行已成为屈家岭文化的重要特征。

城河城址是其中重要的一处城址，位于湖北荆门市沙洋县后港镇双村村十三组、龙垱村三组。2006 年 10 月，荆门市文物考古研究所对遗址进行了复查，推测该遗址可能为史前城址，面积约 70 万平方米，并将遗址更名为“城河遗址”。2012 年 11 月，中国社会科学院考古研究所、湖北省文物考古研究所等对城河遗址进行了首次发掘，至 2017 年 12 月，共连续进行了 5 次发掘和系统勘探。先后确认了城垣的年代、结构和建筑方式，明确该遗址为屈家岭—石家河文化的重要城址；逐步探明城址内外的人工水系结构和功能布局；对城内一般性居址、陶器生产区、中心“广场”设施、大型院落式建筑及其附属设施，乃至与仪式性活动相关的特殊遗存等都进行了不同程度的探索与揭露。并通过区域系统调查，对遗址周边的聚落形态也有了充分把握。2017 年 11 月，联合考古队在北城垣外侧 200 米左右的王家塝地点进行勘探，发现屈家岭文化时期墓葬。2018 年 3 月，正式启动王家塝发掘和研究工作，发现屈家岭文化墓葬 235 座、陶器坑 3 个。随后，对这些墓葬和陶器坑进行了测点和航拍，最大程度获取了墓葬的分布信息。在此基础上，选择地势相对低洼，容易遭受农耕破坏和积水浸泡的西、北区域，按照墓葬分布的空间位置进行了发掘（图 5–18）。

位于汉水中游、南阳盆地南缘的凤凰咀城址是一处扼守交通要道的重要城址。城址位于襄阳市襄州区龙王镇前王、闫营两村，是南阳盆地新石器时代晚期一处重要的中心聚落。遗址主体位于一高出四周 3~12 米的台地之上。台地呈不规则椭圆形，东西最长约 700 米，南北最宽约 450 米，面积约 25 万平方米。2018 年，湖北省文物考古研究所对城址进行了调查勘探，勘探显示，城址位于台地中部高地，呈一不规则方形。以城垣计算，长、宽各近 300 米，除去四角内折部分，面积约 7.5 万平方米；以城壕计算，东西长约 400 米，南北宽约 370 米，面积达 14 万平方米。城垣系黄色黏土堆筑而成，其中以南段与西段保存较完整，宽 25~30 米，普遍高 0.6~1.5 米，保存最好处（南段偏东）高约 3.6 米。城壕环绕城垣外围一圈，与城垣之间保持有 10~15 米的间距，宽 20~50 米，深度距现存地表 5 米以上（南部偏浅；北部勘探 8 米，未见底），沟内堆积丰厚，以易于辨识的灰色淤泥最为常见。根据城壕走势明显且形制规整的特征，推测多系人工开挖而成，并与外围低地的早期河流连通，形成完整的给排水系统。城址内部以南部和西部的文化层堆积最厚，普遍厚度在 0.6~1.8 米之间，西部最深处可达 3.2 米。同时，该区域也是红烧土密集分布区，与北部文化层偏浅、

1 | 2　　1. 图 5–18　沙洋城河遗址王家塝墓地发掘区全景

2. 图 5–19　襄州凤凰咀遗址 2020 年发掘区（南城垣中段）航拍照

图 5-20 保康穆林头遗址 M6、M17 和 M18 俯拍照

红烧土基本不见形成鲜明对比，初步反映了城址内部的功能区划。在城址外围、紧贴城壕一周有附属遗址点 6 处，分别位于城址的东部（Ⅰ号）、东北（Ⅱ号）、西北（Ⅲ号）、西部（Ⅳ号）、西南（Ⅴ号）、东南（Ⅵ号）。其中，位于东部的Ⅰ号遗址点面积可达 4 万余平方米，文化层深度普遍在 1.5 米左右。位于东北部的Ⅱ号点在较薄的一层文化层上普遍有厚 2 米左右的黄土堆积，可能系开挖南侧城壕的堆土。其余四个附属点（Ⅲ—Ⅵ号遗址点）仅地表可采集零星细碎的陶片，不见明显的文化层堆积。城址与周边附属遗址的分布面积达 50 万平方米，反映了城址鼎盛时期的聚落分布状况。2019 年以来，武汉大学历史学院将该遗址作为考古实习基地，主持并联合湖北省文物考古研究所等单位对城址进行持续发掘，清理出城垣、城壕（图 5-19）、房址、灰坑、红烧土堆积、瓮棺、陶窑等遗迹和陶、石、玉、骨器等遗物。年代涉及屈家岭文化、石家河文化和煤山文化（肖家屋脊文化）三个时期。

位于沮水上游的穆林头遗址也是近年来屈家岭文化遗址的一个重要发现。遗址位于保康县马良镇紫阳村七组，处山间小谷地中。遗址大致呈长方形，南北长约 400 米，东西宽约 200 米。2017—2018 年、2022 年两次发掘，共清理屈家岭文化房址 10 座、墓葬 31 座（图 5-20）、灰坑 35 座、窑址 2 座等，其中 1 座“Π”形房址面积达 200 平方米。墓葬中出土了一批精美的玉器和骨器。玉器有钺、牙璧、璋、璜、斧、管等，骨器有象牙杯、骨锥等。两次考古发掘表明该遗址是一处高等级的聚落遗址，其聚落功能完备、分区明显，有较为发达的手工业和农业。

② 石家河文化

石家河文化以石家河遗址命名，距今约4500年时兴起于长江中游，在空间分布及文化内涵上，可视为对屈家岭文化的直接继承与延续，影响范围甚至较屈家岭文化更大。其形成还受到了来自东部长江下游樊城堆文化、张四墩类型以及良渚文化的影响，如壶、瓶等。同时也受到了来自黄河流域的庙底沟二期文化、大汶口文化的影响，如斝、盆形鼎及流行篮纹风格典型受前者影响，如厚胎缸、鬶、觚形杯等典型受后者影响。

石家河遗址位于天门市石家河镇土城村、芦岭村、唐李村、东桥村。主体总面积约8平方公里，核心区域分布40余处遗址点（图5-21）。先后发掘揭露出三房湾遗址点大型制陶专业作坊、邓家湾与印信台遗址点祭祀场所（图5-22）、蓄树岭遗址点居住区、朱家坟头遗址点屈家岭文化墓地、邓家湾遗址点冶炼遗迹等遗存，出土了大量遗物。遗址年代跨度距今5900—3800年，历油子岭文化、屈家岭文化、石家河文化、肖家屋脊文化四个阶段，是长江中游地区迄今发现的面积最大、延续时间最长、等级最高的新石器时代大型都邑性聚落群，为探讨早期中华文明起源与发展进程提供了重要材料。

通过系统清理、调查，发现在石家河遗址群主体区周边分布有30多处同时期新石器时代遗址。石家河地区经历了三次筑城运动，在石家河古城修筑之前，先后经历了龙嘴、谭家岭两座古城延续发展的时期。谭家岭古城的兴起是石家河作为长江中游文明中心的开始。屈家岭文化至石家河文化时期为石家河古城的鼎盛时期。鼎盛时期的石家河古城内外有了初步的营建规划。

1. 图5-21　天门石家河遗址1987年发掘现场
2. 图5-22　天门石家河遗址邓家湾祭祀遗迹

石家河文化时期是江汉地区社会经济迅速发展的时期，其突出的标志是手工业的发展与独立。首先是制陶业的进步，此时制陶业已突破了家庭手工业的生产方式，成为一个独立的手工业生产部门。在已发掘的许多聚落遗址中，都出现了专业的陶器作坊，而且各作坊间还出现了产品品种相对分工的现象。如石家河的三房湾遗址，仅在100平方米的地表中就发现了大量红陶杯，显然这是一个专门生产红陶杯的作坊所在地。而在这个作坊附近，还有专门生产陶塑小动物和彩陶纺轮的作坊。

其次是治玉业的发展，从石家河文化晚期兴起的治玉业，也应是一种专业性的生产。石家河的玉器已发现5批，总数近300件，绝大多数出于晚期的瓮棺中，如石家河肖家屋脊的6号瓮棺中，一次出土56件，且多为精美之作。

最后是冶铜的出现，在石家河遗址中，发现了许多属于石家河文化时期遗留的铜矿石碎块，且出土了少量的铜渣。青铜器的出现一般被视为人类进入文明社会的标志之一。石家河文化晚期是否已进入文明社会，尚不能定论，但至少可以说已踏上了文明社会的门槛。

经过60多年的考古发掘，石家河文化对于认识、了解江汉地区新石器时代的文化面貌及其传承以及不同阶段社会经济的发展状况，都提供了丰富的资料。而且，已能建立起湖北地区新石器时代文化的完整谱系，对于完善新石器时代考古学文化的区、系、类型理论具有重要意义。

可以说，屈家岭—石家河文化代表了长江中游史前文化发展的巅峰期。屈家岭文化晚期至石家河文化早期，分布范围与影响力达到空前之大。

这一时期取得了众多重要成就，主要如下：

a. 城邦林立

迄今为止，长江中游地区共计发现20余处史前城址。从分布上看，这些城址大体呈半月形分布在两湖平原的西部和北部，除北部的大悟土城与襄州凤凰咀以外，大致以长江、汉水为界，分为汉东、汉西、洞庭湖北三个城址群。从规模上看，可以分为五个等级：第一等为超大型，仅有石家河一座，城垣内面积达120万平方米，附属聚落40多处；第二等为大型，以城河和陶家湖为代表，城垣内面积在70万平方米左右，附属聚落数处；第三类为中型，以马家院和门板湾为代表，城垣内面积在15万～30万平方米；第四等为小型，以走马岭和笑城为代表，城垣内面积在10万平方米以下；加上无城垣、面积在数千至数万平方米的小型单体聚落和城址附属聚落，构成了五级聚落等级体系，形成类似“都—邑—聚”的聚落等级结构。石家河处于这一层级体系的最顶端。

b. 出现大型祭祀遗存与遗物

在石家河遗址群之印信台遗址发现了祭坛。用于祭祀的彩陶以蛋壳彩陶最具特色，所施染的器类有碗、杯两种，其中以杯居多。出现年代稍早的彩陶碗，质地硬而陶胎薄，口部厚度仅0.5~1毫米，腹外、圈足内和底外施条纹、豆荚纹、十字形纹、点纹等黑彩。年代稍晚的彩陶杯采用了更为高超的“晕染”技术，最为常见的图案是在杯内口沿绘两道平行线，中上部等距离绘三个不规则的心形图案，下面再绘两道平行弧线。这类杯及其上面的心形符号见于屈家岭文化分布的长江中游地区，具有极强的传播力与穿透力。

筒形器最为完整的见于石家河邓家湾遗址，这类由两部分或三部分组成的可分可组的器具，被多数考古学家视为陶祖形象，意在祈求祖先赐福免灾，保佑族群繁衍兴旺。套缸与筒形器的功能相似，套接的现象目前仅见于石家河遗址群，典型遗址有邓家湾、肖家屋脊、印信台。

c. 出现大型墓地

城河遗址附属的王家塝墓地是迄今长江中游发现的规模最大、等级最高的墓地。2018年以来，共计发现墓葬200余座，可分为大中小三个等级。从墓葬分布空间看，王家塝墓地中面积在10平方米以上或接近10平方米的大型墓葬共发现7座，分别位于墓地的中部、东北部、西北部和西南部四个位置。中、小型墓葬在墓地范围内均有分布，且墓向不尽相同，一些区域存在部分中、小型墓葬围绕大型墓葬呈单元状分布的现象。这些墓葬等级分明、结构及棺木痕迹清晰、随葬品组合完整，是研究屈家岭文化葬仪葬制的重要材料。

d. 发现丰富的刻画符号

石家河遗址群发现数量和类型众多的刻画符号。这些符号绝大多数见于厚胎缸上。符号可分为几大类：代表自然现象的日、月、星，代表生产工具的纺轮、石镰，代表器物造型的杯、壶、瓮棺，代表玉器造型的璇玑等。符号可能代表不同族群的“族徽”。部分刻画符号已经具备了汉字造字规律中“象形”要素，与早期文字的形成有着密切的联系。

e. 社会分工更加专业化

石家河古城时期，谭家岭遗址发掘显示有厚达1.1米的墙体和残存面积达144平方米的大型建筑，可能为王族生活区。邓家湾为重要的墓地和祭祀区，独特的筒形器、套缸遗迹与刻画符号、丰富的陶塑品，展示了这个墓地的特殊性；印信台发现了多处大型祭坛，在祭坛周围有瓮棺、扣碗，最为特殊的当属套缸遗迹。套缸系夹砂厚胎缸套接而成，最长的可达9米，部分缸上还有特殊的刻画符号。丰富的堆积既展示了祭祀活动的频繁进行，也是对石家河先民对祭祀活动重视度的再现。

三房湾为专业制陶场地，揭露了一批与制陶相关的遗迹，另外数以百万计的厚胎红陶杯残件堆积，显示了当时规模宏大的生产场面。罗家柏岭遗址出土锥形、棒形石料及有锉痕等加工痕迹的石器半成品500余件，玉器40余件，石器70余件。此外，还发现了铜器残片和铜绿石。枯柏树遗址出土了大量的彩陶纺轮，可能为纺织作坊区。以上的功能分区，说明可能存在一个专为石家河贵族集团从事制陶、制玉、纺织、冶炼铜器的作坊。

f. 阶层分化明显——王权出现

石家河古城按现存的底宽50米、顶宽20米、高8米、周长4400米计算，土方量120余万立方米，在当时用石、木工具掘土的情况下，若按1000名壮年劳力参与劳动，每人每天1方土的搬运量计算，需耗费1200天；若刨除农忙、雨雪天气，按每年用近120天修筑城垣计算，前后需要耗费10年时间。显然，仅仅依靠石家河城内的人来修筑城垣是远远不够的。在这种情况下，必然催生强有力的组织机构，组织石家河周边的民众参与这一浩大的工程。

无论是大型城池、宫殿建筑，还是专门的生产作坊，都预示着石家河有着一个占据统治地位的特殊阶层的存在。这一统治阶层能够发号施令，调集数万民众修筑规模宏大的城池，也能享受普罗大众为他们专门生产的日用器具，如纺织品、玉器、陶器。即便他们死后，也能享受一般人不能享有的特殊待遇。

在肖家屋脊遗址东南，20世纪80年代末曾发掘一座编号为M7的男性大墓。这座墓坑口长3.2米、宽1.8米、深2.35米，在逝者的头端、脚端及脚端的二层台上，共随葬了103件陶器，其中在逝者的左侧还放置一件石钺，代表了墓主人极其高贵的身份。石钺这类器物还见于同出于肖家屋脊的一个泥质灰色陶罐之上，该陶罐的腹部刻画有一个人物像，人物作站立状，头上插羽，两臂平伸，右手执一钺。墓主的身份极有可能为肖家屋脊族群的族长或者掌握着一定军权的首领。

肖家屋脊遗址另外一座编号为M54的男性大墓随葬有102件陶器，其中99件高领罐分别置于身体右侧，且分三层摆放。肖家屋脊只是石家河城外的一般聚落，M7与M54的出现，预示着石家河还应该存在更高的如同王墓级别的墓葬。

肖家屋脊W6与谭家岭W9是石家河历次发掘的敛玉瓮棺葬中级别最高的墓葬，一是在数量上处于绝对优势，二者分别为56件、63件。最为关键的是出土了神人头像特殊器形，这一器形不见于级别稍低的瓮棺。神人的神性在于嘴部有主宰生死的上下獠牙，大大的蒜头鼻可嗅闻祭享是否丰盛与献祭人是否有诚意；大大的“臣”字目，好似千里眼，可辨忠奸；鹰喙耳似顺风耳，可以听见普通民众是否用污言秽语亵渎神灵。神人头像的两侧为抽象的鹰，上端平顶代表祭坛，整体寓意是两只鹰抓拉着神人通过平形的祭坛飞向上天。这个神人代表墓主人生前的身份——能够沟通天地的大巫。他们生前掌握着沟通天地的神权，死后将这类代表其身份的东西带入墓葬，也是希望通过鹰一类的使者带往天界。

城垣的修筑、古城内外的规划，表明“王”一级人物的存在。石钺表明部分人掌握着军权，神人头像表明部分人掌握着神权，还有可能军权与神权，甚至王权为某一群人所独享。以上种种迹象表明，至迟距今4500年左右，石家河社会进入到“王权”时代。

（二）夏商考古

距今4000年前后，以肖家屋脊文化为代表的江汉地区开始融入中原文明。这一进程恰可与“禹征三苗”传说相印证。至二里头文化时期，夏文化在南方的影响力进一步扩大。代夏之后，商人以盘龙城等为据点，加强了对长江以南地区的控制。

1. 夏时期考古

肖家屋脊文化时期，长江中游文明与中原联系日益密切，开始了“融入华夏”的进程。肖家屋脊文化分布范围与石家河文化基本相同，但遗存数量大大减少。经过正式发掘的重要遗址点有石家河遗址群的肖家屋脊（图5-23）、罗家柏岭、谭家岭，另有石板巷子、白庙、乱石滩、青龙泉、西花园等。陶器普遍采用轮制，胎质主要是夹砂和泥质两类，有少量的夹炭陶；陶色多为黑灰，素面居多；纹饰以篮纹居多，方格纹次之，还有少量的附加堆纹及绳

图 5-23　天门肖家屋脊遗址 1988 年发掘现场（北—南）

纹；特征性器类有三角形侧装足釜形鼎、广肩矮领瓮、细柄带箍豆、大圈足盘、深腹盆等。上述特征性器类组合直接受王湾三期文化（亦称河南龙山文化）煤山类型的影响，故部分学者把长江中游地区该阶段的文化遗存视为王湾三期文化的区域类型。

兴起于石家河文化晚期的陶塑品在肖家屋脊文化时期向四周扩散。邓家湾遗址出土了近万件陶塑品，包括人偶和兽禽动物两大类。人偶包括单身偶、抱鱼偶、抱物偶、背物偶、亲犬偶、舞蹈偶。动物包括家禽、家畜、飞禽、走兽。家禽类主要是雄鸡、雌鸡和雏鸡，家畜有狗、猫、猪、羊、兔，飞禽有长尾鸟、短尾鸟、雏鸟、连体鸟和猫头鹰，走兽有大象、猴、狐狸、貘等。陶塑品不仅种类繁多，而且制作精致、形态逼真，为我们了解当时的气候、环境、生业与信仰提供了一个真实的场景。

而与同时期周边文化不同的是，肖家屋脊文化阶段玉器特别发达，相继在罗家柏岭、六合、肖家屋脊、孙家岗、谭家岭等遗址发现玉器。罗家柏岭发掘的“中华第一凤”，是中国凤文化的重要源头。肖家屋脊与谭家岭的玉器多见于瓮棺，玉器出土的数量多，而且造型精美、寓意深远。这批敛玉瓮棺葬可作等级划分，是当时社会等级分化与职业身份认定的重要依据。玉器与龙山文化、陶寺文化、石峁文化多有交流，表明在距今 4300 年左右就已经形成了文化上的“早期中国”。

到二里头文化时期，以河南偃师二里头遗址为代表的中原夏代考古学文化中心区位于河南中西部、山西南部，其形成后逐步向外扩张。二里头文化南进湖北路线一般是经方城隘口入南阳盆地，此后或过汉江进入江汉平原腹地和鄂西地区，或经随枣走廊进入孝感、武汉周边。湖北地区发现的该类遗存呈零星分布，文化面貌以二里头文化为主，但因区位不同而各具特色，展示了主流文化控制下的多样文化特征。二里头文化的南进是湖北乃至整个南方地区纳入统一的中国历史文化体系的开始。

肖家屋脊文化在湖北地区的文化遗存除江汉平原的肖家屋脊类型外，还有三峡地区的白庙类型、汉水西部的石板巷子类型和鄂西北的乱石滩类型。

肖家屋脊类型属石家河遗址群，曾清理大量灰坑、灰沟、墓葬等遗迹，出土相当于石家河文化末期或“后石家河文化”的典型陶器如高领瓮、圆腹罐、扁腹罐、盆、缸、擂钵、鼎鬶、盉、圈足盘、高柄豆、器座、器盖、杯等，一定程度上代表了区域特色。此类陶器在周边诸多遗存中均有发现。

白庙遗址位于宜昌市夷陵区三斗坪镇白庙北，面积 1.4 万平方米。经过多次发掘，发现了一些房址、灰坑、灰沟等遗迹。出土一批具有特色的陶器，如深腹罐、圆鼓腹瓮、圈足盘、钵、细柄豆等。该类遗存或被称为“白庙类型”，有的也称“白庙文化”。在三峡地区的柳林溪、官庄坪、卜庄河、庙坪等诸多遗址中都有发现。

石板巷子遗址位于宜都市陆城街道办事处清圣庵村，面积约 5000 平方米。曾发掘清理出灰坑、灰沟等遗迹。出土陶器有釜形鼎、釜、高领瓮、圈足盘、敞口杯等，与白庙类型有一定的相似性，被称为石板巷子类型。

乱石滩遗址位于丹江口市习家店镇西岭村乱石滩，残存面积1000平方米。发现灰坑、墓葬等。出土的乱石滩上层新石器时代末期文化陶器以夹砂黑褐陶为主，泥质黑陶次之，有少量泥质灰陶，纹饰有篮纹、绳纹、方格纹、弦纹、刻画纹，器形有鼎、豆、盘、碗、盆、器座等，其与王湾三期文化有一定关系，后有专家以“乱石滩文化”命名之，即乱石滩类型。

此外，在大洪山（随枣走廊）以东的孝感及其以东地区，也发现了肖家屋脊文化遗存。如随州西花园、大冶蟹子地、孝感吴家坟、麻城吊尖等遗址，这里是传统意义上的百越族地区。

二里头文化遗存在湖北的分布以鄂北特征更典型，且相对集中在鄂西北地区，如郧县辽瓦店子、郧县李营、襄阳王树岗、枣阳顺城湾、大悟李家湾、黄陂盘龙城等。而在江汉平原、峡江、鄂东地区则有一定的地方特色。

辽瓦店子遗址位于十堰市郧阳区柳陂镇辽瓦村东，面积约12万平方米，文化层厚约4米，是一处自新石器时代至东周时期连续发展的遗址。其中二里头文化遗存最为丰富，清理出了房址多座、灰坑268座、墓葬20余座，以及陶窑等（图5-24），出土了大量陶片。陶器器类有鼎、釜、盆、单耳罐、双耳罐、高领罐、盉、豆等。有的器物延续了本地新石器时代文化的因素，有的是二里头文化因素，还有的有地方特色。

江汉平原的江陵荆南寺、钟祥乱葬岗遗址也出土有相对典型的陶按窝足盆形鼎、鬲、大口尊、花边口深腹罐等。但该类遗存较少。

峡江地区有朝天嘴类型文化遗存，鄂东地区则有大路铺文化遗存等。

图5-24　郧阳辽瓦店子遗址发掘现场

2. 商代考古

商代考古发现的遗存不多，呈点状分布，鄂东、鄂西地区都有发现。

鄂东（北）地区以盘龙城遗址的发现与发掘最为重要。该遗址于1954年被发现，经过1974年、1976年两次较大规模的科学发掘，确定它是属于商代早期的一座城址。城内有大型的建筑群，第一号宫殿基址（图5-25）可复原成一座四阿重屋式的高台寝殿建筑，四周有回廊，中央为四室。在这个宫殿基址的南北中轴线上，还有第二号、第三号基址，其中第二号基址可能是一座两侧开门的厅堂式建筑。这两座建筑与文献记载中的前堂后寝的建筑布局极为相似。而围绕着这组建筑群之外的城址，可能是宫城性质的防御设施。

在南北城垣外有宽约14米、深约4米的城壕，在城南壕沟底部曾发现桥桩的柱穴，可知当时是架桥通过的。城址的四周分布着密集的居住遗址，应为当时一般居民的居住区以及制陶及铸铜等手工业作坊所在地。

在盘龙城的楼子湾、李家嘴、杨家湾等地，还有大批同时期的墓葬，遗址和墓葬中迄今已出土青铜器400余件以及玉器、陶器等。

盘龙城遗址及其所出土的器物，其文化内涵与中原高度一致，诸如城墙的营造技术、宫殿的建筑方法、埋葬的风俗以及青铜铸造工艺、制玉工艺、制陶工艺等，无一不与中原相同。这座与殷人关系深厚的城址，应由殷人营造而成。根据发掘所得的资料判断，它既不是一个普通的居民聚落，也不可能是商代的一个方国遗存，而应是殷人设置在长江中游的一个据点。殷人建立盘龙城的目的，除开疆拓土外，主要是借以控制长江中游的红铜产区。

殷人凭借强大的兵力向南推进，商文化随之向南播散。盘龙城所在的江汉地区得近水楼台之利，故受商文化的影响既早且深。

图5-25　黄陂盘龙城遗址一号宫殿建筑基址发掘现场

盘龙城扼长江中游，居南方通中原的要冲，殷人因此把它作为跳板，深入今江西、湖南境内。

盘龙城遗址的发现与发掘，对于长江流域商文化的研究，具有十分重要的意义。其一，遗址时间之早、规模之大、内涵之丰富，在长江流域已发现的商代遗址中首屈一指。其二，城址由殷人直接营建，成为商王朝开拓南方的一个军事据点，这在长江流域已发现的商代城址中独一无二。其三，出土的青铜器群表明，殷人的南下带来了先进的青铜铸造技术，对于推动长江中游地区青铜文化的发展具有重要作用。其四，在商代中期以前，盘龙城应是江汉地区的文明中心，而且是中原商文化向南播散的中转站。

在商代晚期，盘龙城文明中心已不复存在，但考古工作者在江陵、沙市等地发现并发掘了荆南寺遗址、周梁玉桥遗址等，并出土了尊、罍等精美的青铜器。这几处较为集中的遗址，或许表明了商代晚期文明中心在江汉地区的转移。

盘龙城遗址废弃后，继之而起的是距其不远的郭元咀遗址。该遗址位于武汉市黄陂区前川大街二程书院北部，坐落于鲁台山北麓、滠水东岸的台地上。面积 12 万余平方米，因河流冲刷、改道等，现存约 3000 平方米。1977—1978 年发掘出西周时期的灰坑、墓葬，也出土了商代青铜器。2019 年 3 月至 2021 年 12 月，为配合国家文物局“考古中国”项目，再次进行了发掘，揭露出了用于铸铜的大型台基以及台基上的各类铸铜相关遗迹（是与精炼粗铜、熔炼合金、陶块范浇铸相关的生产场所或废弃区），以及烧土遗迹和 6 座墓葬。最重要的铸铜遗迹位于长约 48 米、宽约 28 米的台地上（图 5–26）。铸铜作坊的核心区位于台基中部，面积达 30 平方米，发现细沙坑、炉址、陶范坑、垫土坑等遗迹，以 K11 的发现最为重要，坑内铺垫多层细沙，包含大量铜渣、木炭和细碎陶范。坑内发现炉基 1 个，保存较好。其他炉址共发现 13 个，既有二次堆积形成，亦有原生形态。碳 –14 测年数据显示绝对年代为公元前 1418 年—公元前 1264 年。台基南缘是一条东西走向的大型灰沟（G7），沟内堆积物丰富，除出土各类质地器物外，还浮选了大量炭化水稻、木炭、脊椎动物骨骼等，是生

图 5–26　黄陂郭元咀遗址铸铜遗存

产与生活的废弃堆积物。台基东缘是一条呈环状的灰沟（G8），发现大量碎陶范以及坩埚残块。此外，台基上还发现粗沙坑、细沙坑，可能与冶炼、铸造环节相关。出土遗物十分丰富，包括青铜器、冶铸遗物、陶瓷器、石器等，其中冶铸遗物有铜块、铜渣、坩埚残块、陶范等。遗址年代跨商代、西周、春秋时期，以商代遗存为主体。常见商代陶器器形有罐形按窝足鼎、立耳弧腹高锥足鼎、折沿中领分裆鬲、盘口粗绳纹分裆鬲、联裆鬲、甗、无肩大口尊、大口缸、浅盘假腹豆、高圈足簋、敛口小斝、高领折肩罐、圈足壶、伞状纽器盖、纺轮、陶拍、网坠及印纹硬陶尊、瓿等，并有少量原始瓷片。铜器有斧、匕、箭镞、鱼钩、削刀、锥等。石器主要有臼、镰、球、钺、斧、锛、凿铲、刀等。商代遗存主体年代相当于洹北花园庄期至殷墟一期，填补了鄂东地区该阶段商代考古学文化的空白，发掘出土的大量与铸铜有关的遗迹和遗物，是长江中游地区近年保存最为完好、内涵最为丰富的商代铸铜遗址，按窝足陶鼎等器物也暗示此地与鄂东地区有着广泛的交流，其铸铜原料或来源于鄂东、赣北等地的长江铜矿带，对揭示殷墟一期之后青铜铸造的组织、原料的运输等青铜时代重大学术问题具有重要价值；商末周初遗存的发现，为研究鲁台山西周早期长子国族属与源流提供了重要线索。

与盘龙城遗址时代特色相同的还有鄂东地区的新洲香炉山、黄梅意生寺等遗址。

鄂东南地区的文化遗存以大路铺遗址最具特色。大路铺遗址分布范围较大，包括四周高出大路铺村的背后山、前面山、铺堖等山林、丘岗、台地。遗址呈不规划长方形，总面积8万平方米，是鄂东南地区目前所发现的商周时期面积较大的古遗址。该遗址于1984年至2003年先后发掘4次，发掘总面积1658.5平方米。共清理地层9大层12小层，清理不同时期遗迹单位246个，包括灰坑223个、陶窑9座、房址4座、沟7条、井2眼、墓葬1座等。遗存时代可分为新石器时代、商周两个大时期，遗迹、遗物极其丰富。特别是商周时期（商代二里冈上层至春秋初年），遗物除常见的日常陶器外，还出土了少量青铜器和较多的仿

图 5–27　阳新大路铺遗址晚商遗存

铜陶礼器如鼎等，这些礼器的集中出土充分显示了遗址高等级中心聚落的性质（图 5-27）。遗址还出土了大量与矿冶和青铜器铸造有关的遗物，如炼渣、炼炉残片、孔雀石、铸范和小件青铜器等。大路铺遗址所属地带介于铜绿山古矿冶遗址与港下古矿冶遗址间，所处的白沙镇分布有商周时期古文化遗存近百处，其中不少为矿冶遗址，进一步表明了大路铺遗址及周边的重要战略地位。大路铺遗址出土的商周陶器以刻槽锥足鬲、护耳甗、无耳罐形鼎、镂孔豆、鸡冠状鋬或鸟头耳罍为典型组合，具有鲜明地域特色，是该遗址出土文物的主体。同时，遗址还出土有部分鼎、鬲、簋等具有中原风格的陶器，以及少量长江下游、淮河流域风格陶器。整体来看，该遗址是商周时期鄂东南地区独立的文化类型的典型代表，有学者将其文化类型命名为“大路铺文化”。

此类遗存在鄂东南地区还有多个发现，如黄梅焦墩、意生寺等遗址。

同时，随枣走廊发现了多处商代遗存，但发掘点极少，东部主要有云梦城关镇和平村的小王家山遗址（图 5-28）。该遗址面积约 13 万平方米，文化层厚 0.3~4 米，2002 年发掘。发现有城垣，出土了象征王权的大型铜戈、石磬及其他铜器、陶器等。经研究确定为一处商代早期城址。中部偏西有随州庙台子遗址，该遗址发掘出了商代文化层和灰坑等遗迹，出土有锥足鬲、甗、假腹豆、大口尊等典型殷墟特色的陶器。该遗址可能跟商代“曾”地（国）相关。西部则在枣阳王城发现了两件商代晚期的青铜重器——鼎、尊。随枣走廊多处商代重要遗存的发现很可能跟商王朝铜料北运通道有关。

而在江汉平原西部发现了荆南寺遗址。该遗址位于荆州市荆州区城南街道办事处五里桥社区。面积约 1.2 万平方米，文化层厚 2~3 米。1984—1992 年，5 次发掘 1900 平方米，地层分 6 层。除发现大溪、石家河文化遗存外，重要的是发现了大批夏商时期的灰坑和少量房址、个别墓葬。出土夏商时期的铜斝、铜戈、陶鼎、陶鬲、陶甗、陶豆、陶罐、陶杯等器物，时代为夏末早商时期。其文化因素十分复杂，主体文化为以陶釜形鼎、大口缸和鬶为代表的土著文化，以陶鬲、大口尊、深腹盆、假腹豆等为代表的二里冈早商文化次之，还有少量以陶鬲、大口尊为代表的二里头文化因素，以及以凸肩罐、高柄杯、凸肩小杯、器盖为代表的早期蜀文化因素。该类遗存被称为“荆南寺类型”，分布于江汉平原南部地区，很可能是早商时期中原商人南下与地方土著杂居的结果，晚商时消亡。

继荆南寺类型之后又发现了以周梁玉桥遗址命名的周梁玉桥文化。周梁玉桥遗址位于荆州市沙市区长港路北，面积约 15 万平方米。先后多次发掘，清理出半地穴式房址、红烧土、灰坑等遗迹。遗址文化内涵丰富，出土遗物以陶器为大宗，包括鼎、鬲、瓮、罐、尊、纺轮等，其次为铜刀、铜鱼钩、骨针、骨笄、卜甲、卜骨等遗物。时代为商代后期。该遗址的文化因素复杂，主体是以陶鼎、釜、甑、罐、杯为典型器群的土著文化，又有以陶鬲、簋、甗、盆、豆为代表的中原文化因素，还有少量具有南方文化因素的印纹硬陶。有学者认为，该类遗存应命名为周梁玉桥文化，此类遗存的出现取代了荆南寺类遗存。

鄂西南地区也发现多处商代遗存，以宜昌路家河、长阳香炉石遗址为代表。香炉石遗址位于长阳土家族自治县渔峡口镇，地处清江中游北岸，总面积 3 万余平方米。为配合清

1
2

1. 图 5-28　云梦小王家山遗址发掘现场
2. 图 5-29　长阳香炉石遗址发掘现场

江隔河岩水电站工程建设，先后三次发掘（图 5-29），发掘面积近 500 平方米，文化层最厚达 5 米。地层堆积分 7 层，出土文化遗物十分丰富，包括大量石、陶、骨质生产工具和以罐、釜为大宗的陶质生活用器，以及兵器、装饰品，还有大量兽骨，第 4 至 6 层出土甲骨 43 片。遗址时代分为夏、商代早期、商代中晚期、商末至西周时期和东周时期。该遗址被认为是早期巴人遗存，并发现了 7 座早商时期的巴人墓葬（M2—M8），部分专家学者认为该类文化遗存可命名为“香炉石文化”，也有专家称“路家河文化”，其中心在清江流域中、下游一带和长江三峡部分地区，属于鄂西南地区一个较有特色的商代文化系统。

鄂西北的郧县辽瓦店子、店子河、龚家村，十堰方滩等遗址也发现商代文化遗存，出土的鬲、甗、簋、大口尊、假腹豆、罐、罍等，属二里岗至殷墟时期。

湖北境内除发掘上述几处商代早、晚期的遗址外，在各地还发现部分商代遗址，如安陆晒书台遗址，在该遗址调查出土了陶器、石器、铜器、骨器及卜甲等。而零星出土的青铜器则以崇阳汪家嘴出土的一件铜鼓最为著名。

（三）周代考古

西周建立后，周公创建以宗法为基础的礼制，封邦建国，以藩屏周。作为周王朝的南土，湖北地区先后被分封了随（曾）、邓、鄂、楚、唐、厉、权、庸、绞、谷、罗、卢、陨、贰、轸、巴等众多诸侯国。西周早期，曾国“适于汉东，南方无疆”，为南方诸侯之长。楚国“筚路蓝缕，以启山林”，奋发图强，逐步扩张，使曾国“左右楚王”，并一一灭亡他国，进而取代曾国成为南方大国，与周王朝抗衡，至战国时期国力达到极盛。同时，南蛮、百濮、百越等民族共处其间。曾、鄂、邓、楚、长子国与巴、越族考古遗存的发现为此做了很好的印证和补充。除鄂国高等级墓地非科学发掘外，其他国族遗存均经较多的科学发掘，特别是楚文化遗存。

1. 曾国考古

湖北曾国地下文物资料的发现自1966年于京山苏家垄发现97件（套）“曾仲斿父”组器开始，到20世纪七八十年代于随枣走廊多次发现曾国铭文青铜器，再到1978年曾侯乙墓的发掘达到一个高峰。进入21世纪，曾国考古进入全新阶段，2002年枣阳郭家庙墓地与周台遗址的发现，2009年后随州义地岗墓地、文峰塔墓地、叶家山墓地、汉东东路墓地、枣树林墓地和枣阳郭家庙曹门湾墓区等墓地及随州庙台子遗址、京山苏家垄遗址、枣阳忠义寨城址等高等级曾国遗存的发掘，建构起了一个相对完整的考古曾国。

1966年，湖北京山苏家垄出土了一批青铜器，其地位于现京山市坪坝镇苏家垄，处漳水两岸支流交汇处的台地上。共出土97件青铜器，包括容器33件，兵器、车马器等64件，其中九鼎七簋包括“曾仲斿父”器多件，证明该墓的墓主人就是曾仲斿父，有专家认为其为曾侯。

20世纪70—80年代，曾国青铜器又在随州、枣阳、新野等地多次出土，包括随州熊家老湾“曾伯文”组器、汪家湾“曾孙定”鼎、东风油库“曾少宰”铭文铜器、义地岗“周王孙季怠”戈，枣阳曹门湾“曾侯绊白”铜戈、段营“曾子仲谚鼎”，新野小西关“曾子仲谚”甗等。初步确定，曾国的地域范围基本在汉水以东的枣阳东部、随州中西部，南到京山，北到新野。

1978年，湖北省博物馆主持在今随州市郊擂鼓墩发掘了一座战国早期墓，墓主为曾侯乙。该墓为一座大型岩坑竖穴木椁墓，平面呈不规则多边形，椁室分东、中、北、西四室（图5–30、图5–31）。出土各类文物15000余件，其中乐器9种125件、青铜礼器和用具36种134件、兵器8种4777件、车舆和车马器9种1127件、漆木器26种5012件、金器4种9件、

1/2

1. 图 5-30　随州曾侯乙墓发掘现场

2. 图 5-31　随州曾侯乙墓外棺椁打开后的情形及清理工作现场

金箔 13 种 940 片、玉石质制品 26 种 602 件、竹简 240 枚等，一墓出土文物数量如此之多，罕有其匹。保存良好的曾侯乙墓及其不曾扰动的出土文物，为中国考古学、历史学、音乐学、艺术史、科学技术史以及古文字学等方面的研究都提供了十分丰富的材料。

该墓出土青铜器 6239 件，总重量约 10.5 吨。其中包括青铜礼器和用具 36 种 134 件、编钟一套 65 件等，是历年来出土青铜器种类最全、数量最多的一次。青铜礼器器类齐全，组合完整，九鼎八簋及分三面悬挂的钟磬都表明曾国是严格遵守周代礼乐制度的，这与楚国直至战国末期的楚幽王仍恪守九鼎八簋之制是一致的，是对周礼的保守。但所用正鼎是楚式的束腰平底鼎，则是受到楚文化深刻影响的结果，曾国文化虽不是严格意义上的楚文化，但可纳入楚文化的系统之内，为楚文化的研究提供了大量可借鉴的资料。

曾侯乙墓出土编钟、编磬、鼓、瑟、琴、笙、排箫、篪、均钟等 9 种乐器共 125 件，另有钟磬演奏工具 12 件，钟磬架以及挂件、磬匣、鼓座、琴轸、瑟码等附件 1714 件，是历年出土乐器中数量最多、种类最全、保存最好的一次，在先秦音乐史的研究上具有重要的意义。其一，保存完整的乐器为先秦音乐史的研究提供了实物依据。如十弦琴、均钟（五弦琴）、篪为几种失传的先秦乐器；建鼓和笙为目前所见最早的同类乐器；编磬则是所见先秦编磬中件数最多、悬挂排列方式最清楚的一套，编钟则堪称世界上最庞大的青铜乐器。其二，编钟钟体上的铭文共计 2828 字，内容有三：一为铭记，全部甬钟在其钲部都有“曾侯乙作持”五字，表示该钟为曾侯乙所制作和享有；二为标音，在钟体上的正鼓、右鼓或左鼓标出这几个部位所能击发出的乐音名称，即阶名和变化音名；三为乐律关系，为律名对应关系、阶名对应关系和八度音表示法。加上钟架横梁、悬钟挂件上的铭文共计 3755 字，是迄今所见先秦时期唯一的一部乐律学专著，它是打开中国先秦时期音乐殿堂之门的钥匙。其三，证实了中国的十二律系我们民族自己的创造，否定了中国音乐史上由三分损益法产生的十二律系战国末期由希腊传来而稍微汉化的乐理的传统说法。其四，通过实际演奏，一钟发双音，且每件钟的两音之间都呈三度和谐关系，可以分别击发而互不干扰，亦可同时击发构成悦耳的和声，证实钟体上标音铭文的正确及中国古编钟每钟双音的规律。其音律自 C2 至 D7，中心音域具十二半音，可以旋宫转调，演奏七声音阶的多种乐曲。曾侯乙墓出土的钟、磬，以其庞大的规模、完整的组合、精美的形制、动听的乐音，向今人全方位展示了“金石之声”发展到巅峰时期的音乐世界，揭开了人类音乐史上沉寂两千余年的辉煌篇章。

曾侯乙墓出土文物还反映出先秦时期中国科学技术史上的多方面成就，最突出的是在天文学和冶金铸造上的成就。在该墓出土的漆器中，几件衣箱上的彩绘反映着当时有关天文学的知识，或绘有传统的后羿射日故事，或绘有日月星辰的星图。其中一件箱盖正中朱书“斗”字，四周写有二十八星宿全部名称，东西两侧分别绘有苍龙、白虎图像。它的出土，说明我国在战国早期以前就已存在完整的二十八宿体系。曾侯乙墓青铜器群代表了铁器普遍运用之前先秦金属工艺的高峰，其高超的铸造技术和装饰工艺主要表现在复合范铸造技术在继承传统的基础上又有了新的发展，如编钟的铸造反映了这一点；分铸法有了新的进步，一些形大体重的器物如大尊缶的铸造成功，是中国古代分铸技术成熟的一个标志；铸接、焊接技术完美；铸镶、错嵌工艺成熟；失蜡法的应用达到新的高度，如尊盘上精美的附饰就是运用失蜡法铸造的最杰出作品；装饰华美，广泛采用阴刻、浮雕、镂空和镶嵌等装饰手法。

总之，曾侯乙墓的出土文物宏富、博大、精深的内涵，不仅改变了人们对传统的中国先秦文化的认识，而且还改变了对当时长江流域文化发展水平的认识。

1981 年又发掘了位于曾侯乙墓西北约 100 米处的擂鼓墩二号墓。该墓同样为大型竖穴岩坑墓，发现时墓口残长 7.3 米、宽 6.9 米。棺椁腐烂，可见单椁双棺痕迹。出土随葬器物以青铜礼乐器为主，包括升鼎 9 件、簋 8 件、编钟 36 件，以及石编磬 12 件和铜车马器、玉器等。随葬器物显示墓主很可能也为一代曾侯。时代为战国中期。

进入 21 世纪，不断有多项关于曾国的重大考古项目，逐渐使曾国考古体系进一步完善。

2002 年，为配合孝襄高速公路建设，在枣阳市吴店镇东赵湖村发现并发掘了郭家庙墓区，共清理竖穴土坑墓葬 25 座、车马坑 1 座、车坑 2 座（图 5–32）。墓葬大多在早期被盗掘，仍出土了大量随葬品，特别是部分铭文青铜器一方面确定了墓葬的国别和等级，另一方面证实了曾国与其他诸侯国的联姻和交流情况。其中 M21 为曾伯陭墓，时代为西周末期；M17 为一代曾侯夫人墓（曾桓嫚非录墓）；其他多为中小贵族墓。加上这里 1983 年出土了“曾侯絴白”铜戈和 2002 年采集（可能属于 M1）的“曾侯作季汤芈”铜鼎，证实了国君级别墓葬的存在，可确认该墓地为曾国的公墓地。

图 5–32　枣阳郭家庙墓地 2002 年车坑清理

而在发掘郭家庙墓地之前的同年 9 月，在墓地的东侧发掘了一处大型同时期的遗址——周台遗址。发掘面积 700 余平方米，清理出新石器时代晚期、西周晚期至战国中期的文化遗存，包括春秋早期长廊式的大型建筑基址，出土了大量遗物。经研究可以初步确认这里西周晚期至春秋早期遗存是郭家庙墓地的聚落遗址。同时，调查发现周台遗址南侧有一座城址——忠义寨城址。

2009 年，为配合基本建设，在随州文峰塔墓地发掘了 2 座东周墓（M1、M2）、1 座明墓（M3）。其中 M1 被严重破坏，仅存墓地一角，出土的青铜器残损严重。从铜器铭文确认该墓为曾侯舆墓。M2 历史上被盗，规模与 M1 相当，相隔很近，推测也是一座高等级的贵族墓葬，或许也是一座曾侯墓。根据 M1 出土青铜器上的铭文历法结合事件判断，该墓的下葬年代当在公元前 497 年；M2 时代略晚于 M1。M1 出土的 8 件甬钟中，5 件基本完整，2 件可复原，1 件存残片。3 件甬钟铭文为确认曾侯的来源提供了直接的证据。其中 M1:1 与 M1:2 甬钟的铭文差不多，可以互补，证明了其先祖为南公适（括），春秋晚期吴楚之战时，曾侯曾“复定楚王”，与《左传》记载随侯接纳楚昭王相印证。M1:3 也明确说明了曾侯来源于后稷，即周人的先祖。该墓铜钟铭文明确了传世、出土青铜器中的“曾”就是文献中的“随”国，也进一步说明了“汉东之国随为大”的事实。2012 年 1—5 月发掘了 M4，该墓因施工而破坏严重。残存墓口长 10.05 米、宽 7.6~8.2 米。仅存 26 件随葬器物，其中铜器 16 件。1 件铭文铜甬钟较为重要，有“左右武王”“穆穆曾侯”之句。该墓时代为春秋晚期偏早，推测墓主为一代曾侯。2012 年 6 月至 2013 年 1 月又勘探发现了 65 座墓葬，其中东周土坑墓 54 座、车马坑 2 座、马坑 1 座。发掘出的遗物有铜、陶、瓷、漆木、骨、皮革、玉石等各类质地的文物 1027 件（套），大多出自中小型墓葬。其中铜器 577 件，器类主要有鼎、簠、簋、方壶、缶、甗、鉴、盘、匜等。部分铜器上有铭文“曾”“曾子”“曾公子”及“曾孙”等，根据铭文可知，土坑墓葬大多为曾国墓葬。时代为春秋中期至战国晚期，其中春秋中期至战国中期前段为曾国墓葬，战国中期后段至战国晚期为较为典型的楚墓。M21 中发现了一件带有“随”字的铭文铜戈，铭文为“随大司马献有之行戈”。重要的是发现了曾侯丙墓（M18），该墓为“亚”字形，南北长 16.6 米、东西宽 15.6 米。在其南边还带有一条长方形的阶梯墓道，在其东、西、北三面还各有一个 2 米 ×2 米的方形附坑，此形制属首次发现。有三个盗洞，仅东室未被盗，出土 70 余件青铜器。时代略晚于曾侯乙墓，属战国中期前段。

2011—2013 年，考古人员对位于随州市淅河镇的叶家山墓地进行发掘，清理墓葬 100 余座，出土大量铭文青铜器，大多跟“曾”有关，还出土了较多的原始瓷器、陶器、玉器等。墓葬时代为西周早期至西周中期前段，相当于成、康、昭王时期。这些器物证实该墓地属西周早期曾国高等级贵族墓地，包括三代曾侯（图 5-33）。

为寻找与叶家山墓地匹配的高等级聚落，2015 年调查确认位于墓地南部不远的庙台子遗址为其中心，发现了高台地及环濠，文化层分布较厚。发掘面积 1095 平方米。环濠底部有较深的淤泥。文化层最深 1.7 米。清理各类遗迹 155 处，西周早期壕沟 1 处，房址 3 座、灰坑 37 座。

2014—2016 年，考古人员对郭家庙墓地进行再发掘，基本全面揭露了该墓地。2014 年

1. 图 5-33　随州叶家山墓地 M111 曾侯墓清理现场
2. 图 5-34　枣阳郭家庙曾国墓地曹门湾墓区墓葬分布
3. 图 5-35　京山苏家垄墓地墓葬分布航拍图

9 月至 2015 年 1 月，考古人员对曹门湾墓区进行发掘（图 5-34），清理了以 CM1（名字疑似为曾侯絴白）、CM2 夫妇为核心的 30 座墓葬。其中，CM1 随葬了 32.8 米长的车坑（28 辆车）、9 米见方的马坑（49 匹马）。出土了最早的瑟、建鼓、保存完好的曲尺形编钟（木架）与编磬组合；而弓、矰矢、缴线轴的组合，是迄今所见最早的成套弋射用具；CM1 发现的大量金属饰件，采用了锤锻、模锻、冲孔等工艺，为目前我国考古发现的最早采用这些工艺的文物。2015 年 7 月至 2016 年 1 月，考古人员在曹门湾和郭家庙墓区共清理 GM60（曾侯）等墓葬 87 座，CM60 随葬的车马坑中的 4 驾规格，反映了墓主人为侯级的尊贵身份。其中以 GM21（曾伯陭墓）、GM52 夫妇以及 GM60（墓主名字没有发现）、GM50 夫妇为核心，分布了两位曾侯墓葬。

2016—2017 年，考古人员对苏家垄墓地再次进行发掘，共清理墓葬 106 座（图 5-35）、车马坑 8 座，出土了 1000 多件青铜器，其中铭文青铜器 50 余件，大部分带“曾”字。其中两座大型墓（M79、M88）为“曾伯桼”及其夫人墓。M79 出土有鼎 8 件、鬲 4 件、甗 1 件、簋 4 件、簠 4 件、壶 2 件、盘 1 件、匜 1 件，8 鼎包括升鼎 5 件、附耳鼎 3 件，分别与簋、簠搭配，鬲、簋、壶等多件铜器有铭文“曾伯桼”，“曾伯桼”壶铭文有“克逖淮夷”等重要内容。M88 出土有鼎 3 件、鬲 5 件、甗 1 件、簠 4 件、壶 2 件、盘 1 件、匜 1 件及玉器，其中簠上有“陔夫人芈克”等重要铭文。出土 4 件“曾伯霥”壶，单壶铭文达 160 字，共 640 字，与传世“曾伯霥”簠盖（现藏国家博物馆）上的铭文一致。墓地时代为春秋早期至春秋晚期，或许与楚昭王奔随（曾）相关。

墓地旁还发现了一处大型遗址——苏家垄遗址，处一台地上，有城的迹象，可能跟苏家垄墓地有关。

2017 年，考古人员在随州文峰塔墓地北约 150 米处的汉东东路墓地，发掘春秋墓葬 39 座、马坑 2 座。出土青铜容器 400 余件，其中铭文青铜器有 140 多件，铭文涉及“曾公”“曾侯”“曾”“曾子”“曾孙”“曾叔孙”“曾叔子”“朱芈”等。其中单椁重棺墓 13 座，出土文物一般以 5 鼎 4 簋或 4 鼎 1 盏 4 簋组合。墓葬时代为春秋中期至春秋晚期。

2018—2019 年，考古人员发掘了位于随州曾都区文峰社区的枣树林墓地，该墓地为义地岗墓群（图 5-36）的一部分。该墓地按曾侯及其夫人墓、高等级贵族墓和低等级贵族墓，可分为 5 座带斜坡墓道的“甲”字形大型墓、19 座中型墓、62 座小型墓，墓葬均为东西向，为 110° ~120° 之间，大、中型墓多为单椁重棺，小型墓均为单椁单棺。其中 5 座大型墓分三组由北及南排列，每组结构布局一致，为夫人墓居最北，曾侯墓居中间，曾侯附属马坑和车坑分别葬在南部的东、西两侧，中、小型墓葬分布在大墓外围，呈放射状分布。墓葬时代分为春秋中期早、晚段，春秋晚期早、晚段。三组大墓的墓主人分别为曾公求及其夫人渔、曾侯宝及其夫人芈加、曾侯得，各墓均有成组的青铜器铭文可以确认墓主。

考古发掘揭露出曾国始封至灭亡间除西周中期之后的各个时期考古遗存，确认了较为齐全的曾侯世系和曾国中心的变迁，从考古的角度还原了曾国历史。

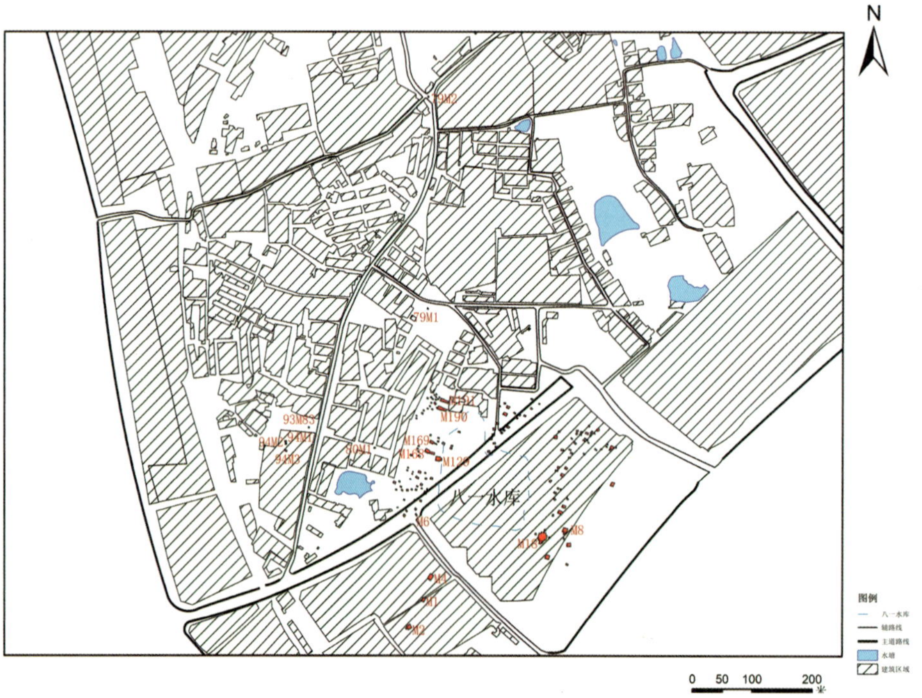

图 5-36　随州义地岗墓群总平面图

2. 楚文化考古

楚是西周初期分封在鄂西北的一个异姓小国，“土不过同”。楚人以其“筚路蓝缕”的精神顽强发展，春秋早期时已变小为大，变弱为强，称雄于江汉之间。至春秋中期，楚成王出入中原，擒纵淮夷，无霸主之名而有霸主之实。当时楚国在疆域、人口、财富、甲兵等方面已成为并世诸国之冠。楚成王孙楚庄王问鼎周室，饮马黄河，成为春秋时期功业最显赫的一代霸主。在春秋中晚期，楚文化已有完整的形态和鲜明的风姿，而且富有发展的潜力，在中华大地上独树一帜。此后直至战国晚期，楚文化始终是长江文化的代表。作为楚国故地，湖北境内现已发现的东周时期文化遗存绝大多数为楚文化遗址和墓葬。因此，楚文化考古成为湖北春秋、战国考古的基本任务。

（1）遗址

传世文献《史记·楚世家》和出土文献清华简《楚居》均对楚国都城迁徙情况进行了较详细的记载，但后世地名与都城名称的对应困难重重，特别是早期都城所在一直是个谜，考古资料至今也没有发现踪迹。春秋早期及以前的考古遗存仅能提供一些楚国中心的线索。

目前可以确认属早期楚文化遗存的万福垴遗址位于宜昌市白洋工业园区，地处长江左岸的一级台地上。2012 年 6 月因施工挖出一批青铜器，包括铜鼎 1 件、甬钟 12 件，其中鼎的时代为西周中期，甬钟时代为西周早期晚段至西周中期。2013—2015 年进行了三次发掘，清理灰坑 30 座、灰沟 2 条、窑址 1 座（图 5–37），出土大量陶器标本和少量铜器。时代为西周晚期至春秋中期。器物文化面貌较为复杂，以周文化为主，同时也有鄂西、鄂东文化因素。

图 5–37　宜昌万福垴遗址中区探方与遗迹

而作为“真武山类遗存”的襄阳真武山遗址、宜城郭家岗、肖家岭遗址也属早期楚文化的范畴。代表性的真武山遗址位于襄阳市襄城区真武山北麓，1989年发现并发掘，遗址面积约2万平方米，文化层厚约2米。清理遗迹100余座，出土大量陶器及少量卜骨、卜甲等标本，其中出土了迄今长江流域唯一的甲骨文（春秋早期）。时代从西周中期一直延续至战国中期。西周中期以H36为代表，西周晚期以H81、G3为代表，春秋早期以H12、H18等为代表。郭家岗遗址位于宜城市雷河镇官堰村，面积约120万平方米，文化层厚约3米。1990年发掘400平方米，清理出丰富的遗迹，出土了大量遗物，以陶器为主。时代为西周晚期至战国晚期，其中第一、二组的时代为西周晚期、春秋早期。有学者认为该遗址可能为楚国郢都之一。

自春秋中期开始，湖北地区除随州城区附近不大的区域为楚之附庸随（曾）国外，全部纳入楚境。楚国依托稳固的后方北上中原、东进淮域，并南下湖湘，成为“春秋五霸”实力最强者；战国时期更是成为“地方五千里，带甲百万，车千乘，骑万匹，粟支十年”的强国，在“战国七雄”中版图最大，几乎占据了整个南方，楚文化的发展达到顶峰。湖北境内楚国遗存分布密集，类型多样，等级有别，展现了楚文化的强大实力。

春秋中期以前，楚国“慎其四竟，犹不城郢”，直到春秋晚期才开始筑城，并迅速发展。楚国城邑，文献记载近300座，考古发现有60余座。湖北考古人员自20世纪50年代便开始了对东周城址的调查和勘查工作，迄今为止，湖北境内已发现的城址近20座，可确认时代最早的为季家湖城址。这些城址的规模有大有小，最大的纪南城面积达16平方千米，最小的大冶鄂王城，面积不足1平方千米，包括都城、别都、县邑（封邑）、军事堡垒等几种。

当阳季家湖城址被认为是现存最早的楚国都城，位于当阳市草埠湖镇季家湖村南。地处江汉冲积平原西端、沮漳河流域西侧，宜昌、当阳、枝江、荆州四市交界处。城址南北长1600米、东西宽1400米，叠压在新石器时代晚期遗存之上。现存夯土南垣长86米、底宽13.4米、残高1.4米。城壕距城垣10~34米，壕沟长86米、宽9.8米、深约1米。一号台基位于城址北部中间，曾出土“秦王卑命竟坪王之定救秦戎”铜钟和大型青铜构件及绳纹筒瓦、板瓦。发现有东周时期房基、制陶作坊、窑穴和墓葬。有专家研究认为是春秋晚期至战国早期楚都。周围分布有密集的楚文化遗存。

楚纪南城是战国中期的楚国都城，位于荆州市纪南文旅开发区。城址平面呈不规则方形，东西长4.5千米、南北宽3.5千米。夯筑城垣底宽30~40米、顶宽10~20米、残高6米左右。城垣上有7处城门遗迹，城外有护城河遗迹，城址内保存有大量灰坑、冶铸遗址、建筑遗迹，分布有400余口水井、成排的窑址。共发现84座与城址同时代的夯土台基，分布在城内东南部、东北部、西南部、西北部四个区域，台基现存的夯土厚0.4~2米，一般在1.5米左右，有的有明显的二层堆积。台基的平面形状有多边几何形、曲尺形、长方形三类。周围分布有大量水井。城址内历年出土的陶、铜、铁质等各类遗物数以万计，以建筑材料和生活用具居多。城址周围曾发现“郢爯”金版、蚁鼻钱等楚国货币和1套25件彩绘石编磬。城外北郊和西

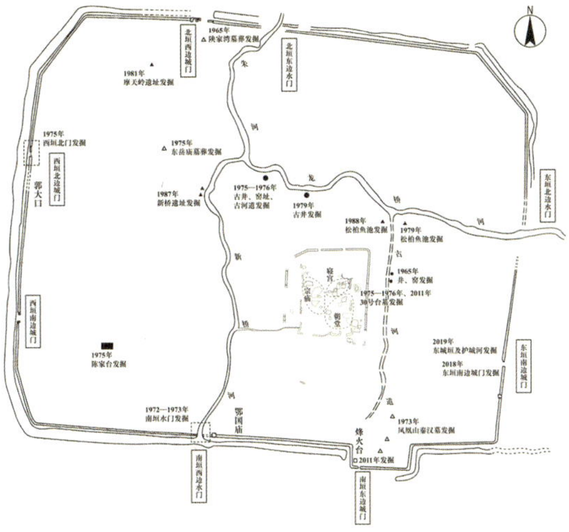

1 | 2　　1. 图 5–38　荆州纪南城城址平面及历次发掘图
2. 图 5–39　荆州纪南城城址松 30 号台基发掘

郊为大中型墓区，东郊为小型墓区。2018—2019 年，考古人员解剖了东垣南门，该段城墙下清理出战国中期的灰坑，确认其筑城的时代不早于战国中期。（图 5–38、图 5–39）学者普遍认为该城址即纪郢，是出土文献中的“栽郢”。

也有专家认为潜江龙湾遗址是一座楚都。该遗址位于潜江市西南约 30 千米的龙湾村。先后发现 10 余处土台。1987—2001 年三次发掘放鹰台一号基址（图 5–40），发掘面积 3500 平方米，揭露建筑基址为三层高台建筑。第一层夯土台基分布有东侧门、贝壳路、内外长廊、南侧大台阶、门庭、广场、西墙及内曲廊、西侧门、天井、回廊、水池和排水管道等；第二层位于高台西侧，有北墙及北侧门、西墙和南墙；第三层位于一、二层台东侧，结构复杂。该基址总面积 1.3 万平方米，规模宏大，结构复杂，据出土遗物分析，其建于春秋晚期，废弃于战国中期。也有专家认为该遗址是楚章华台遗址。

图 5–40　潜江龙湾遗址放鹰台一号建筑基址发掘现场

图 5-41　宜城楚皇城城址东城墙北段（东南—西北）

战国中期以前，大概出于战略上的考虑，楚国的都城不断变化，楚王在迁居后原有的都城可能成为别都。目前考古学上可确定为别都的遗存仅有楚皇城城址，其位于宜城市郑集镇皇城村内。城址由外城和内城组成。外城呈不规则长方形，南北长 1840 米、东西宽 1720 米，面积 2.2 平方千米。城垣夯土筑实。内城位于外城东北部，南北长 800 米、东西宽 480 米。内外城均有护城河围绕。外城有城门 6 座，其中水门 1 座。城址内探出建筑台基 21 座、古河道 1 条，以及众多灰坑、水井、制陶作坊等遗迹。现城垣是在原地面上夯筑，上宽 8.25 米、下宽 10.25 米、残高 2.1 米。外坡陡直，内坡平缓（图 5-41）。2017 年解剖确认城址时代上限为战国早期，并延续到汉代。一般认为该城址为楚国陪都——鄢郢。

考古发现的部分县城或封邑，其规模也有大有小，有的因袭被灭国都城，规模相对较大，如邓县县城（邓城城址）、土城城址等。

邓城遗址位于襄阳市高新区团山镇邓城村，经过多次调查和试掘。面积约 84 万平方米。遗址平面呈长方形，有城垣、城门、护城河。东、西、南、北垣分别长 766 米、713 米、896 米、858 米，墙体宽 20 米左右，残高 2~5 米（图 5-42）。城址未发掘，始建年代不详，但从城墙暴露的遗物看，该城至少从春秋一直沿用到南北朝时期。该城址为楚邓县县城。城外分布有 20 余处楚文化遗存。

图 5-42　襄阳邓城城址全景（南—北）

土城城址位于赤壁市新店镇土城村，俗名太平城，由大城和小城组成，大城为战国城址，小城为西汉城址。战国城址呈南北向长方形，城址面积约 74.5 万平方米，城垣周长 3265 米，北、南、西、东垣分别长 580 米、605 米、886 米、868 米，残宽 14 ~ 22 米、残高 0.45 ~ 3 米，四面有城门缺口，现宽 22 ~ 38 米，城门门道长 27 ~ 28 米、残宽 8 ~ 12.5 米。城外有护城壕，口宽 12 ~ 32 米、底宽 10 ~ 25 米、深 3.5 ~ 4 米。城内东北、西北部各探出建筑台基 1 座，尺寸分别为 140 米 ×140 米、53 米 ×32 米。时代为春秋晚期至战国晚期。城外有三处战国墓地，发掘墓葬 108 座，其中 107 座为战国时期的典型楚墓，墓主人身份存在一定等级差别。经研究，该城址应为一座楚国的地方中心城邑。

出于战争或战略资源管理的需要，楚国在境内设有多个军事堡垒性质的城邑，其规模相对较小，如草店坊城址、孙郭胡城址、作京城城址等。

草店坊城址位于孝感市孝昌县牌坊乡中心村，处澴河及其支流应山河汇合处北岸的二级台地上。平面为不规则五边形，东西最长 518 米、南北最宽 326 米，面积 11 万余平方米。夯土城垣，底宽 17.5 米、残高 2.2 ~ 3.2 米。西北、西南、东北三个拐角处各探出 1 座方形建筑台基；南垣东段西部设城门，残宽 22.5 米。城外一周有护城河遗迹，并在南垣拐角偏西处注入澴河。城内中部略偏北发现一处夯土台基，其西北有一处红烧土遗迹，可能为窑址等遗存。城外西南有几处墓地，一处曾清理出近百座战国秦汉墓。地表采集较多陶片，器类有鬲、甗、盂、豆、罐、瓮等生活用器和较多的筒瓦、板瓦、瓦当等建筑材料，时代为战国秦汉时期。该遗址被认为是一处重要的军事城堡。

孙郭胡城址位于咸宁市咸安区西北约 1.5 千米处，南北长 210 米、东西宽 125 米。南、北城垣外各有一长方形人工堆筑高台。东、西城垣各有一缺口，东城垣缺口位于城垣北部，西城垣缺口位于中部，应为城门遗迹。城垣四周有挖掘的护城壕。遗址内出土有铜箭镞、戈残片，残铁刀，石球等遗物。该城始建于战国中期偏早，废弃于战国晚期，应是楚国在此设立的一处军事据点。

除城址以外的其他楚文化遗址发现更多，基本覆盖了整个湖北地区。鄂西地区的遗址时代相对较早，上起西周中晚期，下至郢都被拔，其中有当阳磨盘山遗址、季家湖遗址，荆州纪南城城址，襄阳邓城城址，在襄宜平原、丹江流域等地区分布丰富且集中；鄂东地区楚文化遗址的时代相对较晚，一般自春秋早中期开始，下至秦统一，遗址分布相对较少且稍疏。遗址的规模有大有小，大者达 100 万平方米以上，小者仅不到 1 万平方米。考古发掘清理的遗迹有灰坑、灰沟、房址、窑址、红烧土堆积等。出土遗物以陶质生活用器居多，鬲、盂、豆、罐为基本组合，并有少量纺轮、网坠、拍、垫等生产工具和瓦当、筒瓦、板瓦等建筑材料。

此外，还有少量窖藏遗址，如在孝感野猪湖湖底红色生土中出土一灰陶圜底罐，罐中盛有铜贝、弩牙、镞、辖及少量残铜片，以铜贝为主。共出土铜贝 5000 余枚，共计 21.5 千克，一般长 2 厘米、宽 1.3 厘米、厚 0.5 厘米，正面凸起，背面平，均有阴文“口”字，为楚国蚁鼻钱。

（2）墓葬

楚国墓葬的发现始于20世纪30年代李三孤堆青铜器群的被盗。20世纪50年代，长沙发现大量楚墓，而到60年代以后，湖北成为楚墓发现和发掘的中心。截至目前，已发现楚墓地上千处，形成了多个相对集中的楚墓区域，发掘各类楚墓3万余座，出土了大量典型楚文物。墓葬时代集中在春秋战国时期，可以确定的西周墓葬极少。已发掘的墓葬等级，按照墓主人身份分为王、封君、上大夫、下大夫以及士、平民等，一些高等级墓葬根据出土竹简可以确认墓主人身份。

楚王墓无疑是级别最高的楚国墓葬，文献记载的楚王从“自号为王”的熊通算起，到楚国灭亡有20余位，其都城能与考古发现相对应的仅有战国中期以后的几座，而能确认的楚王墓葬也仅有战国时期的少数几座。除战国晚期的安徽李三孤堆墓为楚幽王墓、河南淮阳马鞍冢可能为楚顷襄王墓外，目前在季家湖、纪南城城址外围勘探发现的熊家冢、冯家冢、谢家冢具有王墓的规模，其中熊家冢经过部分发掘基本得到证实。

熊家冢位于荆州市川店镇西北部，东南距纪南城26千米。由主冢、陪葬冢、车马坑、殉葬墓和祭祀坑等部分组成（图5-43）。陵区分布范围南北长约550米、东西宽约150米，面积达8万多平方米。主冢封土底径70米、高7米。墓坑为单墓道墓葬，墓口边长67米，勘探墓深21米。勘探椁室面积248平方米，是目前已知最大的椁室。这是一座楚王级别的墓葬，尽管主冢尚未发掘，但其北侧有陪冢，紧邻主墓，长36米、宽30米左右。在主墓南、陪冢北分别排列着总数逾百座规划整齐、大小相当的殉葬墓，已发现的超过120座，均为长方形土坑竖穴式小型墓，坑口长4~5米、宽3~4米、坑深4.5米左右。西边有车马坑，长约134米、宽约23米。其中1号车马坑南北长132.6米、东西宽约12米。除了主车马坑外，还排列着30余座大小不一的小车马坑，形成完整的出行车阵。出土了大量玉器及铜器、陶器等。该墓地是目前科学发掘的布局最完整、保存较好的最大的楚国贵族墓地，年代大约在战国早中期。墓主可能是楚惠王、楚简王、楚声王、楚悼王、楚肃王中的一位。

图5-43　荆州熊家冢全景

封君墓以天星观一号墓为代表，墓葬位于荆州市沙市区观音垱镇天星观村的长湖之滨，因湖水的不断冲刷而被清理（图 5-54）。墓口南北残长 30.4 米、东西残宽 33.2 米（复原墓口长 41.2 米、宽 37.2 米）；坑壁设有 15 级台阶，墓葬方向为 185°。葬具为单椁三棺。椁室 7 个，6 个被盗（从盗洞出土器物推测，为战国晚期秦人所盗）。残存随葬器物 2440 多件，包括铜器、漆木器、竹器、玉器、皮革器等。墓主人为楚国邸阳君番勳；据简文中有“秦客公孙鞅”的内容推测，墓葬时代为前 340 年商鞅受封前后。

天星观二号墓则是上大夫级楚墓，距天星观一号墓西北不远，早期与现代各被盗一次。墓口残长 9.1 米、残宽 8 米；墓坑仅存两级台阶，墓葬方向为 192°。葬具为重椁重棺。出土随葬器物 1430 件，质地多样。出土器物显示该墓时代较一号墓稍早，随葬器物的类别与一号墓相同，但兵器极少，推测墓主为一号墓墓主的夫人。

1/2

1. 图 5-44　荆州天星观一号墓封土

2. 图 5-45　荆门包山二号墓发掘现场

上大夫级别的代表性墓葬还有包山二号墓和严仓一号墓。

包山二号墓位于沙洋县十里铺镇王场村的包山墓地，该墓地属纪山墓地的一部分。面积约 12 万平方米。1986—1987 年发掘 9 座墓，其中战国墓 5 座，4 座有封土。包山二号墓墓口长 34.4 米、宽 31.9 米、深 12.45 米；坑壁有 14 级台阶（图 5-45）。东设墓道，方向为 93°。葬具为重椁三棺。随葬器物十分丰富，达 1935 件（套），包括礼器、乐器、生活用器、工具、兵器、车马器、丧葬用品、装饰品和简牍等。墓底有腰坑，葬羊一只。根据出土的竹简可知，墓主为楚国左尹邵㝩，位列上大夫。据简文考证其下葬时间为前 316 年。

严仓一号墓位于沙洋县后岗镇松林村，俗名“獾子冢”。2009—2010 年为配合南水北调引江济汉工程而发掘。墓上有底径 50~60 米、高约 8 米的封土，其南面有夯土封墙。墓口平面呈“甲”字形，长 34 米、宽 32 米、深 12.25 米。东设斜坡墓道。墓坑 15 级台阶。墓具为单椁三重棺，椁室分五室。因墓葬被盗，随葬器物不全，出土有铜矛、镞等兵器，削刀等工具，银鐊等车马器，还有竹笥、玉片等。重要的是出土了 650 枚竹简，包括卜筮祭祷、遣册、签牌和个别文书简等。西部不远有袝葬车马坑，葬 5 车 12 匹马，其中四马车 1 乘，车马坑内出土有铜铙、戈，银马衔、节约、鐊等，其中 1 件戈上有铭文“二十六年晋国上库工师”字样，为三晋兵器，铸于魏惠王二十六年（前 344 年）。根据竹简文字分析，墓主为楚国大司马悼滑，年代在前 310—前 298 年间。

而作为上大夫级别的楚国高等级贵族墓葬完整组合单元的重要发现则是枣阳九连墩楚墓（图 5-46）。九连墩墓地位于枣阳市吴店镇东赵湖村至兴隆镇乌金村一条长约 3 千米的南北走向的岗地上，因有九座封土堆而得名。2002 年发掘了最南边的一号墩，清理出 2 座墓葬和 2 座袝葬车马坑，并清理出了陵园遗迹，形成了完整的墓葬布局。一号墓墓口东西长 38.1 米、南北宽 34.8 米、深 12.8 米，二号墓墓口东西长 34.7 米、南北宽 32 米、深 11.6 米。墓葬方向均朝东，东设斜坡墓道，各有 14 级台阶，其上均有封土堆。葬具均为重椁重棺，椁分东、南、西、北、中五室；二号墓墓底有腰坑，葬羊一只。两座楚墓出土随葬器物十分丰富，数量多，共 7000 余件；种类全，按照质地分为青铜、铅锡、金银、竹木、皮革、玉石、水晶、玛瑙、丝织、骨、匏等，按照功能分为祭器、乐器、燕器（日用器）、兵器、车马器、工具、葬仪用品、殓饰物、动物骨骼和植物果实等。一号车马坑南北长 52.7 米、东西宽 9.5 米、深 2.3 米；葬车 33 乘，南北双排横列，有马 72 匹，其中六马车 1 乘、四马车 3 乘。二号车马坑南北长 22.2 米、东西宽 6.8 米、深 1.7 米，葬车 7 乘，南北双排横列，有马 16 匹，其中四马车 1 乘，其余均为二马车。九连墩楚墓由两座相距 18 米的墓葬及两座位于其后部的车马坑组成，两座墓的封土堆堆成了一个土墩，外围还清理出了陵园遗迹，这显然是一组关系密切的墓葬。从 M1 出土大量青铜祭器、兵器，M2 有一组替代铜祭器的漆木祭器且出土很少兵器的情况，加上 M1、M2 墓主人骨架经鉴定分别为男、女性（年龄分别为 36~40 岁、25~30 岁），证实二人应为夫妻关系，死后异穴合葬。经研究，墓葬时代为战国中期偏晚，不晚于前 278 年。墓主人身份为上大夫，或为封君。

图 5-46　枣阳九连墩墓地 M1、CH1 与 M2、CH2 组合照

下大夫和上士是楚国的中级贵族，是楚国官吏中承上启下的等级，也是贵族群体的中坚力量。考古发现的楚国下大夫、上士墓葬数量较多。

著名的下大夫墓葬为望山一号墓，位于荆州市荆州区川店镇藤店村望山寺。1965 年发掘（图 5-47）。墓口东西长 16.1 米、南北宽 13.5 米。墓道有 5 级台阶，墓葬方向为 100° 。葬具单椁重棺，椁分三室。随葬器物十分丰富，共计 783 件，按质地分有陶、铜、漆、木、竹、铁、铅、锡、玉、石、骨、革、丝织物，以及动物骨骼、植物果实等，以铜器和漆木器最多，包括著名的越王勾践剑。据简文推测，墓主为悼固，为楚国王族，是楚悼王之后，时代在战国中期的楚威王或楚怀王前期。

图 5-47　荆州望山一号墓发掘现场

下大夫墓葬还有陈坡十号墓，位于襄阳市东津开发区陈坡村北。平面呈“凸”字形。墓口东西长 20.2 米、南北宽 18.2 米、深 9.05 米。坑壁设 7 级台阶。葬具为单椁重棺，椁分三室。随葬铜器、陶器、玉器、石器等 1522 件，漆木器等腐烂无存。出土了 1 件“大司马”铜鼎和 1 件“邵王之□”铜戈。经研究，其时代为战国中期晚段，墓主身份为下大夫，可能为楚昭王之后。

最为重要的上士墓为郭店一号墓，位于沙洋县纪山镇郭店村。墓口长 6 米、宽 4.6 米。东设墓道。葬具为单椁单棺。出土铜、陶、漆木、竹、铁、玉、骨等类器物千余件，其中竹简、铜剑、虎辖车軎、锯齿铁镰、龙形玉带钩、七弦琴等最为重要。时代为前 4 世纪中期至前 3 世纪初。特别是出土的 804 枚竹简，有字简 726 枚，共约 1.6 万字，内容有《老子》等 16 部古代典籍，对研究楚文化和先秦文献、思想具有极为重要的意义。

经发掘的楚墓地中，目前有部分墓地的墓葬数量多，分布密集，延续时间较长，墓主人身份等级有高有低，是展示楚国葬制葬俗不可或缺的重要资料。这些墓地集中发现于楚国重要城址、遗址附近，如季家湖、纪南城、邓城、楚皇城等城址。

赵家湖墓地位于当阳市河溶镇沮漳河东岸，周围分布有较为密集的遗址和墓地，并有不少高大的封土堆。1973—1978 年先后发掘墓葬 297 座，均为土坑墓。根据墓葬规模及棺椁、随葬品情况分为甲、乙、丙、丁四类。期段分为七期十二段，分别为西周晚期至战国晚期早段。该墓地很可能为季家湖城址及周边遗址外围的墓地。

邓城城址（楚邓县县治）外围楚墓地位于襄阳市高新区团山镇邓城城址外围方圆 5 平方千米范围内。先后发现并发掘了山湾、蔡坡、团山、余岗、彭岗、沈岗（图 5-48）、麋战岗、酒店等楚墓 20 余处，清理楚墓 3000 余座。均为长方形土坑竖穴墓，规模有大有小，

图 5-48　襄阳沈岗墓地第三次发掘墓葬分布

有的设有壁龛、台阶、踏步、墓道等。葬具有单椁重棺、单椁并棺、单椁单棺和单棺几种，少量墓葬无葬具。绝大部分墓葬有随葬器物，出土有青铜器、漆木竹器、陶器、玉石玛瑙水晶器等，除极少量外，均具有典型的楚文化风格。其中不少墓地出土有铭文青铜器，如“邓公乘”鼎、“邓尹疾”鼎、“郑藏公之孙”鼎、“子季嬴青”簠、“上鄀府”簠、“楚子”敦、“吴王夫差”剑、“徐王义楚元子羽”剑、“蔡公子加”戈等。这些分布密集的楚墓地时代为春秋中期至战国中期，属于邓城城址及其周边遗址的附属墓地。墓葬主人的身份高低不一，最高者为邓县县公，最低者为平民。数量众多、延续时间长的墓地说明楚邓县是楚国的一个大县，当与楚国北上争霸重点经营有关。

乔家院墓地位于郧阳区五峰乡肖家河村。墓地面积约75万平方米，三面环汉水。先后多次发现青铜器。1990年发现的青铜器中有1件簠盖，器铭文为“申王之孙叔姜”，可能与楚灭申迁民相关。2006年发掘墓葬64座，重要的是发现了4座春秋中型楚国贵族墓葬，出土了较多的青铜容器、玉器，青铜容器有鼎、盏、簠、尊缶、盥缶、盘、匜、斗、勺等，玉器有玉柄铁匕首、环、璜、佩、牌等。

李家湾墓地位于麻城市宋埠镇红梅山村李家塆，面积约15万平方米。1995年发掘98座小型长方形土坑竖穴墓，其中春秋墓12座，出土铜鼎、敦、壶、盘、匜、簠、罍、缶、陶鬲、盂、豆等，属典型楚墓。

雨台山墓地是楚墓最为密集的墓地之一，也是纪南城城址外围的一处集中墓地。先后发掘墓葬558座，均为中小型墓葬。葬具有单椁重棺（仅见于极少数较大的墓）、单椁并棺、单椁单棺、单棺、无棺无椁等形式，其中单椁单棺、单棺近半。椁室有的分三室，即头箱、边箱和棺室；有的分两室，即头箱与棺室，二者之间用隔梁或隔板隔开；有的未分室。出土陶器2455件，铜兵器500余件（铜剑172件），漆木器1000余件，还有少量竹器、玉石器、丝织品等。雨台山M21出土墨书音律名的残竹律管，其音律名与曾侯乙墓编钟上的音律互相吻合；M10出土有11枚圆形有孔的小金首饰，这在楚国的小墓中尚属首次发现。墓葬时代为春秋中期至前278年。

九店墓地也是纪南城城址外围一处集中的楚墓地，位于江陵县九店镇（今荆州区纪南镇）雨台村施家洼。先后发掘东周墓葬879座。绝大部分为单纯的长方形竖穴土坑墓，极少量设墓道或生土台，还有5座洞室墓。葬具、分室及随葬器物与雨台山墓地差别不大。其中3座墓葬出土竹简334枚。时代为春秋晚期晚段至战国晚期晚段，是楚国低级贵族和平民的墓地。

马山墓地楚墓也相对集中，位于荆州区马山镇沙冢村。面积约10万平方米。曾暴露出多座土坑墓。发掘10余座小型长方形竖穴土坑墓，部分墓设墓道、壁龛。出土有陶器、铜器、漆木器、玉石器、骨器等。时代为战国。其中三号墓出土一枚仅1厘米见方的铜印，五号墓出土吴王夫差矛。最为重要的是一号墓，为小型长方形竖穴土坑墓。墓口长4米、宽2.48米，墓底长3.24米、宽1.84米，距墓口深3.24米。葬具为一椁一棺。棺内衣衾包裹保存完好，用13层衣衾裹装尸骨，包裹外用九道锦带横扎。随葬器物分为丝麻织品、铜器、陶器、漆器、竹器和木俑等类，计130余件，其中衣衾19件，包括锦衾3件、夹衾1件、绵袍8件、蝉衣3件、夹衣1件、蝉裙2件、绵裤1件，所用材料有绢、纱、罗、锦、绣等。此墓出土的丝织品种类多，几乎包括了先秦时期丝织品的全部品种，被誉为“古代丝织品宝库”。

截至目前，湖北已发掘的楚墓超过6000座，大、中、小型俱全，时代自西周末年至战国晚期。齐备的楚墓的发掘，除出土大量珍贵文物外，为楚墓本身的研究也提供了丰富的资料。如楚墓的分区、分期、分类问题已基本得到了解决；东周楚墓的年代学已经比较完整地建立起来；除楚王墓之外的各等级楚墓在湖北境内均有发现，基本上弄清了墓葬分类的标准和各类墓葬的特点。

楚墓的随葬品丰富，各类随葬品体现着楚国的物质文化发展水平。已出土的随葬品主要有铜器、漆器、丝织品、玉器、陶器、竹简等。

铜器器类丰富，有祭器、乐器、燕器（日用器）、兵器、车马器、工具等，铸造技术随着时代发展不断提升。祭器主要有鼎、簋、盏、簠、敦、盒、尊缶、壶、盥缶、盘、匜、斗、勺等，一般出土于贵族墓中，鼎、簠、尊缶的组合，束腰平底升鼎具楚文化特色，形成了独特的楚国青铜文化风格。兵器的特点之一就是数量多，如剑，在江陵地区所发掘的成年男子墓中几乎都有出土，被盗严重的天星观一号墓出土的剑仍达32件之多。楚墓出土的青铜器除楚器外，还有黄、蔡、郑、徐、吴、越等诸侯国之器，大部分应是战利品。

漆器在楚墓中大量出土，尤其以江陵为中心的江汉平原地区楚墓出土最多，一方面是因为在东周列国中，楚国的髹漆工艺最发达，精美的漆器在当时已被广泛运用于楚人生活之中，所出土的漆器按其用途可分为饮食用器、乐器、日常用器、兵器、车马器、工具、葬仪品等多种。另一方面，楚地特定的地理条件有利于漆器被较好地保存下来。湖北特别是江汉平原地下水位高，墓中漆器往往浸泡在中性水中，使其长期不易损坏。加之出土漆器的墓大都有棺有椁，椁外又填充青（白）膏泥，这种土分子结构细密，具有较好的黏性、抗渗性，对椁室起着防腐密封的作用，为漆器的保存提供了良好的环境。

丝织品也较为集中地出土于江陵地区即纪南城城址周边的楚墓中，如望山一、二号墓出土文绮、绢底刺绣，雨台山楚墓群约10座墓出土平纹绢，九店楚墓群出土刺绣，马山一号墓出土完整衣物35件以及4只竹笥中盛装的丝绸碎片452件，几乎包括了我国先秦时期丝织品的全部品种，其中针织绦带的发现，把我国针织技术起源的历史提前到约前3世纪。在江陵地区之外的枣阳九连墩楚墓中，也出土有较多的绢、绮、缣、锦、纱等丝织物。

玉器主要出土于贵族墓葬中，等级越高，数量越多，战国时期无论是数量还是种类都较春秋更为丰富，纹饰更为繁复。楚国玉器以佩饰为主，如九连墩两座战国楚墓出土的300余件玉器中，佩饰有佩、璧、环、瑗、璜、珩、觿、珑、珠、管、坠饰、挂饰、帽，以及作为兵器附件的剑首、刀环，车附件的坠饰、条饰，可能为弹拨乐器附件的韘，服饰器带钩，葬仪用品琀等。除种类较多外，部分同类器物有多种形制，以佩最多，既有单纯的龙形佩，也有不同龙凤纹饰组合而成的兽面形佩；雕刻技法有圆雕、浮雕、镂雕。纹饰繁复，有几何形的谷纹、卷云纹，有动物形的龙、凤纹，还有人面纹，纹饰有单层、多层之分，有单独的纹样，更多的是组合纹样，尤以多种形状、不同形式的龙凤组合纹为多。部分可穿连成组佩。其中一件坠饰、挂饰很有特点，坠饰为三人一上、二下呈叠罗汉状站立于一野猪背上，形体小巧，雕刻精细；挂饰呈双面坡形，双面均线刻站立人形，平雕人面凤身，发饰镂雕双龙对盘，正面纹饰雕刻繁复，人面清晰，为男性形象，面貌威严，背面雕刻相对简洁，人面仅轮廓及眼睛，面容秀雅，为女性形象。

简牍在湖北地区楚墓中发现数量最多，内容也十分丰富，自 1965 年到 2021 年共发现战国楚简 20 余批（不含曾侯乙墓竹简），包括望山、藤店、天星观、九店、马山砖厂、包山、秦家咀、鸡公山、江陵砖瓦厂、安岗、曹家岗、郭店、范家坡、红光砖瓦厂、丁家咀、黄歇、严仓、望山桥、夏家台、龙会河、枣林铺、彭家湾、王家咀等楚简。内容有遣册、卜筮祭祷、司法文书、日书、数术、典籍。典籍内容也很多，如郭店简的《太一生水》，《性自命出》，《老子》甲、乙、丙等 18 篇，王家咀简的《孔子曰》《诗经》《乐》等，是先秦思想史研究的重要资料。

3. 其他国族

除曾国和楚国外，周王朝在湖北地区分封的其他诸侯国中，可以确定考古学遗存的有邓国、鄂国。同时，还存在着传世文献未记载的诸侯国和诸如苗蛮、百濮、百越等古老民族，但难以将考古资料进行对应。特别是鄂东西周文化遗存具有较浓厚的地方文化特色，或跟百越有关。

（1）邓国

邓国于西周初年被封，前 678 年被楚文王所灭。近年来在襄阳邓城附近发现王坡、沈岗、韩岗、黄家村、擂鼓台墓地和周家岗、黄家村、吴家坡、吴家湖、小马家、王家巷遗址等邓文化遗存。

王坡墓地位于襄阳市樊城区牛首镇王坡村，发掘 4 座春秋早期墓葬，均为长方形竖穴土坑墓，其中 M1、M47 为小型墓，M3、M55 为中型墓，葬具均为单椁单棺，各出土铜器、玉器，不见陶器。M1 出土“邓子中”鼎、戈；M55 出土铜五鼎六簋组合，证实其为邓国贵族墓地。其周边曾采集有“邓公牧”簋、“侯氏”簋等铭文铜器。

擂鼓台墓地位于谷城县庙滩镇古乐寺村，面积约 3000 平方米。清理相距较近的 2 座长方形竖穴土坑墓（M1、M2），M1 为小型墓，葬具单棺；M2 为中型墓，葬具为单椁单棺。出土铜鼎、簋、提梁卣、罍等食器，戈、矛、镞等兵器。其中 M1 铜鼎、M2 铜戈均有铭文“邓子白”，表明二者为邓国贵族，且可能为夫妻异穴合葬墓。

王家巷遗址位于襄阳市樊城区王寨街道办事处东王家巷北，面积约 7.5 万平方米，文化层厚 2 米以上。清理出陶窑址 4 座、水井 1 口、灰坑 50 座，出土大量陶质生活用器和较多的制陶工具，不少陶器已经变形，时代为西周晚期至春秋早中期之际。这里应为邓国制陶作坊。

邓国铭文铜器和多处文化遗存表明，西周中晚期至春秋早期的邓国中心区位于襄阳邓城附近。

（2）鄂国

鄂国曾是商纣王的“三公之一”，是西周重要诸侯国，青铜器铭文记其西周晚期灭国。先后在随州羊子山出土了多批鄂国青铜器。其中 1975 年出土了“噩侯弟䣄季”尊等青铜器；1980 年清理了一座墓葬，出土了一组青铜器；2007 年出土一批西周早期“鄂侯”青铜器，从而将“灭国”前的鄂国中心确定在了随州羊子山附近。

（3）长子国

黄陂鲁台山墓地清理 5 座西周早期墓，出土“长子狗”铭文铜器，表明西周早期这里存在长子国。

鲁台山墓地位于武汉市黄陂区前川街道办事处双凤社区滠水一桥南，面积约 3 万平方米。曾发掘 35 座墓葬，其中西周墓 5 座（M28、M30、M31、M34、M36），每座墓葬面积 3~18 平方米，为竖穴土坑墓，葬具有单椁单棺和单棺两种形制，出土铜器有圆鼎、方鼎、簋、爵、觯、甗、尊、锛、铃、戈、镞、镜等，陶器有鬲、簋、罐、爵、碗、缸等，原始瓷器有豆，玉器有瑗、戈、串珠、璇玑、戚、蚕蛹、雏鸟、鱼等。M30 为墓地最大的 1 座墓葬，设有墓道，随葬青铜器较为丰富，有圆鼎 1、方鼎 4，8 件青铜器铸有铭文，一组为“长子狗”为其“父乙”作器，一组为“公大史”为“姬銮”作器。专家推测该墓很可能为“长子”国国君或其夫人的墓葬。该墓地及墓主生前所在的遗址（鲁台山遗址或称郭元咀遗址）为长子国的中心，该国未见于文献，应是周王朝分封到南方的小国。

（4）鄂东国族

鄂东地区在受楚国控制之前的西周时期，也发现了丰富的文化遗存，其文化面貌较为复杂，既有较为典型的中原周文化特色器物，也有强烈的地域文化特色，有专家以“大路铺文化”称之，该文化自商代独立发展而来。其国属不见于文献记载，一般认为是古越族所占据，也可能曾被淮河流域的诸侯国控制过。代表性遗存除大路铺遗址外，还有放鹰台、金罗家、毛家咀等遗址及新屋塆铜器窖藏等。

放鹰台遗址位于武汉市武昌区水果湖口，面积约 1 万平方米，文化层厚 1~4 米，1965 年、1997 年发掘。除新石器时代、宋代遗存外，还清理出西周坑形遗迹、灰坑、灰沟，出土西周遗物有石斧、锛、镰、刀、钻，陶纺轮、网坠、拍，铜镞、削刀、鱼钩等生产工具，大量的陶鼎、鬲、甗、豆、盂、钵、罐等生活用具，还有少量的装饰品等。时代为西周早中期。

以瘪裆鬲、甗为特色的器群反映的是中原周文化因素，带榫鼎、刻槽鬲、护耳甗、镂孔豆具有鄂东地方特色，并在邻近的江西、安徽有所反映。此遗址应该是周文化统治下的地方变体。

金罗家遗址位于麻城市宋埠镇叶店村金家湾与新田铺村罗家湾，面积约 12 万平方米，由中心台地遗址和城垣、城壕组成。解剖西周西城垣一段，为夯土筑成。以商周灰坑、房址等遗迹为主体，出土大量周代石器、陶器和少量铜器，以及少量商代陶鬲、甗、假腹豆、尊等。西周陶器以宽体瘪裆鬲居多，具有中原周文化风格，也有少量淮河流域和具有地方文化特色的带牛角鋬鬲、甗。可能是周王朝设在鄂东的一个中心聚落。

毛家咀遗址位于蕲春县株林镇柏条铺村毛家咀南，面积约 3 万平方米，文化层厚 2.5 米左右。清理出西周木构建筑遗迹 5000 平方米左右，主要发现于三个水塘内，发现直径约 20 厘米的木桩 280 根及一些木板墙和平铺的大木板。除新石器时代、秦汉遗物外，出土西周铜器有爵、锛、刀、镞等，陶器有鬲、豆、罐等。出土遗物以周文化风格为主，也有鄂东南特色的地方文化因素。

新屋垮西周铜器窖藏位于蕲春县株林镇柏条铺村新屋湾西北。共发现铜器 7 件，计有方鼎 5 件，圆鼎、斗各 1 件。置于一不规则圆形土坑内，坑口径 1~1.4 米、残深 1.1 米，坑边缘为红褐色生土。除圆鼎外，其余均有铭文或徽记。盂方鼎 2 件，形制、纹饰及铭文均相同，腹内壁铸“盂口文帝母日辛尊”字样；口方鼎 2 件，形制、纹饰及徽记均相同，腹内壁铸徽记“口”；酉方鼎 1 件，腹内壁铸徽记“酉”。该窖藏可能属毛家咀遗址。

（5）鄂西南国族

两周时期，鄂西南地区一直是巴文化区，一般认为其是香炉石文化的延续发展，以数量最多的釜为炊器是其典型特征，早期主要为陶釜，后出现铜釜、铁釜，以及乐器錞于，兵器巴式戈、矛等。巴人盛行崖葬、悬棺葬等葬俗。该区域因葛洲坝、三峡工程建设而发掘了大量此类遗存，有遗址、墓葬，还有窖藏等。根据文献记载，夔国也处该地区，其存在的时间在西周晚期至前 634 年，但难以确认对应的遗存。

4. 矿冶考古

矿冶考古也是湖北周代考古的一大特色。

鄂东南、赣西北、皖西南的铜、铁金属矿是先秦时期最为重要的金属矿藏之一，这些地区也成为早期金属冶炼遗存的重要发现地。经调查，鄂东南地区发现的矿冶遗存达数十处，时代自商代至汉代，以铜绿山古铜矿遗址为重要代表，其规模最大，保存较完整。同时，在鄂中的大洪山区域也发现了铜铁矿。铜、铁资源作为当时最为重要的战略资源成为各诸侯国争相攫取的对象，楚国对南方铜铁矿的占有及其冶铸技术的提高也成为楚国强盛的物质基础。

铜绿山古铜矿遗址位于湖北大冶，面积约 2 平方千米。经多次调查、发掘，发现 12 座矿体，清理的古代矿井包括竖井和平巷、盲井和斜巷（图 5-49）。遗址的开采年代早到商代，晚到战国至西汉。遗址中矿井、巷道的支护、排水、通风、照明、矿石提升及找矿、选矿、冶炼等技术，堪称完备。在 11 号矿体曾清理出春秋时期炼铜竖炉 8 座。炉周围发现工棚遗迹和碎矿用的工具等。在我国目前已发现的矿冶遗址中，它采、选、冶兼备，保存最好、规模最大、时间最长、冶炼水平最高、内涵最丰富，代表了中国先秦时期最高的采冶水平。该遗址的发掘与研究，揭示了我国古代采矿和冶铜的生产情况，具有十分重要的意义。

在Ⅶ号矿体东北麓清理了岩阴山脚遗址，揭露了一批两周时期洗选铜矿的尾砂矿堆积 1 处、冶炼场 1 处（含和泥坑 1 个、矿工赤脚印迹 35 枚、工棚遗迹 1 处、灰坑 2 座）、选矿遗存的堆积 1 处，组成了一个同时代同地区较为完整的矿冶产业链，为研究东周时期铜绿山铜矿采冶的空间分布、生产规模、技术流程等提供了重要支撑。

在Ⅶ号矿体北麓发现了四方塘遗址，清理出春秋时期的冶炼场等（图 5-50）。重要的是在遗址东部发现了四方塘墓地，共清理岩（土）坑墓葬 258 座，其中两周时期墓葬 246 座，仅少量墓葬出土铜质、陶质、玉质及矿石等随葬器物 200 余件，以日用器居多。可以确认这是一处以两周时期矿冶管理与生产者为主的墓地，是铜绿山乃至中国矿冶考古的重大发现。

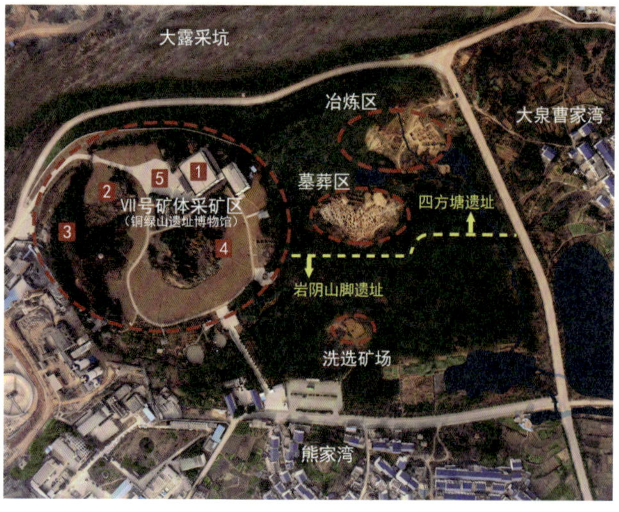

$\frac{1}{2}$

1. 图 5-49　大冶铜绿山遗址发掘出的井巷
2. 图 5-50　大冶铜绿山Ⅶ号矿体遗迹产业链空间布局

从出土遗物的特征分析，铜绿山古铜矿的采冶者应为古越人，楚国至春秋中期才完全控制该区域。铜绿山古矿冶遗址的发掘与研究，从严格意义上说，也是楚文化考古的一部分。

苏家垄曾国墓地周边的苏家垄遗址（罗兴居住、矿冶遗址点）是集居址、墓葬及冶炼为一体的综合性大遗址，分布面积约190万平方米。由苏家垄墓区、石家垄墓区、方家垄墓区、罗兴遗址点、罗垄遗址点及古河道或环濠组成。多次发掘清理出灰坑、灰沟、水井、房址、窑址等遗迹，出土较多的陶器、矿渣、炼渣、炉壁和矿石等，其中铜矿炼渣遗迹达30万平方米，检测结果与初步研究表明，铜渣主要是当地铜矿的炼渣。陶器器类有罐、鬲、豆、缸及工具、窑壁、建筑材料。还有石器、铜器、铁器、漆木器，兽牙、骨，炭化树木枝条、木块、草本植物茎叶等。时代为东周时期。矿石的检测和研究证实，苏家垄遗址所用的矿石主要来自北面约10千米的大洪山南麓，如安陆涂家塆矿点等；而遗址土样检测显示，区域内铜合金等金属器使用频繁，暗示尚有其他冶铸活动存在的可能性。

除发现较多的矿冶遗址外，还有作为管理中心的城址，如五里界、鄂王城等城址。

五里界城址位于大冶市大箕铺镇五里界村候文大屋湾南，面积约10.3万平方米。城址平面呈长方形，南北长380米、东西宽270米。城垣底宽约35米、残高2~3米（图5-51）。城墙夯土中采集有石家河文化陶鼎足及西周时期陶罐、豆残片。城外有护城河遗迹。河道宽17.25米、深2.8米。城内清理出一座大型建筑基址，房间内发现有与冶炼相关的遗物。时代为春秋时期。其性质为春秋时期与冶炼管理相关的城址。

鄂王城城址位于大冶金牛镇鄂王城村，大体呈方形，面积约15万平方米。2015年在城址东垣北段缺口处发掘（图5-52），清理东周灰坑6座、灰沟8条，发现城门1处。该城址时代为战国晚期，是楚国设立的与铜矿冶炼相关的管理中心。

1 | 2　　1. 图5-51　大冶五里界城址东段缺口发掘现场
2. 图5-52　大冶鄂王城城址东城垣解剖

（四）秦汉考古

前278年，秦将白起拔郢，楚顷襄王东北保于陈城，湖北地区基本分为东、西两部分，大致以秦安陆县（今云梦）为界，东部属楚国，西部属秦国，直至前223年秦灭楚后湖北全境纳入秦国统治，北部属南阳郡，南部属南郡。汉代湖北分属南郡、南阳郡、江夏郡。

秦人在湖北地区的统治由鄂西向鄂东推进，主要以郡治和县治为中心，呈现出由中心向外围控制力量渐次减弱的趋势，即中心区的秦文化因素多而强，越往外楚或地方文化因素逐渐明显。秦拔郢后，以郢城为南郡郡治，其下及南阳郡（郡治南阳宛城）下属县县治多继承楚县而来，经考古发现的秦县及其治所有邓县之邓城、安陆县之云梦楚王城等，这些县城也往往为汉县因袭，还有属区域中心的赤壁市土城城址等。因此，秦汉文化考古遗存主要集中发现于秦汉郡县的中心及周边地区，且往往战国晚期至西汉遗存共存。

郢城城址是秦汉南郡郡治。该城址位于荆州市荆州区郢城镇郢城村，先后多次调查、勘探、发掘。经确认，北城垣长1488米，东城垣长1380米，南城垣长1292米，西城垣长1402米，总面积191.8万平方米。现城垣顶宽6.3~12米、底宽25.1~30.2米、残高4.4~5.6米。有4座城门，包括北水门、东陆门、南水门和南陆门。城外有护城河遗迹，现口宽26~35米、底宽21~32米、深1.4~2.7米。城内发现水系、道路各3条，建筑夯土台基12座。文化层最深达2米以上，清理出较多的灰坑、灰沟和木桥（图5-53），出土大量砖、筒瓦、板瓦、瓦当等建筑材料和丰富的陶钵、罐、盆、瓮等生活用器以及纺轮、饼、网坠等陶生产工具，

图5-53　航拍荆州郢城城址东门发掘

还有少量石器等。根据城垣内出土遗物判断，其修建年代为战国晚期，使用主体年代为汉代，东汉以后废弃。专家研究认为该城秦至西汉中期为南郡郡治江陵县，其后至废弃为郢县县治、郢亭所在。城址周围分布着密集的秦汉文化遗存。

郢城城址周边调查发现秦汉墓地60余处，包括鸡公山、黄山、高台、凤凰山、岳山、张家山、严家台黄家古刹、唐家草场等墓地，其时代一般上起战国，下到汉代，单纯的秦代墓地仅个别。不少墓地经过发掘，各发现了数量不等的秦汉墓，均为小型竖穴土坑墓，葬具有单椁单棺或单棺，随葬器物有陶器、漆木器和少量铜器等。如岳山墓地，位于郢城城址南约500米处，面积约2000平方米。发掘秦汉墓葬46座，均为无墓道的中小型长方形竖穴土坑墓，少量设生土台。头向多西北向。葬具多保存较好，均为单椁单棺；人骨架已朽，推测为仰身直肢葬。各墓均随葬有陶器，少数墓葬还随葬铜器、铁器、漆木器、玉料器等，M36还出土《日书》木牍。高台墓地位于郢城城址西北、纪南城城址南侧。曾发掘45座秦汉墓，除1座秦墓、3座西汉中期墓和6座时代难以判定外，均为西汉早期墓葬。均为长方形竖穴土坑木椁墓，方向南北向居多，墓圹一般口大底小，仅2座设墓道。基本为饱水墓葬，葬具外多有青膏泥，故墓葬保存较好，包括有单椁重棺、单椁并棺、单椁单棺、单棺和无棺情形。可见葬式者均为仰身直肢葬。均出土随葬器物，以漆器居多，均为日用器；陶器次之，仿铜礼器、日用器、模型明器均有，还有部分铜礼器、日用器和少量玉器及木牍（为告地策、遣册等）、竹简等。

郢城城址外围墓葬最为密集的墓地是郢城城址西南的张家山墓地，面积约1.2万平方米。曾发现3000余座战国秦汉墓葬，已发掘者均为长方形竖穴土坑墓。其中西汉早期墓葬出土有铜鼎、扁壶、蒜头壶、洗、鍪、盘、甑、盆、勺、匕，陶壶、圜底罐、罐、甑、盂，漆扁壶、耳杯、盘、盂、圆盒、圆奁、樽、匕、杖，竹简等。1983年清理3座西汉早期墓葬，其中M247长3.48米、宽1.58米，M249长4.42米、宽2.84米，还有M258破坏严重，均为一椁一棺，均出土铜器、漆木器、陶器与竹简。M247出土竹简最多，有1000余支，内容包括汉律（《二年律令》《津关令》等）、《盖庐》、《奏谳书》、《脉书》、《算数书》、《日书》、《历谱》、《遣策》等。1985年、1988年分别发掘了西汉早期的M126、M137，也出土了大量竹简，内容有《遣策》、《功令》（记功文书）、养生术、《盗跖》、《历谱》、《质日》、汉律15种等。还出土有漆木器、陶器、铜器。M126《质日》简有“七年质日”字样，考证年代为文帝前元七年（前173年）。

郢城城址的西北、纪南城城址东南角岗地上的凤凰山墓地也是墓葬较为集中的墓地，面积约14万平方米。曾勘探出600余座秦汉时期竖穴土坑墓，发掘160余座，出土有陶器、铜器、漆木器（165件）等。其中M9、M10、M168及毛家园M1均为文景时期纪年墓。以168号墓最具代表性，该墓于1975年发掘，为长方形竖穴土坑墓，由墓道、墓坑、椁室组成。墓口长6.2米、宽4.8、深8.4米。一椁重棺。内棺中保存一具男尸，身长1.68米，体重52.5公斤，年龄60岁左右。出土器物563件，分为漆、木、竹、陶、铜、玉、丝麻织物以及动植物等类（图5-54）。竹牍1枚，上载“十三年五月庚辰。江陵丞敢告地下丞：市阳五大夫遂，

图 5-54　荆州凤凰山墓地 168 号墓随葬器物

自言与大奴良等廿八人、大婢益等十八人、轺车二乘、牛车一乘……骑马四匹，可令吏以从事。敢告主。”“十三年”即汉文帝前元十三年（前 167 年）；墓主为“遂”（还有“遂”玉印 1 枚），市阳里人，爵位“五大夫”（第九爵秩）。另有竹简 66 支，内容为《遣策》。

而距南郡以北稍远处的荆门沙洋纪山镇有 1 座较大封土堆——金牛冢，封土底径约 75 米、高 11 米，勘探发现为 1 座“中”字形竖穴积炭墓，西北有陪葬坑等。发掘了 1 座车马坑，平面呈“凸”字形，土坑竖穴式，南部正中带台阶式墓道。坑有长方形木椁，出土遗物 216 件（组），主要为漆木明器，以车、马、俑为大宗，有较多的金属、漆木质构件和兵器，另随葬有木板和少量竹简、木牍。出土遗物上有较多纪年文字，表明时代为西汉早期的文、景帝时期。该车马坑很可能为金牛冢的外藏椁，其墓主人为西汉临江哀王的可能性较大。

作为战国晚期至汉代邓县县治的邓城故址与楚邓县县治相比基本没有变化。同时，由于邓城城址作为邓县县治沿袭至南北朝时期，其外围 5 千米范围内分布有 40 余处该时期的遗址、墓地，十分密集。其中秦汉墓地有山湾、余岗、沈岗、团山、卞营、黄家村、贾巷、王坡、贾庄、岭子、上岗、沈岗东等 20 余处。最具代表性的是王坡墓地，位于邓城城址北约 4 千米处，曾发掘 176 座墓葬，除 4 座春秋早期邓国墓葬和 10 座东汉墓葬外，其余均为秦、西汉墓。其中战国晚期至秦代墓葬 99 座，仅 1 座为带长方形竖穴式墓道的土洞墓，其余均为无墓道的长方形竖穴土坑墓；98 座出土随葬器物，另 1 座则因被西汉墓葬打破而不存，随葬器物以陶器居多，器类有鼎、盒、壶、豆、罐、盂、鍪、釜、饼、珠、串珠等，并有铜容器、兵器、服饰器、钱币等，以及少量铁器、玉器、石器、料器、角器、漆木器等。西汉墓60座，除1座长方形单室砖墓外，均为长方形竖穴土坑墓，且只有2座设墓道；均出土陶器，有仿铜礼器、日用器、模型明器等，铜器器类有鼎、钫、盘、勺、鍪、蒜头壶、钼、镜、带钩、印、环、器足、钱币等，并有极少量玉、料、漆木器。

而楚皇城城址则是秦汉时期鄢县、宜城县县治，上承楚鄢郢而来。其外围秦汉墓地主要有魏岗、雷家坡、跑马堤、汤家岗等墓地。其中雷家坡墓地位于楚皇城城址西侧，曾先后两次发掘战国至西汉初年墓葬13座，均为小型长方形竖穴土坑墓，出土铜器有鼎、壶、蒜头壶、剑、勺、灯、镜、“半两”钱等，陶器有鼎、敦、壶、豆、盘、盂、罐、甑等，铁器有削、釜等。跑马堤墓地位于楚皇城城址西北，先后发掘战国中期至东汉早期墓葬54座，除东汉墓葬为砖室墓外，其余均为土坑竖穴墓，随葬器物有陶仿铜礼器、日用器、模型明器，铜鼎、甗、蒜头壶、鐎壶及灯、镜、弩机、印章、钱币等；其中战国晚期至汉初墓4座，陶器组合为鼎、壶或鼎、盒、壶。

作为楚北津戍，西汉武帝所设之襄阳县县治城址目前暂未发现，但其外围也有密集的战国秦汉墓地，包括郑家山、羊祜山、擂鼓台、岘山、真武山、贾家冲等墓地。其中郑家山墓地曾清理墓葬75座，战国晚期至西汉墓葬44座，分为土坑、岩坑竖穴墓，葬具分为一椁一棺、一棺，可辨葬式者全为仰身直肢葬。每座墓的随葬器物都不多，质地有铜、陶、铁、玉、石等。在老河口市仙人渡镇可能属西汉酂侯封地附近的5座墓地发掘了7座土坑墓，除M2外，其余墓葬开口均在4米以上；2座墓葬设墓道；M6为并列的单椁单棺，其余墓葬除葬具腐朽外均为单椁单棺。M3保存完好，封土不明显，墓口长9.2米、宽7米，深11.3米，无墓道，仿楼阁式双层多室结构椁室，出土随葬器物较多，有铜器、陶器、漆木器、玉器及残缺严重的竹简等，时代为西汉早中期。从发掘的墓葬看，均出土成组的铜容器，表明该墓地是一处有较高等级墓葬的墓地。M3竹简上“臣”字可能表明了墓主的身份，且该墓楼阁式建筑结构椁室也是当时贵族“事死如生”的反映，刻有“行灯”“行豆”铭文的2件铜灯显然是专为贵族下葬所用。综合分析，该墓地为西汉酂侯家族墓地的概率较高。而相距不远的老河口市仙人渡镇柴店岗遗址北侧的九里山墓地发掘了194座墓葬，除1座宋墓外，均为秦汉墓，调查、勘探共发现墓葬超千座。

作为战国晚期至汉代安陆县治的楚王城城址位于云梦县城区，东西长约1.8千米、南北宽约1千米。现存城垣宽7~15米、残高2.7米左右。城外护城河宽约20米。西汉时，于城中间筑“中城垣”，将该城分隔为东、西两部分。西区部分被现代城区所压，东区部分基本保存完好。城内发现古井、大型夯土台基、大径围红砂石柱础和排列整齐的陶质下水管道等重要遗迹，出土大量周至汉代各时期遗物，包括陶器、石器、铜器、铁器及数百枚楚蚁鼻钱等。城址始筑于战国中晚期，沿用至汉代。

楚王城城址外围也分布有多个秦汉墓地，时代一般为战国晚期至西汉早期。包括睡虎地、木匠坟、老虎墩、郑家湖、龙岗、珍珠坡、江郭等墓地，共发掘中小型秦墓400余座，出土大量铜器、铁器、陶器、漆木器、丝织物、玉器、竹器、竹简和木牍等。其中睡虎地墓地先后清理墓葬77座（图5–55），均为不设墓道的长方形竖穴土坑墓，葬具为单椁单棺或单棺，出土有铜器、铁器、陶器、漆木器、丝织物、玉器、竹器等。著名的秦墓M11墓口长4.1米、宽2.9米、深4.8米。墓坑近角有脚窝，东壁有一个双扇板门的壁龛。葬具为一椁一棺。出土有漆圆盒、盂、奁、笥、匕、耳杯，铜鼎、壶、鍪、勺、剑、镜、削，陶罐、壶、瓮、盂、甑，木勺、梳、篦、六博棋，铁釜，竹笥、筒、扇及毛笔、竹简等。重要的是出土竹简1155枚，近4万字，内容有《编年记》《语书》《秦律十八种》《效律》《秦律杂抄》《法律答问》《封诊式》《为吏之道》《日书甲种》《日书乙种》等10类，根据《编年记》记载，墓主为"喜"，是秦国的一个小吏，卒于秦始皇三十年（前217年）。睡虎地M77为西汉早期墓，长方形竖穴土坑墓，方向84°。墓口长2.48米、宽1.85米、深3.5米。一椁一棺。棺内东部见头骨残痕和牙齿。随葬器物共37件（套），漆木竹器最多，陶器次之，有个别铜器、铅器、玉器等，其中一件竹笥内装满简牍，经清理，简牍总数2137支。竹简内容有质日、日书、书籍、算术、法律；牍完整的有6组128枚，内容是司法文书与簿籍。结合牍上的纪年推测，墓葬时代上限为汉文帝后元七年，即前157年，下葬约在文帝末年至景帝时期。

最新发现的重要墓地为楚王城城址东南的郑家湖墓地，墓地总面积约15万平方米。分三区发掘，共清理墓葬312座（图5–56），出土文物1800余件（套）。尤其是5座棺椁保存完好的饱水中型墓葬，出土漆木器、铜器、陶器、玉器等400余件（套），包括"中华第一长文觚"、铭文铜鼎、彩绘门板画、人物画扁壶、双口扁壶、耳杯盒、带鞘剑匣、日月纹奁、马纹盂、虎头枕等一批精品文物。墓葬时代自战国晚期至西汉初年。

土城西汉城址位于赤壁土城战国城址的西南部，是战国城址废弃后，利用战国城址的西垣南段、南垣西段重新修筑的一处城址，其面积约为战国城址的五分之一，四边城垣保存较好。城址南北长415米、东西宽366米。其外有护城河。城内探出夯土台基6座。城址北垣清理出汉代城垣、城壕、墙基、灰坑、灰沟、水井等。出土了较多的陶质生产工具、生活用器、建筑材料等，还有较多的铁质工具和极少量铜器、石器等。

其他秦汉遗址在湖北地区也有大量发现，以聚落遗址居多，规模有大有小，经过发掘的遗址主要清理的遗迹是灰坑、灰沟、房址、窑址等。在鄂东南相对集中地发现了一些矿冶遗址。出土较多的是陶器，有豆、盆、罐、瓮等生活用器，瓦当、筒瓦、板瓦等建筑材料，其他铜器、铁器等则有日常用具和工具、兵器等，西汉晚期出现了少量青瓷器，铜钱和玉、石、料、玛瑙、金银饰品等也有发现。

鄂西北的十堰市因为配合南水北调工程建设需要，也发掘了大量的秦、西汉墓葬，其墓葬形制、随葬器物与襄阳王坡、老河口九里山等南阳盆地同时期墓葬相同。

江汉平原地区一处相对集中的秦墓地是荆门罗坡岗墓地，发掘墓葬161座，分为九片。墓葬间无打破关系。均为竖穴土坑墓，部分墓葬设墓道、壁龛，少量设有二层台。葬具保存不好，分为单椁单棺和单棺两种。随葬器物以陶器为主，有仿铜礼器、日用器两大类，

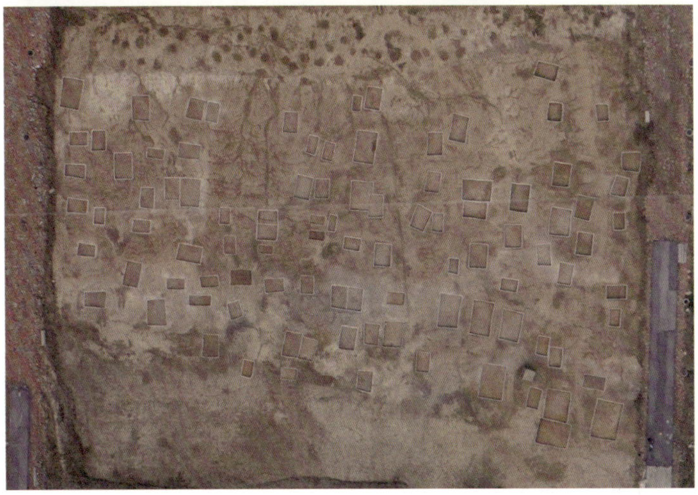

1/2

1. 图 5-55　云梦睡虎地墓地 1975 年外景（西南—东北）

2. 图 5-56　云梦郑家湖墓地 C 区墓葬分布全景

有少量铜礼器、兵器、工具，铁工具，玉饰品等。时代为战国中期晚段（前 278 年后）至秦统一前后，文化因素反映属秦占领区的楚遗民墓地。

峡江地区秦、西汉墓也有不少发现，但分布相对分散，形制较为复杂，有土坑墓、岩坑墓、砖室墓、石室墓、瓮棺葬、悬棺葬、崖墓等，出土随葬器物有陶仿铜礼器、日用器等，铜器有礼器、日用器、兵器等，其中陶、铜日用器中的釜，铜兵器中的柳叶剑等具有巴文化风格，而铜鼎、陶罐等则有楚文化遗风，还有少量蜀文化风格器物。发掘墓葬较为集中的是宜昌前坪墓地，其位于宜昌北郊长江北岸黄柏河注入长江处，共清理墓葬 110 多座，以西汉早期墓葬为主，还有少量战国末期秦墓。形制有长方形竖穴土坑或岩坑墓，均为中小型墓，长 2.6~4 米、宽 1.7~3.4 米，少量设二层台、墓道。岩坑墓是在粉砂岩上凿成的，有的有排水沟。葬具极差，葬式基本不明。随葬器物有铜鼎、甗、壶、钫、鍪、蒜头壶、勺、矛、剑、镞，陶鼎、盒、壶、罐、囷、灶、井，铁刀、剑，玉璧等，发现了部分铜“半两”钱。

鄂东地区的秦墓相对较少，时代自秦灭楚时期开始出现，直至西汉时期，其墓葬形制、随葬器物与江汉平原同时期墓葬差不多。

与西汉墓葬相比，鄂西南地区以外的东汉墓除极少量土坑墓、砖木复合墓、砖石复合墓外，绝大部分都是砖室墓，不过几乎都遭到了不同程度的破坏。其规模有大有小，小型墓一般为单室，有的设墓道；中型墓有单室也有双室甚至少量的多室砖墓，均设墓道；大型墓一般为多室砖墓或砖石混构墓，也全设墓道。随葬陶器居多，但仿铜礼器减少，日用器相对增多，模型明器有较大幅度的增加，还有铜器、铁器等。如襄阳王坡墓地的10座东汉墓，其中土坑竖穴木椁墓、土坑竖穴砖木复合结构墓各1座，土坑竖穴砖室墓8座，砖室墓分为单、双、多室；陶器虽也包括仿铜礼器、日用器、模型明器，但种类明显增多，还有铜器车马明器，以及硬陶器、青瓷器、铁器、铅锡器、骨器、漆木器等，时代为东汉早中期。

汉水中游地区发现少量西汉晚期至东汉时期的画像砖、石墓，其属于南阳盆地的画像石墓体系。如襄阳高新区骆台汉墓是一座汉代石室墓，墓室由墓道、甬道、前堂、后室组成，墓门则由两扇门、两个石柱构成，门上刻有“勇士斗虎”精美画像，左右石柱各刻画一持戟小吏，出土陶壶、陶鸡、陶狗、陶仓、陶灶、陶圈、铜车马器、钱币、石砚台等文物约200件（枚），时代为新莽时期至东汉初年。（图5-57）南漳马家洲汉墓为长方形双室砖、石墓，石质门柱、门楣上雕刻门吏等；墓室内的多个立柱为空心画像砖，砖上模印植物、山峦、老虎、射猎、乐舞、车骑出行等图案；出土陶壶、罐及多种模型明器和铜鍪、鐎斗，还有较多的“五铢”钱、新莽铜钱等，时代约为东汉早期。丹江口潘家岭墓地发现画像砖墓，其后墙砖有人物斗牛、鸟、虎、树木、持戟武士等图案，时代为西汉晚期。

鄂西南地区东汉墓也基本延续西汉墓葬的轨迹发展，发现少量画像砖墓。如巴东官渡镇等发现东汉小型砖室墓，出土陶器等，墓砖有几何纹、花瓣纹、牛耕图等，还发现有“永元十三年”纪年铭文。枝江姚家港东汉画像砖墓，画像砖图案有导车、主车、宾主拜谒、百戏、六博与盘鼓舞等。

图 5-57　襄阳骆台汉代画像石墓全景

秦、西汉墓葬中最为重要的收获是多批出土简牍，其次是漆器，主要集中于南郡郡治郢城城址和安陆县县治的云梦楚王城外围。该时期简牍目前共出土20余批次，包括上述荆州张家山、凤凰山、毛家园墓地多座墓葬出土的简牍和云梦睡虎地简牍，郑家湖墓地竹简、木觚，还有江陵岳山、高台、王家台、杨家山、萧家草场、印台、松柏、谢家桥、胡家草场，云梦龙岗、大坟头，老河口五座坟，沙市周家台，随州孔家坡、周家寨等墓地简牍，内容有《遣策》、《告地书》、簿籍、账目、《历谱》、《日书》、算术、《质日》、病方、《功令》、典籍、家信、文书等。

秦汉漆器主要出土于秦墓和西汉前期的墓葬。秦墓漆器主要有圆盒、奁、卮、壶、扁壶、盂、勺、耳杯、双耳长盒、长方盒和樽等，胎骨主要是木胎和夹纻胎两种，还有少量陶胎漆器，制作方法为挖制、卷制和斫制，装饰图案优美。西汉漆器和秦漆器有着明显的承继关系，从器系、器形到纹饰，都较为相似。不少漆器上有针刻文字，大批保存良好的漆器为研究当时的髹漆工艺提供了实物资料。

秦汉墓葬出土最多的随葬器物还是陶器，种类和数量都很多，主要分为仿铜礼器、日用器和模型明器。秦汉陶器上有"物勒工名"现象，如郧县上庄遗址陶器有"铜盅一权""曹益""安居寺""张""商"等商号、工匠、计数陶文、符号；云梦睡虎地、龙岗墓地陶器上有"安陆市亭"戳印文字等。

（五）三国两晋南北朝考古

三国两晋南北朝时期，地处长江中游要冲的湖北，成为兵家必争之地，经济也有较大的发展。考古发现了较多的遗存，但与汉代相比有大幅度减少。除少量城址外，较多的聚落遗址也主要是叠压在汉代遗存或更早的遗存上，单独的该时期文化层堆积不多；墓葬也有较多的发现，不少墓砖上有纪年。出土遗物包括陶器、青瓷器、铜器、铁器、漆木器、金银器等。

1. 三国考古

三国遗存既有武昌城、荆州城、襄阳城、麦城等重要的城邑遗址，又有赤壁之战、夷陵之战、长坂之战、水淹七军等著名古战场的遗址，还有重要人物的墓葬如刘表墓、鲁肃墓等，以及一些重要的纪念性遗存。

为配合三国时的城址调查，考古人员曾试掘过武昌城（鄂州吴王城）和荆州城。据文献记载，公元221年4月，吴王孙权自公安都鄂，取"以武而昌"之义，将汉以来的鄂县

图 5-58　鄂州吴王城城址南城垣与城壕

改名武昌，同年 8 月，筑“武昌城”。终孙吴之世，武昌均处于陪都或称“西都”的地位。相传该城沿用了汉灌婴所筑的鄂县县城旧址。

武昌城位于鄂州市区武昌大道东段通用机械厂及百子畈一带。城垣按自然地形东西向临江构筑。南垣西起王家墩，东迄陈家湾，地表上尚遗留有三小段夯土城垣遗迹。南城垣外城壕长 270 米、宽 65~90 米左右（图 5-58）；东城垣外城壕宽约 50 米，城垣大部分地段可能是利用天然湖泊为壕；北城垣利用陡峭的江岸筑城，因江为池，不设城壕。六朝武昌城周长 3300 米左右。城址大体上作长方形，东西方向的长度为 1100 米左右，南北方向的长度为 500 米左右。城内发现建筑基址 3 处：一处在城东南角，夯土面积有数百平方米，断面可见较多的绳纹筒瓦、板瓦和长方形几何纹砖残件；一处在城西北角的寿山高地，面积亦有数百平方米以上，夯土内包含物为黄灰土夹褐色土；另一处在西南角的王家墩，亦发现有较大面积的夯土遗迹。城垣内发现的古井甚多，分木质、藤质、陶质、砖质和土井五类，有方形和圆形两种；其中西山南麓鄂城钢铁厂工地的 1 座孙吴古井为椭圆形竖穴土井，总深 11.1 米，出土有“黄武元年”（222 年）铭文双耳铜罐，以及陶壶和釉陶麻布纹罐等近 60 件遗物。

荆州城发掘了南垣东端，发掘表明，城垣五代以后为砖墙，之前为夯土墙体。其最下两层堆积已埋入现地面以下 3 米多深，其中出土遗物有青瓷碗、钵，时代属东汉末年至三国时期。该遗址很可能为关羽所筑荆州城。

三国时期的墓葬多地都有发现，大部分为砖室墓，单室居多，也有双室。大型多室墓葬主要发现于当时的重镇鄂州、襄阳等地。在鄂州发现东吴墓 300 余座，在武昌、赤壁、宜都发现的三国墓从出土铭文器可知也同属东吴墓；襄阳发现部分三国时期的墓葬，属魏国的可能性大。

图 5-59 鄂州吴王城城址外少祖山六朝墓地

武昌吴墓多分布于任家湾、河坡山、莲溪寺等处，鄂城吴墓分布在西山南麓、东北麓以至樊口一带（图 5-59），均以砖结构为主，土坑墓极少。大、中型墓以带短甬道的横前室单后室和横前室双后室两种为主。大墓通常由甬道、前室、后室及多个派生耳室组成，前室穹窿顶由前期的四方叠涩演进为后期的四隅券进式。小型墓则多为长方形单室，其中少数带有短甬道，顶部只有券顶和双坡式叠涩顶两种。墓壁均用长方形砖砌造。地砖铺法有仿席纹的和“人”字形的。少数墓的墓门前有砖砌的三角形排水道，其中以孙邻、孙述父子墓最为典型。纪年墓以武昌任家湾的黄武六年（227 年）郑丑墓和莲溪寺永安五年（262 年）校尉彭卢墓最有代表性。随葬器物前期以釉陶、灰陶、漆器和铜器为主，青瓷器只占很小的比例；后期以青瓷器、釉陶器和灰陶器为主，漆器和铜器的比例有所减少，金银饰品则有较多增加。两期常见的随葬品组合为布纹罐、碗、灯、熏、耳杯、盘、唾壶、虎子、俑、家禽畜圈和仓厨明器，以及铜镜、石黛板、铅地券和大量钱币。较为突出的随葬品有东汉建安至东吴时期铭文重列或环列神兽镜、佛像夔凤镜、刻立佛像的鎏金铜带饰，还有人俑、穿山甲形俑、人面蹄足镇墓兽，以及刻有“孙将军门楼也”铭文的青瓷坞壁模型等。其中，鄂城 M1 出土木简 6 枚，武昌任家湾 M113 出土木简 3 枚，内容均为问起居，此类木简应与孙权的道教信仰有关。

襄阳发掘了刘表墓和樊城菜越一号墓等 2 座大型三国墓，还在樊城、邓城城址附近清理了多座大型多室砖墓，如樊城贾巷 M8、邓城贾庄大冢等。

刘表墓位于今襄阳城内东部，为大型多室砖墓，通长 17.8 米，最宽处 3.65 米，由甬道、耳室、前室、中室、后室组成。墓壁以四隅券进式砌筑，前、中室为穹隆顶，后室为券顶。该墓严重被盗，仅出土陶瓮、罐、盆、樽和瓷罐残片，以及铜配件、贴有金箔的铜器残片、铁刀、铅镳、残玉片，以及铜五铢钱等。时代为东汉末年至三国初期。

图 5-60　襄阳菜越三国墓（东南—西北）

菜越一号墓（图 5-60）由甬道、前室、后室三部分组成，通长 13.96 米，主室宽 5.6 米，有四隅券进式穹隆顶墓室。随葬器物有陶、瓷、铜、铁、银、金、铅、锡、漆、玉等 18 类计 202 件。主要出土物除一组具东汉晚期至三国前期典型特征的陶壶、罐、樽、奁和模型明器外，还有和田玉猪、青白玉瑗、金手镯、金饼各 1 件，几件东汉中后期铜器，1 件具浓郁西北地域风格的橄榄形陶瓶。墓主可能为三国初年投奔荆州牧的骠骑将军张济。

三峡地区也发现了多座三国墓，如宜昌前坪墓地多次发掘战国至三国时期墓葬 84 座，其中三国墓 4 座，为 1 座砖室墓，3 座石室墓，出土有陶质的罐、盘、坛、奁盖、猪，铜质的钗、扣器、泡饰、大泉当千钱等。宜昌一中三国吴墓为双室砖墓，出土有瓷、陶、铜、铁和玉石器等共 68 件，其中青瓷人顶灯和羊形虎子较为重要。

2. 两晋南朝考古

该时期核心遗存中，荆州城南垣东端的发掘表明，该城在两晋南北朝时期依然为夯土城垣，堆积出土遗物以青瓷器为主，器类有碗、杯、盂、壶，还有部分陶盆及筒瓦等。襄阳城内多处发现了六朝时期文化遗存。

两晋南北朝考古主要的发现也是墓葬，同样集中于鄂州吴王城和襄阳城、邓城城址附近。

吴王城城址周边发现的两晋墓葬超过 200 座，墓葬规模较南朝墓大，且西晋又较东晋大，整体呈现出由大到小、多室占比较高到单室占比高的趋势；南朝墓则相对较小，且均为砖墓。随葬器物仍以青瓷器为主，陶器稍次，基本为日用器；瓷器常见碗、盘口壶、鸡首壶、盘、盆等，陶器则多见盘、槅、魁勺、耳杯等，并有一定数量的铜镜、铜钱，其他还有漆木器、玉石器、铁器等。

襄阳城西檀溪、城南羊祜山等墓地清理西晋至南朝墓葬20余座，均为中小型砖室墓，以单室墓为主。其中真武山M20为“刀”形单室砖墓，出土青瓷洗、熏炉、鸡首壶、四系罐、虎子等典型西晋瓷器，“位至三公”铜镜，货泉钱、五铢钱等；南朝墓则多出土青瓷三足炉、盘口壶、碗、盏等。该地还发现了贾家冲一号墓、清水沟一号墓等2座较大型的南朝画像砖墓，墓壁基本以画像砖砌筑。画像砖内容十分丰富，包括莲花、忍冬等植物纹，龙、虎、四神、千秋万岁、狮子、怪兽等动物、神兽，郭巨埋儿、闻雷泣墓、侍奉汤药“二十四孝”故事，出行、备出行、武士出行、鼓吹等贵族生活图景，莲花化生、王子乔吹笙引凤、供养人、飞仙、羽人等佛、道教故事与形象等题材。城南稍远的襄城柿庄墓地也有多座该时期墓葬，其中1座东晋小型墓出土陶、瓷、铜器6件，10余块铭文砖有“泰元廿一年”纪年，即东晋孝武帝太元二十一年（396年）。该墓地也发掘了1座南朝大型画像砖墓（图5-61），所用画像砖题材跟贾家冲一号墓、清水沟一号墓一致。在襄阳樊城区的杜甫巷、贾巷墓地与邓城城址外围的吴家坡、韩岗墓地等都有较多的同时期墓葬发现，后者的两个墓地均发现有“辽西韩”“孝建元年”字样的铭文砖，还有“南阳宗”“弘农杨”及“宋大明五年”纪年等铭文砖，在表明墓葬时代的同时，也为确定墓主的身份提供了依据。

图5-61　襄阳柿庄M15南朝画像砖墓（西北—东南）

其他地方也都有较为零散的两晋南北朝墓地的发现，也基本为砖室墓，大多为小型；随葬器物与前述同时代墓葬差别不大，发现了较多的纪年砖。如鄂西北地区的丹江口玉皇庙墓地，清理出7座墓葬，分土坑、砖室墓两种，出土较多的陶器，以及少量青瓷器等，发现“嘉平二年”“元康九年”墓砖，时代为汉至晋代；郧阳乔家院西晋砖墓有“咸宁元年”纪年砖、宜都陆平西晋墓有“永平十年”纪年砖、竹山潘口西晋墓有“元康七年”纪年砖；房县郭家庄南齐墓为平面“凸”字形砖室墓，出土有瓷盘口壶、碗、四系罐，银钗，鎏金簪，铜镯，铁刀，“齐永明十年太岁壬申甲寅明三日辰新城尹氏造”铭文砖等；襄阳陈坡（洪山头）墓地1座南朝墓出土永通万国钱。

江汉平原地区的汉川严家山西晋墓为长方形券顶砖室墓，出土有铜“位至三公”镜、弩机、“大吉羊”洗，银手镯，釉陶碗、盘口壶、罐、壶，“富贵羊遂”铭文砖等。武昌石牌岭3座南朝墓，均为长方形券顶单室砖墓，出土有青瓷盘口壶、碗，陶果盒、钵、勺、俑，银手镯、耳环、发钗等。天门赵家岭墓地清理3座砖室墓，出土有石斧，铜斧、爵、“位至三公”镜，五铢钱、货泉钱，陶罐、灶、甑等，墓砖有“元徽三年”纪年。江陵黄山南朝墓为长方形砖室墓，由封门墙、前室、甬道、后室组成，出土有青瓷盘口壶、碗、盘、三足炉、唾壶，陶凭几、灯座、俑，五铢钱，“元嘉三年刘氏”砖，砖上有青龙、白虎画像。应城高庙南朝墓为平面“凸”字形券顶砖室墓，由甬道和墓室组成，出土有青瓷莲花瓶、盂、壶、托炉、砚、碗、盏、托盘，铜托炉、碗、鐎斗及五铢钱等。孝昌古坟岗墓地清理南朝墓2座，出土有青瓷盘口壶、盘、碗、盅及“齐永明九年造”纪年砖等。

鄂东地区的武穴毛家美M2为单室砖墓，出土青瓷四系罐、唾盂、盏，有“永宁二年”纪年砖。赤壁大战陈列馆工地西晋墓为“凸”形单室砖墓，有棺床，出土金银手镯、环、钗，陶圈，瓷碗、盘，铜镜，琉璃珠，“永兴二年三月十日造金氏墓”砖。大冶太子山东晋墓为长方形券顶单室砖墓，墓室北壁设灯龛，出土有瓷盘口壶、钵、碟、虎子，铁剑等。大冶瓦窑塘墓地清理2座券顶砖室墓，平面呈“凸”字形，由前室、左右耳室、后室、小龛组成，出土有青瓷碗、盏、砚，五铢钱，“永明年六月”铭文砖等。

鄂西南地区的枝江巫回台东晋墓为多室砖墓，由甬道、前室、过道、后室组成，出土有青瓷盘口壶、碗、钵，铜弩机，铁削刀、镜，金戒指、花饰，还有铭文墓砖等。宜昌机床公司六朝墓为“凸”字形单室砖墓，出土陶罐、仓、灶、狗、猪圈、鸡、鸭，瓷博山炉、碗、洗、虎子、四耳罐，铜镜、钱，铁剑等。

此外，在鄂州梁子湖周边发现了多个六朝时期的窑址。如鄂城瓦窑咀窑址发现两座圆形窑炉，底径约2.1米，炉壁厚0.05~0.08米，窑炉内采集有黄褐釉瓷碗和匣钵，出土有陶罐、钵、盆及筒瓦、板瓦等。其他地方发现了少量的陶窑址，如老河口芦营陶窑址，清理了2座陶窑，为半倒焰式馒头窑，由前室、火门、火膛和窑床组成，遗物主要为长方形企口砖、花瓣纹砖等。鄂东南地区还发现了部分六朝时期冶炼遗址。

（六）隋唐至明清考古

湖北地区在隋唐至明清时期主要属于王朝的地方州郡府县行政区。考古发现点多面广，较为分散。考古发掘以墓葬为主，也有部分遗址。

1. 隋唐五代考古

湖北地区的隋唐五代考古发掘的遗址不多，主要是一批墓葬的发掘和前期遗址的沿袭发展。如荆州城垣试掘的南垣东段，隋唐一层夯土堆积叠压在南朝城垣上，表明其有过加固；五代砖城又叠压在隋唐层上。出土遗物丰富，有大量的青瓷器和少量白瓷、黑瓷、青花瓷等。很多隋唐遗存清理出灰坑、灰沟、房址、红烧土堆积等，出土较多的遗物为陶质生活用器、建筑材料及青瓷日用器等。

梁子湖瓷窑址群经试掘，发现了完整的瓷窑炉；出土遗物有大量匣钵、垫圈、支钉等窑具，瓷器品类单一，主要有碗、碟、壶、罐等青瓷器。年代多出自唐末五代至明初。

隋唐时州郡治所外围墓地相对较集中，如武昌、襄阳等地。据不完全统计，20世纪50年代，武昌周围就发现隋唐时期墓葬100余座；襄阳城西的檀溪墓地多次清理出隋唐墓葬100余座，襄阳邓城城址外围多个墓地也清理了200余座墓葬。

此外，在其他地区也有一些重要发现，如十堰郧阳区李泰家族墓地、安陆唐吴王妃墓等，这都是南方地区迄今已发现的为数不多的大型墓葬。湖北的这批隋唐墓葬及出土文物，比较集中地反映了南方地区隋唐时期的文化面貌。

湖北地区隋唐墓葬的构筑方式有别于中原地区同时期墓葬，基本上沿袭了本地区传统的风格，以竖穴土坑砖室墓为主，大多为单室，少量为双室或多室；墓室内有棺床、祭台、排水沟、灯龛等附属结构。长江三峡、汉江上游等地还发现了部分崖墓。棺椁均保存不好，仅存腐痕，大多为单棺，极少量单椁单棺。所出土的随葬品丰富多彩，根据用途大致可分为几大类：陶瓷生活用具，以陶、瓷盘口壶、碗、盏、盘、罐为主，其数量多，演变规律清晰，是湖北地区隋唐墓分期断代的标准器物；陶、瓷俑及其明器，陶、瓷俑有兽首人身的十二生肖俑、男女立俑、女乐俑及武士俑、动物俑、镇墓兽等，如武昌何家垅出土的一组乐伎俑有着浓厚的生活气息，颇具特色，陶器中的三彩器较少；铜镜，形制、纹饰较为多样，如团花镜、鸾鸟镜、海兽葡萄镜等；铜钱，隋至唐代早期主要为五铢，之后有大量的开元通宝和少量乾元通宝等。还有少量铜銙，铜、金银、玉质佩饰和石质墓志、陶纪年砖等。

李泰家族墓地位于十堰市郧阳区城关镇马檀山。李泰为唐太宗次子，初封魏王，后被黜，谪居郧乡。墓地面积约21万平方米。曾发掘李泰墓、李泰妃阎婉墓、长子李欣墓、次子李徽墓。均为带斜坡墓道的彩绘壁画砖室墓，一般由墓道、过洞、天井及砖砌墓道、墓室组成。出土有铜器、铁器、陶器、三彩器及墓志等。

吴王恪之妻杨氏墓位于安陆王子山，墓葬全长 34.4 米、宽 8 米，由墓道、甬道、主室和四个侧室组成，出土釉陶器、铜器、金器、银器等 200 余件。

可以确认的五代墓葬很少，在武昌阅马场清理 2 座长方形土坑木棺墓。两墓并排，方向一致，间距约 2.5 米。出土有瓷碗、瓷壶、漆碗、折叠式雕花漆枕、铜镜、银钗、木片俑、木梳、木勺、铁夹子及木质买地券等。其中一方买地券墨书文字清晰，记墓主为王命禄，吴国鄂州府江夏人，乾贞二年（928 年）下葬；另一买地券字迹模糊。武穴毛家美墓地清理 2 座单室砖墓，出土釉陶罐、盆，陶买地券，两墓出土的铭文砖上有“显德六年”“保大七年”“保大十三年”年号，可确认为五代后周、十国南唐时期的墓葬。

2. 宋元考古

湖北地区的宋元考古，以墓葬发掘为主；遗址发掘相对较少，基本分布于全省各地。

所发掘的遗址包括城址、聚落遗址、窑址、冶炼遗址、窖藏址等，还有单独发现的遗迹。

城址发掘不多，基本位于同一遗址的早期遗存之上，如荆州城所发掘的五代至北宋城垣叠压在隋唐堆积之上；襄阳城内遗址宋代堆积较厚，也叠压在六朝隋唐遗存上，清理的遗迹有灰坑、灰沟、房址等，出土了较多的陶器、瓷器等。

蕲春罗州城试掘外城垣时发现现有城垣为宋代一次性夯筑，垣内包含隋至宋时期的青瓷器、釉陶器、陶器等。据明《嘉靖蕲州志》载，罗州城为南朝齐时所筑，历经隋、唐、宋，至南宋景定四年（1263 年）为元兵所毁。城址面积约 1 平方公里，有内外两重城垣。内城位于外城中部偏西北，面积约 0.15 平方公里。外城平面呈不规则圆角长方形，西北部被蕲水切去一角。现存东垣长 1420 米，南垣长 760 米，西垣长 390 米，北垣长 420 米，城垣宽 5~38 米，残高 1~4.5 米。内城平面亦呈不规则圆角长方形。同时，勘探发现宋代城垣下有汉代夯层。城内曾暴露出汉代陶井、宋代砖井。历年来出土有汉代陶罐、瓦片及宋代“蕲州嘉定五年造到城砖”“蕲春县永福乡总首熊口”“蕲水县永福乡”等铭文砖。

聚落遗址跟城址差不多，叠压在同遗址的早期遗存之上。清理出的遗迹有灰坑、灰沟、房址、水井等。出土的各类遗物种类和数量较多，以陶、瓷器居多，包括陶盆、罐、瓶、碗、瓮，瓷碗、盘、碟、盏、执壶等日用器及较多的陶质建筑材料，还出土有一定数量的宋代铜钱等。

湖北地区发现的宋代窑址较多，仅在梁子湖周围就有上百座之多。江夏湖泗瓷窑址群面积约 30 平方千米，有窑堆 85 座，经发掘的青山窑址（图 5-62）、浮山窑址、王麻窑址均为龙窑，长 20~60 米，出土有青白瓷碗、壶、盘、盏及多种窑具。江夏斧头湖窑址群面积约 20 平方千米，曾发现 60 座窑堆、66 条龙窑，窑堆高者达 12 米，底部直径约 15 米，龙窑一般长 40~50 米；采集瓷片质地一般有青瓷、白瓷、青白瓷，釉色有绿、青、黄、黄褐、黑等，器形有带流罐、橄榄形罐、平底碗、矮圈足碗、注子、缸形器等，窑具有筒形匣钵和带乳钉的支圈，以叠置仰烧法为主。时代为五代至明初，集中在宋元时期。

图 5-62　江夏青山窑址瓷窑发掘现场

鄂东南地区发现较多宋代冶炼遗址，仅鄂州一次调查就发现 12 处，集中于梁子湖、花湖附近，面积在 3000~10000 平方米之间，分为冶铜、冶铁两类。调查发现炼渣堆积、冶炼炉、龙窑、木炭窑或陶瓷窑等，采集到大量生铁熔铸渣、生铁冶炼渣、块铁炼渣、锡青铜炼渣、红铜炼渣、赤铁矿石和炼炉残块及青瓷碗底、陶罐口沿等遗物。

多地发现宋代银锭、铜钱窖藏。如黄石西塞山铜钱窖藏，铜钱置于距地表 1 米左右的土窖内，计 10 万多公斤，窖内铜钱上放置两个口朝下的黄釉双系执壶。铜钱一般用麻绳贯穿，以宋钱为主，最早为西汉半两钱，最晚为南宋淳祐元宝钱，包括西汉、新莽、隋、唐、五代十国、北宋、南宋及辽、金、西夏各朝铜钱。襄阳市襄州区西尹铜钱窖藏中，窖口盖有两块青砖，窖底大口小。窖藏铜钱 400 余公斤，计有西汉五铢、唐开元通宝、五代唐国通宝、北宋宋元通宝等 4 个朝代 32 种，其中唐国通宝 9 枚，字面有楷书、篆书两种。

相对独立的遗迹有水井等，如武汉市汉阳区钟家村水井，该井为砖井，出土有瓷器、铜钱等遗物。

宋墓共发掘数百座，全省各地均有发现，以武汉、襄阳、十堰地区居多，不少为家族墓地，如英山毕氏家族墓地等。

宋墓均为中小型墓，有土坑墓、石室墓、砖室墓、碗室墓、洞室墓、砖石混筑墓等多种结构，大多为单室，少量为双室或多室。有的砖室砌有小龛。有的设有棺床，木棺绝大多数腐烂，极少量有棺板，也发现一些铁质棺钉，个别有石椁。随葬器物有陶器、瓷器、铜器、铁器、漆木器、石器等，陶、瓷器居多，陶器有生活用器、建筑材料、俑等，瓷器主要为日用器，铜器有镜、簪、钗、钱币等，铁器、石器一般为工具，漆木器有奁、圆盒等，还有少量的陶买地券，石质、陶质墓志及金银饰品等。

汉水中游地区多为仿木结构的砖室墓，墓室一般为圆形或四、六、八弧边形穹窿顶，墓壁间隔或角部以砖砌立柱承斗拱构成框架，除门外，立柱间以砖砌桌椅、门窗、剪刀或勺子等构成象征性室内空间，有的还突出平砖承灯盏；前部门楼亦为仿木结构，中间为拱形门，两侧为立柱承斗拱架横枋，枋下出两或四门簪。部分墓葬为二次葬，棺床上发现多具人骨。

三峡地区则发现一批洞室墓。许多墓还发现有墓志和买地券。墓中一般随葬瓷、硬陶、陶、漆木质生活用具，铜镜、钱币，铁镰、剪、刀等工具，石砚，金银饰品等。根据墓志、铜钱等判断，宋墓自北宋初到南宋末均有发现。其中土坑洞室墓是一种特殊的现象，一般分布较为分散，秭归庙坪遗址分布相对集中，共有土坑洞室墓 24 座。极少量洞室内有铺地砖，洞口有封门石，出土瓷碗、罐，铜镜，金银饰品，还有较多的铜钱。时代集中在北宋时期，向上可到唐代晚期，墓主可能来自西北地区。三峡地区还有一种“借室葬”较有特色。

此外，还发现了极少量的火葬墓，也为小型砖室墓，其内叠压的人骨有火烧痕迹。

比较重要的是，在襄阳檀溪、谷城肖家营（图 5–63）、秭归杨家沱墓地发现少量宋代壁画墓，分别为砖、石室墓。如襄阳檀溪两座宋代壁画墓，其中 1 座为墓门浮雕门神、内壁线刻释迦牟尼讲经图的八角形石室墓，1 座为上部素描象征方位四神（青龙、白虎、玄武、朱雀），下部彩绘宴饮故事的长方形砖室墓。

元代墓葬发现较少，如黄陂周家田发现的“韩门肖氏淑贞二小娘墓”；宜城石河元墓为大量石灰羼和细沙的土坑墓，出土有青瓷菊花纹碗、“至正伍年十二月了”铭文釉陶人物堆塑罐。

图 5–63　谷城肖家营宋代壁画墓内景

3. 明清考古

湖北明清考古发掘了部分遗址，类型较为多样，包括城址解剖及聚落、寺观、瓷窑、官署、古道、桥梁、矿冶遗址等，但数量不多，出土器物种类齐全，以陶、釉陶、瓷器为大宗，还有铜、铁、石、骨、玻璃等质地，按功能分有生活用器、生产工具、建筑材料等。

城址发掘的代表性成果就是荆州城南垣东端清理的明代堆积，包括暴露在外的现存城垣，该城垣由特制的城墙砖砌成，砖垣上为砖土混合夯筑；出土有青花瓷盘、碗、碟等。襄阳城内也多点发掘出了明清遗存，主要为灰坑，出土有青花瓷碗、盘，青瓷盂，釉陶执壶、罐，陶盆、瓦当、滴水等，不少青花瓷器有底款。

著名的瓷窑址如江夏湖泗瓷窑址群（斧头湖瓷窑址）自宋代沿用至明代。

大冶陈贵镇李德贵明代冶炼遗址揭露出一批冶铁炉群，炉体小，结构简单，但分布密集。炉体结构一般由炉缸、金门口、鼓风口组成。主体堆积物多为废弃的炼渣，报废的炉缸壁，少量冶炼原材料铁矿石、木炭末等。出土少量青花瓷碗残片、陶罐等。

考古发现的遗址中，具有地域特色的是武当山道教宫观遗址和土司遗址。

武当山道教宫观考古集中于遇真宫、五龙宫、回龙观。

武当山遇真宫始建于明永乐十年（1412 年）至十五年（1417 年），共建有殿堂、斋房、方丈房、楼阁共 97 间。明嘉靖年间曾扩展到 396 间，明末逐步衰败，至清末、民国年间荒废。其总占地面积 2.4 万平方米，平面布局呈长方形，由中宫、西宫、东宫三部分组成。现存建筑在中宫内，东西宫建筑已毁。为厘清布局，考古人员首先对西宫建筑基址进行考古发掘（图 5–64），揭露面积 9600 平方米，发现各类建筑遗迹 35 处，包括院址 8 处、房址 13 处、门 6 处、影壁 4 处、灶 1 座、排水系统 2 组、青石甬路 1 条；出土了较多的生活用器、生产工具、建筑构件、宗教遗物等，按质地分为陶、瓷、铜、石四类。之后对东宫进行全面发掘，揭露出房址 6 座、院址 4 处、影壁 2 处、水井 1 口及相应的道路系统、排水设施等，也出土了大量陶器、瓷器、铜器、石器；还清理了中宫和宫外的附属设施。发掘揭示出遇真宫分为修建、扩建、修缮及废弃四个时期，从而比较完整地获取了遇真宫遗址的原始材料，为科学制定原地垫高保护方案提供了有力支撑，丰富了遇真宫遗址的历史文化内涵。

五龙宫是武当山最早敕建的道教宫观。唐贞观年间，均州节度使姚简奉旨上山祷雨应验，后就其地敕建“五龙祠”。宋真宗下诏，将“五龙祠”改名为“五龙灵应观”。北宋末年五龙观毁于兵火。南宋时，道士孙元政重修，后又废于金末兵火。元代武当道人汪真常同鲁大宥率徒众重建五龙宫，元世祖忽必烈下旨赐额“五龙灵应宫”。元仁宗时加赐为“大五龙灵应万寿宫”，使五龙宫成为武当道教的中心。元末五龙宫再度毁于兵火。明洪武五年（1372 年）五龙宫再度重建。明永乐十年（1412 年），明成祖朱棣大兴武当，在五龙宫进行大规模扩建，建成后有山门、廊庑、玉像殿、父母殿、启圣殿、真武殿、神库、神厨、圣旨碑亭、方丈室等 215 间，并赐额“兴圣五龙宫”。明嘉靖三十一年（1552 年），明世宗朱厚熜对五龙宫又开展大规模的维修和扩建，五龙宫建筑增至 850 间，并领五龙行宫（现

1
2

1. 图 5-64　武当山遇真宫遗址远景（西北—东南）
2. 图 5-65　武当山五龙宫遗址发掘

被公路和民房叠压）、仁威观、明真庵、姥姆祠、自然庵、凌虚岩等十余处宫观庵岩庙（现均为遗址）。考古工作集中于五龙宫中宫南厢房以及南宫东道院（图 5–65），发现有不同时期的建筑遗存 15 处，其中房屋建筑遗址 7 处（编号 F1~F7），院落遗址 3 处（编号院 1~院 3），天井 1 处，主排水沟 2 条（编号 G1、G2），水池 2 口（编号池 1 和池 2），基本明确了南宫东道院的整体建筑布局。其中池 2（日池）内底基岩上发现有龙、龟、蛇、兔等精美浮雕。出土遗物非常丰富，目前初步统计出土遗物计有陶、瓷、铜、铁、木、骨、石、琉璃等八大类 600 余件。除大量的勾头、滴水、板瓦、筒瓦、脊兽、脊筒等陶质和琉璃质建筑构件外，还有碗、盘、杯、碟、铜钱、砚台、烛台、镰刀、发簪、钱币等生活用器，另有少量的真武像、灵官像、水筒、碑刻等宗教用器；遗物年代最早为汉代（遗址解剖，建筑垫土内发现有汉砖），偶见宋代，多为明清时期，延续至民国时期。

武当山回龙观位于湖北省十堰市武当山旅游经济特区元和观村 7 组，坐落在玉虚宫东南方的西南—东北走向的好汉坡坡顶上。回龙观是武当山建筑群“九宫八观”之一，归玉虚宫管辖。明永乐十年敕建玄帝殿宇、山门、廊庑、方丈、道房、仓库，计 14 间。嘉靖三十一年对武当山开展大规模维修和扩建。明末，回龙观遭大火，局部焚毁，至清乾隆二十六年（1761 年）修复。清末和民国时期，回龙观内作为道房一直有道众居住。1975 年大殿因发生火灾烧毁，1984 年龙虎殿坍塌。遗址现存山门、配房等 25 间建筑，建筑面积约 844 平方米，占地面积约 2000 平方米。为配合回龙观遗址古建筑保护修复工程进行考古发掘，共清理、发掘遗迹单位 24 个，其中房址 6 处，编号 F1~F6；院落 6 个，编号院 1~ 院 6；门 4 处，编号门 1 ~ 门 4；道路两条，编号 L1、L2；道塔两座，编号塔 1、塔 2。除确立了遗址的整体布局外，还厘清了遗址自明永乐、嘉靖、万历至崇祯，清康熙、乾隆年间的建筑布局，并确定了单体建筑的分期、材料、建筑工艺，这为深入研究明代武当山建筑特征，为武当山整体的研究保护工作做好了基础准备。

土司考古代表性的考古项目当为唐崖土司城址和容美土司遗址的发掘。

唐崖土司为覃姓世袭，是我国西南地区以武功著称的土司之一，尤其在土家族聚居的武陵山区颇具影响。唐崖土司始建于元至正六年（1346 年），明中晚期达到鼎盛，清雍正十三年（1735 年）“改土归流”废止。这 300 多年间，唐崖土司在巴蜀和荆楚大地形成了一定势力，并曾触及贵州和云南边界。唐崖土司城被当地人称为“皇城”。城址位于咸丰县唐崖镇唐崖司村，分布在玄武山、朱雀山、白虎山、青龙山合围而成的四级缓坡台地上。平面大致呈长方形，东西长 770 米，南北宽 750 米，占地面积 57.75 万平方米（一说 74 万平方米）。城内街道墙垣仍清晰可辨，大部分建筑保存较好。其建筑格局共分为政治区、宗教区、军事区、文化区、经济区、综合区、娱乐区和墓葬区八大部分。城周以石砌墙基上筑土垣，残高 1.2 米，建有三街十八巷、三十六院（包括衙署、官言堂、大小衙门、存钱库、牢房、书院、靶场、左右营房、御花园、万兽园）等设施。城址中部立石牌坊一座，全石仿木结构，明天启年间（1621~1627 年）为土司覃鼎赐建。覃鼎牌坊右后侧是遗址内保存最完好的土王陵墓。王陵用青石叠砌，分前、中、后三部分，最后是墓室；陵前有神道和享殿，神道两旁立有石人、石马等；陵二墓后200米有覃鼎、覃杰、覃光烈墓。城内还保存有玉皇庙、大寺堂、张王庙等祭祀建筑。经考古发掘（图5-66），该城址于2015年7月成功列入《世界遗产名录》。

容美土司是明清时期西南诸土司中实力最强、疆域最大的土司之一。自元至大三年（1310年）设立，到清雍正十三年（1735年）容美宣慰使司“改土归流”，历425年16代24任司主，均为田氏世袭。容美土司鼎盛时期疆域控制面积达7000平方公里以上，包括今恩施土家族苗族自治州鹤峰县的大部分地区，巴东县野三关以南的大部分地区，恩施市、建始县清江以南的部分地区，五峰县、长阳县的大部分地区和湖南省石门县、桑植县与之接壤的部分地区。到容美土司末期，清雍正帝仍然认为：“楚蜀各土司中，惟容美最为富强。”容美土司遗址位于鹤峰县，始建于明代晚期，遗址群分为中府、爵府（图5-67）、南府、西府、北府遗址五大片区，分布范围广，遗址类型丰富，发现了官署、洞府、戏楼、关隘、

1/2

1. 图5-66　咸丰唐崖土司城址发掘全景
2. 图5-67　鹤峰容美土司爵府遗址全景（西北—东南）

石刻、寺庙、城门、桥梁、津渡、道路、墓地等不同类型遗址点100余处，在空间上呈点状、线状和片状分布，基本形成了设施齐全、功能完备的小型城镇，各片区通过道路、桥梁、关隘等相连，形成了联系较为紧密的整体。结合文献资料，通过考古工作对该遗址群进行综合分析和研究，基本揭示出鄂西南甚至整个西南地区的土司文化遗存全貌，为研究西南少数民族地区独具特色的土司文化提供了重要实物资料。

还有一个跟“万里茶道”申遗相关的遗址发掘，即汉阳桥遗址发掘。

汉阳桥遗址位于五峰土家族自治县渔洋关镇曹家坪村。汉阳桥段是“万里茶道”西线的一个重要节点，是湖北省鹤峰县、五峰县、长阳县以及湖南省石门县北、南、西三个方向支线的重要交会点。茶叶在汉阳桥汇合后运至五峰县渔洋关，经水路抵达汉口后，向北一直运至俄、英等国。为配合“万里茶道”申遗，考古工作人员对汉阳桥段遗址进行了调查，调查总面积约20平方公里，清理面积约10000平方米，解剖面积48平方米。共发现包括桥梁、房屋、道路、台地、水沟、碑刻在内的50余个不同类型遗迹单位。其中，在汉阳桥以西的山体上发现两条保存较好的台阶状蹬道路面（图5–68），这两条路在山下的“三碗水”处分叉，至山上的“好汉坡”处会合，道路系采用干铺法错缝垒砌而成，平均宽约3米，清理道路长1.5千米。在道路两旁，发现依山势而建的杆栏式吊脚楼建筑，目前建筑已经损毁，仅残剩山体上开凿的榫槽。考古清理过程中，出土了包括铁马掌，铜钱、带扣，青花瓷碗、杯、盘在内的数十件与“万里茶道”息息相关的重要文物，由此可见当时这一带茶叶贸易的兴盛以及骡马运输茶叶的频繁。可以说，清至民国时期，汉阳桥段是一个依托来往茶商而兴起的交通贸易村镇，其考古的意义不仅体现了鄂西地区17世纪末至20世纪初长距离茶叶贸易所涉及的茶叶运输、集结等历史事实，而且完整地体现了鄂茶叶商贸体系在鄂西南地区发展、兴盛及衰落的历史进程。

图5–68　五峰汉阳桥遗址清理局部

明清时期湖北地区考古发现更多的是墓葬，多为家族聚葬。其形制有土坑、砖室、石室、砖石混筑、石灰糯米浆、碗葬等，等级有王墓，也有平民墓葬，还发现了极少量僧人墓等，规模大小不一，小型墓数量更多。随葬器物一般为饰品，还有陶器、瓷器、木日用器、铜钱、石墓志，极少量墓葬出土保存较完整的服饰。如潜江代滩墓地发掘5座砖墓，木质棺椁保存较好，出土保存完好的有机质文物98件（套），大宗为纺织品84件（套），分为棉织品和丝织品二类，品种有被子、袍衫（含补服）、衣（部分带丝）、满（侧）褶裙（裳）、直腰裤（面料为丝）、护膝、棉袜、鞋、荷包（部分带丝）等。出土衣物，均为右衽，推断为墓主生前所穿，而非为下葬专门制作的左衽服饰。M3乙出土香囊、汗巾，囊面上绣制的“八仙”形象是对道教信仰的直接体现。该批纺织品的保存状况和出土数量在湖北省内明代考古中都是首屈一指的，为研究明代中晚期服饰文化提供了珍贵的实物资料。此外，有机质文物中还出土杂项小件竹质折扇、“北斗七星”木质笭床等14件；四方墓志显示其为明朝嘉靖至万历年间李氏家族茔园。孝感三叉清代合葬墓也出土较多的丝织物，包括袍、袄、褂、裤、裙、被、帽、枕、袜等，墓志记述墓主为清骁骑将军胡德麟及其母一品夫人合葬墓。

最有特色的是明藩王室墓葬的发掘。

明代实行封藩制，在湖北分封或迁藩的有楚、湘、辽、郢、襄、荆、梁、兴、岐、寿、景、惠等12王，封地集中在武昌、荆州、襄阳、蕲春、钟祥、安陆几地。沿袭时间长的仅有楚、襄、荆王。这12个藩王室墓地均有发现，经考古发掘的亲王墓有楚昭王、湘献王、辽简王、郢靖王、梁庄王墓，出土有大批金器、银器、玉器、石器和金封册等文物，对研究明代藩王葬制和葬俗具有重要意义。

明楚王历八代九王，陵园位于武昌龙泉山。楚昭王朱桢（1364—1424）为第一代楚王，太祖朱元璋第六子，洪武三年（1370年）封楚王，永乐二十二年（1424年）薨，谥曰“昭”，茔园称为“昭园”。昭园坐北朝南，占地面积约11.3万平方米，筑有内外两重围墙，平面呈“回”字形；外墙边长1528米，高3.3米，有五门，南为正门；由地上和地下建筑构成。地上建筑原有碑亭、园门、神道、金水桥、棱恩门、神帛炉、东西配殿、棱恩殿、内园后门、明楼等，仅存汉白玉雕基址。地下建筑为地宫，为土圹砖室墓，南设墓道，三孔式墓门；墓室为长方形单室，有后龛和东、西壁龛；主室自南向北依次放置白玉圹志、供桌、棺床，有五方石质“灵牌”，单棺单椁已朽。出土金腰带、铜镜和铝锡炉、盘、壶、杯，瓷碗、坛等随葬器物100余件。

明湘王仅历一代，陵园位于荆州太晖村。湘献王朱柏（1371—1399），太祖第十二子，洪武十一年（1378年）封湘王，建文元年（1399年），被诬谋反，“柏惧，无以自明，阖宫焚死”。初谥“戾”，永乐初改谥“献”。其墓为多室券顶砖墓，墓室由前、中、后三室外加四个耳室组成；墓口为竖穴式；墓门为双开石门，两侧有砖砌“八”字形护翼墙，门顶有石雕屋檐。出土随葬器物有木俑、鎏金锡质明器、饰品、铜香炉、“湘献王室”贴金木印等646件，其中木俑459件。湘献王墓未见棺床和葬具，随葬器物以冥品为主，又出有“湘献王室”木印和永乐皇帝所赐两副谥册，因此，此墓应为永乐年所建衣冠墓。

明辽王历七代八王，陵园位于荆州八岭山。辽简王朱植（1377—1424）为第一代辽王，太祖第十五子，洪武十一年（1378 年）封卫王，二十五年（1392 年）改封辽王，建文年间改封荆州。陵园四周有茔墙，中轴线上自南向北依次布置金水桥、正门、石牌坊、棱恩门、棱恩殿、拜台、宝顶地宫等建筑。宝顶封土底径约 60 米，残高 4.5 米。地宫为砖结构，由甬道、前室、中室、后室及左右耳室组成。出土铜器有锁、带盖锅、盘、瓢、提梁炉及器盖等；锡器有圜底钵、盘、壶、鼎、杯、勺、筷子等；漆木器有碗、盘、车、马、龟、木俑等；其他有金钉、银币、铁锁、陶缸等。

郢王仅历一代，陵园位于钟祥市九里回族乡三岔河村皇城湾，是郢靖王与其妃子的合葬墓。郢靖王朱栋（1388—1414），明太祖朱元璋第二十三子，洪武二十四年（1391 年）封郢王。墓地面积约 2.5 万平方米。陵园地面建筑现已无存，四周散落大量砖瓦及石、琉璃构件等。封土底径约 42 米，残高 12 米左右。墓室为“亚”字形砖石结构墓，由墓道、前室、中室、后室及左右耳室组成。后室中部为棺床，东、西各放置木棺一具。随葬品较为丰富，有金器、银器、玉器、铜器、铁器、锡器、瓷器、陶器、漆木器等 200 余件。其中发现于郢靖王棺前的元青花龙纹梅瓶和王妃棺前的元青花四爱图梅瓶尤为珍贵（图 5–69）。

图 5–69　钟祥郢靖王墓棺床前随葬瓷器情况

梁王仅历一代，陵园位于钟祥市长滩镇大洪村。梁庄王朱瞻垍（1411—1441），明仁宗第九子，永乐二十二年（1424 年）册封为梁王，正统六年（1441 年）去世，谥号“庄”。梁庄王墓是明仁宗第九子朱瞻垍及其继妃魏氏的合葬墓（图 5–70）。现地面建筑无存，仅存地宫。平面呈“中”字形，属崖洞砖室墓，墓室南端有一条斜坡墓道，墓道为竖穴式。墓室分为前室和后室，横前室，双券顶，前、后室各设一道双扇门和一条甬道。凿洞为室所掏出的土石，最后回填成高约 9 米、底径约 50 米的封土堆。出土各类随葬器物 1400 余件（套），计入附件数达 5300 余件，尤其是金器、银器、玉器及首饰、佩饰、冠饰、腰带和佛教文物，数量大，质量佳，保存好，为明代亲王墓之首。仅随葬品用金就达 16 公斤、用银 13 公斤、用玉 14 公斤，各种宝石 700 余颗。其中有关“郑和下西洋”和藏密文物前所未见。墓内随葬金器是历年明亲王墓最多的一次，经整理复原约 200 余件（套），种类有用具、首饰、法器等。该墓随葬玉器有佩饰、腰带和金镶玉饰等 23 件（套），质地有白玉、青白玉、青玉、碧玉、墨玉等，均来自新疆和田。其中引人注目的是 13 条腰带（玉带 9、金镶带 4）超过了定陵出土的 12 条。墓内出土了 8 件瓷器，其中由青花龙纹高足瓷碗、金盖和银鎏金托盏组成的一套器物最有特色。

图 5–70　钟祥梁庄王墓外景

除亲王墓外，最高等级的明显陵尚未发掘。

还发掘有王妃、郡王、公主及部分镇国将军、辅国将军、奉国将军、镇国中尉、辅国中尉、奉国中尉和其他王室成员、官员、太监墓葬等，如武昌通山王朱孟爚及王妃墓、江夏景陵王朱孟炤及王妃墓、蕲春西河驿镇国将军朱怡仙家族墓、武昌小洪山镇国中尉朱显杙家族墓、襄王府门正聂相寿墓等。一般为砖墓，也有少量石室、砖石混筑或石灰糯米浆浇筑墓壁，多单室，也有双室或三室并列者。出土随葬品以小件金银饰品居多，以及陶器、瓷器、玉器等。

小型墓葬诸如宜城詹营明墓，共发掘10座竖穴土坑墓，一般长2.2~2.6米，宽0.7~1米。部分头骨下枕瓦片。出土有瓷碗、瓶和买地券等。江夏土地堂发现碗葬墓，纵二十行、横十行，层层倒扣叠压，其下发现人的肢骨，碗的造型、纹饰基本一致。阳新凤凰头明墓共清理5座，其中2座石灰糯米浆封室墓、2座砖石墓、1座土坑墓；出土有瓷罐、碗，银耳坠，金、银厌胜钱，墓志等，据墓志载为刘氏家族墓地。阳新坳上湾墓地清理4座明代墓葬，均为单室砖墓；出土有陶罐、瓷碗、挖耳簪、铜发簪及棺钉等。荆门净业寺僧墓为小型石室墓，葬具为釉陶魂坛，双龙双凤图案，时代为清代。

此外还发现少量窖藏，如枣阳资山瓷器窖藏，清理出清代早期磁州窑产3口大瓷瓮。其中两瓮施黑褐色釉，内无一物；另一瓮施白釉黑彩，内装江西景德镇产93件青花瓷盘，盘之形制大小、装饰纹样各有不同，尤以青花山石秋叶纹盘最具特色。

湖北省博物馆、湖北省文物考古研究所（院）田野考古编年纪事

（不完全统计，截止到2023年2月）

湖北省博物馆与湖北省文物考古研究所（院）直接主持了湖北大部分的考古工作，根据运行体制的变化分为三个不同阶段。

第一阶段（1953年1月至1989年1月）

该阶段的考古工作主要由湖北省博物馆历史文物工作队承担，湖北省文物管理委员会参与。

1953年5月—1958年11月，湖北省文物管理委员会、湖北省博物馆和武汉市文物管理委员会在武汉市郊清理发掘古墓539座。其中南朝纪年墓4座。较为重要的遗物有陶质买地券、纪年砖、青瓷莲花尊等。

1953年9月，湖北省文物管理委员会对江陵县郢城、万城和纪南城作初步调查。

1954年3月，调查荆门县赵王墓。

1954年6月，勘察阳新率州镇堡山文化遗址。

1954年6月，调查发现黄石市詹氏祠附近新石器时代遗址。

1954年，湖北省文物管理委员在京山、天门发掘新石器时代遗址。

1954年11月，为配合石龙过江水库渠道工程建设，湖北省文化局组织工作队对工程中发现的文物进行调查，在屈家岭发现古遗址4处，发现蛋壳彩陶等陶器和少量石、骨器；在天门土城等地发现古遗址3处，发现陶窑址、柱洞，采集到较多陶片及玉器、彩陶纺轮、陶塑动物和石器等。1955—1956年，湖北省文化局组织湖北省文物管理委员会、武汉市文物管理委员会等单位文物工作者，成立石龙过江水库指挥部文物工作队，由中国科学院考古研究所主持，对渠道工程涉及的贯平堰、石板冲、三房湾和罗家柏岭共4处遗址进行发掘，初步了解到石家河遗址群的部分文化内涵，为“石家河文化”的提出提供了主要依据。1955年2月10—20日，对京山屈家岭、毛家楼两遗址进行了发掘；1955年2月20日—8月9日，在中国科学院考古研究所的指导下，对天门石家河古文化遗址进行了大规模发掘；其间的4

月份，再次对京山县石龙过江水库渠道工程两旁区域共2400平方千米范围进行调查，发现古文化遗址80余处。1955年特别是1973年以后，石龙过江指挥部文物工作队、湖北省博物馆、荆州地区博物馆、天门县文化馆部分文物干部曾多次到邓家湾遗址调查。

1954年11月—1955年，湖北省文物局组织湖北省博物馆、武汉市文物管理委员会，省、市文史研究馆，荆州专区文物管理委员会，省文史馆黄冈、荆州工作组等单位在京山屈家岭发掘新石器时代遗址，该遗址为首次发掘。

1955年3—4月，湖北省文物管理委员会在蕲春易家山新石器时代遗址进行调查，采集到部分陶、石器。

1955年4月，在钟祥石门水库工程进行文物调查时，发现新石器时代晚期遗址4处。

1955年4月，湖北省文物管理委员会对枣阳新市镇发现的石斧、镞，陶环等进行了解。

1955年5月，在黄石市西塞山发现古代窑藏银锭292锭，重3400两。

1955年6月，参与中国科学院考古研究所对黄石市东方乡古遗址的深入调查工作。

1955年8月，在蕲春易家河河床内易山小丘发现新石器时代遗址。

1955年10月中旬，发掘清理武昌桂子山河周家大湾六朝墓2座。

1955年，湖北省文物管理委员和黄石市文化教育局对黄石古墓进行清理，发现古墓40余座，对其中的6座汉墓、1座唐墓和1座明墓进行了清理，出土器物115件。陶器中带釉的白陶钵和带黄釉的鸡嘴壶较为重要。

1956年1月，湖北省文物管理委员会在钟祥沿石门水库渠道线路，调查3处新石器时代遗址。其中娘家庙遗址面积2万平方米，崔家台遗址约6万平方米，左家坡遗址约3万平方米。

1956年1月，发掘清理蕲春易家山新石器时代遗址，时代晚于京山屈家岭遗址。

1956年2月，湖北省文物工作队调查蕲春潘家坡和洪家岗新石器时代文化遗址2处。

1956年2月，清理武昌何家垅88号唐墓。

1956年2月　湖北省文物管理委员会在蕲春清理发掘刘娘井明墓。出土随葬器物共78件，多为金银饰品。同时出土一方保存完好的墓志。墓主为荆端王朱厚烇次妃。

1956年3月，调查蕲春广铺山新石器时代文化遗址。

1956年4月　湖北省文物管理委员会对武昌周家大湾241号隋墓进行清理。发掘出随葬品小瓷器50余件，人俑有武士、文官、胡人、侍从和十二辰俑共20余件。

1956年4—9月，湖北省博物馆和湖北省文物管理委员会在长阳下钟家湾的洞穴堆积中发现长阳人上颌骨化石。该化石距今10万年左右，是中国南方首次发现的古人类化石。

1956年5—12月，为配合武（汉）大（冶）铁路鄂城段建设，湖北省博物馆、鄂城县文化馆等在鄂城西郊雷山南麓的瓦屋湾、朱家垴、秋家山、贺家嘴、花家嘴，西山南麓的郭家垴、麻家垴及华容乡的冯家嘴、徐家湾等墓地清理发掘六朝墓葬75座。

1956年6月—1957年，派员参加中国科学院考古研究所湖北发掘队对京山屈家岭遗址进行的第二、三次发掘。形成了《京山屈家岭》考古报告，报告中首次提出了“屈家岭文化”

的命名。

1956 年 9 月，清理武昌洪山区河坡山东汉时期古墓葬。

1956 年 10 月，调查黄冈县牛角山新石器时代遗址。

1956 年 12 月，湖北省文物管理委员会对武昌莲溪寺东吴墓进行了清理。出土的铅券上刻有“永安五年”等字。

1956 年，湖北省博物馆文物考古队参与对黄冈螺狮山新石器时代遗址进行的发掘。

1956 年，为配合石龙过江水库工程建设，湖北省文物管理委员会对石家河遗址群的罗家柏岭、贯平堰、三房湾、石板冲遗址进行发掘。

1957 年 2—3 月，湖北省文化局参与中国科学院古脊椎动物与古人类研究所主持的长阳人遗址调查发掘，发现 1 枚人类左下第二前臼齿化石和较多的动物化石。

1957 年 3 月，湖北省文物管理处、湖北省博物馆筹备处专业人员对发现的红安金盆遗址进行小规模发掘。清理出建筑基址、墓葬等，出土较多陶器和少量石器、玉器、铜器等，分属新石器时代、周代。

1957 年 6 月，湖北省文物管理委员会在随县发现旧石器，这是湖北乃至长江流域首次发现旧石器。

1957 年，湖北省博物馆对襄阳三步两道桥遗址进行调查。此遗址类似屈家岭文化或晚于屈家岭文化遗存。

1957 年，黄冈县（今黄冈市）文化部门和湖北省文史馆在黄冈对战国禹王城进行了初步调查。此古城有多种名称，如禹王城、汝王城、吕阳城、永安城、邾城等。此城址可能是战国时代之邾国故址。

1957 年，调查随县宋代壁画墓 1 座。

1958 年 4—7 月，为配合鄂城钢铁厂和鄂城水泥厂等建设，湖北省博物馆、鄂城县文化馆在鄂城西山山麓和武（汉）黄（石）公路西侧发掘六朝墓葬 63 座。

1958 年夏，中国科学院考古研究所湖北工作队率湖北省文物管理处人员在蕲春毛家咀发掘清理出西周木构建筑遗址。

1958 年 7 月，湖北省文物管理委员会在英山、浠水进行调查，发现东周遗址 7 处。

1958 年 11 月—1959 年 4 月，中国科学院考古研究所长江工作队带领湖北省文化厅组建的文物分队在丹江口乱石滩新石器时代遗址进行三次发掘。

1958 年 11—12 月，湖北省博物馆在武汉市发现战国时期楚文物，这是新中国成立后武汉市首次发现楚墓与楚文物。

1958 年—1962 年，为配合丹江水库一期蓄水淹没区建设，湖北省博物馆文物考古队在丹江库区进行调查与发掘工作，参加人员共 30 余人，主要是普查库区文物古迹和对文物古建筑进行搬迁；同时，还配合省级各项基建工程开展考古工作。

1959 年冬，为配合丹江水库一期蓄水淹没区建设，湖北省博物馆文物考古队主持发掘均县（今丹江口市）观音坪遗址。清理出新石器时代仰韶文化、屈家岭文化和周代文化遗存。

1960年2月，中国科学院考古研究所湖北工作队主持对1956年发现的武昌放鹰台遗址进行调查性勘探，湖北省文物管理委员会派员参加。1965年5—11月，因国防工程需要，湖北省博物馆文物考古队组织专业人员对该遗址进行发掘。清理出新石器时代屈家岭文化、西周文化遗存和宋代墓葬。

1960年2—5月，湖北省文物管理委员会在松滋大岩嘴清理东周土坑木椁墓27座、汉代砖室墓2座。

1960年3月，湖北省文物管理委员会对京山朱家咀新石器时代遗址进行第一次发掘，在遗址北部获得了大批文化遗物。

1960年，为配合武（汉）黄（石）公路扩建和韩溪公路修建工程建设，湖北省博物馆、鄂城县博物馆共清理六朝墓5座。

1961年8月，湖北省博物馆对汉阳东城垸纱帽山遗址进行调查和探掘，发现商周遗存和新石器时代遗物。1965年，遗址附近出土了商代天兽御铜尊。

1961冬—1962年秋，湖北省文化局文物工作队与荆州地区（今荆州市）、江陵县（今荆州区）文化部门对江陵太晖观楚墓进行了清理发掘。发现楚墓100余座，先后清理发掘了10座，出土随葬品共80余件。

1961年11月、1963年1月，湖北省文物管理委员会对宜城楚皇城进行两次调查。确定城址时代上限可至战国，下限应在两汉。

1961年，楚纪南故城被公布为第一批全国重点文物保护单位。同年10月，湖北省文物管理委员会和湖北省博物馆设立江陵工作站。同年11月，湖北省博物馆考古队会同荆州地区（今荆州市）和江陵县（今荆州区）文化部门对江陵城西战国墓、唐墓进行清理。清理了战国墓3座，唐墓1座。唐墓随葬器物有开元通宝钱及漆器等。

1961年，调查浠水县4月12日出土青铜器的情况。

1962年12月5日，鉴定江陵万城出土的18件铜器，这批铜器属于西周早期。

1962年12月—1963年，在江陵葛陂寺清理了楚墓14座。其中34号墓出土了随葬器物共20余件，出土的虎座鸟架鼓为湖北省首次发现。

1962—1965年，湖北省博物馆在江陵发张家山发掘80余座楚墓，出土随葬器物共500余件。

1963年6月，为配合楼子湾渠道工程建设，湖北省博物馆文物考古队在盘龙城遗址之楼子湾遗址处进行小规模发掘，清理墓葬5座、灰坑2座、坑形遗迹1处，出土青铜器38件。

1963年6月，在武昌卓刀泉的华中师范学院附属中学操场发现墓葬，湖北省文物管理委员会调查并清理南宋墓2座。出土随葬品共600余件，其中墓志铭、影青瓷器等较为重要。

1963年12月，孝感野猪湖围垦工程中发现战国蚁鼻钱五千枚，总重量21.5公斤，湖北省博物馆收集入藏4632枚，伴出的还有铜弩机2件。

1963 年，湖北省博物馆、北京大学历史学系对鄂州吴王城进行调查。

1964 年 1 月，湖北省文物管理委员会调查宜都甘家河新石器时代晚期遗址。

1964 年 1 月，在江陵拍马山地区清理发掘楚墓 13 座，出土文物 90 余件。其中 4 号墓出土的瑟为湖北省首次发现。

1964 年 4 月，湖北省文物管理委员会清理发掘麻城北宋夫妇分室合葬石室墓一座，面积近 20 平方米，均用麻石砌成。重要的随葬品有墓志铭、影青瓷器、铜镜、石砚等。

1964 年 10 月起，湖北省文物管理委员会在随县调查时，发现多地近年来暴露的多座砖室墓。1964 年 10 月，在厉山古城岗清理 1 座砖室墓；1965 年 2 月，在万店塔儿湾清理 1 座砖室墓；1965 年 3 月，在唐镇清理了 3 座多室砖墓。均出土陶器、铜器及铜钱等，时代为东汉三国时期。

1964 年 11 月，湖北省文物管理委员会在武昌东北郊清理 1 座六朝多室砖墓。出土青瓷器和莲花、忍冬纹砖等。

1965 年 4 月，湖北省博物馆在汉阳蔡甸清理 1 座六朝砖室墓。出土青瓷器、铜器、铁器等。

1965 年春，清理江陵县将台区宋墓 1 座。

1965 年 11 月，调查清理武汉市汉桥区（后并入洪山区）十里铺北宋墓葬 1 座，出土随葬器物 44 件。

1965 年 10 月—1966 年 1 月，湖北省文物管理委员会、湖北省博物馆和江陵（今江陵区）、荆门（今荆门市）两县文化部门对江陵望山 1 号、2 号和沙冢 1 号墓进行清理发掘。出土随葬器物 800 余件，其中竹简、越王勾践剑、错金银带钩、彩绘木雕小座屏、人骑骆驼铜灯、玉佩、彩绘木雕箭箙等最为重要。湖北省第一批竹简亦出土于望山 1 号墓。

1965 年，湖北省博物馆江陵工作站对江陵张家山遗址进行试掘，出土有新石器时代至商周时期的文化遗物。

1965 年，湖北省博物馆会同武汉测绘学院测绘了纪南城址 1/2000 现状地形图，并将整个城址分为 27 个考古大方，每个大方分四个小方。1965 年夏—1966 年春，对城西进行勘探。并在纪南城内陕家湾发掘春秋楚墓，M1 时代可定为春秋中期偏早（或春秋早期），这是纪南城内目前所见时代最早的一座楚墓；在纪南城内东南部（松柏区）范家垸发掘了一座窑址（编号为松 YI），在纪南城内东南部的余家湾发掘了一座水井（编号为松 -J2），时代为战国时期。

1966 年 7 月，在京山县檀坪坝镇苏家垄出土 97 件青铜器，包括容器 33 件，兵器、车马器等 64 件，其中有“曾仲斿父”器多件，证明该墓的墓主人就是曾仲斿父。

1967 年—1976 年间，为配合鄂城钢铁厂、八一钢铁厂、西山铁矿、武大铁路、湖北省冶金公司、鄂城化肥厂等基建工程，在西山南麓及以南的区域发掘六朝墓葬 200 座，主要由考古短训班培养的 60 余名民工承担，湖北省博物馆派员进行了指导。

1967 年 11 月，湖北省博物馆会同黄石市文教部门在西塞山东麓清理发掘汉到宋代窑藏古代铜钱 11 万公斤，其中还有少量辽、西夏、金国的钱币。

1968 年 8 月，在湖北省西部地区第一次发现了对人类进化问题研究有重大参考价值的巨猿牙齿化石。

1969 年 8 月，枝江百里洲出土一组春秋早期青铜器，湖北省博物馆派人调查。

1970 年 1 月，湖北省博物馆和宜昌市文化馆对宜昌一中三国吴墓进行清理发掘。为双室砖墓。出土有瓷器、陶器、铜器、铁器和玉石器等共 68 件，其中青瓷人顶灯和羊形虎子较为重要。

1970 年 3 月，湖北省博物馆在江陵楚纪南故城附近发现战国时期楚国彩绘石编磬 25 件。

1971 年底—1972 年 2 月，湖北省博物馆会同荆州地区博物馆、江陵县文物工作组在江陵拍马山发掘东周墓 27 座。最为重要的有“鄀君用宝”铭文铜戈、“卅四年”铭文铜戈和 2 件彩绘鹿鼓等。

1971 年 12 月至 1972 年春，湖北省博物馆参与大冶石龙头遗址发掘，首次发现远古人类劳动用的石器，为了解华中地区旧石器时代早期文化提供了重要资料。

1971—1972 年，湖北省博物馆在宜昌前坪发掘战国、两汉墓。

1972 年春，湖北省博物馆会同华中师范学院历史系近代史组，初步调查阳新半壁山太平军千人塚遗址；在宜昌举办第二期文物考古干部训练班，于当阳境内的沮河下游调查发现王家台新石器时代遗址，陆家滩东周遗址，陈家坡东周墓地，火星村、友谊村等地东汉遗存。

1972年6月，调查随县均川区熊家老湾1970年出土的铜器6件和1972年出土的铜器9件。

1972 年 10 月—1973 年 11 月，湖北省博物馆与襄阳地区、襄樊市、襄阳县文化部门以及武汉大学历史学系和湖北省文物考古训练班发掘襄阳山湾楚墓，其发掘中、小型楚墓33座，秦墓 1 座，出土随葬器物等共 430 余件。其中有邓公乘鼎、上鄀府簠、楚子敦、子季嬴青簠等铭文铜器，2 件镰刀，为湖北省首次发现。

1972 年 11 月—1973 年春，湖北省博物馆江陵工作站在江陵纪南城发掘南垣水门木构建筑，推测可能与奠基有关。

1972年12月，湖北省博物馆等单位在云梦大坟头发掘西汉早期木椁墓，出土文物150余件。

1973 年 1 月—1974 年春，湖北省博物馆发掘襄阳蔡坡战国楚墓 11 座，4 号墓较大，出土有蔡公子姬安缶、徐王义楚剑等铭文铜器。

1973 年 2 月，湖北省博物馆主持在郧县砖瓦厂清理了唐嗣濮王李欣墓。

1973 年 3 月，房县城关镇发现古墓，湖北省博物馆派员会同房县文化局清理东汉、六朝砖室墓 5 座，出土“阳嘉元年”“本初元年”“建宁二年”“熹平五年”纪年砖等。

1973 年 3 月，湖北省博物馆、天门县文化部门在天门李场进行调查时，发现兴隆大队赵家岭渠道线上有 3 座残墓，随后进行了清理，时代为六朝时期。

1973年3月，湖北省博物馆、荆州地区博物馆对江陵藤店1号墓进行发掘，出土随葬器物共300余件。其中越王州勾铭文铜剑和竹简、皮甲、漆盾、皮手套较为重要。

1973年3月，湖北省博物馆江陵考古队、华中师范学院历史系对江陵太晖观50号楚墓进行发掘。出土随葬器物共25件。

1973年4月，当阳赵家湖溢洪道开挖时发现墓葬。湖北省博物馆与当阳县文化部门对该墓地进行发掘，共有东周墓葬7座。

1973年9月，湖北省博物馆会同宜昌地区文物工作队，北大、武大历史学系考古专业部分师生，试掘当阳季家湖楚城遗址。

1973年9月，湖北省文物工作队发掘汉川南河公社乌龟山西周文化遗址。

1973年9月，湖北省博物馆在枣阳段营清理1座曾国墓葬。出土铜容器、兵器、车马器等随葬器物共280件，铭文显示属曾国铜器。

1973年9—11月，湖北省博物馆、荆州地区博物馆在江陵凤凰山发掘西汉墓9座。出土随葬器物共900余件，其中竹简400多枚，漆器260余件，木俑70余件。随葬的成批简牍不仅数量多，且内容亦很重要；大批彩绘漆器和木雕制作彩绘精致，其中彩绘漆龟盾最为珍贵。

1973年10—11月，中国历史博物馆考古部与湖北省博物馆会同黄石市、大冶县有关单位对大冶铜绿山矿冶遗址进行调查，发现了井巷、冶炼遗迹和较多铜、铁及木制开采工具，确认属东周时期古铜矿遗址。1979年冬至1980年春，在该古矿冶炼遗址上开展大规模考古发掘，清理出春秋至汉各种木架支护的采矿井巷数百条，竖井、斜井、平巷纵横重叠，出土生产工具上千件，并发掘出春秋时代的炼铜竖炉8座。

1973年12月，在光化五座坟发掘两汉墓7座。

1973年底，为配合洪湖防洪排涝和兴筑主隔堤工程，在监利县柳关和福田发现2处新石器时代遗址。湖北省博物馆、荆州地区博物馆、监利县文化部门联合对两处遗址进行了调查和试掘。

1973年，湖北省博物馆、武汉大学历史学系联合举办文物考古训练班在襄阳山湾第六新生砖瓦厂调查发现了几件打制石器。

1974年2月，湖北省博物馆、黄石市博物馆、大冶县文化馆在大冶铜绿山清理发掘1号矿体的12号勘探线和24号勘探线的两处古代矿井（俗称老窿）。12号线为春秋墓葬群，24号线为战国墓葬群。

1974年3月，枝江砖瓦厂取土时发现墓葬，湖北省博物馆、宜昌地区文教局、枝江县文化馆清理西汉土坑墓1座、西晋砖室墓3座。

1974年上半年，湖北省博物馆文物考古队在李家嘴清理一号墓，出土青铜器22件，这是当时所见较完整的一组商代二里岗期青铜礼器墓。1974年9—12月及1976年9—12月，以湖北省博物馆文物考古队与北京大学历史学系考古专业师生为主体，联合组成盘龙城考古发掘队，对盘龙城遗址进行了一次较大规模的发掘。解剖城垣探明了城垣的营建年代为商代二里岗期，城内发掘两座大型宫殿基址，清理了6座商代土坑墓，其中有大型奴隶殉葬墓一座，出土青铜器70余件。1975年，湖北省博物馆文物考古队建立盘龙城考古工作站。工作站建立后，在城址外围开展了一系列考古发掘工作。1979—1985年，在杨家湾、杨家嘴、李家嘴、楼子湾等遗址发掘房基、灰坑、灰沟、墓葬等遗迹，并对城壕进行了解剖。

1974年12月—1975年1月，调查和试掘松滋县桂花树新石器时代遗址。

1975年3月，湖北省博物馆，河南、湖南等省和上海市文物考古工作者及北京大学、厦门大学、四川大学、南京大学等校考古专业师生在江陵纪南城发掘大型宫殿基址1处；在城西发掘城门遗址1处（座）、铸造遗址1处，春秋时期墓7座；在城北清理调查水井156座，窑址4处。其中一剑上刻有“越王州勾剑”，是江陵出土的又一柄越王剑。

1975年3月，湖北省博物馆在郧县城关发掘唐濮王李泰墓。

1975年3—6月，由10个省市的文物科研单位和四所大学联合在江陵发掘凤凰山168号汉墓。江陵凤凰山168号汉墓的年代为汉文帝前元十三年（前167年），墓主的社会地位约为县令。出土时墓主尸体保存完好，是继马王堆女尸之后的又一重大发现。随葬器物共500多件，其中以漆木器为最多，比较精致的有彩绘大扁壶、卮、三鱼耳杯等。另外有墨书文字的天平、成套的文书工具和丝麻织物等亦较重要。

1975年6月，湖北省博物馆江陵工作站在江陵纪南城南垣东门外的安家岔清理东汉砖室墓1座。

1975年11月，会同随县文化馆调查随县出土的楚、曾、息国青铜器。

1975年11月至1976年2月，会同荆州地区文博干部发掘江陵雨台山楚墓558座，出土随葬器物4225件。

1975年冬，由于农田基本建设威胁纪南城城址，成立由国家文物局和地方负责人及专家组成的湖北省纪南城文物保护与考古发掘工作领导小组，时任省委书记韩宁夫为组长。湖北省博物馆邀请北京大学、吉林大学、南京大学、四川大学、厦门大学、中山大学、山东大学等七所大学考古专业师生，中国历史博物馆、国家文物局文博研究所以及上海、天津、湖南、河南、四川、山西、青海等七个省市的文物考古工作者对纪南城进行大规模发掘，称“纪南城考古大会战”。此次发掘，全面勘探了纪南城城址，发掘了西垣北门、松柏30号台基、新桥陈家台遗址、城外毛家山遗址，发掘总面积7000余平方米；发掘城内东岳庙春秋墓地、凤凰山秦汉墓地、城东垣外雨台山墓地，发掘墓葬总数600余座。此外，还发掘大批水井、古窑址及文化堆积较厚的遗址多处。松柏30号台基发现了早、晚两期房屋建筑遗迹，其中属于战国早、中期的一座房屋屋顶为两面坡式。陈家台遗址发现了一座房屋、两座铸炉和五堆炭化稻谷遗址，是一处保存不完整的铸造作坊遗址。这次发掘，初步确定纪南城现存城垣兴建的年代为春秋晚期至战国早期，废弃年代在公元前278年秦将白起拔郢之时。

1975年12月—1976年1月，湖北省博物馆在云梦睡虎地发掘战国、秦、汉墓葬12座。

其中11号墓出土记载有秦始皇时代法律的《秦律》和《编年记》竹简1155余枚。

1975—1979年，湖北省博物馆当阳赵家湖附近金家山、郑家坳、李家垇子、杨家山、曹家岗等地发掘西周晚期至战国晚期楚墓297座。春秋中期的金家山9号楚墓保存较为完好。

1976年4月，在襄阳蔡坡清理一批战国墓葬，其中蔡坡12号墓最大，出土了吴王夫差剑等文物。

1976年春—1978年7月，湖北省博物馆、武汉大学历史学系考古专业和郧阳地区各县文化部门先后三次发掘房县七里河遗址，揭露了一批房屋基址、窖穴和墓葬，出土了大量遗物。遗存主体为新石器时代，并有东周、汉代遗存。

1976年冬—1977年夏，湖北省博物馆、四川大学历史系考古专业、襄阳地区文化局、宜城县文化局等单位联合勘察宜城楚皇城城址。同时在城外发掘古墓群3处，发现墓葬28座，发掘楚皇城战国秦汉墓14座，皆为楚墓。楚皇城遗址可能是春秋时鄢国都邑所在，年代上限可至春秋，下限可到秦汉以致更晚。

1976年，湖北省博物馆、武汉大学历史学系考古专业、房县文化馆对房县羊鼻岭遗址进行了调查，采集较多石器、陶器等，时代为新石器时代。

1976—1977年，中国科学院古脊椎动物与古人类研究所、武汉大学历史学系、湖北省博物馆等在郧西举办考古训练班，并在郧西城东神雾白龙洞采集到2枚人类牙齿化石，发掘了一批动物化石。

1977年6月，湖北省博物馆会同崇阳县文化馆调查在白霓公社汪家咀发现的商代铜鼓。

1977年10月—1978年1月，会同孝感地区博物馆和黄陂县文化馆清理调查黄陂鲁台山两周遗址、墓葬。调查了10余万平方米的遗址，并清理了古墓35座，包括西周墓葬共5座，东周墓葬共30座，其中有10件铜器有铭文。

1978年1月，湖北省博物馆和江陵县文化馆在江陵发掘武昌义地楚墓。清理发掘了楚墓15座，出土随葬的陶器、铜器、漆木器共300余件。

1978年1—3月，湖北省博物馆、荆州地区博物馆和江陵县文化馆发掘江陵天星观1号楚墓。出土随葬陶器、铜器、漆器和竹简等2440余件，其中以木甲、漆木盾、漆木龙首车辕、凤鸟悬鼓、漆木虎座飞鸟、漆镇墓兽、铜编钟、编磬和竹简等较为重要，特别是竹简材料，对楚史的研究有重要意义。

1978年3—6月，湖北省博物馆、武汉大学历史学系考古专业、襄阳地区博物馆和随县（今随州市）文化部门发掘曾侯乙墓，共出土乐器、礼器、兵器、金器、玉器、漆木竹器和竹简等1.5万余件，其中曾侯乙编钟、青铜尊盘、鉴缶、尊缶、鹿角立鹤、彩绘漆鸳鸯盒、绘有二十八宿天文图案的漆衣箱、十六节玉佩和竹简等最为重要。

1978年11—12月，湖北省博物馆和武汉大学历史学系考古专业、云梦县文化馆发掘云梦睡虎地、大坟头秦汉墓。出土随葬器等共523件，其中动物图案漆扁壶和银箔图案漆卮颇为珍贵。

1979年1月，为配合松柏大队修建抽水机站，江陵纪南城考古工作站发现古井18座，其中陶井15座、土井3座。发掘4座陶井，出土战国铁釜、坩埚和大量陶器等。

1979年4月，安陆县王子山发现大型砖室墓，湖北省博物馆工作人员在现场给予指导，孝感地区博物馆等进行清理。该墓由墓道、甬道、主室和四个侧室组成，出土釉陶器、铜器、金器、银器等200余件。出土墓志显示墓主为吴王恪之妻杨氏。

1979年7月，湖北省博物馆江陵纪南城考古工作站派员在秭归县文化部门的协助下，对秭归楚王城进行了初步的勘探调查工作，并对西城垣进行了部分解剖。

1979年9—11月　湖北省博物馆会同北京大学历史学系考古专业、武汉大学历史学系考古专业和宜昌地区（今宜昌市）文物工作队再次对当阳季家湖遗址进行了试掘。试掘面积350平方米，除发现新石器时代文化遗存外，主要发现东周城墙和城壕及房屋台基、散水、制陶作坊遗迹、窖穴等，出土了铜建筑构件及大量陶器。并在鲁家坟墓地发掘小型墓葬2座。

1979年10月，会同武汉市文物管理处、汉阳县文化馆于汉阳县探查1966年出土的商代晚期青铜器，在出土地点附近发现新石器时代遗址。

1979年10—11月，湖北省博物馆、中国科学院考古研究所、四川大学历史系考古专业对宜昌中堡岛新石器时代遗址进行多次调查，发掘面积255平方米。遗址遗物包含大溪文化第二至四期文化遗存，屈家岭文化遗存和二里头文化时期的遗存。遗址中的大溪文化遗存占主要地位。

1979年10—11月，湖北省博物馆文物考古队协助武汉市文物管理委员会等在汉阳县发现陈子墩新石器时代遗址。

1979年11月—1980年初，湖北省博物馆和荆州地区（今荆州市）博物馆、江陵县文化馆对江陵纪南城松柏鱼池进行探掘。1980年还发掘出了墙基、散水、下水道、水井等遗迹，证明此处在春秋战国时期是居民区或街道的一个组成部分。

1979年，湖北省博物馆调查发现鄂城县梁子湖畔的唐末五代瓷窑遗址、武昌县湖泗公社的古瓷窑群遗址。

1980年3—4月，北京大学考古专业，武汉大学考古专业，湖北省博物馆，宜昌地区文物工作队及远安、当阳文化局组成联合考古调查队，对远安、当阳境内沮、漳河两岸进行考古调查，发现新石器时代大溪、屈家岭、石家河文化和东周时期遗址13处。同年6月，对杨木岗、冯山遗址进行了试掘。

1980年8—12月，为配合江陵皮革厂基建工程，湖北省博物馆江陵纪南城考古工作站在江陵溪峨山发掘了战国小型楚墓6座，出土铜器、陶器、漆木器等随葬器物100余件，其中双戈同柲的戟以及有朱书文字的木俑较为重要。

1980年，果酒岩村发现人骨化石后，湖北省博物馆派人调查，收集到重要的人骨化石材料，随后进行清理，发现人头骨、肢骨化石碎片及共生的哺乳动物化石等。

1980年，湖北省博物馆在石家河遗址群的谭家岭、土城遗址进行了小面积的发掘。

1980—1983年，南京大学历史学系考古专业两次考古实习在鄂城进行，在鄂城西山南麓、洋澜湖西岸、雷山南麓等多处发掘六朝墓51座，湖北省博物馆、鄂城县博物馆派员参加。自1956年以来，鄂州六朝墓共发掘近400座，至此，鄂城六朝墓葬群成为湖北乃至全国六朝墓葬较为集中、时代连续的区域。

1981年3—5月，湖北省博物馆考古部为配合葛洲坝蓄水工程建设，试掘秭归官庄坪遗址，发现了东周时期的楚文化遗存，其中有灰坑4个和一批春秋时代的陶器；发掘柳林溪遗址，清理出新石器时代早期文化层和商周文化层，新石器时代早期文化层出土了一批特色鲜明的新材料；试掘秭归龚家大沟遗址，发现的新石器时代遗物十分丰富，其文化面貌与大溪文化面貌比较接近，但也具有地方特点，遗址周围两汉及其以后的遗物较为丰富。

1981年4月，为进一步了解纪南城城内堆积，湖北省博物馆江陵纪南城考古工作站在城址内摩天岭一带进行调查试掘，判断这里是城内最早的居住区遗址；4月，在江陵纪南城陕家湾清理发掘了3座楚墓。

1981年5月，湖北省博物馆对江陵九店砖瓦厂春秋晚期、战国中晚期楚墓进行发掘，发掘了小型楚墓160余座。出土文物中最值得注意的有内容类似秦简《日书》的楚简、砝码、丝织物、刺绣、穿绣衣的歌舞木俑等。至1989年底，厂区共发掘墓葬600座、车马坑1座，出土了大量陶器、漆器、铜器、玉器等随葬器物。时代跨度自西周晚期至战国中晚期及唐代，这也是楚纪南城外墓葬最为集中的楚墓地之一。

1981年5—6月，湖北省博物馆、宜昌市文物管理处对宜昌市后坪战国墓、前坪东汉墓进行发掘。清理发掘墓葬6座，出土随葬器物共485件，其中铜钱362件。

1981年7月，湖北省博物馆、襄阳地区博物馆、随州市博物馆发掘随州擂鼓墩2号墓。出土随葬铜、玉、石器等共计2770件，其中编钟1套共36件，编磬12件，其他大件铜器50余件。

1981年8月，湖北省博物馆、襄阳地区博物馆、随州市博物馆组队对随州擂鼓墩2号墓进行了发掘。墓葬为岩坑竖穴木椁墓。出土各类随葬器物449件（套），包括九鼎八簋与36件编钟等重要礼乐器。

1981年，为配合自来水管道工程建设，湖北省博物馆、鄂城县博物馆对鄂州吴王城城址局部地段进行了解剖试掘；随后，湖北省博物馆又会同南京大学历史学系对城址进行了勘探，对北部江滩遗迹作了调查和清理。

1981—1982年，湖北省博物馆和宜昌地区（今宜昌市）博物馆、荆州地区（今荆州市）博物馆及武汉大学、北京大学对鄂西地区进行调查、试掘。新发现了相当于夏、商、西周时期的古文化遗存多处，从而填补了鄂西地区这一历史阶段考古遗存的空缺。

1982年1—2月，协助荆州地区博物馆发掘江陵马山战国中期1号楚墓。出土的大量珍贵丝织物，是继长沙马王堆一号汉墓之后发现的又一座“丝绸宝库”。

1982年1—6月，湖北省博物馆、天门县文化馆在天门发掘谭家岭遗址。发现了红陶系文化遗存、屈家岭文化遗存和石家河文化遗存，其中石家河文化遗存最为丰富。

1982年3月，湖北省博物馆、黄冈地区博物馆和黄冈县文化部门共同组织的考古发掘队在黄州国儿冲发掘长方形竖穴土坑墓5座，出土铜器、陶器、漆器、玉器等随葬器物150余件。这是鄂东地区首次科学发掘的几座楚墓，有一定的地方特色。

1982年夏，湖北省博物馆、黄冈地区博物馆和黄冈县文化部门联合组成的考古发掘队在黄冈黄州太平寺发掘西汉墓6座。出土随葬品共160余件，其中一号墓出土器物60余件。还出土了具有西汉特点的蟠螭纹铜镜、五铢钱。

1982年10月、1983年4月，湖北省博物馆、北京大学考古系、宜昌地区博物馆、宜都县文化馆对宜都县城背溪遗址进行两次复查。1983年10月，湖北省博物馆主持对该遗址进行发掘，清理出新石器时代、夏商时期文化遗存。其中新石器时代文化遗存丰富，并确认其为一种新的文化，且相对年代早于大溪文化，为探索湖北西部新石器时代早期文化提供了实物资料。

1983年2—3月，湖北省博物馆会同鄂州市文化部门在鄂城清理发掘了晋墓2座，分别为多室、单室砖墓，出土瓷器、铜器、铁器、金银器、漆器等随葬器物44件。

1983年4月，湖北省博物馆派员直到随州擂鼓墩砖瓦厂十三号楚墓发掘。该墓为竖穴岩坑墓，出土铜器、陶器、漆器等随葬器物，时代为战国中期。

1983年4—9月，为配合武汉至大冶并向东延伸到江西省九江县沙河镇铁路建设，由湖北省文化局组织，湖北省博物馆主持联合黄石市、大冶县、咸宁地区、阳新县等地文博单位组成“大沙铁路文物保护工作队”，对该铁路湖北段进行专项调查，发现了多个遗址、墓地。1984年3月—1985年1月，对处于铁路正线上的阳新县大路铺遗址进行第一次发掘，发掘工作分三个区进行。

1983年9—11月，湖北省博物馆、北京大学考古系、宜昌地区（今宜昌市）博物馆和宜都县文化馆联合组成宜都考古发掘队对宜都石板巷子新石器时代遗址进行发掘。清理出灰坑、灰沟，出土了大量陶器和少量石器，陶器风格具有较为鲜明的特色。

1983年11月，湖北省博物馆考古部对江陵马山楚墓进行清理。共清理4座楚墓，其中5号墓出土2件铜矛，1件器身上镌错金铭文两行八字“吴王夫差，自仁（作）甬（用）囗”。1984—1985年，湖北省博物馆江陵工作站配合马山砖瓦厂又发掘了8座楚墓，并在其西的联山林场发掘2座楚墓，时代为战国时期。

1984年2月，湖北省博物馆在广济县（今武穴市）发现西周晚期和春秋时期青铜甬钟23件、句鑃2件。

1984年6月及稍晚时间，为配合长江三峡大坝动土工程，湖北省博物馆会同宜昌县文化部门对宜昌县太平溪区覃家沱附近的覃家沱、黄土包、小溪口遗址等进行了发掘，遗址主要时代为周代。

1984年6月、10月，为配合长江三峡大坝动土工程，湖北省博物馆江陵纪南城考古工作站两次对宜昌伍相庙遗址进行发掘，出土较多的陶器和石器等，属大溪文化遗存。

1984年6—7月，为配合荆沙棉纺厂综合大楼及附属建筑工程建设，湖北省博物馆江陵纪南城考古工作站负责对沙市官堤遗址进行发掘。发现有灰坑，出土有卜甲、铜镞及陶器等。时代为商代，与周梁玉桥遗址风格接近。

1984年夏—1986年，为配合三峡工程坝区建设，湖北省文物考古研究所主持对宜昌三斗坪遗址进行三次发掘。清理出大溪文化灰坑2座、灰沟1条、墓葬8座，商周残房基1座、灰坑5座。出土较多大溪文化陶器、石器、骨器和商周陶器等。

1985年3—7月，湖北省博物馆、郧县博物馆和郧阳地区所属县文化部门对郧县东汉、唐墓进行发掘。东汉墓2座，单室砖墓，出土有陶器、铜器、铁器及铜钱等随葬器物；唐墓2座，室内皆有壁画，出土随葬器物100余件，分别出土的阎婉、李徽墓志较重要。阎婉为唐太宗次子李泰之妻，李徽为李泰次子。

1985年5月，为配合三峡大坝工程建设，湖北省博物馆分派五个小组组成三峡考古发掘队前往三峡地区进行考古调查，南岸上自茅坪，下至清水滩；北岸上自伍相庙，下至乐天溪，除确认之前调查的结果外，还新发现了基础遗址。五个小组还分别选点，如对宜昌县杨家嘴商代遗址等进行了考古发掘。

1985年6月—1994年6月，为配合三峡工程建设，湖北省博物馆文物考古队、湖北省文物考古研究所先后在宜昌杨家湾遗址进行了七次发掘，发掘总面积逾5000平方米。清理出大量遗迹，出土大量遗物。遗存分属新石器时代大溪文化、屈家岭文化及西周、东周时期。在大溪文化层发现的刻画符号十分重要。

1985年下半年—1986年下半年，为配合葛洲坝工程建设，湖北省博物馆考古部两次发掘宜昌县白庙子新石器时代晚期遗址，清理出房基、灰坑、灰沟等遗迹，出土石、陶器等遗物。此遗址与湖北境内同期的其他遗存相比，具有比较明显的特点。同时，抽调人员发掘了邻近的窝棚遗址，清理出新石器时代城背溪、大溪文化和商周文化遗存。

1985年10月，湖北省博物馆、黄冈地区博物馆、黄梅县博物馆在黄梅县发掘西池、孔垅明墓。西池明墓出土保存完好的毛笔、礼帽（外帽）、竹席和丝绸衣服等文物。

1985年11月—1986年3月，湖北省博物馆江陵纪南城考古工作站在江陵县毛家园发掘1号西汉墓，出土了大批文物，其中漆器和竹简保存较好，74枚竹简内容为《遣策》；1件木牍自名“碟书”，内容系告地下官吏书。并清理了新莽时期砖、木结构墓和东汉砖室墓各1座，明墓2座。

1985年12月—1986年1月，湖北省博物馆、阳新县博物馆对阳新港下古矿井遗址进行发掘。矿井结构特征清楚，别具一格，出土了较多的采矿工具。古铜矿遗址的保存情况较大冶铜绿山更为理想，是继铜绿山古矿冶遗址之后的又一重要发现。其时代约为西周晚期或春秋早期。

1986年1月—1987年6月，为配合荆沙铁路工程建设，湖北省文化厅组织湖北省博物馆、荆州地区博物馆、荆门市博物馆、沙市市博物馆、江陵县文物局组成荆沙铁路考古队，对铁路沿线进行大规模钻探和发掘。共发掘古遗址9处，面积4040平方米；古墓地12处，墓葬419座。包括新石器时代大溪文化遗存彭家湾，石家河文化遗存肖家湾、何家湾遗址，东周遗址有胡家岗、简家湾、铁匠湾、汉沙路立交桥、同心村等五处，六朝至隋唐古城遗址有邵家咀；发掘楚墓地主要有包山、雨台山、秦家咀墓地，秦汉墓地有白庙山、郢东、二龙戏珠墓地等。最重要的发现无疑是包山二号墓，该墓规模大，出土竹简444枚和有彩画的漆奁等大批珍贵文物，简文证实墓主为楚国左尹邵㧊。雨台山M21出土墨书音律名的残竹律管，其音律名与曾侯乙墓编钟上的音律相吻合；M10出有十一枚圆形有孔的小金首饰，这在楚国的小墓中尚属首次发现。

1986年4月10月，湖北省博物馆调查并参与发掘房县樟脑洞旧石器时代遗址，出土2000余件石制品和哺乳动物化石13种。

1986年5月，湖北省博物馆在武昌傅家坡清理1座宋墓，为单室砖墓，出土有绿釉魂瓶，瓷碗、钵、罐，天禧通宝铜钱，石墓志等。

1986年上半年、1987年下半年、1988年，湖北省博物馆、郧阳地区博物馆、房县文化馆先后三次在房县桃园村发掘战国、西汉、东汉墓58座。出土陶器、铜器、铁器、漆器及铜钱等较多随葬器物。

1986年秋，湖北省博物馆对丹江口石鼓后山坡收集到的哺乳动物化石资料进行初步认定。1987年7月，湖北省博物馆、丹江口市博物馆对现场进行了调查，发现了旧石器时代动物化石和一批石制品，初步认为其时代可能属中更新世晚期或晚更新世早期，为寻找古人类化石提供了线索。1988年6—7月，湖北省博物馆和丹江口市博物馆联合发掘石鼓旧石器时代遗址，出土有石制品和动物化石。1990年，湖北省文物考古研究所主持再次发掘，出土石制品7000余件。

1986年9月，为配合大（冶）沙（河）铁路工程建设，湖北省博物馆与地、县文物部门组成大沙铁路阳新工段考古队，对阳新凤凰头墓地进行发掘，清理明墓5座，出土有墓志等；1988年2月，考古队对坳上湾墓地进行发掘，清理宋墓1座、明墓4座。

1986年9—10月及1987年2—3月，湖北省博物馆主持对枝城九道河旧石器时代遗址进行了三次发掘，出土石制品500余件，还有多种哺乳动物化石。

1986年10月，为配合三峡大坝工程建设，湖北省博物馆对宜昌朱家台遗址进行发掘，清理出新石器时代、东周文化遗存。

1986年11—12月，为配合三峡工程坝区建设，湖北省博物馆主持发掘宜昌县太平溪镇白狮湾遗址。清理出新石器时代墓葬13座，出土新石器时代陶器、玉器、石器、骨器，商周陶器等遗物。

1986年冬、1988年夏，湖北省博物馆江陵纪南城考古工作站两次对江陵朱家台遗址进行调查，确认其为新石器时代遗址。

1987年3—5月，湖北省博物馆、郧阳地区博物馆、丹江口市博物馆组队在丹江口嚣川发掘战国两汉墓 29 座。

1987 年 3—12 月，由湖北省博物馆牵头成立（1989 年后由湖北省文物考古研究所负责）的湖北省清江隔河岩考古队对长阳西寺坪遗址进行发掘。清理出灰坑、房基、墓葬和红烧土遗迹等，出土了丰富的陶器、石器、骨器及部分动物骨骼等。属新石器时代大溪文化。

1987 年 9—12 月，北京大学考古系、湖北省博物馆、荆州地区博物馆成立联合考古队，对天门石家河新石器时代遗址群的邓家湾、谭家岭、肖家屋脊遗址进行发掘，获得了一批考古资料及许多重要发现。

1987 年 11 月，湖北省文化艺术学校新建楼房施工中发现墓葬，湖北省博物馆进行发掘。清理了 3 座南朝墓。

1987 年 11—12 月，湖北省博物馆对纪南城新桥鱼池清淤范围内的 27 处文物堆积点进行调查，发现了一批遗迹，清理陶窑 4 座、古井 20 座、灰坑 12 座等。时代为春秋晚期至战国晚期早段。

1987 年 11 月—1988 年 11 月，湖北省清江隔河岩考古队对长阳千渔坪、沙嘴、外村里等遗址，州衙坪、固仓坪、静安、天池口等墓地进行发掘。千渔坪遗址清理出墓葬等遗迹，出土石器、陶器、玉器等，时代为汉魏六朝时期。沙嘴遗址出土陶器、石器及动物骨骼等，时代属新石器时代大溪文化早中期。外村里遗址清理出墓葬、作坊、房基、灰坑等遗迹，出土新石器时代陶器、石器；战国陶质生活用器、建筑材料及石、陶、铜、铁、骨质生产工具和铜蚁鼻钱、镞等，推测该遗址为清江流域战国瓦业生产基地。州衙坪墓地清理六朝砖、石室墓 10 座。固仓坪、静安墓地各清理六朝砖室墓 2 座。天池口墓地清理东汉砖室墓 2 座、唐墓 1 座。

1987 年 11 月—1989 年 3 月，湖北省文物考古研究所主持对武穴挂玉山遗址进行发掘。清理出墓葬 113 座、灰坑 133 座，出土了一批陶器、石器、玉器等。时代属新石器时代晚期，以屈家岭文化和薛家岗类型因素居多，还有长江中下游其他文化的影响。

1987 年，湖北省博物馆、郧阳地区博物馆、丹江口市博物馆对丹江口北泰山庙墓地进行第一次发掘，清理出战国两汉墓葬 40 余座。

1987—1988 年，湖北省博物馆主持在随州师范学校（义地岗墓群）发掘战国时期中小型墓葬 57 座。

1988 年 10 月—1989 年 1 月，湖北省博物馆主持对云梦楚王城遗址进行两次发掘，并进行了调查，确认了楚王城的面积与布局及使用年代。清理出战国、汉代、唐宋时期遗存。

1988 年冬，江陵纪南城内松柏、新桥、纪城、徐岗四村兴建鱼池，施工中暴露大量遗迹遗物，湖北省博物馆、荆州市博物馆、江陵文物局组成考古组进行调查、勘探、发掘工作，清理出建筑台基、制陶作坊、古河道等。时代为战国早中期。

1988 年 12 月—1989 年 1 月，湖北省文物考古研究所在江陵县发现楚都纪南城宫殿遗址。

1988 年、1989 年、1995 年，湖北省清江隔河岩考古队对长阳香炉石遗址进行了三次发掘，清理出多座崖墓。遗址地层堆积厚，出土遗物十分丰富，包括石、骨、陶质生产工具，生活用器及兵器、装饰品等近万件，还有1200余件兽骨及43片甲骨。时代跨度自夏末至东周。其文化因素较为复杂，以陶釜、罐、尖底杯为主，经研究是一支具有强烈地方特色的文化类型——香炉石文化，即早期巴文化。

第二阶段（1989年1月—2022年9月）

1989年4月，湖北省文物考古研究所成立并与湖北省博物馆分离，独立承担全省文物考古工作。

1989年3—12月，湖北省文物考古研究所在武昌梁子湖发掘宋代瓷窑址。梁子湖瓷窑的发掘，填补了湖北陶瓷考古的空白。

1989年5月，湖北省文物考古研究所、郧阳地区博物馆在郧县弥陀寺发现直立人头骨化石，即郧县人1号头骨化石。

1989年5—7月，湖北省文物考古研究所在云梦发掘楚王城城址东周两汉遗存。这次发掘为研究楚王城（至少是西城区）的沿用、废弃情况提供了较好的资料。

1989年6—7月，为配合谷城过山砖瓦厂取土，湖北省文物考古研究所、谷城县博物馆对谷城过山墓地进行发掘。清理战国墓2座，西汉墓4座，不明时代墓葬1座。

1989年7—8月，湖北省文物考古研究所主持对屈家岭新石器时代遗址进行第三次发掘，清理13座墓葬和两期文化堆积。此次发掘不仅丰富了屈家岭文化早期内涵，而且在屈家岭文化早期地层之下又发现了一期时代更早的文化遗存，它的发现对于探讨屈家岭文化渊源及发展无疑至关重要。

1989年10—12月，为配合云梦县公安局“三所”建设，湖北省文物考古研究所主持在云梦龙岗发掘9座秦墓，其中出土的100余件竹简和一件牍最为珍贵，简、牍内容为秦代法律文书；1991年10—11月，为配合梦泽大道建设，对龙岗墓地进行第二次发掘，清理墓葬6座，时代为战国晚期至西汉早期。

1989年10—12月，湖北省文物考古研究所、宜城县博物馆在宜城罗岗发掘楚国车马坑，发现东周时期楚国的车7辆，驾车的马18匹，它是湖北省当时发现规模最大的一处车马坑。

1989年冬，湖北省文物考古研究所盘龙城考古工作站在杨家湾、西城垣处各发掘1座商代墓葬。

1989年11月—1990年1月，湖北省文物考古研究所主持对襄阳真武山遗址进行发掘。清理出灰坑67座、水井3口、房基9座，出土大量陶器和少量石器、铜器、卜骨等，其中一片有字卜骨罕见。时代自西周中期至战国中期。遗址上清理出汉墓9座、宋明墓4座、时代不明墓葬1座。

1989年11—12月，湖北省文物考古研究所、黄冈市博物馆在黄冈龙王山砖瓦厂清理战国楚墓1座，出土陶容器、铜兵器等。

1989年12月—1990年1月，湖北省清江隔河岩考古队对长阳深潭湾遗址进行发掘。清理了一批崖葬墓，可能是早期巴人墓葬。出土了较为丰富的陶器、石器、骨器和动物骨骼等。遗存时代分属新石器时代大溪文化早期和商末至春秋时期。

1990年5—6月，湖北省文物考古研究所、郧阳地区博物馆、郧县博物馆在郧县学堂梁子进行第一次发掘，发现了郧县人2号头骨化石。

1990年夏—1991年初，湖北省文物考古研究所、武汉市博物馆、武昌县博物馆在武昌县龙泉山发掘明代楚昭王墓，出土了一批明代初期珍贵文物。

1990年7月，中国科学院古脊椎动物与古人类研究所、美国耶鲁大学、湖北省文物考古研究所联合调查建始巨猿洞化石地点，获取了一批动物化石。

1990年秋、冬，湖北省文物考古研究所、阳新县博物馆在阳新县白沙大路铺遗址进行第二次发掘，发现了鄂东南地区自新石器时代屈家岭文化时期至东周连续有序的文化堆积，为建立该地区的考古学年代序列创造了一定条件。在商代文化层中出土较多炼渣，这不仅说明该地区采矿炼铜较早，同时也为了解以大冶铜绿山古矿冶遗址为中心的古矿冶遗存分布面提供了重要资料；出土的商代漆器为湖北省首次发现，为进一步探讨漆器的产生、发展提供了重要线索。

1990年冬、1992年10—12月，湖北省文物考古研究所在江陵朱家台发掘新石器时代遗址，清理出大溪文化、季家湖类型文化遗存和东周、明代墓葬。

1990年—1998年，为配合江陵九店砖瓦厂取土，湖北省文物考古研究所继续主持对江陵九店施家地墓地进行发掘。共清理东周小型楚墓283座，出土陶器、铜器、漆木器、玉器等随葬器物2000余件。

1991年1月、1991年12月—1992年1月，湖北省清江隔河岩考古队发掘了长阳桅杆坪遗址。清理出墓葬、房基和灰坑等遗迹，出土遗物以石器、陶器居多。遗存时代分为新石器时代初期、前大溪文化时期、大溪文化早期、大溪文化中晚期、香炉石文化初期（早期巴文化初期）和战国时期等。其中新石器时代初期测年数据为距今10070±190年，是目前湖北地区最早的新石器时代文化遗存。

1991年3—6月，为配合湖北省大别山矿泉水厂建设，湖北省文物考古研究所主持对罗田庙山岗遗址进行发掘。清理出一批新石器时代、西周、春秋文化遗存，各时代遗存均具有自身的特点。

1991年7月，为配合三国赤壁之战遗址调查，湖北省文物考古研究所、咸宁市博物馆、蒲圻市博物馆组成联合调查组对蒲圻赤壁进行调查，在赤壁山确认新石器时代晚期和商周、汉代文化遗存。

1991 年 10 月，湖北省文物考古研究所主持在云梦珍珠坡发掘 2 座土坑竖穴墓，时代为秦末至汉初。

1991 年 11 月—1998 年 7 月，湖北省文物考古研究所主持对宜城跑马堤墓地分八次进行发掘。清理墓葬 54 座，时代为战国中期至东汉早期。

1991 年底—1992 年 2 月，湖北省文物考古研究所主持对麻城余家寨遗址进行调查、勘探，发现了新石器时代、商代文化遗存，初步判断遗址上有一座西周城址。

1992 年 3 月，湖北省清江隔河岩考古队在长阳南岸坪发现商周遗址并进行试掘，出土较多的陶器和少量石、铁器等，确认遗址时代为东周时期。1995 年 11 月、1998 年 12 月分别进行了第二、三次发掘，又发现了夏商时期遗存。该遗址是清江流域最大的一处遗址，目前已淹没进清江中。

1992 年 3—5 月，为配合黄（州）团（风）公路建设，湖北省文物考古研究所、黄冈市博物馆、黄州博物馆联合对黄州汪家冲墓地进行发掘。清理出东周西汉墓葬 90 座，出土较多的陶器等。

1992 年 4—6 月，湖北省文物考古研究所在天门邓家湾发掘新石器时代及周代遗址，发掘面积约 400 平方米，共清理不同时期的新石器时代墓葬 29 座、瓮棺葬 25 座、灰坑 14 座、建筑遗迹 5 处，并解剖了一段城墙，出土了大量遗物。

1992 年 4—6 月，湖北省文物考古研究所、宜城市博物馆对宜城桐树园遗址进行发掘。清理出灰坑，出土较多的陶器和少量铜器等。时代为东周。

1992 年 6 月，为配合云梦市政工程建设，湖北省文物考古研究所主持发掘云梦楚王城城址，重点解剖了中城垣，确认其筑造年代为西汉时期。

1992 年 11 月，为配合京九铁路建设，湖北省文物考古研究所会同武汉、黄冈及所辖县市文物部门对铁路沿线进行考古调查，取得了一批文物资料，共发现遗址 17 处、城址 2 处、墓地 27 处、文物采集点 7 处。

1992 年 12 月—1993 年 1 月，湖北省文物考古研究所、鄂州市博物馆在鄂城塘角头发掘六朝墓地，清理 12 座砖室墓，以 M8、M9、M10 三墓最具特色。这批墓葬的时代为孙吴早中期至南朝。

1993 年初—1994 年初，湖北省文物考古研究所对三峡工程海拔 177 米以下区域地面文物进行多次调查，共发现地面文物点 138 处，包括祠庙、民居、桥梁、石刻，以及古城门、城池、纪念建筑、亭、牌坊、井等。

1993 年 3—5 月，湖北省文物考古研究所组织三峡考古队，在宜昌三家沱遗址进行发掘，清理出灰坑、窑址、墓葬等遗迹，出土石器、陶器等，时代为汉代；在宜昌大坪遗址进行发掘，清理出文化层，出土较多的石器、陶器等，时代为肖家屋脊文化至二里头文化时期；在宜昌朱其沱遗址进行发掘，出土石质、陶质生产工具、生活用器，时代为东周。

1993 年 5 月，湖北省清江隔河岩考古队对长阳驰滩岩屋遗址进行试掘，发现早期巴文化遗物。2001 年 10 月，再次调查、清理，确认遗址为中期巴人文化遗存。

1993 年 6 月—1994 年 6 月，为配合京九铁路工程建设，湖北省文物考古研究所主持发掘黄梅焦墩新石器时代及周代遗址，发现了距今 6000 年的卵石摆塑龙、蛇，是继黄河流域蚌壳摆塑龙和辽河流域的玉猪龙之后，第三次发现塑龙，也是长江流域首次发现塑龙；发掘武穴鼓山新石器时代聚落遗址，揭露了一处较为完整的新石器时代墓地，清理新石器时代墓葬 238 座，其文化结构以薛家岗文化为主体；发掘浠水胡弄村墓地，清理汉代土坑墓 7 座、砖室墓 3 座和明代三人并穴合葬砖室墓 1 座，明墓有墓志。

1993 年 11—12 月，为配合三峡工程建设，湖北省文物考古研究所主持在宜昌鹿角包发掘新石器时代和商周遗址。

1993 年 11 月—1995 年 1 月，为配合京九铁路之汉（武汉）—麻（麻城）联络线工程建设，湖北省文物考古研究所主持对麻城李家湾墓地进行发掘，共清理春秋楚墓 12 座、西汉墓 86 座，出土陶器、铜器、玉器等随葬器物。

1993 年 12 月—1994 年 1 月，为配合襄石铁路复线建设，湖北省文物考古研究所主持对钟祥冢十包墓地进行发掘。清理战国中晚期楚墓 7 座，出土陶器、铜器、玉器等随葬器物。

1993 年 12 月—1994 年，中国科学院古脊椎动物与古人类研究所、湖北省文物考古研究所等联合对湖北三峡库区宜昌、秭归、兴山、巴东四县海拔 200 米以下的范围进行了有关旧石器时代文化方面的考察，在秭归县发现旧石器时代地点 9 个，分别为玉虚洞、三门洞、崔家湾、郭家坝、水田坝、锁龙坪、尤家河、万古寺李家园和香溪镇八字门；巴东县 11 个地点，分别为楠木园、高桅子、东襄口大坪、沿渡河、偏鱼溪、马家村、官渡口等。

1993 年、1995 年，湖北省文物考古研究所、鄂州市博物馆在鄂州塘角头发掘六朝墓。4 号墓出土的佛像可能是我国目前发现的最早佛像雕刻品。

1994 年初，湖北省文物考古研究所主持在随州义地岗东风油库发掘 3 座曾国墓葬，出土一批铭文铜器。

1994 年 5—8 月，为配合中国人民建设银行襄樊市分行金岗小区建设，湖北省文物考古研究所、襄樊市博物馆对襄阳彭岗墓地进行第三次发掘。清理东周楚墓 35 座、汉墓 1 座、宋墓 3 座、清墓 3 座。

1994 年 9 月—2003 年 6 月，为配合三峡工程建设，湖北省文物考古研究所主持对秭归官庄坪遗址进行了八次发掘，发掘总面积 1.8 万余平方米，清理出屈家岭文化、石家河文化和二里头文化及商、东周、唐、元、明代遗存，包括灰坑、灰沟、房基、墓葬、灶坑、水井、瓮棺等，出土大量遗物。

1994 年 10—12 月，为配合青海省锡铁山矿务局基本建设，湖北省文物考古研究所、老河口市博物馆对老河口杨营遗址进行发掘。清理出春秋时期灰坑、水井等遗迹，出土了一批较为重要的铁制品。还清理了清代墓葬 6 座。

1994 年底，为配合南水北调丹江口水库续建工程，湖北省文物考古研究所、十堰市博物馆及郧县、丹江口文物部门组成考古调查队，对郧县海拔170米水位线以下河谷地区进行全面调查，发现遗址42处、墓地18处、古建筑4处。1995年5月，发掘丹江口玉皇庙墓地，清理出7座墓葬，分土坑、砖室墓两种，出土较多的陶器，以及少量青瓷器等，发现“嘉平二年”“元康九年”墓砖，时代为汉至晋代。

1995年5—6月，为配合三峡工程建设，湖北省文物考古研究所主持发掘秭归柳林溪新石器时代至东周遗址；1995年12月—1996年1月，在三峡库区湖北安置区发现东周至汉代遗址，调查中发现有“永平八年”的墓砖铭刻。

1995年5—8月，湖北省清江隔河岩考古队在长阳鲶鱼山发现旧石器时代遗址，它的发现，不仅对研究鄂西清江流域第四纪物质、古生物和古地理古气候提供了丰富而珍贵的实物资料，而且对进一步在鄂西清江流域寻找古人类化石和旧石器时代遗址提供了很好的线索和经验。同年12月，发掘陈家沱东汉砖室墓2座，出土“永初五年”“宜子孙”铭文砖等。

1995年11—12月，湖北省文物考古研究所、十堰市博物馆、郧县博物馆在郧县曲远河口对郧县人遗址进行第四次发掘，出土了一批石制品和动物化石。郧县曲远河口学堂梁子郧县人遗址的时代属早更新世晚期，距今100万年左右。

1995年11月—1997年8月，为配合三峡工程建设，湖北省文物考古研究所三峡考古队对秭归庙坪遗址进行四次重点发掘。清理出新石器时代至明代墓葬107座、灰坑31座、房址2处、灶1处、灰沟1条，出土大量陶器、铜器、铁器、瓷器、金银器等。

1995年底，为配合黄（石）黄（梅）高速公路建设，湖北省文物考古研究所与黄冈市博物馆及沿线县市文物部门组队开展调查，共发现古文化遗址7处、墓地5处。

1996年1月，湖北省文物考古研究所、丹江口市博物馆等对丹江口牛场墓群进行第一次发掘。清理出东周、两汉墓葬41座，出土各类器物200余件（套）。

1996年3—6月，为配合学生教学实习，北京大学考古学系、湖北省文物考古研究所对麻城金罗家遗址进行第一次发掘。清理出房基4座、灰坑64座、灰沟7条、墓葬135座。主要是新石器时代和西周时期的文化遗存，其中墓葬属新石器时代大溪文化、屈家岭文化。

1996年6月上旬，湖北省清江隔河岩考古队对长阳伴峡榨洞洞穴遗址进行考古发掘。清理出哺乳动物化石和石器、陶器等，分属旧石器时代、新石器时代大溪文化和香炉石文化时期。

1996年9月—2001年6月，为配合三峡工程建设，湖北省文物考古研究所主持对秭归土地湾遗址进行了四次发掘。发现有房址、窑址、灰坑、灰沟、瓮棺葬等遗迹和丰富的陶器、硬陶器、铁器、铜器、玉器、石器、骨器等遗物。时代为西汉后期至东汉前期。

1996年10—12月，为配合荆门水泥总厂迁建工程，湖北省文物考古研究所、荆门市博物馆对荆门罗坡岗、子陵岗墓地进行发掘，分别清理土坑竖穴墓163座和5座。时代为战国中晚期。

1996年10月、1997年8月、2001年4—5月，为配合三峡工程文物保护工作，湖北省文物考古研究所主持对秭归何家坪遗址进行三次发掘，清理出新石器时代大溪文化、石家河文化和周代、汉代、六朝、宋、明时期遗存。

1996年11—12月，湖北省神农架考古队在神农架高山洞穴发现旧石器时代地点。这里的旧石器时代文化特点与长江三峡地区和汉水流域有所不同，明显表现出长江、汉水分水岭地带一种新文化特点。

1996年，为配合黄黄高速公路建设，湖北省文物考古研究所江陵纪南城考古工作站对黄梅意生寺遗址进行发掘，清理房址1座，灰坑8座，出土大量陶器及少量石器等。遗址时代为肖家屋脊文化晚期至商代早期，具有强烈的地方文化风格。

1997年2月，湖北省文物考古研究所研究员李天元在武汉市汉南区环保局职工毛凑元家发现一件人类头盖骨化石，即汉阳人。

1997年4—5月，湖北省文物考古研究所主持发掘襄阳竹条汉代墓葬、窑址。揭露出汉代砖窑遗址1处、汉代砖室墓葬8座。

1997年春夏，湖北省文物考古研究所在神农架犀牛洞发掘旧石器时代遗址，年代为距今10多万年。

1997年6—8月，为配合三峡工程建设，湖北省文物考古研究所主持发掘巴东农行遗址，清理出汉至六朝、明清时期遗存；发掘秭归王家坝遗址，此前曾于1995年、1996年进行过较大规模的发掘，遗址主要包含物时代相当于晚商或西周早期，还见其他时期包含物，其中曲腹杯、磨光黑陶碗属于屈家岭文化时期；发掘秭归河坎上遗址，堆积较厚，主体为东周时期楚文化遗存，并有少量东汉遗存；发掘秭归杨家沱东周遗址，并清理三室相连的北宋壁画砖室墓1座，这座墓是三峡库区湖北省境内首次发现的宋代壁画墓；发掘秭归东门头墓地，清理汉墓3座、宋墓1座；在秭归马槽岭、乐围山、孔岭清理墓葬10座，均为小型砖室墓，时代为东汉。

1997年6—8月，湖北省文物考古研究所、兴山县文物管理所在兴山古夫镇发掘汉至六朝时期墓葬和古窑址。

1997年7月，为编制擂鼓墩墓群文物保护规划，湖北省文物考古研究所主持对擂鼓墩墓群进行了重点调查、钻探和试掘，初步探明了墓群的分布范围、年代及墓葬规模。

1997年7—8月，湖北省文物考古研究所、随州市文物局在随州擂鼓墩调查、勘探、发掘东周墓群及东汉墓葬。擂鼓墩、王家湾、王家包等墓地均发现冢墓；庙凹坡、吕家塝墓地只见小型墓。调查中还发现其他时期文化遗存。

1997年9—12月，为配合湖南江垭水利工程建设，湖北省文物考古研究所主持对鹤峰刘家河遗址进行发掘，清理出东周、六朝时期遗存。

1997年10月—1998年1月，中国社会科学院考古研究所科技中心、湖北省文物考古研究所、随州市文物局在随州市安居对古城址进行遥感探测及地面勘查，推测这里可能为曾国（随国）都城所在。小城使用时期约在春秋时期或前后。

1997年11月—1998年4月，为配合武汉建城年代及商周时期武汉历史综合科研项目，武汉市博物馆、湖北省文物考古研究所盘龙城考古工作站等单位对武汉盘龙城遗址的杨家嘴、李家嘴、杨家湾、小嘴和艾家嘴等地进行物探，并对城址外的王家嘴、杨家嘴、杨家湾遗址进行了局部试掘，获得了一批地层资料，并清理窑址1座、灰沟2条、水井1口、小型墓葬3座。

1997年11月—1998年5月，为配合湖南江垭水库建设，湖北省文物考古研究所在恩施州境内淹没区主持发掘鹤峰刘家河遗址，清理出房址多座，出土陶鼎、鬲，铁锸等遗物。时代为春秋至六朝时期。

1997年11月—1998年1月，为配合三峡工程建设，湖北省文物考古研究所主持发掘巴东地主坪遗址，清理出东汉、六朝、宋、明清遗存。

1997年冬，湖北省文物考古研究所主持对丹江口库区消落区范围内的丹江口外边沟墓地进行发掘，清理东周墓葬40余座。1998春—1999年春，湖北省文物考古研究所主持对丹江口库区消落区范围展开了多次调查，勘探、发掘玉皇庙遗址汉晋墓葬7座、吉家院墓地41座战国墓和1座车马坑等。2000年春，发掘了丹江口市孙家湾遗址、蒿口塘墓地。1997年以来，在库区消落区范围内调查新发现文物点14处。

1997、1999、2000年，为配合三峡工程建设，湖北省文物考古研究所主持三次发掘巴东学堂包遗址，清理出东周、汉代遗存；两次发掘巴东四季坪遗址，清理出新石器时代、商、东周遗存。

1998年6月—1999年4月，为配合京珠高速公路建设，湖北省文物考古研究所主持发掘大悟双河村李家湾遗址，清理出灰坑等遗迹，出土较多的陶器，属二里头文化遗存。发掘大悟城关镇张家湾遗址、墓地，清理出新石器时代文化遗存和明清土坑、砖室墓。在孝南段调查发现18处遗存，发掘严家岗、潘家山、白虎岗、百步坟、石头岗、六角坟、潘婆婆坟、小湾山、大秦湾等9处墓地37座墓葬，均为小型单室砖墓，出土瓷碗、盘、碟、壶、水注，釉陶罐，陶罐，铜镜、钱币等，时代分为六朝、宋、明三个时期。发掘孝感黄土岗战国墓1座。发掘孝感三叉清代合葬墓1座，出土较多的丝织物，包括袍、袄、褂、裤、裙、被、帽、枕、袜，以及玉片、石墓志等，墓志记述墓主为清骁骑将军胡德麟及其母一品夫人合葬墓。发掘孝昌古坟岗墓地，清理出南朝墓葬2座、唐五代墓葬5座、明代墓葬1座，均为砖室墓。对斧头湖窑址群主要组成部分的江夏区新窑村窑址群进行调查和局部发掘，确认窑址群分布在5平方千米范围内，调查了窑址10余处，发掘点为陈家窑墩，采集或出土瓷碗、盘、碟，釉陶罐、执壶，陶罐、钵、炉及垫座等，时代为北宋至元末明初。发掘孝昌石板地明代墓葬5座，为岩坑单或双室砖墓，出土碗、罐等陶瓷器。

1998年9月，为配合长荆铁路工程建设，湖北省文物考古研究所会同铁路沿线市县博物馆对线路范围进行调查，发现遗址3处、墓地9处。1999年1—2月，配合该工程，湖北省文物考古研究所主持发掘京山青树岭遗址，清理出房址1座、灰坑18座、灶1处，出土较多的陶器、石器等，属新石器时代屈家岭文化；发掘天门张家山遗址，清理出房址1座、烧土遗迹1处、灰坑8座，出土大量陶器、石器，属新石器时代油子岭文化、屈家岭文化、石家河文化。

1998 年 10 月—1999 年 4 月，为配合三峡工程坝区建设，湖北省文物考古研究所主持继续发掘秭归柳林溪遗址，清理出新石器时代至六朝遗存。曾在 1995 年进行第二次试掘，1997 年进行全面勘探，后又在 2000 年 3—6 月再次进行发掘，最为丰富的新石器时代陶器特征显著，被命名为“柳林溪文化”；两次发掘秭归东门头遗址，清理出新石器时代城背溪文化至明代遗存；发掘秭归坟堰湾遗址，清理出商代、东周、汉代文化遗存；发掘谭家河遗址，清理出东周与汉、宋、清代遗存；发掘巴东店子头遗址，遗存堆积厚，清理出新石器时代、夏代、东周、汉代等多个时期的文化遗存，以新石器时代中晚期遗存为主，特别是出土了大量打制石器和动物遗骸；发掘巴东土寨子遗址，清理出灰坑、土坑墓各 1 座，大致相当于夏代范围；发掘巴东红庙峡岭遗址，揭露出新石器时代大溪文化、石家河文化遗存；发掘秭归黄土嘴遗址，清理出相当于夏代（肖家屋脊文化）的白庙类型遗存；发掘秭归埂子上遗址，并于 2002 年 3 月再次发掘，清理出汉代遗存。

1998 年 12 月—1999 年 1 月，为配合长荆铁路工程建设，湖北省文物考古研究所发掘应城门板湾城址，清理出 1 座新石器时代屈家岭文化大型建筑基址，并在应城境内进行调查时又发现保存较好的陶家湖新石器时代大型城址。

1998—1999 年，湖北省文物考古研究所主持对丹江口北泰山庙墓地进行第二次发掘，清理墓葬 41 座和 1 座车马坑，均为战国楚墓。

1999 年 1 月，武汉大学历史学院、湖北省文物考古研究所等单位对曾侯乙墓坑进行保护的过程中，在曾侯乙墓西侧发现了 5 个南北成列的陪葬坑，随后清理了一号陪葬坑，出土 467 件青铜构件。

1999 年 1—2 月，为配合长荆铁路建设，在铁路修建之前做好沿线的文物保护与考古发掘工作，湖北省文物考古研究所和天门市博物馆对铁路线经过的张家山新石器时代遗址进行了考古发掘。共发现房屋基址 1 座、烧土遗迹 1 处、灰坑 9 个，分属屈家岭文化、石家河文化。

1999 年夏，为配合襄荆高速公路建设，湖北省文物考古研究所主持发掘荆门叉堰冲墓地，清理出新石器时代石家河文化、肖家屋脊文化遗存和明清时期堆积；2000 年 10 月—2001 年 1 月，进行第二次发掘，清理出新石器时代灰坑 5 座、柱洞 11 个、墓葬 1 座。

1999 年 5 月—2000 年 1 月，为配合三峡工程建设，湖北省文物考古研究所主持发掘宜昌上磨垴遗址，清理出与楚文化关系密切的西周文化遗存和春秋时期冶铸遗存；发掘巴东杨家棚遗址，清理出商周、汉至六朝时期遗存；发掘秭归大沙坝遗址，清理出商代至西周遗存。此次发掘是早期巴文化的一次新发现。

1999 年 7 月—2002 年 1 月，为配合京珠高速公路建设，湖北省文物考古研究所先后五次主持对赤壁土城城址进行调查、解剖、发掘，并在城外发掘 1 处战国墓地。

1999 年、2000 年 4—6 月，中科院古脊椎动物与古人类研究所、湖北省文物考古研究所等单位再次对建始人遗址进行联合发掘，共发掘出 2 枚古人类牙齿化石，30 多个种属大哺乳动物的化石，50多个种属小哺乳动物的化石，同时在堆积物中还发现了石器、石制品和骨器。

1999—2001年，为配合三峡工程建设，湖北省文物考古研究所主持发掘秭归砂罐岭遗址，清理出新石器时代遗物、周代遗存和汉、唐、宋墓葬。

2000年1—4月，湖北省文物考古研究所、随州市文物局在随州市孔家坡发掘汉代墓地，出土竹简等重要文物。

2000年2—3月，为配合湖北剧场扩建工程，湖北省文物考古研究所、武汉市博物馆对发现的5座墓葬进行清理，分为土坑、砖室两种；还清理了水井、灰沟等遗迹。时代属南北朝至北宋和清代至民国时期。

2000年3—5月，为配合汉十高速公路建设，湖北省文物考古研究所主持在湖北襄阳马集、李食店发掘汉、唐、宋代墓葬14座；在丹江口发掘太山庙遗址，清理出新石器时代文化遗存。

2000年4—5月，湖北省文物考古研究所主持，荆门、钟祥市文物工作者参加，对被盗未遂的钟祥梁庄王墓进行发掘。

2000年5月—2001年5月，为配合襄荆高速公路建设，湖北省文物考古研究所主持在襄阳境内调查岗心、八亩坡、王坡等10处遗存，发掘岗心、八亩坡、跑马岗墓地，清理出小型砖室墓15座，时代为宋至明清时期；王坡墓地分4个墓群，清理土坑、砖室墓173座，属春秋早期、战国晚期至东汉时期；发掘荆门十里铺土公台西汉墓群，清理墓葬21座，出土随葬器物384件（套）；发掘左冢墓地楚墓3座，共出土铜器、陶器、漆器、玉石器等随葬品557件，以一号墓居多，达452件，墓主属下葬于前330—前300年的楚国下大夫级贵族；发掘荆门叉堰冲新石器时代遗址，共清理灰坑17座、柱洞13个、墓葬2座、瓮棺葬1座；发掘荆门何桥古城遗址，清理出战国水井、灰坑、灰沟和六朝城墙遗迹；发掘宜城老鸹仓遗址，清理出新石器时代屈家岭文化灰坑3座、房址1座，石家河文化灰坑10座、灰沟2条、房址1座、墓葬2座、瓮棺葬4座；发掘宜城顾家坡遗址，分属新石器时代、东周，重要的是清理出一处十分集中的新石器时代屈家岭文化墓地。

2000年6—7月，为配合吴王城古城路贯通工程，湖北省文物考古研究所、鄂州市博物馆对鄂州吴王城城址进行试掘，解剖南城垣，清理出六朝水井1口、宋代墓葬10座。

2000年9—11月，为配合三峡工程建设，湖北省文物考古研究所主持发掘巴东大罗围墓地，清理出2座东汉砖室墓。

2000年10—11月、2001年5—6月，为配合汉丹—宁西铁路联络线工程建设，湖北省文物考古研究所主持对随州厉山佘家老湾遗址进行试掘。清理遗迹单位23个，文化内涵为新石器时代石家河文化系统。

2000年10月—2001年4月，为配合三峡工程建设，湖北省文物考古研究所江陵纪南城考古工作站主持发掘巴东福利溪遗址，清理出旧石器时代、周代遗存；发掘巴东高桅子遗址，清理出旧石器时代、新石器时代、商、东周、宋时期遗存；发掘巴东大河坪遗址，清理出商、汉、六朝、宋元时期遗存；发掘巴东长渡河遗址，清理出二次堆积的打制石器和细碎陶片，时代不明；发掘巴东锅铲坪遗址，清理出东汉、唐宋时期遗存；发掘巴东长沱河遗址，清理出零散的商代遗存；发掘巴东毛寨子湾遗址，清理出六朝墓 1 座；发掘巴东石柱子遗址，清理出汉至六朝、明清时期遗存；发掘巴东火焰石遗址，清理出新石器时代城背溪文化晚期至大溪文化早期、商周遗存；发掘秭归卢家沱遗址，清理出汉代遗物；发掘秭归青草坝遗址，清理出夏商、六朝、唐宋、明清时期遗存；发掘秭归香溪口遗址，清理出东周遗存。

2001 年 3—12 月，为配合三峡工程建设，湖北省文物考古研究所主持发掘巴东鸭子嘴遗址（西区），清理出新石器时代城背溪文化、大溪文化和商代遗存与明代墓葬；联合武汉大学历史学院发掘巴东楠木园遗址，分东、中、西区发掘，东区为东汉至六朝、唐代遗存；主持发掘巴东东瀼口墓地，清理出两晋南朝墓葬；主持发掘巴东李家湾遗址，清理出新石器时代、周代、六朝时期遗存，以新石器时代遗存为主，属大溪文化、屈家岭文化。

2001 年 6—9 月、2002 年 5—6 月，为配合巴东新城污水处理厂工程建设，湖北省文物考古研究所先后两次主持对巴东任家坪遗址进行发掘。清理出商周时期房址、灰坑、灰沟、瓮棺葬等遗迹，出土陶、石器等；并有明清时期灰沟以及墓葬 5 座，包括 2 座砖室墓、2 座石室墓、1 座土坑墓，出土瓷碗、釉陶罐、金银首饰等。

2001 年 4 月—2002 年 12 月，为配合襄十、襄荆高速公路连接线工程建设，湖北省文物考古研究所主持对襄阳王坡墓地进行发掘。清理春秋早期、战国晚期至东汉时期墓葬 176 座。

2001 年 6 月—2003 年 1 月，为配合三峡工程建设，湖北省文物考古研究所主持对巴东罗坪遗址进行了三次发掘，揭示出周、汉、唐、宋、明、清时期文化遗存；发掘巴东万流遗址，清理出新石器时代大溪文化、东周、汉、宋时期遗存；发掘秭归乔家坝遗址，清理出周、唐宋、明清时期遗存；发掘巴东龙堆包墓群，清理砖、石墓 15 座，出土较多陶瓷器及铜钱等，时代为汉至南朝时期；发掘秭归小厶姑沱遗址，清理出商代遗存和 5 座六朝墓，其中 1 座六朝早期大型石室墓（M1）是这次发掘的重要收获；发掘秭归大厶姑沱遗址，清理出蜀汉至南朝时期遗存、唐代墓葬；发掘巴东万家湾墓地，清理东汉石室墓 1 座；发掘巴东横坪遗址，清理战国、六朝时期遗存；两次发掘巴东龙船河墓地，清理 4 座石室墓，其中 3 座东汉六朝墓葬，1 座清代墓葬；发掘老虎包墓地，清理砖室墓 1 座，有特色的是此墓为借室葬，时代为东汉晚期至唐代；发掘孔包河墓地，清理汉墓 8 座、六朝墓 3 座、唐墓 9 座、宋墓 10 座、明清墓 13 座，墓葬形制有长方形竖穴土坑墓、船形砖室墓、“刀”字形砖室墓、“凸”字形石室墓、长方形砖室墓、半洞穴式岩坑墓和三合土墓等；发掘巴东竹林湾墓地，清理六朝砖室墓 1 座；第二次发掘巴东茅寨子湾遗址，清理出新石器时代屈家岭文化、石家河文化和商、周、汉至唐代遗存。

2002 年夏，为配合孝（感）襄（樊）高速公路工程建设，湖北省文物考古研究所主持对安陆黄金山墓地进行发掘。清理墓葬 30 座，分别为南朝墓 4 座、隋墓 4 座、唐墓 2 座、宋墓 3 座、明墓 22 座。

2002年6—11月，湖北省文物考古研究所主持发掘了随州金鸡岭遗址，清理新石器时代遗迹单位102个和烧土、灰土、黄沙、黄土堆积等。同时，对随州境内的新石器时代遗址进行了详细调查，共复查遗址18处，新发现梅花台、仙井洼遗址。

第三阶段（2002年10月—2023年2月）

湖北省博物馆与湖北省文物考古研究所（院）合署办公，湖北省文物考古研究所（院）承担全省文物考古工作。

2002年9—12月，为配合孝襄高速公路工程建设，湖北省文物考古研究所主持，联合全省十余家文博单位组成的考古队对枣阳九连墩楚墓进行发掘。清理出两座大型墓葬及其袝葬车马坑和陵园设施，出土祭器、乐器、燕器、兵器、车马器、工具、葬仪品、殓饰物及动物骨骼、植物果核等随葬品，这是目前保存最好、最完备的有陵园结构的高等级楚墓单元。

2002年11月—2003年1月，湖北省文物考古研究所主持对位于黄冈市黄州区龙王山村的对面墩墓地进行发掘。清理东汉砖室墓葬3座，其中M1为大型多室墓，虽被盗，仍出土各类随葬器物141件。

2002年11月—2003年2月，为配合孝襄高速公路建设，湖北省文物考古研究所委托襄樊市考古队发掘了枣阳郭家庙墓地。清理出墓葬29座、车坑2座、车马坑1座，出土铜、陶、玉器4000余件，部分青铜器有铭文，以“曾”国居多。

2003年3月—8月、2003年11月—2004年1月，为配合武（汉）九（江）铁路复线建设，湖北省文物考古研究所主持对阳新大路铺遗址进行了第三、四次发掘。共发现灰坑、灰沟（柱洞）、房址（柱洞）、墓葬、水井、陶窑、灶（坑）、烧坑、烧土堆积等九大类遗迹；出土文物标本数千件，有陶器、玉石器、铜器、漆器等，还有矿石、炼渣、炉壁等矿冶遗存。除新石器时代晚期遗存外，最丰富、最有特色的是商周遗存，分四期，时代为晚商早期至春秋初年，该遗址为“大路铺文化”的命名提供了重要支撑。

2003年4月—2004年4月，为配合武汉至九江铁路提速工程建设，湖北省文物考古研究所主持对阳新和尚垴遗址进行第一次发掘，清理出灰坑8座、灰沟5条、建筑基址2座、炼炉4座，出土大量陶器和少量石器、铜器等，时代为战国晚期；对大冶五里界春秋城址进行调查、勘探，发掘西城垣南端、东城垣北端缺口及城内西南、东南区；还为考察五里界城址与鄂王城、草王嘴城址的关系对二者进行了调查，发现草王城遗址与大冶五里界城址为历时性关系，是当时采矿、冶炼生产过程中的管理、仓储、转运中心。

2003年4月，湖北省文物考古研究所、孝感市博物馆、云梦县博物馆在云梦爆米山发掘新石器时代遗址，出土遗物棱宽扁状鼎足、束腰的豆座等表现出浓厚的石家河文化特征；

同年5月，在云梦瓦塘发掘唐代建筑遗迹；同年6月，在云梦发掘孙吴东周遗址，并在附近清理北宋墓葬1座。

2003年9—10月，为配合三峡工程建设，湖北省文物考古研究所主持对巴东孔包河墓地进行第二次发掘，清理汉至六朝时期砖室墓3座，1座墓葬为借室葬。

2003年10月，为配合忠武天然气工程建设，湖北省文物考古研究所主持对巴东故县坪遗址进行发掘。清理出汉至六朝、明清时期文化遗存，出土大量陶器和瓷器等。

2004年2月，湖北省文化厅成立南水北调中线工程丹江口水库淹没区湖北省文物保护规划组，并由湖北省文物局组织湖北省内大专院校及有关市（县、区）19个单位的60余名文物工作者深入库区开展文物调查，共调查文物点210处。湖北省文物考古研究所居业务主导地位。

2004年2—3月，湖北省文物考古研究所主持对浠水泉塘窑家湾遗址进行发掘。清理灰坑5座、建筑基址1座，出土陶器、釉陶器、瓷器、铁器等，其中陶器有大量铸铁陶范。时代为宋至明代早期，证实该遗址是泉塘铸铁遗址群之一。

2004年4—5月，为配合汉孝高速公路建设，湖北省文物考古研究所、孝感市博物馆在孝感大家园发掘东周遗址。

2004年5月，为配合南水北调中线工程建设，湖北省文物考古研究所主持对丹江口熊家庄遗址进行发掘。2010年6—8月，进行第二次发掘，共清理出灰坑58个、灰沟11条、房基2座、灶3个、水井3眼、瓮棺葬3座。属二里头文化和春秋早期文化遗存。

2004年5—6月，为配合十漫高速公路工程建设，湖北省文物考古研究所牵头，郧县博物馆组织力量对郧县白鹤观遗址进行发掘，清理出新石器时代文化堆积和较多的石器及陶器，属仰韶文化；发掘郧西五斗种遗址，清理出陶窑，出土较多陶器和少量石器、动物遗骸等，时代为春秋晚期至战国中晚期。

2004年6—8月、2005年1月，湖北省文物考古研究所为配合十漫高速公路建设组成考古队对郧西黄龙洞人遗址进行两次发掘，共出土5枚古人类牙齿、23件石制品、20件骨角制品和大量动物化石。

2004年9月—11月，为配合宜万铁路建设，湖北省文物考古研究所等单位组队对建始直立人遗址及其附近的杨家坡洞、岩湾洞、猪头包化石点等30处洞穴进行发掘，发掘出了大量哺乳动物化石。

2005年2—4月，湖北省文物考古研究所主持对随州黄土岗遗址进行发掘，清理出新石器时代、东周和汉代遗存，其中新石器时代遗存发现了环壕。

2005年3—9月，为配合随岳高速公路建设，湖北省文物考古研究所主持对天门龙嘴遗址进行发掘，新发现一座油子岭文化时期城址，清理同时期各类遗迹97个。另有少量的宋代和明代遗迹。

2005年4月、2008年1月，为配合南水北调中线工程建设，湖北省文物考古研究所主持分别对丹江口北泰山庙墓群之王家垭墓地、水牛坡墓地、吉家院墓地进行多次发掘，共清理墓葬235座，出土陶、铜、玉器2000余件。时代为战国至西汉时期，以楚墓为主。2008年9月—2009年1月，在吉家院南坡勘探发现墓葬33座，因涨水清理了其中的8座和傅家院墓地94座墓葬，出土文物975件。2009年6—10月，再次清理吉家院南坡25座墓葬和傅家院北坡31座墓葬，均为战国楚墓，出土陶、铜、玉、料器等600余件。

2005年4—6月、2006年上半年、2008年5—10月，为配合南水北调中线工程建设，湖北省文物考古研究所主持对丹江口牛场墓群进行三次发掘。共清理东周、两汉墓葬202座，出土各类随葬器物1001件（套）。

2005年5—7月，为配合仪（征）长（岭）输油管道工程建设，湖北省文物考古研究所主持对大冶李德贵冶铁遗址进行发掘。揭露出小型冶炼炉22个，分布密集，为研究明代手工业发展和冶金史提供了重要资料。

2005年5—8月、2005年11月—2006年6月，湖北省文物考古研究所主持对钟祥明郢靖王墓进行发掘。墓葬保存完好，为岩坑“亞”形砖石结构墓，出土了元青花龙纹瓶、元青花四爱图梅瓶等各类随葬器物200余件。墓主为朱栋，明太祖朱元璋第二十四子，封为郢王，谥号“靖”。该墓为郢靖王与王妃合葬墓。

2005年6—11月、2011年6—7月，为配合南水北调中线工程建设，湖北省文物考古研究所主持对当江口八腊庙墓群进行了两次发掘。清理出东周楚墓18座、东汉残砖室墓24座、唐墓2座、明清墓葬3座。

2005年7—9月，湖北省文物考古研究所主持对天门笑城城址进行发掘，确认城址城墙分属于屈家岭文化晚期和西周晚期、春秋中期。

2005年9—12月，为配合大广高速公路建设，湖北省文物考古研究所主持对麻城梅家墩遗址发掘、清理出新石器时代和商周时期遗存。遗迹主要有房址、灰坑、墓葬，出土遗物主要为陶器。

2005年10—12月、2006年3—6月，为配合襄阳崔家营水利枢纽工程建设，湖北省文物考古研究所主持对襄阳陈坡遗址进行调查、勘探、发掘。共清理周、汉、唐、宋、明、清代灰坑、灰沟、窑址、墓葬等遗迹34个，包括3座大中型楚墓、1座车马坑。清理了其中的10号楚墓，此墓出土文物近359件（套），其中玉器、石器、玻璃器42件，银器59件，铜器235件，陶器21件，1件铜鼎上有“大司马”铭文。

2005年11月—2006年1月，为配合武合高速公路建设，湖北省文物考古研究所主持对麻城吊尖遗址进行发掘，清理一批新石器时代屈家岭、石家河文化墓葬、瓮棺葬，西周灰坑、灰沟等。

2005年12月—2006年3月，为配合南水北调中线工程建设，湖北省文物考古研究所对武当山遇真宫西宫进行发掘清理和重点解剖，整体揭露面积9600平方米，发现各类建筑遗迹35处，包括院址8处、房址13处、门6处、影壁4处、灶1座、排水系统2组、青石甬路 1 条；2010 年 4 月—2011 年 1 月，对东宫进行全面发掘，并清理中宫和宫外附属设施。比较完整地获取了遇真宫遗址的原始材料，为科学制定原地垫高保护方案提供了有力支撑。

2006 年 3—12 月，为配合南水北调中线工程建设，湖北省文物考古研究所主持对郧县乔家院墓地进行第一次勘探、发掘，勘探墓葬 64 座，发掘 8 座，其中 4 座春秋殉人墓，出土一批铜、玉器等；2008 年 5—8 月进行第二次发掘，勘探墓葬 30 余座，清理东周墓葬 3 座、秦汉墓葬 21 座、西晋纪年墓 1 座。

2006 年 3 月—2007 年 1 月，为配合南水北调工程建设，湖北省文物考古研究所主持对郧县青龙泉之梅子园遗址进行发掘，揭露新石器时代房址 89 座、祭祀坑 2 个、灰坑 532 个、灰沟 20 条、长方形竖穴土坑墓 117 座、瓮棺葬 52 座，主体属屈家岭文化、石家河文化，也有部分属仰韶文化；东周时期陶窑 2 座、灰坑 15 个、长方形竖穴土坑墓 50 座，属楚文化；宋代灰坑 1 个、墓葬 14 座。出土了一批完整陶器、石器、骨器，动物遗骸、植物遗骸，大量陶片等。

2006 年 6—7 月，为配合京广铁路复线工程建设，湖北省文物考古研究所主持对广水四顾台遗址进行发掘。清理出新石器时代、西周遗存。

2006 年 6—8 月，为配合京广铁路复线工程，湖北省文物考古研究所主持对广水巷子口遗址进行发掘，清理出灰坑 12 座、瓮棺葬 1 座，遗址时代为春秋中晚期至战国早期。

2006 年 6—9 月，为配合南水北调工程建设，湖北省文物考古研究所主持对郧县郭家道子遗址进行发掘，清理出房基 8 座、水井 1 口、灰沟 3 条、灰坑 38 座、瓮棺葬 15 座、灰烬层遗迹 2 处、红烧土遗迹 3 处，分属新石器时代屈家岭文化、朱家台文化和东周楚文化遗存。2010 年 7—12 月再次发掘，清理出房基 5 座、路 1 条、井 1 口、窑址 1 座、灰坑 48 个、灰沟 14 条、瓮棺葬 4 座，新发现了唐代遗存。

2006 年 8 月，湖北省文物考古研究所、荆州市博物馆在荆州发掘熊家冢楚墓区。熊家冢墓区由主冢、陪冢、车马坑、排葬坑和壕沟五部分组成，是已知楚墓中规模最大、布局最完整的一处楚国高级贵族墓地。

2006 年 9 月，为配合武英高速公路建设，湖北省文物考古研究所主持对罗田蔡家湾元代砖室墓进行发掘，出土“至正九年”纪年铭文砖和陶瓷器等。

2006 年 10—11 月，为配合大广北高速公路建设，湖北省文物考古研究所委托浠水县博物馆对施工中发现的浠水金瓶山遗址进行发掘，出土少量陶器，时代为周代，具有鄂东地域文化风格。

2006 年 10—11 月，中科院古脊椎动物与古人类研究所与湖北省文物考古研究所等对郧西黄龙洞人遗址进行第三次考古发掘，又出土 2 枚古人类门齿及石、骨制品与动物化石等。

2006 年 10 月—2007 年 1 月，为配合南水北调中线工程建设，湖北省文物考古研究所承担了郧县鲤鱼嘴遗址的发掘工作，清理新石器时代仰韶文化灰坑 5 座，东周楚文化灰坑 34 座、灰沟 7 条、窑址 1 座、瓮棺葬 2 座，东汉砖室墓 1 座；发掘丹江口薄家湾遗址，清理出灰坑、房址、窑址、水井、灶、水沟等遗迹45个，属东周楚文化遗存；对郧县白鹤观遗址进行第二次发掘，清理商周墓1座、东周楚墓8座、六朝墓1座、宋代以后墓葬8座；发掘郧县大寺遗址，清理各类遗迹单位297个，包括新石器时代仰韶文化、屈家岭文化、龙山文化和周代、汉代、唐、宋及明清时期遗存。

2006年11月、2007年11月—2008年1月、2008年4—6月，为配合南水北调中线工程建设，湖北省文物考古研究所主持对丹江口彭家院遗址进行了三次发掘。清理出灰坑42个、窑址1座、瓮棺葬2座、砖墓1座，分属新石器时代屈家岭、石家河文化遗存，东周楚文化，东汉时期遗存。

2006年11月，为配合汉丹铁路复线工程建设，湖北省文物考古研究所主持对云梦睡虎地77号西汉墓进行发掘，出土漆器、木器、陶器37件，特别重要的是出土了2000余支简牍。

2006年11月—2008年1月，为配合南水北调中线工程建设，湖北省文物考古研究所主持对郧县城关镇唐李泰家族墓地进行勘探和两次发掘，发现新石器时代遗存和墓葬104座，对墓葬全部进行了清理，时代为东汉至明清时期。

2006年12月—2007年7月，为配合南水北调中线工程建设，湖北省文物考古研究所主持郧县人遗址第五次发掘，出土了大量石制品和一些动物化石，进一步充实了郧县人遗址研究资料；发掘郧县郭家院遗址，清理出新石器时代房址、灰坑、灰沟、瓮棺葬等遗迹，出土较多陶器、石器，属屈家岭文化；对郧县黑家湾遗址进行发掘，清理出房址、灰沟、灰坑等遗迹，出土较多陶、石器和少量动物骨骼等，属新石器时代朱家台文化遗存。

2006年，为配合随岳高速公路建设，湖北省文物考古研究所主持对随州佘家老湾遗址进行发掘。清理新石器时代灰坑2座、瓮棺葬1座、灰土层堆积1处，主体属后石家河文化。

2006年—2009年，为配合南水北调中线工程建设，湖北省文物考古研究所和武汉大学考古与博物馆学系对郧县辽瓦店子遗址进行多次发掘。揭露出一大批新石器时代至唐宋时期的文化遗存。其中二里头文化遗存较为丰富，遗迹包括灰坑、墓葬、瓮棺、灰沟等，典型陶器有鼎、釜、鬲、深腹罐、豆、圈足盘、鬶等。

2007年3月—2008年5月，为配合南水北调中线工程，湖北省文物考古研究所主持对郧西庹家湾遗址进行两次勘探、三次发掘。清理出灰坑、灰沟、墓葬等遗迹102个，出土较多陶器、石器、瓷器、铜器、铁器等遗物，分属新石器时代、东周、汉代、明清时期。

2007年4—5月，湖北省文物考古研究所重新试掘郧西白龙洞遗址，出土了一批新的石制品和动物化石，并发现疑似用火遗迹。

2007年6—11月，为配合荆门220千伏南桥输变电站建设，湖北省文物考古研究所主持对荆门龙王山新石器时代遗址进行发掘，发掘大溪文化至屈家岭文化时期墓葬203座。

2007年10—12月，为配合屈家岭遗址公园申报，湖北省文物考古研究所主持对屈家岭遗址群开展了大规模的调查。

2007年11月—2008年4月，湖北省文物考古研究所主持再次对郧县郭家院遗址进行发掘，清理出房址、灰坑、瓮棺葬等遗迹，出土较多的陶器、石器；2009 年进行第三次发掘，清理出房基、壕沟、灰沟、灰坑、瓮棺葬等遗迹45个，出土器物以陶器为主，包括鼎、深腹罐、红顶钵、双腹豆、杯等，还有大量石器。属新石器时代遗存。

2008 年 2—3 月，湖北省文物考古研究所主持对红安舒家坳北宋石室墓进行发掘。

2008 年 3 月，受“中华文明探源工程（二）——中华文明形成与早期发展阶段的社会与精神文化研究”课题资助，湖北省文物考古研究所课题组成员对大洪山南麓以石家河为中心的区域进行系统调查，共调查遗址 39 处，含史前遗址 37 处、周代遗址 2 处，调查后新发现遗址 17 处（含 1 处周代遗址）。

2008 年 3—8 月，湖北省文物考古研究所主持对孝感市孝南区叶家庙新石器时代城址进行发掘，发现了城垣和城壕系统及城内居住区，清理出部分墓葬。调查在外围发现了 11 处同时期遗址。

2008 年 4—5 月，为配合潘口水电站工程建设，湖北省文物考古研究所对淹没区内的竹山县小府坪、红花湾和竹溪县王家套三处遗址进行发掘，三处遗址主体遗存均为东周时期，小府坪遗址还发现有新石器时代文化遗存。

2008 年 4—10 月，为配合“2008 南水北调工程湖北库区田野考古培训班”和武汉大学考古系 2006 级本科生实习，武汉大学考古与博物馆学系、湖北省文物考古研究所联合对郧县青龙泉遗址进行发掘，清理出各类遗迹 255 个，出土近千件陶质、石质、骨质、玉质小件和大量陶质生活用器，属新石器时代屈家岭、石家河、“乱石滩”文化遗存。

2008 年 5 月，湖北省文物考古研究所主持对苏家垄墓地 1966 年发现青铜器的区域进行勘探，发现残墓 1 座，并进行了清理，出土春秋早期青铜器 9 件。

2008 年 5—9 月，为配合南水北调中线工程建设，湖北省文物考古研究所主持对丹江口观音坪遗址进行发掘，清理出各类遗迹单位 96 个，属新石器时代屈家岭文化和周文化、汉代遗存。

2008 年 6 月，为配合石武高速铁路建设，湖北省文物考古研究所主持调查时在黄陂发现张西湾新石器时代遗址。同年 9—11 月，进行勘探、发掘，清理出城垣、城壕及灰坑、灰沟、房址等遗迹，出土大量陶器和少量石器，确认其为一处新石器时代晚期石家河文化城址，废弃后出现了新的文化因素。

2008 年 11—12 月，为配合郑武高速铁路工程建设，湖北省文物考古研究所主持对大悟夏家河遗址进行了发掘。清理出新石器时代、西周文化遗存。

2009 年 5—9 月，湖北省文物考古研究所主持对大冶蟹子地遗址进行发掘。清理新石器时代文化遗迹 6 个，出土遗物显示属石家河文化系统，但二期新见少量肖家屋脊文化因素；商周遗迹 32 个，出土遗物显示属鄂东南地方文化系统，出土了大量炼渣和少量小铸件、石范、铅锡丝等。

2009 年 7—10 月，为配合南水北调中线工程建设，湖北省文物考古研究所对郧县中台子遗址进行发掘。共揭露38个遗迹单位，包括房址、窖穴、灰坑、灰沟、土坑墓、砖室墓、瓮棺葬，分属新石器时代仰韶文化、屈家岭文化、石家河文化，周代楚文化和唐代遗存。

2009年10月—2010年1月，为配合南水北调引江济汉工程建设，湖北省文物考古研究所主持对沙洋严仓一号墓及其祔葬车马坑进行发掘。墓葬虽被盗，仍出土部分铜、漆、玉、竹器等，重要的是出土了一批竹简，表明墓主人为楚国大司马悼滑。

2009年11月—2010年1月，为配合南水北调中线工程建设，湖北省文物考古研究所主持对郧西张家坪遗址进行发掘，清理各类遗迹23个。文化内涵分为新石器时代仰韶文化、东周和唐宋遗存。

2009年，为配合工程建设，湖北省文物考古研究所主持对随州文峰塔墓地进行了发掘。清理墓葬3座（1座位明代砖室墓），出土曾侯與编钟等重要青铜器，1、2号墓可能均为曾侯级别墓葬，其中1号墓为曾侯與墓。2011年9月，又发掘了4号墓，出土的1件编钟有“左右楚王”铭文，推测仍为一代曾侯。

2009年—2012年，为配合南水北调中线工程建设，湖北省文物考古研究所主持对郧县刘湾遗址进行发掘。清理聚落围沟1条、房址1座、灰坑211座、灰沟3条、灶2座、窑址2座、墓葬100座，分属新石器时代仰韶文化，东周楚文化，汉代、宋明清时期遗存。

2010年4—6月，为配合南水北调中线工程建设，湖北省文物考古研究所主持发掘武当山柳树沟墓群，清理秦墓9座；发掘武当山柳树沟墓地，清理战国秦代墓葬9座；发掘郧县曾家窝墓地，清理东汉单室砖墓1座、宋明单室砖墓7座。

2010年4—6月，为配合西气东输二线工程建设，湖北省文物考古研究所主持对谷城田家凹秦汉墓进行发掘，清理墓葬3座；对浠水忠三湾遗址进行发掘，清理出新石器时代晚期、西周文化遗存，西周遗存出土了跟冶炼有关的炼渣；同时，对附近的社屋山遗址进行调查和清理，出土石器、陶器等，属西周中期前后，具有鄂东南地域文化风格。

2010年8—10月，为配合南水北调中线工程建设，湖北省文物考古研究所主持对郧县上庄进行发掘。清理出汉代房基1座、灰坑4座、坑9个、瓮棺葬5座，出土大量陶质生活用器、建筑构件和少量生产工具，以及铜、石器，并发现六朝文化遗存和明清陶窑。

2010年10—12月，湖北省文物考古研究所主持对房县孙家坪遗址进行发掘，清理了一批西周遗存及汉墓1座。

2010年11—12月，为配合引江济汉工程建设，湖北省文物考古研究所主持对沙洋黄歇村墓群进行发掘，清理出战国中晚期楚墓及其祔葬车马坑各1座、宋墓1座。

2006年12月—2007年2月，为配合南水北调中线工程，湖北省文物考古研究所主持对郧县韩家洲墓群进行发掘，清理出两汉土坑、洞室、砖室墓33座。2010年11月—2011年1月再次发掘，清理出西汉土坑墓40座，东汉砖、石室墓9座。

2011年1月—2013年7月，湖北省文物考古研究所主持对随州叶家山西周早期曾国墓地进行发掘，共清理墓葬140座，马坑7座，出土铜器、玉器、陶器、原始瓷器等随葬器物

2000 余件（套）。时代为西周早期，相当于成、康、昭王时期。该墓地中发现了三代曾侯。

2011 年 3—4 月，湖北省文物考古研究所会同北京大学考古文博学院对石家河古城的三房湾、谭家岭遗址进行小规模试掘，发现了房址、灰坑和木构遗迹。

2011 年 4 月，国家文物局批准纪南城大遗址保护规划后，至 2015 年，湖北省文物考古研究所主持对纪南城遗址进行了大面积的调查和考古工作，共调查了 85 处夯土台基，并对宫城区进行勘探，对少量台基进行了解剖，从而明确了宫城范围，确认了两期夯土台基，发现了台基附属窑场、连廊、殿前广场及环形界沟。在此基础上，宫城区的布局已基本呈现。

2011 年 6—7 月，为配合南水北调中线工程建设，湖北省文物考古研究所主持对丹江口八腊庙墓地进行第二次发掘。清理东周墓 18 座、唐墓 2 座、明清墓 3 座。

2011 年 6—7 月，湖北省文物考古研究所主持对宋代黄州城遗址进行调查、勘探。同时，对相关的黄州禹王城、明清黄州城进行了实地踏勘。

2011 年 9 月，湖北省文物考古研究所主持对随州义地岗墓地进行发掘。清理墓葬 4 座，其中 M6 为春秋晚期曾公子去疾墓。

2011 年 9—12 月，为配合唐崖土司城址申报世界文化遗产，湖北省文物考古研究所对遗址进行了初步调查，发现城址利用自然地形地貌构筑，城内由壕沟、城墙、道路、院落构成多重结构体系。2013 年 3—6 月进行了系统调查；2013 年 8—12 月，对城址内衙署区的大衙门、内宅进行清理发掘，确认了衙署区的建筑规模、等级等。

2011 年 9—12 月，为配合“大遗址荆州片区‘楚故都纪南城国家考古遗址公园’”建设，湖北省文物考古研究所对城内台基进行重新调查、勘探，并对纪南城烽火台遗址及其西侧城垣进行了试掘，确认城垣的使用年代为战国早期以后。至 2012 年底，还对纪南城松柏区 30 号台基进行了补充清理，获取了一批东周、北宋时期遗存资料。

2011 年 9 月—2017 年 12 月，为配合土司遗址申报世界文化遗产工作，受国家文物局委托和湖北省文物局委派，湖北省文物考古研究所承担了容美土司整个遗址的调查，爵府遗址片区、中府遗址片区、南府遗址的勘探、发掘，张桓侯庙遗址与南府遗址片区内的道路、桥梁清理工作，还完成了遗址群万人洞、万全洞、情田洞遗址的三维场景虚拟复原。

2011 年 11—12 月，湖北省文物考古研究所主持对大冶铜绿山遗址保护区 577.8 平方千米区域进行调查和勘探，新发现冶炼遗址 12 处。2012 年 6 月，对新发现的岩阴山脚遗址进行发掘，清理出春秋尾砂堆积、灰坑、房基、炉基、选矿场、泥池，战国至西汉探矿井、灰沟等遗迹，出土大量矿石、炼渣、炉壁等冶炼遗物和工具、生活用器等。

2011 年 11 月—2012 年 1 月，为配合随州市职业学院师范校区建设工程，湖北文物考古研究所等单位对随州师范墓地进行发掘。清理出东周墓葬 14 座，出土各类文物 147 件（套）。

2012 年 1—6 月，为配合随州文峰塔社区还建房建设，湖北省文物考古研究所主持对该区域内的空地进行勘探。2012 年 9 月—2013 年 1 月，对勘探发现的墓葬全部进行了发掘。清理墓葬 66 座，车马坑 2 座、马坑 1 座。出土较多“曾”字铭文铜器和 1 件随大司马铜戈。

18 号墓最重要，出土曾侯丙铜缶。

2012 年 3 月，为配合南水北调中线工程，湖北省文物考古研究所主持对郧县明清时期府学宫遗址进行调查、解剖。清理出大成殿月台、甬路、3 座房址及围墙等基址，理清了学宫的建筑布局。

2012 年 7—12 月，湖北省文物考古研究所主持对襄阳卞营墓地进行第六次发掘，清理西周、东周、秦、汉、南朝、隋唐、宋、明、清时期墓葬 539 座。

2012 年 11 月，为探索长江中游地区史前城址尤其是中等规模城址的聚落特征和社会结构，中国社会科学院考古研究所、湖北省文物考古研究所等对沙洋城河新石器时代城址进行发掘，并于 2013 年 9 月—2016 年 12 月又进行了三次发掘，确认该城址为屈家岭文化至石家河文化早期城址。2017 年又进行了两次发掘，在城址北城垣外发现了王家塝墓地。2018 年 3 月—2019 年 1 月，对该墓地进行发掘，清理出墓葬 112 座，陶器坑 3 个。

2012 年 11 月—2013 年 1 月，湖北省文物考古研究所主持对大冶铜绿山卢家垴冶炼遗址进行了发掘。发现了一批汉代、晚唐至宋代、明清时期的遗存。

2013 年 1—3 月，因宜昌白洋工业园区建设发现包含楚季宝钟在内的一组 12 件青铜编钟和 1 件青铜鼎，湖北省文物考古研究所主持对该地的万福垴遗址及周边进行调查勘探，确认了遗址范围、年代与性质。2015 年 5—9 月、2016 年 9 月—2017 年 1 月两次发掘，清理灰坑 82 座、灰沟 5 条、窑址 1 座、墓葬 9 座、瓮棺葬 1 座、祭祀坑 3 个，还有少量洞坑遗迹，出土大量陶器，时代为西周晚期至春秋中期，是一处十分重要的楚文化遗存。随后，对遗址北部的向家台片区及甘家河片区进行发掘，出土了少量陶器，时代为西周晚期至春秋中期。

2013 年 4 月，为配合大冶铜绿山遗址博物馆陈列馆建设选址，湖北省文物考古研究所主持勘探发现四方塘遗址墓地。2014 年 11 月—2015 年 12 月，进行两次发掘，清理岩（土）坑墓葬 135 座，其中西周墓葬 3 座、春秋墓葬 120 座，出土随葬器物 170 余件；2016 年 9 月—2017 年 1 月进行第三次发掘，清理两周时期岩（土）坑墓葬 65 座，15 座墓出土陶、铜、矿石等随葬器物 40 余件。2017 年 3—10 月，在墓葬区东、南、西边缘地段发掘小型岩（土）坑竖穴墓葬 58 座，出土铜削刀、陶鬲、陶盂、陶豆、玉觿、铁鱼等 15 件，铁矿石、残炉壁 19 件，墓葬时代分别为西周、春秋、近代；并清理出一座清代炼炉。

2013 年 4 月，为摸清鄂州市矿冶遗址与铜绿山遗址关系，湖北省文物考古研究所等单位对鄂州市内的冶炼遗址进行了一次专题调查，复查冶炼遗址 7 处，新发现 10 处，采集到较多的冶炼遗物。其时代分属东周、汉、六朝、宋、明时期，以宋代居多。

2013 年 6 月，为配合麻竹高速公路建设，湖北省文物考古研究所主持对宜城下姜边子遗址进行发掘，清理 2 座后石家河文化时期灰坑，出土有陶器和石器，并清理汉代以后墓葬 3 座；对随州周家塝遗址进行发掘，清理出西周时期文化遗存。

2013 年 11—12 月，为推动长江中游史前城址群及中华文明探源研究，湖北省文物考古研究所、武汉大学历史学院等单位选择以陶家湖—笑城两城址为中心的区域开展系统调查，调查面积 66 平方公里，共 700 多个采集单位，2 万余件标本。时代涵盖新石器时代油子岭文化、屈家岭文化、石家河文化、肖家屋脊文化和西周、东周、汉、六朝至隋唐、宋元以后等阶段。

2013 年 12 月，为编制鄂王城址及周边古遗存保护规划，湖北省文物考古研究所组成大冶鄂王城考古队，对鄂王城及周边 30 平方千米区域进行调查，发现了一批古文化遗址和墓群。其中香炉山遗址面积大，保存好，冶炼遗物丰富，显示出新石器时代晚期到商周时期鄂东南浓郁地方文化及多样的冶炼技术。

2014 年 5—6 月，湖北省文物考古研究所等单位对襄阳卸甲山墓地进行发掘，清理出战国至西汉时期墓葬 12 座。

2014 年 6—8 月，湖北省文物考古研究所主持对南漳川庙山墓群进行发掘，清理出 23 座东周墓和 2 座汉墓，其中 1 座墓出土鼎、盏、缶 2 套和盘、匜铜器组合。

2014 年 9—12 月，为配合地方工程建设，湖北省文物考古研究所主持对随州周家寨墓地进行发掘，清理汉墓 24 座，其中 M8 出土了一批重要的漆木器和简牍。

2014 年 9 月—2015 年 1 月，湖北省文物考古研究所主持对枣阳郭家庙曾国墓地曹门湾墓区进行发掘，清理了以曹门湾 CM1（曾侯）为核心的 30 座墓葬，以及车坑、马坑各 1 座；2015 年 7 月—2016 年 1 月，在曹门湾和郭家庙墓区共清理 GM60（曾侯）等墓葬 87 座、车马坑 1 座，均出土了大量铜、玉器及少量陶器等随葬器物，部分青铜器有铭文，国属以“曾”为主，还有“黄”等。时代为西周晚期至春秋早期。

2014 年 11 月，为推进石家河国家考古遗址公园建设，湖北省文物考古研究所、北京大学考古文博学院等单位联合组队再次启动了石家河遗址的考古发掘工作。2014 年 11 月—2016 年 4 月，发掘了印信台遗址这一长江中游规模最大的史前祭祀场所，清理出多座台基、套缸、土坑墓等。2015 年 10 月—2016 年 4 月，选择对谭家岭遗址北部进行发掘，清理出城垣、壕沟、木构遗迹、灰坑、基槽、土坑墓、柱洞等，瓮棺葬出土了 240 余件后石家河文化玉器。2016 年 10—12 月，发掘三房湾遗址，清理出陶窑、红陶杯堆积、黄土坑、蓄水缸等遗迹，其中红陶杯堆积面积大，数量多，总量在万件以上；并发掘了严家山遗址，清理出瓮棺葬和石块堆积等遗迹。2017 年 9 月—2018 年 1 月，对三房湾遗址、印信台遗址、朱家坟头遗址三个地点进行了发掘，三房湾遗址发现了大量的红陶杯堆积，还发现一个小型陶窑，证实其为大型专业制陶作坊，时代自石家河文化晚期延续到肖家屋脊文化时期；印信台遗址在石家河文化人工台基下面，还发现有屈家岭文化时期的黄土堆积遗存，疑似为人工台基，表明印信台遗址是祭祀场所；朱家坟头遗址位于石家河遗址古城外西北，是 2017 年新发掘的一个遗址，发掘表明存在屈家岭文化、石家河文化、肖家屋脊文化三个时期的遗存。2018 年 3 月—2019 年 1 月，分别在扁担山、罗家柏岭、蓄树岭、毛家岭遗址点进行发掘。2019 年 9—12 月，发掘周家湾遗址点。

2014年底，武汉大学历史学院、湖北省文物考古研究所等单位在盘龙城遗址发掘，该次发掘是在2006年武汉市文物考古研究所、2008年盘龙城遗址博物馆和2013年武汉大学历史学院于杨家湾南坡发掘基础上进行的，清理了大型建筑基址F4的南侧区域；在杨家嘴遗址清理了1个灰坑、2座墓葬；在杨家湾北坡清理F6。2015年春，在小王家嘴发掘，清理墓葬21座、灰坑8座。2015年11月—2017年3月，在小嘴遗址进行发掘，清理出灰沟、灰坑、柱洞等遗迹，出土了一批陶范块、陶坩埚、铜冶金渣、炉壁等铸铜遗物；清理1座墓葬（M3），出土铜、玉、陶器等。2016年11月—2017年3月，对盘龙湖和破口湖区域开展水下地形测绘、考古勘探和试掘工作。2017年11月—2019年1月，在小嘴原发掘区继续发掘，揭露出房址、灰坑、灰沟等遗迹，出土陶器、铜器、卜骨及铸铜遗物；在杨家湾坡顶清理楚灰坑

2015年3月，湖北省文物考古研究所主持对2006年发现的安陆王古溜城址进行再调查，并于4月进行局部解剖，确认城址时代为新石器时代屈家岭文化晚期至石家河文化早期。

2015年5月—2017年1月，基于叶家山西周早期墓地的关联性，由湖北省文物考古研究所牵头，联合随州市博物馆、曾都区考古队对庙台子遗址进行了为期三年的田野考古发掘。清理出西周早期壕沟和灰坑、房址、灰沟、窑址、墓葬等各类遗迹。厘清了该遗址与叶家山墓地的关系。

2015年5月—2021年12月，为配合屈家岭考古遗址公园建设，湖北省文物考古研究所主持对京山屈家岭遗址开展了全面勘探和持续的考古发掘工作。清理出墓葬、房址、灰坑、灰沟、灶坑以及大量的红烧土遗迹，重要的是清理了一处高等级建筑区，包括面积约200平方米的室外活动广场、主体面积达180平方米的大型多间式建筑及其附属设施；另有少量跟祭祀或奠基活动相关的扣碗、扣豆遗存。出土遗物十分丰富，完整器及已复原器物达千余件，以石器和陶器为主，石器主要为斧、锛和凿等，另有少量石镰、石刀及与修整陶器有关的石质工具。陶器主要为鼎、豆、杯、碗、簋、盆、壶、罐、缸、盘和器盖等，以鼎、碗和豆为大宗，另有大量陶纺轮和陶环，还发现了铜矿石。遗存年代历经新石器时代油子岭文化、屈家岭文化、石家河文化三个发展阶段，年代序列较为完整，基本涵盖了江汉平原史前文明的主要阶段，其中以屈家岭文化遗存和油子岭文化晚期遗存尤为丰富。此外，还发现了西周遗存。

2015年8月—2016年5月，为配合武九客运专线工程建设，湖北省文物考古研究所主持对大冶五里界城址进行发掘。清理出保存完整的城墙、内外护坡、外城壕及文化堆积、灰坑、窑址等，出土陶器、石器等遗物。初步确认城址始建于西周晚期，鼎盛于春秋、战国时期，战国晚期废弃。其与铜绿山有密切关系。

2015年10—11月，湖北省文物考古研究所等单位对蛮河流域楚文化遗存进行调查，新发现遗址13处，复查大型遗址10余处。

2015年11月—2017年6月，湖北省文物考古研究所、松滋市博物馆对松滋关洲遗址进

行发掘，清理出灰坑、墓葬、红烧土遗迹等。出土陶器、石器和大量的兽骨和密集成层分布的鱼骨，属新石器时代城背溪文化、大溪文化。经对遗址地层剖面采集碳屑测年，关洲遗址城背溪文化时期的绝对年代大致为前 8500—前 7700 年，相当于澧阳平原彭头山文化晚期和皂市下层文化，是目前发现的鄂西地区最早阶段的新石器时代文化遗址之一。

2015 年 12 月—2016 年 10 月，为配合武九客运专线工程建设，湖北省文物考古研究所主持对阳新和尚垴遗址进行第二次发掘。清理出一批两周时期特别是西周时期与冶炼有关的遗迹、遗物，包括石、木制采矿用具，还出土了大量炼渣、炉壁等。陶器具有明显的鄂东南地域文化特色。

2016 年 3—4 月，为推进长江中游文明进程研究，湖北省文物考古研究所联合保康县博物馆对保康穆林头遗址进行复查，推测其时代为西周时期。

2016 年 4—6 月、10—12 月，为配合鄂州恒大首府二期地块建设，湖北省文物考古研究所、鄂州市博物馆联合对鄂州郭家细湾、牛头山墓地进行发掘。共清理六朝时期土坑、砖室墓 67 座，出土陶器、瓷器、铜器、铁器、金器、银器等随葬器物。

2016 年 4 月—2017 年 1 月，湖北省文物考古研究所主持对京山苏家垄墓地进行发掘。共清理墓葬 106 座，出土了 1000 多件青铜器，其中铭文青铜器 50 余件，大部分刻有“曾”字。还清理车马坑 8 座。墓地时代自春秋早期至春秋晚期。2017 年 11 月，又对苏家垄遗址及周边 4 平方千米区域进行了调查。

2016 年 6—9 月，为配合鄂北水资源配置工程建设，北京联合大学、湖北省文物考古研究所、枣阳市文物考古队联合对枣阳小孙庄遗址进行发掘。清理东汉墓葬 2 座、明清墓葬 10 座，灰坑、灰沟等遗迹 5 处。

2016 年 7—10 月，为配合鄂北水资源配置工程建设，湖北省文物考古研究所主持发掘随州狮子湾遗址，清理出新石器时代、东周和明清时期遗存；发掘广水机场村遗址，清理出柱洞 16 个、新石器时代灰坑 6 个、东周灰坑 12 个、东周墓葬 11 座以及零星红烧土面等，出土大量陶质生活用器及少量石制品、陶塑工艺品等。

2016 年 9 月—2017 年 1 月，湖北省文物考古研究所主持对枣阳周台遗址进行发掘，清理出新石器时代、西周、春秋、战国文化遗存，揭露了目前规模最大的木构岩坑水井。同时，对忠义寨城址东部进行详细勘探和试掘，清理春秋早期房基 2 处、红褐土堆积面 1 处。再结合 2002 年对周台遗址的发掘，可确认二者为一个大型中心聚落，与郭家庙墓地关系密切。

2016 年 10 月、2018 年 1 月，为配合蒙华铁路建设，北京联合大学应用文理学院、湖北省文物考古研究所对沙洋罗家湾墓地进行发掘，先后清理中型楚墓各 1 座，出土铜器、玉器等随葬器物。时代为战国中期。

2016 年 10 月—2017 年 1 月，为推进潜江龙湾国家考古遗址公园建设，湖北省文物考古研究所、潜江市博物馆对遗址进行发掘，地点选择在放鹰台一、二号台基之间。揭露出陶质排水管、带状瓦片堆积等与高等级建筑相关的重要遗迹。

2016 年 11 月—2017 年 1 月，为配合蒙华铁路湖北段工程建设，湖北省文物考古研究所组织人员对宣城袁家湾墓地进行发掘，清理出战国墓 22 座、西汉墓 2 座、明墓 2 座；发掘荆门大冢墓地，清理出南朝中小型砖室墓 8 座。

2016 年 12 月，为配合汉十高速铁路建设，湖北省文物考古研究所主持发掘谷城擂鼓台墓地。清理墓葬 5 座，其中 1 座为春秋早期邓国墓葬，出土铭文铜器等。

2016 年 12 月—2017 年 1 月，为配合蒙华铁路湖北段工程建设，重庆师范大学、湖北省文物考古研究所联合对南漳申家咀墓地进行发掘，清理出东汉墓 4 座。

2017 年 2—7 月，为配合宜城猛狮集团工程建设，湖北省文物考古研究所、宜城市博物馆联合发掘宜城花庙遗址，清理出灰坑 9 个、灰沟 4 条、柱洞遗迹 3 组、瓮棺 2 个、墓葬 1 座，出土了约 150 多件文物小件和大量陶片。时代为新石器时代。

2017 年 6—9 月，为配合汉十高铁建设，湖北省文物考古研究所主持发掘孝南老坟墓地，清理宋代砖室墓 2 座；发掘随州张家寨遗址，清理周代遗迹 23 个，包括房址、烧土遗迹、窑址、灰沟、灰坑、墓葬、动物坑等；发掘云梦好石桥遗址，清理出新石器时代屈家岭文化晚期至石家河文化时期、西周文化遗存；发掘孝感王家坟遗址，清理出屈家岭文化时期烧土坑 1 座、灰坑 2 个、洞坑遗迹若干、明清墓葬 5 座，出土陶器、石器等。

2017 年 6 月—2018 年 1 月，湖北省文物考古研究所、保康县博物馆对保康穆林头遗址进行发掘，共清理房址 3 座、灰坑 14 个、灰沟 2 条、墓葬 36 座，时代为新石器时代屈家岭文化、西周、东周、东汉和清代。

2017 年 6 月—2018 年 1 月，为配合随州市汉东东路建设及棚户区改造，湖北省文物考古研究所、随州市博物馆、曾都区考古队组建联合考古队对随州汉东东路墓地进行发掘。清理出春秋时期墓葬 39 座、马坑 2 座。出土青铜器 400 余件，有铭铜器达 100 多件，铭文主要有“曾公”“曾侯”“曾”“曾子”“曾孙”“曾叔孙”“曾叔子”“朱芈”等。据青铜器铭文可知，墓葬国属为曾，墓葬年代为春秋中期至春秋晚期。

2017 年 8—11 月，为配合鄂咸高速公路建设，湖北省文物考古研究所主持对大冶金牛铁屎包冶炼遗址进行勘探、发掘，发现有灰坑、柱洞、炭灰堆积等遗存。出土较多的炼渣和瓷碗、盏等遗物。并清理墓葬 5 座，出土青瓷碗、盘口壶等。时代为六朝至明清时期。

2017 年 10 月—2018 年 9 月，为配合枣潜高速公路建设，湖北省文物考古研究所主持对钟祥寨子山遗址分五个发掘区进行发掘。共揭示新石器时代房子 9 座、墓葬 49 座（含瓮棺葬）、灰坑 80 个、灶址 1 座。时间涵盖油子岭文化早期、油子岭文化晚期、屈家岭文化早期、屈家岭文化晚期、石家河文化早期五个时段。

2017 年，为配合基本建设，湖北省文物考古研究所还主持发掘了荆州张大冢墓地，襄阳欧庙遗址、南胡沟遗址、王坡墓地，孝感幺屋祖坟墩墓地，枣阳王家湾墓地，随州汪家湾、窑湾墓地，钟祥曾家湾遗址等十余处遗存。

2018 年 1 月、10—11 月，为推动解决与宜昌万福垴早期楚文化遗存相关的问题，湖北省文物考古研究所、重庆师范大学历史与社会学院、宜昌市博物馆、荆州区文物与旅游局、当阳市关陵文物保护管理所、枝江市博物馆、远安县文物保护与管理所、长阳博物馆等联合开展了沮漳河流域（下游）楚文化遗址区域系统调查。本次共调查了遗址及采集点 141 个，其中确认的楚文化遗址及采集点有 86 个，主要分布在长江、漳河及沮漳河沿岸，年代主要集中在春秋至战国时期。其中有 4 个分布较为集中的大型遗址聚落群：朱家湾—曾家台遗址群、磨盘山遗址群、季家湖—陶家湖遗址群、蔡桥—羊角洲遗址群。每个遗址群遗址点采集的遗物特征较为一致，年代几乎相当，而各个遗址群之间采集的遗物略有差异，时代上也有出入。

2018 年初，为对长江中游史前聚落开展研究，中国社会科学院与湖北省文物考古研究所联合对长江中游江汉平原及其周边地带的 30 个史前聚落进行无人机拍摄和三维重建。2019 年初扩大范围，对城河等少数遗址进行拍摄。

2018 年 3 月—2021 年 12 月，为配合长江中游文明进程研究课题和苏家垄国家考古遗址公园建设，湖北省文物考古研究所主持对京山苏家垄遗址进行勘探、发掘，清理出灰坑、灰沟、水井、窑址等遗迹，出土较丰富的陶器、石器、铜器和矿渣、炼渣、炉壁及矿石等，时代为东周。同时，在遗址周边开展了考古调查，一是进行区域性考古调查，发现了矿冶遗存、范家湾新石器时代遗址、东周墓葬、东汉墓葬和宋代墓葬等；二是进行周边矿冶遗址调查，发现了矿洞和铜矿石。

2018 年 4 月—2021 年 12 月，为配合“考古中国·长江中游文明进程研究”之夏商周课题和“楚纪南故城大遗址保护工程”，湖北省文物考古研究所持续对楚纪南故城东垣南门、东城垣（含护城河）展开考古工作。主要对东垣南门以北城垣（含护城河）进行解剖发掘，清理出灰坑、灰沟等遗迹，新发现了一段早期城垣，其时代为春秋晚期晚段至战国早期早段。

2018 年 6 月—2020 年 1 月，为配合工程建设，湖北省文物考古研究所主持对随州枣树林遗址进行发掘。清理墓葬 86 座、4 座车马坑、5 座车坑，其中有曾公求与嬭渔、曾侯宝与嬭加、曾侯得三组曾侯墓。出土铜器 2000 余件，包括不少铭文铜器。

2018 年 9—10 月，受地方政府委托，湖北省文物考古研究所、襄阳市文物考古研究所、襄州区文物管理处联合对襄州凤凰咀遗址进行调查、勘探。确认该遗址为一处新石器时代晚期的城址，核心区域面积达 14 万平方米，加之周边遗址，它的总体面积达 50 万平方米，是南阳地区迄今发现的面积最大、等级最高的中心聚落遗址。同时，遗址内文化层堆积丰厚，历经屈家岭文化至石家河文化时期，前后长达近千年。

2018 年 9—11 月，为配合万里茶道申遗工作，湖北省文物考古研究所主持对五峰汉阳桥遗址进行调查、清理。汉阳桥段遗址总调查面积约 20 平方千米，清理面积约 10000 平方米，解剖面积 48 平方米。发现包括桥梁、房屋、道路、台地、水沟、碑刻在内的 50 余个不同类型的遗迹单位。出土包括铁马掌、铜钱、带扣、青花瓷碗、瓷杯、瓷盘在内的数十件与万里茶道息息相关的重要文物。

2018 年 11 月—2020 年 1 月，南京大学、河北师范大学、湖北省文物考古研究所联合在巴基斯坦巴哈塔尔遗址进行考古发掘。

2019 年 3—2021 年 12 月，为配合长江中游文明进程研究，湖北省文物考古研究所、武汉市文物考古研究所、黄陂区文物管理所联合对武汉市黄陂区郭元咀遗址进行持续发掘。发现的商代遗存十分丰富，包括灰坑、灰沟、炉址、房址、烧土遗迹、坑状遗迹等，出土铸铜遗物、陶器、铜器、石器等，其中铸铜遗物有陶范、纯铜块、铜渣、炉壁残块等，还获得了大量的植物炭化种子和小型鱼类脊椎动物骨骼。主要是揭露了一处用于铸铜的大型台基以及台基上的各类铸铜相关遗迹，是与精炼粗铜、熔炼合金、陶块范浇铸相关的生产场所或废弃区。测定这批铸铜遗迹的年代范围为前 1100—前 1010 年，而铸铜活动废弃的年代为前 1010 年—前 990 年，相当于洹北花园庄晚期至殷墟一期。并清理楚周代墓葬 13 座。

2019 年 3—8 月，为配合黄黄高铁项目建设，湖北省文物考古研究所主持发掘黄州龟头山遗址，清理出商周、汉代、明清文化遗存；发掘武穴磨尔山遗址，清理出周代文化遗存，出土了较多的炼渣；发掘黄梅周山遗址，清理出西周、宋明文化遗存。

2019 年 4—10 月，为配合回龙观遗址古建筑保护修复工程，湖北省文物考古研究所主持对武当山回龙观遗址进行发掘。清理出多座基址，出土陶器、瓷器、石器等。年代以明末至清中期为主。

2019 年 9 月，为配合荆门金牛村村村通公路扩建硬化项目，在金牛冢北部的荆门林场遗址勘探发现墓葬和祔葬坑。2019 年 10 月—2020 年 1 月，湖北省文物考古研究所主持发掘车马坑和墓葬各 1 座。其中车马坑出土了较多的漆木器，以及木牍，时代为西汉前期；墓葬为战国楚墓。

2019 年 10 月，湖北省文物考古研究所与中国人民大学考古文博系在湖北省京山市大小富水流域开展了旧石器时代考古专项调查，发现和确认 18 处旧石器地点，获得石制品 238 件。

2019 年 10—11 月，为配合“当阳市客机改货机备件包装生产项目”建设征地，湖北省文物考古研究所主持发掘当阳向家巷遗址。清理出新石器时代屈家岭文化和东周文化遗存。

2019 年 10 月—11 月，为配合鄂州机场项目建设，湖北省文物考古研究所主持发掘鄂州青龙山墓地，清理六朝砖室墓葬 11 座；发掘朱家咀遗址，清理出包括炼炉在内的唐宋文化遗存。

2019 年 11—12 月，为配合麻城沪蓉大道施工，湖北省文物考古研究所主持对麻城袁家窑墓地进行发掘，清理出 2 座宋代砖、石墓。

2020 年 5 月—2021 年 12 月，为配合云梦城区市政建设，湖北省文物考古研究所主持对云梦郑家湖墓地分三区进行发掘。共清理墓葬 312 座，出土了一批陶器、铜器、漆器及木觚等。

2020年9—12月，为配合荆（门）荆（州）高铁建设，湖北省文物考古研究所主持发掘沙洋光华遗址，清理出新石器时代文化遗存；发掘沙洋新村墓地，清理出两座中型楚墓及其祔葬车马坑，时代为战国。

2020年9月—2021年1月，湖北省文物考古研究所主持对武当山五龙宫遗址进行发掘。发现有不同时期的建筑遗存15处，基本明确了南宫东道院的整体建筑布局。出土遗物非常丰富，包括陶、瓷、铜、铁、木、骨、石、琉璃等八大类600余件。时代为宋至民国时期。

2021年3—12月，为配合327省道改线工程，湖北省文物考古研究所主持对京山龙家湾墓地进行发掘，清理出5座宋代砖室墓。

2021年4月—2023年2月，为实施人类起源研究，湖北省文物考古研究院主持，中国科学院古脊椎动物与古人类研究所等多个单位参与，对十堰市郧阳区学堂梁子遗址（郧县人遗址）进行第十次发掘，出土了保存最为完整的郧县人3号头骨化石，以及大量伴生哺乳动物化石和石制品等。

2021年7—11月，为配合西十高铁工程建设，湖北省文物考古研究所主持发掘十堰市郧阳龙湾岭旧石器时代遗址点，出土各类石制品426件。

2021年，湖北省文物考古研究所还勘探了宜城郭家岗遗址；主持发掘了郧县龙湾旧石器时代遗址、罗家梁子化石点、包包岭化石点，大悟驸马墩遗址、董家湾墓地，襄阳茶贝、董王、李家咀遗址等。

2022年夏，湖北省文物考古研究院组织对石家河城址进行实地调查，对部分城墙进行复核、勘探和确认。

2022年6—7月，为配合西气东输三线工程仙桃至潜江联络线施工，湖北省文物考古研究院、潜江市博物馆对潜江代滩墓地进行发掘。清理墓葬5座，出土较多的丝织品。出土的四方墓志显示为明代太学生李可嘉家族墓地。

2022年7月—12月，为配合沿江高铁湖北段建设，湖北省文物考古研究所主持对考古调查发现的当阳九里岗遗址等24处遗存进行勘探、发掘，其中旧石器时代遗址1处，新石器时代遗址10处，周代遗址、墓地6处，汉代及以后遗址、墓地7处，总发掘面积万余平方米，取得了一批重要成果。同时，为推进"中华文明探源"工程和"考古中国·长江中游文明进程研究"项目，湖北省文物考古研究院还承担着天门石家河遗址、京山屈家岭遗址、保康穆林头遗址、黄陂鲁台山遗址、京山苏家垄遗址的项目发掘，以及配合世界文化遗产保护的武当山五龙宫遗址和长江三峡文物保护的三峡库区秭归消落带古墓群考古发掘项目，还有配合基本建设开展的大悟吕王城遗址、赤壁大湖咀龚家遗址等项目。

2022年7月—2023年2月，湖北省文物考古研究院主持对赤壁大湖咀遗址进行发掘，发现了一座城址。

湖北考古获奖项目

全国十大考古新发现

1990　湖北郧县人头骨化石

1992　湖北江陵鸡公山旧时期时代遗址（荆州博物馆主持）

2000　湖北潜江龙湾宫殿遗址

2002　湖北巴东旧县坪遗址（武汉大学主持，湖北省文物考古研究所参与）

2007　湖北郧县辽瓦店子遗址（武汉大学主持，湖北省文物考古研究所参与）

2011　湖北随州叶家山西周早期曾侯墓地

2013　湖北随州文峰塔东周墓地

2014　湖北枣阳郭家庙曾国墓地

2015　湖北大冶铜绿山四方塘遗址墓葬区

2016　湖北天门石家河遗址

2018　湖北沙洋城河新时器时代遗址（中国社会科学院考古研究所主持，湖北省文物考古研究所参与）

2019　湖北随州枣树林春秋曾国贵族墓地

2021　湖北云梦县郑家湖墓地

2022　湖北十堰学堂梁子遗址

中国社会科学院考古学论坛·中国考古新发现

2002　湖北枣阳九连墩战国墓

2011　湖北随州叶家山西周墓地

2013　湖北随州文峰塔东周曾国墓地

2016　湖北天门石家河新时器时代遗址

2017　湖北京山县苏家垄周代遗址

2018　湖北沙洋县城河新时器时代遗址

2019　湖北随州市枣树林春秋曾国贵族墓地

2020　湖北武汉市郭元咀商周遗址

2021　湖北云梦县郑家湖战国秦汉墓地

2022　湖北十堰市学堂梁子（郧县人）旧石器时代遗址

中国20世纪100项重大考古发现（湖北）

21. 湖北京山屈家岭新石器时代遗址的发掘
28. 湖北天门石家河新石器时代遗址群的调查与发掘
44. 湖北黄陂盘龙城商代方国遗址的发掘
57. 湖北随县战国早期曾侯乙墓的发掘
58. 湖北江陵东周时期楚都纪南城周围东周墓群的发掘
60. 湖北铜绿山西周至汉代矿冶遗址的发掘
63. 湖北云梦睡虎地秦墓与龙岗秦墓的发掘

中国百年百大考古发现（湖北）

湖北荆门屈家岭遗址

湖北天门石家河遗址

湖北黄陂盘龙城遗址

湖北大冶铜绿山古铜矿遗址

湖北随州曾侯墓群

湖北云梦睡虎地秦墓

文物保护

六

湖北省博物馆文物保护中心成立于2003年，隶属于湖北省博物馆，是从事文物保护科学技术研究与实践的专业机构，同时也是国家文物局重点科研基地“出土木漆器保护国家文物局重点科研基地”的依托单位之一、金属文物保护国家文物局重点科研基地湖北工作站、纸质文物保护国家文物局重点科研基地湖北工作站、全国文物修复职业教育联盟理事单位。具有涵盖玉器、石器、陶器、瓷器、铜器、铁器、金银器、饱水木漆器、干燥木漆器、书法绘画、钱币、织绣、古籍善本、文件宣传品、档案文书类文物的可移动文物修复资质，主要开展木漆器、青铜器、纸质文物（古籍）、陶瓷器等各类藏品的保护修复工作。

（一）机构设置与文保基地建设

文物保护工作最初纳入湖北省博物馆筹备处保管部门职能，主要开展文物藏品的保养工作。1961 年湖北省博物馆筹备处印发的部门职责中，文物保护由保管部负责，其中规定保管员“对馆藏藏品、辅助品做初步鉴定并进行整理、登记、编目、制卡、排架，作科学保管及其保养工作，使藏品不受损坏，尽量延长其寿命”。同时，配备文物修复复制人员，并明确了文物修整、复制、裱拓等职责。

1971 年 12 月，从武汉大学化学系毕业的后德俊同志分配到湖北省博物馆，建起了一间约 30 平方米的简易实验室进行竹简脱水试验。

1972 年 4 月，原中国文物研究所陈中行同志调至湖北省博物馆从事漆器保护工作。

1973 年，湖北省博物馆兴建了一个占地面积 100 余平方米的文物保护技术实验室，虽然实验室当时隶属于保管部，人员也仅有 2 人，但终究有了专门从事文物科技保护的工作岗位。它的建立标志着湖北省博物馆文物科技保护工作正式起步，湖北也因此成为全国少有的、在文物科技保护领域起步较早的省份之一。

1979 年初，设立文物保护管理部。1989 年，湖北省文物考古研究所与湖北省博物馆分开独立运行后，文物保护职能再次划归保管部。

2002 年湖北省博物馆与湖北省文物考古研究所合署办公后，省博物馆的文物保护技术人员从保管部分离出来，整合原省考古所的文保力量，正式成立了文保部，人员扩充到 14 人。同时修建了单独的文物修复、保护工作室，并投资 20 余万元，建立了漆器脱水实验室、微生物技术保护漆木竹器实验室，添置了大振幅恒温摇床、恒温恒湿箱、生物菌净化工作台、

图 6–1　出土木漆器保护国家文物局重点科研基地、金属文物保护国家文物局重点科研基地湖北工作站、纸质文物保护国家文物局重点科研基地湖北工作站、全国文物修复职业教育联盟理事单位牌匾

生化培养箱、数码高倍显微镜等急需的仪器，从而改变了以往实验室狭小、分散，仪器设备过于简陋的状况。

2003 年，湖北省文化厅正式批准在原文保部的基础上成立“湖北省文物保护技术中心”。从此，湖北省博物馆的文物保护事业在各级领导大力支持下，得到了快速发展。湖北省文物保护技术中心的工作范围也从单纯的对馆内藏品保护，扩展到对全省乃至全国的文物藏品及古墓葬、古遗址的保护。

2004 年 11 月，“出土木漆器保护国家文物局重点科研基地（湖北省博物馆）”获批成立，成为国家文物局第一批启动的 3 个重点科研基地之一。2005 年 8 月 1 日，科研基地在湖北省博物馆正式挂牌。基地主任为吴顺清，学术委员会主任为陈中行。科研基地采用“开放、流动、联合、竞争”的运行机制，实行依托单位领导下的主任负责制和课题管理制，为全国出土木器漆简牍保护技术与应用研究提供了一个开放性的平台。科研基地的成立，将湖北省博物馆文物保护事业推向了一个新的台阶。

2013 年，湖北省博物馆三期扩建工程正式立项，新文保中心大楼作为工程重要组成部分，也同时立项。经过多年建设，2020 年 6 月，新文保中心大楼正式投入使用，建筑面积 4000 余平方米，基建投入 6000 余万元；拥有各类保护修复装备和分析检测设备，设备投入 2000 余万元。设有木器漆修复与保护室、无机文物修复室、纸质文物修复室、书画装裱室、预防性保护实验室等各类文物修复场所，另有实验室考古、显微分析、X 射线分析、光谱分

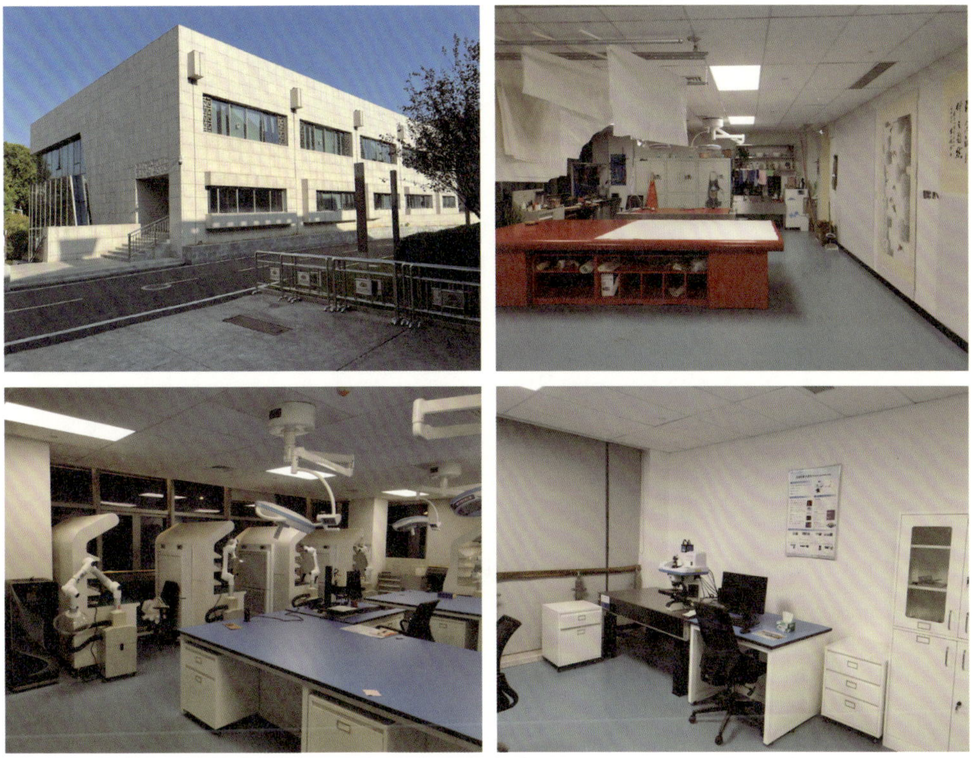

图 6-2　新文保中心外观和部分修复室、实验室

析、制样间等各类文物分析检测室。

为充分发挥金属文物和纸质文物保护的优势，进一步提升藏品保护能力，2022 年 4 月分别与国家博物馆、南京博物院签订合作协议，成立金属文物保护国家文物局重点科研基地湖北工作站和纸质文物保护国家文物局重点科研基地湖北工作站。2023 年 6 月，纸质文物保护国家文物局重点科研基地湖北工作站正式挂牌，标志着湖北省博物馆文物保护中心在纸质文物保护领域踏入了新的阶段。

图 6-3　纸质文物保护国家文物局重点科研基地（南京博物院）湖北工作站的挂牌仪式

至此，湖北省博物馆文保中心已形成以木器漆保护为特色，金属文物、纸质文物和陶瓷器保护修复为重点，其他门类文物保护为补充的工作格局，系湖北地区门类最为丰富、功能最为齐全的综合性文物保护修复中心，使得湖北省博物馆的文物保护事业又迈上新台阶。

（二）出土木漆器保护

20 世纪 60 年代中期，江陵望山 1、2 号墓，沙冢等大型墓葬的发掘出土了大量精美竹、木、漆器。这些文物出土时均处在饱水状态，倘若失去水分就会严重变形收缩，受到当时技术水平的限制，只能将它们长期浸泡在水里，由省博物馆考古队陈恒树同志负责保管，定期换水并添加福尔马林。20 世纪 60 年代末，时任国家文物局局长王冶秋同志来湖北省博物馆视察，十分关心这批竹木漆器的保护，推荐中国文物研究所胡继高同志来湖北进行脱水研究。胡继高同志多次来湖北省博物馆取样，对竹简、漆器进行脱水试验。随着后德俊、陈中行的相继加入，竹、木、漆器保护取得重要成果。

湖北省博物馆建设的实验室针对饱水漆器、木质文物开展研究，处理、保护了江陵望山、杨家山，长沙马王堆，山东临沂银雀山，广西贵县罗泊湾等地出土的一批木漆器。1978 年，由湖北省博物馆承担的“乙醚法、乙腈－乙醚法、乙醇－乙醚－硅酸盐法脱水加固定型竹简及木漆器方法对饱水木漆器进行脱水定型处理”的研究课题取得成功，获得了全国科学大会奖。1987 年，陈中行同志经过十余年的努力，“乙二醛脱水加固定型古代饱水木漆器”方法研究成功，此项成果是饱水木漆器保护领域里的重大突破。经乙二醛脱水加固定型处理后的古代木漆器，色泽同出土时一致，木质感好，收缩率为零或接近零，且能适用于多种材质的漆器。该项成果先后获得 1988 年度文化部科技进步一等奖、1989 年度国家科技进步三等奖。在之后的实际应用中，该方法又得到进一步的改进和完善，成功脱水保护了全国各地出土的漆、木、竹类文物数千件。

图 6–4　陈中行进行木器漆脱水保护和研究

由此，湖北省博物馆在饱水竹、木、漆器脱水保护领域走到了全国的前列，并为日后湖北省博物馆获批成为国家文物局第一批启动的3个重点科研基地之一的“出土木漆器保护国家文物局重点科研基地”奠定了坚实基础。

木质文物的常用脱水方法有醇－醚连浸法、冷冻干燥法、超临界流体干燥法、自然干燥法等，而针对饱水漆木器的脱水保护方法主要有醇－醚连浸法、乙二醛复合液法、聚乙二醇渗透法和自然干燥等方法，可根据不同情况选择合适的脱水方法。所取得的成果主要有采用高级醇脱水加固定形荆州毛家园出土的一批饱水木马、木俑等木质文物；采用乙腈－乙醚法脱水定形云梦大坟头西汉彩绘漆盘、曾侯乙墓漆瑟、望山一号墓彩绘小座屏底座；采用甘油喷涂法进行脱水保护的曾侯乙墓出土的一具彩绘陪葬漆棺；采用聚乙二醇（PEG复合液）法进行保护的枣阳九连墩楚墓，襄阳沈岗、余岗、团山墓地出土的残破木漆器（此成果获得湖北省科技厅三等奖）；采用乙二醛填充加固法进行保护的江陵望山一号墓、随州曾侯乙墓、安吉五福楚墓、荆门包山和枣阳九连墩战国楚墓；云梦睡虎地、大坟头等秦汉墓出土的一大批漆木器及云梦徐杨墓地、郑家湖墓地出土的100多件饱水门板画、木俑、木梳、木耳杯、木璧等木质文物。

（三）青铜文物保护

20世纪70年代末，随着改革开放的到来，国家经济建设方兴未艾，湖北的考古事业也迎来了一个高潮，大量珍贵的青铜文物被发掘出土。不少青铜器在地下埋藏期间久，由于受到泥土等伴生物长时间的挤压，出土时变形严重。因此，青铜器整形就成为一项重要的工作。

20世纪80年代初期，胡家喜同志在对随州地区出土的严重变形青铜文物进行修复时，经过反复试验和实践，摸索出一套对青铜文物进行“加温矫形”的修复方法，即将变形的青铜文物经过适当加温，消除内应力，增强可塑性，然后趁热再使用特制的夹具，在外力的缓慢作用下，让变形部位恢复原来的形状。该方法改变了以往矫形修复技术以分解变形文物为代价的做法，基本上保持了青铜文物的完整性。采用这一方法，胡家喜等同志先后成功地为湖北、湖南、新疆等地修复、复原了大批变形严重的青铜文物。该修复方法获得了1992年度湖北省科技进步二等奖。

近年来，为配合湖北省考古发掘出土的大量青铜文物保护修复工作，先后开展了随州叶家山、随州文峰塔、枣阳郭家庙、京山苏家垄、大冶铜绿山四方塘、黄梅刘岳墓、荆州雨台山张大冢、云梦郭庄墓、襄阳擂鼓台、鄂州汉魏六朝墓等地出土青铜器修复工作，其中主持的“随州叶家山西周早期墓地出土珍贵青铜文物考古整理中保护修复”项目和“随州叶家山墓地出土珍贵青铜文物保护修复”项目分别获2016—2017年文化遗产保护金尊奖和2021年首届全国十佳文物藏品修复项目奖。为提高保护修复效率、规范修复流程，文保

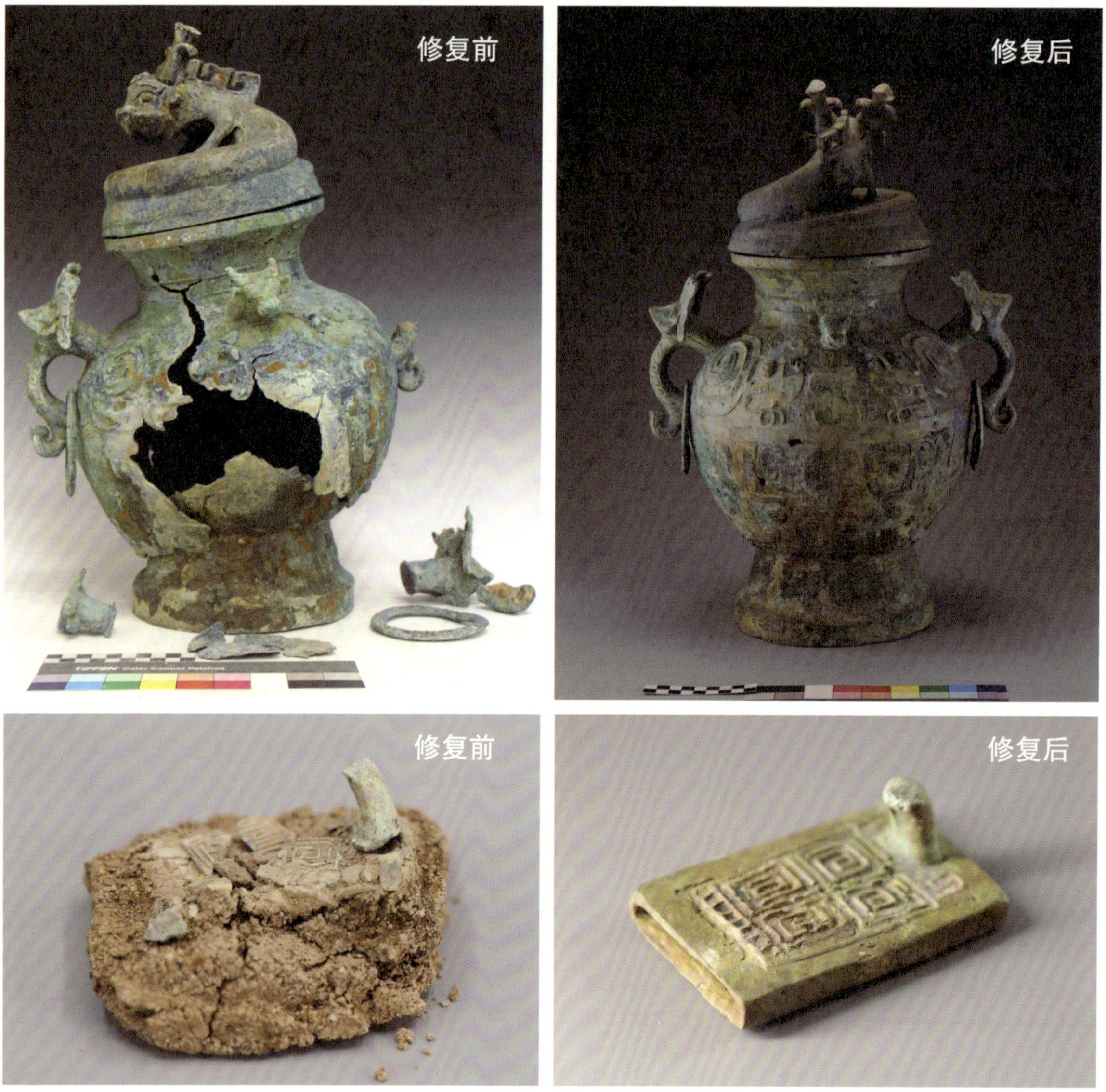

图6-5　近年修复部分青铜器对比图

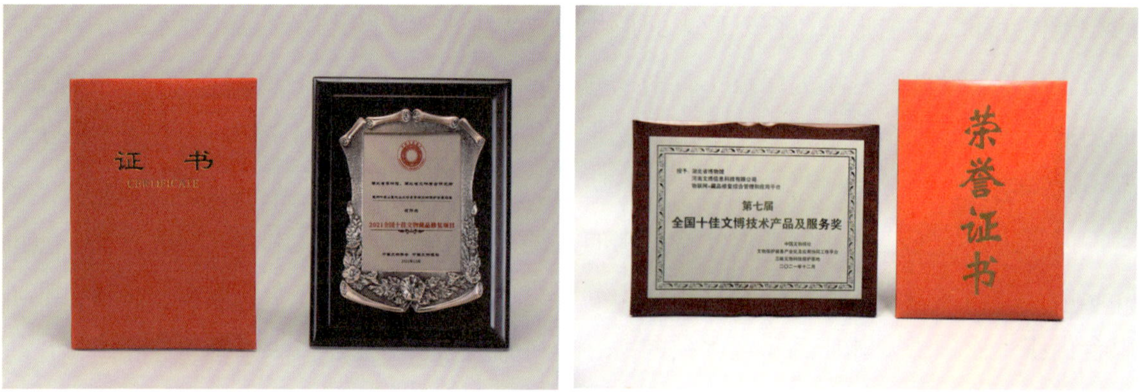

图6-6　首届全国十佳文物藏品修复项目奖和第七届全国十佳文博技术产品及服务奖证书及奖牌

中心自行研发了“物联网 + 藏品修复综合管理与应用平台”，并获第七届十佳文博技术产品及服务奖。此外，为提升各地博物馆青铜藏品质量，丰富展品数量，湖北省博物馆先后协助石首、黄州、松滋、公安、武穴等地博物馆和长江文明馆开展青铜保护修复项目。多年来，保护修复的青铜器以及金属器近万件，是文保中心保护修复数量最多的门类。

（四）纸质文物保护

湖北省博物馆收藏纸质文物 80000 余件，包括碑帖 12000 多件、古籍线装书 70000 多册，数量庞大、种类丰富。2010 年，湖北省博物馆获批为第三批全国古籍重点保护单位。纸质文物因其载体纸张的物理、化学特性，极易发生酸化变色、残缺、断线、粘连、霉变、糟朽、皱褶等多种病害，还较容易受到水渍、污渍和动物的损害。这些病害及损害的存在严重影响了文物的外观，若不经适宜的保护和修复处理，还会严重威胁文物的长久性保存。

近年来，湖北省博物馆文保中心在国家文物局、湖北省文化和旅游厅的支持下，高质量地完成了 7 项纸质文物保护修复项目，包括古籍保护修复项目 5 项和书画保护修复项目 2 项，分别是“浠水县博物馆馆藏古籍善本保护修复项目”（一期）（二期）、“湖北省博物馆馆藏古籍善本保护修复项目”（一期）（二期）、“鄂州市博物馆馆藏古籍善本保护修复项目”、“钟祥市博物馆馆藏书画文物保护修复项目”和“湖北省考古研究所藏湖北籍书画名家作品保护修复项目”。项目保护修复纸质文物共计 750 件（套），包括古籍 630 册和书画 120 件（套）。

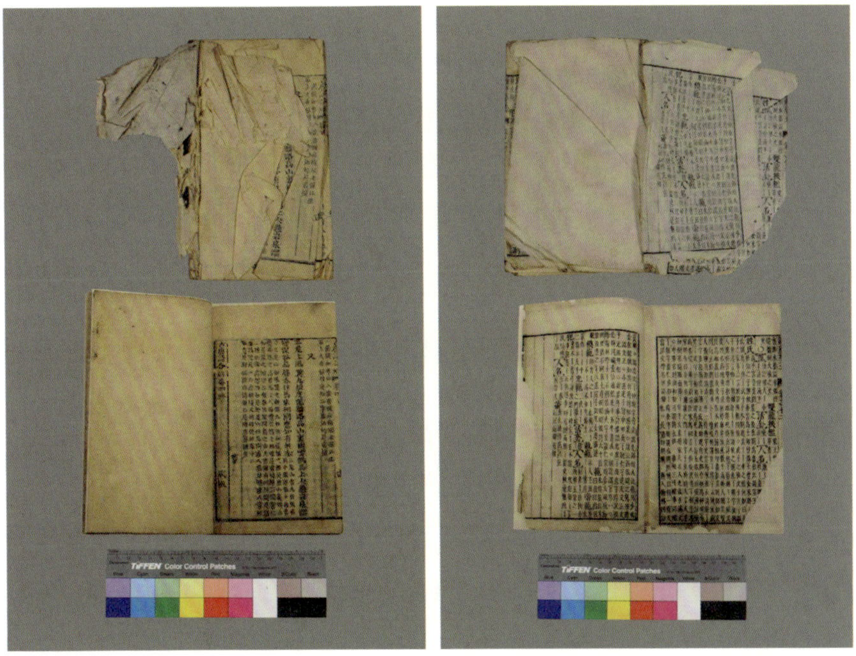

图 6–7　近年修复的部分古籍对比图

（五）大遗址与现场保护

20 世纪 70 年代以来，湖北曾侯乙墓、浙江印山越王墓及萧山独木舟遗址和成都金沙汉桥遗址等许多大型墓葬和遗址被发掘出来，如何保护原址大型饱水木构件，以保留墓葬和遗址原有的文化内涵和历史价值，成为文物科技界的一大课题。

2002 年，由湖北省博物馆承担的“十五”国家科技攻关计划项目“遗址大型饱水木构件原址保护技术研究”正式立项。中国文物研究所、中国地质大学（武汉）、中科院武汉岩土力学研究所、中科院武汉病毒研究所、成都博物院、浙江省博物馆、武汉现代工业研究院等单位共同参与，陈中行研究员任项目负责人。课题组通过开展“原址保护的地质工程研究”“原址脱水定型与遗址加固研究”“遗址木构件与环境微生物种类、危害机理及防霉技术研究”等项目，提出了遗址大型饱水木构件原址保存的系统解决方案；同时运用生物方法进行饱水木漆器、古代丝绸和遗址大型木构件保护的大胆尝试，受到广泛关注。该项目于 2005 年 5 月通过国家科技部、国家文物局验收。

至 20 世纪 90 年代初期，围绕大冶铜绿山古铜矿遗址是搬迁保护还是原地保护的问题，曾经一直争论不休。当时古铜矿遗址的保护是一个大难题，无论是搬迁保护还是原地保护都涉及保护方法问题，而当时国内外都没有可供采用的现成方法。经各方面专家反复论证，最终决定原地保护。由于遗址处于正在开采的矿区，原地保护不仅需要考虑遗址本身的保护问题，还要考虑矿区的采矿问题。针对上述难题，国家文物局同意由湖北省博物馆牵头，联合武汉冶金科技大学（今武汉科技大学）、中国地质大学（武汉）、中国科学院武汉岩土力学研究所等多家单位的专家学者共同组成课题组，对该遗址展开保护技术研究，在全国首创了采用疏排水工程解决遗址原地保护中的水侵害问题，完成了“湖北大冶铜绿山古铜矿遗址原地保护与合理采矿方案研究”，并获得 1993 年湖北省科技进步一等奖。在 20 世纪 90 年代中后期，课题组又借鉴大冶铜绿山古铜矿遗址原地保护的经验，对随县曾侯乙墓墓坑进行原地保护，成功解决了墓坑的水患问题，保证了后续墓坑中木椁保护工程的实施。

中山舰是中国近代史上一艘著名的舰艇，1913 年建成下水，1938 年被日机炸沉，沉没时间长达 59 年。1997 年打捞出水时，舰体锈蚀严重。为保护好这一重要文物，湖北省博物馆与武汉现代工业技术研究院共同成立课题组，经过反复研究和实验，研制出以互穿网络聚合物（IPN）防腐防水材料为成膜物质的系列防腐涂料，对舰体进行了有效的保护。2000 年完工的中山舰舰体保护工程使这艘历史名舰得到了有效的保护，焕发出新的活力。该项目获得 2002 年湖北省科技进步三等奖。

考古发掘现场的文物保护也受到了足够的重视。以往发掘现场的文物保护仅限于对大型墓葬中竹简、纺织品等文物的提取。从2001年开始，凡是较大型的考古发掘项目，都有文物科技保护人员到现场跟进。从发掘前的保护方案制定到器物、痕迹的现场提取和应急保护，以及文物的包装、转运工作，文物科技保护人员都全程参与。

图6-8　保护后的中山舰

（六）文物复制

1978年举世瞩目的曾侯乙编钟发掘出土，因其气势恢宏，音域宽阔，能够演奏古今中外乐曲而名扬天下。曾侯乙编钟用于乐器演奏，能带给广大观众听觉和视觉享受，但文物保护要求特殊珍贵文物的陈列展演，不能以牺牲文物原件的安全为代价，所以只能用复制品代替。

1979年3月，经国家有关部门批准，开始进行“曾侯乙编钟的研究与复制”。该项目由湖北省博物馆牵头，联合中国科学院自然科学史研究所、武汉机械工艺研究所、广东佛山球墨铸铁研究所、武汉工学院，以及哈尔滨科技大学等单位，成立了“曾侯乙编钟复制研究组”。研究组对原钟的冶铸工艺、合金配制、金相组合、几何结构、发声机制和频率等，作了系统深入的检测与研究，共取得几千个科学技术数据。经过联合攻关，1982年底复制出了上层钮钟12件、中层甬钟14件、下层大甬钟2件，在编钟复制方面摸索出了很多经验。1983年1月6—9日，国家文物局在汉主持召开“曾侯乙编钟复制研究成果鉴定会”，认为曾侯乙编钟的复制研究“在文物复制研究方面是一个划时代的创举，是一个里程碑，是团结协作做出成果的一个典范”。1984年9月，全套曾侯乙编钟复制完成，做到了形似声似。该项成果对于继

图6-9　曾侯乙编钟研究

承民族文化，发展科学技术和民族音乐具有深远意义，获得了1983—1984年度文化部科技进步一等奖。此后，湖北省博物馆分别为台湾鸿禧美术馆、陕西黄帝陵、长江文明馆、大冶铜绿山遗址博物馆和美国黑鹰博物馆等单位复制了多套编钟。

曾侯乙编钟的复制为湖北省博物馆文物复制工作打下了良好的基础。鉴于曾侯乙墓出土文物的重要性，湖北省博物馆对该墓葬出土的大量文物进行了复制，其中冯光生、徐雪仙承担的“曾侯乙编磬复原研究”获1983—1984年度文化部科技成果3等奖；冯光生主持的“五度双音石编磬的研制”项目先后获湖北省科技进步二等奖、文化部科技进步二等奖、国家技术发明三等奖；曾侯乙笙、曾侯乙瑟复原研究被列为湖北省科技攻关项目。

近五年来，湖北省各地博物馆新馆建设方兴未艾，为充实各地方馆藏，文保中心为随州、宜昌、十堰、黄石、孝感、大悟、来凤、石首、京山、南漳、钟祥、铜绿山等地博物馆，以及长江文明馆、辛亥革命博物馆、盘龙城遗址博物院等10余家文博单位复制青铜器、石器、玉器2000余件，极大地充实了湖北省地方博物馆的展陈资源。在实施盘龙城遗址出土铜玉器复制项目中，针对文物较脆弱的特质，首次将三维扫描与3D打印技术应用到文物复制中，经过选样实验，到覆盖整个项目，直至项目完成，获得评审专家一致好评。该项目三维扫描、3D打印技术的引入，由探索步入成熟应用，将现代前沿技术与传统文物复制技术成功地结合为完整的文物复制工艺链，促进了湖北省博物馆的文物保护工作、文物复制技术迈上一个新的台阶。

图6-10　近年复制的部分青铜器

（七）研究成果

湖北省博物馆注重文物保护中的课题意识，配合保护修复工作编制方案，开展学术研究，特别是近年来取得了较多成果，主要有以下方面。

文保部先后编制《浙江绍兴印山越国王陵原址保护可行性方案》《杭州萧山跨湖桥独木舟遗址原址保护可行性方案》《“十一五”期间全国馆藏出土饱水竹木漆器类文物脱水修复保护科技推广方案》《安徽省潜山县博物馆藏木漆器脱水保护方案》《安徽省潜山县博物馆藏青铜器保护修复方案》《南京明代宝船厂遗址出土木构件的脱水保护方案》《黄石市博物馆馆藏金属、木质文物保护方案》《湖北省浠水县博物馆藏古籍善本保护方案》《黄冈市博物馆藏青铜器保护方案》《武汉革命博物馆藏纸质、纺织品、金属文物保护方案》《浙江萧山跨湖桥独木舟遗址土体加固方案》《湖北省浠水县博物馆馆藏古籍善本抢救保护方案》《湖北省襄樊市博物馆藏饱水木器漆脱水保护方案》《湖北省武穴市博物馆馆藏玉器青铜器的修复与保护方案》《湖北省浠水县闻一多纪念馆馆藏文物保护方案》《湖北省鄂州市博物馆藏饱水木器漆脱水保护方案》《湖北省云梦县博物馆馆藏青铜器保护方案》《湖北省安陆市博物馆藏青铜器保护方案》《武汉市文物考古研究所出土木器漆脱水保护方案》《湖北省博物馆馆藏古籍善本抢救保护方案》《中山舰舰体再保护方案》《赤壁市博物馆青铜器保护方案》《浠水县博物馆青铜器保护方案》《沙洋县后港严仓战国墓出土文物现场保护方案》《荆门市博物馆青铜器保护方案》《京山市博物馆青铜器保护方案》《湖北省博物馆馆藏青铜器保护修复方案》《随州叶家山西周早期墓地出土珍贵青铜文物保护修复方案》《随州文峰塔墓地出土珍贵青铜文物保护修复方案》《湖北省文物考古研究所可移动文物预防性保护方案》《石首市博物馆馆藏青铜器文物保护修复方案》《黄冈市黄州区博物馆馆藏青铜文物保护修复方案》《铜绿山四方塘墓葬区出土青铜文物保护修复方案》《武穴市博物馆馆藏青铜文物保护修复方案》《武当山旅游经济特区博物馆馆藏金属文物保护修复方案》《蕲春县博物馆馆藏书画文物保护修复方案》《浠水县博物馆馆藏古籍善本保护修复方案》《湖北省博物馆馆藏古籍善本保护修复方案》《鄂州市博物馆馆藏古籍善本保护修复方案》等方案60余个。

2004年至今，文保部先后完成国家文物局交给的重大专项课题2项，即利用细菌纤维素修复保护木质文物的应用与研究和变形漆木文物的整形技术研究。完成湖北省科技攻关项目“高含水量土遗址保护研究”“中国双音钟原件形声整形复原研究”“采用PEG复合液脱水加固定型出土饱水木构件”“出土文物应急保护的关键技术研究”等7项。其中“采用PEG复合液脱水加固定型出土饱水木构件”获2005年湖北省科技进步三等奖，“中国双音钟原件形声整形复原研究”获 2008 年省科技进步二等奖，“高含水量土遗址保护研究”获 2008 年省科技进步三等奖。完成国家社科基金 1 项，即“科技考古视角下曾侯乙墓出土青铜器的再研究”，鉴定等级“优秀”。参与科技部国家重点研发计划 1 项，即“馆藏脆弱铁质文物劣化机理及保护关键技术研究”项目。

文保部先后获国家发明专利 20 余项，包括一种考古勘探土壤取样装置、一种半固态方式脱水加固饱水木器漆的方法、集文物信息数字化采集管理功能的点交现场工作平台、一种馆藏文物环境监测终端、用于高含水量土遗址保护的固体晶憎水材料及其制备方法、基于固体晶憎水材料的高含水量土遗址加固保护方法、一种疏松修复干缩变形漆器文物的方法、一种疏松修复干缩变形木器文物的方法、残损变形青铜器矫形定位修复方法、残损变形青铜器矫形定位修复装置、遗址中木构件的尿素复合液脱水定型法、遗址中高含水木构件脱水定型的微生物方法、遗址中高含水木构件脱水定型的硅胶填充法、无强度丝绸的微生物加固方法、一种多功能古书画修复清洗台等。

“出土木漆器保护国家文物局重点科研基地”积极开展行业标准研制，承担的行业标准计划项目《馆藏竹木漆器类文物保护修复方案编写规范 2006.07—2007.12》《馆藏竹木漆器文物腐蚀病害分类与图示 2006.07—2007.12》《馆藏竹木漆器文物保护修复档案编写规范 2006.07—2007.12》规范了文物保护修复的工作流程，提高了文物保护的安全性、可靠性和科学性；《可移动文物病害评估技术规程 木漆器类文物 2010.12—2011.05》规范了技术指标及其相关的分析检测方法、数据分析、操作规程；《出土竹木漆器类文物含水率测定失重法 2011.09—2012.09》研究了含水率测定的试验设备、试样、试验步骤和结果计算等；基地自主课题《出土木漆器修复工艺规范研究》则是对文物保护工作者实践经验进行总结和提炼，对工艺过程中有关技术要求进行规范，以有效避免文物工作过程中的风险以及人力物力资源的浪费，提升技术服务质量。其中前 4 项已颁布实施，还编写了《出土竹木漆器保护技术手册》。

此外，基地还积极开展成果转化与推广，在长沙、成都、合肥、兰州、扬州、济南、云梦等地设立技术示范工作站，以典型示范的方式培育科技成果转化的辐射源，通过现场试验、示范、指导以及技术咨询服务等，验证研究成果的可靠性和有效性，让文物需求单位充分了解该项成果的优越性，进一步提升了科技成果的转化与推广能力。

附：文物调查与地面文物保护项目承担情况

湖北省博物馆自成立之时起，也承担地面文物保护的相关工作，直到2006年，古建筑保护维修职能仍划归湖北省文化厅古建筑保护中心；同时，在早期地方文物干部较为缺乏的情况下，还参与了地方文物调查的相关工作。

（一）地方文物调查

从1952年起，即派员对湖北省革命旧址、革命纪念建筑、古代建筑、历史纪念建筑、古石刻开展了大量的调查摸底和保护工作，编写了武当山紫霄宫、当阳玉泉寺、宜昌黄陵庙、秭归屈原、江陵开元观、浠水斗方山寺祠等一系列遗址的调查报告。

1956年，在调查研究的基础上，提出了湖北省第一批文物保护单位名单（102处），报湖北省人民委员会公布。

1957年秋，在襄阳专区开展文物普查试点工作，随后，全省各地相继展开文物普查。

1957年冬，组织各地文物干部20余人，配合丹江口水库建设开展文物调查。

1958年底，第一次全国文物普查告一段落，共登记各类文物点4000余处。

1959年，对第一批省级文物保护单位进行复查，同时划定保护范围，建立群众性的文物保护小组并签发“文物保护管理执照”。

1959年，参与湖北省文化局、商业局、冶金局等单位组织的均县文物调查组，调查中提出了对武当山铜像的保护意见，连同专门制作的武当山珍贵铜像、法器的影集，向省委报告，经研究决定“武当山文物一件不毁”，使武当山各宫观的铜像、法器得到了完整保护，打消了商业局、冶金局准备将铜像当废铜购去化成铜材支援“工业抗旱”的初衷。

1959年，提出第二批湖北省文物保护单位名单报湖北省文化局审定，1981年由湖北省人民政府公布。

1959年至1965年，经过反复访查求证，找到了“八七会议”在武汉召开的具体地点，纠正了“八七会议”在九江召开的说法。

1966年，派员分赴武汉、黄冈、荆州、宜昌等地，宣传中央发布的《关于在无产阶级文化大革命中保护文物、图书的通知》，调查“扫四旧”查抄物资中的文物保存情况。

1967年，组织人员到硚口造纸厂拣选古旧图书。

1968 年，在反复争取得到军宣队军代表同意后，出动 20 余人到武汉扬子江炼铜厂对从黄石市运到该厂化铜的 23 车（一说 33 车）西塞山出土的窖藏古钱币进行抢救性拣选。

1977 年夏，辅导孝感地区开展湖北省第二次文物普查试点工作。

1981 年，湖北省第二次全国文物普查全面铺开，湖北省博物馆派员分赴全省各地、市指导并参加普查，举办多个文物普查培训班。1983 年以后，由于各地、市文博机构相继建立，这部分工作大都由地方在湖北省文化厅文物处的指导下承担，湖北省博物馆仅承担配合大型重点工程的文物调查。

1986 年，配合湖北省旅游局进行了三国旅游线路的勘查和川、鄂、湘金三角旅游区的旅游资源调查。

1993 年 4 月，湖北省文物考古研究所受长江水利委员会库区处的委托，组织力量对巴东、秭归、兴山、宜昌四县三峡工程淹没区的文物古迹进行调查；1996 年 6 月始，为制定三峡工程淹没区文物保护规划，受国家文物局及三峡工程库区文物保护规划组委托，在原有工作基础上，在库区各县文物部门的配合下，对秭归、宜昌、兴山三县进行深入调查；1995 年 5 月，再次对巴乐、秭归、兴山、宜昌四县迁建区进行调查。在上述工作基础上，编制了《长江三峡工程淹没区及迁建区湖北省巴东、秭归、兴山、宜昌四县文物古迹保护规划报告》。

（二）地面文物建筑勘察测绘

1959 年春—1960 年春，湖北省文物管理处组成小分队，配合丹江口水利枢纽工程测绘、登记、搬迁均县文庙、净乐宫等处古建筑、古石刻。

1972 年，邀请文化部古建筑研究所贾瑞广、杨烈等同志（当时在咸宁“五七干校”劳动）主持武当山金殿、紫霄宫，当阳玉泉寺大雄宝殿的勘察测绘（丁安民、高仲达、孙启康参加）。

1993 年 11 月至 1994 年 10 月，湖北省文物考古研究所配合长江三峡水库工程勘察、测绘、登记秭归、兴山、宜昌三县水库淹没区古建筑、古石刻 160 处。

1996 年至 2004 年，对三峡库区淹没线下的摩崖、碑刻逐一进行拓片、照相、文字抄录，并对部分石刻作了翻模和搬迁。

2002 年，为配合三峡工程建设，对宜昌杜烈祥老屋、秭归八老爷老屋、秭归蒲蓝田君纪念碑、兴山竹溪桥、兴山县川汉铁路桥墩、巴东九峰岩农民起义军旧址、巴东抗战一号防空洞、巴东中央银行（重庆）湖北省行旧址、巴东张家老屋、巴东李光全老屋、巴东费世泽老屋、巴东郑海传老屋、巴东无源桥、巴东见龙桥、巴东万佛桥进行勘察测绘。

2003 年，为配合三峡工程建设，对巴东水布垭鄢家老屋、巴东田庆机老屋、巴东毛宗虎老屋进行勘察测绘。

2004 年，为配合三峡工程建设，对巴东信陵镇吴家老屋、建始县顾家台老屋、建始县田峡口刘家老屋、恩施杨柳池余家老屋进行勘察测绘等。

（三）文物建筑维修工程

1953 年，程欣人主持武当山金殿、太和宫正殿、朝拜殿和紫霄宫大殿维修工程。

1963 年，派员去洪湖指导瞿家湾革命旧址群维修，完成了中共湘鄂西省委会旧址、湘鄂西省苏维埃政府旧址、湘鄂西省总工会旧址等六项维修工程。

1965 年，对均县净乐宫搬迁文物复原选址进行指导并制定复原方案。1966 年，净乐宫复原工程开工，“圣旨”碑的赑屃（碑座）安装到位，因“文革”开始而停工。

1977 年，会同宜昌地区文教局，制定秭归屈原祠搬迁规划。

1978 年，对玉泉寺大雄宝殿梁柱进行加固维修。

1981 年，制定荆州城北门城楼维修工程勘测设计方案；参与大悟宣化店周恩来与美蒋代表谈判旧址维修工程。

1982 年至 1984 年，制定武当山纯阳宫（即磨针井）建筑群维修工程勘测设计方案并主持维修工程；参与玉泉寺大雄宝殿落架大修；制定天门陆公祠（陆羽纪念馆）规划；制定安陆文庙大成殿搬迁复原工程勘测、设计方案；制定武当山回心庵维修工程设计方案；制定咸丰县唐崖土司城建筑勘测、维修设计方案。

1985 年，制定宜昌黄陵庙大修工程勘测、设计方案，以及武当山复真观大殿、皇经堂、藏经楼等维修工程设计方案。

1986 年，主持安陆县博物馆明伦堂设计、修建，云梦县大成殿拆迁和大木构架树立，辛亥革命武昌起义军政府旧址维修资料整理，武当山南岩宫配殿复原工程竣工，钟祥元佑宫“延禧”牌楼验收，江陵玄妙观上门和天门陆羽纪念馆规划、设计，钟祥明显陵明楼设计，以及当阳关帝庙、咸丰严家祠堂维修和勘察。

1988 年，制定钟祥明显陵明楼复建工程设计方案。

1989 年 8 月，测绘钟祥显陵石像生，制定保护抢修方案。

1990 年至 1996 年，主持玉泉寺铁塔落架大修并清理加固铁塔地宫。

1992 年，制定当阳玉泉寺保护维修工程勘测、设计方案及指导施工。

1992 年至 1993 年，制定钟祥显陵新红门、旧红门维修方案，并指导维修工程。

1996 年，制定钟祥显陵茔城及琉璃蟠龙八字壁维修保护方案、钟祥元祐宫大殿维修工程设计方案。

1998 年 4 月，制定宜昌杨家老屋维修工程设计方案。

1999 年，制定蕲春李时珍墓维修工程设计方案。

2000 年，制定宜昌天然塔维修工程勘测、设计方案；武昌起义军政府旧址主楼维修工程设计。

2002 年，主持编制阳新龙港革命旧址维修工程勘测设计方案、大悟新四军第五师司令部旧址维修工程设计方案；为配合三峡工程建设，主持编制秭归惠济桥勘测、复原迁建工程设计方案，秭归紫光阁复原迁建工程设计方案，秭归三老爷老屋复原迁建工程设计方案，秭归新滩古井复原迁建工程设计方案，秭归江渎桥迁建工程设计方案，巴东传统民居毛文甫老屋复原迁建工程设计方案，巴东万明兴老屋复原迁建工程设计方案，兴山传统民居陈伯炎老屋复原迁建工程勘测、设计方案，兴山吴翰章老屋复原迁建工程勘测、设计方案，巴东水府庙复原迁建工程设计方案，巴东楠木园水磨坊搬迁复原工程勘测、方案设计，巴东济川桥搬迁复原工程设计方案，巴东传统民居顾家老屋迁建工程勘测、设计方案，巴东寅宾桥迁建工程勘测、设计方案。

2003 年，为配合三峡工程建设，主持编制秭归千善桥搬迁复原工程设计方案，秭归郑书祥老屋搬迁复原工程设计方案，兴山县城望山门搬迁工程设计方案，秭归王宗科老屋搬迁复原工程设计方案，巴东传统民居李光明老屋搬迁复原设计方案，巴东秋风亭搬迁复原工程勘测、设计方案，通山李自成墓陈列馆维修方案，通山王明璠大夫第维修工程勘测、设计方案。

2004 年 3 月，制定阳新龙港彭德怀旧居维修工程设计方案。

2005 年 10 月，制定恩施叶挺囚居旧址维修工程勘测、设计方案。

2005 年 12 月，制定鹤峰红四军第五路指挥部暨巴建鹤游击司令部旧址搬迁复原设计方案。

2006 年 6 月，制定荆门市东山宝塔维修工程勘察、设计方案。

此外，还制定了黄梅四祖寺毘卢塔维修工程设计方案，红安七里坪革命旧址维修工程设计方案，通山圣庙维修工程勘测、设计方案，当阳关凌维修工程勘测、设计方案，钟祥元祐宫延禧坊维修工程勘测、设计方案，黄梅五祖寺释迦塔维修工程设计方案，浠水县文庙大成殿维修工程勘测、设计方案，江陵太辉观金顶维修工程勘测、设计方案，荆门市白云楼维修工程勘测、设计方案，襄阳广德寺大雄宝殿复建工程设计方案，谷城县三神殿维修工程勘测、设计方案，谷城县承恩寺维修工程勘测、设计方案，江陵玄妙观玉皇阁、紫皇殿维修工程勘测、设计方案，江陵玄妙观山门复建工程设计方案，罗田县文庙大成殿维修工程设计方案等。

七 参观接待

湖北省博物馆成立后即着手制作展览，并对外提供参观服务。

（一）日常参观

湖北省博物馆参观接待分为前后两个大的时期，一是收费参观时期，二是免费开放参观时期。

1. 收费参观时期

1955 年 11 月，湖北省博物馆筹备处与湖北省文物管理委员会在水陆街馆舍内举办“湖北省出土文物展览”，这是湖北省博物馆历史上的第一个基本陈列。之后至东湖陈列大楼建成并举办“历史文物展览”和“革命文物展览”两大基本陈列，都采取对机关团体、群众免费参观，但需要提前联系登记。

1965 年前后，针对这两大基本陈列采取少量收费，个人参观收费 5 分钱（人民币，下同），集体参观每人 3 分钱（图 7–1）。

1966 年之后至 1978 年依然免费参观。

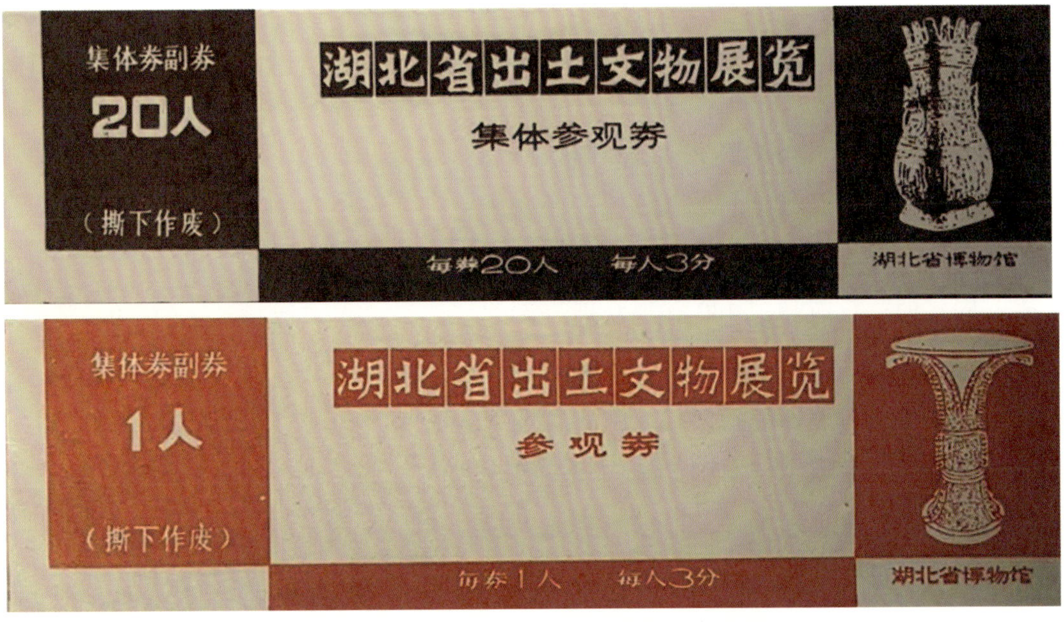

图 7–1　“湖北省出土文物展览”参观券

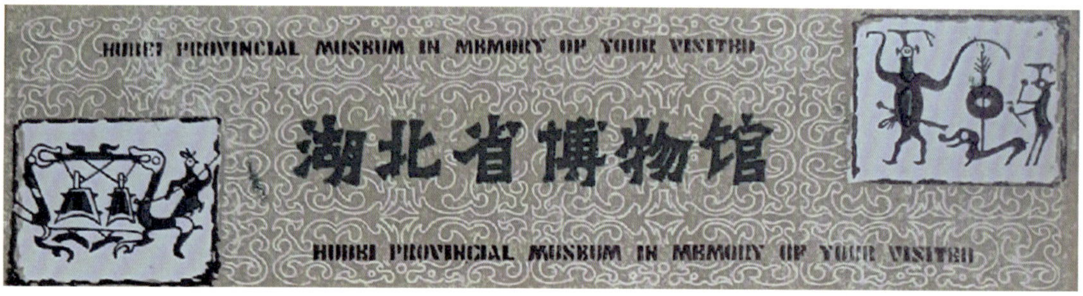

图 7–2　“湖北随县曾侯乙墓出土文物展览”门票

图 7–3　编钟馆开放后的门票

1979 年“湖北随县曾侯乙墓出土文物展览”基本陈列开展后，继续收费，每张门票两角（图 7–2）。

截至 1983 年 10 月，30 年共接待观众（含馆内及馆外流动展览）达 1546.79 万余人次，其中港澳台同胞 9.18 万人次，外宾 8.4 万人次。

1999 年 1 月编钟馆开放后，收费门票为每张 20 元（图 7–3）。

2. 免费开放时期

2007 年 11 月 6 日，湖北省博物馆二期新馆建成正式开馆，开馆仪式上，时任湖北省委常委、副省长周坚卫宣布湖北省博物馆永久免费开放。当天入场的领导、各界代表、观众上千人。从开馆第二天开始，观众量迅速增加，当天就突破了 5000 人次，之后不断创下新高，最高峰时单日达 1.8 万人次；2007 年底，观众逾 26 万人次。2008 年 8 月 26 日上午 9 点半，湖北省博物馆迎来了免费开放后的第 100 万位观众；到 2008 年 11 月 6 日免费开放一周年时，已有超过 130 万观众走进湖北省博物馆。

为了应对免费开放后的新形势，湖北省博物馆在免费开放之初采取了一系列措施：一是统一思想认识。二是提高管理水平，根据测算结果控制参观人数，完善规章制度，细化工作指标。三是推出经典导览线路，为不同观众提供多层次的差异化服务。四是增设服务设施。五是实施社会化管理。

2009年至2015年，年观众量约140万人次。

2016年因三期新馆设备楼建设，湖北省博物馆自当年3月1日起闭馆，至7月19日重新开放。当年接待观众80余万人次。

2017年，全年接待观众首次突破200万人次，达到202万人次。2019年为240.02万人次，达到新高。

2020年，受新冠肺炎疫情影响，湖北省博物馆自1月23日闭馆，至6月14日开馆，当年接待观众出现新低，仅40余万人次；2021年、2022年新冠肺炎疫情断断续续，湖北省博物馆按照规定，结合实际采取“预约、错峰、限流”措施，其中2022年闭馆40余天，但这两年观众均有所回升，分别达到73万、99万余人次。2022年12月，新冠肺炎疫情实行“乙类乙管”。2023年初开始，入馆人数出现大幅度反弹，因目前老馆改造尚未完成，湖北省博物馆每天预约限量放票2万张，在此情况下，前两月观众达到47万余人次，2023年上半年突破200万人次，再创历史新高。

（二）重要接待

自成立以来，湖北省博物馆作为湖北省最为重要的博物馆和文化窗口，先后接待百余批党和国家领导人，其他国家和地区的元首、政府首脑、议会领导人等。主要有：

1957年2月，毛泽东同志亲临视察湖北省博物馆与湖北省农业展览馆在武昌姚家岭举办的“湖北省自然环境与矿产资源展览”（图7-4）。

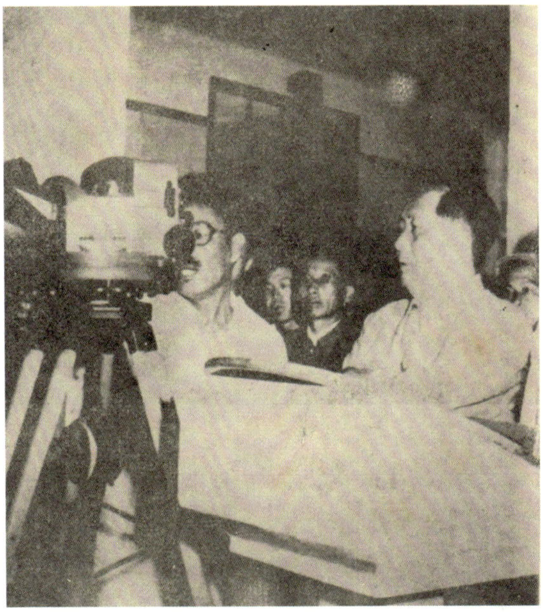

图7-4　毛主席视察“湖北省自然环境与矿产资源展览”

1959年，国家副主席董必武视察湖北省博物馆。

1960年秋，湖北省博物馆陈列展览大楼落成，董必武来馆并亲自题写馆名“湖北省博物馆”。

1961年10月，陈毅元帅来馆视察，在参观了“湖北历史文物展览”“湖北革命文物陈列”后题词“前事不忘，后世之师”（图7-5）。

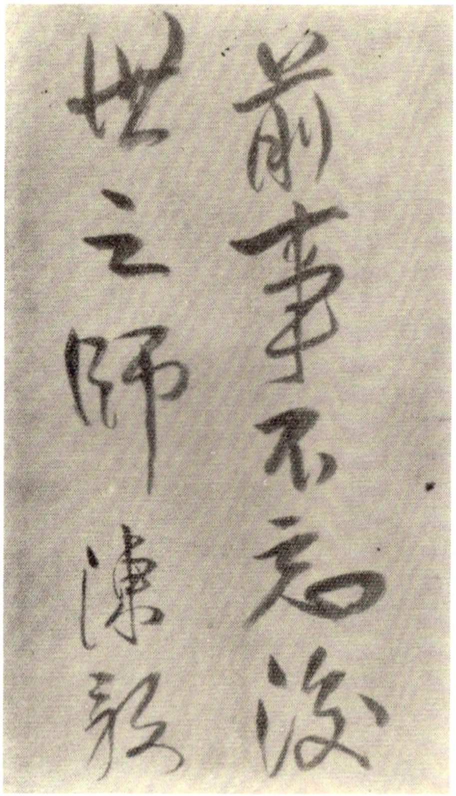

图 7–5　陈毅题词

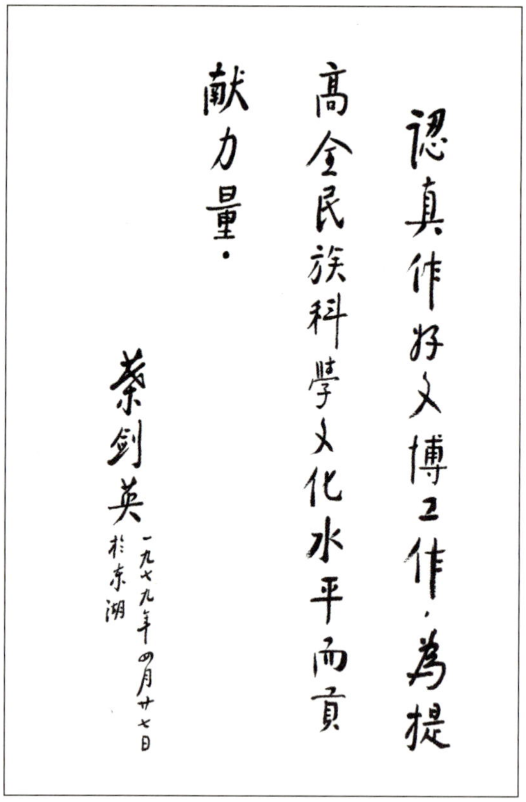

图 7–6　叶剑英题词

1964 年，国家副主席董必武第三次来馆视察。

1979 年，“湖北随县曾侯乙墓出土文物展览”开展后，叶剑英、李先念、谷牧、王任重等老一辈党和国家领导人视察了湖北省博物馆，重点观看曾侯乙墓出土文物。

1979 年 4 月 27 日，时任党中央副主席的叶剑英同志来馆视察，叶帅在参观曾侯乙编钟时十分细致，他用放大镜逐字察看钟上的铭文，并亲自撞钟试音。他情不自禁连声赞美：“这是祖国的伟大之处啊！”并再三嘱咐：“这些文物都是国宝，要认真保管好！”并欣然题词：“认真作好文博工作，为提高全民族科学文化水平而贡献力量。”（图 7–6）

1979 年 5 月 12 日，国务院副总理王任重同志视察湖北省博物馆，在参观了“随县曾侯乙墓出土文物展览”后题词：“我国劳动人民的智慧的确是伟大的，我国四化的前途无限美好。”

1979 年 5 月 12 日，国务院副总理谷牧同志来馆视察，并参观“随县曾侯乙墓出土文物展览”。

1979 年 5 月 13 日，李先念同志在中共湖北省委第一书记陈丕显、水利部部长钱正英、中共湖北省委副书记王群等领导同志陪同下视察湖北省博物馆，他在听过编钟演奏的《东方红》乐曲后说：“不能只会奏一个曲子，要能奏两个、三个……还要学习，要研究。”他环顾四周狭窄的场地，说：“这个地方太小了，不好演奏，应该设个专馆，陈列好，保护好。还要有个音乐厅，将来用复制品进行演奏，国内外观众都可以来听。”

图 7-7　基辛格博士参观湖北省博物馆

1981 年 3 月 20 日，中共中央书记处书记胡乔木同志视察湖北省博物馆，并参观“随县曾侯乙墓出土文物展览”。

1982 年、1996 年，美国前国务卿基辛格博士两次参观湖北省博物馆。

1999 年 5 月 29 日，中共中央总书记、国家主席、中央军委主席江泽民同志在吴邦国、曾庆红等中央领导和湖北省委书记贾志杰、省长蒋祝平陪同下，视察湖北省博物馆（图 7-8）参观了“曾侯乙墓”展览并观看了编钟演奏，在聆听古典乐曲《竹枝词》后，亲自挥槌试奏了《渔舟晚唱》的主旋律，放下钟槌后激情盛赞：“太好了！太棒了！”“绝了，绝了！”他对随行的领导说：“这是中华民族的骄傲啊！”

图 7-8　江泽民同志视察湖北省博物馆

1999 年 6 月，美国前国务卿基辛格博士一行，利用在武汉商谈合作项目的机会，第三次到省博物馆参观。当看到首次展出的曾侯乙主棺时，他连连赞叹："真是一个了不起的杰作！"

2000 年 12 月，中共中央政治局常委、国务院副总理李岚清视察湖北省博物馆。

2003 年 11 月，诺贝尔物理学奖获得者、美籍华人丁肇中先生参观湖北省博物馆。

2004 年，密克罗尼西亚联邦总统约瑟夫・乌鲁塞马尔参访湖北省博物馆。

2005 年，莱索托王国首相卡里塔・莫西西利参访湖北省博物馆。

2007 年 9 月 5 日，湖北省博物馆二期新馆开放前夕，中共中央政治局常委李长春同志在中共中央政治局委员、湖北省委书记俞正声同志的陪同下视察湖北省博物馆，正是这次视察，促成湖北省博物馆在全国率先对公众免费开放。

2008 年，澳门特别行政区行政长官何厚铧参观考察湖北省博物馆。

2010 年 4 月 13 日，东帝汶总理来湖北省博物馆参观。

2010 年 8 月 25 日，利比里亚副总统博阿凯参观湖北省博物馆。

2011 年 8 月，马耳他国民党副领袖、副总理托尼奥・博奇参观湖北省博物馆。

2012 年 7 月 21 日，尼日尔总统马哈马杜・伊素福参观湖北省博物馆。

2012 年 10 月 7 日，全国人大常委会副委员长、全国妇联主席顾秀莲视察湖北省博物馆。

2014 年 10 月 16 日，最高人民检察院检察长、党组书记曹建明视察湖北省博物馆。

2014 年 11 月 3 日，俄罗斯公正俄罗斯党主席米罗诺夫参观湖北省博物馆。

2014 年 11 月 3 日，全国政协副主席卢展工视察湖北省博物馆。

2016 年，俄罗斯联邦委员会主席瓦莲金娜・马特维延科参观湖北省博物馆。

2017 年 12 月，塞舌尔共和国副总统文森特・梅里顿参观湖北省博物馆。

2018 年 4 月，国家主席习近平与印度总理莫迪在湖北省博物馆举行非正式会晤并参观精品陈列。

2018 年 5 月 10 日下午，来汉参加上海合作组织成员国旅游部长会的中国、俄罗斯、哈萨克斯坦、乌兹别克斯坦、塔吉克斯坦、吉尔吉斯斯坦、印度、巴基斯坦等 8 国旅游部门与会代表到湖北省博物馆考察。

2018 年 9 月，毛里塔尼亚伊斯兰共和国总统穆罕默德・乌尔德・阿卜杜勒・阿齐兹和加蓬总统阿里・邦戈・翁丁巴先后参访湖北省博物馆。

2018 年，国家副主席王岐山参观视察湖北省博物馆。

2019 年，多米尼克总理斯凯里特参访湖北省博物馆。

2019 年，中央军委副主席许其亮视察湖北省博物馆。

2021 年，香港特别行政区行政长官林郑月娥在中共湖北省委书记应勇陪同下参观湖北省博物馆。

社会教育

八

社会教育是博物馆的一项基本职能，也是博物馆各项工作中最贴近社会和公众的部分。博物馆社会教育工作的核心是围绕社会和公众需求，依托博物馆陈列展览、藏品、研究成果以及历史文化资源，以丰富多彩的传播形式为社会发展和公众学习及生活服务。

伴随着博物馆事业的发展，湖北省博物馆社会教育工作从无到有、从小到大，走过了70个春秋。这期间，社会教育工作的理念、内容和方法，以及观众结构都发生了很大的变化，社会教育工作如同一面镜子，见证了湖北省博物馆逐步发展、壮大的历史进程。

（一）部门沿革

湖北省博物馆筹备处成立初期的1953年至1957年，因没有固定的陈列场地和常设展览，未设置专门的社会教育部门和专职讲解员。

1958年，湖北省博物馆筹备处下设的自然组、历史组、建设组除征集、保管文物、设计陈列展览等职责外，还特别各设一人负责群众工作。

1960年，湖北省博物馆筹备处调整机构，陈列部下设有群工组。

1963年，湖北省博物馆筹备处正式更名为湖北省博物馆。调整部门时，在历史部、社建部、自然部、保管部、考古队之外，设置了群众工作部（简称“群工部”），由一名正式员工主持工作，并招募了几名临时工作人员担任讲解员。“文革”时，临时讲解员陆续流失，社会教育工作无法正常开展。

1972年，湖北省博物馆从上山下乡知识青年和剧团转行演员中选拔8人招募为正式讲解员，部门设主任1名主，负责主持工作。

1978年曾侯乙墓出土文物展出后，参观人数骤增，除国内观众外，大批的欧美各国、日本外宾也慕名前来，讲解工作量剧增。

1979年至2000年，群工部先后引入多名正式员工，其中还有外语讲解员，并每年招募一定数量的临时讲解员以缓解工作压力。这期间，群工部负责讲解、古代乐器复制件的演奏、参观门票和小商品销售、保洁、展厅文物安全等工作。1999年，湖北省博物馆成立市场部后，小商品销售工作从群工部归口市场部负责。

2002年，群工部正式更名为社会教育部（简称“社教部”）。

2007年11月，湖北省博物馆率先在中西部地区省级博物馆中实行免费开放政策，社教部职能扩展为开放服务和教育推广，下设咨询组、讲解组、教育推广组。以往由社教部承担的古代乐器复制件的演奏、保洁、展厅文物安全等职能陆续分别归口市场部、后勤部、保卫科负责。2007 年初，社教部开始在主任之下设副主任，员工最多时增至 60 多人。由于正式员工退休、岗位转入其他部门以及用工方式变化等原因，社教部正式员工逐年减少，派遣制讲解员、咨询员逐渐成为社会教育工作的主力军。

经过 70 年发展，湖北省博物馆现已拥有一支朝气蓬勃的社教团队，他们是博物馆的窗口，是博物馆文化的代言人，致力于架起博物馆与公众沟通的桥梁。无论是党和国家领导人、外国元首，海内外知名学者与学术团体，抑或是面对普通观众，社教团队温馨的咨询服务、自信优质的讲解导览、深入社区的教育推广活动等，均获得各级领导和社会公众的广泛赞誉。

至 2023 年 2 月，湖北省博物馆拥有一支近 50 人的社教团队，主要承担讲解导览、咨询服务、教育推广、协调志愿者工作和全省博物馆社教活动组织、人员培训等工作。

（二）发展历程

湖北省博物馆的社会教育工作经历了四个大的发展阶段。

1. 初期发展阶段（1958 年至 1971 年）

1958 年，湖北省博物馆社会教育工作刚刚起步，在自然组、历史组、建设组分别设一人负责群众工作，主要职责是组织观众参观临时展览，并配合展览举办相关讲座。1960 年，位于东湖的陈列大楼竣工，湖北省博物馆举办了“湖北省革命文物陈列”和“湖北省历史文物陈列”。同年，群工部成立，招募的临时讲解员在陈列设计人员的辅导下，编写讲解词，组织观众参观展览并讲解。讲解员们还负责参观人数统计和观众意见收集、展厅文物安全和清洁卫生、业务工作（如馆藏文物及资料查询）来访者接待等。此外，讲解员也参加调查征集、陈列布展、馆外流动展览等工作。20 世纪 60 年代初制定的《湖北省博物馆筹备处群众工作暂行制度》对群工部工作人员上述工作职责有明确的规定。

这一时期的社会教育工作得到了初步的发展，在机构设置、人员配备以及工作制度方面都为以后社会教育工作的发展打下了良好的基础，特别是讲解员通过参与讲解词的编写、调查征集、陈列布展等工作，得到了很好的学习和锻炼。

2. 逐步发展阶段（1972 年至 2000 年）

1972 年，群工部招进 8 名正式讲解员，其后又陆续充实正式讲解员十余人，同时每年聘用一些临时讲解员。因此长期以来，群工部形成以正式讲解员为骨干、临时讲解员为辅助的社教队伍结构，较好地保证了社教工作的逐步开展。这一时期，群工部重视对讲解员的培养和探索有效的讲解方法，并尝试配合展览延伸其他教育形式，同时，仍然承担展厅安全、保洁、小商品销售等工作。

3. 稳定发展阶段（2001 年至 2007 年）

20 世纪 90 年代末至 21 世纪初，随着我国博物馆办馆理念的提升，博物馆社教工作也随之进入了发展的黄金期。2001 年，群工部招聘临时保洁员和安全员，负责展厅卫生和文物安全工作。由此，讲解员从以往身兼“三员”（清洁员、安全员、讲解员）的繁重职能中解脱出来，用更多的精力开展社会教育工作。

4. 全面发展阶段（2007 年至 2023 年）

随着二期与三期新馆的陆续落成、展馆面积的扩大和博物馆免费开放的推进，社教部教育和服务职能日益凸显。这一时期，社教部一方面增设展厅服务项目，如参观预约、前台咨询、设备租借、资料发放、视听设备管理、特殊人群服务等；另一方面加大了博物馆教育推广工作的力度，并不断进行拓展和创新。除讲解、编写通俗读物、举办讲座外，还通过“请进来、走出去”的方式，针对不同观众群体开展进校园、进社区、进军营、进乡村、进机关等形式多样、丰富多彩的教育推广活动。2007 年成立志愿者团队，组织志愿者为公众服务，利用社会力量和社会资源参与社会教育工作。2014 年，推出“礼乐学堂”教育品牌，并逐步将其打造成为全国博物馆的一面“旗帜”，尝试并创新研学活动，开展与各行业的合作共建等，湖北省博物馆的社会教育蓬勃发展。

（三）社会教育工作

1. 公众服务

（1）讲解服务

讲解队伍

讲解服务是湖北省博物馆最早开展也是最基本的社会教育工作，队伍建设一直是该工作的重点，从无人讲解到讲解队伍人数逐步增多，讲解人员从兼职到专职，从单纯的中文讲解到多语种讲解，为观众提供的讲解服务越来越多元化。

2007 年免费开放后，社教部专职讲解员人数为 20 人，该部门合理设定的“精品线路”受到观众欢迎。同时，制定“讲解质量跟踪表”由观众填写，保证讲解效果。

新时代以来，湖北省博物馆更加注重讲解团队科学化构建，2022 年，拥有专职讲解员 35 人，其中中英文双语讲解员 5 人，全部为大学本科及以上学历(含硕士研究生 5 人)，能满足公众对讲解工作的多元化需求，充分发挥湖北省博物馆“国家文化客厅”作用。14 人次入选国家级大型展览讲解员。讲解员崔航 2021 年、2022 年分别在“不忘初心、牢记使命”中国共产党历史展览、“奋进新时代”主题成就展为习近平总书记及中共中央政治局常委集体作讲解。多人次在国家级、省级文博讲解大赛中获奖，如 2021 年魏来获“庆祝中国共产党成立 100 周年”全国博物馆讲解大赛一等奖等。

讲解设备

手持喇叭式扩音器

这是现场讲解工作中最早使用的一种设备。最初的喇叭式扩音器手柄为固定式，使用的是普通电池，续航时间较短，仅 3~5 小时。后来，手持喇叭式扩音器手柄改进为折叠式，方便携带，普通电池改为锂电池，充电后可持续使用 12~15 小时。这种设备更适用于早期室外的团队讲解。

图 8–1　手持喇叭式扩音器

腰挂式扩音器

灵巧、轻便易携带，可用于室内、室外包含流动展览在内的多种场合的团队讲解。目前的扩音器与早期相比，噪音和啸叫声明显减少，仍是大型展览讲解的首选。

图 8–2　腰挂式扩音器

麦克风

麦克风又称微音器或话筒，大致可分为有线和无线两种。适用于在固定环境中对团体观众进行讲解，如专题讲座、学术报告等。

图 8–3　麦克风

图 8–4　无干扰讲解设备

无干扰讲解设备

随着时代的发展，无干扰讲解设备也在不断改进。佩戴方式有挂脖式、挂耳式、入耳式多种，目前经常使用的福睿型耳挂接收机，噪音更小，且佩戴更加方便、舒适，并有利于为公众营造出安静的参观氛围。

图 8–5　智慧讲解系统

智慧讲解系统

智慧讲解系统由控制器、播放器和无线区域感应信号发射器组成。讲解员携带发射器，接收播放器安装在展厅内，每 40~50 平方米的讲解区域配备一套效果最佳。

重要接待

从 1957 年湖北省博物馆举办陈列展览以来，社教团队圆满完成各项重要接待任务 100 余批次，接待对象既有党和国家领导人，也有外国元首、政府首脑、议会领导人，还有来自我国香港、澳门、台湾地区的重要贵宾等。

（2）导览服务

2007 年 9 月，为适应博物馆免费开放的新形势，提供观众所需的导览服务，社教部增设专职咨询岗位，首批招募 13 名专职咨询员，负责介绍展区各类服务项目，向观众推荐最佳参观路线，提供语音导览租借服务等。

语音导览被称为电子自助导游，是人工讲解的一种有效的补充形式，特别适合观众自助详细了解展品。

语音导览设备一览表

使用时间	使用方式	语言选择	可用数量	租借方式
2007—2012 年 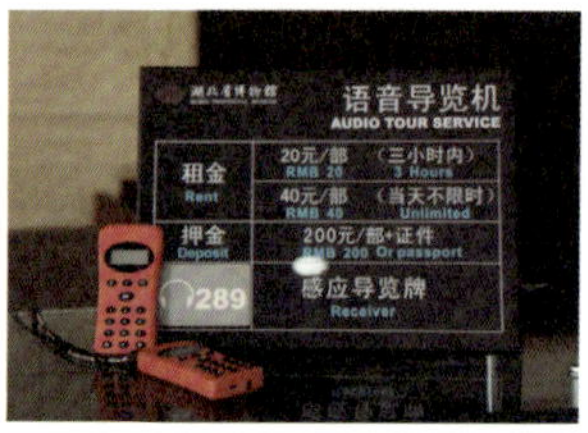 图 8–6　语音导览设备	输入标牌数字编号	中、英、法、日	导览机器 150 部	人工租借管理
2012—2019 年  图 8–7　语音导览设备	1. 输入标牌数字编号 2. 感应标牌	中、英、日、韩、法、德、俄、西	导览机器 500 部	人工租借管理
2019 年—至今  图 8–8　语音导览设备	1. 输入标牌数字编号 2. 感应标牌	中、英、法、日	自助租借机柜 7 台 导览机器 500 部	自助租借 人工维护

2007 年至今，湖北省博物馆不断拓展更新多元智慧导览服务方式。观众可使用移动端等多种形式，了解湖北省博物馆详细展览资讯、参观路线和文物介绍等。

2016 年上线自助导览服务 App——掌上智慧博物馆 App。

2020 年推出云观博 AR 眼镜、AR 导览小程序、森泰智慧导览器、微信 E 导览、文博智慧导览小程序等多种导览服务。

（3）咨询与投诉服务

2007 年博物馆免费开放以前观众投诉较少，免费开放后，观众数量增加，公众对文物展陈、博物馆教育以及硬件设施服务等各方面也有了更多的需求，一些矛盾随之出现。在信息化时代，观众反馈意见的渠道更加多元、畅通，主要投诉方式有现场投诉、留言簿投诉、电话投诉和线上投诉等。

观众投诉处理工作规范

本规范规定了湖北省博物馆社教部投诉处理工作的程序和要求，仅适用于社教部投诉处理工作管理。

一、接到投诉

1.接到任何投诉时，需保持冷静镇定的态度，有礼貌地仔细聆听，与观众目光接触，认真做好投诉记录，表明理解观众的心情。

2.安抚好观众的情绪，无论是哪一个部门或个人的问题，接待人员都应该向客人致以歉意，并表示将积极妥善解决，重大投诉必须报告值班主任和被投诉部门领导。

二、解决投诉

1.对受理的口头、电话投诉应马上进行调查，尽可能当场作出答复；一般书面投诉应在12小时内作出答复；对较为复杂的投诉，应在24小时内作出答复。

2.弄清事实，细心倾听了解观众投诉事件的详细过程，必要时对事件做简要复述确认，受理者无法解决的事情不要做出承诺。

3.将解决办法告知观众，并征求观众意见，如果观众对处理结果满意，向其致歉，感谢其对我们博物馆工作提出的宝贵意见或建议。如果观众对处理结果不满意，则要征询其意见或要求，再次协调责任部门协商解决；如双方仍不能达成一致，需向值班主任汇报，由值班主任协调相关部门处理或逐级上报解决。

4.随时关注其他相关部门对观众投诉问题的处理结果，并统一口径，回复观众，避免产生误解，也避免投诉升级。

三、反馈处理结果

1.处理完毕投诉事项后，及时将结果反馈给观众本人，以表示对观众意见或建议的重视。

2.向观众致谢，感谢观众对我们工作的监督和理解，使我们的服务在其心目中留下美好印象。

四、记录投诉

做好投诉记录和处理文字材料的归档保存工作。

（4）其他服务

在“以人为本”的服务理念指引下，展区内开设多媒体放映区、无障碍通道、自助充电区、母婴及老人等特殊群体服务中心，配备小型物品自助存包柜、雨伞架，免费提供轮椅、婴儿推车、常备急用药品、针线包、饮用水等，并可提供广播寻人、失物招领等服务，以满足公众参观博物馆时的多元需求。2021年底特别推出适合视觉障碍群体参观的展览“天籁——湖北出土的早期乐器”，并增设盲人步道、盲文读本和文物仿制件触摸体验区。

湖北省博物馆展区公共服务管理办法

为维护展区开放服务公共秩序和观众权益，营造安全、文明的参观环境，根据《博物馆条例》《导游人员管理条例》等相关法规，制定本办法。

第一条　湖北省博物馆（以下简称“本馆”）安排专职专业的讲解员、社教人员和经岗前培训的志愿者在展区为公众提供人工讲解、参观导览（含智慧导览和语音导览）、教育服务、研学活动等公共服务。公共服务项目坚持公益性、差异性原则，根据类别实行免费或有偿服务。

第二条　支持旅行社依法依规开展文旅活动。旅行社机构所属导游人员在本馆开展讲解、研学等公共服务活动，须经旅行社委派，在本馆讲解导览台出示本人导游证、身份证和任务派遣书，经核验登记后领取佩戴《湖北省博物馆公共服务证》，方可在展区开展活动。

第三条　支持学校、培训机构等其他相关机构在本馆开展讲解、研学等活动。此类活动须至少提前2天以所在机构名义向本馆提交书面申请，并提供拟开展公共服务方案，包含活动内容、讲解词、具体执行人员等信息，经审核通过，于活动当日入馆在讲解导览台办理登记手续，领取佩戴《湖北省博物馆公共服务证》，方可在展区开展活动。

第四条　《湖北省博物馆公共服务证》仅限活动当日领取后三小时内有效。活动结束后应及时予以归还。

第五条　展区内组织以上公共服务不得使用扩音设备，避免大声喧哗。讲解提倡尽量使用无干扰设备。

第六条　在展区开展讲解、研学活动，应合理规划参观线路，并服从本馆工作人员引导，避免在展厅出入口、展板、展柜前长时间驻留，引起堵塞。

第七条　不得在馆区内直接揽客开展公共服务活动，不得在本馆内发放宣传品，展区禁止借公共服务活动进行现场商业推销，不得在网络上发布不实或误导观众的营销信息。

第八条　本馆有权监管展区公共服务行为，对未经许可擅自开展公共服务活动，以及变更已审核活动形式与内容的，本馆有权予以叫停。违反本办法第七条规定者，一经发现，将列入不受本馆欢迎人员名单，半年内失去预约入馆资格，同时抄送所在机构。

第九条　本办法最终解释权归湖北省博物馆。

湖北省博物馆

2023年3月15日

图8-9　湖北省博物馆人性化服务

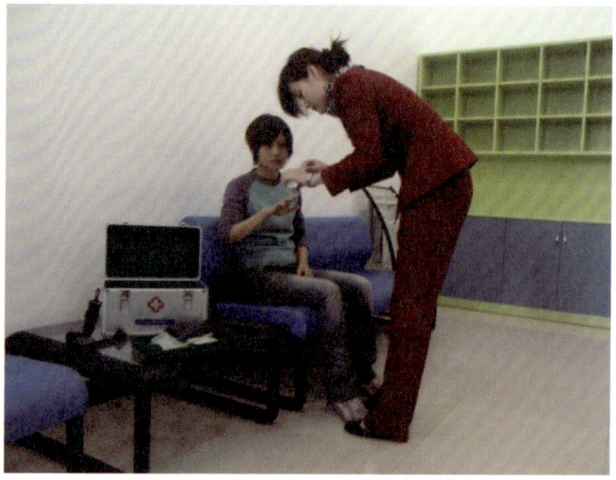

图8-10　湖北省博物馆人性化服务

图 8-11　湖北省博物馆人性化服务

图 8-12　湖北省博物馆人性化服务

2. 开展丰富多彩的社教活动

湖北省博物馆依托馆内特色展览，多方位、多层次地继续设计研发跨学科、多主题的教育课程项目，升级课程品牌，以输出高品质的博物馆文化体验。活动设计以满足青少年知识需求为主，同时满足社会大众精神文化需求，结合馆内藏品特点，打造多样化、系统化、品牌化的社教活动。

近年主要教育活动一览表

年份	序号	活动主题	活动时间	活动名称	场次
2010 年	1	主题日	5 月 14 日—20 日	“国际博物馆”日宣传周	5 场
			6 月 1 日	“快乐六一”活动	1 场
	2	馆藏特色	7 月—8 月	博物馆课程	10 场
	3	温馨关爱	4 月 23 日	走进希望小学活动	1 场
	4	临展教育	7 月—8 月	“五彩画笔　缤纷暑假”活动	12 场
2011 年	1	主题日	5 月 15 日—20 日	“国际博物馆日”进校园系列活动	5 场
	2	馆藏特色	7 月—8 月	博物馆课程	10 场
	3	温馨关爱	6 月 6 日	端午走进福利院活动	1 场
	4	建党九十周年	9 月—12 月	“荆楚英杰宣讲团”进高校	6 场
2012 年	1	主题日	5 月—10 月	“国际博物馆日”进社区系列活动	10 场
			6 月 9 日—25 日	“文化遗产日”系列活动	7 场
	2	馆藏特色	7 月—8 月	博物馆课程	10 场

续表

年份	序号	活动主题	活动时间	活动名称	场次
2013 年	1	馆藏特色	7 月—8 月	博物馆课程	10 场
	2	温馨关爱	9 月	“历史大课堂”走进希望小学系列活动	5 场
	3	援疆	4 月 26 日—5 月 3 日	“文化志愿者边疆行”走进新疆吐鲁番地区	6 场
2014 年	1	传统节日	4 月 4 日—6 日	“清明踏春”活动	3 场
			9 月 26 日、27 日	“月圆中秋”活动	2 场
			5 月 1 日—3 日	“我爱劳动”活动	6 场
	2	主题日	5 月 3 日—25 日	“小手绘文物”国际博物馆日活动	10 场
			5 月 30 日—6 月 1 日	“长翅膀的鹿”六一体验活动	6 场
			9 月 10 日	“感恩教师节”活动	1 场
	3	馆藏特色	1 月—12 月	馆藏特色课程	40 场
			4 月—11 月	“礼乐学堂”进校园活动	27 场
	4	援疆	9 月 3 日—11 日	“礼乐学堂边疆行”走进新疆博州	6 场
	5	温馨关爱	12 月 16 日	“以梦为旭　向阳而生”关爱留守儿童活动	2 场
			12 月	“让我的声音做你的眼睛”关爱盲人活动	5 场
2015 年	1	传统节日	2 月 7 日—10 日	“博物馆里过新年”活动	6 场
			2 月 20 日—25 日	“‘礼乐学堂’与您新春有约”活动	12 场
			4 月 4 日—6 日	“清明踏春”活动	6 场
			6 月 21 日—22 日	“粽情端午”活动	4 场
			9 月 26 日、27 日	“月圆中秋”活动	4 场
			10 月 21 日	“爱在重阳　浓情敬老”活动	2 场
	2	主题日	1 月 1 日、2 日	“手掌缤纷——曼海蒂”活动	4 场
			5 月 10 日	“妈妈，我爱您！”活动	2 场
			5 月 18 日—20 日	“国际博物馆日”系列活动	4 场
			6 月 1 日	“乐享‘六一’”活动	2 场
			6 月 21 日	“爸爸，我爱您”活动	2 场
			7 月 31 日	“军民鱼水情”活动	3 场
			9 月 10 日	“教师节快乐”活动	2 场
			10 月 1 日—7 日	“向国庆献礼”系列活动	10 场

续表

年份	序号	活动主题	活动时间	活动名称	场次
2015 年	3	馆藏特色	每周	馆藏特色课程	80 场
			1 月—11 月	“礼乐学堂”进校园活动	32 场
			4 月 25 日—27 日	“礼乐学堂”台湾行（新北）	6 场
			5 月—8 月	“礼乐学堂”台湾行（台中）	45 场
			7 月 7 日—11 日	首届公众考古夏令营	10 场
	4	温馨关爱	4 月—12 月	“让我的声音做你的眼睛”关爱盲人活动	13 场
			1 月—10 月	“以梦为旭　向阳而生”关爱留守儿童活动	5 场
	5	临展教育	1 月—3 月	“我爱大象”系列活动	8 场
			2 月—3 月	“印度・印象”系列活动	10 场
			4 月	“将星云大师作品带回家”系列活动	8 场
			5 月—9 月	“抗战胜利七十周年”系列活动	30 场
			9 月—11 月	“当艺术变萌时”系列活动	20 场
	6	援疆	8 月 6 日	边疆少年省博行	2 场
			8 月 4 日—10 日	“礼乐学堂边疆行”走进新疆伊犁、博州	5 场
	7	微课堂	全年	湖北省博物馆社教部微信公众号等	13 堂
2016 年	1	传统节日	2 月 6 日—12 日	“金猴献瑞”活动	8 场
			2 月 20 日	“张灯结彩闹元宵”活动	2 场
			4 月 3 日、8 日、12 日	“清明踏春”活动	3 场
			6 月 8 日	“粽情端午”活动	1 场
			9 月 13 日—17 日	“月圆中秋”活动	3 场
			10 月 9 日	“爱在重阳　浓情敬老”活动	1 场
	2	主题日	1 月 1 日、2 日	“元旦那些事儿”活动	2 场
			5 月 6 日	“妈妈，我爱您！”活动	1 场
			5 月 16 日—20 日	欢聚“5・18”活动	2 场
			5 月 30 日	“乐享‘六一’”活动	1 场
			6 月 17 日	“感恩父爱”活动	1 场
			8 月 1 日	“军民情深　喜迎八一”活动	1 场
			9 月 10 日	“教师节快乐”活动	1 场
			10 月 1 日—7 日	“畅享红色中国梦”系列活动	10 场

续表

年份	序号	活动主题	活动时间	活动名称	场次
2016年	3	馆藏特色	每周	馆藏特色课程	68场
			1月—4月	“追随芈月看秦楚”系列活动	20场
			1月—11月	“礼乐学堂”进校园活动	77场
	4	温馨关爱	4月—12月	“让我的声音做你的眼睛”关爱盲人系列活动	4场
			1月—10月	“以梦为旭　向阳而生”关爱留守儿童系列活动	10场
			5月17日	“献给银发族的爱”系列活动	1场
		研学	1月—12月	“礼乐学堂”研学系列课程	30场
			1月—12月	“礼乐学堂”研学之旅	10场
	5	临展教育	1月—3月	“最炫民族风”系列活动	20场
			2月	“流动千年的音符”系列活动	8场
			11月—12月	“玲珑玻璃情”系列活动	20场
			12月	“指尖上的丝路”系列活动	8场
	6	援疆	8月12日	边疆少年省博行	2场
			12月9日—13日	“礼乐学堂边疆行”走进新疆博州	5场
	7	微课堂	全年	湖北省博物馆社教部微信公众号等	21堂
2017年	1	传统节日	1月28日—2月2日	“金鸡报晓”系列活动	12场
			2月11日	“张灯结彩闹元宵”活动	2场
			4月2日—4日	“清明踏春”系列活动	6场
			5月28日—30日	“粽情端午”系列活动	6场
			8月26日	“巧度七夕”活动	2场
			9月22日、10月4日	“月圆中秋”系列活动	4场
			10月18日	“爱在重阳　浓情敬老”活动	2场
	2	主题日	3月9日	“文物森林植树温馨”活动	2场
			5月1日	“体验活字印刷”五一特别活动	2场
			5月12日	“妈妈，我爱您！”母亲节活动	1场
			5月18日	国际博物馆日活动	2场
			6月1日	“缤纷六一”儿童节活动	2场
			6月2日—10日	文化遗产日活动	10场

续表

年份	序号	活动主题	活动时间	活动名称	场次
2017 年	2	主题日	6 月 18 日	“幸福父亲节”活动	1 场
			7 月 28 日	“文化拥军”活动	1 场
			9 月 10 日	“感恩教师节”活动	1 场
			10 月 1 日—7 日	“畅享红色中国梦”活动	14 场
	3	馆藏特色	每周	馆藏特色课程	104 场
			3 月—12 月	“礼乐学堂”进校园活动	32 场
	4	温馨关爱	3 月—11 月	“让我的声音做你的眼睛”关爱盲人活动	4 场
			1 月—12 月	“以梦为旭　向阳而生”关爱留守儿童活动	5 场
	5	研学	1 月—12 月	“礼乐学堂”研学系列课程	70 场
	6	临展教育	1 月—2 月	“指尖上的丝路”系列活动	20 场
			2 月—5 月	“畅游地中海”系列活动	24 场
			2 月—5 月	“探索文明之旅”系列活动	14 场
			8 月—11 月	“高山流水觅知音”系列活动	20 场
			12 月	“古道茶情”系列活动	10 场
	7	援疆	5 月 22 日—27 日	“礼乐学堂边疆行”走进新疆博州	5 场
			8 月	边疆少年省博行	4 场
	8	微课堂	全年	湖北省博物馆社教部微信公众号等	30 堂
2018 年	1	传统节日	1 月 1 日	“欢欢喜喜过元旦”活动	2 场
			1 月 24 日	陪您过“腊八”活动	2 场
			2 月 9 日	“萌犬迎新话小年”活动	2 场
			2 月 17 日—22 日	“瑞犬迎新”系列活动	36 场
			3 月 2 日	“张灯结彩闹元宵”活动	2 场
			3 月 30 日—4 月 7 日	“清明踏春”系列活动	6 场
			4 月 20 日	“曲水流觞三月三”活动	2 场
			6 月 16 日—17 日	“粽情端午”系列活动	4 场
			8 月 17 日—18 日	“巧度七夕”系列活动	4 场
			9 月 18 日	“月圆中秋”活动	2 场
			10 月 11 日、14 日、17 日	“爱在重阳　浓情敬老”活动	3 场

续表

年份	序号	活动主题	活动时间	活动名称	场次
2018 年	2	主题日	3 月 11 日	“文物森林植树温馨”活动	2 场
			4 月 29 日—30 日	“体验活字印刷”五一特别活动	4 场
			6 月 1 日	“缤纷六一”儿童节活动	2 场
			6 月 9 日	文化遗产日活动	2 场
			6 月 17 日	“幸福父亲节”活动	1 场
			7 月 1 日	“火红七月话党史”活动	2 场
			7 月 28 日	“文化拥军”活动	1 场
			9 月 4 日、9 日、11 日	“感恩教师节”活动	5 场
			9 月 25 日、10 月 1 日—5 日	“畅享红色中国梦”活动	12 场
	3	馆藏特色	1 月—12 月	馆藏特色课程	300 场
			1 月—12 月	“礼乐学堂”进校园活动	35 场
	4	温馨关爱	5 月—12 月	“以梦为旭　向阳而生”关爱留守儿童活动	15 场
			4 月—6 月	“让我的声音做你的眼睛”关爱盲人活动	3 场
	5	研学	1 月—12 月	“礼乐学堂”研学系列课程	92 场
	6	临展教育	1 月—6 月	“古道茶情”系列活动	160 场
			10 月—12 月	“认识古埃及密码”系列活动	80 场
	7	微课堂	全年	湖北省博物馆社教部微信公众号等	28 堂
2019 年	1	传统节日	1 月 3 日	“欢欢喜喜过元旦”系列活动	2 场
			1 月 13 日	“陪您过腊八”活动	2 场
			1 月 27 日	“迎小年”活动	2 场
			2 月 5 日—10 日	“金猪纳福”系列活动	36 场
			2 月 15 日—20 日	“张灯结彩闹元宵”系列活动	6 场
			3 月 10 日	“春和景明迎花朝”活动	2 场
			4 月 6 日、14 日	“清明踏春”系列活动	4 场
			4 月 7 日	“曲水流觞三月三”活动	2 场
			6 月 7 日—9 日	“粽情端午”系列活动	6 场
			8 月 9 日	“巧度七夕”系列活动	2 场
			9 月 8 日、13 日、14 日	“月圆中秋”活动	6 场
			10 月 7 日	“爱在重阳　浓情敬老”活动	2 场
			12 月 22 日	“快乐冬至”活动	2 场

续表

年份	序号	活动主题	活动时间	活动名称	场次
2019 年	2	主题日	3 月 12 日	“争做环保小卫士”活动	2 场
			4 月 26 日	“文化拥军”活动	2 场
			5 月 1 日—4 日	“体验活字印刷”五一特别活动	8 场
			5 月 13 日	“妈妈，我爱您！”活动	2 场
			5 月 16 日—21 日	国际博物馆日活动	10 场
			6 月 1 日	“文物萌宠”儿童节活动	2 场
			6 月 9 日	文化遗产日活动	2 场
			6 月 16 日	“幸福父亲节”活动	2 场
			7 月 1 日	“火红七月话党史”活动	2 场
			7 月 28 日	“文化拥军”活动	1 场
			9 月 10 日	“感恩教师节”活动	1 场
			10 月 1 日—6 日	“我爱您，中国！”活动	12 场
	3	庆祝中华人民共和国成立 70 周年	6 月—9 月	“不忘初心、牢记使命”省内行	32 场
			6 月 30 日	“不忘初心、牢记使命”省外行	28 场
			6 月—9 月	“不忘初心、牢记使命”活动（馆内）	40 场
			9 月—11 月	“壮丽 70 载　荆楚颂华章”图片巡展	15 场
	4	军运会	10 月	体验古人的“奥林匹克”特别活动	30 场
	5	馆藏特色	每周	馆藏特色课程	302 场
			1 月—11 月	“礼乐学堂”进校园活动	25 场
	6	温馨关爱	1 月	“助力新起航”文化帮教活动	11 场
			1 月—12 月	“以梦为旭　向阳而生”关爱留守儿童活动	15 场
	7	研学	7 月—12 月	“礼乐学堂”研学系列课程	60 场
			7 月	“礼乐学堂”研学省外行	6 场
	8	援疆	5 月 20 日—24 日	“礼乐学堂边疆行”走进新疆生产建设兵团第五师	5 场
	9	临展教育	1 月—6 月	“古道茶情”系列活动	160 场
			10 月—12 月	“认识古埃及密码”系列活动	80 场
	10	微课堂	全年	湖北省博物馆社教部微信公众号等	30 堂

续表

年份	序号	活动主题	活动时间	活动名称	场次
2020年	1	传统节日	1月1日	“欢欢喜喜过元旦”系列活动	2场
			1月17日	“辞旧迎新话小年”活动	2场
			1月28日—2月3日	“鼠你安康”系列活动（线上）	8场
			2月7日—9日	“团团圆圆过元宵”活动（线上）	3场
			2月24日	“二月二话龙抬头”活动（线上）	1场
			3月4日	“荆楚文物带你了解花朝节”活动（线上）	1场
			8月23日—26日	“巧度七夕”系列活动（线上）	4场
			10月1日—4日	“月圆中秋”活动	2场
			10月25日	“爱在重阳　浓情敬老”活动	2场
			12月22日	“快乐冬至”活动	2场
	2	主题日	3月8日	邀你共赏明王妃的“珍宝箱”活动（线上）	1场
			3月12日	走进“文物森林”活动（线上）	1场
			3月15日	“看看秦的消费者权益保护法”活动（线上）	1场
			5月1日	“劳动创造了人类”活动（线上）	1场
			6月1日	“与文物萌宠一起过六一”活动（线上）	1场
			8月1日	“云端”共庆“八一”活动（线上）	1场
			9月10日	“感恩教师节”活动（线上）	2场
			10月1日—7日	“红色中国”活动	14场
			12月14日	“宪法宣传周”活动	1场
	3	馆藏特色	每周	馆藏特色课程	230场
			1月—11月	“礼乐学堂”进校园活动	12场
		研学	7月—11月	“礼乐学堂”研学系列课程	1场
			7月	华裔少年“云端”夏令营（线上）	4场
			9月—11月	研学课程校园行	10场
	4	温馨关爱	1月—12月	“以梦为旭　向阳而生”关爱留守儿童活动	5场
			1月	“助力新起航”文化帮教活动	1场
	5	临展教育	1月—3月	“‘画’说熊猫”系列活动（线上＋线下）	13场
			1月—3月	“和风‘拓’浪”系列活动（线上＋线下）	10场
			9月—12月	“探秘曾国”系列活动（线上）	5场
	6	微课堂	全年	湖北省博物馆社教部微信公众号等	159堂

续表

年份	序号	活动主题	活动时间	活动名称	场次
2021年	1	传统节日	1月1日—3日	“欢欢喜喜过元旦”系列活动	6场
			2月12日—17日	“数你最牛”系列活动	6场
			2月12日—16日	“金牛迎春”系列活动	8场
			2月26日	“张灯结彩闹元宵”活动	1场
			6月12日—14日	“粽情端午”系列活动	6场
			9月19日—21日	“月圆中秋”系列活动	6场
			10月13日	“献给银发族的爱”重阳特别活动	1场
	2	主题日	5月1日—5日	“礼乐学堂”劳动节活动	10场
			5月31日—6月1日	编钟带你乐享“六一”	3场
			8月1日	“八一建军节”特别活动	1场
			10月1—7日	“我爱你中国”国庆系列活动	10场
	3	建党100周年	6月16日	“红色故事小达人”走进乡村	4场
			6月29日—7月3日	“红色故事小达人”走进新疆	5场
			7月3日	“礼乐学堂”走进新疆讲解艺术分享	1场
			7月4日—14日	“浙”里来鄂的红色故事小达人活动	3场
			7月5日	南开学子湖北省博物馆寻访红色印记	1场
			7月20日	新疆孩子爱上“红色故事小达人”活动	2场
			7月14日	“百场宣讲之地”关爱留守儿童系列活动	2场
			7月—8月每天 9月—12月每周	“红色故事小达人”系列活动	120场
	4	馆藏特色	每周	馆藏特色课程	257场
			4月16日	“礼乐学堂”进校园活动	1场
	5	研学	12月26日	“青铜冶铸的智慧”研学课程	1场
			7月13日	“礼乐学堂”科技成果分享	1场
			每周	“礼乐学堂”研学系列课程	210场
	6	微课堂	全年	湖北省博物馆社教部微信公众号等	195堂
2022年	1	主题日	1月1日—3日	“撷”阳光“拓”进美好 元旦系列活动	6场
			3月8日	快乐着“她”的快乐——妇女节主题活动	2场
			3月12日	“植”此青绿——“文物森林”植树节主题活动	1场
			4月30日—5月4日	劳动节主题活动	6场

续表

年份	序号	活动主题	活动时间	活动名称	场次
2022 年	1	主题日	5 月 18 日	国际博物馆日主题活动	3 场
			6 月 1 日	六一儿童节主题活动	2 场
			6 月 11 日	文化和自然遗产日主题活动	3 场
			6 月 30 日	“我们是共产主义接班人”七一主题活动	1 场
			9 月 10 日	“感谢恩师”主题日活动	1 场
			10 月 1 日—7 日	国庆节系列活动	20 场
	2	传统节日	1 月 8 日—9 日	“过腊八　迎新年”	2 场
			1 月 25 日—26 日	小年传拓活动	5 场
			2 月 1 日—6 日	虎虎生福——到湖北省博物馆寻找“吉祥虎”系列活动	6 场
			2 月 1 日—6 日	金虎迎春——新年系列活动	6 场
			2 月 10 日	“春寒料峭印寅虎”	1 场
			2 月 15 日	“张灯结彩闹元宵”活动	2 场
			4 月 3 日—5 日	“清明踏春”传统节日活动	6 场
			6 月 3 日—5 日	“粽情端午”传统节日活动	5 场
			8 月 4 日	“巧度七夕”传统节日活动	1 场
			9 月 10 日—12 日	“月圆中秋”传统节日活动	5 场
			10 月 4 日	“爱在重阳　浓情敬老”传统节日活动	1 场
	3	研学	1 月 18 日	“文物与成语”主题研学课程	1 场
			1 月 23 日、2 月 15 日	“乐享编钟”研学课程	2 场
			6 月 8 日	“铸鼎熔金　彰显先民科学智慧”专题讲座、“曲水流觞三月三”课程	2 场
			7 月 21 日	“社会教育彰显博物馆的力量”	1 场
			每周	“金锭带你下西洋”等研学系列课程	107 场
	4	馆藏特色	每周	馆藏特色课程	280 场
			7 月 12 日—7 月 24 日	“荆楚故事我来讲”	12 场
	5	临展活动	5 月—8 月每周	“龢”你有“乐”临展活动	50 场
			7 月 10 日	“龢”你有“乐”——少儿民乐大赛	1 场
			10 月—11 月	“尚意千载——宋代书法主题展”临展：“小小书法家”体验活动、创意吟诵	30 场

续表

年份	序号	活动主题	活动时间	活动名称	场次
2022 年	6	学习宣传党的二十大	11 月 7 日	“奋进新征程　建功新时代”2022 年湖北省文博系统学习贯彻党的二十大精神演讲大赛	1 场
			11 月 21 日	“礼赞二十大　童心永向党”主题活动	1 场

3. 打造“礼乐学堂”教育品牌

2014 年 9 月底，湖北省博物馆依托馆藏及自身特色文化资源，创办“礼乐学堂”教育品牌，积极针对多元的社会公众需求，认真研究不同人群的认知能力，用心做好分众教育。

经过 8 年多的发展，其显著特点如下：

（1）结合社会热点进行创新

2020 年，面对突如其来的新冠肺炎疫情，结合防控阻击战要求，湖北省博物馆深挖文物内涵，推出“荆楚国宝齐心战疫”系列线上微课堂 91 期，线上直播活动数十场，受众逾亿人。2021 年是中国共产党成立 100 周年，依托基本陈列“荆楚百年英杰”研发推出“红色故事小达人”文化服务项目，通过形式丰富的红色故事宣讲，给观众提供沉浸式的学习体验，线上线下带领百万少年儿童学党史、感党恩、跟党走，赓续革命血脉。

（2）内容科学且丰富多彩

依托馆藏文物、临时展览、区域文化等构建品牌内容，包括馆藏特色课程、传统佳节课程、主题节日课程、红色文化课程以及文物抗疫课程等，共计 300 余个，多角度全方位弘扬荆楚文化。

（3）不断拓展受众类型

受众从幼儿到“银发族”，全年龄段覆盖，还有盲人、留守儿童等弱势群体以及服刑人员等特殊群体。“礼乐讲堂”高校课程于 2014 年、2015 年、2016 年连续为华中科技大学 3 届科普硕士班授课并获好评；“让我的声音做你的眼睛”活动帮助盲人朋友无障碍感知传统文化的魅力；“礼乐伴你快乐成长”活动让边远乡村留守儿童的心不再留守；“献给银发族的爱”活动温暖福利院等处老人的心；送文化进汉口监狱，让高墙铁丝网下的服刑人员看到了诗和远方，助力他们的人生重新起航。

“礼乐学堂”为不同类型受众设置系列项目一览表

项目名称	受众	年龄
宝宝爱编钟	幼儿	3—6岁
我爱礼乐	小学生、中学生	6—18岁
礼乐讲堂	高校学生及成人	18岁及以上
让我的声音做你的眼睛	视觉障碍人士	3岁及以上
献给银发族的爱	福利院、老年大学、社区等地老人	60岁以上
礼乐伴你快乐成长	留守儿童	6—14岁
教育联盟	教师及博物馆社教团队	18岁及以上
心手相连	聋哑人士	3岁及以上
文化拥军	中国人民解放军	18岁及以上
助力新起航	监狱服刑人员	18岁以上

（4）积极与现代科技融合

利用“互联网+”现代科技手段，创新服务模式，为公众打造融馆藏文物知识、临展知识、传统节日、主题日、红色文化及科学防疫等知识为一体的系列微课堂及线上直播活动，在央视频、人民日报客户端、学习强国平台、湖北日报客户端、B站、快手、官方网站、微信、微博等新媒体全网推送，让人们足不出户即能学习优秀文化。

（5）服务区域广覆盖

项目走遍武汉市、全省的地市县和偏远山村；跨省到湖南、新疆、台湾等25个省、市、自治区，并用“互联网+”方式，实现线上线下联动，让教育服务广覆盖。

（6）文化服务常态化

2019年全年举办活动929场次。日常开馆时段每天至少一场体验活动，并走进校园配合教学；充分利用传统节日、寒暑假等将公众“请进来”宣传优秀文化；配合“双减”政策，开展研学活动。

1. 图 8-13 “宝宝爱编钟”幼儿课程
2. 图 8-14 大学生“湖北省博物馆首届考古夏令营”
3. 图 8-15 “让我的声音做你的眼睛”关爱盲人课程

1 | 2
3
4 | 5

1. 图 8–16 “献给银发族的爱”敬老活动
2. 图 8–17 “礼乐学堂”文化援疆
3. 图 8–18 “礼乐学堂”走进陕西
4. 图 8–19 “礼乐学堂”在台中自然科学博物馆
5. 图 8–20 宝岛行关爱屏东“隔代教育”学生

（7）社会认可度高

“礼乐学堂”引起央视新闻、《光明日报》、《人民日报》、新华网、《湖北日报》、湖北电视台等全国主流媒体的广泛关注与报道；应邀在全国文博网络培训班、中国博物馆协会社教专委会研讨会做主旨发言等；与武汉盲校、武汉第三寄宿中学、湖北省第三保育院等多所学校签订合作协议；被越来越多的社会公众、学校、机关团体火热预约。

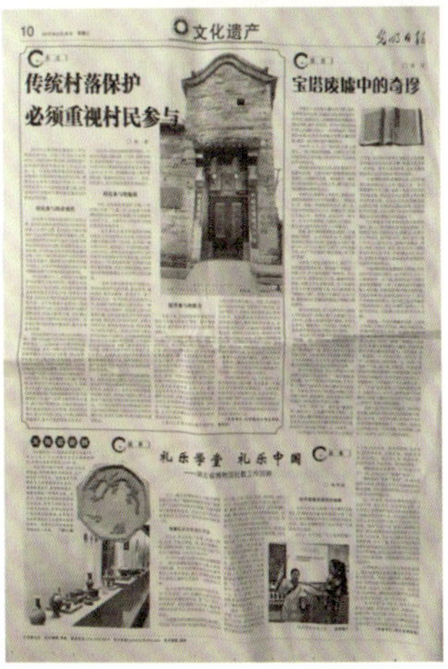

1	4
2	3	5

1. 图 8–21　央视新闻报道宋代书法临展教育活动
2. 图 8–22　《光明日报》对“礼乐学堂”的报道
3. 图 8–23　《中国文物报》对“礼乐学堂”的报道
4. 图 8–24　“礼乐学堂宝岛行”引起《中国文物报》关注
5. 图 8–25　新华网对“礼乐学堂”的报道

图 8–26　参加 2018“博物馆儿童教育”国际研讨会

社教团队所获荣誉一览表

年份	所获荣誉
1992 年	讲解员程丽臻、杨蕾荣获第一届全国讲解员大赛三等奖
1999 年	讲解员罗曼荣获国家文物局和中国博物馆学会举办的“龙华杯”讲解大赛三等奖
2004 年	讲解员罗曼代表湖北队荣获“雷锋杯”全国博物馆讲解大赛团体一等奖、个人二等奖
2010 年	志愿者胡昇被评为“牵手历史——第二届中国博物馆十佳志愿者之星”
2011 年	志愿者喻梦华被评为“牵手历史——第三届中国博物馆十佳志愿者之星”
2012 年	“湖北省博物馆文化志愿者宣讲活动”被文化部评为全国基层文化志愿服务活动优秀项目
	“荆楚英杰宣讲团”被评为“牵手历史——第四届中国博物馆十佳志愿者之星”（团队）
2013 年	“历史大课堂——湖北省博物馆志愿者走进希望小学”被文化部评为“文化志愿者基层服务年”示范项目
	“湖北省博物馆文化志愿者边疆行”被文化部评为“春雨工程”——全国文化志愿者边疆行示范项目
2015 年	“礼乐学堂”被文化部评为“基层文化志愿服务”典型案例
	钱红获评文化部“全国志愿服务优秀组织个人”
	志愿者胡昇被文化部评为“优秀文化志愿者”
	钱红被共青团武汉市委员会授予“武汉市十佳少先队志愿辅导员”称号
	志愿者薛红被评为“牵手历史——第七届中国博物馆十佳志愿者之星”

续表

年份	所获荣誉
2015 年	小小讲解员吴臻哲获“优秀中华小导游”称号
2016 年	“湖北省博物馆文化志愿服务新疆伊犁行”被文化部评为“春雨工程”——全国文化志愿者边疆行典型案例
	“关爱留守儿童文化志愿服务项目”被文化部评为“基层文化志愿服务活动”典型案例
	志愿者田晓松被文化部评为“全国优秀志愿者”
	湖北省博物馆社教部青年文明号集体荣获 2016 年度湖北省青年文明号优质服务大赛银奖
	温静获中国博协“2016 年度十佳通讯员”称号
	中学生志愿者组合荣获 2016 年中国少年科学院“小院士”课题研究成果展示交流活动一等奖
	湖北省博物馆志愿者团队被评为“牵手历史——第八届中国博物馆十佳志愿者之星”（团队）
2017 年	“礼乐学堂”博州行被文化部评为 2017 年“春雨工程”——全国文化志愿者边疆行典型案例
	“让我的声音做你的眼睛”文化助残志愿服务项目被文化部评为 2017 年基层文化志愿服务活动典型案例
	志愿者吴春芸获评“中国故事——全国博物馆优秀讲解案例展示推介活动”志愿者组“优秀讲解员”
	中学生志愿者吴臻哲获评“中国故事——全国博物馆优秀讲解案例展示推介活动”学生组“优秀讲解员”
	大学生公众考古项目获第三届中国公共考古一等奖
	钱红被中国少年科学院评为“全国优秀科技教师”
	刘晓琪、陈林染、张琪悦等分别获得湖北省讲解员大赛一等奖、二等奖、三等奖
	钱红被聘为中国博物馆协会社会教育专业专家资源库专家
2018 年	钱红获评“湖北省三八红旗手”
	魏来获中宣部主办的“全国红色故事讲解员”大赛优秀奖
	“让我的声音做你的眼睛”视觉障碍青少年课程获评 2015—2017 年度中国博物馆青少年教育课程优秀案例推介展示活动十佳教学设计
	志愿者胡昇入选 2018 年 2 月“荆楚楷模”
	志愿者胡昇入选三月“中国好人榜”之助人为乐类好人
	许可秋被评为“牵手历史——第九届中国博物馆十佳志愿者之星”
	张婧被评为第九届“牵手历史——中国博物馆十佳志愿者之星”推介活动“优秀志愿服务组织工作者”
	“感知楚人的世界”中学生课程和“宝宝爱编钟”幼儿课程获评全省 2015—2017 年博物馆青少年教育课程优秀案例推介活动“十佳教育案例”
	魏来、熊莺、崔航、洪琼、张玉珊、祁月分别获得湖北省文博系统“讲好荆楚故事”优秀案例推介活动一等奖、二等奖、三等奖

续表

年份	所获荣誉
2019年	钱红获评湖北省省直机关“最美职工”
	“礼乐学堂”社教团队获评湖北省文博系统十佳社教团队
	魏来获共和国故事汇——湖北省红色故事宣讲大赛专业组二等奖
	熊莺、崔航分别获武汉市科普讲解大赛三等奖、优秀奖
	祁月、崔航获2019年全国科普讲解大赛优秀奖
2020年	“礼乐学堂”文化志愿服务项目获“第五届中国青年志愿服务项目大赛”金奖
	“礼乐学堂”文化志愿服务项目获2020年全国文化和旅游志愿服务项目线上大赛三等奖
	“礼乐学堂”在国家文物局指导、中国博物馆协会主办的“2015—2019年度博物馆研学课程及线路推介活动”中获评最佳课程和优秀线路
	“礼乐学堂”获湖北省青年志愿者文化服务线上大赛银奖
	志愿者胡昇被评为全国最美志愿者
	志愿者郭春玲被评为“牵手历史——第十届中国博物馆十佳志愿者之星”
	张婧被评为第十届“牵手历史——中国博物馆十佳志愿者之星”推介活动“优秀志愿服务组织工作者”
	张相宜获湖北省直机关举办的“中国梦·劳动美——决胜湖北　奋斗有我”职工宣讲比赛二等奖
	温静、崔航获评2020年湖北省文博系统抗疫期间“十佳社教人员”荣誉称号
	许安琪、彭心贝、冯萌、刘晓琪获评2020年湖北省文博系统抗疫期间“优秀社教人员”荣誉称号
	崔航、许安琪、彭心贝在“荆楚瑰宝背后的故事”湖北省文博讲解推介活动中获专业组“十佳讲述人”称号
2021年	湖北省博物馆社教部获评全国妇联授予的“巾帼文明岗”
	“礼乐学堂”文化志愿服务项目获第十三届“中国青年志愿者优秀项目奖”
	“红色故事小达人”被评为2021年度“春雨工程”全国示范性志愿服务项目
	魏来、祁月获“庆祝中国共产党成立100周年”全国博物馆讲解大赛一等奖、三等奖
	刘晓琪获评国家文物局等主办的“庆祝中国共产党成立100周年”全国革命文物百佳讲述人称号
	崔航、祁月获“庆祝中国共产党成立100周年”讲好中国故事湖北地区特别贡献奖
	“献给银发族的爱”敬老系列活动获评“首届全国十佳文博社教案例”
	志愿者郭春玲被评为首批湖北省五星级青年志愿者
	《荣耀的勋章》获评中共湖北省委宣传部、省委网信办等联合举办的“理想照耀中国——湖北省庆祝中国共产党成立100周年网络视听作品大赛”优秀作品

续表

年份	所获荣誉
2021 年	刘晓琪获 2021 灵秀湖北·全省十佳红色旅游讲解员称号
	张玉姗、彭心贝、孙楚缘三人分别获“万名导游讲湖北故事”暨第十三届导游（讲解员）大赛优秀奖
	石绘雯获厅系统“永远跟党走——学习百年党史　争当文旅先锋”主题演讲比赛一等奖
2022 年	“云端打卡湖北省博物馆新馆”系列活动入选中国文物学会、中国文物报社主办的 2022 年度全国文博社教十佳案例宣传推介活动百强案例
	“以梦为旭　向阳而生”志愿服务团队获 2022 年湖北新时代文明实践志愿服务项目大赛银奖
	崔航获中宣部“金牌讲解员”称号
	钱红获评湖北省妇联“喜迎二十大　荆彩她奋斗”最美巾帼奋斗者荣誉称号
	彭心贝获评 2022 全国博物馆讲解员高级讲习班“讲解达人”推介活动“十佳”
	张玉姗获全省职工（网络）宣讲比赛三等奖
	石绘雯获全省“国家安全大宣讲”三等奖
	张玉姗、陈珊琦、黄晶晶、柯雅婷分别获“奋进新征程　建功新时代——2022 年湖北省文博系统学习贯彻党的二十大精神演讲大赛”一等奖、二等奖、三等奖
	“荆楚故事我来讲”少儿志愿服务项目被评为“喜迎二十大　强国复兴有我——青少年中华文物我来讲”优秀博物馆志愿服务项目
	“金锭带你下西洋”文博儿童志愿服务项目被评为湖北省文博系统“喜迎二十大　强国复兴有我——青少年荆楚文物我来讲”优秀青少年志愿服务项目

4. 启动创建“长江文明大讲堂”教育品牌

长江文化在中华文明发展进程中发挥了极为重要的作用，是中华文明多元一体格局的标志性象征。习近平总书记指出：“要保护好长江文物和文化遗产，深入研究长江文化内涵，推动优秀传统文化创造性转化、创新性发展。”湖北省高度重视长江文化的传承和弘扬，积极推进长江国家文化公园建设、长江文物资源专项调查与课题研究，并取得了重要的阶段性成果。位于长江中游的湖北省博物馆，作为荆楚文化中枢和“国家文化客厅”，馆藏长江文物特色鲜明、体系完备，利用自身优势，积极创建“长江文明大讲堂”教育品牌。该品牌下设中华优秀传统文化课堂、红色讲堂、礼乐学堂三大教育项目。

图 8–27　少儿体验馆开馆仪式合影

5. 打造湖北省博物馆少儿体验馆

湖北省博物馆少儿体验馆是全省首家，也是全国博物馆行业面积最大的以考古发掘和研究工作为特色的专项少儿体验馆。该馆分上、下两层，室内面积 2000 m^2，一层为“永远的三峡——三峡文物保护利用数字展”，二层为“小小考古学家”少儿体验展，整体采用叙述式游线，利用量身定制的多媒体技术手段实现交互功能，设有“发现地层”“分门别类”“花花万物一起绘画吧”“考古学家的朋友们”等多个功能单元，秉承“以儿童为中心，为儿童而展示”的理念，为 3—14 岁的孩子提供兼具科学性、知识性、趣味性的体验空间，通过沉浸式体验、情景再现、互动体验的学习方式，激发少年儿童的学习兴趣，培养他们的观察力、想象力、行动力和创造力。

（四）建设优秀的志愿者队伍

自 2007 年免费开放后，湖北省博物馆就启动了志愿者工作。

1. 起步阶段（2007 年—2009 年）

组建志愿者团队，包含 30 名大学生志愿者和成人志愿者，服务范围相对单一，主要承担咨询引导、讲解导览工作。

2. 探索阶段（2010 年—2014 年）

2010 年成立志愿者委员会，建立志愿者管理制度，包括志愿服务的宗旨、委员会组织架构、运行机制、志愿者责任和权益等内容。志愿者团队人数增加，2013 年底约为 1500 人次；团队人员构成包括大学生个人、小学生、成人三个类别；服务范围拓展，从最初的咨询引导、讲解导览，探索增加了管理岗、摄影编辑等特技岗、较为丰富的社会教育活动执行组、观众研究、文创销售等。

3. 发展阶段（2015 年至今）

湖北省博物馆志愿者工作迅速发展，2017 年团队拥有了自身 LOGO，增强了团队凝聚力和文化创新力。

团队进一步壮大，截至 2022 年底，团队注册人数已累计达 2827 人；人员构成更加合理科学，在原有的小学生、大学生个人、成人三个类别的基础上，2015 年拓展出大学生团队志愿者类别，2016 年拓展出中学生志愿者这一新颖类别，可满足不同年龄层次的公众对志愿服务的需求。

志愿服务范围更加广泛，创新推出符合时代要求的内容，比如进文物库房配合可移动文物普查工作，配合漆器脱水等文保工作，2022 年结合现代科技推出综艺类“宝贝你在哪儿——携手游荆楚”“我是神探”等线上志愿服务项目；不断完善志愿服务管理制度，新增加了“小小讲解员”管理制度、中学生志愿者服务管理制度以及大学生团队管理制度等；加大激励机制，如年度评优范围扩大到 50 人左右，2021 年推出创新服务奖类别。

出版了《遇见美好——湖北省博物馆志愿者工作十年探究》《文物与成语》《神秘而瑰丽的曾侯乙墓》等书籍。

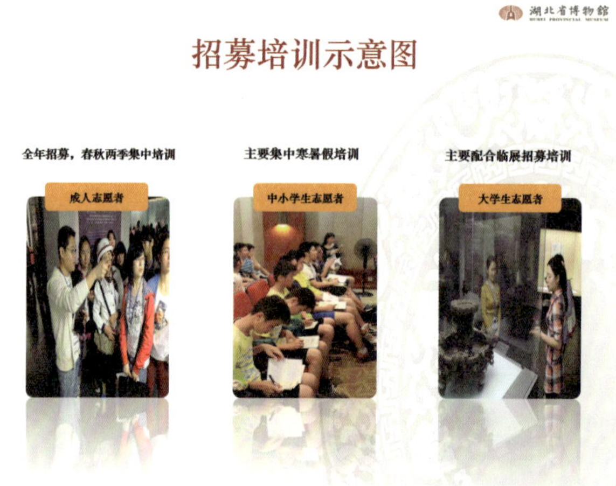

1	
2	4
3	

1. 图 8–28　2017 年“十年风华　砥砺同行”志愿者表彰仪式合影
2. 图 8–29　湖北省博物馆志愿者团队招募培训示意图
3. 图 8–30　湖北省博物馆志愿者委员会组织架构
4. 图 8–31　湖北省博物馆志愿者 LOGO

1	2
3	4
5	6

1. 图 8-32　湖北省博物馆常展志愿者为游客讲解
2. 图 8-33　湖北省博物馆大学生志愿者为游客讲解
3. 图 8-34　湖北省博物馆小小讲解员为游客讲解
4. 图 8-35　“关爱银发族”志愿服务活动
5. 图 8-36　志愿者薛红获第七届“牵手历史　传承文明——中国博物馆十佳志愿者之星”
6. 图 8-37　志愿者代表许可秋在 2017 年博物馆志愿者论坛暨中国博物馆协会志愿者工作委员会年会作交流发言

图 8-38　钱江应邀在“全国博物馆志愿者管理人员培训班”作专题讲座

湖北省博物馆志愿者工作成绩突出，7 次获“牵手历史　传承文明——中国博物馆十佳志愿者之星”团队 / 个人荣誉称号；2016 年成为中宣部、教育部、文化部、国家文物局等 7 部门从全国公共图书馆、博物馆、文化馆、美术馆、科技馆和革命纪念馆等公共文化设施中遴选的首批 61 家“全国公共文化设施开展学雷锋志愿服务的首批示范单位”之一。受到国内主流媒体如《光明日报》、《中国文物报》、新华网等的广泛关注与报道；多次应邀到广西、广东、新疆等全国多地交流推广。应邀参加上海博物馆承办的 2017 年博物馆志愿者论坛暨中国博物馆协会志愿者工作委员会年会并作交流发言；应邀在宁波举办的“全国博物馆志愿者管理人员培训班”授课。

湖北省博物馆志愿者工作大事记一览表

时间	工作大事记
2007 年	招募、培训大学生志愿者 20 余人，总服务时长 1200 余小时
2008 年	招募、培训成人志愿者 30 余人、大学生志愿者 40 余人，总服务时长 2100 余小时
	举办“小小讲解员”暑期培训班，参与学生 20 人
2009 年	招募、培训成人志愿者 70 余人、大学生志愿者 90 余人、外籍留学生志愿者 20 余人，总服务时长 5000 余小时
	举办“小小讲解员”暑期培训班，参与学生 30 人
	召开“湖北省博物馆志愿者服务论坛暨志愿者表彰大会”，表彰先进团队 2 个、先进个人 40 人
2010 年	招募、培训成人志愿者 30 余人、大学生志愿者 40 余人，总服务时长 2100 余小时

续表

时间	工作大事记
2010年	为“红色记忆——军博馆藏油画经典展”提供展厅引导、观众意见统计等志愿服务
	为“意大利乌菲齐博物馆珍藏展：十五世纪——二十世纪”提供讲解、展厅引导、卖场服务等志愿服务
	举办“小小讲解员”暑期培训班，参与学生120人
	召开湖北省博物馆志愿者委员会成立大会
	志愿者胡昇应邀参加国际博物馆协会第22届大会举办的“全球博物馆志愿者开放论坛”
	志愿者胡昇被评为“牵手历史　传承文明——第二届中国博物馆十佳志愿者之星”（个人）
	召开2010年湖北省博物馆志愿者工作总结暨表彰大会，表彰先进个人25人
	志愿者胡昇被评为第一届“湖北省优秀志愿者”
2011年	招募、培训成人志愿者50余人、大学生志愿者10余人、临展志愿者80余人，总服务时长7000余小时
	为“圣地西藏——最接近天空的宝藏”提供讲解、展厅引导等志愿服务
	举办“小小讲解员”暑期培训班，参与学生78人
	为“重返巴洛克——那不勒斯的黄金时代绘画展”提供讲解、展厅引导等志愿服务
	志愿者喻梦华被评为“牵手历史　传承文明——第三届中国博物馆十佳志愿者之星”（个人）
2012年	召开“湖北省博物馆志愿者服务论坛暨志愿者表彰大会”，表彰先进团队1个、先进个人49人
	为“晋国宝藏——山西出土晋国文物特展”提供讲解、展厅引导等志愿服务
	为“道生万物——楚地道教文物特展”提供讲解、展厅引导等志愿服务
	为“古典与唯美——西蒙基金会收藏雕塑、绘画”提供讲解、展厅引导等志愿服务
	为“辉煌时代——罗马帝国文物特展”提供讲解、展厅引导等志愿服务
	招募、培训成人志愿者130余人、大学生志愿者150余人，总服务时长2万余小时
	“荆楚英杰宣讲团”被评为“牵手历史　传承文明——第四届中国博物馆十佳志愿者之星”（团队）
	“湖北省博物馆文化志愿者宣讲活动”被文化部评为全国基层文化志愿服务活动优秀项目
	“湖北省博物馆文化志愿者边疆行”被文化部评为“春雨工程”——全国文化志愿者边疆行示范项目
2013年	招募、培训成人志愿者80余人、大学生志愿者30余人，总服务时长1万余小时
	举办2012年度湖北省博物馆志愿者表彰仪式，表彰先进个人32人
	“历史大课堂——湖北省博物馆志愿者走进希望小学”被文化部评为“文化志愿者基层服务年”示范项目
	“小小讲解员”团队荣获“湖北省精神文明创新案例一等奖”
2014年	举办首届“我心中的十佳志愿者之星”表彰仪式，表彰先进个人20人

续表

时间	工作大事记
2014年	招募、培训成人志愿者50余人、临展志愿者20余人，总服务时长7000余小时
	举办2014年度湖北省博物馆志愿者表彰仪式，表彰先进个人18人
2015年	志愿者胡昇被文化部评为“优秀文化志愿者”
	全年招募、培训成人志愿者100余人、大学生志愿者50余人、临展志愿者80人，总服务时长2.5万余小时
	举办“抗战胜利70周年纪念日”社教活动20余场
	为“中流砥柱——湖北纪念中国人民抗日战争暨世界反法西斯战争胜利七十周年展览”提供讲解、展厅引导等志愿服务
	为“骑士·密码——西班牙现代雕塑大师苏比拉克回顾展”提供讲解、展厅引导等志愿服务
	为“清江风物——恩施土家族苗族自治州非物质文化遗产特展”提供讲解、展厅引导以及社教活动等志愿服务
	举办2015年度湖北省博物馆志愿者表彰仪式，表彰先进团队1个、先进个人44人
	社教部主任钱红被共青团武汉市委授予“武汉市十佳少先队志愿辅导员”称号
	志愿者薛红被评为“牵手历史　传承文明——第七届中国博物馆十佳志愿者之星”（个人）
	小小讲解员吴臻哲获“优秀中华小导游”称号
	志愿者胡昇出版著作《文物与成语》
2016年	招募、培训大学生志愿者50余人、成人志愿者100余人、临展志愿者70余人，总服务时长3万余小时
	举办“小小讲解员”暑期培训班，参与学生57人
	举办“中学生志愿者”暑期培训班，参与学生51人
	为“五色玲珑——欧洲玻璃艺术展”提供讲解、展厅引导及社教活动等志愿服务
	为“丝绸之路——俄罗斯民族传统文化展”提供讲解、展厅引导及社教活动等志愿服务
	举办2016年度湖北省博物馆志愿者表彰仪式，表彰先进团队1个、先进个人44人
	志愿者田晓松被文化部评为“全国优秀志愿者”
	中学生志愿者组合荣获2016年中国少年科学院“小院士”课题研究成果展示交流活动一等奖
	“关爱留守儿童文化志愿服务项目”被文化部评为“基层文化志愿服务活动”典型案例
	湖北省博物馆志愿者团队被评为“牵手历史　传承文明——第八届中国博物馆十佳志愿者之星”（团队）
2017年	招募、培训大学生志愿者200人、成人志愿者163人、临展志愿者200余人，总服务时长3.32万余小时
	创办志愿者百家讲坛，共开展16期

续表

时间	工作大事记
2017年	为“文明之海——从古埃及到拜占庭的地中海文明展”提供讲解、展厅引导及社教活动等志愿服务
	举办“小小讲解员”暑期培训班，参与学生72人
	举办“中学生志愿者”暑期培训班，参与学生50人
	举办湖北省博物馆志愿者团队LOGO设计大赛
	为“万里茶道”联合展提供讲解、展厅引导及社教活动等志愿服务
	举办“十年风华　砥砺同行”湖北省博物馆志愿者表彰仪式，表彰先进团队1个、先进个人49人
	出版《遇见美好——湖北省博物馆志愿者工作十年探究》
	志愿者吴春芸获“中国故事——全国博物馆优秀讲解案例展示推介活动”志愿者组“优秀讲解员”
	中学生志愿者吴臻哲获“中国故事——全国博物馆优秀讲解案例展示推介活动”学生组“优秀讲解员”
	钱红应邀在宁波举办的“全国博物馆志愿者管理人员培训班”上作“湖北省博物馆志愿者团队工作模式与思考”主题讲座
	志愿者许可秋应邀在中国博物馆协会志愿者专业委员会年会暨国际学术研讨会上作主旨发言
2018年	招募、培训成人志愿者30余人、大学生志愿者100人、临展志愿者200余人，总服务时长3.9万小时
	开展志愿者百家讲坛12期
	举办“小小讲解员”暑期培训班，参与学生66人
	举办“中学生志愿者”暑期培训班，参与学生60人
	志愿者薛红应邀参加湖北省图书馆举办的文化志愿者培训班并作经验分享
	为“法老的国度——古埃及文物展”提供讲解、展厅引导等志愿服务
	志愿者许晓红、郭春玲应邀参加全国博物馆志愿者培训班
	志愿者许可秋应邀在全国博物馆志愿者培训班上作主旨发言
	举行“我与曾侯乙编钟——纪念曾侯乙编钟出土40周年暨2018年湖北省博物馆志愿者表彰活动”，表彰先进个人53人
	志愿者胡昇入选2018年2月“荆楚楷模”
	志愿者胡昇入选三月“中国好人榜”之助人为乐类好人
	许可秋被评为“牵手历史　传承文明——第九届中国博物馆十佳志愿者之星”（个人）
	张婧被评为“牵手历史　传承文明——第九届中国博物馆十佳志愿者之星”推介活动“优秀志愿服务组织工作者”

续表

时间	工作大事记
2018 年	志愿者许钟子出版中英双语版图书《神秘而瑰丽的曾侯乙墓》
2019 年	招募、培训大学生志愿者 20 人、成人志愿者 54 人、临展志愿者 100 余人，总服务时长 3 万余小时
	开展志愿者百家讲坛 7 期
	为“自然的力量：洛杉矶郡艺术博物馆藏古代玛雅艺术品”提供讲解、展厅引导及社教活动等志愿服务
	举办“小小讲解员”暑期培训班，参与学生 78 人
	联手武汉革命博物馆开启“小小讲解员”红色研学之旅
	举办“中学生志愿者”暑期培训班，参与学生 66 人
	组建中英双语军运会志愿服务小分队，志愿讲解展览 517 批次
	举办 2019 年湖北省文博系统“小小讲解员”讲解大赛
	举行 2019 年度志愿者表彰仪式，表彰先进个人 61 人
2020 年	招募、培训临展志愿者 120 余人，总服务时长 1 万余小时
	为“葛饰北斋与歌川广重浮世绘展”提供讲解、展厅引导及社教活动等志愿服务
	举办 2020 年度志愿者工作年会，表彰先进个人 46 人
	志愿者胡昇被评为“全国最美志愿者”
	郭春玲被评为“牵手历史　传承文明——第十届中国博物馆十佳志愿者之星”（个人）
	张婧被评为“牵手历史　传承文明——第十届中国博物馆十佳志愿者之星”推介活动“优秀志愿服务组织工作者”
2021 年	推出“二十四节气与吟诵”系列微课堂（24 期）
	招募、培训大学生志愿者 132 人、讲解岗拓展考核 151 人，总服务时长 2 万余小时
	策划实施“志愿者带你走进湖北省博物馆‘华章重现’展”云观赏（2 期）
	“献礼建党百年华诞——湖北省博物馆志愿者边疆行”走进新疆生产建设兵团第五师双河市
	举办“美丽青春”湖北省博物馆大学生志愿者经验交流会
	优秀志愿者带你“云游”湖北省博物馆新馆直播活动
	召开 2021 年度志愿者工作年会，表彰先进团队 2 个、先进个人 33 人
	志愿者郭春玲被评为首批湖北省五星级青年志愿者
	志愿者郭春玲被聘为湖北省青年志愿者培训学院成长导师
2022 年	招募成人志愿者 40 余人，为观众提供咨询导引等服务工作，总服务时长 2000 余小时
	招募华中师范大学等高校学生 150 余人，为观众提供咨询导引、问卷调查等服务工作

续表

时间	工作大事记
2022 年	策划实施第一季“宝贝你在哪”（5 期）
	举办“荆楚故事我来讲”夏令营，参与学生 60 余人
	策划实施“我是神探”系列教育活动（6 期）
	为“尚意千载——宋代书法主题展”提供讲解、展厅引导等志愿服务
	“荆楚故事我来讲”少儿志愿者服务项目被评为“喜迎二十大　强国复兴有我——青少年中华文物我来讲”优秀博物馆志愿服务项目
	“金锭带你下西洋”文博儿童志愿服务项目被评为湖北省文博系统“喜迎二十大　强国复兴有我——青少年荆楚文物我来讲”优秀青少年志愿服务项目
2023 年	“荆楚故事我来讲”少儿志愿者服务项目经国家文物局推荐，获评中央宣传部、中央精神文明建设办公室等 18 家单位和部门联合开展的 2022 年度全国学雷锋志愿服务“四个 100”先进典型之“最佳志愿服务项目”。

（五）壮大“博物馆之友”团队

2007 年初，启动“湖北省博物馆之友”，会员是来自社会各界喜爱和关注博物馆的人士。历年主要活动统计如下：

“湖北省博物馆之友”主要活动一览表

时间	活动名称	活动方式
2010 年 5 月	5·18 国际博物馆日会员活动	专业讲解、免费演奏、亲子活动等
2011 年 1 月	博物馆之友河南行	参观博物馆、座谈互动等
2011 年 3 月	“圣地西藏——最接近天空的宝藏”开展仪式等活动	展厅解读、专家讲座等
2011 年 5 月	5·18 国际博物馆日会员活动	专业讲解、免费演奏、亲子活动等
2011 年 8 月	博物馆之友湖南行	参观博物馆、座谈互动等
2011 年 9 月	“重返巴洛克——那不勒斯的黄金时代绘画展”开展仪式等活动	展厅解读、专家讲座等
2012 年 1 月	博物馆之友四川行	参观博物馆、座谈互动等
2012 年 1 月	“晋国宝藏——山西出土晋国文物特展”开展仪式等活动	参观博物馆、座谈互动等
2012 年 5 月	5·18 国际博物馆日会员活动	专业讲解、免费演奏、亲子活动等
2012 年 6 月	“古典与唯美——西蒙基金会收藏雕塑、绘画”开展仪式等活动	参观博物馆、座谈互动等
2012 年 9 月	“辉煌时代——罗马帝国文物特展”开展仪式等活动	展厅解读、专家讲座等
2013 年 1 月	博物馆之友随州行	参观博物馆、座谈互动等
2013 年 5 月	5·18 国际博物馆日会员活动	专业讲解、免费演奏、亲子活动等

续表

时间	活动名称	活动方式
2014 年 3 月	博物馆之友南京行	参观博物馆、座谈互动等
2014 年 5 月	5·18 国际博物馆日会员活动	专业讲解、免费演奏、亲子活动等
2015 年 1 月	“清江风物——恩施土家族苗族自治州非物质文化遗产展”开展仪式等活动	展厅解读、专家讲座等
2015 年 5 月	5·18 国际博物馆日会员活动	专业讲解、免费演奏、亲子活动等
2015 年 9 月	“中流砥柱——湖北省纪念中国人民抗日战争暨世界反法西斯战争胜利七十周年展览”开展仪式等活动	展厅解读、专家讲座等
2015 年 9 月	“骑士·密码——西班牙现代雕塑大师苏比拉克回顾展”开展仪式等活动	展厅解读、专家讲座等
2016 年 5 月	5·18 国际博物馆日会员活动	专业讲解、免费演奏、亲子活动等
2016 年 10 月	“丝绸之路——俄罗斯民族传统文化展”开展仪式等活动	展厅解读、专家讲座等
2016 年	“五色玲珑——欧洲玻璃艺术展”开展仪式等活动	展厅解读、专家讲座等
2017 年 1 月	“万里茶道”开展仪式等活动	参观博物馆、座谈互动等
2017 年 1 月—2021 年 5 月	“荆楚文明讲坛”（共 36 期）	专家讲座、互动等
2017 年 2 月	“文明之海——从古埃及到拜占庭的地中海文明展”开展仪式等活动	展厅解读、专家讲座等
2017 年 5 月	5·18 国际博物馆日会员活动	专业讲解、免费演奏、亲子活动等
2017 年 8 月	博物馆之友齐鲁行	参观博物馆、座谈互动等
2018 年 5 月	5·18 国际博物馆日会员活动	专业讲解、免费演奏、亲子活动等
2018 年 9 月	“法老的国度——古埃及文物展”开展仪式等活动	展厅解读、专家讲座等
2019 年 1 月	“不忘初心、牢记使命”主题教育活动团体会员专场	参观博物馆、教育活动等
2019 年 4 月	“自然的力量：洛杉矶郡艺术博物馆藏古代玛雅艺术品”开展仪式等活动	展厅解读、专家讲座等
2019 年 5 月	5·18 国际博物馆日会员活动	专业讲解、免费演奏、亲子活动等
2019 年 6 月	“不忘初心、牢记使命”主题教育活动团体会员专场	参观博物馆、教育活动等
2019 年 7 月	“不忘初心、牢记使命”主题教育活动团体会员专场	参观博物馆、教育活动等
2019 年 9 月	博物馆之友河北行	参观博物馆、座谈互动等
2020 年 1 月	“葛饰北斋与歌川广重浮世绘展”开展仪式等活动	展厅解读、专家讲座等
2020 年 5 月	5·18 国际博物馆日会员活动	专业讲解、免费演奏、亲子活动等
2021 年 5 月	5·18 国际博物馆日会员活动	专业讲解、免费演奏、亲子活动等
2022 年 5 月	5·18 国际博物馆日会员活动	专业讲解、免费演奏、亲子活动等
2022 年 9 月	“尚意千载——宋代书法主题展”开展仪式等活动	展厅解读、专家讲座等

九

文创发展

湖北省博物馆文创工作起步相对较早，自20世纪80年代起，文创发展就坚持抓两个重点：一是依托馆藏精品文物资源研发文创产品，二是依托曾侯乙编钟复制件开展编钟演奏。随着文博事业的发展，本馆的文创事业也逐步进入快车道，并得到了高质量的发展。

（一）发展历程

本馆的文创事业经历了五个阶段。

1. 起步阶段（20世纪80年代至2007年）

20世纪80年代，湖北省博物馆的文创工作就已具雏形，即由当时的群工部设立了纪念商品销售柜台，事实上承担起了文创商品销售的职能，销售的产品以文物复仿制品和旅游纪念品为主，针对的客户群体主要是来鄂旅游的旅游团体，尤其是境外旅游团。尽管"文创"这一概念当时尚未出现，但湖北省博物馆这一时期与国有、集体企业合作开发的一些产品，为日后的文创开发工作打下了很好的基础，2018年4月的"习莫会"上，作为国礼赠送给印度总理莫迪的1.5米套钟就脱胎于这一时期开发的产品。

图9-1　曾侯乙编钟首批演奏人员（1978年）

同时，鉴于曾侯乙编钟的世界影响力，湖北省博物馆在深入研究、挖掘的基础上，于1983年成功复制了全套曾侯乙编钟，在首批以专家组成的演奏人员（图9–1）指导下组建了编钟乐团，当时主要作为“文化使者”配合外展和重要外事活动进行演出。

2. 发展阶段（2007年至2016年）

2007年，湖北省博物馆新馆二期工程建成开馆，文创产品有了稳定和上规模的经营场所。同年11月6日，湖北省博物馆率先对社会免费开放，观众数量大幅增长，文创产品的销售群体主要转向了国内观众，文创产品的类别也从单一的文物复仿制品和旅游纪念品扩展为馆藏青铜器、漆器、玉器、陶瓷器具、丝织品及地市县博物馆重点文物复仿制品和衍生品，图书，音像制品等七大系列数百个品种。2011年举办了湖北省博物馆首届文化产品创意设计大赛。

编钟乐舞“千古绝响——曾侯乙编钟音乐会”成为本馆独有且最大的文创品牌，在继续开展对外交流的同时，于综合馆内开辟专门场所（座位数144个），定时面向观众演出，实现了与市场的接轨。

这一时期，湖北省博物馆的文创工作获得了较快发展。

3. 快速发展阶段（2016年至2019年）

2016年5月，国务院办公厅转发文化部、国家发展改革委、财政部、国家文物局等部门《关于推动文化文物单位文化创意产品开发的若干意见》，正式拉开了博物馆、美术馆、图书馆、文化馆等国有公共文化服务单位主动开发文化创意产品的序幕。6月22日，国家文物局在湖北省博物馆召开了“全国文博单位文化创意产品开发工作推进会”。7月19日，湖北省博物馆三期新馆建设在编钟馆和设备楼改造完成后重新开放老馆区。随后，湖北省博物馆入选首批全国文化文物单位文化创意产品开发试点单位名录，政策的支持和公众对文创产品认可度的提升，使博物馆的文创工作迈上了一个新的台阶，开启了快速发展的阶段。

为了适应文创事业快速发展的需要、更好地满足观众的需求，这一时期，湖北省博物馆从文创开发和制度建设两个方面着手，为文创的持续发展奠定了基础。一是加大文创产品开发力度，创新合作方式，拓展跨界合作渠道。2016年后，湖北省博物馆开发的文创新品数量和种类大大增加，文创开发的重心由工艺品、复仿制品转向了与人民生活密切相关的生活用品、首饰、文具、玩具等品类；同时，经营模式也更为多样，除了传统的自营、代销、合作经营外，还实现了授权的突破。二是加强博物馆内部的文创制度建设。在快速发展阶段，湖北省博物馆建立和完善了文创经营管理章程、编钟演奏劳务派遣人员的激励机制，既调动了工作人员的积极性，又确保机制运转更加规范有序，使得文创收入每年都实现了一个大跨越。

编钟馆重新开放后，位于编钟馆的新编钟演奏厅更大更专业，座位数达到412个；编创的曲目不再局限于传统曲目，而是迎合现代人特别是年轻人的审美需求，逐步改编推出了大家耳熟能详的民乐、通俗乐曲、世界名曲等，尝试传统乐器与西洋乐器的合奏，丰富了演奏形式。

这一时期，湖北省博物馆馆内的文创收入实现了每年跃上一个大台阶，2019年达2400余万元。

4. 转型阶段（2020年至2021年）

2020年初，新冠肺炎疫情暴发，自1月23日至6月14日的143天中，湖北省博物馆一直处于闭馆状态。重新开馆后，武汉多次受到疫情的影响，参观人数受到很大限制，入馆参观的观众最少不到10人。同时，由于三期新馆工程建设和布展的需要，场馆只有局部开放，文创经营场域也因基建工作部分关闭。为适应人流量和场地面积减少的变化，湖北省博物馆采取了在文创推广、经营工作上积极主动，在产品研发工作上打造精品的策略。

这一时期，湖北省博物馆一方面从产品和场域入手，着力完善文创产品，规划、设计、实施三期新馆开放后的文创布局；另一方面，也积极调整策略，化被动为主动，借助互联网和社会力量扩大文创产品的文化影响力，主要做法有与本地企业合作尝试线上销售、开展多平台线上直播、授权知名企业开展多渠道销售等。

5. 新发展阶段（2022年至今）

2021年12月20日，湖北省博物馆三期新馆全面建成开放，新的场馆为湖北省博物馆的文创发展带来了崭新的面貌和更多的发展空间。

从空间上看，新馆开放时，湖北省博物馆就有7个全新的文创点位向观众开放，随后的2年内，文创点位增加至12个。这些点位包括中高端精品文创销售区、快销文创产品及书籍销售区和合作的专题文创经营区，业态涵盖了食品、玉文化、青铜文化、瓷器、全息剧场等，为馆内观众提供更优质的参观体验。新建成的文创区域使用了统一的标志性外观设计元素，使得分散在建筑内的各个文创区的风格更具整体性，也更有辨识度。

在新品开发工作中，湖北省博物馆从补齐短板、完善产品的系列化开发、拓展多元化的渠道和加强IP授权合作几个方面入手，新增了楚风浓郁的服饰箱包、玻璃瓷器等类别，打造了围绕越王勾践剑、曾侯乙编钟、元青花四爱图梅瓶、楚地漆器等代表性文物为中心的系列化产品，并尝试与腾讯、斗鱼等企业进行授权合作，在数字文创、伴手礼等类别的开发上做出了全新的探索。

编钟演奏开始实现跨界合作，大量新品进入公众视野，产品短板得以补齐，推出了多种形式的数字文创产品。

（二）文创产品开发与经营

1. 完善营销体系

湖北省博物馆一直立足于自身优势，在文物的收藏、展示、研究与保护等方面都取得了丰硕的成果。在文创产品研发与经营方面，受体制机制的限制，博物馆无法投入大量资金进行产品研发、生产，也没有足够的资金和资源建立自己的营销渠道。为突破这一困境，湖北省博物馆加大引入社会力量，充分将博物馆的研究成果优势和各类市场主体的生产、设计、渠道资源相结合，力求实现资源的最大化应用。

在现有的场馆内，湖北省博物馆除了通过经销、代销的形式进行自主经营，还以主题文创为落脚点，引入社会力量开展场域合作。在展馆内，每个合作点位都立足自身特色并结合湖北省博物馆馆藏进行文创产品研发和销售。如南展馆二楼和北展馆四楼咖啡厅以馆藏文物为原型推出了“舌尖上的博物馆”食品文创系列，包含了甜点、冰淇淋、面点等品类，其中编钟卤蛋牛肉面以“湖北博物馆鸡蛋都是编钟的”的话题登上了微博热搜，点击量近亿次；二楼的和田玉“玉剑钟情”系列首饰，南展馆三楼青铜文创中心的“钟楚越小勇士”、“八音和鸣”非遗音乐文创的手拨琴，北展馆二楼瓷器、玻璃器文创中心的越王勾践剑系列茶、酒具等产品都受到了观众的好评。

在馆外渠道拓展上，湖北省博物馆采取了多渠道授权的模式，利用合作单位已有的销售渠道让博物馆文创产品突破馆内销售的单一模式，通过线上电商平台、馆外实体店等形式与更多的人见面，让我们的文创产品走出博物馆。

2017 年，湖北省博物馆与广东亮点珠宝合作开发金银类首饰，将已推出的曾侯乙编钟系列、梁庄王系列、越王勾践剑系列等百余件首饰，授权给亮点珠宝的线下销售点和线上电商平台销售。

2018 年，湖北省博物馆与北京华信国玉合作，授权开发玉质越王勾践剑系列产品，由华信公司在全国范围内发行销售，市场反应良好。

2020 年，湖北省博物馆与马应龙联名，以馆藏精品漆器彩绘车马出行图圆奁为原型，共同打造了“楚盒 · 妆奁”彩妆礼盒，并于馆内文创中心、马应龙护肤品线下门店、马应龙淘宝官方旗舰店同步发售，真正实现了博物馆单款文创产品的多平台同步推广。该产品获得了首届“湖北礼品”评选的“十大创意礼品”荣誉。

2021 年，湖北省博物馆通过与创谷置业公司合作，正式将部分馆内文创产品上线天猫、京东等线上平台。

自2017年第一次尝试“走出去”的渠道拓展策略起，湖北省博物馆先后与亮点珠宝、马应龙、老凤祥、续作、倍悦、江湖纵合等多家企业展开合作，不断拓展文创产品的营销渠道，通过馆内点位合理规划、特色化经营，馆外多渠道并重的方式，不断完善文化创意产品营销体系。

2. 探索IP授权领域

博物馆的文创商品要想真正走进千家万户，实现让人们把“博物馆记忆”带回家的目标，达到文创推广传播的目的，仅靠自身的研发力量和到馆参观的观众是远远不够的，如何通过授权的方式开发销售，进一步拓展博物馆文创产品的受众群体，扩大博物馆文创产品的影响力，是湖北省博物馆一直在探索与尝试的方向。

2017年，湖北省博物馆对馆名、LOGO进行了商标注册，注册品类涵盖日用品、首饰、文具等十几个大类，数百个小类。自此，湖北省博物馆正式开始了文创授权之路的探索，目前，湖北省博物馆主要以以下三种方式开展授权。

（1）馆内单一渠道销售授权

馆内单一渠道销售授权是目前最为常用也最为成熟的授权模式，通过将博物馆的名称、LOGO授权给合作开发的出品方进行产品开发，开发出的文创产品通过审核后在馆内文创中心进行销售，产品的知识产权归双方共有。由于这种授权模式下开发出的产品仅在博物馆内进行单渠道销售，所以通常不收取授权费。

（2）多渠道授权

多渠道授权的文创产品的销售、使用场景通常不仅仅局限于博物馆内，例如，倍悦公司以馆藏元青花四爱图梅瓶为原型开发的“四季之爱”系列，除了在湖北省博物馆的文创中心销售外，还在其自有渠道进行销售。这种情况的授权，一般需要收取一定比例的授权费用。

（3）馆外渠道应用授权

随着文化产业的发展，博物馆的文化影响力也在逐渐提高，馆外渠道应用授权模式目前有两种情况：一是单位将文创产品作为定制礼品进行采购，通常采购方会要求其LOGO在产品上出现；二是将博物馆元素运用在自身开发的产品中，如博物馆与斗鱼联名的端午礼盒、腾讯手游《天涯明月刀》的游戏植入、亮相于第五届王者荣耀全国联赛的文创产品“电竞套装·凤鼓”等。这种场景下的授权，通常需要支付一定比例的授权费用或者是进行等值的资源置换。

IP授权不仅突破了博物馆自有的宣传、推广、销售渠道的限制，还通过不同的合作对象触及了更多更广的领域，让博物馆文创产品实现真正的破圈，走进更多人的生活。

3. 数字化文创实践

随着数字化技术的不断进步，博物馆与信息技术的交叉越来越多，数字化技术也为文创产业打开了新的思路，湖北省博物馆在数字化文创领域也进行了探索与实践。

2015 年，湖北省博物馆结合馆区空间特点编制了“小木屋公共文化空间”项目的企划方案，设计制作了 2 款“文物拼图”游戏、2 本电子书和一款以国宝鹿角立鹤为原型的“体感游戏”。这些具有教育意义的媒体内容丰富了观众的参观体验，让湖北省博物馆“小木屋”成为一个可以游戏的乐园。同年，湖北省博物馆还创作了中国首部考古主题动画片《曾侯乙》，本片共展示了包含 9 件国宝在内的 32 件珍贵文物，通过 2D 与 3D 相结合的方式，将曾侯乙墓中的场景进行 360 度展示，是一部名副其实的少儿版“古墓探秘”。除此以外，还与中国教育电视台“博物馆之夜”栏目合作，进行在线首播，观众可以通过“爱奇艺”网站观看这部动画片。该片获首届中国考古学大会公共考古奖（金镈奖）。

2016 年 10 月 1 日，在观众资源数据库分析结果的指导下，由湖北省博物馆自主研发的“掌上智慧博物馆 App”付费项目正式上线并投入使用。这是一个包含了导览、馆藏精品介绍、在线教育、娱乐和交流功能的大数据平台。2017 年，该款产品得到全面提升，开创了文化资源有偿使用的新模式。

为推动湖北省博物馆的数字创意文创进一步走向深入，湖北省博物馆承办了 2018 年“数字创意产业发展重大行动计划研究”研讨会。中国工程院院士、中央电视台总工丁文华，中国工程院院士徐志磊，中国科学院院士闻邦椿等 20 余位国内著名的数字创意方面的专家学者参加会议。

在全国 2017 年度文化文物单位文化创意产品开发扶持申报工作中，湖北省博物馆与致信礼邦、数文科技两家公司合作申报的“互联网 + 曾侯乙编钟”文创产品的创新性开发和经营示范项目等两个项目均获得立项。在 2018 年国家文物局“互联网 + 中华文明”项目评选中，“湖北省博物馆科普资源数据库（青少版）”入选。

2018 年，湖北省博物馆在数字文创工作方面的投入进一步加强，尤其注重与知名互联网企业的合作。7 月联手腾讯推出“云裳羽衣”手游，在法国卢浮宫举行了首发仪式，引发社会各界关注。11 月，与腾讯公司合作，打造编钟国乐版《风一样的勇士》，将湖北省博物馆的编钟音乐植入《地下城与勇士》游戏中，拓展了传统文化的传播渠道。

2019 年 5 月，联合湖北移动、中移在线、华为、渲奇公司制作并成功发布 5G 乐 · 兵主题 VR 体验、5G 智慧博物馆 App、文物三维模型展示、曾侯乙编钟 5G 全景直播等特色业务，成为全国首家 5G 智慧博物馆；联合湖北移动、华为公司完成曾侯乙编钟全息投影的内容制作及展台设计，观众只需在体验区伸出手凌空敲击显示在 LED 大屏中的编钟，编钟就会随敲击而摆动并发出对应的乐音。

2021 年 10 月 29 日以来，湖北省博物馆数字藏品越王勾践剑、吴王夫差矛、元青花四爱图梅瓶和虎座鸟架鼓各 1 万份先后上线鲸探平台，上线不到一分钟均即告售罄。

2022年，湖北省博物馆与腾讯公司深度合作，将曾侯乙编钟以数字化形式带进了手游《天涯明月刀》中，游戏里，“天衣·钟灵”的主题外装以玄色为底，凤鸟夔纹为装饰，呈现了楚国审美的特征。在动捕技术的应用下，玩家可以用游戏内召唤出的编钟演绎一场动人的编钟乐舞；除此以外，游戏还通过“博物馆奇妙夜活动”，以数字化的形式讲述了文物背后的故事，玩家们可从专题H5界面进入游戏，亲自拂去编钟的锈迹，一睹“吉金”的光芒。

2023年初，沉浸式全息剧《遇见楚庄王》在湖北省博物馆数字化全息剧场正式亮相，利用全息成像技术，巧妙地运用“虚拟场景＋真人”和“虚拟人”的模式，带领观众进入虚拟和现实相融合的空间。该剧用典故串联起楚庄王的一生，再现了楚庄王饮马黄河、问鼎中原的豪迈气魄，获得了媒体和观众的好评。

4. 实现馆际强强联合

加强与其他重量级博物馆的合作，实现资源共享，共同开发文创产品。2021—2022年，联合重庆中国三峡博物馆运用两馆的重量级藏品曾侯乙编钟和“松石间意”古琴通过大赛形式遴选文创产品，推出“一见钟琴”文创品牌，制作了一个展览和一个线上音乐会，开发了多款文创产品，取得了良好的社会效益和经济效益。2023年联合苏州博物馆推出的越王勾践剑、吴王夫差剑文创产品上柜一天就销售一空。

（三）编钟乐舞

编钟乐舞是以曾侯乙编钟复制件为主体，以出土的多种乐器复制品为组合，以楚史与楚文化为依据，运用歌、乐、舞相结合的艺术形式，展现先秦礼乐文明，楚国文化艺术、民俗风情以及祭祀、征战、农事和宫廷宴乐等情景。它是由湖北省博物馆编钟乐团打造的文创精品。

湖北省博物馆编钟乐团是在党和国家领导人的关怀指导下，在社会各界帮助下，逐步建立并发展起来的。其乐曲编创最先来源于利用编钟原件演奏创作和改编的古曲、民乐等。其中1980年配合中央电视台国际部录音编创的乐曲就有编钟独奏古曲《楚商》《普庵咒》《豆叶黄》《朝乐》，中国民歌《草原上的太阳》《数蛤蟆》，日本民歌《樱花》，德国古典乐贝多芬第九交响乐主题《欢乐颂》，编钟、古琴合奏古曲《幽兰》等。

1983年，全套曾侯乙编钟复制成功。1987年，湖北省博物馆正式成立编钟演奏组（湖北省博物馆编钟乐团前身），并开始对外演出。

图 9–2　中华人民共和国成立 35 周年国庆演出

以曾侯乙编钟复制件演奏为核心组建的湖北省博物馆编钟乐团自成立以来，就将自身定位为博物馆陈列展览的延伸，以音乐、舞蹈的艺术形式面向观众，大力弘扬与传播荆楚文化和中华文明，先后创作了一大批优秀的音乐作品，在馆内接待了数十位国家元首、行政首脑、议会领导人，并出访了美国、日本、韩国、新加坡、俄罗斯、英国、法国、德国、荷兰、比利时、卢森堡、意大利、巴西等十几个国家和地区，深受欢迎。还先后参加了中华人民共和国成立 35 周年国庆演出、1997 年香港回归庆典演出、2008 年北京奥运会颁奖音乐录制、2011 年东京国际音乐节开幕式演出、2020 年 PAS・中国第四届国际打击乐艺术节开幕式演出、2021 年清华大学建校 110 周年编钟音乐会演出、2022 年央视一套大型文化系列节目《古韵新声・春节》演出，并参与多部纪录片的录制活动。

三十多年来，湖北省博物馆编钟乐团常年在湖北省博物馆驻点演出，为到访的海内外观众奉献了一场反映先秦时期我国古代音乐文化的视听盛宴，至今已接待观众逾千万人次。由湖北省博物馆编钟乐团精心打造的“编钟乐舞”项目于 2020 年成功入选了武汉市武昌区第四批非物质文化遗产名录。编钟乐舞已成为湖北省对外文化交流的一张亮丽名片，且历久弥新。

经过多年努力逐步形成湖北省博物馆最大文创品牌的“千古绝响——曾侯乙编钟音乐会”在馆内定期面向观众演出的同时，也不断创新形式，以满足社会的不同需求。

1/2/3

1. 图 9-3　编钟古乐团参加东京国际音乐节开幕式演出
2. 图 9-4　编钟乐团在荷兰演出现场
3. 图 9-5　编钟乐团参加 1997 年香港回归庆典演出

1. 坚持日常演出

先后编创了 40 余首乐曲、10 余段舞蹈，将《梁祝》《我和我的祖国》《欢乐颂》《友谊地久天长》等中外名曲搬上舞台，吸引了大量海内外游客到馆观看。据统计，每年观看演出的观众占进馆观众的比例为 10%~12%，其中年轻群体占比超过 60%，2023 年上半年观演人数超过 23 万人次。

2. 做好重要接待演出

湖北省博物馆作为"国家文化客厅"，先后接待了来馆的数十位国家元首、政府首脑、议会领导人等；有的还专门为参观的外国重要代表团编创编钟曲目，如《喀秋莎》等，进一步扩大了国际影响力。

3. 打造新年音乐会品牌

一年一度的新年音乐会已成为多个著名音乐团体的响亮品牌，如维也纳新年音乐会等。2020 年 1 月 1 日，湖北省博物馆编钟乐团第一次举办新年音乐会就引起了极大轰动，音乐会提前三天预售票，仅 2 个小时就销售一空，当天临时加场也未能完全满足需求；2022、2023 年新年音乐会也成功举办。2021 年新年音乐会拟以全新创作并排练的抗"疫"专场音乐会（新编创了 9 首曲目）形式进行演绎，但因受当时疫情影响未能如期进行，改在 4 月 8 日以"浴火重生——弘扬伟大抗疫精神编钟音乐会"为主题上演，四场演出均满场，实行网上同步直播，观看量达 200 余万人次。同时，培育专题音乐会品牌，2020 年以后，利用专题节日如国际博物馆日、文化和自然遗产日、元宵节等举办了十余场专场音乐会。

4. 创新线上传播方式

从 2021 年开始，与湖北广播电视台合作，借助该台"长江云"直播平台，在重要节假日和日常演出时不定期选择时段对编钟演出进行直播，获得了良好效果。2020 年 4 月 12 日，著名音乐家谭盾云演奏"武汉十二锣"，以湖北省博物馆曾侯乙编钟复制件奏响 12 响为序，演出 10 分钟，观看量突破 7000 万人次。2022 年 9 月，与重庆中国三峡博物馆联合推出"一见钟・琴"线上音乐会，90 分钟的演出观看量为 62 万余人次；2022 年 10 月，联合腾讯公司《天涯明月刀》游戏推出"舞乐・青铜"编钟音乐会，演出 90 分钟，观看量 127 万余人次。先后于 2022、2023 年除夕当天在中央电视台大型文化类节目《古韵新春》《古韵新声》中亮相，扩大了影响。

5. 推进乐团走出去

湖北省博物馆编钟乐团除因文化交流原因出访外，还配合本馆外展和参加相关文化博览会等，安排演职人员和缩小版的编钟仿制件赴现场演出，每次都会成为“焦点”。同时，乐团还尝试与相关单位合作开展商演，如 2021 年 4 月在清华大学 110 周年校庆之际，与清华大学艺术教育中心合作，在该校新清华学堂演出四场，观众达 4000 余人次。

6. 助力社会公益活动

近年来，湖北省博物馆编钟乐团加大了参加公益活动宣传的力度，先后参加 2019 年武汉马拉松、第七届世界军人运动会、2021 年中国旅游日等活动。

7. 编钟乐团大事记

1983 年 1 月，全套曾侯乙编钟复制成功，1984 年 9 月经全国科技界、音乐界、考古界著名专家测试验收，编钟复制项目获文化部科技进步一等奖。

1984 年 9 月 26 日—10 月 8 日，曾侯乙编钟复制件在北京参加中华人民共和国成立 35 周年演出，并在中南海怀仁堂为各国驻华使节举办了专场编钟音乐会。

1985 年 2 月 20 日—5 月 20 日，湖北省博物馆在深圳博物馆举办“湖北曾侯乙宫廷音乐文物展览演奏会”。

1986 年 7 月，编钟复制件在北京展览馆参加全国社会发展科技成就展览演出，接待了多位党和国家领导人。

1987 年 3 月，由湖北省博物馆古代音乐陈列研究室相关人员正式组建编钟演奏组，并发展为编钟乐团，开启了常态化对外演出活动。

1990 年 9 月—10 月，湖北省博物馆编钟乐团参加了北京亚运会相关文化活动的展演工作。

1992 年，为纪念中日邦交正常化 20 周年，湖北省博物馆受日本东京国立博物馆、日中文化交流协会、日本经济新闻社邀请，赴日举办“曾侯乙墓出土文物特别展”。湖北省博物馆编钟乐团携曾侯乙编钟复制件等古乐器首次走出国门随展演奏。

1993 年 6 月 25 日—7 月 3 日，湖北省博物馆编钟乐团在香港展览中心演出。

1993 年 8 月 11 日—1994 年 8 月，新加坡文物馆举办“荆楚雄风——中国楚文化展”，湖北省博物馆编钟乐团携编钟复制件赴新加坡随展演出。

1993 年 12 月 19 日—1994 年 2 月，湖北省博物馆编钟乐团在广东省博物馆举办“千古绝响——战国曾侯乙编钟特别展演”，并于 1994 年春节在广东电视台春节联欢晚会直播现场举办“千古洪钟迎新年”活动。

1995 年春，湖北省博物馆应邀在卢森堡举办“中国周代艺术品”展，复制的编钟、编磬及古乐器同时进行现场演奏，引起轰动。

1997 年 7 月 1 日，在香港回归这个全球瞩目的日子，在中英两国政府举行香港政权交接仪式的现场香港会展中心，各界人士欣赏了由著名音乐家谭盾创作并指挥的有编钟参与的大型交响曲《1997：天・地・人》。

1998 年 11 月，为加强海峡两岸文化交流，“湖北省博物馆藏品精华展”在台北举行。湖北省博物馆编钟乐团应邀赴台湾，与台北市国乐团联袂在台北举办了两场“千古绝响——曾侯乙编钟之声”音乐会。

1998 年 7 月 31 日—8 月 4 日，编钟复制件远赴英国伦敦，湖北省博物馆编钟乐团与伦敦交响乐团举办了编钟专场音乐会。

1998 年，编钟复制件远赴美国纽约林肯艺术中心、波士顿音乐厅，湖北省博物馆编钟乐团分别与纽约交响乐团、波士顿交响乐团联合举办专场音乐会。

1999 年 5 月，湖北省博物馆在美国圣地亚哥艺术馆举办“龙凤共舞——湖北省战国古墓出土文物精品展”，湖北省博物馆编钟乐团随展演出。

2000 年 4 月—9 月，湖北省博物馆“孔子时代的音乐展”在美国华盛顿沙可乐美术馆举办，编钟乐团随展演出。

2000 年 11 月—2001 年 2 月，由中国人民对外友好协会总协调，法国巴黎音乐城、欧洲钟铃艺术学会承办，中国北京大钟寺古钟博物馆、湖北省博物馆参展的“龙之声——中国考

图 9-6　法国总统希拉克参观展览并观赏编钟演奏

古及钟铃艺术展”在巴黎音乐城举行。湖北省博物馆编钟乐团现场进行编钟演奏。时任法国总统希拉克在中国驻法国大使吴建民的陪同下参观了展览，并欣赏了编钟演奏（图 9–6）。

2004 年，编钟复制件在德国杜伊斯堡与杜伊斯堡交响乐团联合举办编钟专场音乐会。

2005 年 9 月 25 日—10 月 15 日欧洲音乐节期间，湖北省博物馆编钟乐团在荷兰、比利时举行了 5 场“中国曾侯乙编钟音乐会”，举办了为期 9 天的曾侯乙墓出土音乐文物展演活动，并在荷兰莱顿大学举办了主题为“曾侯乙编钟与传统音乐”的学术研讨会。

2007 年 11 月，湖北省博物馆二期新馆正式对外开放，湖北省博物馆编钟乐团在综合馆演奏厅开展日常演出。

2008 年 8 月，由湖北省博物馆编钟乐团演奏的编钟、编磬等金石元素乐器参加了北京奥运会颁奖音乐的录制工作。

2010 年 5 月—10 月，湖北省博物馆编钟乐团应邀参加上海世博会城市足迹馆驻馆演出，成为最受中外参观者欢迎的欣赏项目。

2011 年 10 月，湖北省博物馆编钟乐团参加在日本东京三得利音乐厅举办的第二十九届东京国际音乐节，在为期一周的音乐节上，编钟乐团除完成开幕式首场演出外，还与著名舞蹈家黄豆豆先生一起为来自世界各地的音乐爱好者献上了多场编钟乐舞的专场演出，受到热烈欢迎（图 9–7）。

图 9–7　编钟乐团参加东京音乐会节目排练

2012 年 11 月，湖北省博物馆承办了国际博物馆协会亚太地区联盟 2012 年大会。编钟乐团为海内外来宾奉献了一场“编钟乐舞”专场音乐会。本场音乐会上的惊艳亮相，为博物馆争得了荣誉，受到业界一致好评。

2013 年 5 月 16 日，由美国驻武汉总领事馆、湖北省博物馆共同举办的“克莱维诺”钢琴三重奏乐团与湖北省博物馆编钟乐团联合公演在湖北省博物馆举行。这场穿越时空、跨越国度、中西文化融合的视听盛宴，获得了良好的社会效果。

2014 年 6 月 2 日，湖北省编钟乐团与楚天广播电台共同策划和组织举办了“追梦 · 邓丽君与编钟”专场音乐会，获得一致好评，凤凰卫视等媒体进行了现场报道。

2014 年 7 月，湖北省博物馆编钟乐团与旅居加拿大的华裔音乐家江革玲女士合作举办了“钟灵毓秀”编钟与民乐专场公益音乐会。

2014 年 9 月，湖北省博物馆编钟乐团与英国著名单簧管爵士乐家、作曲家、音乐剧导演及音乐教育家阿伦 · 高希联袂公演 “异曲同工”音乐会。

2015 年元旦，为加强文化惠民，进一步提升湖北省博物馆的社会影响力，湖北省博物馆联合湖北省影视新星艺术团，共同举办了“荆风楚韵迎新年——2015 元旦公益会演”活动。

2016 年元旦，湖北省博物馆编钟乐团应南通博物苑之邀，新年第一天在南通博物苑举办了编钟乐舞专场音乐会，在当地引起了强烈的反响。

2016 年 1 月 12 日，编钟乐团应邀参加航天工业部在国家大剧院举办的“光明 · 中国探月”公益音乐会。

2016 年 7 月 3 日—9 日，第 24 届国际博物馆协会大会暨博物馆博览会在意大利米兰举办。本届博览会“中国馆”的创意、设计、布展由湖北省博物馆承担，开幕式上，湖北省博物馆编钟乐团演员表演的编钟乐舞尤其引人注目（图 9–8）。

2016 年 7 月 21 日，湖北省博物馆编钟乐团转入新落成的编钟馆演奏厅面向观众演出，并将演出正式命名为“千古绝响——曾侯乙编钟音乐会”，该演奏厅共有座位 412 个，极大地满足了观众需求。

2018 年 5 月 14 日，湖北省博物馆编钟乐团赴美国黑鹰博物馆演奏编钟古乐。

2019 年 4 月 14 日，湖北省博物馆编钟乐团参加“武汉马拉松”演出（图 9–9）。

2020 年 1 月 1 日，湖北省博物馆编钟乐团首次独立举办“荣放 · 楚韵”2020 曾侯乙编钟新年音乐会（图 9–10）。

2020 年 8 月 2 日，湖北省博物馆编钟乐团应邀参加 PAS · 中国第四届国际打击乐艺术节开幕式线上展演（图 9–11）。

1
2 | 3
4

1. 图 9-8　编钟乐舞亮相意大利米兰
2. 图 9-9　编钟乐团参加“武汉马拉松”演出
3. 图 9-10　“荣放 · 楚韵”2020 曾侯乙编钟新年音乐会演出照
4. 图 9-11　编钟乐团参演曲目《流水》播出视频截图

2021年4月8日，湖北省博物馆编钟乐团举办“2021·浴火重生·弘扬伟大抗疫精神编钟音乐会”（图9-12）。

2021年4月17日—18日，湖北省博物馆编钟乐团在北京清华大学礼堂举办“荆风楚韵”庆祝清华大学建校110周年编钟音乐会（图9-13、9-14）。

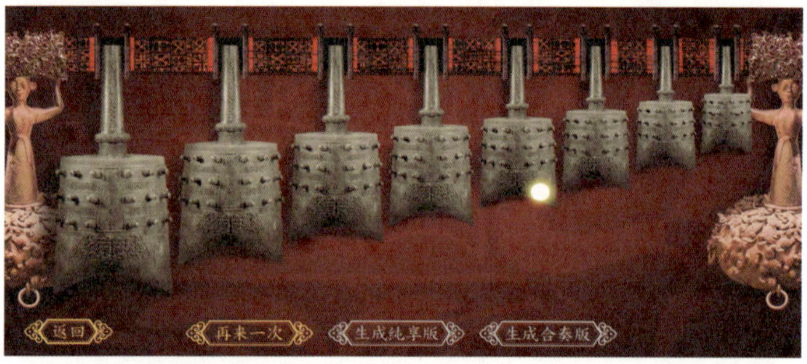

2021年12月，湖北省博物馆编钟乐团与人民网共同开发H5编钟演奏小程序，并于2022年1月1日在全网推出（图9-15）。

2022年1月1日，湖北省博物馆编钟乐团举办“一见钟·琴”2022新年音乐会（图9-16）。

1. 图9-12　2021·浴火重生·弘扬伟大抗疫精神编钟音乐会演出照
2. 图9-13　庆祝清华大学建校110周年编钟音乐会演出照
3. 图9-14　编钟乐团全体演职人员合影
4. 图9-15　H5编钟演奏小程序经典曲目演奏界面
5. 图9-16　“一见钟·琴”2022新年音乐会剧照

2022 年 1 月 31 日，湖北省博物馆编钟乐团受邀参加中央电视台大型文化节目《古韵新春》中《诗经·豳风·七月》《楚辞·九章·橘颂》的演出(图 9–17、9–18)。

2022 年 5 月 1 日，湖北省博物馆编钟乐团转入三期新馆（南主馆）演奏厅面向观众演出（图 9–19）。

2022 年 5 月 18 日，湖北省博物馆编钟乐团举办“博物馆之夜——长江之韵编钟音乐会”（图 9–20）。

1. 图 9–17　编钟乐团参演作品《诗经·豳风·七月》剧照
2. 图 9–18　编钟乐团参演作品《楚辞·九章·橘颂》剧照
3. 图 9–19　三期新馆编钟演奏厅室内演出照片
4. 图 9–20　“博物馆之夜——长江之韵编钟音乐会”演出照

2022年6月11日，湖北省博物馆编钟乐团举办2022年文化和自然遗产日“钟·琴”音乐会(图9-21）。

2022年9月29日，湖北省博物馆与重庆中国三峡博物馆、天津音乐学院联合推出“一见钟·琴”线上音乐会（图9-22、9-23）。

2022年10月14日，湖北省博物馆携手腾讯互娱举办“舞乐·青铜”线上编钟音乐会（图9-24、9-25）。

1. 图 9-21　2022年文化和自然遗产日“钟·琴”音乐会演出照
2. 图 9-22　“一见钟·琴”线上音乐会湖北现场剧照
3. 图 9-23　“一见钟·琴”线上音乐会重庆现场剧照
4. 图 9-24　“舞乐·青铜”音乐会海报
5. 图 9-25　“舞乐·青铜”音乐会演出照

湖北省博物馆编钟乐团国际交流活动一览表

序号	年份	出访国家	活动内容
1	1992 年	日本	为纪念中日邦交正常化 20 周年，湖北省博物馆编钟乐团携曾侯乙编钟复制件等古乐器首次走出国门随展演奏
2	1993 年	新加坡	新加坡文物馆举办“荆楚雄风——中国楚文物展”，湖北省博物馆编钟乐团携编钟复制件赴新加坡随展演出
3	1995 年	卢森堡	湖北省博物馆应邀在卢森堡举办“中国周代艺术品”展，复制的编钟、编磬及古乐器同时进行现场演奏，引起轰动
4	1998 年	英国	编钟复制件赴英国伦敦，湖北省博物馆编钟乐团与伦敦交响乐团举办了编钟专场音乐会
5	1998 年	美国	编钟复制件赴美国纽约林肯艺术中心、波士顿音乐厅，湖北省博物馆编钟乐团分别与纽约交响乐团、波士顿交响乐团联合举办专场音乐会
6	1999 年	美国	湖北省博物馆在美国圣地亚哥艺术馆举办“龙凤共舞——湖北省战国古墓出土文物精品展”，湖北省博物馆编钟乐团随展演出
7	2000 年	美国	湖北省博物馆“孔子时代的音乐展”在美国华盛顿沙可乐美术馆举办，编钟乐团随展演出
8	2000 年 11 月—2001 年 2 月	法国	“龙之声——中国考古及钟铃艺术展”在巴黎音乐城举行。湖北省博物馆编钟乐团现场进行编钟演奏。时任法国总统希拉克在中国驻法国大使吴建民的陪同下参观了展览，并欣赏了编钟演奏
9	2004 年	德国	编钟乐团在德国杜伊斯堡参加杜伊斯堡交响乐团举办的编钟专场音乐会
10	2005 年	荷兰、比利时	欧洲音乐节期间，湖北省博物馆编钟乐团在荷兰、比利时举行了 5 场“中国曾侯乙编钟音乐会”，举办了为期 9 天的曾侯乙墓出土音乐文物展演活动，并在荷兰莱顿大学举办了主题为“曾侯乙编钟与传统音乐”的学术研讨会
11	2011 年	日本	湖北省博物馆编钟乐团参加日本东京国际音乐节，在为期一周的音乐节上，编钟乐团除完成开幕式首场演出外，还与著名舞蹈家黄豆豆先生一起为来自世界各地的音乐爱好者献上了多场编钟乐舞的专场演出，受到热烈欢迎
12	2016 年	意大利	第 24 届国际博物馆协会大会暨博物馆博览会在意大利米兰举办。“中国馆”创意、设计、布展工作由湖北省博物馆承担，湖北省博物馆编钟乐团的编钟乐舞亮相意大利米兰
13	2018 年 5 月 14 日	美国	湖北省博物馆编钟乐团赴美国黑鹰博物馆演奏编钟古乐

湖北省博物馆编钟乐团国内交流演出情况一览表

序号	时间	地点	合作单位或个人	活动内容
1	1984年9月26日—10月8日	北京中南海怀仁堂	中央民族乐团	参加中华人民共和国成立35周年专场编钟音乐会
2	1985年2月20日—5月20日	深圳	深圳博物馆	参加湖北曾侯乙宫廷音乐文物展览演奏会
3	1986年7月	北京	北京展览馆	参加全国社会发展科技成就展览演出
4	1990年9月—10月	北京	北京大钟寺博物馆	参加北京亚运会相关文化活动展演
5	1993年6月25日—7月3日	香港	93湖北省暨武汉市对外经贸洽谈会	在香港展览中心演出
6	1993年12月19日—1994年2月	广州	广东省博物馆	举办“千古绝响——战国曾侯乙编钟特别展演”
7	1997年7月1日	香港	谭盾	参与香港回归大型交响曲《1997：天·地·人》演奏
8	1998年11月	台北	台北市国乐团	举办“千古绝响——曾侯乙编钟之声”音乐会
9	2010年5月—10月	上海	上海世博会城市足迹馆	参加上海世博会城市足迹馆驻馆演出
10	2012年11月	湖北省博物馆编钟演奏厅	国际博物馆协会亚太地区联盟2012年大会	举办“编钟乐舞”专场音乐会
11	2013年5月16日	湖北省博物馆编钟演奏厅	美国驻武汉总领事馆	与“克莱维诺”钢琴三重奏联合举办“跨越太平洋的合鸣”专场音乐会
12	2014年6月	湖北省博物馆编钟演奏厅	楚天广播电台	举办“追梦·邓丽君与编钟”专场音乐会
13	2014年7月	湖北省博物馆编钟演奏厅	旅居加拿大的华裔音乐家江革玲女士	举办“钟灵毓秀”编钟与民乐专场公益音乐会
14	2014年9月	湖北省博物馆编钟演奏厅	英国单簧管演奏家阿伦·高希（Arun Ghosh）	举办编钟与单簧管合奏音乐会
15	2015年1月1日	湖北省博物馆编钟演奏厅	湖北省影视新星艺术团	参加“荆风楚韵迎新年——2015元旦公益会演”
16	2016年1月1日	南通博物苑	南通博物苑	举办编钟乐舞专场音乐会
17	2016年1月12日	国家大剧院	航天工业部	举办“光明·中国探月”公益音乐会

续表

序号	时间	地点	合作单位或个人	活动内容
18	2020 年 8 月 2 日	北京	打击乐艺术协会(中国)	参加 PAS·中国第四届国际打击乐艺术节开幕式线上展演
19	2021 年 4 月 17 日—18 日	北京清华大学礼堂	清华大学	参加“荆风楚韵”庆祝清华大学建校 110 周年编钟音乐会演出
20	2022 年 1 月 1 日	湖北省博物馆编钟演奏厅	江汉大学音乐学院、武汉琴台钢琴博物馆	举办“一见钟·琴”2022 新年音乐会
21	2022 年 1 月 31 日	北京	中央电视台	参演《古韵新春》节目中《诗经·豳风·七月》《楚辞·九章·橘颂》两个作品
22	2022 年 6 月 11 日	湖北省博物馆编钟演奏厅	江汉大学音乐学院、武汉琴台钢琴博物馆	举办 2022 年文化和自然遗产日“钟·琴”音乐会
23	2022 年 9 月 29 日	重庆中国三峡博物馆、湖北省博物馆编钟演奏厅	重庆中国三峡博物馆、天津音乐学院	举办“一见钟·琴”线上音乐会
24	2022 年 10 月 14 日	湖北省博物馆编钟演奏厅	腾讯互娱	举办“舞乐·青铜”线上编钟音乐会

（四）主要做法

湖北省博物馆结合自身实际，在文创发展实践中进行了一些有益的探索。

1. 找准定位，做好规划，分步实施

湖北省博物馆是全省唯一的省级大型综合性博物馆，国家一级博物馆，央地共建的国家级博物馆，国家 5A 级旅游景区，在全省博物馆中有着领头示范作用，在宣传、弘扬荆楚文化方面地位无可替代，所以，文创发展的站位要高，而且湖北省博物馆的品牌附加值也很高。因此，高站位的要求不仅针对文创产品本身，还针对合作企业。

湖北省博物馆还结合自身定位和文创发展要求，编制了文创发展规划，对近、中、远期目标进行设定，并逐步推进，同时随着馆舍建设规模的不断扩大而逐步发展。

2. 梳理核心资源，深挖文物价值

馆藏文物是核心，是研发文创产品的“本源”。湖北省博物馆把馆藏文物分成几个不

同层级，第一层级为“十大镇馆之宝”中最为知名的曾侯乙编钟和越王勾践剑；第二层级为“十大镇馆之宝”中的其他 8 件文物（曾侯乙尊盘、云梦睡虎地秦简、郧县人头骨化石、九连墩虎座鸟架鼓、元青花四爱图梅瓶、彩绘人物车马出行图圆奁、石家河玉人像、崇阳铜鼓）和列入 16 件“国宝”中除“十大镇馆之宝”外的 9 件（曾侯乙云纹金盏、连禁壶、鉴缶、大尊缶、鹿角立鹤、石编磬、十六节龙型玉挂饰和错金银龙凤铁带钩、彩漆凤鹿木雕座屏）；第三层级就是近年来新出土的梁庄王墓金玉宝石器，九连墩楚墓铜、漆、玉器，和曾国墓葬铜器等其他重器；第四层级就是与荆楚文化相关的特色文物等。

根据观众喜爱程度，知名度越高的文物，文创产品开发的频次越高，类别也越多，销售状况也更好。多年来，针对处于第一层级的曾侯乙编钟和越王勾践剑开发的系列文创产

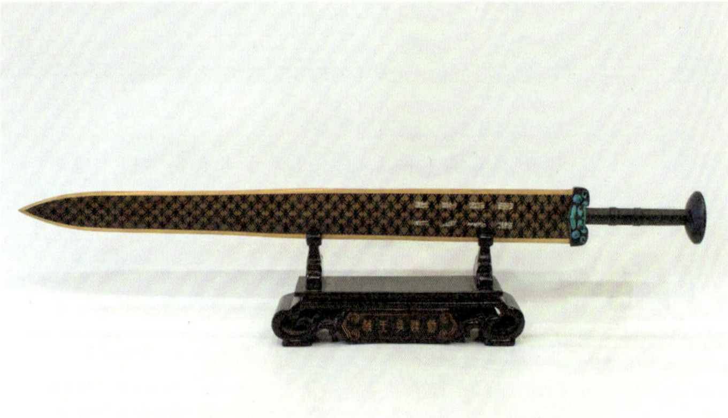

1 | 2
3 | 4

1. 图 9-26　越王勾践剑限量版仿制件
2. 图 9-27　越王勾践剑书写笔
3. 图 9-28　复仿制品系列——曾侯乙编钟仿制件（1.5 米套钟）
4. 图 9-29　复仿制品系列—— 52cm 大漆盘

品数量和种类最多，涉及复仿制艺术品和家具、文具、玩具、首饰、纪念章、明信片等系列衍生品。

在梳理其他馆藏文物资源时，突出本馆和荆楚文化特色，如楚式青铜器，东周楚漆器、丝织品等。

在前述工作基础上，湖北省博物馆积累了部分“IP”资源，供合作方使用，如曾侯乙编钟、越王勾践剑、云梦睡虎地秦简及馆舍建筑等；依托馆藏核心资源创建的社教品牌“礼乐学堂”IP，与企业合作打造了肯德基楚文化主题餐厅、中国工商银行楚文化主题银行；在武汉地铁 8 号线省博湖北日报站打造楚文化主题站点。

3. 落实商标注册，加强知识产权保护

为加强知识产权保护，先后注册了湖北省博物馆 LOGO、湖北博物馆文创联盟“楚博汇”及其 LOGO 和贵金属、纸品、装饰品等 15 大类产品商标，采用授权方式选择具有一定实力并有独特优势的企业合作，以实现双赢。与重庆中国三峡博物馆合作的“一见钟·琴”文创品牌也分别在重庆、武汉进行了注册。

4. 建立激励机制，调动人员积极性

湖北省博物馆编钟演奏和市场经营人员以劳务派遣为主，为调动其积极性，出台了《编钟乐团演职人员绩效管理办法》和《市场经营人员绩效管理办法》，其工资待遇按照“基本工资 + 绩效工资”（分基础绩效和奖励性绩效工资）构成方式核算。奖励性绩效工资与工作实绩挂钩，即设定一个基本工作量，在此基础上根据超额完成部分核算奖励性绩效工资，完成工作量越多，收入越高。

5. 重视“非遗”项目申报，开展“非遗”项目合作

根据国家对“非遗”项目的保护利用政策，遴选具有自身特色、符合条件的项目申报“非遗”传承保护项目。目前已申报具有品牌效应的“编钟乐舞”纳入了武汉市武昌区“非遗”名录传统舞蹈类，“楚式漆器髹饰技艺”“囊匣制作”纳入了省级“非遗”名录传统技艺类。同时，与汉绣、荆州市漆器髹饰技艺、黑茶制作技艺等国家级“非遗”以及楚香等其他“非遗”项目开展合作，设计、制作文创产品进行销售，甚至开展现场体验活动。

6. 成立文创组织，带动全省博物馆文创发展

2018 年，在原省文物局支持下，省内 8 家博物馆和 2 家高校、2 家文创企业发起成立了湖北博物馆文创联盟，湖北省博物馆为牵头单位，联盟成员的文创精品在联盟单位内进行销

图 9-30　2021 年 5 月，文创专委会第一届一次会议在宜昌召开

售。2021 年，湖北省博物馆协会成立了文创发展专业委员会，湖北省博物馆为主任委员单位，首批吸收 22 家博物馆、企业参与。这两个组织为湖北省内博物馆的文创发展搭建了平台。

7. 举办文创设计大赛，征集优秀作品

为开发符合当下观众需求的文创产品，湖北省博物馆举办了多次文创设计大赛。一是举办了三次全素材的文创产品设计大赛，评选出一些优秀作品进行生产；二是结合“万里茶道展”等临展开展文创产品设计、生产征集；三是联合其他单位共同举办文创设计大赛，如省台办、省文旅厅主办，本馆协办的 2021、2022 年“走进历史，纪行荆楚”海峡两岸文博创意设计大赛等。

此外，还参与相关展会、活动和文创大赛，如历次“博博会”、深圳文博会、厦门文博会、“文创走边防”活动、2020 年“5・18 文创节”、首届中国（武汉）文旅博览会等，既获得了众多奖项，也交流了经验，学习了先进，扩大了知名度和认知度。积极尝试线上销售，委托湖北创新谷投资有限公司在淘宝“湖北文创精品店”上线本馆文创精品。

湖北省博物馆的文创发展在赋能人民群众美好生活方面取得了诸多成果，但也遇到了一些挑战，如体制机制约束、人才短缺、知识产权保护力度不够等问题，需要探索更好的实现路径，不断满足人们美好生活的需要。

附：湖北省博物馆开发文创产品一览表

年份	类别	序号	产品名称
2008 年	复仿制品	1	二十八宿图衣箱复制件
		2	铜豆
		3	人骑骆驼灯
		4	青铜人擎灯
		5	九连墩人擎灯
		6	铜耳杯
		7	铜甗
		8	铜面具
		9	小克鼎
	文房用品	10	线圈本
		11	拉画笔
		12	直尺
		13	异型本
		14	车马图笔袋
		15	磁性书签
	日用百货	16	大帆布包
		17	竹简帆布包
		18	磁性滴胶
		19	08 款领带
		20	龙首杖化妆包
	工艺品	21	白玉圆挂饰
		22	白玉方挂饰
		23	白玉天兽御尊
		24	白玉单件小编钟
		25	屏风
		26	雕漆嵌石长乐园台屏
		27	骨石镶嵌博古挂屏
		28	骨石镶嵌博古屏风
		29	骨石扇形虎跃台屏
		30	小铜牛
		31	矢服（楠木）
		32	矢服（白木）
		33	30cm 彩绘漆盘
		34	各类三套盘
		35	大三鱼耳杯
		36	中三鱼耳杯
		37	小三鱼耳杯

续表

年份	类别	序号	产品名称
2008年	工艺品	38	1~5号首饰盒
		39	各类三套盒
		40	长方八角双套盒
		41	云纹名片盒
		42	彩绘凤鸟纹漆盒
		43	52cm大圆盘
		44	圆耳杯
2009年	复仿制品	1	小马踏飞燕
		2	1/6司母戊方鼎
		3	象纹鬲
		4	1/4四羊方尊
		5	1/3四羊方尊
	文房用品	6	编钟笔筒
		7	编钟名片座
	日用百货	8	金属汤匙
		9	青花缠枝莲纹桌旗
		10	手机挂件
		11	手机链
		12	绢扇
		13	筷子
		14	小指甲剪
		15	大指甲剪
	工艺品	16	青花十二月花神杯（套）
		17	各类小挂饰
		18	《景》碗
		19	福字铃铛
		20	如意罐
		21	绢画
		22	09农民画
		23	大生肖
		24	大象尊
		25	小象尊
		26	大牛尊
		27	小牛尊
		28	大羊尊
		29	小羊尊
		30	羊灯
		31	中麒麟

续表

年份	类别	序号	产品名称
2009年	工艺品	32	小麒麟
		33	鱼头烟缸
		34	牛头烟缸
		35	荷叶烟缸
		36	凤炉
		37	小三象炉
		38	小童子炉
	服饰首饰	39	贵妃镯
		40	耳环
		41	小耳环
		42	胸花
		43	珍珠项链（大）
		44	珍珠项链
		45	珍珠手链
		46	套七镯
		47	手镯（圆）
2010年	复仿制品	1	原大鹿角立鹤
		2	1/2 司母戊方鼎
		3	1/10 司母戊方鼎
		4	1/2 克鼎
		5	特大秦公鼎
		6	大龙鼎
		7	凤纹爵
		8	大父辛爵
		9	小父辛爵
		10	大翼虎
		11	大飞龙
		12	中龟鹤
		13	小龟鹤
		14	大回纹炉
		15	宣德洒金炉
		16	漆豆
		17	33cm 虎座鸟架鼓
		18	50cm 虎座鸟架鼓
		19	1.6m 虎座鸟架鼓
		20	小鸳鸯盒
		21	大鸳鸯盒
	文房用品	22	名片盒

续表

年份	类别	序号	产品名称
2010 年	文房用品	23	云纹笔筒
		24	编钟系列名片座
		25	金属书签
		26	书签（乌菲齐）
		27	铅笔（乌菲齐）
		28	套装铅笔（乌菲齐）
		29	竖版笔记本（乌菲齐）
		30	环装笔记本（乌菲齐）
		31	线装笔记本（乌菲齐）
		32	便签（乌菲齐）
		33	文件夹（乌菲齐）
	日用百货	34	编钟系列锁圈
		35	编钟系列手机吊饰
		36	编钟系列金属锁圈
		37	彩绘锁圈
		38	厚纸袋（乌菲齐）
		39	绿色横版包（乌菲齐）
		40	卡其色电脑包（乌菲齐）
		41	小提包（乌菲齐）
		42	大黑包（乌菲齐）
		43	雨伞（乌菲齐）
		44	眼镜盒（乌菲齐）
		45	磨砂杯（乌菲齐）
		46	马克杯（乌菲齐）
		47	帽子（乌菲齐）
		48	冰箱贴（乌菲齐）
		49	滴胶贴（乌菲齐）
		50	徽章 2（小）（乌菲齐）
		51	徽章 1（大）（乌菲齐）
		52	徽章 3（中）（乌菲齐）
		53	卡贴（乌菲齐）
	工艺品	54	2 号香炉
		55	千鹤香炉
		56	南瓜炉
		57	系列炉
		58	护手炉
		59	壶
		60	镇纸

续表

年份	类别	序号	产品名称
2010年	工艺品	61	小四喜娃
		62	小对猪
		63	小对狮
		64	中杂盒
		65	13cm首饰盒
		66	15cm首饰盒
		67	20cm首饰盒
		68	各类挂饰
		69	雕漆挂饰
		70	猫手机挂饰
		71	布挂画（大）
		72	布挂画（小）
		73	布挂画（小）
		74	凤鸟纹漆盒
		75	三小件杂盒
		76	四小件杂盒
		77	五小件杂盒
		78	木版画（乌菲齐）
		79	单页（乌菲齐）
		80	帆布画（乌菲齐）
		81	带框帆布画（乌菲齐）
		82	立体画（乌菲齐）
		83	立体画1（乌菲齐）
		84	立体画2（乌菲齐）
		85	卡纸（乌菲齐）
		86	卡纸标框（乌菲齐）
	服饰首饰	87	双面长丝巾
		88	大方巾
		89	小方丝巾
		90	雪纺纱长巾
		91	漆手镯（黑）
		92	小耳丁
		93	手镯
		94	三国赤壁项圈
		95	三国赤壁吊坠
		96	三国彩绘项链
		97	彩绘项链
		98	T恤（乌菲齐）

续表

年份	类别	序号	产品名称
2010年	印刷品	99	明信片（单）（乌菲齐）
		100	明信片（套）（乌菲齐）
		101	《乌菲齐珍藏展》（精）（乌菲齐）
		102	《乌菲齐珍藏展》（简）（乌菲齐）
2011年	文房用品	1	书签（重返巴洛克）
		2	单面文件夹（重返巴洛克）
		3	双面文件夹（重返巴洛克）
		4	鼠标垫（重返巴洛克）
		5	对话笔记本
		6	文房四宝（圣地西藏）
	日用百货	7	大帆布包（重返巴洛克）
		8	小帆布包（重返巴洛克）
		9	镜子（重返巴洛克）
	工艺品	10	唐卡护身符（圣地西藏）
		11	雷击枣木车挂饰（圣地西藏）
		12	雷击枣木钥匙扣（圣地西藏）
		13	雷击枣木手机链（圣地西藏）
		14	纯银嘎乌盒（圣地西藏）
		15	3D名片（圣地西藏）
		16	丝织护身符（圣地西藏）
		17	3D佛像摆件（圣地西藏）
		18	红玉髓生肖守护神（圣地西藏）
		19	红玉髓财珠（圣地西藏）
		20	红玉髓貔貅（圣地西藏）
		21	红玉髓生肖（圣地西藏）
		22	红玉髓大佛像（圣地西藏）
		23	红玉髓小佛像（圣地西藏）
		24	红玉髓龙凤佩（圣地西藏）
		25	红玉髓小莲花（圣地西藏）
		26	红玉髓大莲花（圣地西藏）
		27	玉貔貅（圣地西藏）
		28	玉佛手（圣地西藏）
		29	牛角梳（圣地西藏）
		30	牛角刮痧梳（圣地西藏）
		31	牛角耳勺（圣地西藏）
		32	牛角钥匙扣（圣地西藏）
		33	牛角捶捶乐（圣地西藏）
		34	牛角刮痧板（圣地西藏）

续表

年份	类别	序号	产品名称
2011 年	工艺品	35	牛角烟斗（圣地西藏）
		36	牛角按摩棒（圣地西藏）
		37	牛角按摩器（圣地西藏）
		38	太阳能转经轮（圣地西藏）
		39	佛经（圣地西藏）
		40	牛皮画（圣地西藏）
		41	太阳能转经轮（圣地西藏）
		42	铜佛像（圣地西藏）
		43	大哈达（圣地西藏）
		44	醒元提神香（圣地西藏）
		45	班智达藏香（圣地西藏）
		46	藏香流感方（圣地西藏）
		47	香包（圣地西藏）
		48	贺卡（圣地西藏）
		49	钥匙牌（圣地西藏）
		50	单面具（圣地西藏）
		51	双面具（圣地西藏）
		52	小转心佛 / 观音（圣地西藏）
		53	中转心佛 / 观音（圣地西藏）
		54	大转心佛 / 观音（圣地西藏）
		55	护身佛（圣地西藏）
		56	藏银香板（圣地西藏）
		57	羊头（圣地西藏）
	服饰首饰	58	16mm 素绉缎双面长巾（蟠龙飞凤纹）
		59	16mm 素绉缎双面长巾（凤鸟花卉纹）
		60	16mm 素绉缎大方巾（龙凤虎纹绣）
		61	16mm 素绉缎大方巾（彩绘变形鸟头纹）
		62	真丝拉绒男士围巾
		63	16mm 真丝印花男士丝巾（对龙对凤纹）
		64	16mm 真丝印花男士丝巾（彩绘变形鸟头纹）
		65	小方巾（重返巴洛克）
		66	大方巾（重返巴洛克）
		67	纯银珊瑚 / 松石戒指（圣地西藏）
		68	纯银珊瑚 / 刚玉戒指（圣地西藏）
		69	纯银戒指（圣地西藏）
		70	纯银珊瑚戒指（圣地西藏）
		71	纯银珊瑚 / 玛瑙 / 松石戒指（圣地西藏）
		72	纯银珊瑚 / 彩贝戒指（圣地西藏）

续表

年份	类别	序号	产品名称
2011 年	服饰首饰	73	纯银珊瑚 / 松石戒指（圣地西藏）
		74	纯银珊瑚 / 松石戒指（圣地西藏）
		75	纯银转运戒指（圣地西藏）
		76	纯银珊瑚 / 松石戒指（圣地西藏）
		77	纯银珊瑚松石 / 虎睛石戒指（圣地西藏）
		78	纯银松石 / 特色戒指（圣地西藏）
		79	纯银水晶戒指（圣地西藏）
		80	纯银珊瑚 / 松石 / 水晶戒指（圣地西藏）
		81	蜜蜡吊坠（圣地西藏）
		82	纯银红刚玉坠（圣地西藏）
		83	纯银玛瑙坠（圣地西藏）
		84	纯银贝壳坠（圣地西藏）
		85	纯银特色 / 蓝刚玉 / 松石坠（圣地西藏）
		86	纯银坠（圣地西藏）
		87	纯银蓝刚玉 / 嘎乌坠（圣地西藏）
		88	纯银法器坠（圣地西藏）
		89	纯银红 / 蓝刚玉坠（圣地西藏）
		90	纯银松石坠（圣地西藏）
		91	纯银水晶坠（圣地西藏）
		92	纯银蓝刚玉 / 松石 / 嘎乌坠（圣地西藏）
		93	合成琥珀坠（圣地西藏）
		94	彩木手镯（圣地西藏）
		95	藏银手镯（圣地西藏）
		96	合成琥珀手镯（圣地西藏）
		97	纯银松石手镯（圣地西藏）
		98	手链（圣地西藏）
		99	大蜜蜡手镯（圣地西藏）
		100	中蜜蜡手镯（圣地西藏）
		101	小蜜蜡手镯（圣地西藏）
		102	藏银手链（圣地西藏）
		103	藏银手镯（圣地西藏）
		104	藏银耳坠（圣地西藏）
		105	红玉髓手串（圣地西藏）
		106	红玛瑙手串（圣地西藏）
		107	越南花梨手串（圣地西藏）
		108	银鱼坠（圣地西藏）
		109	小叶檀手串（圣地西藏）
		110	牛骨手排（圣地西藏）

续表

年份	类别	序号	产品名称
2011 年	服饰首饰	111	合成蜜蜡墨翠手串（圣地西藏）
		112	合成珊瑚手串（圣地西藏）
		113	皮手链（圣地西藏）
		114	天珠手链（圣地西藏）
		115	红木手串（圣地西藏）
		116	鸡翅木手串（圣地西藏）
		117	蓝色手排（圣地西藏）
		118	红木手串（圣地西藏）
		119	彩色手排（圣地西藏）
		120	纯银特色耳环（圣地西藏）
		121	骨雕生肖球（圣地西藏）
		122	松石念珠（圣地西藏）
		123	纯银耳环（圣地西藏）
		124	松石项链（圣地西藏）
		125	天珠 / 珊瑚项链（圣地西藏）
		126	藏银鱼项链（圣地西藏）
		127	牛骨项链（圣地西藏）
		128	时装大毛衣链（圣地西藏）
		129	马牙坠（圣地西藏）
		130	小叶檀念珠（圣地西藏）
		131	红玛瑙念珠（圣地西藏）
		132	檀香手串（圣地西藏）
		133	财珠（圣地西藏）
		134	黄菩提根手串（圣地西藏）
		135	金刚籽手串（圣地西藏）
		136	花菩提子手串（圣地西藏）
		137	珊瑚腰带（圣地西藏）
	印刷品	138	明信片（重返巴洛克）
		139	印刷画片（重返巴洛克）
		140	热缩版画（重返巴洛克）
		141	长热缩版画（重返巴洛克）
		142	大热缩版画（重返巴洛克）
		143	文艺复兴画册
		144	文明的长河
		145	想象的时空
		146	达利
		147	六大文明——埃及
		148	六大文明——美索不达米亚

续表

年份	类别	序号	产品名称
2011 年	印刷品	149	六大文明——希腊
		150	六大文明——罗马
		151	六大文明——印度
		152	六大文明——美洲
		153	时代的肖像
		154	展览图录（重返巴洛克）
		155	藏戒
		156	寻找香格里拉等
		157	布达拉宫
	音像制品	158	展览 DVD
		159	VCD（圣地西藏）
2012 年	文房用品	1	24K 本册
		2	U 盘（编钟托梁武士）
		3	U 盘（鸳鸯盒）
		4	U 盘（金盏）
		5	U 盘（尊盘）
		6	封卡便签
		7	旋转纸砖
		8	凹凸斜砖
		9	塑胶圆珠笔（立鹤）
		10	塑胶圆珠笔（鸳鸯盒）
		11	铜制圆珠笔（五弦琴）
		12	铜制圆珠笔（博物馆）
		13	文房珍宝
		14	书签（古典与唯美）
		15	2012 缤纷系列记事本
	日用百货	16	真丝抱枕
		17	长银包
		18	两件套（短银包＋名片盒）
		19	卡包
		20	真皮卡包
		21	纯银 50 克曾侯乙编钟银条
		22	纯银 200 克四件套银条
		23	纯银 20 克纪念银章
		24	纯银 30 克曾侯乙甬钟银条
		25	拼图
		26	水晶滴胶
		27	玻璃磁性贴

续表

年份	类别	序号	产品名称
2012年	日用百货	28	马口铁磁性贴
		29	编钟钥匙扣
		30	金盏盖纹饰魔术钥匙扣
		31	金盏钥匙扣
		32	铜镬鼎钥匙扣
		33	贴金马饰钥匙扣
		34	绿檀镜梳套装
		35	红酸枝套筷
		36	小镜子（古典与唯美）
		37	眼镜布（古典与唯美）
		38	冰箱贴（古典与唯美）
		39	钱包（古典与唯美）
		40	糖果盒（古典与唯美）
		41	麻布包（古典与唯美）
		42	水晶胶不碎镜子
	工艺品	43	热缩版画（古典与唯美）
		44	雕塑——劝酒（古典与唯美）
		45	雕塑——披风（古典与唯美）
		46	雕塑——披风（米白）（古典与唯美）
		47	雕塑——吻颈（古典与唯美）
		48	雕塑——吻颈（汉白玉）（古典与唯美）
	服饰首饰	49	素绉缎长巾
		50	大方巾－03
		51	乔其长巾
		52	多功能围巾
		53	睡衣套
		54	女士睡袍两件套
		55	2012缤纷系列T恤衫
		56	袖扣MHB-12041601
		57	袖扣MHB-12041603
		58	袖扣MHB-12041605
		59	袖扣MHB-12041606
	印刷品	60	画片（古典与唯美）
		61	明信片（古典与唯美）
		62	古典与唯美图录
	音像制品	63	DVD（古典与唯美）

续表

年份	类别	序号	产品名称
2013年	复仿制品	1	铜木架钟
		2	尊盘
		3	实木架钟
	工艺品	4	小座屏
	服饰首饰	5	领带（低档）
		6	领带（高档）
	印刷品	7	中国树根艺术暨真品鉴赏
2014年	复仿制品	1	仿宋影青雕刻孩儿攀花斗笠碗
		2	仿宋影青雕刻菱口盘
		3	仿元青花缠枝莲纹梨形壶
		4	仿元青花折枝四季花卉八方玉壶春瓶
		5	仿元青花鸳鸯莲池玉壶春瓶
		6	仿元青花鸳鸯莲池折腰碗
		7	仿元青花鸳鸯莲池菱口盘
		8	仿元青花如意莲花纹春瓶
		9	仿明成化鸡缸杯
		10	仿明嘉靖青花斗红鱼盖罐
		11	仿元青花飞凤纹八方玉壶春瓶
		12	仿元青花龙纹玉壶春瓶
		13	仿元青花飞龙纹玉壶春瓶
		14	仿元青花牡丹纹梅瓶
		15	仿元青花蒙恬将军纹玉壶春瓶
		16	仿明宣德青花斗矾红鲤鱼龙纹高足杯
		17	仿明永乐青花枇杷绶带纹菱口盘
		18	仿明成化斗彩缠枝花卉纹盖罐
		19	仿明成化斗彩缠枝莲托八宝纹盖罐
		20	仿明成化斗彩海马纹盖罐
		21	仿明永乐青花茶花纹双耳扁瓶
		22	仿明永乐青花五龙纹玉壶春瓶
		23	仿清乾隆青花釉里红三果纹天球瓶
		24	仿清康熙青花文人雅士行乐图笔筒
		25	仿清黄底白蝶碗
		26	仿清雍正粉彩荷花纹玉壶春瓶
		27	仿清雍正珐琅彩梅花松枝纹橄榄瓶
		28	仿清乾隆珐琅彩花卉雉鸡瓶
		29	仿清乾隆珐琅彩红地“锦上添花”胆瓶
		30	仿清乾隆珐琅彩芝兰图双耳瓶
		31	仿清乾隆缠枝纹高足碗

续表

年份	类别	序号	产品名称
2014 年	复仿制品	32	仿清乾隆黄地青花螭穿花纹扁肚瓶
		33	仿清乾隆黄地青花寿桃芙蓉瓶
		34	仿清雍正斗彩云蝠纹碗
		35	仿清乾隆九桃天球瓶
		36	仿清乾隆粉底纹碗
		37	仿清雍正粉彩桃蝠纹橄榄瓶
		38	仿清乾隆粉彩“喜上眉梢”天球瓶
		39	仿清乾隆粉彩花鸟纹盘口橄榄瓶
		40	仿清胭脂红花卉纹碗
		41	仿清乾隆珐琅彩杏林春燕纹碗
		42	仿清乾隆黄地青花折枝花果纹梅瓶
		43	仿清雍正青花喜鹊梅花纹双耳瓶
	日用百货	44	影青茶具
		45	青花玲珑纹贴花茶具
		46	釉上彩绘水点桃花纹文房
		47	影青茶叶罐
		48	贴花蝶恋花茶具
		49	单杯
		50	手绘青花竹纹茶具
		51	牡丹纹办公对杯
		52	青花手绘松竹梅四套杯
		53	青花手绘茶具
		54	贴花杏林春燕茶具
		55	青花玲珑碗
		56	直杆手柄雨伞
		57	高尔夫直杆雨伞
		58	折叠伞
	工艺品	59	影青香炉
		60	脸谱壶
		61	花插
	服饰首饰	62	棒球帽
		63	礼帽
		64	C001 紫飘蓝花“福在眼前”（挂件）
		65	C002 手镯（白底黄翡）
		66	C003 手镯（青底黄翡）
		67	C004 手镯（飘花翡翠）
		68	C005 手镯（冰豆飘绿）
		69	C006 手镯（三彩绿）

续表

年份	类别	序号	产品名称
2014年	服饰首饰	70	C007手镯（豆绿）
		71	C008手镯（豆绿）
	印刷品	72	《古玩图鉴·玉器石器篇》
		73	《古玩鉴赏·陶瓷篇》
		74	《明清家具研究选集·明清家具鉴赏》
	音像制品	75	CD-ROM
2015年	复仿制品	1	彩绘凤鱼纹漆圆奁
		2	彩绘蟠龙纹漆卮
	文房用品	3	笔筒
		4	U盘
		5	地毯式鼠标垫系列
		6	PP书签
		7	金属书签系列
		8	云纹笔筒
		9	动物尺子书签
		10	越王剑书签
		11	复古铜书签系列
	日用百货	12	不锈铁化妆镜
		13	不锈铁烧瓷化妆镜
		14	鹿首饰架
		15	陶杯
		16	鹿纹马克杯
		17	鹿纹马克杯垫
		18	金属漆马克杯系列
		19	折叠化妆镜
		20	地毯式杯垫系列
		21	陶瓷杯碟
		22	卧鹿多功能架
		23	彩绘玻璃小夜灯系列
		24	自拍神器系列
		25	面食模具
		26	多功能开瓶器系列
		27	移动电源
		28	卧鹿首饰架
		29	故宫小夜灯
		30	朝珠耳机系列
		31	大朝珠耳机系列
		32	故宫长钱包

续表

年份	类别	序号	产品名称
2015 年	日用百货	33	故宫短钱包
		34	收纳盒
		35	托盘
		36	牙签筒
		37	漆方盒
		38	收纳盒化妆镜系列
		39	编钟零钱包
		40	多功能收纳盒 + 眼镜布系列
		41	手机壳系列
		42	手拿包
		43	斜挎包
		44	钱包
		45	双肩背包
		46	果冻壳化妆镜
		47	编钟伸缩钥匙扣
		48	圆形冰箱贴
		49	异形冰箱贴
		50	卧鹿首饰架
		51	环保吸水杯垫
		52	花蕾收纳盒
		53	香插杯垫冰箱贴系列
		54	木质冰箱贴系列
		55	金属钥匙扣系列
		56	冷兵器开瓶器系列
		57	围棋盒
	工艺品	58	卡通持烛
		59	编钟风铃
		60	卧鹿摆件
	益智游戏	61	鹿角立鹤毛绒玩具
		62	缤纷鹿角立鹤模型玩具（含颜料）
		63	缤纷鹿角立鹤模型玩具（不含颜料）
		64	缤纷富贵卡通 3D 泡泡贴
		65	考古发掘——梁庄王金锭
		66	考古发掘——越王勾践剑
		67	考古发掘——曾侯乙编钟
	服饰首饰	68	乔其纱长巾（凤鸟纹）
		69	珐琅手镯 -1
		70	珐琅手镯 -3

续表

年份	类别	序号	产品名称
2015 年	服饰首饰	71	故宫手镯
		72	珐琅手镯（宽）
		73	“亭亭玉立”手镯
		74	“许固令”丝巾
		75	“福寿齐天”手镯
	印刷品	76	蟠虺
		77	《西游记通解》
2016 年	文房用品	1	HE01“墨镜”笔记本
		2	木质越王剑书签
		3	HE02“酣睡”笔记本
	日用百货	4	金属冰箱贴
		5	金属开瓶器
		6	眼镜布系列
		7	文具盒系列
		8	磁吸伸缩耳机系列
		9	原木杯垫系列
		10	原木冰箱贴系列
		11	HL01 零钱包
		12	H204“墨镜”化妆包（小）
		13	H206“酣睡”化妆包（大）（黑色）
		14	H205“酣睡”化妆包（小）（黑色）
		15	HT03“墨镜”提袋（大）
		16	HT04“墨镜”提袋（小）
		17	HT05“酣睡”提袋（大）黑色
		18	HT06“酣睡”提袋（小）黑色
		19	HK03“墨镜”挎包（大）
		20	HK04“墨镜”挎包（小）
		21	HK05“酣睡”挎包（大）（黑色）
		22	HK06“酣睡”挎包（小）（黑色）
		23	HJ01“上马”护照夹
		24	HJ02“仕女”护照夹
		25	HJ03“酣睡”护照夹
		26	HJ04“墨镜”护照夹
		27	HV01“酣睡”护照夹（黑色）
		28	HR01“酣睡”双肩包（大）
		29	HR02“酣睡”双肩包（小）
		30	HV02“酣睡”帆布包

续表

年份	类别	序号	产品名称
2016年	日用百货	31	HV03“墨镜”帆布包
		32	HG03“我靠”轿车枕
		33	HG04“靠我”轿车枕
		34	HY03“逗比”眼罩
		35	HD01“酣睡”抱枕（大）
		36	HD02“酣睡”抱枕（小）
		37	HD03“墨镜”抱枕（大）
		38	HD04“墨镜”抱枕（小）
		39	HS01“墨镜”手机壳6P
		40	HS03“酣睡”手机壳6P
		41	HS04“认命”手机壳6P
		42	HS09“红包”手机壳6P
		43	HS05“墨镜”手机壳6S
		44	HS07“酣睡”手机壳6S
		45	HS08“没电”手机壳6S
		46	HS10“红包”手机壳6S
		47	HC01“墨镜”充电宝
		48	HC03“酣睡”充电宝
		49	HC04“任性”充电宝
		50	HC05“金元宝”充电宝
		51	HC05“锁定”充电宝
		52	HC06“约吗”充电宝
		53	HC07“冷艳”充电宝
		54	HM01“锁定”马口铁
		55	HM02“飞翔”马口铁
		56	HM03“酣睡”马口铁
		57	HI01“约吗”冰箱贴
		58	HI02“锁定”冰箱贴
		59	HI03“飞翔”冰箱贴
		60	HI04“墨镜”冰箱贴
		61	HI05“酣睡”冰箱贴
		62	HA02“仕女”桌旗
		63	HL01“锁定”水晶挂钩
		64	HL02“回聊”水晶挂钩
		65	HL03“酣睡”水晶挂钩
		66	HL04“飞翔”水晶挂钩
		67	HL05“约吗”水晶挂钩
		68	HH02“直视”镜子

续表

年份	类别	序号	产品名称
2016年	日用百货	69	HH03“锁定”镜子
		70	HH04“冷艳”镜子
		71	HH05“墨镜”镜子
		72	HU01“金元宝”红包
		73	HB01“身份”卡包
		74	HB02“酣睡”卡包（黑色）
		75	HH01“奔跑”化妆镜
		76	HR07“酣睡”黑色双肩包（大）
		77	HR08“酣睡”黑色双肩包（小）
		78	HV04“酣睡”帆布包（黑色）
		79	植绒杯垫
		80	植绒多功能垫
	工艺品	81	白色人偶
2017年	复仿制品	1	仿元青花荷花莲池纹玉壶春瓶
		2	仿元青花牡丹花纹玉壶春瓶
		3	仿元青花凤穿花纹玉壶春瓶
		4	仿元青花鸳鸯莲池纹折沿碗
		5	仿元青花鸳鸯莲池纹菱口盘
		6	仿明成化斗彩鸡缸杯
		7	仿明嘉靖青花斗矾红鱼藻纹盖罐
		8	仿明成化斗彩海马天字罐
		9	仿明成化斗彩花卉纹罐
		10	仿明永乐青花缠枝花纹盖棺
		11	仿清乾隆粉彩桃花纹玉壶
		12	仿清乾隆粉彩九桃天球瓶
		13	仿清雍正粉彩八桃橄榄瓶
		14	仿清雍正青花斗矾红“洪福齐天”盘
		15	仿清嘉庆青花斗彩花鸟纹瓶
		16	仿清乾隆青花龙穿花纹扁肚瓶
		17	仿清康熙斗彩龙凤彩云纹盘
		18	仿清光绪青花蕉叶玉壶春瓶
		19	仿清乾隆粉彩牡丹花纹瓶
		20	仿清乾隆珐琅彩花卉纹蒜头瓶
		21	仿清乾隆珐琅彩花卉纹瓶
		22	仿清乾隆珐琅彩锦鸡纹双耳瓶
		23	仿清乾隆珐琅彩兰花纹双耳瓶
		24	仿清雍正“富贵到白头”双耳扁瓶
	文房用品	25	金属书签系列

续表

年份	类别	序号	产品名称
2017年	文房用品	26	链条书签——金玉良缘
		27	金属冷兵器书签系列
		28	竹简书签——流苏
		29	竹简书签——串珠
		30	书签——编钟（小）
		31	竹简书签（有卡纸）
		32	竹简书签（无卡纸）
	日用百货	33	卡通钥匙扣
		34	怀表
		35	芽庄沉香
		36	2018年新春福袋
		37	手绘花鸟纹8头茶具
		38	手绘7头竹子纹盖碗茶具
		39	手绘蝶恋花纹8头茶具
		40	手绘豌豆花纹6头茶具
		41	手绘花鸟纹8头茶具
		42	手绘青花玲珑花鸟纹8头茶具
		43	手绘青花玲珑荷花纹茶具
		44	手绘青花牡丹花纹8头茶具
		45	手绘青花婴戏纹6头茶具
		46	手绘青花玲珑8头茶具
		47	手绘釉上风景7头茶具
		48	手绘釉下五彩8头茶具
		49	贴花山石纹6头茶具
		50	刻佛手3头茶具
		51	刻竹纹3头茶具
		52	金镶玉3头茶具
		53	釉下五彩水点桃花纹13头咖啡具
		54	釉下五彩芙蓉花纹11头酒具
		55	杏林春燕6头茶具
		56	兰花纹5头提梁壶
		57	鸡缸茶壶
		58	豆青釉8头茶具
		59	琉璃珠花卉茶叶罐
		60	双龙茶叶罐
		61	影青刻花碗
		62	荷花鸟单杯

续表

年份	类别	序号	产品名称
2017年	日用百货	63	小鸡杯
		64	瓜果纹单杯
		65	花鸟纹单杯
		66	蜻蜓花卉纹单杯
		67	静心盏
		68	青花花鸟单杯
		69	黄地扒花单杯
		70	黄地蜻蜓杯碟
		71	影青刻花纹杯
		72	青花“如鱼得水”杯
		73	青花单杯
		74	蝴蝶纹单杯
	工艺品	75	雕塑小松鼠花插
		76	影青如意纹名片夹／小花插
		77	香炉 p103
		78	影青静心小佛摆件
		79	无脸男风铃
		80	小猫风铃
		81	黑色 ongu 童搪胶公仔净色版
		82	设计师 ongu 童搪胶公仔
		83	云舟香插（紫光檀黄铜）
		84	云舟香插（酸枝黄铜）
		85	小盘香炉 p102
		86	荷塘逸韵卧香炉 JZZ123
		87	若水香插
		88	《道德经》丝绸书
		89	《孙子兵法》丝绸书
		90	君之礼（金砖峰会）
		91	夫人礼（金砖峰会）
	益智游戏	92	楚随交锋益智飞行棋
	服饰首饰	93	发簪龙形绿叶
		94	胸针凤凰来仪
		95	胸针咏梅
		96	发簪——金光璀璨
		97	发簪——冰清玉洁（小）
		98	发簪——冰清玉洁（大）
		99	胸针——金枝玉叶
		100	发簪——海水江崖

续表

年份	类别	序号	产品名称
2017 年	服饰首饰	101	发簪——金枝玉叶（小）
		102	发簪——凤凰来仪
		103	陶瓷首饰
		104	胸针——咏梅
		105	白玉髓平安扣耳环
		106	陶瓷珠链
		107	鱼型项链
		108	陶瓷动物祥云项链
		109	东陵玉平安扣耳环
		110	编绳项链
		111	蝴蝶项链
		112	金属陶瓷项链
		113	陶瓷棉麻围巾
		114	“吉风颂福”祈福彩
		115	“双福临门”祈福彩
		116	“万事如意”祈福彩
		117	“富贵吉祥”祈福彩
		118	“祈福颂彩”祈福彩
		119	“楚韵章华”大方巾
		120	“福寿康宁”大方巾
		121	“迷情武汉”长巾
		122	丝间套装
	食品	123	五色植物茶
	印刷品	124	《瑞玉呈祥——湖北省博物馆藏明清玉器精品展》
		125	《回望故乡：即将消失的乡村图景》
		126	《道化苍生——楚地道教文物特展》
		127	增艳明信片（小）
	音像制品	128	有声画册
		129	AVR 编钟套装
2018 年	复仿制品	1	冰鉴缶
		2	尊盘
	文房用品	3	书签
		4	增艳鼠标垫
		5	链条书签——楚国精灵
		6	生肖书签
		7	链条书签——一“剑”钟情

续表

年份	类别	序号	产品名称
2018年	文房用品	8	手账本
		9	民国商号书签
		10	铭文拓片书签
		11	纸胶带Ⅰ
		12	纸胶带Ⅱ
		13	纸胶带Ⅲ
		14	纸胶带Ⅳ
		15	篆书和纸胶带
		16	“越王勾践剑”和纸胶带
		17	祥云福鹿和纸胶带
		18	编钟和纸胶带
		19	《蚕织图》和纸胶带
		20	《云梦睡虎地秦简》和纸胶带
		21	金玉良缘和纸胶带
		22	国家宝藏套装
		23	便签本
		24	U盘——悠悠岁月
		25	“一带一路”和纸胶带
		26	姓氏书签
		27	立体便签本
		28	汉绣书签（大）
		29	汉绣书签（小）
		30	锦枝绣筷和纸胶带
		31	“郧县人”和纸胶带
		32	“钟鸣鼎食”和纸胶带
		33	黑柿木书签
		34	L型文件夹
		35	红木钢笔
		36	红木水性笔
		37	“好运锦鲤”和纸胶带
		38	“勾践”笔铜铃铛套装
	日用百货	39	茶则
		40	茶漏
		41	茶铲
		42	茶夹
		43	茶杯垫
		44	小号茶杯垫
		45	中号茶杯垫

续表

年份	类别	序号	产品名称
2018年	日用百货	46	老青花瓷盖置
		47	老青花瓷杯垫
		48	老煤竹刻花茶则
		49	老煤竹镶银茶则
		50	老煤竹雕花香插
		51	老煤竹雕花香筒
		52	木桩壶承
		53	老竹茶匙
		54	漆器钥匙扣
		55	黄杨木雕——红豆杉生肖勺
		56	眼镜盒
		57	烟灰缸
		58	建筑冰箱贴
		59	马口铁冰箱贴
		60	化妆镜
		61	长方形化妆镜
		62	竹茶具
		63	桌垫
		64	夹子冰箱贴
		65	开瓶器指甲剪
		66	陶瓷冰箱贴
		67	相框冰箱贴
		68	金属烟灰缸
		69	花梨木香筒（短型）
		70	花梨木香筒（长型）
		71	花梨木香筒（竹节型）
		72	老青花瓷杯垫
		73	羽人钥匙扣
		74	老煤竹雕茶叶罐
		75	茶则（银）
		76	茶则（铜）
		77	绕丝茶漏
		78	茶匙
		79	老瓷片创意相框
		80	龙泉青瓷压手杯
		81	神兽冰箱贴
		82	古曾国印记纹身贴纸
		83	团扇

续表

年份	类别	序号	产品名称
2018年	日用百货	84	“镇馆之宝”组合纹身贴纸
		85	保温杯
		86	眼罩——梦寐
		87	漆筷 1×3
		88	三层冰箱贴
		89	梳子——战栾双凤
		90	梳子——戏水双袅
		91	金汤提点禅茶点
		92	蟠龙纹玉佩禅茶包
		93	博钟茶则
		94	木叶茶则
		95	水神茶则
		96	“越王勾践剑”钥匙扣
		97	刺绣布贴
		98	汉绣公交卡包
		99	大手机袋
		100	汉绣眼镜盒
		101	汉绣杯垫
		102	创意卡套—行李牌
		103	铜绕丝茶漏
		104	银绕丝茶漏
		105	手机指环扣
		106	“凤鸟鱼水情”富氢水杯
		107	毛竹壶承
		108	毛竹便携茶叶罐
		109	毛竹宝瓶茶叶罐
		110	“云梦睡虎地秦简”款折扇
	工艺品	111	双框木刻墨印
		112	单框木刻墨印
		113	木刻墨印镜心
		114	大漆手串
		115	小漆盘
		116	葫芦挂件成品
		117	漆线雕——6英寸漆龙凤窗格柜
		118	漆线雕——6英寸沙金正龙加框
		119	石湾陶塑——乐得清闲
		120	石湾陶塑——六小福釉
		121	石湾陶塑——欢喜佛

续表

年份	类别	序号	产品名称
2018年	工艺品	122	烙画——高山流水觅知音
		123	烙画——梅花
		124	羊蹄角叶——叶画
		125	树叶画（19.5cm×22cm）
		126	树叶画（24cm×25cm）
		127	五彩狗
		128	招财狗
		129	红脸发布狗
		130	旺财狗
		131	老黑白木刻版画
		132	宣纸刺绣剪纸黄鹤楼
		133	狗年宣纸刺绣收藏册
		134	复刻铜敦对杯
		135	复刻铜簋口杯
		136	鹿角立鹤趣味茶具手办
		137	手工木雕挂件
		138	砖雕
		139	血檀红木十二生肖挂件
		140	小挂件
		141	小长框摆件
		142	长框摆件
		143	越王勾践拓片
		144	紫檀红木十二生肖挂件
		145	油画《楚天神鸟》
		146	琉璃夜光灯
		147	琉璃车挂
		148	三国群英（剪纸）
		149	“魅力武汉”剪纸册第三版
		150	琉璃包挂
		151	老青花瓷挂饰
	益智游戏	152	“魅力武汉”魔方
		153	“神秘荆楚”魔方
		154	“万里茶道”趣味飞行棋
		155	DIY 折纸头套
	服饰首饰	156	老青花瓷戒指
		157	老青花瓷耳环
		158	老青花瓷吊坠
		159	黄杨木雕——貔貅手串

续表

年份	类别	序号	产品名称
2018 年	服饰首饰	160	发簪 / 书签——祥云（贝壳）
		161	发簪——平安扣
		162	双叶耳环
		163	发夹——平安扣
		164	戒指——咏梅 1
		165	手镯——咏梅 1
		166	项链——咏梅 1
		167	耳钉——咏梅 1
		168	戒指——战国鹿 1
		169	项链——喜上眉梢
		170	项链——镂空双叶子金色
		171	项链——镂空双叶子银色
		172	项链——镂空单叶子银色
		173	手链——紫蝴蝶
		174	手链——紫气东来
		175	手串——粉蝶
		176	项链——紫云
		177	手链——紫色之梦
		178	手链——紫霞
		179	项链——紫玉成烟
		180	耳钉——咏梅 3
		181	耳钉——战国鹿 1
		182	戒指——战国鹿 2
		183	项链——咏梅粉
		184	项链——战国鹿 1
		185	项链——战国鹿 2
		186	项链——战国鹿 3
		187	项链——咏梅 2
		188	耳钉——战国鹿 2
		189	手镯——咏梅 2
		190	戒指——咏梅 2
		191	檀木发簪——咏梅
		192	耳环——瑞彩祥云
		193	耳环——咏梅 3
		194	戒指——紫水晶
		195	项链——紫国精灵
		196	项链——紫水晶
		197	手链——紫水晶

续表

年份	类别	序号	产品名称
2018年	服饰首饰	198	发簪——万事如意
		199	幸运手绳——楚国精灵
		200	动物胸针
		201	包——海水之崖
		202	发簪——海水之崖
		203	老青花瓷包银吊坠
		204	老瓷片包银袖扣
		205	项链JLY9158
		206	耳环JLY9158
		207	手链JLY9158
		208	项链JLY9159
		209	耳环JLY9159
		210	手链JLY9159
		211	手镯W282040
		212	手镯W682115
		213	手镯W566071
		214	手镯W282036
		215	手镯W661025
		216	手镯W566056
		217	珍珠手链JBLY9369
		218	珍珠耳钉JEZ9554
		219	福禄寿手链JBLY9395
		220	玉髓手链JBLY9368
		221	手链JLY9113
		222	耳钉JLY9113
		223	六字真言女款JBZ9372
		224	六字真言男款JBZ9394
		225	水晶项链——心型
		226	水晶项链——BAB-04
		227	水晶项链——天鹅1号
		228	水晶项链——天鹅2号
		229	水晶项链——高跟鞋
		230	水晶项链——怀古
		231	水晶项链——狐狸吊坠
		232	水晶项链——海豚
		233	水晶项链——猫头鹰
		234	水晶项链——小鹿
		235	水晶项链——金鱼

续表

年份	类别	序号	产品名称
2018年	服饰首饰	236	水晶项链——大金鱼
		237	水晶项链——金蟾
		238	水晶项链——火苗
		239	长巾——玫瑰情人
		240	长巾——花朝月夕
		241	长巾——温婉
		242	长巾——密林花语
		243	小方巾——柿柿如意
		244	小方巾——莺歌物语
		245	耳环——战国鹿 1
		246	“钟爱一生”项链 1
		247	“钟爱一生”项链 2
		248	“钟爱一生”耳环 2
		249	“越王勾践剑”项链
		250	汉绣绣花手包
		251	方形手拿包
		252	汉绣水桶包
		253	牛皮包
		254	斜挎链条包
		255	真丝晚宴包
		256	丝绸晚宴包
		257	真丝手绣包
		258	盘金手绣包
		259	手绣双肩包
		260	手绣贝壳包
		261	“越王勾践剑”系列转运珠
		262	“钟爱一生”系列转运珠
		263	“钟爱一生”系列手镯
		264	“钟爱一生”系列手链
		265	“传世之爱”系列耳环 LDYE-05
		266	“传世之爱”系列吊坠 LDYH-05
		267	“传世之爱”系列耳环 LDYE-04
		268	“传世之爱”系列吊坠 LDYH-04
		269	“传世之爱”系列转运珠 LDYE-07
		270	“传世之爱”系列吊坠 LDYH-06
		271	“传世之爱”系列转运珠 LDYE-06
		272	“传世之爱”系列吊坠 LD0001
		273	“传世之爱”系列吊坠 LD0002

续表

年份	类别	序号	产品名称
2018年	服饰首饰	274	“传世之爱”系列吊坠 LD0003
		275	“幸运符号”系列耳环 LDYE-03E
		276	“幸运符号”系列吊坠 LDYH-03
		277	“幸运符号”系列转运珠 LDYZ-03
		278	“幸运符号”系列耳环 LDYE-01
		279	“幸运符号”系列吊坠 YDYH-01
		280	“幸运符号”系列转运珠 LDYE-01
		281	“幸运符号”系列耳环 LDYE-02
		282	“幸运符号”系列吊坠 LDYH-02
		283	“幸运符号”系列转运珠 LDYZ-02
		284	胸针
		285	短袖T恤
		286	长袖精棉卫衣
		287	加大码短袖T恤
		288	加大码长袖精棉卫衣
		289	老青花瓷旗袍压襟
		290	编钟手绳 HS00001
		291	编钟手绳 HS00002
		292	编钟手绳 HD00001
		293	吊坠 RP1130
		294	吊坠 RP1134
		295	耳钉 RE1127
		296	吊坠 RP1127
		297	耳钉 RE1128
		298	吊坠 RP1128
		299	吊坠 RP1129
	食品	300	K2-6 茯砖
		301	手筑润砖茶
		302	传统边销 1.7kg
		303	特制边销 1.7kg
		304	“一带一路”100g
		305	“一带一路”250g
		306	“一带一路”1000g
		307	米砖（精品）1000g
		308	武汉印象青砖茶
		309	小罐茶
		310	木盒圆赤壁王 700g
		311	2012年珍藏青砖茶

续表

年份	类别	序号	产品名称
2018年	食品	312	赤壁青砖茶
		313	老青茶圆饼
		314	福满乾坤
		315	元正红天下300g礼盒
		316	“寻寻秘密”巧克力
		317	湖北省博物馆鸡蛋卷
		318	湖北省博物馆凤凰卷
		319	湖北省博物馆牛轧糖分享装
		320	湖北省博物馆牛轧糖礼盒装
		321	1.7kg赤壁青砖茶
		322	380g赤壁青砖茶
		323	武汉映像青砖茶
		324	武汉映像红砖茶
	印刷品	325	信封·贺卡
		326	红包
		327	民国商号印章集粹
		328	圣宝莱明信片
		329	福禄寿红包
		330	《天下第一剑——越王勾践剑》
		331	《王室遗珍现形记——明代梁庄王墓发掘实录》
		332	《中国历史地图（人文版　精装手绘版）》
		333	《中国：手绘中国地理地图》
		334	《漫画中国·漫画上下五千年》
		335	《漫画兵法故事》
		336	《我们的节日——画给孩子的传统节日》
		337	《画给孩子的汉字故事》
		338	《漫画中国·国学启蒙》
		339	《我们的历史——地图上的历史上下五千年》
		340	《我们的中国——写给孩子的中国地理》
		341	《漫画林汉达中国历史故事集》
		342	元青花
		343	博物馆（英语版）
		344	台历
		345	《瑰丽而神秘的曾侯乙墓》
2019年	复仿制品	1	人面纹鼎
		2	兽面纹扁足鼎
		3	冐公鼎
		4	牺鼎

续表

年份	类别	序号	产品名称
2019年	复仿制品	5	马踏飞燕 33cm
		6	马踏飞燕 45cm
		7	龙虎尊
		8	虎坐鸟架鼓 35cm
		9	天兽御尊 75cm
		10	天兽御尊原大 37.1cm
		11	兽面纹铜鼓 25cm
		12	兽面纹铜鼓 16cm
		13	兽面纹铜鼓 9cm
		14	冰鉴 36cm
		15	冰鉴 37cm
		16	虎尊原大
		17	方单
		18	黄鹤归来 148cm
		19	编磬 57cm×103cm
		20	十二生肖首尊
		21	四羊方尊 40cm
		22	铜豆
		23	铜甗
		24	马踏飞燕 78cm
		25	仿古尊盘（小）
		26	单鹤龟
		27	仿古凤纹提壶
		28	兽面纹圆鼎 41cm
		29	周宜壶
		30	双鸟鼓
		31	双耳簋
		32	双龙方壶
		33	凤纹错银
		34	四虎盖豆
		35	仿古小鼎
		36	四羊方尊（小）
		37	盘龙城鼎（小）
		38	盘龙城尊
		39	盘龙城爵
		40	妇好爵（小）
		41	妇好爵
		42	仿古虎坐鸟架鼓

续表

年份	类别	序号	产品名称
2019年	复仿制品	43	双鹤龟
		44	黄鹤归来 36cm
		45	黄鹤归来 28cm
		46	楚大鼎
		47	父戊方鼎
		48	克鼎
		49	乳钉纹圆鼎
		50	龙纹鼎
		51	祥龙博山炉（大）
		52	小爵
		53	德方鼎
		54	父亲爵
	文房用品	55	2 款文件夹
		56	4 款单装书签
		57	4 款链条书签套装
		58	乐舞陶纹和纸胶带
		59	双子英雄和纸胶带
		60	铭文和纸胶带
		61	玛雅和纸胶带
		62	玛雅圆珠笔
		63	玛雅面具书签
		64	玛雅中性笔
		65	钗式书签
		66	萌宠书签套装
		67	陶瓷 U 盘
		68	陶瓷笔
		69	飞凤套装
		70	飞凤链条书签
		71	鱼跃书签
		72	庆云书签
		73	越王勾践剑书签（大成小礼）
		74	飞凤尺子
		75	陶瓷书签
		76	橡皮擦
		77	书签套装
		78	纸胶带（窄）
		79	纸胶带（宽）
		80	纸胶带（特宽）

续表

年份	类别	序号	产品名称
2019年	文房用品	81	纸质书签
		82	湖北省博物馆护照
		83	博物馆参观护照
		84	玛雅L型文件夹
		85	玛雅盖章本
		86	方形水晶镇尺套装
		87	圆形水晶镇尺套装
		88	浮世绘金属书签
	日用百货	89	手工编织老瓷片香具
		90	钥匙扣（楚天书局）
		91	姓氏图腾水晶副牌
		92	芭蕉扇
		93	桃心扇
		94	琉璃车挂（小）
		95	单肩斜挎帆布袋
		96	玛雅帆布袋
		97	玛雅行李牌
		98	玛雅神兽纹身贴
		99	玛雅风情小桌毯
		100	玛雅纹身贴
		101	纹身贴
		102	玛雅硅胶手环
		103	玛雅日历盘冰箱贴
		104	玛雅原木钥匙扣
		105	玛雅人脸玻璃器皿
		106	“自然力量”冰箱贴
		107	纯铜玛雅神猴钥匙扣
		108	玛雅陶瓷杯子
		109	玛雅马克杯
		110	玛雅木质冰箱贴
		111	玛雅徽章
		112	金字塔钥匙扣
		113	玛雅金属贴
		114	玛雅系列冰箱贴
		115	雪沫醒神香
		116	蕊珠调脾香
		117	青莲养心香
		118	梦索安神香

续表

年份	类别	序号	产品名称
2019年	日用百货	119	春杏怡情香
		120	“事事如意”熏香套装
		121	车载随身香
		122	天然含香香囊
		123	楚香伴手礼（楚颂）
		124	手绘系列冰箱贴
		125	斜挎小布袋
		126	祛螨防霉天然香包
		127	书香·楚香随套装
		128	“一鸣惊人”折扇
		129	工艺扇
		130	联名款充电宝
		131	陶瓷烟嘴
		132	编钟茶具
		133	飞凤钥匙扣
		134	飞凤冰箱贴
		135	四爱梅瓶折叠眼镜盒
		136	和谐飞凤（大城小礼）
		137	“一剑酒启”开瓶器
		138	虎坐鸟架鼓指环扣
		139	迷你小盆栽
		140	拓片册页
		141	拓片扇子
		142	陶瓷化妆镜
		143	香囊手作材料包
		144	福艾香
		145	楚香·楚矛—蕲春
		146	养生香
		147	楚香枕
		148	精油香薰片
		149	红色日历
		150	手机挂绳
		151	《楚辞》天然香套装
		152	楚香手作香丸体验装
		153	萌宠徽章
		154	蒸汽眼罩
		155	姓氏红包
	工艺品	156	富贵人生

续表

年份	类别	序号	产品名称
2019年	工艺品	157	孔子像
		158	邓小平胸像 24cm
		159	关公 68cm
		160	陈嘉庚胸像 22cm
		161	华佗像
		162	拓荒牛
		163	金蟾蜍 30cm
		164	风水缸 30cm×12cm
		165	东方青龙
		166	财神爷
		167	七层宝塔
		168	铜越
		169	铜斧
		170	九头鸟 22cm
		171	天坑遗迹
		172	观音坐像 40cm
		173	方觚
		174	果盘 4
		175	纸巾盒
		176	果盘 3
		177	果盘 1
		178	果盘 2
		179	铜钟
		180	台灯
		181	珠衣女孩灯
		182	吉祥鸟
		183	天使
		184	一生快乐一生福（兔）
		185	跃马奋进（雄风）
		186	天使烟缸
		187	卧鹿立鸟
		188	铜底座
		189	九转乾坤（大）
		190	梅花鹿
		191	财富节节高
		192	九转乾坤（小）
		193	葫芦黄铜（小）
		194	黄铜貔貅

续表

年份	类别	序号	产品名称
2019 年	工艺品	195	黄铜八仙葫芦
		196	黄铜三羊开泰
		197	鸡翅木编钟挂件
		198	孔雀石
		199	黄铜纪念章镶陨石剑身
		200	浮世绘现代挂画
		201	越王勾践剑 1：1 陨铁仿制剑
	益智游戏	202	魔方
		203	金字塔 3D 模型
	服饰首饰	204	“永恒”系列龙牌 BCYH001
		205	“永恒”系列楚凡牌 BCYH002
		206	“永恒”系列平安牌 BCYH003
		207	“永恒”系列流苏耳环 BCYH004
		208	“永恒”系列流苏项链 BCYH005
		209	“永恒”系列手链 BCYH006
		210	“永恒”系列项链 BCYH007
		211	“奇迹”系列心形镂空项链 BCQJ001
		212	“奇迹”系列水滴项链 BCQJ002
		213	“奇迹”系列心形镂空项链 BCQJ003
		214	“奇迹”系列绿色葡萄耳环 BCQJ004
		215	“奇迹”系列绿色葡萄项链 BCQJ005
		216	“奇迹”系列绿色葡萄项链 BCQJ008
		217	“奇迹”系列松果葡萄项链 BCQJ009
		218	“奇迹”系列芙蓉石项链 BCQJ011
		219	“奇迹”系列芙蓉石项链 BCQJ012
		220	“奇迹”系列天河石戒指 BCQJ013
		221	“奇迹”系列芙蓉石戒指 BCQJ014
		222	“奇迹”系列黄水晶项链 BCQJ015
		223	“奇迹”系列红玛瑙项链 BCQJ016
		224	“奇迹”系列紫水晶吊坠 BCQJ017
		225	“奇迹”系列芙蓉石耳环 BCQJ018
		226	“奇迹”系列芙蓉石手链 BCQJ019
		227	“奇迹”系列红玛瑙项链 BCQJ020
		228	“奇迹”系列绿松石戒指 BCQJ021
		229	“奇迹”系列紫水晶项链 BCQJ023
		230	“奇迹”系列天河石耳环 BCQJ024
		231	蝴蝶珍珠胸针 BCQJ025
		232	东陵玉珍珠胸针 BCQJ026

续表

年份	类别	序号	产品名称
2019年	服饰首饰	233	红色亚克力贝珠胸针 BCQJ027
		234	玛雅胸针
		235	玛雅太阳、月亮项链/手链/耳钉一套
		236	玛雅日历盘手链
		237	玛雅太阳神耳钉
		238	玛雅日历盘羊毛围巾
		239	自然力量手包
		240	玛雅灿石骷髅手链
		241	玛雅镶砖首饰
		242	玛雅全铜手环
		243	玛雅方巾
		244	玛雅纪念币吊坠
		245	玛雅历法盘皮带扣
		246	玛雅T恤（成人）
		247	玛雅T恤（儿童）
		248	玛雅太阳、月亮项链/手链/耳钉一套
		249	玛雅雪纺丝巾
		250	越王勾践剑系列手镯
		251	皇家御礼系列手镯
		252	四爱梅瓶系列手镯
		253	编钟项链 RP1615
		254	编钟耳环 RE1631
		255	凤项链 RP1603
		256	吉祥项链 PR1604
		257	凤项链 RP1605
		258	圆满项链 RP1606
		259	玉团凤项链 RP1607
		260	守护剑项链 RP1602
		261	鹿系列首饰 1RE1637
		262	鹿系列手链 RB1655
		263	鹿系列项链 RP1618
		264	鹿系列首饰 2RE1638
		265	鹿系列项链 RP1619
		266	太阳人系列耳钉 RE1631
		267	太阳人系列手链 RB1653
		268	太阳人系列项链 RP1609
		269	太阳人系列项链 RP1610
		270	太阳人系列耳钉 RE1632

续表

年份	类别	序号	产品名称
2019年	服饰首饰	271	太阳人系列耳钉 RP1611
		272	太阳人系列项链 RP1612
		273	太阳人系列项链 RP1613
		274	太阳人系列手链 RP1654
		275	太阳人系列手链 RP1608
		276	刺绣手拿包
		277	星宿挂饰
		278	人头耳饰
		279	人头耳饰（珍珠）PT-12
		280	海螺海星项链 BCJQ-507
		281	海螺海星项链 BCJQ-508
		282	海贝手链
		283	耳环（歌华）
		284	贝珠耳环
		285	海螺耳环
		286	复古珍珠耳环
		287	中国结蓝色水晶耳环
		288	亚克力耳环
		289	花环珍珠耳环
		290	复古耳环
		291	人头耳饰 PT-13
		292	四爱梅瓶项链
		293	四爱梅瓶项链 VBLP0010
		294	船袜
		295	夹脚拖鞋
		296	文化纪念衫
		297	运动束口袋
		298	“钟爱一生”项链 1（小）
		299	“魅力武汉”运动套装
		300	中筒袜
	食品	301	东方奇种小罐礼品茶
		302	芙丝饮用天然矿泉水
		303	茶颜罐色·经典装茉莉花茶
		304	茶颜罐色·利乐装茉莉花茶
	印刷品	305	《头骨觅“宗”——郧县人头骨发现纪实》
		306	《瓷器中的极品——元青花四爱图梅瓶》
		307	《曾国历史与文化——从“左右文武”到“左右楚王”》
		308	《走进湖北省博物馆（英文版）》

续表

年份	类别	序号	产品名称
2019年	印刷品	309	明信片（楚天书局）
		310	明信片套装（楚天书局）
		311	玛雅木质明信片
		312	玛雅明信片
		313	楚天瑰宝系列明信片
		314	异形明信片
2020年	文房用品	1	镇纸
		2	书签（尚之钧）
		3	元青花手账本
	日用百货	4	擦漆果盘
		5	食器——勺（款式2）
		6	三层食盒
		7	擦漆碗
		8	擦漆枣盒
		9	素色漆碗
		10	彩漆碗
		11	蛋壳镶嵌碗
		12	食器——勺（款式1）
		13	食器——筷子
		14	武汉方言贴纸
	工艺品	15	火雷神硅胶挂饰
		16	擦漆葫芦
		17	葫芦
		18	文徵明（睡起）宣纸
		19	董其昌（百里）宣纸
		20	八大扇面宣纸
		21	徐悲鸿（虾蟹）宣纸
		22	福厂王褆宣纸
		23	康熙（咏夜）宣纸
	服饰首饰	24	手镯（款式3）
		25	项链（素鬃）
		26	项链（起纹）
		27	首饰——珠子（大）
		28	首饰——珠子（小）
		29	手镯（款式1）
		30	手镯（款式2）
		31	手帕博物馆纹饰
	印刷品	32	《我在阵地上》（楚天书局）

续表

年份	类别	序号	产品名称
2020年	印刷品	33	《湖北省博物馆珍品之旅》
		34	《档案背后的湖北故事》
		35	曾世家明信片
2021年	复仿制品	1	崇阳铜鼓
	文房用品	2	铜书签
		3	“越王勾践剑”U盘
		4	“楚王熊章铜镈钟”书签
		5	“东方礼乐”文件夹
		6	“越王勾践”签字笔
		7	“青铜时代”回形针
		8	“四季之爱”磁性书签
	日用百货	9	四爱图双层玻璃杯
		10	牡丹花吸杯杯垫
		11	牡丹花吸杯杯垫套装
		12	口罩收纳夹
		13	水晶冰箱贴（大连）
		14	“灵凤奇缘”保温杯
		15	手提袋（小）
		16	手提袋（大）
		17	保温杯礼盒
		18	“越王勾践剑”公交卡
		19	“镇馆之宝”冰箱贴
		20	“越王勾践剑”硅胶手环
		21	“车马出行”茶咖具套装
		22	“车马出行”晴雨伞
		23	“福禄寿康”抱枕、靠垫、坐垫三件套
		24	湖北省博物馆DIY系列钥匙扣主扣
		25	湖北省博物馆DIY系列钥匙扣
		26	东方礼乐手腕包
	工艺品	27	曾侯乙拓片（单片黑色）
		28	曾侯乙拓片（单片朱红）
		29	曾侯乙拓片（套装黑色）
		30	曾侯乙拓片（套装朱红）
		31	藤纸（竹帛）
		32	越王勾践剑（足银）
		33	盲盒雕像
		34	孟氏香包
		35	祈福香包

续表

年份	类别	序号	产品名称
2021 年	工艺品	36	酸枝木十二生肖
		37	“四季之爱”车载香薰（挚爱）
		38	“四季之爱”车载香薰（凤穿）
	服饰首饰	39	“车马出行”渔夫帽
		40	香氛手链
		41	“凤凰来仪”耳饰
		42	“凤凰来仪”吊坠——飞翔
		43	“凤凰来仪”吊坠——舞动
		44	蟠龙耳饰
		45	蟠龙耳饰——编钟
		46	乐项链
		47	兽首纹耳饰
		48	兽首纹吊坠
		49	蟠虺纹吊坠
		50	蟠虺纹耳饰
		51	蟠龙飞凤单面长巾
		52	蟠龙飞凤双面长巾
		53	蟠龙飞凤绮单面长巾
		54	凤鸟花卉单面长巾
		55	凤鸟花卉双面长巾
		56	凤鸟花卉绮单面长巾
		57	尊贵一生系列方巾
		58	“钟”生平安系列丝巾
		59	“乐臻圆满”渔夫帽（儿童）
		60	“乐臻圆满”渔夫帽（成人）
		61	鸳鸯戏水系列方巾
		62	“四季之爱”金属胸针
		63	玉琮项链（铂金）
		64	玉琮手链（铂金）
		65	“四季平安”项链（玫瑰金）
		66	“四季平安”手链（玫瑰金）
		67	“福运自来”项链
		68	“福运自来”手链
		69	“福运自来”耳坠
		70	“鸿运连绵”手提单肩斜挎包（黑）
		71	“鸿运连绵”手提单肩斜挎包（卡其）
		72	“御鉴佑福”大号双肩包（黑）
		73	“御鉴佑福”小号双肩包（黑）

续表

年份	类别	序号	产品名称
2021 年	服饰首饰	74	“御鉴佑福”大号手提包（黑）
		75	“御鉴佑福”斜挎包（黑）
	食品	76	棒棒糖（盲袋）
	印刷品	77	明信片套装（楚天书局）“镇馆之宝”
		78	东方礼乐明信片系列
		79	虎年台历（明信片）
2022 年	复仿制品	1	曾侯乙编钟一比一复制件
	文房用品	2	古城武汉书签礼盒
		3	英雄武汉书签礼盒
		4	时尚武汉书签礼盒
		5	武汉十二景铜尺
		6	湖北省博物馆鼠标垫
		7	湖北省博物馆金属书签
		8	“四季之爱”铜尺书签（倍悦）
		9	“越王勾践剑”黄铜书签（楚天书局）
		10	一见“钟琴”金属书签
		11	祥鹿金属书签
		12	凤凰金属书签
		13	粉樱花卡纸书签
		14	桃花猫卡纸书签
		15	青花卡纸书签
		16	竹简卷轴
		17	弯头卡纸书签
		18	琴棋书画书签
		19	木质越王勾践剑书签（单个）
		20	钢笔套盒
		21	落樱金属书签
		22	瑞鹤金属书签
		23	博物馆建筑艺术书签
		24	黄鹤楼艺术书签
		25	一见“钟”琴简装笔记本
		26	一见“钟”琴精装笔记本
		27	藏锋笔记本
		28	“剑”证风云书写时代套装
	日用百货	29	武汉十二景帆布袋
		30	热干面钥匙扣
		31	茶水分离杯（倍悦）
		32	“四季之爱”帆布包（倍悦）

续表

年份	类别	序号	产品名称
2022年	日用百货	33	“四季之爱”梅瓶茶具
		34	“四季之爱”下午茶杯碟套装
		35	黄鹤楼软胶冰箱贴
		36	青铜纹酒杯（小）
		37	青铜纹酒杯（大）
		38	综合楼木质冰箱贴
		39	编钟玻璃杯
		40	“四爱”金箔手工皂
		41	千年家底帆布包
		42	《楚辞》手机支架
	工艺品	43	江城揽胜礼盒
		44	鹤舞楚天礼盒
		45	武汉十二景大礼盒（汉祈）
		46	“福禄一生”车载香包（圣宝莱）
		47	十二生肖香包（圣宝莱）
		48	定制款老虎香包
		49	“日复一日”虎年系列香包
		50	“长乐未央”香囊
		51	“日复一日”虎年礼盒竹帘
		52	“时来运转”香包（圣宝莱）
		53	卧香炉
		54	百家姓香包（圣宝莱）
		55	越王勾践剑背包挂饰
	服饰首饰	56	汉服——挽装（紫色三件套）
		57	汉服——皖碟（绿色三件套）
		58	汉服——清欢记（两件套）
		59	汉服——执念（两件套）
		60	三头凤帆布手提单肩斜挎包
		61	击鼓图布手提单肩包
		62	击鼓图尼龙双肩包
		63	三头凤两用款胸针吊坠——珍珠款
		64	三头凤两用胸针——珠链
		65	三头凤三用丝巾扣——胸针
		66	三头凤珐琅釉双面手链
		67	三头凤捶打纹手链
		68	三头凤珐琅釉双面项链
		69	三头凤OT扣捶打纹项链
		70	1.5闪珠铜链

续表

年份	类别	序号	产品名称
2022 年	服饰首饰	71	三头凤 AB 款捶打纹锆石耳钉
		72	三头凤捶打纹耳饰
		73	三头凤珍珠耳饰
		74	三头凤捶打纹翻转项链
		75	三头凤捶打纹锆石项链
		76	三头凤挂饰开口戒
		77	三头凤捶打纹开口戒
		78	三头凤锆石开口戒——珍珠款
		79	三头凤锆石耳饰
		80	“尊贵一生”手提包
		81	“尊贵一生”腋下包
		82	“尊贵一生”水桶包
		83	三楚凤真皮链条包
		84	三楚凤真皮手提水桶包
		85	“御鉴佑福”子母包
		86	“尊贵一生”托特包
		87	“御鉴佑福”腋下包
		88	三楚凤真皮单肩斜跨包
		89	“尊贵一生”邮差包（蓝）
		90	“尊贵一生”邮差包（粉）
		91	鸭舌帽套装
		92	八角帽套装
		93	渔夫帽套装
		94	棒球帽套装
	食品	95	“四爱”轻饮花茶

十

信息工作

（一）信息化建设

湖北省博物馆信息化建设经历了一个从无到有、从弱到强的发展历程。

1. 三期新馆开放前

湖北省博物馆是全国较早启动信息化建设的博物馆之一。从工作进程看，早期工作主要针对基础网络服务，核心任务是信息终端使用及其网络互联，主要解决文本、图片、语音、视频等资料的数字化，及随后通过网络进行信息化传输的问题。

20 世纪 90 年代，湖北省博物馆外联部配置了两台 486 台式计算机用于办公，这是湖北省博物馆首次使用计算机作为信息终端。2001 年，湖北省博物馆采购了 100 余台电脑，开始普及电脑办公。同年，湖北省博物馆创立官方网站，这也是全国较早创立的博物馆官方网站。当时负责网站维护的人员有 4 人，其中技术与网络维护 2 人、文字编辑 1 人、形式设计 1 人。湖北省博物馆官方网站向社会各界展示该馆的展览、相关动态及研究成果，是当时该馆最为重要的宣传阵地之一。

2002 年，湖北省博物馆和湖北省文物考古研究所合并。为适应湖北省博物馆新馆建设需要，实现创建现代化一流博物馆的目标，合并后的湖北省博物馆、湖北省文物考古研究所于 2003 年在原图书室、资料室、《江汉考古》编辑部的基础上成立信息中心，具体负责馆所图书、资料、网络及《江汉考古》编辑部等信息资源的建设和管理，主要任务是及时收集、整理和传递国内外的文博动向、学术动态等有关信息，并对外宣传馆所的业务成就及科研成果，为馆所的业务和科研工作提供优质的信息服务。

2007 年 11 月，在社会各界的高度关注下，湖北省博物馆二期改扩建工程完工，并率先对中西部地区游客实行免费开放。新开放的湖北省博物馆二期，新建了计算机控制中心，为湖北省博物馆各部门提供易于连接、方便快捷的各类通信服务，畅通音频电话、数字信号、视频图像等各类传输渠道。计算机控制中心的建设内容包括湖北省博物馆内域网和对外联络的广域网及远程网，可分为语音通信系统、图文通信系统及会议系统 3 个子系统。

（1）语音通信系统

为加强湖北省博物馆各防护部位、各重要出入口与安防有关的各职能部门之间的通信联系，在各展厅、库房、重要部位和各控制点之间实现对讲功能，湖北省博物馆安装了有线和无线专用对讲系统。

一是在馆内计算机中心机房内设置了一台内部数字程控交换机（SIMENS hipath3750），可自动直接拨入拨出，作为对内、对外的通信工具。

二是安装了公共广播系统。公共广播系统具有背景音乐广播和消防报警广播双重功能。平时可播放背景音乐和实时播放公共信息及各类通知，并可用程序控制播音。在发生火灾事故等紧急情况时，该系统可根据程序指令自动切换到紧急广播工作状态，进行报警层和相邻上下两层的报警广播。同时，还可提供任何事故的报警联动广播。

三是配备语音导览。湖北省博物馆在综合陈列馆和楚文化馆配置了4国语言的陈列展览内容讲解服务，供观众自由选择，以满足不同国籍、不同语言的观众的需求。

（2）图文通信系统

一是设置了触摸屏多媒体导览系统。在综合陈列馆、楚文化馆和编钟馆内门厅和陈列展厅内设置了50台电子触摸屏导览机，为观众提供参观指南以及陈列展览和馆藏文物的图像、文字、声音、录像等多种信息服务，介绍湖北省博物馆的概况和馆藏文物，作为陈列的辅助手段来深化和补充陈列展览内容。

二是设置了全彩室外显示屏。在湖北省博物馆大门口设置了一台面积为6平方米的LED全彩室外显示屏。该室外全彩屏采用美国柯瑞管芯，每平方米有6944点像素，通过视频同步技术、网络技术、多媒体技术，可实时显示视频图像、图片、文字及动画等信息，具有在播放图像的同时可以叠加所需文字信息的功能，播出方式有单行左移、多行上移、左右拉、旋转、缩小、放大、反白、翻页、移动、旋转等，可满足视频播放及文字宣传的使用要求。

（3）会议系统

博物馆在多功能报告厅及大会议室设置了同声传译系统，选择配置多语种无线同声传译扩音或桌面会议型扩声系统；在多功能报告厅设置了一套大屏幕投影系统，由大屏幕投影数据全扫描投影机接收计算机产生的文件、数据、图形、图像、表格等信息，并用良好的视觉效果展示给参会人员，同时该系统还可以放映馆藏文物发掘出土时的过程录像和有关馆藏文物的音像资料等。

2007年二期综合馆、楚文化馆改扩建工程完工，也标志着基础网络服务建设基本完成。基础网络服务以中心机房为核心、各弱电间为重要节点，实现了整个办公楼、综合馆、楚文化馆的千兆有线网络覆盖；建立了对外的外线电话和连接内部各科室的内线电话网络体系。与此同时，馆方也协调三大运营商，相继完成了整个馆区3G、4G移动通信网络覆盖。在硬件设备方面，馆内配备了当时较为先进的思科核心交换机、接入交换机和服务器，使用西门子防火墙用于安全防护，使用程控交换机对内、外线电话进行管理，配置12T存储器存放文物三维数据。整个网络体系从架构、工艺到稳定性、安全性等各方面，均达到国内博物馆一流水平。

2010年，经班子会同意，正式开始实施《省博物馆、省文物考古研究所计算机网络及其信息设备管理条例》《省博物馆、省文物考古研究所网络维护管理暂行办法》。该套管理制度为开展网络管理工作、规范网络行为、确保网络安全提供了制度依据。

随着移动互联网浪潮的兴起，无处不在的无线网络越来越成为游客观展的刚需。2013年，在武汉电信的支持下，湖北省博物馆接入电信 i-wuhan 公益无线网络，覆盖范围包括综合馆、楚文化馆和编钟馆，游客可在参观区连接免费公众 Wi-Fi，个人访问速度 10 MB/s 左右。

2015 年，湖北省博物馆对综合馆、编钟馆网络进行了改造。此次改造实现了本馆自我管理的综合馆、编钟馆无线网络覆盖，并对有线网络进行了升级。改造内容包括将综合馆、编钟馆线路汇聚至综合馆一楼汇聚机柜，增设 1 台应用网关、2 台无线控制器、52 台无线 AP，并将接入交换机统一更换为千兆 POE 交换机等。此次网络升级不仅补齐了湖北省博物馆自己管理的馆区无线没覆盖的短板，同时还有效地改善了馆内网络质量。

除了这些硬件设施的改造，本时期湖北省博物馆还在信息中心牵头下，做了包括郧县人头盖骨化石、越王勾践剑在内的 330 件文物的三维数据采集。这些文物数据为博物馆提供了科研辅助，其中四件“镇馆之宝”还通过触摸屏的方式在展厅向观众做了展示。

2011 年，湖北省博物馆开通新浪微博。2012 年，湖北省博物馆官方微博首度与国家博物馆、首都博物馆、湖南省博物馆、山西博物院一起举办“博物馆联萌”活动，几家博物馆互推互粉，首度掀起文博场馆的微博热潮。

2016 年 3 月 16 日，湖北省博物馆官方微信在湖北省博物馆建馆 53 周年之际正式开通，与此同时，官方网站改版，并采集了 50 件文物的三维数据。

2018 年，湖北省博物馆启动了 5G 建设。

作为工信部指定的首批 5G 规模试点城市之一，湖北武汉在 5G 技术应用方面一直位居全国前列。2019 年 4 月，全国首个“5G 北斗”创新实验室、湖北首家 5G 智慧医院相继落户武汉。2019 年 10 月，第七届世界军人运动会在武汉举办，各行业的 5G 应用也正在紧锣密鼓地筹备当中。

图 10–1　湖北省博物馆“5G 智慧博物馆”展示台

新馆建设的良好契机，5G 时代的社会需求，试点城市的特殊关照，再加上军运会的绝佳机遇，给湖北省博物馆的信息化建设带来了千载难逢的机会。在此背景下，契合时代潮流，引进外资、合作共赢成为湖北省博物馆信息化建设的必然选择，也成为相关企业和科研院所展示自身实力的必然选择。

2018 年 11 月 29 日，湖北省博物馆、中国移动湖北分公司联合推出具有全国示范性的“5G 智慧博物馆”。2019 年 5 月，湖北省博物馆率先在全国博物馆范围内实现 5G 网络全覆盖。根据签署的战略协议，湖北省博物馆和中国移动湖北分公司共同打造高端手机应用“智慧博物馆 App”，亮点展馆“数字三峡”“楚文化车马坑”以及 VR 展示“乐 · 兵”；共同探索“5G 智慧博物馆”应用，共建 5G 智慧博物馆。湖北省博物馆与中国移动的合作，在促成 5G 技术拉动文物、文化呈现手段转型，并在全国乃至全球的文博单位中确定了规范、树立了标杆，为推动行业的发展与升级做出了探索。

1~2. 图 10–2　曾侯乙编钟 5G 全景直播
3. 图 10–3　“乐”主题 5G VR 体验

2. 三期新馆开放以后

2021 年 12 月 20 日，湖北省博物馆三期新馆开放。新馆总面积达 6.8 万平方米，其中文展大楼 4 万余平方米。新馆扩建工程完成后，湖北省博物馆总建筑面积达到 11.47 万平方米，在全国省级博物馆中居于前列。

2016 年，湖北省博物馆开始编撰三期新馆的信息化建设方案。近年来，从弱电智能化设计到智慧博物馆相关平台的建设，湖北省博物馆召开多次专家评审会，方案历经多次打磨，最终定稿，并分步实施。

（1）硬件建设

在以移动通信、云计算、人工智能为代表的信息技术飞速发展，参观者物质基础、精神文化水平均大幅提高的大环境下，以三期扩建工程为契机，湖北省博物馆网络建设进入网络应用服务阶段。在维持、完善、提高现有网络互联的基础上，网络服务除了满足参观者和职工的传统上网需求外，还包括为日益繁多的票务、销售、在线展览、线下声光电展示等信息系统应用提供网络计算、网络存储、网络安全、网络管理等综合性服务。为做好这一系列网络应用服务，湖北省博物馆主要从网络基础设施、网络接入、网络管理三个方面开展工作。

① 网络设施

经过近十年的规划、调研、讨论、设计和实施，湖北省博物馆于 2019 年完成包括机房工程、信息网络系统、会议系统、信息发布系统等内容的博物馆三期扩建工程弱电智能化部分建设，并于 2020 年 5 月投入试运行。该项工程所建设的网络基础设施，为湖北省博物馆提供了符合国家标准的核心机房，可实现三期扩建工程新建的文展大楼、文物研究中心、文物保护中心、观众接待中心等建筑群的有线、无线网络覆盖，为未来上线的业务系统预留了服务器设备。三期工程的完成，标志着湖北省博物馆网络基础设施迈上了新台阶，为进一步提升湖北省博物馆信息化水平提供了坚实的硬件基础。

核心机房位于文保中心一层，层高 4.2 米，面积 120 平方米，包括机柜区、空调系统、不间断电源系统、配电系统、KVM 系统、动力环境监控系统、消防工程等七个子系统，具有设备远程集中管理、机房供电、温度及新风控制、子系统的统一监控与集中管理、机房气体灭火等完整的机房功能。

核心机房的机柜区配有 25 台服务器机柜，现安装核心交换机、服务器等设备 16 台，为后期业务系统拓展留有一定空间。

图 10–4　核心机房

不间断电源系统建有专门的 UPS 机房和电池室，位于文保中心一层核心机房对面，面积约 20 平方米，配有 UPS 输入输出配电柜及蓄电池 128 节，可在断电状态维持机房整体运行不少于 1 小时。

信息网络系统是承载全馆网络数据、语音、视频信息传输及办公、会议等各类信息化应用的，能够实现互联互通的，安全、共享、服务的信息化综合网络平台。信息网络系统从功能上包括外网、内网和设备网。外网用于满足全馆游客服务、日常办公、网络需要，内网用于信息发布管理，设备网用于楼宇控制管理。

现有网络系统主要设备安装在核心机房和 23 个弱电间内，整体架构可划分为核心层、汇聚层和接入层。核心层由 2 台核心交换机组成，单台交换容量 250Tbps 以上，直接接入 ISP 网络；汇聚层包括八台汇聚交换机，单台交换容量 2.56Tbps，对大量数据进行分组传输，实现高效汇聚、转发和交换；接入层主要包括接入交换机、POE 交换机、无线控制器、无线访问节点等，直接为终端用户提供有线、无线网络服务。各层次间互联互通，并通过 IMC 智能管理平台对设备功能授权进行统一管理。网络系统内还包括服务器区，有 1 台管理交换机、2 台数据交换机和 12 台应用服务器，根据目前业务需要，主要用于设备智能管理和存储馆内业务数据信息，存储容量 48T。

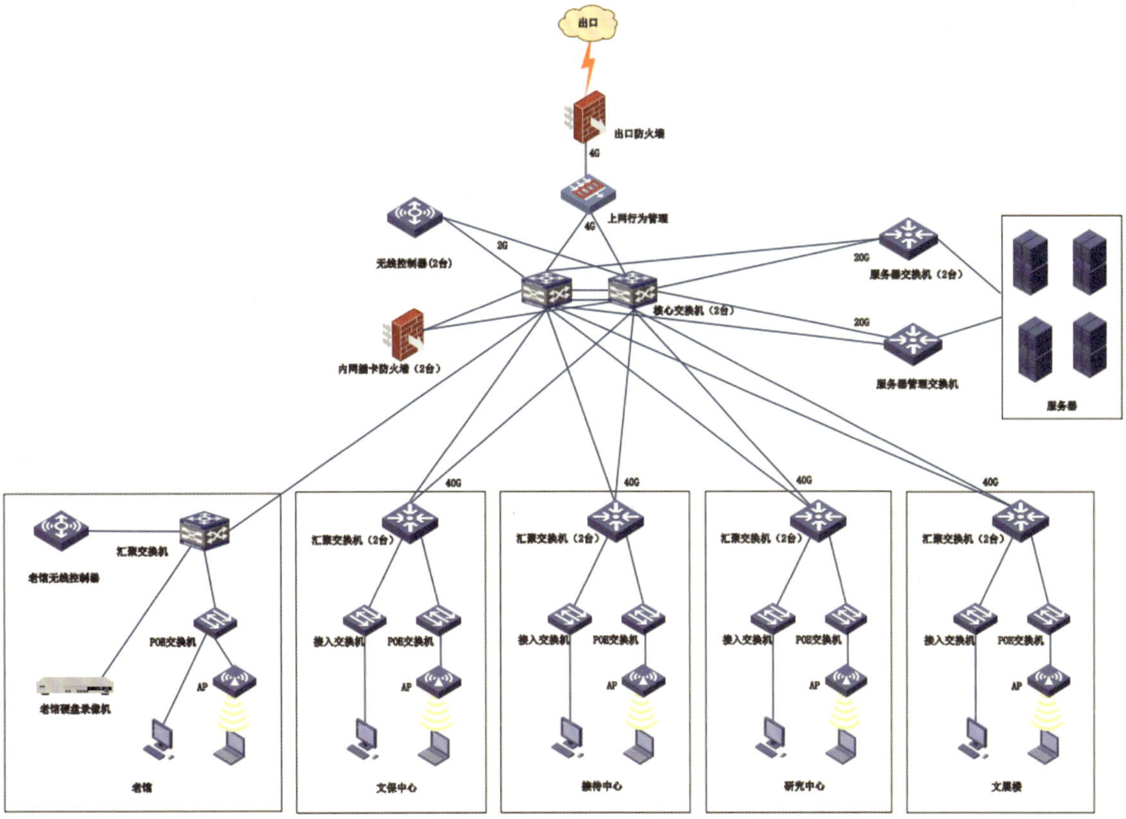

图 10-5　网络拓扑结构

会议系统位于研究楼三楼 50 平方米的会议室，包括 4 块 55 寸拼接屏、拼接控制器、数字会议系统主机等设备，同时配有一体化高清视频会议终端一套，可以满足本地会议讨论对音视频的需求，并具备举行远程视频会议的能力。

图 10-6　会议室

图 10-7 文展楼信息发布屏

信息发布系统是一个集信息发布、会议预约管理、引导等功能于一体的公共信息发布平台。在展区设置有 55 寸触摸查询一体机，用于介绍精品文物和宣传近期活动；在办公区设置电子公告显示屏，用于发布重要通知。

② 网络接入

2019 年，中国移动率先在湖北省博物馆实现了馆区 5G 移动通信信号全覆盖。三期工程完工后，中国电信和中国联通完成了馆区室内移动通信信号全覆盖。

随着网络需求的增加，接入湖北省博物馆的宽带逐年增大。2017 年，湖北省博物馆接入外网宽带共 500M。2018 年新加入两条 10M 宽带分别接入编钟馆和楚文化馆。2019 年首次接入 2G 宽带，2021 年使用 1.3G 宽带作为主宽带；另外为东门和南门检票处各接入了 100M 宽带。

③ 网络管理

湖北省博物馆始终高度重视网络安全保护工作，通过部署安全设备、配置安全策略、做好安全事件响应等措施全面保障网络安全，目前网络安全整体状况良好。

湖北省博物馆在网络边界部署了防火墙、上网行为管理等安全设备，该套设备支持基于应用、用户的基础访问控制，具备基础实时病毒防护、网页访问过滤、网络带宽控制功能；更新核心交换机、AC 控制器、汇聚交换机、接入交换机等网络设备，优化网络结构并配置了相应的安全策略，确保网络设备的安全性和有效性，避免网络和数据受到未经授权的访问和恶意攻击；通过实时监控、按季开展漏洞扫描、接收网安部门通知等方式及时发现网络安全事件，根据实际情况，即时采取策略优化、漏洞修复等技术手段应对网络安全风险。

2019 年，在 2010 年版网络管理制度的基础上，结合多年网络管理实践，湖北省博物馆开始在内部实施新版《省博物馆计算机网络及其信息设备管理制度》《信息中心机房管理制度》《省博物馆信息安全应急预案》，并为特殊活动日制定了《网络安全保障执行方案》模板。该套网络管理制度对网络管理、设备管理、网络使用规范、数据资源管理、安全保障等多个方面进行了规定。

网络日常管理由信息中心主任负责，下设网络主管一名、网络管理员两名和信息协调员一名。工作人员负责维护日常网络运行，并为业务系统提供网络保障服务。同时，不定期检查部分办公用计算机病毒防护情况、业务系统用户操作情况，确保重要配置的正确性。

2022 年，湖北省博物馆采购了第三方提供的网络运维服务。运维方派遣运维工程师 1 人全年驻场，远程支持服务团队由运维服务商的项目技术负责人与各个专业有运维和系统集成经验的专家、技术人员构成，负责完成对湖北省博物馆网络平台体系运行整体状态的评估。运维服务内容包含全年 12 个月、每天 24 小时的现场网络运行监控、实时故障处理、网络设备维护、设备预防性维护、现场备件支持、网络规划优化、设备配置调整、新设备上线保障、网络安全扫描、安全漏洞升级、安全策略调整、网内病毒查杀等。

（2）软件建设

① 门票预约系统建设

作为新馆信息化建设的重中之重，湖北省博物馆门票预约系统的建设早在 2019 年就已启动。

湖北省博物馆门票预约系统，在业务方面综合考量了观众参观流量、票务预订方式、入馆检票流线、观众群体属性、门票管理制度等各个环节，力求通过信息化、互联网等技术手段为观众提供便捷的入馆预约及检票服务。在设计方案上，纳入考虑的主要功能有如下五个方面：

票务预约功能：票务系统具备便捷的线上预约入口，方便观众通过电脑、手机快速查看票务信息进行预约；支持活动、临展预约及线上支付，保证各种馆内门票的预约。

快速检票功能：根据场馆情况合理进行闸机、手持检票通道设计，保证观众检票通道的合理规划，并能够快速检票，避免观众拥堵。采用了身份证、二维码、人脸识别等无纸化检票方式，为观众提供便捷服务的同时，也减少了纸质门票带来的成本，响应国家节能环保要求。

人工取票功能：票务系统的设计也考虑到老年人、国外友人等观众群体，避免手机操作不便、不具备标准证件等带来的问题。针对此类观众开通取票窗口，提供人工取票服务及指导，保证所有观众群体能快速入馆参观。

票务管理功能：系统支持票务信息的添加、删除、修改功能，能够对线上门票信息、数量、预约须知等进行合理、灵活的管理。

数据统计功能：票务系统能够自动统计票务信息，对观众年龄、来源地、入馆时间、门票信息、预约量、爽约量、票务（年 / 月 / 日）数量进行统计和可视化展示，并可生成 excel 报表，为博物馆开馆运营提供科学的数据基础。

2020 年 8 月，湖北省博物馆与美团签署合作协议，由美团全额出资建设湖北省博物馆门票预约系统。除湖北省博物馆官网、官微和上级主管部门要求对接的平台之外，美团成为湖北省博物馆唯一门票预约合作伙伴，合作期为 5 年。除此之外，双方另行签署了保密协议。基于本次合作，双方均应遵守国家关于个人信息保护相关的法律法规，严格保护所获得的相关用户信息和数据，并不得进行任何形式的非法使用或买卖，因泄露用户信息造成的损失，由责任方承担相应责任。

湖北省博物馆与美团签约，使湖北省博物馆成为全国首家与美团合作的博物馆。此后，美团在湖北又签约了宜昌博物馆、武汉革命博物馆、黄麻起义和鄂豫皖苏区纪念园、李先念纪念馆、李时珍纪念馆；在全国签约了陕西历史博物馆、辽宁省博物馆、甘肃省博物馆、上海历史博物馆等，开启了与全国文博界的合作。

湖北省博物馆与美团的合作，源于馆方想打破一馆一预约的方式，希望利用更大的互联网平台带动流量。之所以签约 5 年，一方面在于湖北省博物馆对馆方门票预约系统的建设资金预估，另一方面在于美团对建设资金投入与产出的考量。应该说，湖北省博物馆与美团的合作，开启了文博圈跨界合作的新模式，此种“借鸡生蛋”的做法，给各博物馆的信息化建设提供了参考。

2020 年 10 月，湖北省文化和旅游厅与美团签署战略合作协议，宣布双方将在疫后文旅消费复苏、文旅新基建、智慧旅游、乡村脱贫等方面展开深入合作，以振兴湖北省文旅产业为着力点，共同探索湖北省疫后振兴的新通路。合作协议签署以后，双方共同推动湖北省内智慧旅游建设，共同推进湖北省新基建智慧旅游数字化发展，助力湖北打造智慧旅游目的地。至此，湖北省博物馆与美团的合作，得到了上级单位的认同。

② 语音导览建设

湖北省博物馆新馆共上线了“自助导览服务驿站”、E 导览、AR 眼镜导览、智慧导览四种导览设备。

“自助导览服务驿站”是湖北省博物馆主推的导览品牌。该设备通过展厅内布设的定位传感器触发语音导览机，自动播放讲解内容。观众也可以在导览机输入展品讲解编号，按兴趣收听讲解内容。自助导览服务终端系统的运行状况、观众的租赁情况、观众的参观行为，都可上传至后台管理系统，通过管理后台进行实时监控和参观数据分析。

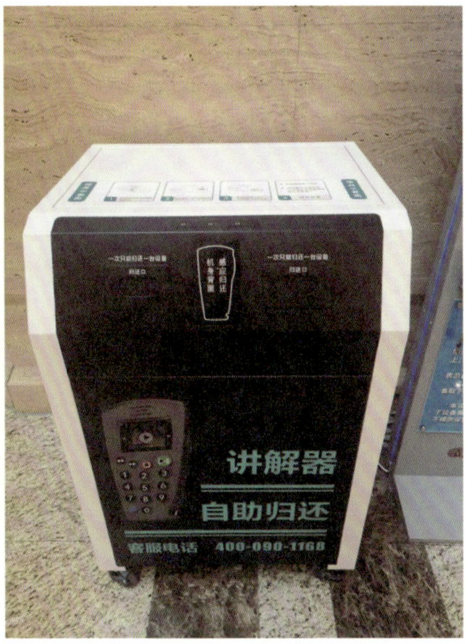

1 | 2　　1. 图 10–8　导览租赁设备一组
　　　2. 图 10–9　导览归还设备

为方便观众，湖北省博物馆在南区入口部署了 7 台自助导览服务终端，在北区出口放置自助归还柜。观众到馆后，通过手机扫码，自助租赁导览设备。观众携带智能导览机可以自主参观，自动接收文物的专业讲解内容。参观结束后，观众无需返回南区入口，在北区出口的自助归还柜处归还设备即可。

图 10–10　文物展品收听情况可视化分析

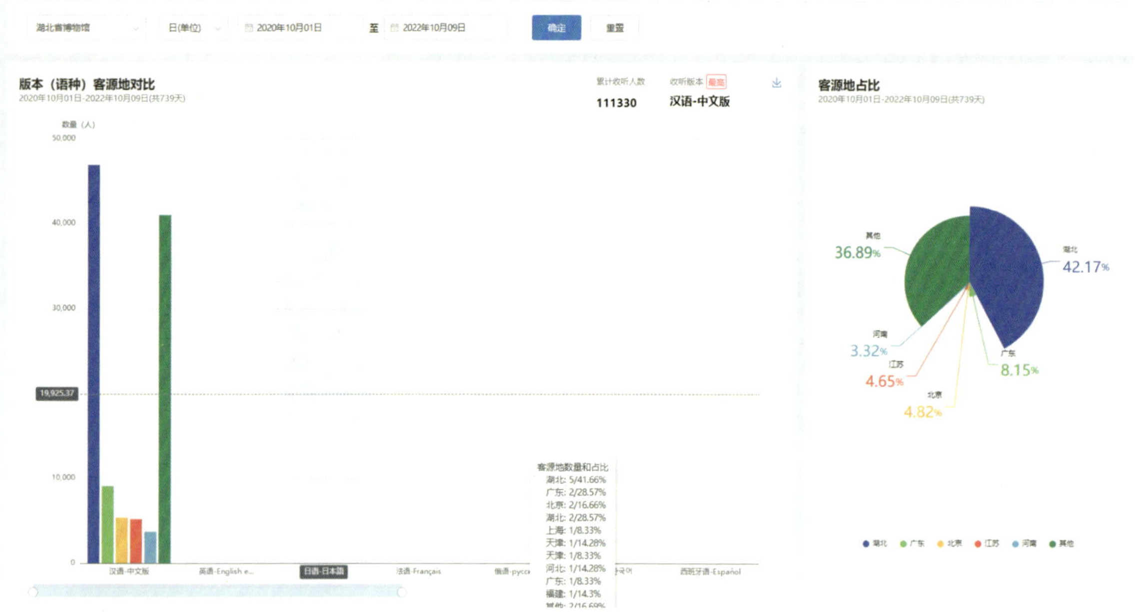

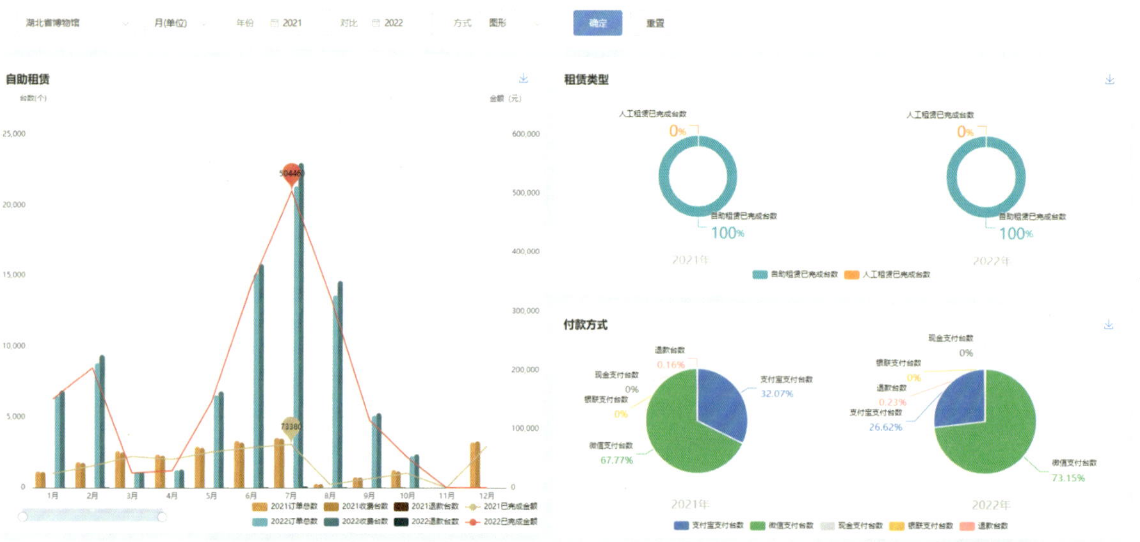

1. 图 10-11　观众数据可视化分析

2. 图 10-12　多媒体导览机租赁可视化分析

从馆方角度看，以上四种导览方式，各有所长，可以互补。“自助导览服务驿站”，以设备租赁为手段，是传统的导览方式，也是观众最常用、最普及的导览方式，因此放在了南馆大厅最为显著的位置。E导览和“自助导览服务驿站”有相似之处，但在寻人、地图等功能上又有其特色，可补充传统导览设备之不足。AR眼镜导览，内容开发上主要针对青少年观众，此外也设置了专家版、专业版、儿童版的内容设计，避免一份讲解词针对所有人。智慧导览以二维码扫描为主，针对的是习惯于扫码导览的年轻人，可投其所好，精准推送。

为了让观众充分了解四种导览方式，湖北省博物馆特别设置了一站式扫码登录界面，观众扫码后可以看到四种导览方式的不同之处，从而做出个性化选择。

除了“自助导览服务驿站”以外，E导览、AR眼镜导览、智慧导览都是通过合作方式引进。这三种导览方式，由合作方全额投入设备、解决人员费用，由湖北省博物馆提供场地，双方以分成方式进行利润分配。此种建设模式，既能兼顾馆方投入，也能通过引入外资的方式弥补建设资金的不足，对馆方来说是一个有利模式。

值得一提的是，馆方与引进的三家导览公司签署合作协议时，首先明确合作期限为3年。3年后，将视对方给馆方创造效益的多少做出评估，对于排名最后的公司，馆方不予续签合同。自合作开始后，为增加收益，E导览、AR导览雇员在湖北省博物馆搭台租赁各自产品，并且在美团等互联网平台进行网上销售。此举大大调动了导览公司的积极性，有效提升了馆方的公共文化服务水平，也增加了馆方的收入。

③ VR全景建设

湖北省博物馆新馆开馆时间为2021年12月20日，正处于后疫情时代。为支持武汉防疫，新馆开放后，湖北省博物馆长期以来实行门票限额。在此背景下，湖北省博物馆上线了VR全景，一定程度上满足了观众参观博物馆的愿望。

湖北省博物馆VR全景，无缝衔接了六个展馆的全部展示区域，使观众足不出户，在线就能体验新馆的整体设计规划，以及浏览新馆所有藏品的展陈及介绍。同时，一些重点文物会有信息标注，比如文物的尺寸等。通过点击重点文物上标注的热点，还可以进一步跳转到文物的详细介绍页面。文物的介绍也提供多种展现形式，有图文介绍，也有三维模型展示，进一步完善了文物的可读性，让观众能够更直观地了解文物藏品。

湖北省博物馆的VR全景展示，采用720度全景漫游的方式。首先现场采集实景照片，再将相机拍摄的水平方向360度、垂直方向180度的多张照片拼接成一张全景图像，然后利用得到的全景图像，借助计算机图形图像技术构建出全景空间，让观众能全方位浏览整个场景，仿佛身临其境一般。新馆5个展厅共采集并制作点位640个，形成较为密集的覆盖。部分重点文物以三维方式进行呈现，方便观众一站式浏览。从全景到三维模型的多维度展示，可以带领观众沉浸式体验博物馆之旅。

与传统的三维建模技术相比，720度全景具有制作简单、数据量小、系统要求低等优点，容易在Web端实现，便于网络分享传播。同时，720度全景采用真实场景，因此更具真实感。显示方式还提供VR模式，观众能通过VR眼镜进行观看，进一步提升了沉浸式的体验。

1. 图10-13 VR显示模式
2. 图10-14 新馆VR全景浏览
3. 图10-15 文物尺寸标识

1. 图 10–16　编钟的图文介绍
2. 图 10–17　曾侯乙的墓室模型
3. 图 10–18　曾侯乙的墓室三维还原

④ **数字三峡建设**

“永远的三峡——三峡文物保护利用数字展”是湖北省博物馆打造的第一个线上、线下一体化的数字体验馆。三峡文物保护，涉及 1128 处文物点，300 多家单位，7000 多位文物保护工作者，10 万民工。展览以三峡工程为背景，展示三峡文物保护工程的过程、收获、影响及模式，力求让观众对这一“世纪工程”有所关注和了解。

“永远的三峡——三峡文物保护利用数字展”依托数字展图像化、互动性、沉浸式的特点，借助 GIS、VR/AR、互动体验、融合投影等技术，构建了线上虚拟展示平台和线下纯数字展示馆，多角度展示长江三峡（湖北库区）的自然风景、历史文化和考古工作者在三峡文物保护过程中的贡献。与此同时，湖北省博物馆还搭建了综合运维管理系统，实现线上虚拟展示平台和线下数字展示馆后台数据与设备的协调统一管理。

1/2
1. 图 10-19　艺术沙画呈现三峡地区人文色彩和自然风光
2. 图 10-20　“百年三峡梦”记录片呈现三峡工程百年历程，展示百年三峡梦

“永远的三峡——三峡文物保护利用数字展”在形式上突出数字展的趣味性、拓展性。利用数字展图像化、互动性、沉浸式等特点，达到“好看、好玩、有意思”的展陈效果。湖北省博物馆利用三峡考古丰富的文物资料、遗址档案、考古资料、研究资料，运用大数据和知识图谱技术，建立三峡数字资源知识库，为虚拟展示提供数据支撑，实现对展览中所涉及的数字资源的统一管理、对数字展示馆多媒体设备的统一管控，同时通过严格的权限配置，保障数据安全和系统安全。

该数字展自 2021 年 7 月 16 日开展以来，吸引了全国大批游客。同时，新华社、人民网、光明网等主流媒体对该数字展进行了集中报道和推介，引起了社会各界的广泛关注。

1. 图 10-21　智能交互大屏互动展示 1087 处规划文物点

2. 图 10-22　基于考古发现的亚洲象、犀牛、华南虎等动物骨骼标本，结合三峡地形地貌设计彩绘互动系统，观众可将作品上传至朋友圈

1 | 2
3
4
5

1. 图 10-23　MG 动画《考古大会战》讲述文物保护工作者以高标准、高速度、高质量完成 1128 处文物点的发掘过程，并展示有关成果

2. 图 10-24　智能交互大屏展示高保真文物三维模型

3. 图 10-25　通过数字结构复原、3D 打印沙盘、三维动画等方式呈现中堡岛遗址面貌及考古发掘现场

4. 图 10-26　“巴东旧县坪”古建筑 VR 虚拟漫游，呈现北宋官府气派

5. 图 10-27　线上网络展示平台

⑤ 地图导览建设

2023年春节前夕，由湖北省博物馆倾力打造的智能导航系统上线。观众通过扫描二维码，进入小程序，可以体验湖北省博物馆全馆实景导航，轻松找到所有展厅、重点文物、咨询台、文创商店、编钟演奏厅、停车场、洗手间、电梯、出入口等，使得参观非常方便。

湖北省博物馆智能导航系统包括轻量化高精度地图、目的地搜索、智能馆内导航、多人实时位置共享、位置标注、位置收藏等多种功能。

湖北省博物馆智能导航系统支持博物馆室内、室外地图的无缝切换。博物馆建筑物按照实景进行了3D外观建模，室内则有3D多层地图的高精度展示，单层地图与多层地图之间可随意切换，观众可以看到楼层的导览信息，并通过文字或语音查找展厅、咨询台、文创商店等地点。湖北省博物馆智能导航系统也考虑到了观众走散后如何快速会合的问题。该系统支持多人实时位置共享，可以看到自己与朋友的位置，同时可以直接发起导航寻找朋友，相当方便。针对不同观众的需求，系统还提供了多种路线偏好，导航过程中既有文字语音提示，又有方向纠错和路线自动重新规划。系统还支持AR实景导航，为参观者指明方向和行进路线，建立观众与场景之间的感知关系。考虑到观众对某些藏品的特殊喜好，可能会一“刷”再“刷”，系统设置了位置标注和收藏功能，观众可以记录特定位置，方便再次返回参观。

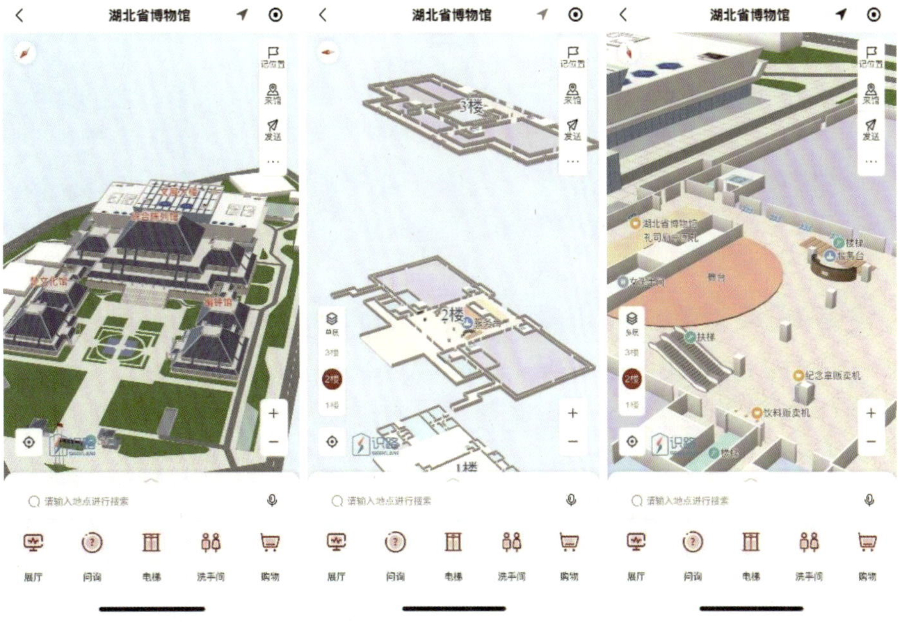

图 10–28　轻量化高精度地图

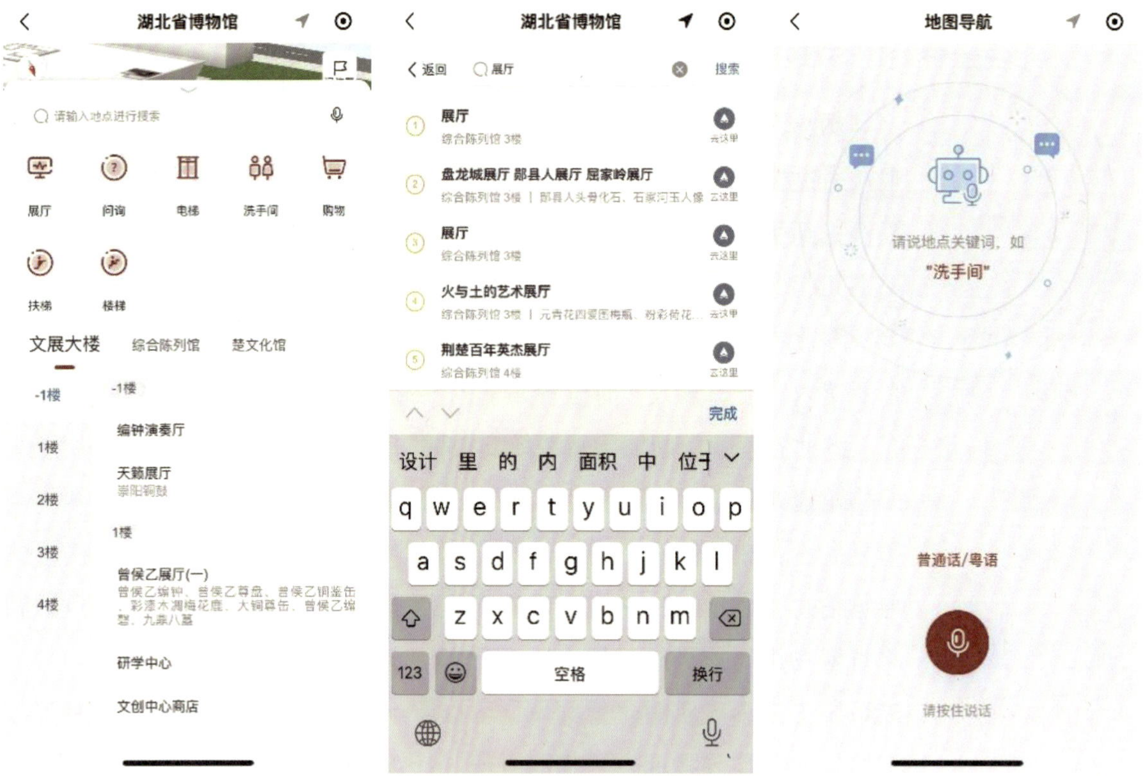

图 10–29　地图导览“目的地搜索”

图 10–30　地图导览“智能馆内导航”

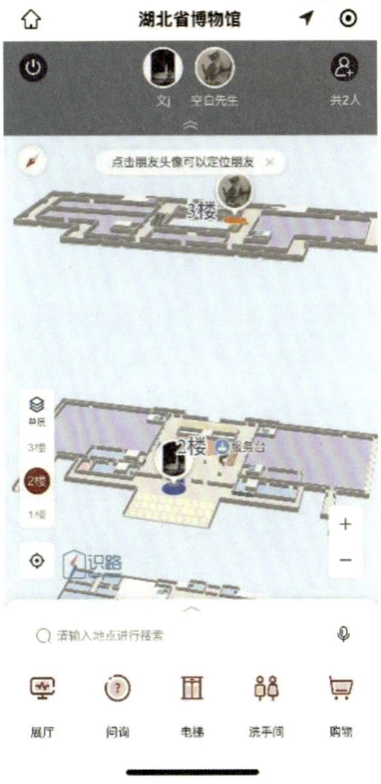

图 10–31　地图导览“多人实时位置共享”功能

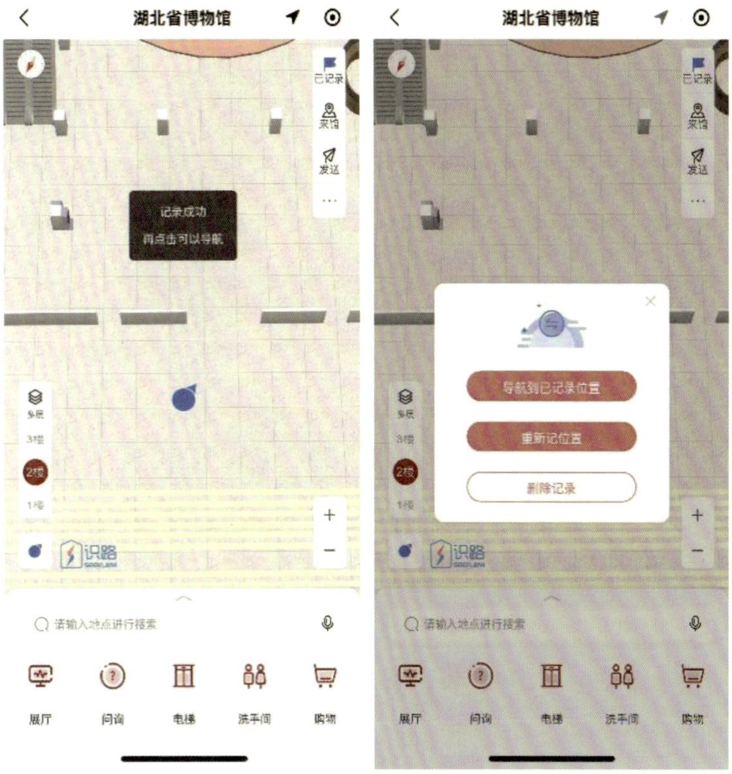

图 10–32　地图导览“位置标注”功能

图 10–33　地图导览“收藏”功能

湖北省博物馆三期新馆于 2021 年 12 月开放，目前共有文展大楼、综合馆、楚文化馆、编钟馆四大主体建筑，共有 12 个常设展览、1 个数字馆、1 个社会教育中心、3 个临展厅，建筑面积居于全国博物馆前列。

图 10–34　湖北省博物馆智能导航系统 App

（二）图书资料

湖北省博物馆是以湖北省人民科学馆（前身是湖北省立公共科学实验馆）为基础建立的，图书资料工作最初也是以该馆所藏图书资料为基础。原有的人民科学馆图书资料并不多，主要是自然科学方面的图书，涉及物理、化学、生物、农林、畜牧、矿冶等多个学科或专业。其中，科学实验馆时期的图书资料，主要是为该馆做实验的中学以上学生提供借阅服务。人民科学馆时期，图书资料仍以自然科学类为主，多属于普及性的科学教材和读物。

1953 年湖北省博物馆筹备处成立后，博物馆的各项工作逐渐开展。湖北省博物馆在筹建时期和建立初期，曾定为地志性博物馆，后来又定为综合性博物馆，自然部分的文物标本收藏和展出业务逐渐停止。根据博物馆工作的需要，图书资料建设也在同步进行，图书资料的采购和搜集更多地侧重于人文社会科学方面，特别是历史类和文物考古类图书。

图 10–35　湖北省立公共科学实验馆藏书

图 10–36　湖北省人民科学馆藏书

湖北省博物馆早期的图书资料，除人民科学馆藏书外，更多的是由其他单位移交而来。像中南行政委员会撤销后其文化部所藏部分图书、武汉市文物管理委员会撤销后其所藏的部分图书，便移交给了湖北省博物馆。其中，线装古籍部分经 2016 年全面清点，共计有包括经史子集四大部类 9300 余种、72000 余册。其中有善本 1024 种、7456 册，明嘉靖刻本《宋史新编》、明万历刻本《四然斋藏稿》、明正德九年《宋学士文集》等多部古籍入选《国家珍贵古籍名录》。除线装古籍外，还有不少旧平装图书、期刊和其他资料（如《湖北省政府公报》、《参议院公报》、《丛书集成》（旧版）、《四部丛刊》、《湖北县政丛书》、《东方杂志》、《国闻周报》、《银行周刊》等）。由于没有历史“旧账”，难以弄清全部来源。仅从藏书章来看，有湖北省立实验民众教育馆、湖北省立中小学理科教员暑期讲习会、湖北革命大学、中国人民银行湖北省分行等单位。这类图书有的因机构（如湖北省立实验民众教育馆、湖北革命大学）撤销，有的因不符合本单位（如中国人民银行湖北省分行）业务需要而移交。这些旧平装图书资料，有少量曾作为文物入藏保管部，绝大部分作为普通图书资料留在图书室。2023 年，图书室又清理出价值相对较高的图书资料近千册（如《政治官报》《参议院公报》《众议院公报》《湖北省政府公报》《众议院速记录》《武昌县参议会第一届第一次大会记录》《第六战区荆宜攻势战役忠勇事迹》《中国的空军》《曙光》等）并移交保管部，作为近现代文物入藏，以便更好地保存、利用。

“文革”时期，湖北省博物馆图书资料工作和其他工作一样，受到较大的影响，除基本的文物考古类期刊和重要的党报党刊保持订阅外，其他有较高专业参考价值的图书购买得比较少。

图 10-37　湖北革命大学（第二部）藏书

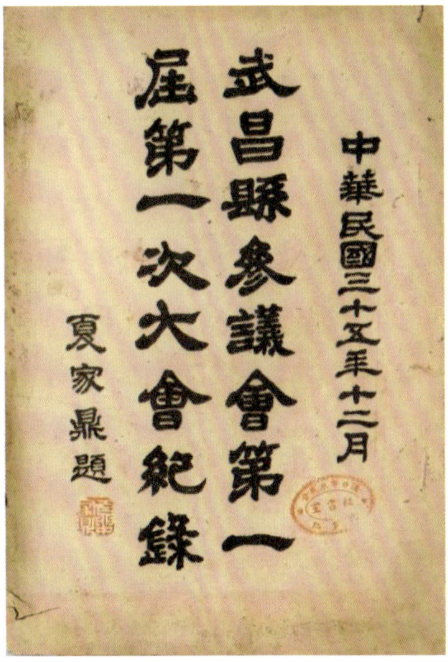

图 10-38　《武昌县参议会第一届第一次大会记录》

“文革”结束后，图书资料工作逐渐恢复正常。但因经费有限，没有固定的预算，多为零星采购，直至2002年。这一时期采购的重要图书有《明实录》、《清实录》、《道藏》、《丛书集成》（新版）、《中国美术全集》、《中国绘画全集》、《中国历代货币大系》、《中国音乐文物大系》、《楚学文库》、《新华日报》影印本、《新华日报》（存放在党史部图书室，后移交保管部）等。为了丰富馆内职工文化生活，也采购或订阅了一些文学类的图书和期刊，如古典小说“四大名著”和《当代》《十月》《中篇小说选刊》等期刊。各部门也可采购部分业务书籍，特别是原党史部（后改为近现代史部，2003年撤销）还设有部门图书室，主要购买党史或革命史类图书资料，因此图书数量比其他部门要多。

图书室原附属于保管部。2003年即湖北省博物馆和湖北省文物考古研究所合并后的第二年，图书室划归新设立的信息中心管理，线装古籍则继续由保管部保管。

馆、所合并后，图书采购相对集中，原来的近现代史部图书资料，部分移交给保管部，部分移交图书室。图书采购经费有了较大幅度的增加，图书资料的建设工作因而有了较快发展。湖北省博物馆除了采购文博、历史、考古、文保类等业务书籍和学术著作外，重点采购了《四库全书》《续修四库全书》《禁毁四库全书》《第一批国家珍贵古藉名录图录》《第二批国家珍贵古藉名录图录》《第三批国家珍贵古籍名录图录》《中国地方志集成·湖北省府县志辑》《中国明朝档案总汇》《晚清珍稀期刊汇编》《清末官报汇编》《金文文献集成》《殷周金文集成》等古典文献以及《中华民国史档案资料汇编》、《中华民国国民政府公报》、《北洋政府档案》、《民国文献资料丛编》、《中央日报》、《辛亥革命稀见文献汇编》、《申报》影印本等近现代文献，还采购了《中国古代书画图目》《中国古代书画人物编年》《故宫博物院藏品大系——绘画编》《米芾书法全集》等美术类书籍。采购方式开始时由有长期合作关系的书商供货，2012年后逐渐改为公开招标或竞争性谈判。除纸版图书杂志外，还采购了中国知网部分数据库资源，方便论文的查询和参考，对湖北省博物馆的业务工作发展特别是学术研究具有积极的意义。

长期以来，湖北省博物馆没有明确的图书管理制度。馆、所合并后，由信息中心拟订了图书资料管理制度，并经馆所相关会议审定通过后施行。此后图书的借阅、书库的管理等，日益规范。

2012年至2020年，因湖北省博物馆三期工程扩建，人员在馆外办公，图书室难以开展正常工作。图书室的绝大部分图书资料被打包，寄放于武汉辛亥革命博物馆地下库房。2020年8月，因湖北省博物馆新图书室启用，在馆外存放的图书资料全部运回，并逐步得到清理，图书、期刊的重新分类上架工作得以完成，馆所图书室恢复了正常的借阅工作。文博、历史、考古、文保类等图书都登记了电子目录。由于书库面积严重不足，书架采用了密集架，以尽量增加图书上架数量。

在馆外办公期间，湖北省博物馆每年采购图书数量也大幅度缩减。报刊由原来100种左右逐步精简到70种左右。采购的重点是文物、考古、文保、博物馆类以及与历史、古代文

图 10-39　寄存图书搬运回馆图

10-40　图书资料重新清理上架

化艺术等相关的书籍，更注重专业性和学术性，如《中国考古学百年史（1921—2021）》《邓聪考古学论文选集》《商周青铜器铭文暨图像集成》《中国出土青铜器全集》《中国出土玉器全集》等图书。

图书室除了采购图书资料外，还逐步加强了图书资料的交换工作，已和国家博物馆、故宫博物院、湖南博物院、广东省博物馆、四川博物院等全国多家博物馆（院）建立了图书交换关系。另外，还和台湾“中央研究院”历史语言研究所等学术和文博机构建立了图书资料交换关系。

湖北省博物馆图书室现藏平装书籍近 4 万册（部分因库房紧张无法上架且基本无借阅价值的图书暂未计入），期刊合订本超过 6000 册（部分零散期刊未统计）。此外，还有一批旧报纸，以新中国成立后至“文革”时期的比较多，新中国成立前的旧报纸均已移交保管部保管。

馆、所合并后，图书室曾经使用深圳图书馆开发的“图书馆自动化集成系统”（ILAS）小型版（简版），因图书室两次搬家，大量图书无法上架，未能有效利用该系统。2023 年开始，根据湖北省博物馆三期建设工程完工后的智慧博物馆建设以及馆所分开办公的情况，图书室将适时推进图书资料智能化管理系统的应用以及图书资料采购重点的调整，以更好地服务于博物馆各项业务工作。

十一

学术研究

湖北省博物馆的学术研究在其筹备处成立时起步，随着业务范围、专业人才队伍的扩大和国家对于文博事业发展支持力度的加大逐步发展，并取得全面进步，形成了丰富而多样的成果。

（一）发展阶段

整体而言可分为三个大的阶段。

第一阶段：湖北省博物馆筹备处成立之时至 1978 年曾侯乙墓发现之前

这一时期，湖北省博物馆专业人才队伍较弱，学术研究的范围较窄，形成的成果相对较少，主要是一些新的重要考古发现如望山楚墓、睡虎地秦墓、盘龙城遗址、铜绿山遗址、楚纪南城城址等推动了考古研究的开展，形成的成果也以考古学简报、简讯等居多，研究性论文和出版成果相对较少，学术会议也很少举办，学术平台几乎没有。在与高校合作培养专业人才方面，湖北省博物馆与武汉大学共同创办了考古专业。

第二阶段：1978 年曾侯乙墓的发现至 2002 年馆所合署办公时期

1978 年曾侯乙墓被发现与发掘后，在对其进行整理的同时，有关学术研究也被提上日程。该墓涉及的学术范围很广，包括考古、文物、音乐、科学技术，乃至陈列展览等学术问题，解读曾侯乙墓也需要更为专业的研究成果来支撑，这也可以说是湖北省博物馆学术研究的一个重要“引爆点”，后来的诸多学术活动包括召开学术会议、开展学术合作、出版与刊发成果等不少与此相关。此后不久，湖北省考古学会、湘鄂豫皖楚文化研究会、湖北省博物馆学会等学术团体相继创办，《江汉考古》创刊。1989 年湖北省文物考古研究所独立运行后，其配合三峡、南水北调等多个大型工程建设，承担了大量考古工作任务，出了不少考古成果。同时，湖北省博物馆在加强与其他高校、科研机构等合作攻关的基础上，也加大了馆内专业人才的引进与培养。这一时期的学术发展也奠定了其后湖北省博物馆、湖北省文物考古研究所学术研究全面发展的基础。

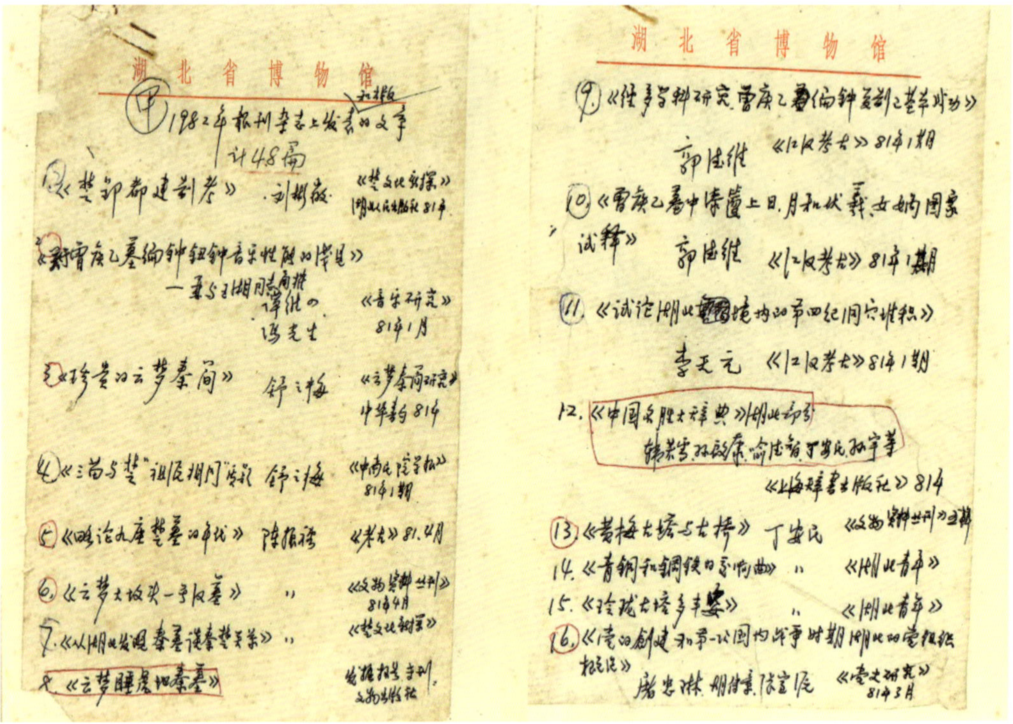

图 11–1　1981 年报刊上发表文章和出版物统计（部分）

3. 第三阶段：2002 年馆所合署办公至 2023 年再次分开运行时期

2002 年，湖北省博物馆、湖北省文物考古研究所合署办公，合并后的博物馆首先从制度建设上重视学术研究工作，将 2002 年初考古所尝试开展的所内学术报告会制度化、长期化，确定其后每年年中、年终至少召开一次馆所学术报告会，并出台了对学术成果进行奖励的措施。同时，新馆建设及博物馆免费开放的实施、各项基本建设任务大大增加、国家对文物博物馆工作的重视和政策支持力度不断加强，特别是国家遗址公园建设、中华文明探源工程、国家一级博物馆与中央地方共建国家级重点博物馆定级和运行评估的需要等也客观上推动了湖北省博物馆的发展，极大地丰富了馆所的学术成果。这一时期，馆所研究群体分布在不同方向、不同领域，形成了良好的梯队，专业人员除大量参加学术会议并提交论文外，馆所主办的学术会议特别是国际会议、国内国际学术合作、出版与刊发成果等不仅数量多，而且类型丰富，覆盖面广，影响大，从而使馆所成为在全国同级博物馆、考古所中占有重要地位的文博机构。

（二）《江汉考古》期刊

《江汉考古》是湖北省博物馆、湖北省文物考古研究所（院）的学术平台，在全国考古期刊中占有重要地位。

1. 创办与发展历程

1979 年 7 月，湖北省考古学会成立，选举产生的第一届理事会随即讨论和决定出版学术刊物。1980 年 4 月，《江汉考古》由湖北省考古学会创办诞生。1980 年 11 月，正值中国考古学会第二次年会在武昌召开，《江汉考古》创刊号正式出刊，中国考古学会理事长、著名考古学家夏鼐，中国考古学会常务理事、著名历史学家张政烺等专家学者纷纷为《江汉考古》题词，表示祝贺，并对它寄予厚望。湖北省考古学会第一届理事会理事长唐长孺在《发刊词》中阐明了办刊宗旨："本刊为湖北省考古学会主编的刊物（暂不定期），旨在反映我省考古工作的成果，并探讨有关问题。"创刊之初，湖北省社会科学联合会拨给了一笔经费，由湖北省考古学会秘书处主编出版了一个内部刊物，出刊两期后，很快得到国内外学者的关注，纷纷来函要求订购。该刊物也得到了省委领导的重视和支持，在省委领导黎伟同志的具体关怀下，1981 年，《江汉考古》被批准正式出版并公开发行。为保证刊物质量和长期办刊经费，经商议决定《江汉考古》由湖北省博物馆和湖北省考古学会联合主办，并于 1983 年定为季刊，这之前的 1980 年出刊 2 期、1981 年出刊 1 期、1982 年出刊 2 期。

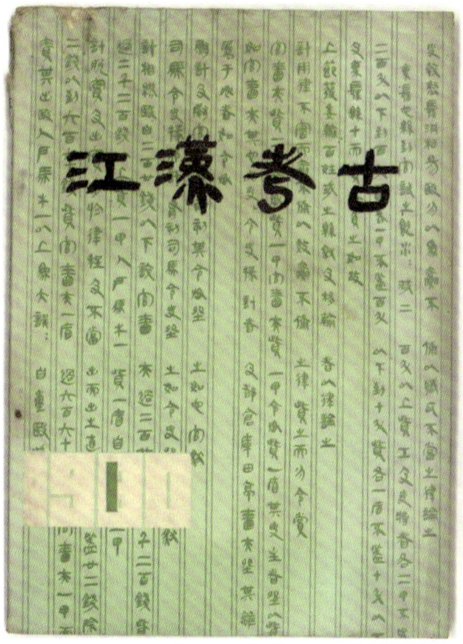

图 11-2 《江汉考古》1980 年第一期封面

图 11-3 《江汉考古》1980 年第二期封面

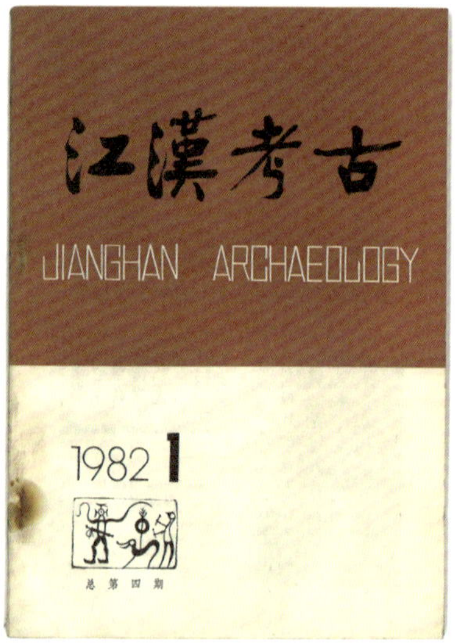

图 11-4 《江汉考古》1982 年第 1 期封面

图 11-5 《江汉考古》1982 年第 1 期内页

图 11-6 《江汉考古》1998 年第 2 期封面

湖北省考古学会在理事中产生了《江汉考古》编审委员会，并选出几名常务编委负责经常性的审稿工作。湖北省博物馆成立了《江汉考古》编辑部，具体负责编辑、编务和发行工作。

1989 年，湖北省博物馆与湖北省文物考古研究所分开独立运行，《江汉考古》划归湖北省文物考古研究所。

由于《江汉考古》是一个学术刊物，读者面窄，印量有限，又采用铅字印刷，印刷技术要求又高，难以找到适合的印刷厂。几经辗转，终于联系到当时的孝感日报印刷厂印刷。办刊之初，湖北省博物馆和武汉大学历史学系分别派有编辑人员，限于当时艰苦的条件，编辑人员来往于武汉和孝感之间，付出了极大的劳动。直到 1990 年相关业务才转到武汉江汉大学印刷厂。

2008 年，《江汉考古》每期内页由原来的 96 页增加至 130 页左右，同时增加彩色或黑白图版 8~12 页；2014 年，《江汉考古》改为双月刊，截至 2023 年 2 月出版至第 184 期。

2. 性质与地位

图 11-7 《江汉考古》2003 年第 3 期封面

图 11-8 《江汉考古》2006 年第 1 期封面

《江汉考古》自创刊开始即定位为考古类专业性学术期刊，秉持“百花齐放、百家争鸣”的办刊方针，立足长江、汉水流域，积极报道长江流域及南方地区文物考古新发现，发表了大量有较高学术价值的研究文章。

1999 年至今，《江汉考古》先后被认定为中国人文社会科学核心期刊、《中国社会科学期刊精品数据库》来源期刊、《中文社会科学引文索引》（CSSCI）来源期刊、《中国人文社会科学引文数据库》来源期刊、《中国学术期刊综合评价数据库》来源期刊。入网《中国期刊网》、北京万方数据《中国核心期刊（遴选）数据库》、重庆维普《中文科技期刊数据库》、台湾华艺《数位学术期刊库》等，成为海内外学者和文物考古工作者、爱好者重要的学术读物。

近年以来，刊物的发展进入稳步进步阶段，学术影响持续扩大。湖北省文物考古研究所 2010 年当选为湖北省期刊协会理事单位。

2013 年，《江汉考古》首次入围“最受海外机构用户青睐的中国期刊品牌”。2014 年 12 月入选原国家新闻出版广电总局第一批认定学术期刊。2013、2014 年连续荣获“中国国际影响力优秀期刊”。2015 年，荣膺“中文报刊海外发行最受海外机构欢迎 TOP50”称号并首次获评“中国最具国际影响力学术期刊”荣誉称号。2018 年入选《中国人文社会科学期刊 AMI 综合评价报告》核心期刊。2021 年入选“国家哲学社会科学文献中心 2016—2020 年最受欢迎期刊”。2022 年成功入选“中国国际影响力优秀学术期刊（人文社会科学）”和“国家哲学社会科学文献中心 2016—2021 年最受欢迎期刊”，并再度入选《中国人文社会科学期刊 AMI 综合评价报告》核心期刊。

（三）学术交流

本单位开展了大量的学术交流活动，取得了较为显著的成果。

1. 学术会议

（1）单位内部学术报告会

2002 年初，为加强学术交流，提升单位的学术水平，湖北省文物考古研究所开始举办所内学术报告会，并在当年馆、所合署办公后形成了举办馆、所内部学术报告会的制度。单位内部学术报告会连续举办到 2011 年，其后偶尔中断，或继续举办，或改为全省考古成果汇报会的形式举办。

2002 年初，湖北省文物考古研究所举办了历时 4 天的首届学术报告会。近 20 名所内业务人员汇报了近年来的考古发掘收获及研究成果，如巴东李家湾新石器时代墓地、钟祥明梁庄王墓、荆门左冢楚墓、襄阳王坡东周秦汉墓发掘及竹溪、竹山古长城调查等。会上还对楚国礼仪与早期楚文化研究、大型古代文化遗址的保护状况与对策、田野考古摄影等展开了讨论和交流，并邀请武汉大学历史学院陈伟教授作了报告。此次报告会也开启了湖北省文物考古研究所乃至后来馆、所合署办公后此类学术报告会召开的长期化、制度化进程。

2002 年 8 月 19—21 日，湖北省文物考古研究所学术报告会成功举办。工作在田野考古一线的业务人员分别介绍了上半年来配合三峡工程、孝（感）襄（阳）高速公路建设进行的考古发掘工作收获，以及对长江三峡地区先秦时期渔业的初步研究、楚丧葬简牍研究的新观点等。报告会还邀请了中国历史博物馆、武汉音乐学院、湖北省博物馆的专家作了关于新技术、高科技运用于考古学研究及考古学应注意多学科关系等精彩报告。

2003 年 8 月 12—13 日，湖北省博物馆、湖北省文物考古研究所 2003 年年中学术报告会举办。本次报告会的重点在于考古学研究，主要总结了湖北地区史前到夏商周时期考古学文化研究成果；在文物保护与博物馆学方面，则着重论述了整理抢救湖北省非物质文化遗产的重要性。

2003 年 12 月 20—21 日，湖北省博物馆、湖北省文物考古研究所 2003 年年终学术报告会举办。报告会结合湖北省博物馆新馆建设，着重探讨了新馆陈列设计，新馆开放后可能遇到的困难特别是旅游市场的变化和应该采取的对策，以及新形势下安全保卫、博物馆信息化建设、对外宣传等工作；报告了诸多藏品研究新成果。在文物考古方面，汇报了继续配合省内各项工程如武九铁路、三峡工程、孝襄高速公路等进行的田野考古调查和抢救性考古发掘情况，以及考古资料整理与研究成果等。

2004 年 8 月 3—6 日，湖北省博物馆、湖北省文物考古研究所 2004 年年中学术报告会举办。会议报告了最新研究成果，研究主题涉及三星堆铜器输入、长江中游地区早期文明、官庄坪遗址东周遗存、店子头遗址动物骨骼、湖北地区文物研究和当代博物馆发展的特点等。加拿大皇家安大略博物馆终身研究员沈辰博士作了博物馆实践和科技方面的两个报告。

2004 年 12 月 13—16 日，湖北省博物馆、湖北省文物考古研究所 2004 年年终学术报告会举办。会议回顾了一年来的考古成果，包括郧西黄龙洞人、随州金鸡岭新石器时代遗址、丹江口熊家庄遗址、巴东红庙岭遗址、大冶五里界城址等发掘收获，配合南水北调丹江口库区湖北境内文物复查和规划编制的相关工作；汇报并讨论了新馆陈列各个展览的设计思路与方案、发展博物馆事业的看法与建议；交流了计算机技术的运用体会；还有关于木漆器、青铜器等文物保护修复的成果。北京理工大学设计艺术学院遗产系罗涛教授作了“设计在文化遗产管理中的重要地位”的报告。

2005 年 8 月 15—16 日，湖北省博物馆、湖北省文物考古研究所 2005 年年中学术报告会举办。结合新馆即将开放的实际情况，与会人员探讨了如何推进工程建设、网络信息化，发挥博物馆各项功能服务社会等问题。有同志提出要充分发挥陈列展示与市场化产品服务，利用藏品优势的专业性技术服务、公共服务、社会教育及特色化服务五大功能，以及做好宣传工作等。配合基本建设考古方面，与会人员报告了多项重要考古发现如天门龙嘴遗址以及郧西黄龙洞动物群、石家河文化、巴人渊源与发展流向、楚式鼎研究等问题的新成果。此外，还汇报了文物保护方面的饱水漆木器保护、文物摄影等内容。此次报告会首次邀请了市、县博物馆及考古队参加和汇报，如黄石市博物馆汇报了大冶李德贵冶炼遗址发掘情况、襄阳市博物馆汇报了襄阳余岗墓地葬制与青铜器发展系列等。

2006 年 1 月 19—20 日，湖北省博物馆、湖北省文物考古研究所 2005 年年终学术报告会举办。报告会结合湖北省博物馆楚文化馆对外开放和新馆建设有关实际，讨论了《现代博物馆的发展趋势》《楚文化馆宣传与厚积薄发》及《博物馆信息化建设考察报告》等。考古方面则报告了 2005 年的主要考古收获，包括配合大广高速公路、武合铁路、大别山热电厂建设在麻城境内发掘的吊尖、梅家墩、桃园岗、女王城遗址与金罗家城址，配合随岳高速公路建设发掘的随州黄土岗、天门笑城、天门龙嘴遗址，配合武安铁路复线建设发掘的故城肖家营遗址，配合汉江崔家营水利枢纽建设发掘的襄阳陈坡遗址等，还有一个重点就是配合南水北调工程而发掘的牛场、八蜡庙、北泰山庙墓地，以及钟祥郢靖王墓。本次报告会邀请黄冈市博物馆汇报了大广高速公路、武合铁路十几处墓葬的勘探发掘收获。

2006 年 8 月 14—15 日，湖北省博物馆、湖北省文物考古研究所 2006 年年中学术报告会举办。考古发掘整理研究是此次报告会的重点，包括旧石器时代以“郧县人”为代表的中国砾石文化遗存、卜庄河动物群序列、杨家坡洞哺乳动物群，天门笑城城址，麻城吊尖、金罗家遗址，襄阳陈坡遗址一座重点中型楚墓等的发现与研究。还有不少文物研究与保护成果，如《商周时期的带铃铜容器及其南传》《楚简遣策所见葬器制度考》《江陵马山一号墓刺绣纹饰试释》《关于曾侯乙墓鼓乐器研究的思考》《“有害锈”青铜器的修复保护》等也在此次会议上进行了汇报。会议还提出要建设一流的博物馆、考古所。

2008年初，湖北省博物馆、湖北省文物考古研究所2007年年终学术报告会举办。会议围绕南水北调等工程考古发掘、大遗址保护及博物馆免费开放等主题进行。考古发掘方面，较为全面地揭露了配合南水北调工程的郧县人遗址的地层情况；汇报了联合武汉大学发掘的辽瓦店子遗址文化遗存的研究成果，青龙泉、大寺遗址新石器时代遗存的考古发掘情况，并探讨了乔家院墓地和楚文化西进的关系。大遗址保护考古工作方面，屈家岭遗址于2005年底被国家文物局列为首批100处大遗址保护项目后，2007年又在勘探、调查上有了新的发现和认识。2007年11月6日湖北省博物馆正式免费开放后，引起了极大反响，观众量的剧增也给文博人带来了博物馆如何做好服务、展馆文物如何保护、如何加强数字化等问题的重点讨论。

2009年1月13—14日，湖北省博物馆、湖北省文物考古研究所2008年年终学术报告会举办。报告会讨论的重点是湖北省文物考古研究所最新文物考古研究、以南水北调文物保护为重点的田野考古研究和免费开放后的博物馆研究成果。前者有郧县郭家院、青龙泉、乔家院，丹江口北泰山庙、牛场、彭家院，郧西庹家湾等遗址墓地的发掘收获。后者在博物馆免费开放方面探讨了亟待解决的问题，并讨论了如何办好临展等问题。文物保护方面也有较多成果，如渤海国王室墓地漆器、九连墩楚墓青铜器的修复与保护等。

2010年2月24—25日，湖北省博物馆、湖北省文物考古研究所2009年年终学术报告会举办。田野考古是此次报告会的重点，参会人员汇报了配合引江济汉工程而发掘的荆门严仓墓群獾子冢与车马坑等重要收获；丹江口库区郧县辽瓦店子、郭家院、刘湾、中台子，郧西张西湾等遗址的发掘情况。其他项目如大冶蟹子地遗址与阳新张公城城址、太郁水库冶炼遗址的调查，随州文峰塔墓地曾侯铭文的重要发现等也在报告会上作了汇报。还讨论了中山舰铁质文物的保护修复和馆藏瓷器、书画、汉简等的研究，以及博物馆陈列展览、观众互动、博物馆建设等议题。

2011年1月20—21日，湖北省博物馆、湖北省文物考古研究所2010年年终学术报告会举办。考古工作方面，报告了配合南水北调工程而发掘的郧县郭家道子、刘湾遗址及韩家洲墓地，武当山柳树沟墓地，配合引江济汉工程而发掘的沙洋黄歇村东周墓群，配合西气东输二线工程而发掘的武穴鼓山新石器时代墓地、浠水忠三湾西周遗存和随州叶家山墓地的发现与发掘情况。报告会也汇报了三峡地区店子头、东门头遗址古人骨标本，铜绿山遗址井巷照明模拟，湖北地区纪年砖，战国玉器，睡虎地汉简等研究成果和跨湖桥遗址独木舟保护方案等。博物馆学研究方面，主要对民俗文化的传承和博物馆的交流合作进行了探讨。

2016年12月6日，湖北省博物馆、湖北省文物考古研究所2016年学术成果汇报会举办。馆所17位同人汇报了学术研究成果，包括随州叶家山青铜文物修复，吉林白城双塔墓地青铜文物分析，曾侯乙人骨与曾侯乙墓编钟科技分析，饱水木漆器科技保护，以及文物、社会教育研究等内容。

2018年1月29日，湖北省文物考古研究所在综合馆学术报告厅举行2017年度考古成果汇报会，总结2017年田野考古发掘与文物保护的成果，交流田野考古发掘与整理的工作经验。汇报会上，湖北省文物考古研究所相关项目负责人共汇报了 17 个当年的田野考古项目和 1 个实验室考古项目。这些项目既有配合国家大遗址考古工作的天门石家河、京山屈家岭、沙洋城河、潜江龙湾遗址等，也有配合“长江中游文明进程”课题研究的保康穆林头遗址和沮漳河流域考古调查等，还有配合蒙（西）华（中）货运铁路和郑（州）万（县）、武（汉）襄（阳）十（堰）高铁及枣（阳）潜（江）高速公路等大型建设而发掘的襄阳欧庙遗址、随州汪家湾墓群等。这 18 个项目时代跨度大，上起新石器时代，下到明清时期；类型丰富，包括城址与聚落、宫殿、府署、寺庙、山寨遗址和墓葬、摩崖石刻等。其中石家河遗址是第三届世界考古论坛“重大考古发现”中国唯一入选项目，钟祥寨子山遗址是新确认的一处重要新石器时代遗址。

（2）湖北考古成果汇报会

自 2016 年开始，湖北省博物馆、湖北省文物考古研究所学术报告会拟逐步扩展为全省范围内的考古成果汇报会。

2016 年 1 月 22 日，“2015 年湖北省考古成果汇报会”在湖北省博物馆举办，本次汇报会由湖北省文物考古研究所主办。来自中国社会科学院考古研究所，武汉大学，荆州博物馆，武汉市文物考古研究所、荆门市文物考古研究所、襄阳市文物考古研究所以及湖北省文物考古研究所等 11 家省内文博机构的 22 位项目负责人作了 2015 年度考古发掘成果的汇报，包括京山屈家岭、天门石家河、沙洋城河、石首走马岭等新石器时代遗址，黄陂盘龙城遗址、随州庙台子遗址、宜昌万福垴遗址和大冶四方塘墓地、荆州望山桥楚墓、荆门响铃岗战国墓地等商周遗存，荆州郢城城址、襄阳骆台汉墓、襄阳柿庄画像砖墓等秦汉至南北朝遗存，以及恩施容美土司遗址、襄阳马道口遗址与江夏明楚王墓等明清遗存，还有蛮河流域楚文化遗存的考古调查等。

2019 年 1 月 19—20 日，“2018 年湖北考古业务成果交流会”在荆州召开，本次交流会

图 11–9　2016 湖北考古业务成果交流会

由湖北省文物考古研究所主办，荆州博物馆承办。参与交流的35个考古项目精彩纷呈，涉及考古新发现、近年考古发掘整理成果、文物保护、科技考古及境外考古等方面。2018年，湖北省考古重要成果不胜枚举，特别是近年围绕国家文物局“考古中国”重大课题“长江中游文明进程研究”开展大量的主动性发掘，取得了不俗的成绩。在史前阶段，荆门城河遗址新发现的王家塝墓地是迄今为止规模最大、保存最完整的屈家岭文化墓地。其棺具明确、葬俗独特、随葬品丰富、等级明显，清楚表明屈家岭社会形成了完备而独具特色的墓葬礼仪，该遗址入选“2018年中国考古新发现”。穆林头遗址屈家岭文化时期高级别墓地首次出土大型玉钺、玉牙璧等权力象征物。石家河遗址的蓄树岭地区是后石家河时期遗存最丰富的地点，为深入探索后石家河文化和分期提供了重要资料。商周阶段，曾国考古和楚文化考古争奇斗艳，庙台子遗址、苏家垄遗址、随州汉东东路墓地、枣树林墓地继续开展工作。其中，庙台子遗址发现的大型建筑基址和与冶炼有关的遗迹遗物，进一步明确了其作为西周早期曾国政治中心的性质。以万福垴遗址为中心的沮漳河下游地区开展的区域系统调查也取得重要进展，该调查明确了四个分布较为集中的大型遗址聚落群，在探索楚文化源头的道路上迈出了坚实一步。荆州胡家草场M12出土3000多枚西汉简牍，内容包括历谱、编年纪、律令、病方和《遣册》，具有重要价值。更令人欣喜的是，2018年湖北考古走出国门，在巴基斯坦巴哈塔尔遗址开展联合发掘，取得丰硕成绩。

2020年1月4—5日，“2019年湖北考古业务成果交流会”在黄冈市黄州区举办，交流会由湖北省文物考古研究所、黄冈市文化和旅游局举办，黄冈市博物馆承办。会议邀请了中国社会科学院考古研究所、北京大学、中国人民大学、北京联合大学、四川大学、重庆师范大学、郑州大学、武汉大学、中南民族大学、湖北大学、湖北省文物事业发展中心、湖北省水下文化遗产保护中心、湖北省文物交流信息中心、湖北省各市州文物考古机构及博物馆等30余家单位的150余名考古文博工作代表参会。交流会上，来自10个单位的考古项目报告人就沙洋城河遗址、天门石家河遗址、随州枣树林墓地、荆州胡家草场等24个考古发掘项目，宋瓷窑考古调查项目的收获以及青铜器保护、植物考古的2项成果进行了交流汇报，汇报成果内涵丰富，重点突出，亮点纷呈。

2020年、2021年湖北考古成果业务成果交流会均因疫情未能如期举办。

2023年2月25日，“2022年湖北考古业务成果交流会”在武汉盘龙城遗址博物院举行。会上公布了2022“湖北六大考古新发现”评选结果。在随后的学术交流中，史前、商周、秦汉宋明及其他时期等四组共计24个项目的负责人进行了交流汇报，集中展示了2022年湖北考古在田野发掘、科技考古、文物保护、学术研究等方面取得的新成果。来自中国考古学会、湖北省文物考古研究院等单位的专家学者对项目成果作出点评。武汉大学历史学院教授张昌平、湖北省文物考古研究院院长方勤作专题学术讲座。与会专家和考古工作者参观了在盘龙城遗址博物院临展厅展出的“探索未知 记忆荆楚——湖北省2022年度考古工作成果展”。中国社会科学院考古研究所、湖北省文物考古研究院、北京大学、武汉大学等10余家科研机构、高校以及湖北省各市州文博机构的考古工作者170余人参加了交流会。

（3）主办国内学术会议

由湖北省博物馆主办的国内学术会议较多，可分为小型的专家论证会、课题报告会和专题性的学术研讨会。

①小型专家论证会、课题报告与验收会、座谈会

此类会议数量多，但规模相对较小。

2002 年之前，类似学术会议主办不多，主要是展览制作的讨论会，从 1955 年第一个展览“湖北省出土文物展览”开始，之后的多个基本陈列、临时陈列基本延续了专家论证的传统。曾侯乙墓发现后召开了有关编钟的音乐研究、复制和全套乐器复原等方面的会议，包括 1983 年 1 月国家文物局在汉主持召开的“曾侯乙编钟复制研究成果鉴定会”；1984 年 9 月由全国科技、音乐、考古界专家组织的“曾侯乙编钟复制验收会”；还有 20 世纪 80 年代开始配合葛洲坝、三峡工程建设开展的多个重要考古项目的发现论证会。

2002 年之后，此类会议大大增加。主要是考古项目、立项课题的开题与验收，新馆建设、布展的审查以及文物保护修复项目的评估等。因为考古发掘项目实行验收制，所以一些重要的项目采取专家验收会的形式；馆、所在这一时期承担了不少的科研项目（课题），一些重大项目需要开题，一些项目需要验收，不少也采用专家会等方式；基本陈列和一些重要的临时陈列方案均要召开专家会进行审查；而文物保护项目实行中期评估、结项验收，也需要召开专家会。

2002 年 12 月 22 日，在对枣阳九连墩楚墓进行发掘的同时，湖北省文物局组织国内有关专家在枣阳召开了“枣阳九连墩墓坑及车马坑保护方案论证会”。根据专家意见，决定对墓坑进行回填保护，对车马坑进行加固，并将因处高速公路建设正线范围内要被破坏的二号车马坑中具有代表性的不同结构、不同类型且结构完整又具有较高科学艺术价值和观赏性的 6 乘车（马），搬迁到湖北省博物馆收藏，部分车马进行科学解剖。

图 11–10　枣阳九连墩墓坑及车马坑保护方案论证会

2011 年 10 月 27 日，湖北省博物馆、湖北省文物考古研究所召开“纪念《江汉考古》创刊三十周年座谈会”，邀请全国 10 余家文博考古期刊的编辑部代表与会。

2014 年 5 月 22 日，由中国博物馆协会支持，湖北省博物馆协会、北京博物馆学会、陕西省博物馆协会、四川省博物馆学会共同举办，湖北省博物馆承办的“全国各地方博物馆社团负责人工作座谈会”成功举办。

2014 年 7 月 16 日，为促进随州文峰塔墓地曾侯舆墓资料的整理与报道，湖北省文物考古研究所、随州市博物馆主办“随州文峰塔曾侯舆墓专家座谈会”，来自北京大学、山东大学、中山大学、武汉大学、中国社会科学院考古研究所等单位的 20 余位专家学者参加。

2017 年 10 月 14 日，由中国考古学会新石器时代考古专业委员会、湖北省文物考古研究所和荆门市屈家岭管理区共同主办的“屈家岭遗址第四次考古发掘专家论证会”在屈家岭管理区召开。来自北京大学，中国社会科学院考古研究所以及湖南、河南、陕西、江苏、安徽等省的文物考古专家组成专家组，听取了考古队关于第四次发掘最新成果的汇报，与会专家考察了考古发掘现场和出土文物，参观了屈家岭考古工作站和建设中的遗址博物馆，就屈家岭遗址考古工作和考古遗址公园建设进行了论证。湖北省文物局文物处、荆门市文物局、屈家岭管理区相关负责同志出席。

2018 年 4 月 2 日，“《江汉考古》编辑部 2017 年度专家座谈会”在武汉举行。《江汉考古》编辑部邀请《考古》杂志社、山东大学以及武汉大学的多位专家学者，就《江汉考古》杂志目前存在的一些问题以及需要向其他兄弟期刊学习的地方进行了讨论，此次座谈会对促进《江汉考古》持续良好发展起到了重要推动作用。

图 11–11　“大冶铜绿山矿冶遗存考古新发现资料整理与研究”开题报告会

图 11-12　潜江龙湾遗址考古发掘现场专家论证会

2018 年 6 月 13—14 日，2017 年国家社科基金重点项目“大冶铜绿山矿冶遗存考古新发现资料整理与研究”开题报告会在武汉召开（图 11-11）。出席开题报告会的有来自北京大学、中国社会科学院考古研究所、北京科技大学、武汉大学及湖南省文物考古研究所等单位组成的专家组成员，馆、所领导，以及课题组主要成员等 30 余人。与会专家一致认为该项目体系宏大、内容充实，建议课题组集中精力完成考古发掘报告的编撰任务。

2018 年 11 月 2—4 日，由中国考古学会和湖北省文物考古研究所共同主办，潜江市人民政府承办的“潜江龙湾遗址考古发掘现场专家论证会”在湖北潜江召开。来自北京大学、中国社会科学院考古研究所、中国建筑设计院有限公司建筑历史研究所、陕西省考古研究院、河南省文物考古研究院、安徽省文物考古研究所、湖南省文物考古研究所、武汉大学、湖北省古建筑保护中心等单位的专家参加论证会，听取湖北省文物考古研究所关于龙湾遗址 2015—2018 年考古工作汇报，并进行了论证。与会代表出席了龙湾遗址博物馆开馆仪式，考察了章华台基址展示馆和考古发掘现场及出土文物，召开了潜江龙湾遗址考古发掘现场专家论证会。

2018 年 12 月 2 日，“武（汉）襄（阳）十（堰）高铁项目考古工作验收研讨会”在湖北云梦召开，此次会议由湖北省文物考古研究所主办，有关专家和项目承担单位的项目负责人参加。本次验收研讨会上，项目专家组根据国家文物局颁发的《考古发掘项目检查验收办法（试行）》对高铁沿线涉及的 37 处考古发掘项目进行了验收评定，一致同意通过结项验收。会上，专家们还就进一步做好考古发掘资料整理、报告编写等工作与参会的各考古项目负责人进行了交流和研讨，达到了交流经验、提升能力的目的。

2018 年—2022 年，湖北省博物馆、湖北省文物考古研究所还组织了沙洋城河遗址王家塝墓地、保康穆林头遗址、黄陂郭元咀遗址、荆州楚纪南故城遗址、云梦郑家湖墓地、武当山五龙宫遗址等重要考古发掘专家研讨会、论证会；松滋市博物馆、黄州区博物馆馆藏青铜文物，湖北省博物馆、钟祥市博物馆馆藏书画，湖北省文物考古研究所、浠水县博物馆馆藏古籍善本，随州叶家山和文峰塔、枣阳郭家庙、京山苏家垄、大冶铜绿山遗址四方塘墓地等出土青铜文物的保护修复座谈会；湖北省文物考古研究所可移动文物预防性保护项目结项会、中期验收会等。此外，还组织了“华章重现——曾世家文物特展”专家座谈会、湖北省博物馆三期新馆陈列布展多项展览的数十次专家论证会等。

②专题性学术研讨会

专题性学术研讨会自 1978 年以来作为湖北省博物馆学术研究的重要抓手着力推进，特别是在进入 21 世纪后更是成为经常性的学术活动。

1980 年 1 月 7 日、3 月 10—12 日，中国考古学会、湖北省博物馆和中国历史博物馆先后在北京召开“湖北随县曾侯乙墓学术研讨会”。参加讨论会的有部分研究所、博物馆、大专院校的专家和专业工作者约 60 人，重点围绕“曾随之谜”、曾文化与楚文化的关系等问题开展讨论。

2003 年 4 月 23—24 日，中国社会科学院古代文明研究中心、湖北省博物馆、湖北省文物考古研究所联合主办的“长江中游地区文明化进程学术研讨会”在武汉举行。来自北京、上海、湖南、湖北、江苏等省市学者 25 人参加，提交论文 25 篇，20 位学者做主题发言。

2014 年 12 月 21 日，湖北省博物馆、湖北省文物考古研究所联合清华大学出土文献研究与保护中心、北京大学震旦古代文明研究中心在北京共同举办了“曾国考古发现与研究学术研讨会”，来自清华大学、北京大学、武汉大学、山东大学、首都师范大学及中国社会科学院、国家博物馆、湖北省博物馆、湖北省文物考古研究所等十多所高校、科研院所、文博机构的专家学者 50 余人出席并交流研讨。

2015 年 7 月 7 日，湖北省博物馆举办“中国端午节俗与屈原文化学术研讨会”。

2015 年 11 月 27—29 日，由湖北省博物馆、湖北省文物考古研究所、湖北省历史学会、荆州博物馆共同主办的“纪南城考古发掘四十周年学术研讨会”在荆州举行。来自国内外的专家学者 100 余人参加了会议。会议介绍了近年来纪南城及其周边楚墓考古发现和研究新收获，参加过“1975 年纪南城考古大会战”的老一辈考古学家回顾了当年的工作情景，部分专家学者围绕纪南城考古发现与研究、欧美楚文化考古研究等课题进行了深入的探讨。

图 11-13　纪南城考古发掘四十周年学术研讨会

2015年11月19—20日，由中国考古学会、北京大学考古文博学院、湖北省文物考古研究所主办，天门市文体局、天门市文物局、天门市博物馆承办的“纪念石家河遗址考古60年学术研讨会暨中国考古学会新石器时代考古专业委员会成立大会”在天门举行。来自全国30余家文博机构的150余位文物考古专家学者与会，探讨石家河遗址的发掘、保护和利用等问题。

2016年10月29—31日，由中国社会科学院考古研究所、中国考古学会公共考古专业指导委员会、湖北省文物考古研究所、天门市文化体育新闻出版广电局主办的第四届“中国公共考古——荆楚论坛”在天门举办。在往届论坛的基础上，第四届“中国公共考古——荆楚论坛”有了创新，以公众演讲和公共研讨为中心环节向公众展现考古的魅力。

2020年11月25—28日，“‘郧县人’头骨化石发现30周年学术研讨会”在十堰市郧阳区召开。研讨会由湖北省文化和旅游厅（湖北省文物局）、十堰市人民政府、中国科学院古脊椎动物与古人类研究所、中国考古学会旧石器专业委员会主办，郧阳区人民政府、湖北省文物考古研究所（湖北省博物馆）承办。来自全国各地的30余名专家学者出席研讨会，专家学者围绕人类起源，“郧县人”发现的价值、地位、年代和新认识，以及周边旧石器时代遗存的集中发现等进行了热烈交流研讨，发表了诸多新的研究成果。

2021年3月20日，“纪念中国考古学诞生100年暨《江汉考古》创刊40年学术研讨会”在武汉召开。本次会议由湖北省文物考古研究所、湖北省博物馆主办。来自中国考古学会、中国博物馆协会与各文博机构、高校、科研院所及文物考古杂志社的50余名专家学者参会。本次研讨会是全国性纪念“中国考古学诞生100年”的第一次会议。与会专家学者从百年考古学史、新技术在考古学中的运用、考古学与邻近学科的关系、学术期刊在学科发展中的作用等角度对考古学百年发展进行评述，对考古学的未来进行展望，各抒己见，精彩纷呈。

2021年4月24日，由鄂州市文化和旅游局、湖北省博物馆（湖北省文物考古研究所）主办，鄂州市博物馆承办的第二届“鄂文化学术研讨会”在鄂州市召开。来自省内外的20余名专家学者围绕鄂文化主题，结合各自研究方向，分别进行了主题发言。

图11-14　纪念中国考古学诞生100年暨《江汉考古》创刊40年学术研讨会

2021 年 12 月 16 日，由湖北理工学院、武汉大学历史学院、湖北省博物馆、湖北省文物考古研究所、大冶市铜绿山古铜矿遗址保护管理委员会主办的“中国考古百年——铜绿山古铜矿遗址与青铜文明研究学术研讨会”在大冶召开。来自省内外的 30 余名专家学者围绕铜绿山古铜矿的相关问题进行了探讨。

③承办本行业相关会议

湖北省博物馆、湖北省文物考古研究所（院）是全国文博行业组织及其分支机构的成员或领导单位，多年来承办了多项行业组织的相关会议，还承办了上级部门主办的多个研讨会。

2012 年 9 月 23—27 日，“国际博物馆协会亚太地区联盟 2012 年大会”在武汉举办。此次大会由国家文物局、湖北省人民政府、国际博物馆协会亚太地区联盟主办，中国博物馆协会、湖北省文化厅、湖北省文物局协办，湖北省博物馆承办。来自中国、德国、加拿大、瑞士、澳大利亚、日本、以色列、韩国、尼日利亚等 24 个国家和地区的 130 余名博物馆研究者及文化遗产专家与会。在全球博物馆建设更加开放的背景下，本次大会总主题确定为“博物馆多学科性的理论思潮与职业道德准则”“多学科性与博物馆管理和传播”“多学科性与博物馆跨区域交流”三个专题。

2013 年 12 月 28 至 30 日，第四届“全国动物考古学研讨会”在湖北武汉召开。本次大会由湖北省博物馆、湖北省文物考古研究所和动植物考古国家文物局重点科研基地共同举办。大会共有来自中国社会科学院考古研究所、中国科学院古脊椎动物与古人类研究所、国家博物馆、湖北省文物考古研究所、河南省文物考古研究院、陕西省考古研究院、湖南省文物考古研究所、辽宁省文物考古研究所、上海博物院以及中国科学院大学、吉林大学、山东大学、武汉大学、西北大学、重庆师范大学、首都师范大学、南京师范大学等科研院所的近 50 位代表参加。

2014 年 10 月 15—17 日，由中国文物保护技术协会主办，湖北省博物馆、宜昌市文化局承办，宜昌博物馆协办的“中国文物保护技术协会第八次学术年会”在湖北宜昌召开。来自全国各地博物馆、高校及文保机构等 150 余名代表参会。本次年会以“文物科技事业现状与展望”为主题，进行了文物科技成果的展示和学术交流。

2014 年 11 月 16—17 日，由北京博物馆学会、湖北省博物馆、湖北省博物馆协会联合主办的“博物馆保管专业第十四届学术研讨会”在武汉滨湖大厦召开。来自全国 18 个省、市、自治区的 180 多位代表参加会议。本次研讨会的主题包括在文物保管工作中如何分类保护、分类管理及规范建档，文物交接过程中出现的问题与文物规范点交，可移动文物普查登记工作中遇到的问题及解决办法等。

2015 年 8 月 7 日，由中国博物馆协会文创专委会主办、湖北省博物馆承办的中国博协文创专委会 2015 年度“非遗与文创研讨会”在恩施举办。来自全国 18 家省级博物馆的领导和专家参会，参会代表就博物馆文化业态的创新与发展、非物质文化遗产与文化创意、博物馆内非物质文化遗产与文创产品开发的创新结合等方面做了交流。

2015 年 6 月 23—26 日，湖北省博物馆承办了中国博协志愿者工作委员会二届一次常务理事会议。来自全国多家博物馆的 50 多位代表参加了本次会议。

2015 年 10 月 10 —11 日，由中国考古学会、中国文物保护技术协会、武汉市人民政府主办，中国考古学会文化遗产保护指导委员会、中国文物保护技术协会遗址与出土文物专业委员会、黄陂区人民政府、湖北省文物考古研究所、盘龙城遗址博物馆承办的“考古资产保护利用盘龙城论坛”在湖北武汉盘龙城遗址举行。来自全国的与会代表和媒体记者 60 余人参加了会议。与会代表围绕田野考古发掘与文化遗产保护、实验室考古、考古遗址保护展示的理念与措施、国家考古遗址公园建设与管理、考古发掘出土文物的保护修复、考古资产保护的宣教和奖励机制等六个方面进行了富有成效的讨论和交流。全体参会人员提议设立“考古文化遗产保护金鼎奖”。

2016 年 3 月 19—20 日，根据中国考古学会常务理事会决议，中国考古学会文化遗产保护专业委员会主办，湖北省博物馆、湖北省文物考古研究所承办的“考古资产保护金尊奖”评奖会议在湖北省博物馆举办。参会人员主要有中国考古学会文化遗产保护专业委员会主任委员、副主任委员和部分常务理事 30 余人。会议讨论并制定了《中国考古学会“考古资产保护金尊奖”评选办法》《中国考古学会“考古资产保护金尊奖”评选办法实施细则》，推举了即将在郑州召开的首届中国考古大会“考古资产保护金尊奖”评奖委员会，提出了首届“考古资产保护金尊奖”建议名单。

2016 年 4 月 6—9 日，由中国博物馆协会出版专业委员会主办，湖北省博物馆承办的“中国博物馆协会出版专业委员会 2016 年年会暨学术研讨会”在宜昌举办。来自全国 40 多家博物馆、考古所、出版社的 60 余名代表参会，22 名学者发言，主要围绕文博编辑出版行业发展趋势、文博期刊及其编辑队伍的专业化和地方性文博出版机构的经验等问题开展讨论。

1 | 2　1. 图 11–15　2022 国际博物馆日中国主会场开幕式
2. 图 11–16　中国博协理事长刘曙光做主题论坛发言

2022年5月16—18日，“博物馆的力量——2022年‘5·18国际博物馆日’中国主会场”活动在湖北省博物馆举行。本次活动由国家文物局、湖北省人民政府主办，中国博物馆协会、湖北省文化和旅游厅（湖北省文物局）、武汉市人民政府承办，湖北省博物馆协会、湖北省博物馆、武汉市相关博物馆协办，来自国家文物局、中国博物馆协会和中央文博机构负责人，各省、市、自治区、计划单列市文物主管部门与博物馆负责人，湖北省各市州博物馆负责人以及特邀代表等200余人参加。5月17日下午举办了“青年论坛”，发言嘉宾11人，围绕“博物馆的力量——青年人在行动”主题开展研讨；5月18日下午举办了“主题论坛”，发言嘉宾8人，围绕“博物馆的力量——潜力与能力”发表主旨报告和交流发言。

（4）主、承办海峡两岸、国际学术会议

为加强国际学术交流，提升本单位的学术水平和能力，湖北省博物馆也独立或联合主办相关国际学术会议。

1988年11月3日，湖北省对外文化交流协会、湖北省博物馆、武汉音乐学院联合举办的“中国古代科学文化国际交流·曾侯乙编钟专题活动”在武汉隆重开幕，来自美国、加拿大、日本、澳大利亚、苏联等国家，中国香港、中国台湾地区及国内考古、历史、音乐、冶金铸造、物理、机械工程方面的专家学者60余人参加活动。活动期间还在武汉音乐学院音乐厅举办了“曾侯乙编钟（复制件）音乐会”。本次活动为纪念曾侯乙编钟出土10周年而举办的国际会议。活动共收到论文40余篇，后以中、英文分别在中国与美国同时出版了文集。

1998年5月21—22日，由武汉音乐学院、湖北省博物馆、随州市人民政府联合举办的“98中国随州曾侯乙编钟国际学术研讨会”在湖北随州举办，来自国内多所高校、科研院所、文博机构的50余名历史、考古、音乐方面的专家学者和白俄罗斯等国家的音乐家、歌唱家参加研讨会。会议重点围绕1988年第一次曾侯乙编钟国际学术研讨会后有关曾侯乙编钟探究、曾国之谜、曾楚关系、音乐考古、乐器、艺术史、科技史等方面的新成果以及编钟文化的开发利用开展研讨。本次活动为纪念曾侯乙编钟发现20周年而举办的国际研讨会。

2010年11月5日，由国家文物局、英国驻华大使馆教育处及湖北省文物局共同主办的中英连线“博物馆馆藏的教育功能”研讨会在湖北省博物馆召开。

2012年3月9日，湖北省博物馆发起的中、意博物馆界展览交流会议成功举办。此次会议的召开为中、意博物馆界之间的交流开辟了直接的渠道，推动不同视角下新的博物馆事业的发展，同时也将为国内博物馆引进国外优秀展览提供更多机遇与选择。

2013年12月30日，由湖北省文物考古研究所、湖北省博物馆主办的“湖北叶家山西周墓地国际学术研讨会”在武汉举行，来自美国、日本、新加坡等国家和中国台湾地区的近百名专家学者参加研讨会。会议主要围绕叶家山墓地的年代、墓地布局、族属、随葬品等问题开展讨论。

2016 年 12 月 16—19 日，中国考古学会两周考古专业委员会、湖北省文物考古研究所、北京大学震旦古代文明研究中心、清华大学出土文献研究与保护中心、武汉大学青铜文明研究中心、京山县文化体育新闻出版局等单位联合召开了“曾国考古发现与研究暨纪念苏家垄出土曾国青铜器五十周年国际学术研讨会”。会议邀请了美国等国家和中国香港、中国台湾地区部分高校及文博研究机构，国内多所高校、文物考古研究所等单位的专家学者近 120 人。会议收到论文 50 余篇，40 余位学者作了学术报告。

2018 年 8 月 20—21 日，由中国社会科学院考古研究所、中国考古学会新石器考古专业委员会、湖北省文物考古研究所主办，荆门市屈家岭管理区承办的“史前陶器：技术与社会（屈家岭 · 2018）”学术研讨会在荆门市举办。来自国内文博考古机构、高校、科研院所以及美国加州大学洛杉矶分校、以色列希伯来大学等 18 家单位的 40 余位专家学者出席会议，对史前陶器研究提出新问题，共同探讨陶器研究的发展。会议研讨环节共分为 6 个模块，20 多位学者围绕陶器的研究史、技术痕迹的分析与观察、多学科视角下的陶器研究、陶窑的考察与研究、民族学与模拟实验以及陶器使用与史前社会等议题，探讨了史前陶器的技

1/2

1. 图 11-17　参加“曾侯乙编钟出土四十周年国际学术研讨会”的代表
2. 图 11-18　参加“湖北出土简帛日书国际学术研讨会”的代表

术与社会，对史前时代的研究提出了新的认识和思考。

2018 年 9 月 18—21 日，湖北省博物馆等组织召开了“曾侯乙编钟出土四十周年国际学术研讨会”（图 11-17），来自中国、美国、韩国、德国的 50 余位考古、古文字、音乐等专业的专家齐聚一堂，总结四十年来曾侯乙编钟等曾侯乙墓出土文物研究成果，结合近年来曾国考古新发现，展望未来曾国历史、考古、文化研究趋势。

2018 年 11 月 8—12 日，由湖北省博物馆、湖北省文物考古研究所、武汉大学简帛研究中心、美国芝加哥大学顾立雅中国古文字中心共同主办的“湖北出土简帛日书国际学术研讨会”在武汉召开（图 11-18），来自中国、美国、法国、德国、日本、韩国等《日书》研究领域的数十位专家学者参加会议。学者们主要围绕湖北九店楚墓、云梦睡虎地秦汉墓、随州周家寨汉墓出土简牍之《日书》整理和研究等问题展开了深入的学术研讨和交流。

2018 年 12 月 20 日，由中国文化和旅游部、印度文化部共同主办，故宫博物院、湖北省博物馆和印度国家博物馆、印度博物馆共同承办的“中印博物馆管理经验交流会”在印度国家博物馆举办。

挂靠湖北省博物馆、湖北省文物考古研究所（院）社会组织举办的相关学术会议参见行业组织部分，在此不赘述。

2. 学术交流活动

（1）海峡两岸学术交流活动

本单位注重海峡两岸学术交流，先后独立或合作开展、参加了多项活动。

2014 年 10 月 26—27 日，为加强海峡两岸博物馆文化交流与合作，更好地弘扬中华文化，由湖北省博物馆、武汉大学台湾研究所主办的首届“海峡两岸博物馆弘扬中华文化论坛 · 社会教育专题”在湖北省博物馆举行。故宫博物院院长单霁翔、台湾历史博物馆馆长张誉腾、台湾自然科学博物馆馆长孙维新等来自海峡两岸的 80 余位博物馆馆长、专家学者共享文化盛宴，在博物馆社会教育、志愿者服务及文创产品开发与营销等方面做了深入探讨。会上，两岸博物馆界与会代表达成共识，未来将以双年会型式，期能共尊、共荣、共享两岸博物馆的经验。

2016 年 4 月 12—15 日，第二届两岸博物馆双年会“2016 两岸博物馆新能量价值论坛”在台湾高雄佛光山佛陀纪念馆举办，两岸逾 40 家博物馆的代表与会，包括湖北省博物馆方勤、钱红、马业平、于淼在内的近 50 名博物馆界主管和学者专家参加。论坛以“博物馆经营方式及社会定位”为主题，内容分为“管理与经营”“产业与文化”“资源与共享”“典藏与维护”，探讨了博物馆与文化产业的省思转型、重新定位等。论坛上，佛陀纪念馆与湖北省博物馆缔结“文化交流友好博物馆”。

图 11-19 “海峡两岸考古教学交流基地”揭牌仪式

2018 年 7 月 14—18 日，全国首个“海峡两岸考古教学交流基地”落户湖北省博物馆、湖北省文物考古研究所，同时首个“海峡两岸考古教学参访团”参访武汉，参访团先后参观了武汉盘龙城遗址、天门石家河遗址、京山屈家岭遗址及随州曾国遗址。通过这一阶段的参访活动，台湾师生大致构建起对湖北早期历史发展脉络的认识，极大地激发了台湾师生对湖北地区先秦考古的学习和研究兴趣，增进了师生对考古学文化的了解。此次活动，深化了海峡两岸文化遗产保护领域的交流与合作，激发了海峡两岸师生共同保护中华优秀传统文化的热忱，为构建社会主义和谐社会、推动两岸和平发展提供了良好的沟通桥梁。

2019 年 7 月，“海峡两岸考古教学交流基地”组团赴台湾交流，先后到访台北故宫博物院，台湾“中央研究院”历史语言研究所，中兴大学、台南艺术大学等高校，实地考察了云林朝天宫、古笨港遗址、恒春古城等遗迹，并参加相关学术研讨会、座谈会等。

2019 年 8 月上旬，“梦回荆楚——第二届海峡两岸考古教学交流基地夏令营”成功举办。来自台湾大学、台湾师范大学、中兴大学、淡江大学等高校的 30 余名师生，与来自复旦大学、武汉大学、吉林大学、华中师范大学等高校的 10 余名师生，参观了湖北省博物馆和潜江龙湾、熊家冢国家考古遗址公园，纪南城考古工作站、楚纪南故城发掘现场，以及木兰湖考古基地、鲁台山遗址发掘现场等重要文博单位和考古现场。

2020 年因受疫情影响，“海峡两岸考古教学交流基地”未举办活动。

2021 年首届海峡两岸文博创意设计大赛由湖北省人民政府台湾事务办公室、湖北省文化和旅游厅（湖北省文物局）主办，海峡两岸考古教学交流基地、湖北省博物馆（湖北省文物考古研究所）协办。大赛以“走进历史 纪行荆楚”为主题，以湖北省博物馆“十大镇馆之宝”为素材蓝本，设计服务对象聚焦青少年儿童，关注其在博物馆参观学习的场景，用创意设计将文物的历史元素融入生活，从而创新生活方式，活化文物资源。2022 年第二届海峡两岸文博创意设计大赛由湖北省人民政府台湾事务办公室、湖北省文化和旅游厅（湖北省文物局）、武汉市人民政府台湾事务办公室、武汉市文化和旅游局、黄陂区人民政府台湾事务办公室主办，海峡两岸考古教学交流基地、湖北省文物考古研究院、湖北省博物馆、盘龙城遗址博物院协办。本届大赛以“青铜时代”为主题，选取了湖北省博物馆和盘龙城遗址博物院藏铜鹿角立鹤、立鸟兽面纹铜罍、“曾仲斿父”壶、青铜大圆鼎、绿松石镶金饰件、铜带鋬觚形器等 6 件极具代表性的文物为设计素材与蓝本，招募创意设计。两届大赛吸引两岸众多设计人员参加。

（2）参加重要国际和港澳台地区学术会议

湖北省博物馆注重国际和港澳台地区学术交流，先后多批次安排专业人员参加相关学术会议。

1999 年 8 月，美国加州大学、圣地亚哥艺术博物馆联合召开“中国古代科学与文化国际学术研讨会”，湖北省博物馆原馆长谭维四参加并作题为“曾侯乙墓的发现发掘与研究”的报告，同与会人员进行交流。

2011 年 1 月 24 日，湖北省博物馆罗运兵受邀赴日参加主题为“水陆交界地带的鱼和人”的国际会议，并在会上作题为“江汉地区先秦时期鱼类资源的开发”的学术报告，重点介绍了湖北省在这方面的资源优势（大量遗址出土鱼骨，其中有 24 个遗址经过科学鉴定，这在国内首屈一指）和已有研究的进展，湖北省鱼骨标本的丰厚积累及其在起源探索方面的优势引起了与会学者的广泛关注。

2011 年 5 月 26—28 日，罗运兵受邀参加在浙江省余姚市举办的“全球视野：河姆渡文化国际学术论坛”学术会议。

2015 年 6 月 27 日至 7 月 2 日，“国际博物馆协会乐器专委会（CIMCIM）2015 年年会暨国际学术研讨会”在俄罗斯莫斯科与圣彼得堡召开，湖北省博物馆派出 2 人参会，主要讨论 2018 年在中国召开年会的相关重要事宜。

2016 年 7 月上旬，“第 24 届国际博物馆协会大会暨博物馆博览会”在意大利米兰举行。本届博览会中国馆的创意、设计、布展由湖北省博物馆承担，开幕式上，湖北省博物馆编钟乐团表演的编钟乐舞尤其引人注目。

2016 年 10 月 27 日—11 月 1 日，“发现、研究与展示：东亚音乐及其在德国博物馆的收藏”国际学术研讨会在德国举办，湖北省博物馆黄凤春、魏冕参会。

（3）境外交流活动

湖北省博物馆参与各类境外交流活动年均 5 次以上，其主要方式是推出境外展览、随展举行编钟演奏会并安排人员进行交流（具体内容参见“陈列展览”“文创发展”部分）。除此之外，还受邀参加、主办学术会议、讲座，以及展演、访学活动等。

图 11–20　魏冕在“发现、研究与展示：东亚音乐与乐器在博物馆中的收藏”国际学术研讨会上发言

2011 年 12 月，中共湖北省委书记李鸿忠率团访问意大利，签署了湖北省与意大利托斯卡纳大区、威尼托大区的文化交流合作意向书。湖北省博物馆为落实这一合作意向，与国内、意大利多家博物馆发起成立了中意博联理事会。根据理事会安排，2015 年 6 月 26 日，“第四届中意博联理事会议暨学术研讨会”在意大利召开，会议由湖北省博物馆、罗马国家考古博物馆、乌菲齐博物馆等共同主办，来自全国 11 个省市的博物馆同人和意大利翁不里亚大区考古办公室、佩鲁贾大学、雷焦艾米利亚博物馆的专家学者参加会议，双方就有关博物馆管理、文物保护、文化交流及展览衍生品等多方面进行研讨。

2015 年，“楚腔汉调——经典汉剧演出”展演走进香港中文大学。本展演为 2015 年文化部对港澳文化交流项目，由香港中文大学文化艺术中心、邵逸夫堂与湖北省博物馆联合举办。

2016 年 5 月，湖北省博物馆木漆器保护专家李澜应香港中文大学文物馆邀请，赴香港对该馆馆藏的 22 件饱水漆木器保存状况进行调查与评估。他采用三维视频显微镜、扫描电镜能谱分析、红外光谱分析等现代仪器分析方法，对 22 件藏品进行研究，为该馆提出了保存可行性建议。10 月，香港中文大学文物馆将其中 2 件战国彩漆耳杯送至湖北省博物馆进行脱水加固定型保护。

2019 年 4 月 16 日，《中国湖北省博物馆与印度国家博物馆 2019 年度工作备忘录》签字仪式在印度国家博物馆举行，湖北省博物馆副馆长王先福和印度国家博物馆馆长玛尼分别代表双方签字。

图 11–21 《中国湖北省博物馆与印度国家博物馆 2019 年度工作备忘录》签署仪式

2019 年 9 月，湖北省博物馆派员参加了在日本京都举办的“国际博物馆协会第 25 届大会”。

2018—2022 年，湖北省博物馆有多名专业人员赴德国林登博物馆、美国哥伦比亚大学、英国伦敦大学学院和香港中文大学、香港浸会大学等开展学术交流与合作。

3. 学术合作

（1）与国内高校、科研院所及专业学术团体的合作

湖北省博物馆注重与国内相关高校、科研院所以及专业学术团体开展合作，自 20 世纪 50 年代开始就与中国科学院考古研究所（后改为中国社会科学院考古研究所）、中国科学院古脊椎动物与古人类研究所开展考古发掘项目合作，共同发掘了建始人遗址、京山屈家岭遗址、丹江口乱石滩遗址、长阳人遗址、郧县人遗址、郧县青龙泉遗址等，还与北京大学考古系（考古文博学院）、武汉大学历史学系考古专业、南京大学考古专业等合作发掘天门石家河遗址、黄陂盘龙城遗址、鄂城六朝墓等遗存。而进入 21 世纪后，湖北省博物馆还邀请多所高校考古系（专业）参与鄂北水资源配置、西气东输、鄂州机场等多个大型建设工程的考古发掘工作。

除考古发掘项目合作外，湖北省博物馆还提供或利用馆藏、出土文物及考古项目等资源，与相关高校、科研院所共同开展科技、考古、音乐、博物馆等方面的研究，合作培养相关专业人才，取得了良好效果。

1974 年，武汉大学开始筹办考古专业。武汉大学与湖北省博物馆协商，经湖北省委批准，决定自 1976 年秋季开始合办考古专业。1976 年，武汉大学历史学系考古专业正式招生，湖北省博物馆的部分专家如谭维四、王劲等成为该专业的授课老师，他们还参编了古人类、旧石器时代考古、新石器时代考古、商周考古、秦汉考古、三国两晋南北朝考古

等方面的教材。

1978 年 6 月，曾侯乙编钟出土后，为了确认编钟的演奏性能，中国音乐研究所联合上海交通大学、哈尔滨工业大学相关声学专业对 65 件钟进行了测音，确认都能发出乐音。

1979 年 3 月，湖北省博物馆邀请中国科学院自然科学史研究所、武汉机械工艺研究所、佛山球墨铜钢研究所、武汉工学院、哈尔滨科技大学成立“曾侯乙编钟复制研究组”联合攻关，于 1984 年 9 月成功复制出了全套曾侯乙编钟。

1979 年 6 月 20—26 日，中国机械工程学会和铸造学会在武昌东湖联合召开传统精铸工艺鉴定会，重点讨论曾侯乙墓镂空尊盘的精铸工艺和编钟的复制等问题。

1986 年 1 月，与中国科学院自然史研究所合作，对湖北省博物馆馆藏部分铜钱进行分析检测和研究。

2002 年，为有效地保护我国出土重要饱水木构件的各类遗址，科技部、国家文物局将“遗址大型饱水木构件原址保护技术研究”列为“十五”攻关课题。该课题由湖北省博物馆与中国文物研究所、中国地质大学（武汉）、中国科学院武汉岩土力学研究所、中国科学院武汉病毒研究所、成都市文物考古研究所及武汉现代工业研究院等单位共同承担，经过三年的努力，于 2005 年 4 月结项验收。

2003 年 5 月起，湖北省文物考古研究所与武汉大学中南医院合作，使用世界先进的 CT 扫描仪器，对郧县人 2 号头骨化石进行多层面、多方位扫描，获取了 250 多张有价值的层面图和大量相关资料，并运用计算机技术对头骨进行二维和三维重建。在此基础上，中法研究人员对头骨进行三维复原研究，将头骨破碎和变形的部位复位和矫形，参照相关资料，对头骨缺失部分进行修复。

2014 年 3 月 3 日，湖北省博物馆、湖北省文物考古研究所与武汉大学签订《湖北省博物馆、湖北省文物考古研究所与武汉大学历史学院战略合作框架协议书》，正式确立人才联合培养模式。

2014 年 7 月 28 日，“发现湖北——北京大学第七届全国中学生考古夏令营湖北线”开营仪式在湖北省博物馆举行。来自全国 19 个省、直辖市的 93 所重点中学的 130 名中学生，5 位中学历史老师和北京大学考古文博学院的 19 名师生参加了开营仪式。

2015 年 5 月 30 日，由湖北省文物考古研究所发起的“长江流域矿冶考古联盟成立大会”在湖北省大冶市召开，来自湖北、江西、安徽、湖南四省及相关高等院校的专家学者 20 余人出席会议。会议讨论通过了《长江流域矿冶考古联盟章程》，推选了联盟轮值理事长等人选，并为“长江流域矿冶考古联盟秘书处”和“长江流域矿冶考古联盟研究中心”举行了授牌仪式。

2017 年 1 月，与武汉大学化学与分子科学学院签署《战略合作框架协议》，合作开展前沿研究，重点是出土木漆器简牍保护技术基础研究与保护应用研究。

2017 年 3 月，与广东文艺职业学院签署《关于合作共建“出土竹木漆器保护修复实训基地”并开展首期实训等相关工作的协议》。

2018 年与武汉工程大学合作，通过现代仪器对古代漆器漆膜样品的检测数据进行提取，建立漆膜检测数据数字化第一期数据库。

2020 年，为传承与创新漆器保护修复技艺，培养漆器修复人才，湖北省博物馆与高校合作教学，充分利用双方在漆艺人才、科学研究和传统技术方面的优势，共同培养专业化、职业化的技术人才，与中南民族大学美术学院合作建立“漆器保护修复实习基地”。

2021 年 9 月，湖北省社会科学院与湖北省博物馆、湖北省文物考古研究所联合申报文物与博物馆学专业硕士授权点获批，并于 2022 年上半年开始招生。

2022 年 3—5 月，根据《教育部办公厅　国家文物局办公室关于实施考古学国家急需高层次人才培养专项的通知》，湖北省文物考古研究院分别与北京大学考古文博学院、中国人民大学考古文博系、吉林大学考古学院、复旦大学文物与博物馆学系 / 科技考古研究院、南京大学历史学院考古文物系、山东大学历史文化学院考古学系、四川大学考古文博学院、安徽大学历史学院考古系等签署合作协议，共同培养文博考古专业人才，建立实习基地。

2022 年 6 月 10 日，湖北考古博物馆在黄陂木兰湖举行开馆仪式。仪式上，湖北省社会科学院院长刘光远与湖北省博物馆馆长、湖北省文物考古研究院院长方勤签署双方《联合培养文博专硕战略合作协议》，并为武汉大学、华中师范大学、中南民族大学、湖北大学、湖北省社会科学院实习实训基地揭牌。

（2）国际合作

开展国际学术合作也是湖北省博物馆的一项重要学术内容。国际学术合作主要集中于 1978 年曾侯乙墓发现之后，除了开展海外联合展览、举办相关学术研讨会外，主要合作项目有：

1955 年，德意志民主共和国东方学院教授艾克斯博士来湖北省博物馆进行学术交流，这也是湖北省博物馆筹备处成立后的第一位外宾。

1981 年 6 月 11—13 日，应国家文物局邀请，著名美籍华人考古学家、哈佛大学教授张光直来湖北省博物馆参观并考察黄陂盘龙城遗址，与湖北省博物馆和湖北省考古学会部分专家座谈，提出相关学术合作意向。

1981 年 9 月 23—29 日，大英博物馆东方部主任杰西卡・玛丽・罗森夫人来访馆，先后参观湖北省博物馆、黄陂盘龙城遗址、楚纪南城遗址、湖北省博物馆江陵纪南城考古工作站等地，观摩湖北省博物馆青铜器、玉器等，并与湖北省博物馆和湖北省考古学会部分专家进行专题座谈，为后来湖北省博物馆与大英博物馆的合作奠定了基础。

1982 年 9 月，湖北省博物馆屠忠琳、王劲两位专家赴罗马尼亚进行文博专业的考察和交流。

1998 年 8 月 1—31 日，应法国自然科学博物馆馆长亨利・德・鲁姆莱（Henry de Lumley）邀请，湖北省文物考古研究所研究员李天元赴法国访问。经批准，李天元出访时携带郧县人 1、2 号头骨模型。李天元返回时，鲁姆莱赠送了欧洲发现的古人类化石等 8 件模型。

1 | 2　1. 图 11-22　李天元和玛丽·德·鲁姆莱（Marie-Antoinette de Lumley）教授一起观察郧县人化石模型

2. 图 11-23　德伦莱教授（左）、柯孟德副教授（中）和李天元在一起观察地层剖面

2000 年 10 月，法国国立自然历史博物馆原馆长、古人类研究所所长德伦莱（Henry de lumley）教授一行共 6 人的学术代表团访问中国，其目的是协助中国学者开展郧县人遗址测年研究工作。湖北省文物考古研究所、十堰市博物馆、郧县博物馆工作人员共 7 人参与。中法两国学者严格按照国家文物局要求和签署的协议开展工作，从郧县人遗址现场取土样运到法国进行测年。

2004 年 3 月 30 日，由法国自然历史博物馆举办的“中国旧石器时代大展”在巴黎开幕。中方 8 名学者访问法国并参加开幕式。此次大展上，湖北省文物考古研究所带去了郧县人遗址出土的石器和动物化石模型共 24 件，展期为一年。

图 11-24　湖北省文物考古研究所研究员李天元赴法国参加“中国旧石器时代大展”及学术交流

图 11-25　郧县人头骨化石三维复原研究成果汇报会

2004 年 7 月 1 日，美国加利福尼亚大学洛杉矶分校美术史系教授罗泰（Lothar von Falkenhausen）博士一行 4 人来湖北省博物馆、湖北省文物考古研究所作学术报告。

2004 年 10 月 25 日，郧县人头骨化石三维复原研究成果汇报会在湖北省文物考古研究所举行，法国自然历史博物馆古人类研究所艾美莉博士专程来汉参加汇报会，并向湖北省文物考古研究所赠送了记录相关工作的光盘。此前的 10 月 20 日，法国驻华大使在北京向湖北省文物考古研究所李天元研究员赠送了郧县人 2 号头骨化石复原模型。

2010 年 8 月 23 日至 28 日，“国际动物考古学会（ICAZ）第 11 届世界大会”在巴黎隆重召开，湖北省文物考古研究所罗运兵博士受邀与会，并在大会作学术报告。此行经费得到法国驻华大使馆赞助。

2013 年 11 月 8 日，纽约大都会艺术博物馆馆长坎贝尔、亚洲艺术部部长何慕文先生来湖北省博物馆参观考察，就都关注的展览交流问题进行了洽谈。

2014 年 1 月 14 日，湖北省博物馆与意大利佛罗伦萨国立考古博物馆签订了《湖北省博物馆与佛罗伦萨国立考古博物馆友好合作关系协议》。

2017 年 6 月 14 日（美国旧金山当地时间 6 月 13 日）下午，湖北省博物馆编钟古乐团 6 名成员受美国黑鹰博物馆创始人、美国慈善家肯尼斯・贝林先生邀请，赴美国旧金山黑鹰博物馆，参加改造升级后黑鹰博物馆中国特展的开幕式。仪式上湖北编钟古乐团准备了极富中国古典特色的多首乐曲，为之呈现了来自古老中国的编钟音乐，在大洋彼岸奏响中美文化交流的乐章。

2017 年 12 月 2 日上午，湖北省博物馆与美国旧金山亚洲艺术博物馆展览签约仪式在编钟馆一楼举行，湖北省博物馆馆长方勤与美国旧金山亚洲艺术博物馆馆长许杰分别代表双方签约。此次双方的合作，集中以楚国、曾国的文化内涵突显湖北在先秦时代辉煌灿烂的文化，将楚国、曾国及与他们周边国家的关系以展品为依托呈现给大众，旨在向国际友人展现湖北先秦文明，更好地宣传湖北境内丰富的文化蕴藏。

2017 年 1 月，湖北省博物馆与德国林登博物馆签署合作协议。

2018 年 7 月 20 日，湖北省博物馆与美国贝林基金会战略合作签约仪式在湖北省博物馆举行。湖北省博物馆馆长方勤、美国贝林基金会主席肯尼斯·贝林分别代表双方签字。本次合作的一个重要成果就是在贝林基金会下属的黑鹰博物馆设立“荆楚文化传播中心”，双方将以该中心为媒介，在临时展览策划与交流、文创产品研发与销售等方面开展全方位合作。同时，湖北省博物馆将分批安排专业演奏人员赴黑鹰博物馆开展曾侯乙编钟复制品演奏培训，让陈列在黑鹰博物馆里的曾侯乙编钟（复制品）“活”起来。

2018 年 10 月 19 日，“盘龙城遗址联合考古项目”在盘龙城国家考古遗址公园小嘴遗址考古发掘地启动。至 2021 年，中美联合考古队对盘龙城遗址开展联合考古，深入了解盘龙城遗址的功能与性质。中美联合考古队由武汉大学、芝加哥大学、湖北省文物考古研究所、武汉市文物考古研究所、盘龙城遗址博物院的专家组成。联合考古期间，中美学者将重点研究盘龙城遗址聚落形态和布局、手工业生产、自然环境变迁、区域聚落形态分布与互动等课题。

2018 年 11 月—2020 年 1 月，南京大学、河北师范大学、湖北省文物考古研究所组成联合考古队对巴基斯坦巴哈塔尔（Jhang Bahatar）遗址进行考古发掘。

2019 年 12 月 4 日，德国萨克森州民族志收藏馆与湖北省博物馆签订合作协议。

（四）学术课题

本单位支持学术课题的申报，先后有多项国家、省、厅局级课题立项并于 2011 年出台《湖北省博物馆、湖北省文物考古研究所内部科研项目管理办法》。

主持学术课题一览表

序号	课题名称	课题性质	课题编号 / 实施时间	主持人	进展
1	《曾侯乙墓》考古报告编纂	国家“六五”重点社科项目		谭维四	1989 年出版
2	曾侯乙编钟复制研究		1984 年	陈中行	完成并获奖
3	曾侯乙编磬复原研究		1984 年	陈中行	完成并获奖
4	古代漆木器与竹简的脱水保护	文化部十二年规划项目		陈中行	结项并获奖
5	乙二醛脱水加固、定型古代饱水漆木器研究			陈中行	完成并获奖

续表

序号	课题名称	课题性质	课题编号/实施时间	主持人	进展
6	遗址大型饱水木构件原址保护技术研究	科技部、国家文物局“十五”攻关课题	2001—2005年	陈中行	结项并申请专利
7	编钟乐舞的计算机虚拟仿真技术的研究与应用	湖北省教育厅课题	2004z001	万全文	结项
8	全国馆藏文物腐蚀损失调查子课题竹木漆器类文物腐蚀损失调查专题	国家文物局	2004—2005年	陈中行	结项
9	无强度丝绸的微生物加固方法	科技部、国家文物局“十五”攻关课题	2004—2007年	陈中行	结项并申请专利
10	利用细菌纤维素修复保护木质文物的研究与运用	国家文物局文物保护科学和技术研究课题	2005—2006年	周松峦	结项
11	变形木漆器的整形技术研究	国家文物局文物保护科学和技术研究课题	2006—2009年	陈中行	结项
12	中国古代家猪饲养的早期发展	国家文物局课题	20070118	罗运兵	结项
13	汉水中游地区古动物遗存研究	湖北省文物局南水北调文物保护科研课题		罗运兵	结项
14	湖北省南水北调文物保护工程中出土人骨的综合研究	湖北省文物局南水北调文物保护科研课题		周　蜜	结项
15	湖北省推进学习型党组织建设丛书——湖北文物精粹	湖北省社科基金项目	[2011]WT018	万全文	结项
16	饱水竹木器超临界干燥脱水方法预研究	国家文物局文物保护科学和技术研究课题	2011—2013年	陈中行	结项
17	出土木漆器文物矫形设备工具的研制	出土木漆器保护国家文物局重点科研基地开放课题	2013—2015年	陈中行	结项
18	乙二醛填充脱水法的加速研究	出土木漆器保护国家文物局重点科研基地自主课题	2013—2015年	陈中行	结项
19	随州叶家山西周曾国墓地考古发掘报告	国家社科基金重大项目	14ZDB051	黄凤春	结项
20	清华简《楚居》与楚国都城研究	国家社科基金一般项目	14BZS069	笪浩波	结项
21	出土木漆器乙二醛脱水技术优化研究	湖北省地方科技课题	2015—2016年	陈中行	结项
22	曾侯乙墓出土人骨的综合研究	国家社科基金一般项目	16BKG023	周　蜜	结项

续表

序号	课题名称	课题性质	课题编号/实施时间	主持人	进展
23	秦郡新探——以出土文献为主要切入点	国家社科基金后期资助项目	16FZS003	凡国栋	结项
24	科技考古视角下曾侯乙墓出土青铜器的再研究	国家社科基金青年项目	17CKG020	江旭东	结项
25	宜昌万福垴遗址考古报告	国家社科基金一般项目	17BKG022	黄文新	结项
26	随州周家寨墓地发掘报告	国家社科基金一般项目	17BKG029	罗运兵	结项
27	大冶铜绿山古矿冶遗存考古新发现资料整理与研究	国家社科基金重点项目	17AZD025	陈树祥	结项
28	荆楚系列馆藏文物的文创产品开发与运营	“互联网＋中华文明”2017年度示范项目		湖北致信礼邦公司	结项
29	湖北省文化遗产知识平台	“互联网＋中华文明”2017年度示范项目		武汉数文科技公司	结项
30	枣阳郭家庙墓地发掘报告（2014—2016）	国家社科基金重点项目	18AKG005	方　勤	进行中
31	周代邓国考古学文化研究	国家社科基金一般项目	18BKG019	王先福	结项
32	湖北博物馆科普资源数据库（青少版）	“互联网＋中华文明”2018年度示范项目		于　淼	结项
33	有机硅基复合材料在高度劣化漆木器保护中的应用研究	与武汉大学合作课题（2017—2019）		李　澜	结项
34	漆器漆膜现代仪器大数据分析应用系统	与武汉工程大学合作课题（2018—2019）		李　澜	结项
35	石家河遗址发掘报告（2014—2018）	国家社科基金重大项目	19ZDA228	孟华平	进行中
36	两周曾国墓地研究	国家社科基金一般项目	19BKG007	胡　刚	进行中
37	博物馆的文化传播的现状、模式与效果	国家社科基金一般项目		于　淼	进行中
38	周家寨简牍保护			陈子繁	结项
39	两周曾国玉器整理与研究	国家社科基金一般项目	20BKG045	陈　春	进行中
40	长江中游文明进程研究之夏商周课题	“考古中国”重大研究项目	文物保函〔2020〕444号	方　勤	进行中

续表

序号	课题名称	课题性质	课题编号 / 实施时间	主持人	进展
41	曾侯乙尊盘的数字化复原	中宣部“宣传思想文化青年英才”项目		江旭东	进行中
42	湖北省考古调查、勘探、发掘经费预算定额管理办法	湖北省文化和旅游厅设立的省级考古定额研究课题		罗运兵	结项
43	湖北随州枣树林春秋曾国墓地考古发掘资料的整理和研究	国家社科基金重大项目	21&ZD236	郭长江	进行中
44	人类起源专项调查与课题研究	“湖北省长江文物资源调查研究”课题	2021—2022 年	陆沉秋	结项
45	楚文化专项调查与课题研究		2021—2022 年	方　勤	结项

也有很多人员参与其他单位主持的课题组，如武汉大学徐少华教授主持的《周代汉淮地区列国青铜器和历史、地理综合整理与研究》，馆所就有方勤、王先福、陈丽新、凡国栋、黄凤春等多人参加。

（五）学术成果

湖北省博物馆高度重视科研工作，努力提升专业技术人员科学研究水平，以科研成果带动博物馆高质量发展为重心，促进学科建设发展。不断挖掘专业技术人员潜力，提升综合能力，鼓励大家积极参加科研项目，除项目申报、课题研究外，还在学术成果出版、论文发表等方面取得了优异成绩。

1. 出版成果

70 年来，湖北省博物馆出版成果近 300 部，正式出版的成果主要集中于 2002 年馆所合署办公之后，在此之前的成果数量仅占不到四分之一，这一时期还出版了一些资料、讲授或培训教材及文物介绍编印本，以及以《江汉考古》增刊形式出现的论文集等。成果以考古报告、文物图录、展览图录为主，还有简牍、古籍整理成果及论文集、学术专著、通俗读物等。几乎涉及考古、文物、博物馆的各个方面，涵盖的时代上起旧石器时代，下至近现代。

重要编印成果一览表

序号	名称	类别	作者	编印者	编印时间
1	乡社怎样办博物馆、展览馆和小型展览	资料选编		湖北省博物馆选编	1958 年 12 月
2	发扬革命的光荣传统，认真做好革命文物的保护工作——省革命文物座谈会资料选辑	资料选编		湖北省博物馆	1974 年 8 月
3	旧石器时代考古、新石器时代考古、商周考古、战国时期考古、秦汉考古、魏晋南北朝至宋元明考古	教材		湖北省博物馆文物考古队	20 世纪 70 年代
4	古人类	教材		中国科学院古脊椎动物与古人类研究所编　武汉大学历史系考古专业　湖北省博物馆印	1977 年 3 月
5	鄂城铜镜	教材(手稿)	管维良	湖北省博物馆、鄂城县文化馆	1978 年 3 月
6	随县擂鼓墩一号墓出土文物简介	文物介绍	湖北省博物馆	湖北省博物馆编印	1978 年 11 月
7	随县曾侯乙墓发掘简报与论文汇编	报告论文集	湖北省博物馆	湖北省博物馆编印	1979 年 7 月
8	楚都纪南城考古资料汇编	考古报告	湖北省博物馆	湖北省博物馆编印	1980 年 10 月
9	学习、宣传、贯彻《中华人民共和国文物保护法》专辑	资料汇编	湖北省博物馆	《江汉考古》增刊	1982 年 12 月
10	曾侯乙编钟的复制研究	文物研究	湖北省博物馆、曾侯乙编钟复制组	湖北省博物馆编印	1984 年 9 月
11	湖北随州擂鼓墩出土文物	文物图录	湖北省博物馆	中国文物展览馆	1984 年 12 月
12	湖北省博物馆学会成立大会纪念册	文集	湖北省博物馆学会秘书处	湖北省博物馆学会秘书处编印	1985 年 5 月
13	博物馆学论文选	论文集	湖北省博物馆学会秘书处	湖北省博物馆学会秘书处编印	1985 年 5 月
14	湖北省考古学会论文选集（一）	论文集	湖北省考古学会	武汉大学学报编辑部	1987 年 7 月
15	湖北省考古学会论文选集（二）	论文集	湖北省考古学会	《江汉考古》编辑部（增刊）	1991 年 7 月

续表

序号	名称	类别	作者	编印者	编印时间
16	湖北省考古学会论文选集（三）	论文集	湖北省考古学会	《江汉考古》编辑部（增刊）	1998 年 11 月
17	曾侯乙墓编钟铭文	文物图录	湖北省博物馆	《殷周金文集成》第二册抽印	2007 年 1 月
18	湖北考古报告集（一）	考古报告	湖北省文物考古研究所	《江汉考古》增刊	2008 年 6 月
19	湖北考古报告集（二）	考古报告	湖北省文物考古研究所	《江汉考古》增刊	2015 年 11 月
20	纪南城考古发现	考古报告	湖北省文物考古研究所	《江汉考古》增刊	2015 年 11 月
21	三苗与南土——湖北省文物考古研究所“十二五”期间重要考古收获	展览图录	湖北省博物馆	《江汉考古》增刊	2016 年 10 月

出版成果一览表

序号	名称	类别	作者	出版社	出版时间
1	看图讲革命故事（一）	文物介绍	湖北省博物馆	湖北人民出版社	1959 年 6 月
2	睡虎地秦墓竹简(平装本)	简牍专著	睡虎地秦墓竹简整理小组	文物出版社	1978 年 11 月
3	随县曾侯乙墓	考古报告	湖北省博物馆	文物出版社	1980 年 4 月
4	武当山	文物图录	湖北省博物馆	文物出版社	1981 年 3 月
5	云梦睡虎地秦墓	考古报告	《云梦睡虎地秦墓》编写组	文物出版社	1981 年 9 月
6	武昌起义档案资料选编（上、中、下卷）	资料汇编	中国人民政治协商会议湖北省暨武汉市委员会、中国社会科学院近代史研究所、湖北省博物馆、武汉市档案馆	湖北人民出版社	上卷 1981 年 8 月，中卷 1982 年 9 月，下卷 1983 年 3 月
	杨守敬《书学迩言》校注	古籍点校	陈上岷校注	文物出版社	1982 年 12 月
7	战国曾侯乙墓出土文物图案选	文物图录	湖北省博物馆等	长江文艺出版社	1984 年 12 月
8	鄂城汉三国六朝铜镜	文物图录	湖北省博物馆	文物出版社	1986 年 3 月
9	楚章华台学术讨论会论文集	论文集	湖北省考古学会	武汉大学出版社	1988 年 10 月

续表

序号	名称	类别	作者	出版社	出版时间
10	中国湖北出土文物——曾侯乙编钟国际文化交流	文物图录	湖北省对外文化交流协会、湖北省博物馆	湖北书报社	1988 年 11 月
11	TWO-TONE SET-BELLS OF MARQUIS YI（曾侯乙编钟研究）	文物研究	程贞一、谭维四、舒之梅	World Scientific	1988 年 11 月
12	博物馆学论文选（2）	论文集	湖北省博物馆学会	武汉大学出版社	1989 年 5 月
13	曾侯乙墓（上、下）	考古报告	湖北省博物馆	文物出版社	1989 年 7 月
14	楚国科学技术史稿	学术专著	后德俊	湖北科学技术出版社	1990 年 5 月
15	杨守敬评碑评帖记	古籍整理	[清]杨守敬著，陈上岷整理	文物出版社	1990 年 9 月
16	唐醉石制印选集	印章图录	陈上岷、谷有荃	长江文艺出版社	1990 年 11 月
17	睡虎地秦墓竹简(精装本)	简牍专著	睡虎地秦墓竹简整理小组	文物出版社	1990 年 9 月第一版，2001 年 12 月再版
18	包山楚墓	考古报告	湖北省荆沙铁路考古队	文物出版社	1991 年 1 月
19	包山楚简	简牍专著	湖北省荆沙铁路考古队	文物出版社	1991 年 10 月
20	湖北科学技术史稿	学术专著	后德俊	湖北科技出版社	1991 年 12 月
21	曾侯乙特别展——日中国交正常化 20 周年纪念（日文版）	展览图录	湖北省博物馆、日本东京国立博物馆	日本经济新闻社	1992 年 3 月
22	曾侯乙墓文物艺术	文物图录	湖北省博物馆	湖北美术出版社	1992 年 6 月
23	曾侯乙编钟研究	文物研究	湖北省博物馆等	湖北人民出版社	1992 年 11 月
24	湖北文物奇观	通俗读物	湖北省文物考古研究所	湖北人民出版社	1993 年 9 月
25	睡虎地秦简文字编	简牍整理	陈振裕、刘信芳	湖北人民出版社	1993 年 12 月
26	文物考古与博物馆论丛	论文集	谭维四、白绍芝	湖北美术出版社	1993 年 12 月
27	中国博物馆：湖北省博物馆	博物馆丛书	湖北省博物馆	文物出版社	1994 年 10 月
28	湖北出土战国秦汉漆器	展览图录	香港中文大学文物馆、湖北省博物馆	香港中文大学文物馆	1994 年 12 月
29	曾侯乙墓文物珍赏	文物图录	湖北省博物馆	湖北美术出版社	1995 年 5 月
30	望山楚简	简牍整理	湖北省文物考古研究所、北京大学中文系	中华书局	1995 年 6 月
31	江陵九店东周墓	考古报告	湖北省文物考古研究所	科学出版社	1995 年 7 月
32	杨守敬题跋书信遗稿	文物图录	杨先梅辑，刘信芳校注	巴蜀书社	1996 年 3 月

续表

序号	名称	类别	作者	出版社	出版时间
33	江陵望山沙冢楚墓	考古报告	湖北省文物考古研究所	文物出版社	1996年4月
34	楚秦汉漆器艺术·湖北	文物图录	陈振裕	湖北美术出版社	1996年12月
35	长江中游史前文化结构	考古研究	孟华平	长江文艺出版社	1997年8月
36	中国漆器全集（2）：战国——秦	文物图录	陈振裕	福建美术出版社	1997年10月
37	鸿禧文物（第二期）——湖北先秦文化论集	论文集	《鸿禧文物》编辑委员会、湖北省博物馆	鸿禧美术馆	1997年12月
38	中国古典家具	文物研究	李德喜、陈善钰	华中理工大学出版社	1998年3月
39	中国古代漆器展	展览图录	东京国立博物馆、湖北省博物馆	（日本）株式会社东京美术	1998年7月
40	楚文化——奇谲浪漫的南方大国	文化丛书	舒之梅等	上海远东出版社、商务印书馆（香港）	1998年12月
41	天门石家河考古发掘报告之一：肖家屋脊（上、下册）	考古报告	湖北省荆州博物馆、湖北省文物考古研究所、北京大学考古学系石家河考古队	文物出版社	1999年6月
42	中国古代漆器造型纹饰	文物图录	陈振裕	湖北美术出版社	1999年7月
43	剑舞楚天——越王勾践剑暨楚国出土文物特展	展览图录	湖北省博物馆	台湾博物馆	1999年11月
44	江汉地区先秦文明	展览图录	湖北省博物馆等	香港中文大学出版社	1999年12月
45	艺超象外：湖北省博物馆藏邵声朗绘画作品	展览图录	湖北省博物馆	湖北美术出版社	2000年1月
46	九店楚简	简牍整理	湖北省文物考古研究所等	中华书局	2000年5月
47	罗州城与汉墓	考古报告	黄冈市博物馆、湖北省文物考古研究所等	科学出版社	2000年7月
48	奋发荆楚　探索文明——湖北省文物考古研究所论文集	论文集	湖北省文物考古研究所	湖北科学技术出版社	2000年9月
49	三峡考古之发现（二）	考古报告	国家文物局三峡工程文物保护领导小组湖北工作站	湖北科学技术出版社	2000年10月
50	20世纪中国文物考古发现与研究丛书：楚文化	通俗读物	杨权喜	文物出版社	2000年10月
51	武穴鼓山——新石器时代墓地发掘报告	考古报告	湖北省京九铁路考古队、湖北省文物考古研究所	科学出版社	2001年2月

续表

序号	名称	类别	作者	出版社	出版时间
52	光耀东方——楚国的科技成就	知识丛书	后德俊	湖北教育出版社	2001 年 3 月
53	盘龙城：1963 年—1994 年考古发掘报告（上、下）	考古报告	湖北省文物考古研究所	文物出版社	2001 年 8 月
54	龙岗秦简	简牍整理	中国文物研究所、湖北省文物考古研究所	中华书局	2001 年 8 月
55	20 世纪中国文物考古发现与研究丛书：曾侯乙墓	通俗读物	谭维四	文物出版社	2001 年 9 月
56	宜都城背溪	考古报告	湖北省文物考古研究所	文物出版社	2001 年 11 月
57	郧县人	重点课题报告	李天元	湖北科学技术出版社	2001 年 12 月
58	乐宫之王：曾侯乙墓考古大发现	通俗读物	谭维四	浙江文艺出版社	2002 年 3 月
59	盘龙城青铜文化	科普读物	李桃元	湖北美术出版社	2002 年 10 月
60	武昌放鹰台	考古报告	湖北省文物考古研究所	文物出版社	2003 年 6 月
61	楚文化与漆器研究	论文集	陈振裕	科学出版社	2003 年 7 月
62	秭归柳林溪	考古报告	湖北省文物考古研究所（项目承担）	科学出版社	2003 年 7 月
63	中国重大考古发掘记：曾侯乙墓	通俗读物	谭维四	生活·读书·新知三联书店	2003 年 8 月
64	清江流域古动物遗存研究	科技考古	陈全家、王善才、张典维	科学出版社	2004 年 5 月
65	尘封的瑰宝——丹江口水库湖北淹没区文物图珍	图录	王红星	湖北美术出版社	2004 年 6 月
66	赤壁土城——战国西汉城址墓地调查勘探发掘报告	考古报告	湖北省文物考古研究所等	科学出版社	2004 年 7 月
67	清江考古	考古报告	湖北省清江隔河岩考古队等	科学出版社	2004 年 9 月
68	清江考古掠影及出土文物图录	图录	湖北省清江隔河岩考古队等	科学出版社	2004 年 10 月
69	荆门罗坡岗与子陵岗	考古报告	湖北省文物考古研究所等	科学出版社	2004 年 11 月
70	秭归官庄坪	考古报告	湖北省文物考古研究所（项目承担）	科学出版社	2005 年 6 月
71	襄阳王坡东周秦汉墓	考古报告	湖北省文物考古研究所等	科学出版社	2005 年 8 月

续表

序号	名称	类别	作者	出版社	出版时间
72	枣阳郭家庙曾国墓地	考古报告	襄樊市考古队、湖北省文物考古研究所等	科学出版社	2005年9月
73	图说楚文化——恢诡谲怪 惊采绝艳	文物图录	湖北省博物馆	湖北美术出版社	2006年1月
74	巴东罗坪	考古报告	湖北省文物考古研究所（项目承担）	科学出版社	2006年1月
75	大冶五里界——春秋城址与周围遗址考古报告	考古报告	湖北省文物考古研究所	科学出版社	2006年4月
76	随州孔家坡汉墓简牍	考古报告	湖北省文物考古研究所等	文物出版社	2006年6月
77	郧西人——黄龙洞遗址发掘报告	考古报告	湖北省文物考古研究所	科学出版社	2006年9月
78	湖北出土文物精粹	文物图录	湖北省博物馆	文物出版社	2006年11月
79	荆门左冢楚墓	考古报告	湖北省文物考古研究所等	文物出版社	2006年12月
80	湖北省博物馆藏日本卷子本经籍文书	文物图录	湖北省博物馆	上海辞书出版社	2006年12月
81	感知楚人的世界：楚文化展导览	通俗读物	湖北省博物馆	湖北美术出版社	2006年12月
82	战国秦汉漆器群研究	学术专著	陈振裕	文物出版社	2007年3月
83	天门石家河考古报告之二：邓家湾	考古报告	湖北省文物考古研究所等石家河考古队	文物出版社	2007年6月
84	曾国青铜器	文物图录	湖北省文物考古研究所	文物出版社	2007年7月
85	梁庄王墓（上、下）	考古报告	湖北省文物考古研究所等	文物出版社	2007年3月
86	张懋夫妇合葬墓	考古报告	湖北省文物考古研究所	科学出版社	2007年7月
87	鄂城六朝墓	考古报告	南京大学历史系考古专业、湖北省文物考古研究所等	科学出版社	2007年9月
88	郧县人——长江中游的远古人类	展览图录	湖北省博物馆	文物出版社	2007年9月
89	屈家岭——长江中游的史前文化	展览图录	湖北省博物馆	文物出版社	2007年9月
90	盘龙城——长江中游的青铜文明	展览图录	湖北省博物馆	文物出版社	2007年9月
91	曾侯乙墓——战国早期的礼乐文明	展览图录	湖北省博物馆	文物出版社	2007年9月

续表

序号	名称	类别	作者	出版社	出版时间
92	九连墩——长江中游的楚国贵族大幕	展览图录	湖北省博物馆	文物出版社	2007 年 9 月
93	梁庄王墓——郑和时代的瑰宝	展览图录	湖北省博物馆	文物出版社	2007 年 9 月
94	楚天英杰——湖北近现代人物画传	展览图录	湖北省博物馆	文物出版社	2007 年 9 月
95	古代瓷器——湖北省博物馆藏瓷器选	展览图录	湖北省博物馆	文物出版社	2007 年 9 月
96	秦汉漆器——长江中游的髹漆艺术	展览图录	湖北省博物馆	文物出版社	2007 年 9 月
97	书写历史——战国秦汉简牍	展览图录	湖北省博物馆	文物出版社	2007 年 9 月
98	明清书画——湖北省博物馆藏书画选	展览图录	湖北省博物馆	文物出版社	2007 年 9 月
99	TREASURES UNEARTHED FROM HUBEI	文物图录（英文版）	Hubei Provincial Museum	Cultural Relics Press	2008 年 3 月
100	敝帚自珍——丰子恺晚年漫画精品	展览图录	湖北省博物馆	湖北美术出版社	2008 年 4 月
101	七彩霓裳——云贵高原民族服饰	展览图录	湖北省博物馆	湖北美术出版社	2008 年 6 月
102	浑厚华滋——黄宾虹山水精品	展览图录	湖北省博物馆	湖北美术出版社	2008 年 6 月
103	雄肆朴茂——吴昌硕书画精品	展览图录	湖北省博物馆	湖北美术出版社	2008 年 9 月
104	房县七里河	考古报告	湖北省文物考古研究所	文物出版社	2008 年 9 月
105	再现英华——湖北省基建工程中的重要考古发现（1998~2007）	展览图录	湖北省博物馆	湖北美术出版社	2008 年 11 月
106	博物馆免费开放研究——以湖北省博物馆为例	论文集	湖北省博物馆	湖北美术出版社	2008 年 11 月
107	心游目想——鸿禧美术馆藏中国书画	展览图录	湖北省博物馆	湖北美术出版社	2008 年 12 月
108	心与音——文化视野下的世界民族乐器	展览图录	湖北省博物馆	湖北美术出版社	2008 年 12 月
109	展览图录	展览图录	湖北省博物馆	湖北美术出版社	2008 年？月
110	物我观照——鸿禧美术馆藏雅趣品录	展览图录	湖北省博物馆	湖北美术出版社	2009 年 3 月

续表

序号	名称	类别	作者	出版社	出版时间
111	簡牘名蹟選 3 湖北篇一	简牍图录	湖北省博物馆、荆门市博物馆	（日本）株式会社二玄社	2009 年 3 月
112	千古英雄——“大三国志展”归国汇报展	展览图录	湖北省博物馆	湖北人民出版社	2009 年 4 月
113	宇宙心印——刘国松绘画一甲子	展览图录	湖北省博物馆	湖北人民出版社	2009 年 4 月
114	南张北溥——台北历史博物馆藏溥心畬书画精品	展览图录	湖北省博物馆	湖北人民出版社	2009 年 8 月
115	折衷古今　岭南三高画艺　香港中文大学文物馆藏品	展览图录	湖北省博物馆	湖北科学技术出版社	2009 年 10 月
116	邻苏园藏书目录	古籍整理	湖北省博物馆	上海辞书出版社	2009 年 11 月
117	丹青巨匠——齐白石绘画精品	展览图录	湖北省博物馆	湖北科学技术出版社	2009 年 12 月
118	红色记忆——中国人民革命军事博物馆馆藏历史题材油画展	展览图录	湖北省博物馆	湖北人民出版社	2010 年 1 月
119	剑舞楚天——湖北出土楚文物展	展览图录	深圳博物馆、湖北省博物馆	文物出版社	2010 年 3 月
120	自然的吟唱——重庆中国三峡博物馆藏花鸟画精品	展览图录	湖北省博物馆	湖北科学技术出版社	2010 年 3 月
121	师法造化——安徽省博物馆藏新安画派精品	展览图录	湖北省博物馆	湖北人民出版社	2010 年 6 月
122	盛夏清风——吉林省博物院藏扇面精品	展览图录	湖北省博物馆	湖北人民出版社	2010 年 8 月
123	湖北省博物馆藏书画选	书画图录	湖北省博物馆	文物出版社	2010 年 9 月
124	灵心漫游——湖北部分老画家作品	书画图录	湖北省博物馆	湖北人民出版社	2010 年 10 月
125	秋尽江南——南京博物院藏“扬州八怪”书画精品	展览图录	湖北省博物馆、南京博物院	湖北人民出版社	2010 年 11 月
126	秭归东门头	考古报告	湖北省文物考古研究所（项目承担）	科学出版社	2010 年 12 月
127	三峡湖北段沿江石刻	文物图录	湖北省文物局三峡办、湖北省文物考古研究所（项目承担）	科学出版社	2010 年 12 月

续表

序号	名称	类别	作者	出版社	出版时间
128	随州金鸡岭	考古报告	湖北省文物考古研究所等	科学出版社	2011 年 6 月
129	近现代书画——湖北省博物馆藏品精华展	展览图录	湖北省博物馆	湖北人民出版社	2011 年 6 月
130	荆楚英华——湖北全省博物馆馆藏文物精品联展图录	展览图录	湖北省博物馆	湖北人民出版社	2011 年 6 月
131	荆楚长歌——九连墩楚墓出土文物精华	展览图录	山西博物院、湖北省博物馆	山西人民出版社	2011 年 8 月
132	圣地西藏——最接近天空的宝藏	展览图录	湖北省博物馆	湖北人民出版社	2011 年 9 月
133	汤文选书画精品	展览图录	湖北省博物馆	湖北人民出版社	2011 年 9 月
134	天门石家河考古发掘报告之三：谭家岭	考古报告	湖北省荆州博物馆、北京大学考古学系、湖北省文物考古研究所石家河考古队	文物出版社	2011 年 12 月
135	道生万物——楚地道家文物展	展览图录	湖北省博物馆	文物出版社	2012 年 3 月
136	江汉吉金——湖北省博物馆典藏商周青铜器	展览图录	湖北省博物馆	文物出版社	2012 年 4 月
137	画影江山——郎静山摄影作品特展	展览图录	湖北省博物馆	文物出版社	2012 年 4 月
138	认识曾侯乙墓	通俗读物	湖北省博物馆	湖北美术出版社	2012 年 8 月
139	辉煌时代——古罗马帝国文物	展览图录	湖北省博物馆	文物出版社	2012 年 9 月
140	战国王陵曾侯乙墓（亲历考古）	通俗读物	谭维四	浙江文艺出版社	2012 年 9 月
141	天门彭家山楚墓	考古报告	湖北省文物考古研究所	科学出版社	2012 年 10 月
142	江陵凤凰山西汉简牍	简牍整理	湖北省文物考古研究所	中华书局	2012 年 11 月
143	瑞玉呈祥——湖北省博物馆藏明清玉器精品展	展览图录	良渚博物院、湖北省博物馆	浙江古籍出版社	2012 年 11 月
144	中国古代猪类驯化、饲养与仪式性使用	学术研究	罗运兵	科学出版社	2012 年 12 月
145	黄金草原——中国古代北方游牧民族文物	展览图录	湖北省博物馆	文物出版社	2013 年 1 月
146	陈国钊画集	书画图录	湖北省博物馆	湖北美术出版社	2013 年 1 月

续表

序号	名称	类别	作者	出版社	出版时间
147	宜昌杨家湾（上、下）	考古报告	湖北省文物考古研究所	科学出版社	2013年4月
148	足迹：湖北省博物馆湖北省文物考古研究所2012年鉴	年度报告	湖北省博物馆、湖北省文物考古研究所	湖北美术出版社	2013年4月
149	生命之相——安东尼奥·梅内盖蒂本体艺术绘画	展览图录	湖北省博物馆	文物出版社	2013年5月
150	楚腔汉调——汉剧文物图说	展览图录	湖北省博物馆	湖北人民出版社	2013年7月
151	浮梁翠色——江西景德镇元明青花瓷	展览图录	湖北省博物馆	文物出版社	2013年8月
152	襄阳陈坡	考古报告	湖北省文物考古研究所等	科学出版社	2013年9月
153	曙光时代——意大利的伊特鲁里亚文明	展览图录	湖北省博物馆	文物出版社	2013年9月
154	湖北省博物馆2012年度观众调查报告	年度报告	湖北省博物馆	武汉大学出版社	2013年9月
155	日本人的起源与形成——体质人类学的新视角	学术专著	周蜜	上海古籍出版社	2013年10月
156	长江中游文明化进程中的人地关系——以新石器时代为例	学术专著	笪浩波	上海古籍出版社	2013年10月
157	回望故乡——即将消失的乡村图景	展览图录	湖北省博物馆	中国和平出版社	2013年10月
158	湖北省博物馆藏杨守敬书法	文物图录	湖北省博物馆	湖北人民出版社	2013年11月
159	阳新大路铺（上、下）	考古报告	湖北省文物考古研究所等	文物出版社	2013年11月
160	随州叶家山西周早期曾国墓地	展览图录	湖北省博物馆、湖北省文物考古研究所等	文物出版社	2013年12月
161	湖北文徵（全十四卷）	古籍整理	湖北省人民政府文史研究馆、湖北省博物馆	湖北人民出版社	2014年1月
162	印度的世界——美国洛杉矶郡艺术博物馆藏印度文物精品	展览图录	湖北省博物馆	文物出版社	2014年1月
163	镜头中的湖北省博物馆	图录	湖北省博物馆	湖北美术出版社	2014年3月

续表

序号	名称	类别	作者	出版社	出版时间
164	礼乐中国——湖北省博物馆馆藏商周青铜器	展览图录	湖北省博物馆	湖北人民出版社	2014 年 3 月
165	丹青巨匠Ⅱ——湖南省博物馆藏齐白石书画精品	展览图录	湖北省博物馆	文物出版社	2014 年 4 月
166	汉剧经典唱段（上、下）	音乐整理	湖北省博物馆	湖北美术出版社	2014 年 5 月
167	湖北天门熊氏契约文书	古籍整理	武汉大学民间文献研究中心、湖北省博物馆	湖北人民出版社	2014 年 6 月
168	出土饱水竹木漆器脱水保护技术	学术专著	陈中行、程丽臻、李澜	湖北人民出版社	2014 年 8 月
169	大宗维翰——周原青铜器特展	展览图录	湖北省博物馆	文物出版社	2014 年 8 月
170	博物馆讲解工作研究	学术专著	程丽臻、钱红	湖北人民出版社	2014 年 9 月
171	湖北博物馆年鉴 2013	年度报告	湖北省博物馆协会、湖北省博物馆	湖北人民出版社	2014 年 10 月
172	博物馆与可移动文物普查——2014 年湖北省博物馆协会学术研讨会论文集	论文集	湖北省博物馆协会、湖北省博物馆	湖北人民出版社	2014 年 10 月
173	秦简牍合集（一）（上、中、下册）	简牍整理	武汉大学简帛研究中心、湖北省博物馆、湖北省文物考古研究所	武汉大学出版社	2014 年 12 月
174	秦简牍合集（二）	简牍整理	武汉大学简帛研究中心、湖北省文物考古研究所等	武汉大学出版社	2014 年 12 月
175	江汉汤汤——湖北出土商周文物	展览图录	中国国家博物馆、湖北省博物馆	北京时代华文书局	2015 年 1 月
176	巨变前夜：1976~1979——阿德里亚诺·马达罗镜头中的中国	展览图录	湖北省博物馆	文物出版社	2015 年 1 月
177	商代盘龙城——武汉城市之根的考古历程	通俗读物	陈贤一	武汉出版社	2015 年 2 月
178	中国战斗——抗日战争时期木刻展	展览图录	湖北省博物馆等	文物出版社	2015 年 3 月
179	鼎立三十——看先民铸鼎镕金的科学智慧	展览图录	台湾自然科学博物馆、湖北省博物馆	台湾自然科学博物馆	2015 年 5 月

续表

序号	名称	类别	作者	出版社	出版时间
180	曾侯乙编钟（全四册）	综合研究	邹衡、谭维四	金城出版社、西苑出版社	2015年7月
181	四万万人民——中国抗日战争暨世界反法西斯战争胜利七十周年特展	展览图录	湖北省博物馆	文物出版社	2015年8月
182	长江流域的青铜冶铸	科普读物	万全文	长江出版社	2015年9月
183	长江流域的陵寝墓葬	科普读物	李亮宇等	长江出版社	2015年9月
184	中国文物保护技术协会第八次学术年会论文集	论文集	中国文物保护技术协会、湖北省博物馆	科学出版社	2015年9月
185	穆穆曾侯——枣阳郭家庙曾国墓地	展览图录	长江文明馆、湖北省博物馆、湖北省文物考古研究所等	文物出版社	2015年11月
186	湖北史前城址	考古报告	湖北省文物考古研究所	科学出版社	2015年12月
187	天门龙嘴	考古报告	湖北省文物考古研究所等	科学出版社	2015年12月
188	郢靖王墓	考古报告	湖北省文物考古研究所等	文物出版社	2016年1月
189	孝感叶家庙	考古报告	湖北省文物考古研究所等	科学出版社	2016年3月
190	万斯大集	古籍	曾攀点校	浙江古籍出版社	2016年3月
191	文明之海——从古埃及到拜占庭的地中海文明	展览图录	湖北省博物馆	文物出版社	2016年6月
192	湖北省博物馆、湖北省文物考古研究所	普及读本	湖北省博物馆	湖北人民出版社	2016年8月
193	九连墩的故事——湖北九连墩楚墓精品文物特展	展览图录	成都金沙遗址博物馆、湖北省博物馆	四川人民出版社	2016年9月
194	丁华简书《道德经》	书法作品	丁华	湖北人民出版社	2016年9月
195	襄阳考古探研	文集	王先福	科学出版社	2016年12月
196	沙洋塌冢楚墓	考古报告	湖北省文物考古研究所等	科学出版社	2017年2月
197	自然的力量——洛杉矶郡艺术博物馆藏古代玛雅艺术品	展览图录	湖北省博物馆	文物出版社	2017年4月

续表

序号	名称	类别	作者	出版社	出版时间
198	走进公众生活的礼乐学堂——湖北省博物馆社会教育工作研究	博物馆研究	钱红	湖北人民出版社	2017 年 4 月
199	楚国青铜器	普及读本	钱红	湖北人民出版社	2017 年 4 月
200	湖北省博物馆 2016	年度报告	湖北省博物馆	武汉大学出版社	2017 年 5 月
201	艺超象外——邵身朗绘画艺术	展览图录	湖北省博物馆	湖北美术出版社	2017 年 5 月
202	金文读本	科普读物	凡国栋	凤凰出版社	2017 年 6 月
203	新型纳米光催化材料——制备、表征、理论及应用	文保技术研究	江旭东等	科学出版社	2017 年 9 月
204	书于简帛——中国简帛文化	科普读物	曾攀等	上海书画出版社	2017 年 9 月
205	音乐与社会（第一辑）	论文集	中国博物馆协会乐器专委会、湖北省博物馆等	湖北人民出版社	2017 年 9 月
206	佛像的故乡——犍陀罗佛教艺术	展览图录	湖北省博物馆	文物出版社	2017 年 9 月
207	武当山遇真宫遗址	考古报告	湖北省文物考古研究所	科学出版社	2017 年 9 月
208	绽放荆楚 传承文明——走进湖北省博物馆	通俗读物	湖北省博物馆	湖北美术出版社	2017 年 9 月
209	湖北出土战国漆器漆膜检测研究——现代仪器分析技术的应用	学术专著	李澜	湖北人民出版社	2017 年 9 月
210	湖北宜城跑马堤东周两汉墓地	考古报告	武汉大学、湖北省文物考古研究所等	科学出版社	2017 年 10 月
211	湖北博物馆年鉴 2016	年度报告	湖北省博物馆协会、湖北省博物馆	长江出版社	2017 年 11 月
212	博物馆与中华优秀传统文化传承发展——2017 年湖北省博物馆协会学术研讨会论文集	论文集	湖北省博物馆协会、湖北省博物馆	长江出版社	2017 年 11 月
213	图说盘龙城	通俗读物	陈贤一、陈春等	武汉出版社	2017 年 12 月
214	有凤来仪——湖北出土楚文化玉器	展览图录	湖北省博物馆、香港中文大学文物馆	香港中文大学文物馆	2018 年 3 月

续表

序号	名称	类别	作者	出版社	出版时间
215	天下第一剑——越王勾践剑	通俗读物	陈振裕	湖北教育出版社	2018年4月
216	江汉汤汤　以绥四方——基于楚文化符号系统的提炼与考察	文化丛书	杨理胜等	武汉大学出版社	2018年5月
217	百家讲坛——镇馆之宝（1）	通俗读物	陈振裕等	中国财政经济出版社	2018年6月
218	王室遗珍坝形记——明代梁庄王墓发掘实录	通俗读物	梁柱、杨蕾	湖北教育出版社	2018年6月
219	遇见美好——湖北省博物馆志愿者工作十年探究	博物馆研究	湖北省博物馆	湖北美术出版社	2018年6月
220	曾侯乙	文物图录	湖北省博物馆	文物出版社	2018年8月
221	自然的力量——洛杉矶郡艺术博物馆藏古代玛雅艺术品	展览图录	洛杉矶郡艺术博物馆、湖北省博物馆	文物出版社	2018年8月
222	铜绿山考古印象	文物图录	湖北省文物考古研究所、湖北省博物馆等	文物出版社	2018年9月
223	曾国考古发现与研究	论文集	湖北省文物考古研究所	科学出版社	2018年9月
224	湖北省博物馆、考古所2017	年度报告	湖北省博物馆、湖北省文物考古研究所	武汉大学出版社	2018年9月
225	湖北博物馆年鉴2017	年度报告	湖北省博物馆协会	长江出版社	2018年10月
226	超级连接的博物馆：新方法、新公众——2018年湖北省博物馆协会学术研究论文集	论文集	湖北省博物馆协会、湖北省博物馆	长江出版社	2018年10月
227	郧县刘湾遗址	考古报告	湖北省文物考古研究所（项目承担）	科学出版社	2018年11月
228	金相玉映——湖北省博物馆藏金玉器	展览图录	湖北省博物馆	文物出版社	2018年12月
229	曾国历史与文化——从“左右文武”到“左右楚王”	学术专著	方勤	上海古籍出版社	2018年12月（2019年7月再版）
230	瓷器中的极品——元青花四爱图梅瓶	普及读本	院文清	湖北教育出版社	2019年1月
231	A TOUR OF HUBEI PROVINCIAL MUSEUM	英文读本	Compiled by Hubei Provincial Museum	HUBEI FINE ARTS PUBLISHING HOUSE	2019年3月

续表

序号	名称	类别	作者	出版社	出版时间
232	第一次全国可移动文物普查湖北省书画藏品专项调查		湖北省博物馆	湖北美术出版社	2019年4月
233	空间的艺术——博物馆陈列设计及案例研究	博物馆研究	邓佳平	湖北美术出版社	2019年8月
234	湖北省博物馆、考古所2018	年度报告	湖北省博物馆、湖北省文物考古研究所	湖北美术出版社	2019年9月
235	湖北省博物馆文化创意产品图录	文创产品图录	湖北省博物馆	科学出版社	2019年10月
236	容美土司遗址集影	考古图录	湖北省文物考古研究所等	科学出版社	2019年10月
237	楚地出土战国简册合集（三）曾侯乙墓竹简	简牍研究	武汉大学简帛研究中心、湖北省博物馆	文物出版社	2019年11月
238	楚地出土战国简册合集（四）望山楚墓竹简 曹家岗楚墓竹简	简牍研究	武汉大学简帛研究中心、湖北省文物考古研究所、黄冈市博物馆	文物出版社	2019年11月
239	纪念石家河遗址考古发掘60周年学术研讨会论文集	论文集	湖北省文物考古研究所	科学出版社	2019年11月
240	石家河遗珍——谭家岭出土玉器精粹	文物图录	湖北省文物考古研究所等	科学出版社	2019年11月
241	楚国漆器	普及读本	钱红	湖北美术出版社	2019年11月
242	我与曾侯乙编钟——纪念曾侯乙编钟出土四十年征文集	纪念文集	湖北省博物馆	湖北美术出版社	2019年11月
243	襄阳卞营墓地（上、下）	考古报告	湖北省文物考古研究所等	文物出版社	2019年11月
244	讲好荆楚故事	通俗读物	湖北省博物馆	湖北美术出版社	2019年11月
245	湖北博物馆年鉴2018	年度报告	湖北省博物馆协会、湖北省博物馆	湖北科学技术出版社	2020年1月
246	作为文化中枢的博物馆：传统的未来——2019年湖北省博物馆协会学术研讨会论文集	论文集	湖北省博物馆协会、湖北省博物馆	湖北科学技术出版社	2020年1月
247	纪念石家河遗址考古发掘60年学术研讨会论文集	论文集	湖北省文物考古研究所	科学出版社	2020年3月

续表

序号	名称	类别	作者	出版社	出版时间
248	郧县大寺遗址	考古报告	湖北省文物考古研究所	科学出版社	2020 年 8 月
249	容美土司石刻	考古图录	湖北省文物考古研究所等	科学出版社	2020 年 9 月
250	富岳三十六景·东海道五十三次	展览图录	湖北省博物馆	湖北美术出版社	2020 年 9 月
251	黎元洪与湖北军政府	文化丛书	何广	武汉出版社	2020 年 9 月
252	昙华林编年史	文化丛书	严昌洪、张继才、何广	武汉出版社	2020 年 9 月
253	湖北省博物馆珍品之旅	通俗读物	万全文	武汉大学出版社	2020 年 9 月
254	湖北省博物馆、考古所 2019	年度报告	湖北省博物馆、湖北省文物考古研究所	武汉大学出版社	2020 年 10 月
255	湖北省博物馆藏钱穆致徐复观信札	史料整理	曾攀、杜洁、吴凡	中华书局	2020 年 10 月
256	湖北博物馆年鉴 2019	年度报告	湖北省博物馆协会、湖北省博物馆	武汉大学出版社	2020 年 10 月
257	致力于平等的博物馆：多元和包容——2020 年湖北省博物馆协会学术研讨会论文集	论文集	湖北省博物馆协会、湖北省博物馆	武汉大学出版社	2020 年 10 月
258	长江中游的史前时代	科普读物	于淼	武汉大学出版社	2020 年 11 月
259	容美土司遗址	考古报告	湖北省文物考古研究所等	武汉大学出版社	2020 年 11 月
260	华章重现——曾世家文物	展览图录	湖北省博物馆	文物出版社	2021 年 3 月
261	石家河考古发现与研究	报告、论文集	湖北省文物考古研究所	科学出版社	2021 年 8 月
262	湖北省博物馆、考古所 2020	年度报告	湖北省博物馆、湖北省文物考古研究所	武汉大学出版社	2021 年 8 月
263	曾侯乙墓陪葬坑	考古报告	湖北省文物考古研究所等	科学出版社	2021 年 9 月
264	绽放荆楚　传承文明——湖北省博物馆	通俗读物	湖北省博物馆	湖北科学技术出版社	2021 年 10 月
265	云梦睡虎地秦简——让秦国历史“活起来”	通俗读物	陈振裕、罗恰	武汉大学出版社	2021 年 11 月

续表

序号	名称	类别	作者	出版社	出版时间
266	九连墩传奇	通俗读物	王先福、黄娟	武汉大学出版社	2021 年 11 月
267	荆楚文化考古探溯与研究——杨权喜论文选集	论文集	杨权喜	上海古籍出版社	2021 年 11 月
268	楚地出土战国简册合集（五）九店楚墓竹书	简牍研究	武汉大学简帛研究中心、湖北省文物考古研究所	文物出版社	2021 年 12 月
269	武昌隋唐墓（上、下册）	考古报告	湖北省文物考古研究所等	上海古籍出版社	2021 年 12 月
270	明代王子的爱情与瑰宝	动画图册	于淼	武汉大学出版社	2021 年 12 月
271	荆楚文化史·近代卷	学术专著	何广等	湖北教育出版社	2021 年 12 月
272	湖北博物馆年鉴 2020	年度报告	湖北省博物馆协会、湖北省博物馆	武汉大学出版社	2020 年 12 月
273	博物馆的未来：恢复与重塑——2021 年湖北省博物馆协会学术研讨会论文集	论文集	湖北省博物馆协会、湖北省博物馆	武汉大学出版社	2020 年 12 月
274	楚国八百年	展览图录	湖北省博物馆	文物出版社	2022 年 5 月
275	百年民俗　湖北记忆	展览图录	湖北省博物馆	湖北美术出版社	2022 年 7 月
276	学堂梁子—郧县人遗址（1989—1995 年）考古发掘报告：石制品研究	文物研究	湖北省文物考古研究院	中国社会科学出版社	2022 年 9 月
277	望山楚简	普及读本	罗恰	上海古籍出版社	2022 年 11 月
278	湖北省博物馆、考古所 2021	年度报告	湖北省博物馆、湖北省文物考古研究所	湖北美术出版社	2022 年 12 月
279	湖北博物馆年鉴 2021	年度报告	湖北省博物馆协会、湖北省博物馆	湖北美术出版社	2022 年 12 月
280	博物馆的力量——2022 年湖北省博物馆协会学术研讨会论文集	论文集	湖北省博物馆协会、湖北省博物馆	湖北美术出版社	2020 年 12 月
281	梁庄王珍藏——郑和时代的瑰宝	展览图录	湖北省博物馆	文物出版社	2023 年 2 月
282	曾世家——考古揭秘的曾国	展览图录	湖北省博物馆	文物出版社	2023 年 2 月

2. 发表论文

70 年来，湖北省博物馆工作人员发表的学术成果数量超过 2000 篇，既有期刊发表，也有论文集收录，还有少量放在文物图录、展览图录和报纸上。从发表成果的性质看，考古学简报、报告、简讯等考古发现的资料报道占据了较大的比例，特别是 21 世纪之前占比较之后更高，而研究性论文明显偏少，且所发表的论文又基本跟文物有关，只是在 2002 年以后，有关博物馆学的研究论文才逐步增加。

（1）第一阶段

这一时期，由于开展的工作有限，加上整体的研究力量和专业水平相对较弱，在 1978 年以前尤其是 20 世纪 50、60 年代，发表的成果中考古简讯相对较多，涉及古文化遗存的初始资料公布，这又多与当时开展的第一次全国可移动文物普查和少量的考古调查、发现相关。如《湖北随县发现旧石器》《湖北省江陵境内三个古城遗址的初步调查》《湖北境内现存的三座古塔现状调查》《湖北黄石市发现很多古墓》《武汉地区一九五六年一月至八月墓葬发掘概况》《湖北黄石市六处古遗址调查记要》《蕲春水塘底下发现遗址》《襄阳县发现新石器时代遗址》《湖北崇阳出土一件铜鼓》《江陵发现西周铜器》《枝江百里洲发现春秋铜器》《江陵毛家山发掘记》《云梦县发现"关内侯"金印》《湖北房县的东汉、六朝墓》《武汉地区四座南朝纪年墓》《沙市市郊发现唐代墓塔》《湖北黄石市西塞山发现大批宋代银锭》《黄石市发现的宋代窖藏铜钱》《湖北古矿冶遗址遗址调查》等在《文物》《考古》上发表。近现代文物也采用简讯形式发表，如《征集鄂南大幕山区革命文物总结简报》《湖北蒲圻老苏区发现墙头革命歌谣》《婚约》等在《文物》上发表。也有很少量的考古学简报发表，只是发表的时代大多相对较晚，如《湖北京山县石龙过江水库工程中发现的新石器时代遗址简报》《湖北京山、天门考古发掘简报》《湖北江陵出土虎座鸟架鼓两座楚墓的清理简报》《湖北江陵拍马山楚墓发掘简报》《湖北铜绿山春秋战国古矿井遗址发掘简报》《湖北云梦西汉墓发掘简报》《湖北云梦睡虎地十一号秦墓发掘简报》等在《文物》《考古》上发表，极少量以考古报告的方式在《考古学报》上发表，且均在 20 世纪 70 年代，如《宜昌前坪战国两汉墓》《光化五座坟西汉墓》。

而研究性的论文很少，仅寥寥数篇，如《文物》上发表的《云梦西汉墓出土木方初释》《盘龙城商代二里冈期的青铜器》《云梦秦简释文（一）（二）（三）》等。这一时期平均每年发表成果 10~20 篇。

（2）第二阶段

1978 年曾侯乙墓的发掘极大地推动了湖北省博物馆学术成果的发表，陆续发现的一些其他的曾国遗存，也推动了曾国考古的研究，例如《湖北随县曾侯乙墓发掘简报》《湖北随州擂鼓墩二号墓发掘简报》等。在楚文化考古、秦汉墓葬及简牍的新发现等方面发表了较多的学术成果，如《当阳季家湖楚城遗址》《湖北襄樊真武山周代遗址》《江陵溪峨山楚墓》《楚都纪南城的勘察与发掘》《湖北云梦睡虎地秦汉墓发掘简报》《江陵凤凰山一六八号汉墓》等，均在《文物》《考古》《考古学报》《考古学集刊》及其他多个期刊上发表。还有自20世纪80年代特别是1993年以后配合葛洲坝、三峡工程建设开展的大量考古工作，这些考古成果也多在前述期刊上发表。

同时，湖北省考古学会、湘鄂豫皖楚文化研究学会、湖北省博物馆学会、湖北省楚国历史文化学会等专业学术团体的成立及召开会议、出版论文集等相关措施的出台，也较大推动了湖北省博物馆、湖北省文物考古研究所学术成果的发表。其中一个重要的举措就是《江汉考古》的创办和正式出刊，使之成为相对集中刊发湖北各时期考古资料报道与研究论文的主要期刊。除考古成果外，《江汉考古》还刊发一定的博物馆馆藏文物、文字、文物保护与技术、古建筑、石刻等的研究成果，并逐步在湖北史前文化、楚文化、曾文化、三国文化研究等领域形成了较大的影响。仅就《江汉考古》刊发的本单位考古学术论文而言，有不少综合性研究成果，如旧石器时代就有《湖北地区古人类遗存的发现与展望》《试论湖北境内的第四纪洞穴堆积》《郧县人头骨形态特征再讨论》，新石器时代有《江汉地区新石器时代文化综述》《江汉地区"龙山时代"遗存的命名问题——"石家河文化"的特征、年代与分布》《白庙早起遗存及其相关问题》《论屈家岭文化形成的年代和主要成因》《关于屈家岭文化区、系、类型的初步分析》，先秦时期的《对江汉地区商周时期文化的几点认识》《黄陂鲁台山文化剖析》《探索鄂西地区商周文化的线索《阳新大路铺遗址商周陶器浅析》《试论楚丹阳和郢都的地望与年代》《纪南城考古分期初探》《襄阳楚墓与楚国势力的扩张》，秦汉及以后的《试论湖北地区秦墓的年代分期》《漫谈湖北六朝青瓷的装饰艺术——兼谈外来艺术的影响》《湖北宋墓的分期》等。甚至《江汉考古》1981年唯一的一期就是对曾侯乙编钟研究、复制的学术成果总结。而对其他地域的文化研究乃至湖北与其他地域文化的比较等也有少量涉及，彰显了研究领域的广泛性、多样性，如《西水坡龙虎图案的文字学观察》《长江上、中、下游青铜文化的比较》《楚文化与中原文化关系的初探》。

这一时期，本单位发表学术成果的数量逐步增多，平均每年20~30篇，时间越往后数量越多。

（3）第三阶段

这一时期是馆所发表论文最多的阶段，每年都在50篇以上，总量超过千篇。该阶段的成果主要集中于以下几个方向上：

一是考古方向。2002年以后湖北地区的重要考古发现频出，特别是曾国考古自2002年枣阳郭家庙曾国墓地和周台遗址发掘后，又分别在随州叶家山墓地和庙台子遗址及随州义地岗、文峰塔、汉东东路、枣树林墓地，京山苏家垄遗址墓地进行了考古发掘，并在此发掘了枣阳郭家庙墓地和周台遗址、忠义寨城址，发现了西周早期至战国中期曾国的高等级遗存，构建起了考古曾国的文化体系，产生了大量聚焦曾国考古与历史文化的学术成果，除学术会议、出版成果外，还有数百篇考古学简报、报告和研究论文。同时，其他主动性发掘项目如京山屈家岭、天门石家河、沙洋城河、保康穆林头遗址和黄陂盘龙城、荆州纪南城遗址等的“中华文明探源”“考古中国”重要项目也发表了不少成果，仅盘龙城遗址的成果就在《江汉考古》同一期上两次集中刊发。还有就是大量配合基本建设的考古发现成果也有较多的发表，如配合三峡工程、南水北调工程发掘的数百个遗存的资料报道除了专题考古报告外，还集中在了三十余部《考古报告集》中，并有部分重要遗存的考古学简报、报告在《考古学报》《考古》《文物》《江汉考古》等考古专业期刊上发表，依托这些发现的研究论文也见诸一些报刊、论文集中；所发表的云梦郑家湖墓地等成果引起了学界高度关注。此外，湖北考古的传统研究领域中也有较多成果发表，如史前考古、楚文化考古、秦文化考古、音乐考古、矿冶考古、秦汉简牍、荆楚历史地理等方面；科技考古如动植物考古、体质人类学等方面也有突破。

二是文物方向。主要体现在对馆藏、出土文物的文物学研究和文物保护上。对前者研究，按照质地有青铜器、陶瓷器、金银器、玉石器、木漆器、丝织品、简牍、书画等各种门类，按照功能分有礼器（容器）、乐器、工具、车马器、葬仪品、装饰品等，其成果呈现方式以类别上的概述和同一类文物的综合研究为主，如《馆藏陶瓷器综述》《馆藏春秋玉器拾萃》《九连墩楚墓不确定乐器或附件的复原研究》等，而单个器物及器物的延伸研究相对较少，如《浅析“曾侯作季汤嬭媵鼎”铭文》《中心与周边——二里冈文化青铜礼器的器用问题》等。后者涉及的研究范围较广，有科技检测与分析，如《广州东山大墓出土饱水漆木器漆膜形貌及成分分析》；有制造技术的复原研究，如《湖北钟祥梁庄王墓出土明代玉佩饰的复原保护》；有现代修复保护技术的总结性成果，如《湖北叶家山西周早期墓葬出土青铜尊 M126:7 价值揭示与保护修复》；有针对分析结果的再研究，如《铜锡青铜合金腐蚀过程中的电化学与微结构特征研究》；等等。

三是博物馆方向。几乎涵盖了博物馆工作的各个方面，包括博物馆及文物介绍、陈列展览、藏品保管、文物保护、社会教育、文博创意、数字化、综合与分类管理、安全保卫、文化传播等，既有工作性质的总结，也有对策性研究，还有的上升到了理论层面。

其他还有相关人物介绍、研究，以及工作回顾、书评等。

本阶段研究的主体尽管依然为考古、文物、博物馆等几个重点，但在研究的深度、广度方面有进一步的扩展，如依托考古资料对文化面貌、属性等的论证更加深入，文物科技分析更加精细，博物馆相关领域的研究更加注重发展方向和策略等。而刊发的期刊、论文集等品类更加广泛，在海外期刊发表的数量也有增加。

（六）考古发现评选

1.“湖北六大考古新发现”

2021年正值中国考古学诞生100周年，历经百年征程的湖北考古也见证着一个又一个令人振奋的新发现。值此契机，在湖北省文化和旅游厅指导下，湖北省文物考古研究院主办，《江汉考古》编辑部、《楚天都市报》极目新闻联合承办的首届（2021年度）“湖北六大考古新发现”于2021年底正式启动。该项评选被称为湖北考古界一年一度的“奥斯卡奖”，旨在通过评选梳理上一年度湖北考古工作，总结湖北考古新成果，推进湖北考古的下一个百年发展。

2022年6月10日，在湖北考古博物馆开馆仪式上，2021年度“湖北六大考古新发现”评选结果揭晓。荆门屈家岭遗址、襄阳凤凰咀遗址、武汉黄陂盘龙城遗址、荆州王家咀798号战国楚墓、孝感云梦郑家湖墓地、十堰武当山建筑群五龙宫遗址入选。

2023年2月25日，在“2022湖北考古业务成果交流会”上，2022年度“湖北六大考古新发现”评选结果揭晓。十堰学堂梁子（郧县人）遗址、天门唐马台遗址群、武汉盘龙城王家嘴遗址、赤壁大湖咀遗址、荆州城墙11号马面遗址、十堰武当山五龙宫遗址（西道院区）入选。

2. 湖北百年百大考古发现

2022年1月21日，“湖北百年百大考古发现”评选结果在湖北省博物馆新馆研学中心揭晓。本次遴选推介活动由湖北省文化和旅游厅、湖北省文物局指导，湖北省文物考古研究院、武汉大学长江文明考古研究院、湖北大学文化遗产学院、《楚天都市报》极目新闻联合主办。入选“湖北百年百大考古发现”的项目中，旧石器时代4项、新石器时代33项、夏商周时期40项、秦汉时期8项、三国至明清时期14项、近现代1项。这些考古发现囊括了距今约200万年的建始直立人、100万年的郧县人、19万年的长阳人，展示了湖北是东方人类的故乡之一。距今约7900年至距今4000年的城背溪文化、大溪文化、屈家岭文化和石家河文化遗址，构建了完整的长江中游史前文化序列。汪家屋场、盘龙城、荆南寺等夏商遗址，展现了长江中游地区上古时代灿烂的青铜文明，进一步表明中华文化多元一体，长江同样是中华民族的摇篮。荆州楚纪南故城、宜城楚皇城遗址、当阳季家湖城址等楚国都城遗址以及荆州八岭山墓群、沙洋纪山墓群、荆门包山楚墓、江陵望山墓地、当阳赵家湖墓地、江陵马山墓群（熊家冢、马山一号墓）、枣阳九连墩墓群等楚国王陵及高等级贵族墓群，充分彰显了楚文化的瑰丽璀璨。随州叶家山墓地、庙台子遗址，枣阳郭家庙墓地、忠义寨城址，京山苏家垄遗址，随州擂鼓墩墓群（曾侯乙墓、擂鼓墩二号墓），随州文峰塔、义地岗、枣树林等系列曾国重要遗存，构筑起西周早期到战国中期 700 余年曾国完整的历史脉络。铜绿山古铜矿遗址首次完整还原了春秋时期铜矿采冶生产链和技艺。荆门郭店楚简、云梦睡虎地秦简，荆州胡家草场汉简、随州孔家坡汉简、随州周家寨汉简、云梦郑家湖“中华第一长文觚”等出土文献，用文字真实记录了中华文明的辉煌。荆州郢城遗址、云梦楚王城遗址等秦汉城市星罗棋布，显示了大一统帝国郡县制度的行政张力。钟祥明显陵、武当山古建筑群、唐崖土司城遗址反映了湖北世界文化遗产的考古成果。20 世纪末，历经武汉保卫战洗礼的中山舰整体打捞出水，是我国较早开展的内陆水下考古工作。

综合管理

十二

（一）党建工作

党建是党的建设新的伟大工程的重要组成部分，具有独特的政治优势和重要作用，对基层党组织有着重要示范导向和引领带动作用。

长期以来，湖北省博物馆党委紧密联系发展实际和党的组织建设、队伍建设现状，不断推进党建工作的观念创新、方法创新和制度创新，不断增强基层党组织的创造力、凝聚力、战斗力，不断提高党员队伍的整体素质，坚持把党建工作作为最大的政治，加强党建工作与中心工作深度融合，及时总结经验，力争全面创优，为“中国特色、世界一流”博物馆建设提供强有力的政治保障和组织保证。

1. 党建工作发展历程

（1）基层党建创建阶段（1953 年至 1978 年）

建馆初期，湖北省博物馆严格执行《关于在中央人民政府内组织中国共产党党委会的决定》精神，这是新中国成立后党中央发出的第一份关于党的建设的文件。严格执行中共八大关于“应当对于机关中的每一个党员（包括行政负责人）的思想政治情况进行监督”的职责，加强自身建设。该阶段，湖北省博物馆党的组织不断壮大，建馆之初只有 1 名党员，到 1957 年，第一次建立了党支部，支部书记为孟吾（副馆长），支部人数不足 10 人。

（2）基层党建加强和改进阶段（1979 年至 2012 年）

党的十一届三中全会以后，湖北省博物馆党建工作得到进一步加强和改进，制度化、规范化水平明显提高。该阶段，湖北省博物馆党建工作按照党的十二大明确规定，党委不领导业务工作，充分发挥协助职能，对包括行政负责人在内的每个党员进行监督，协助行政领导改进工作。

同时，按照党中央 1998 年颁发的《中国共产党党和国家机关基层组织工作条例》的规定，明确湖北省博物馆党委的协助监督职能和体制机制，党建工作系统性规范性得以深化；按照党的十七届四中全会“把服务中心、建设队伍贯穿机关党组织活动始终，发挥党组织在完成本部门各项任务中的协助和监督作用”的要求，党建制度化水平迈上新台阶。

1981 年经过改选，成立党的支委会。1982 年，中共湖北省博物馆委员会成立，党员人数增加到了 40 多人。同年建立了中国共产主义青年团湖北省博物馆委员会，有共青团员 60

余人。党委和党的支部抓队伍政治思想教育，引导全体干部走又红又专的道路。

1989 年，考古队从湖北省博物馆独立出去，成立湖北省文物考古研究所。2002 年，湖北省博物馆与湖北省文物考古研究所合并，成立中共湖北省博物馆考古所委员会。设行政综合、业务工作、考古工作、离退休老干 4 个党支部。

（3）基层党建迈入新时代（2013 年至 2023 年）

党的十八大以来，以习近平同志为核心的党中央坚定推进全面从严治党，党的建设新的伟大工程全面推进到一个新阶段。以习近平同志为核心的党中央坚持以改革创新精神推进党的建设，提出一系列新思想，作出一系列新部署，实施一系列新举措，从而不断提高党的建设科学化水平。十八大以来，湖北省博物馆党委将党中央的各项决策部署贯彻落实到实际工作中，基层党建出现了新变化、新气象、新面貌。

2016 年，按照“支部设在处室”的要求，湖北省博物馆经过改选，由原先的 4 个党支部改选为 9 个党支部；2022 年换届改选成立 13 个党支部。在此期间，为了便于考古工地党员开展正常的支部活动，2015 年成立铜绿山考古工作队临时党支部，2021 年成立中共湖北省文物考古研究所石家河考古工作站临时党支部。2023 年，馆院独立运行后，支部整合为 8 个党支部。

2. 党建工作成效

（1）党的政治建设

党的十八大以来，以习近平同志为核心的党中央把党的政治建设摆在更加突出位置，加大力度抓，形成了鲜明的政治导向，消除了党内严重政治隐患，推动党的政治建设取得重大历史性成就。

湖北省博物馆党委切实加强党的政治建设，坚持和加强党的全面领导，推进全面从严治党向纵深发展，坚持用党的科学理论武装头脑，深入学习习近平新时代中国特色社会主义思想，加强思想政治教育，推动学习教育往深里走、往心里走、往实里走，真正做到学深悟透、融会贯通、真信笃行；坚定执行党的政治路线，全面贯彻实施新时代中国特色社会主义基本方略，统筹推进“五位一体”总体布局和协调推进“四个全面”战略布局；坚持以党的旗帜为旗帜、以党的方向为方向、以党的意志为意志，始终做到在党言党、在党忧党、在党为党，任何时候都同党同心同德。

湖北省博物馆党委坚持和加强党的全面领导，坚决做到“两个维护”，教育引导党员干部从历史和现实、理论和实践、国内和国际的结合上深刻认识、强化认同，不断增强拥护核心、跟随核心、捍卫核心的思想自觉、政治自觉、行动自觉，始终同以习近平同志为核心的党中央保持高度一致，做到党中央提倡的坚决响应、党中央决定的坚决执行、党中央禁止的坚决不做。

湖北省博物馆党委高度重视党组织政治功能建设，着力提升组织力，突出政治功能、强化政治引领，各党支部充分发挥战斗堡垒作用，担负起直接教育党员、管理党员、监督党员和组织群众、宣传群众、凝聚群众、服务群众的职责。

湖北省博物馆党委严格执行《关于新形势下党内政治生活的若干准则》，着力提高党内政治生活质量，营造了良好的政治生态。

（2）党的思想建设

湖北省博物馆党委把深入学习贯彻习近平新时代中国特色社会主义思想作为首要政治任务。坚持把学习习近平新时代中国特色社会主义思想作为政治理论学习的重中之重，及时跟进学习习近平总书记重要讲话和重要指示批示精神，持续在学懂弄通做实上下功夫。发挥党委理论学习中心组龙头作用和领导干部领学促学作用，抓紧抓实党支部理论学习。落实意识形态工作责任制，把不忘初心、牢记使命作为党员、干部的终身课题常抓不懈，持续深化学习型党组织建设。

坚持学以致用、知行合一。以习近平新时代中国特色社会主义思想武装头脑、指导实践、推动工作，健全落实习近平总书记关于文化和旅游工作、文物工作重要论述的机制，把学习成果转化为解决改革发展问题的思路举措和破解工作难题的具体办法。创新学习方式，探索“互联网＋学习”模式，发挥学习强国等平台及支部主题党日的作用，增强学习实效。

（3）党的组织建设

组织建设是党的建设的重要基础。党的组织路线是为政治路线服务的。我们党要长期执政、永葆活力，团结带领全国各族人民沿着中国特色社会主义道路实现中华民族伟大复兴，最重要的是把党建设得更加坚强有力。

党的十八大以来，在以习近平同志为核心的党中央坚强领导下，湖北省博物馆党委坚决贯彻全面从严治党战略方针，深入落实新时代党的建设总要求和新时代党的组织路线，坚持党的全面领导和全面从严治党，在服务大局中坚守政治方向，在聚焦主业中把握职责定位，在稳中求进中积极担当作为，推动党的组织工作不断打开新局面、取得新成效。近年来，湖北省博物馆党委多次荣获湖北省文化和旅游厅系统“先进基层党组织”称号，第三党支部荣获中共湖北省直机关工委“红旗党支部”称号。

（4）强化正风肃纪反腐

湖北省博物馆党委严格执行《中国共产党纪律处分条例》，严肃查处违反政治纪律的行为，通过严明政治纪律带动党的其他纪律严起来。

湖北省博物馆党委坚决反对腐败，建设廉洁政治，带头遵守《中国共产党廉洁自律准则》，强化不敢腐的震慑，坚持反腐败无禁区、全覆盖、零容忍，坚持重遏制、强高压、长震慑，运用监督执纪“四种形态”，特别是针对管人管钱管物管项目的关键岗位，查找廉政风险点，通过科学管理、严格监督，切实管住权力。

持续深化纠“四风”工作。严格落实中央八项规定及其实施细则精神，密切关注“四风”隐形变异新动向。大力整治形式主义、官僚主义，推动形成求真务实、清正廉洁的新风正气。完善党员、干部联系服务群众制度。急群众所急、想群众所想，推动改进作风，优化工作程序，规范服务标准，提高服务质量。

加强党的纪律教育。坚持把纪律规矩挺在前面，加强日常监督，抓早抓小，运用好监督执纪“四种形态”特别是第一种形态。抓好纪律教育、家风教育，深化警示教育，引导党员、干部筑牢拒腐防变的思想道德防线。

（二）安全保卫

安全保卫工作作为湖北省博物馆工作的重中之重，自成立之时起就纳入本馆的重要日常工作常抓不懈，无论是队伍建设，还是设施设备等各项工作，均逐步得到了长足发展。

1. 发展概况

安全保卫队伍和设施建设随着场馆建设的发展分为五个阶段。

（1）第一阶段（1953 年至 1960 年）

这一时期，湖北省博物馆没有固定的馆舍，安全保卫工作还在筹备阶段。

（2）第二阶段（1960 年至 1999 年）

1960 年秋，湖北省博物馆陈列大楼落成，湖北省博物馆有了固定的馆舍，并举办了相应的基本陈列和临时展览。

1983 年 9 月，湖北省博物馆被批准成立人事保卫科。

1984 年 1 月，湖北省博物馆被批准成立保卫科。

自 1987 年以来，湖北省博物馆展区外围安全保卫工作由驻馆武警中队承担，内部安全则由保卫部门负责。1998 年增设武警岗哨，按部队驻房要求修建武警驻房。

1988 年，湖北省博物馆制定了一系列的制度，如《湖北省博物馆关于二级责任安全负责人的规定》《湖北省博物馆门卫制度》《湖北省博物馆保卫科职责范围》《湖北省博物馆临时工作人员管理制度》《湖北省博物馆保管部与保卫部交接班制度》《湖北省博物馆值班巡逻人员守则》《湖北省博物馆保卫科监控室工作规则》等。签署了内部治安保卫工作委托书，馆长及各部门（保管部、党史部、计财科、保卫科、美术工作研究部、通史部、群工部、音研室）负责人为行使治安保卫工作执行人。

1991 年，对于特别重要展出制定安全保卫预案：

配齐保卫力量。两名保卫人员全盘负责此次展出的安全工作，同时特请两名武警战士协助安全工作，做到 24 小时不离人。闭馆后保持两人守卫，节日期间增派人员。

建立通信网络。配备通信设备，掌握附近派出所、公安分局、地矿局保卫处、地质博物馆保卫科、本馆保卫科电话。

装备自卫器。安保人员配备大号变压电警棍、强光电棍等，提高各薄弱环节的安全系数。

加强防火设施。严禁在室内吸烟、拍照。增加消防器材。

建立闭馆清场、交接登记、保卫人员值班，每天向保卫科汇报制度。

同时，湖北省博物馆推出了较多的外展到境外，制定了安全保卫预案。为确保文物包装、装箱的安全和文物运输途中的安全，湖北省博物馆请省文化厅会同省公安厅、武汉铁路局派员提前来馆作一次检查，请公安厅或武汉铁路分局公安处派遣公安干警会同馆保卫科及随展工作小组押运文物展品。在有关方面确定押车的公安干警人选后，请他们行前来馆对展品包装的安全及文物的性质和珍贵程度，作一次了解检查，并共同研究好运输途中的安全防范措施。文物展品由湖北省博物馆运至武昌站，途中的押车任务由湖北省博物馆保卫科负责，并请公安部门和车站给予协助。按照有关规定，立即制定文物展品由馆运至武昌站和由到达站运至展览馆及途中转车厢等过程中清点、检查、押运交接等工作细则，严格各项手续，以做到责任明、工作细，保证万无一失。

（3）第三阶段（1999 年至 2007 年）

1999 年，湖北省博物馆一期工程编钟馆建成开放，安全保卫范围增加。

2005 年，出台馆所用电安全管理规定。

（4）第四阶段（2007 年至 2021 年）

2007 年 11 月，湖北省博物馆二期新馆全面建成并对外开放，2007 年免费开放后，展区内安保工作通过公开招标，由中标供应商武昌保安服务公司负责，武警中队继续承担外围安保。

2012 年，进一步加强展区安全管理，通道门由门锁方式改造为门禁控制方式。

2013 年 6 月 20 日，驻馆武警撤离，

2016 年 3 月 1 日至 6 月 30 日，闭馆施工，保卫部起草了闭馆期间安全保卫工作方案，制定博物馆闭馆期间突发事件应急处置预案。

2016 年 7 月，武汉市公安消防支队验收科对消防设施进行了现场验收并同意通过验收。

（5）第五阶段（2021 年至 2023 年）

2021 年 12 月 20 日，湖北省博物馆三期新馆建成对外开放，馆舍建筑总面积达到 11.4 万平方米；展出文物由此前的约 10000 件增加到 25000 件以上。

2. 团队建设与管理

（1）安保团队建设与管理

湖北省博物馆成立有安全工作领导小组，负责全馆所安全工作的筹划、建设与管理。下设保卫部，现有安保管理人员 22 人（正式职员 10 人、派遣人员 12 人），主要负责安全保卫工作制度建设、安保工作的组织与实施、安全工作检查监督、安保队伍的建设与管理、安保设施设备的维护与保养。

湖北省博物馆是国家一级风险防范单位。自 1987 年以来，湖北省博物馆展区外围安全保卫工作由驻馆武警中队承担，内部安全则由保卫部门负责。2007 年免费开放后，展区内安保工作通过公开招标由中标供应商武昌保安服务公司负责，武警中队继续承担外围安保。2012 年，新修订的《中国人民武装警察部队内卫执勤任务规定》（国发〔2012〕42 号）文件没有将博物馆、纪念馆等目标纳入固定执勤任务范围，至此，武警部队从湖北省博物馆撤岗，不再承担与博物馆相关的安全保卫任务。

由于撤岗时间紧、任务重，博物馆面临的安全风险倍增，湖北省文化厅与湖北省博物馆领导高度重视，为确保游客与文物安全，多次与省公安厅、省武警总队沟通，决定在原有保安服务商武昌保安服务公司的基础上，由武警部队协助湖北省博物馆按照武警执勤模式组建具有特殊职能的保安特勤中队，实行军事化管理，履行原武警中队职责，承担 24 小时不间断巡逻、执勤、应急处置、安全防护等安全保卫职责。按照武警部队的工作安排，在其完全撤岗前已无法按照正常采购程序进行特勤中队保安服务采购。根据《关于实施单一来源政府采购方式的管理规定》（鄂财采发〔2009〕3 号）第三条第二款，发生了不可

图 12–1　武警撤岗，保安交接

图 12-2　武警撤岗，保安交接

预见的紧急情况不能从其他供应商处采购的，可实行单一来源采购的规定，特此申请单一来源采购特勤中队保安服务，供应商为武昌保安服务公司。为此，湖北省博物馆于 2013 年 6 月 15 日与武昌保安服务公司签订了 32 人特勤中队保安服务合同，服务期限为一年。

2013 年 10 月 28 日北京天安门广场发生了暴徒驾车撞人暴恐案后，湖北省博物馆经向湖北省财政厅政府采购管理处申请，采用单一来源采购，于 2014 年元月 20 日与武昌保安服务公司签订了 20 人的夜间特勤保安服务合同，期限为一年。2014 年 3 月 1 日昆明火车站发生暴恐案后，为进一步加强安全防范力度，湖北省博物馆在 2014 年保安服务招标中增加了 8 人机动特勤专责应对突发事件，与 125 人的日常保安合同执行时间均为 2014 年 4 月 1 日至 2015 年 3 月 31 日，同时将 32 人特勤中队合同继续执行至 2014 年 6 月 14 日合同到期日；2014 年 6 月 15 日起至 2015 年 3 月 31 日的保安服务按新合同重新招标，打包合并进新的大合同中。20 人夜间特勤合同亦继续执行至 2015 年元月 14 日合同到期日；2015 年元月 15 日至 2015 年 3 月 31 日的保安服务与 32 人特勤均由新合同重新招标，打包合并进新的大合同中。由此，湖北省博物馆于 2014 年 4 月 1 日与中标的武昌保安服务公司签订的为期 1 年的保安服务合同，可续签两年。2017 年 1 月，展区内安保工作通过公开招标由中标供应商武汉昌安保安服务公司为保安服务单位（其中日常保安 110 人、特勤保安 60 人），可续签两年。2021 年 12 月 20 日，湖北省博物馆三期新馆建成并对外开放，展区内安保工作通过公开招标由中标供应商武汉昌安保安服务公司为保安服务单位，保安人员由 170 人增加到 299 人，其中日常保安 216 人，负责白天开放区域的管理、进馆人员及车辆的安全检查、停车场管理、文物展厅守护、施工区域管理、夜间外围大门值守；特勤中队 83 人，55 人负责博物馆展馆外围警戒，20 人负责馆周界巡逻（24 小时）、8 人专责负责应对突发事件。

（2）监控室团队建设与管理

2018 年底，部门下力建设消防管理队伍，以劳务派遣形式招聘消防安全员 5 人，2019 年 1 月开始设立消防值班岗，并鼓励消防值班人员考取消防设施操作员证（监控室方向），持有初级证者月薪加 500 元，持有中级证者月薪加 1000 元，现监控中心值班人员中有 6 人持中级证，其他人均持初级证且积极准备中级考试，已实现全员持证上岗。2021 年 9 月，部门实施安消防一体化管理，邀请辖区消防大队队长和内保大队队长对监控中心值班员进行培训考试，值班人员全体参加了培训并通过考试。部门还设立了 4 个值班小组，建设“组长统管、组员分管安消防”管理体系，将消防安全责任落实到个人。

1. 图 12-3　2018 年过渡时期外围监控临时监控室
2. 图 12-4　值班培训考核
3. 图 12-5　值班人员公示牌

3. 安全系统维护与管理

（1）安防系统维护与管理

湖北省博物馆的安防系统分一、二、三期建设，一、二期为综合陈列馆、楚文化馆、编钟馆、地下停车库、门楼、哨楼、武警营房等。

1999 年，湖北省博物馆建立了全省文博系统第一套成体系的安防系统，安防系统一期为半数字化。二期于 2002 年开始建设，2005 年投入使用，二期安防系统是湖北省博物馆第一套体系完备的安防系统。

2016 年新监控中心建成，湖北省博物馆第一套智能化监控系统开始使用。三期扩建工程（安防系统）设有音视频系统、报警系统、紧急广播系统、出入口控制及安检系统、通信对讲系统。

自 2007 年二期新馆开放以来，安防维保单位派专人驻点维保，对馆安防系统设备设施开展维保工作，及时处置突发事件，保证馆安防系统安全稳定运行。安防系统维护包含定期对各系统设备、线路、功能、外观等进行检查和保养，包括月度维保、季度维保、年度维保及年检，提供全年 24 小时急修服务，并如实记录日常维护情况。安防、安检设备维保项目现每半年验收一次，由驻馆维保人员撰写安防、安检系统运行情况报告并提供半年检查记录，经外请第三方专家验收通过再支付一半的合同款。

监控中心值班小组早晚交接班必须报告安防系统运行情况，设备故障报修、安全隐患整改等事项必须逐项交接清楚并逐一填写至值班记录本上，同时持续跟进督促故障维修和隐患整改过程，保证系统有效稳定运转。

（2）消防系统维护与管理

湖北省博物馆二期建成以来，消防维保项目与安防维保项目一直合并招标，2019 年底，馆领导班子会议研究决定将消防维保项目与安防维保项目分开招标，在 2022 年将消防维保项目和安全门窗维保项目合并招标，2023 年又将三期消防设备设施纳入年度消防维保范围内。2007 年 11 月湖北省博物馆二期开放以来，一直要求消防维保单位安排专人驻点维保，对馆消防系统设备设施开展维保工作（含节假日），及时处置突发事件，保证馆消防系统安全稳定运行。消防系统维保及安全消防门窗项目现每半年验收一次，由驻馆消防维保人员撰写一份消防系统运行情况报告并提供半年检查记录，经部门验收通过再支付一半的合同款。

消防维保驻馆工作人员和监控中心值班人员定期巡视消防泵房、管井间、报警阀组间、消防水箱、消火栓、末端排水设备、气瓶间、火灾自动报警器等消防设备设施，填写维保检查记录本和消防值班记录册，发现设备故障和安全隐患及时向消防主管汇报并制定整改计划限期完成。监控中心值班小组早晚交接班必须报告消防主机运行情况，消防设备故障报修、安全隐患整改等事项必须逐项交接清楚，并持续跟进督促故障维修和隐患整改过程，保证消防系统有效稳定运转。

1	2
3	4

1. 图 12-6　安全门窗维保 1
2. 图 12-7　安全门窗维保 2
3. 图 12-8　消防维保巡查 1
4. 图 12-9　消防维保巡查 2

（3）消防门窗

馆内消防门窗包含甲级钢质防火卷帘门、双轨无机布基防火卷帘门、铝合金彩板卷帘门、不锈钢卷帘门、甲级木质防火门、钢质防火门、玻璃地簧门、玻璃感应门、电动伸缩门、钢制拉栅门、钢制栏杆门、实木门、实木窗、塑钢窗等十几个类别。消防门窗维保包括各类门锁、门扇、门框的修理，零配件及门窗玻璃的更换、传动系统的油污清理、润滑，电机、电器各种线缆绝缘强度、电机运转，开关闭合的检查等。

①每月对电动控制箱进行开箱检查：进箱电源的电压测试、空开带漏电保护器的功能检查、电路板与消防安防联动检测。

②每月对电机传动装置进行运行检查：检查电机运转情况、电机绝缘电阻测试、电机牙盘与传动链条运行情况、卷轴与传动链条的运行情况（添加润滑油）。

③每月对门的运行轨道进行检查：门轨道的顺直进行外观检查、门轨道的固定情况进行检查、门扇与滑轨的检查。

④每月对门扇片的连接进行检查：各门扇片的卡条连接检查、门扇片与卷轴的连接检查。

⑤每月对上下控制开关的调试检查：控制开关的电源测试、上下控制运行检查、开关盒门锁检查、开关盒固定情况检查。

4. 制度建设

（1）安全制度

为有效地提高博物馆的安全水平，确保游客和文物安全，湖北省博物馆建立了一套安全制度。

①明确安全责任：实行逐级安全岗位责任制，建立和健全各项安全管理制度。明确各级领导、各个部门、各个岗位、各个关键岗位人员的安全职责，形成一套高效的安全管理机制。加强内部治安管理，建立安全防范队伍，实行24小时值守制度，加强巡逻，对博物馆内的文物、展品、重要设施等进行实时监控，确保文物安全。

②制定安全管理制度：建立一套完善的安全管理制度，包括安全检查制度、消防设施管理制度、安全施工制度、安全演练制度等，确保各项安全措施得到有效落实。

③建立安全监控系统：建立完善的安全监控系统，包括视频监控系统、入侵报警系统、门禁系统等，实现对博物馆全区域的实时监控，及时发现和处理各种安全隐患。

④加强安保队伍建设：提高安保人员的素质和技能水平，定期进行安全培训和演练，增强安保人员的责任心和应对突发事件的能力。

⑤限制访问和分区管理：对博物馆内的文物、展品、重要设施等进行分区管理，限制

访问，防止无关人员进入。

⑥建立紧急预案：制定博物馆紧急预案，包括火灾、盗窃、恐怖袭击等突发事件的处理程序，明确应急响应流程和责任人。

⑦建立巡查制度：建立定期巡查制度，对博物馆内的设施、设备、文物等进行全面检查，及时发现和排除各种安全隐患。

⑧建立与公安、消防等部门的联动机制，及时报告和处理各种突发事件，确保游客和文物的安全。

⑨完善消防设施：配备符合国家标准的消防设施，包括灭火器、消防栓、烟雾报警器等，定期进行维护和检查，确保消防设施的完好性和有效性。

⑩建立宣传教育制度：定期开展宣传教育活动，提高职工的安全意识和自我保护能力，鼓励职工积极参与到博物馆的安全管理中来。

⑪定期评估和修订：定期对博物馆的安全制度进行评估和修订，根据实际情况及时调整和完善安全制度，确保博物馆的安全制度始终处于最佳状态。

⑫加强对游客的管理，建立游客安全管理制度，包括游客安全教育、游客行为规范、游客安全事故处理程序等，确保游客的安全和文明参观。

（2）消防制度

①消防安全管理落实分级消防安全责任制和岗位消防安全责任制，明确分级和岗位消防安全职责，确定各级、各岗位的消防安全责任人，做到所有部门的消防工作都有专人负责管理。

②建立消防安全例会制度，定期召开消防安全例会，处理涉及消防安全的重大问题，研究、部署、落实本场所的消防安全工作计划和措施。

③建立防火巡查和防火检查制度，确定巡查和检查的人员、内容、部位和频次。

④通过多种形式开展经常性的消防安全宣传与培训。

⑤建立疏散设施管理制度，应明确消防安全疏散设施管理的责任部门和责任人，定期维护、检查的要求，确保安全疏散设施的管理要求。

⑥建立消防设施管理制度，其内容应明确消防设施管理的责任部门和责任人，消防设施的检查内容和要求，消防设施定期维护保养的要求。

⑦建立火灾隐患整改制度，明确火灾隐患整改责任部门责任人、整改的期限和所需经费来源。

⑧建立用电防火安全管理制度，并应明确用电防火安全管理的责任部门和责任人。

⑨建立用火、动火安全管理制度，并应明确用火、动火管理的责任部门和责任人，用火、动火的审批范围、程序和要求以及电气焊工的岗位资格及其职责要求等内容。

⑩建立易燃易爆化学物品管理制度，明确易燃易爆化学物品管理的责任部门和责任人。

⑪建立消防安全重点部位管理制度，确定消防安全重点部位，并明确消防安全管理的

责任部门和责任人。

⑫建立消防档案管理制度，其内容应明确消防档案管理的责任部门和责任人，消防档案的制作、使用、更新及销毁的要求。

⑬制定有针对性的灭火和应急疏散预案，并开展消防演练。

⑭火灾发生后，立即启动灭火和应急疏散预案，疏散建筑内所有人员，实施初期火灾扑救，并报火警。应保护火灾现场，接受火灾事故调查，总结事故教训，改善消防安全管理。

5. 安保处置

（1）消防演练

①当展区、文物库房或馆区其他部位发生燃烧火灾情况时，该区域执勤保安员或馆工作人员和第一发现者，立即按下手动火灾报警按钮或用展区火灾报警电话、手机报警，并同时用对讲机或手机向班、队长或馆保卫部报告。

②该区域执勤保安员或馆工作人员要立即确定起火原因、起火方位，迅速切断该区域电源或通知展厅电工切断该区域电源，并就近用手持灭火器和消火栓进行灭火；迅速打开所有安全门，组织指挥游客疏散到安全地带。

③保安大队班、队长接火灾报警后，及时用对讲机向保卫部应急值班室、保卫部和监控中心组长报告。通知配电房切断火灾区域的总闸电源，避免继发性危害；并通知保安队员赶赴火灾现场，开展现场灭火工作。

④保卫部接到火灾报警后，应立即向组长或副组长报告，并拨打“119”报警（报警时说明着火单位地址、着火部位、着火材料、火势大小、着火原因和报警人姓名电话），寻求消防大队的大力支持；通知重大突发性公共事件应急处理工作指挥部成员、驻馆保安大队和馆所消防站消防队员赶赴火灾现场；负责当好总指挥长或副总指挥长的参谋和助手，做好各部门的协调工作，并积极协助配合消防部门做好相关工作。

⑤总指挥长或副总指挥长赶到火灾现场后，根据火灾现场具体情况，及时组织、指挥、协调各方面力量，开展现场灭火工作。

⑥保卫部要立即通知相关人员打开馆内所有的消防通道，安排保卫部人员到馆门口迎接消防车辆，引导消防车辆顺利进入火灾区域。

⑦在消防车辆未到时，保安大队、消防站消防队员和其他职工赶到火灾现场后，立即启用该区域的手持灭火器和消火栓进行灭火，控制火势蔓延。

⑧社教部负责派出人员配合保安人员一直组织指挥游客疏散到安全地带，如有受伤保安和游客，应及时与“120”急救中心联系，将伤员送往医院救治。

⑨保管部负责库房和展出文物的安全，组织人员做好抢救火灾现场文物的准备，一旦发现火灾危及文物的安全时，要全力组织人员抢救火灾现场的文物。

⑩驻馆保安大队迅速组织警卫力量，对文物库房、展区外围通道和馆大门、东侧门及所有出入口进行警戒，既要严防有人趁火打劫，保护好国家文物，又要严禁其他车辆和无关人员进入火灾现场，并采取有效措施保护好第一现场，维持好抢险救援秩序。

⑪在火情严重的情况下，总指挥长或副总指挥长立即通知监控中心值班组长启动火灾区域的消防联动控制系统进行灭火。

⑫在消防车辆到达现场后，保卫部要主动提供有关信息，配合消防救援人员组织救人和灭火抢险。

⑬办公室负责车辆的保障工作和对新闻媒体报道的把关，并负责对火灾情况进行调查核实、确证后，在2小时内向省文化和旅游厅、省文物局和相关部门报告火灾情况及应急处理的信息。

⑭监控中心值班组长应立即开启消防报警广播，告知相邻建筑物内的游客有序疏散，同时要加强对火灾区域的监控，保持与火灾现场的联系，严格遵照总指挥长或副总指挥长的指令操作火灾自动报警系统和消防联动控制系统。

⑮市场部负责火灾时商店、书屋、咖啡屋、餐厅、商品库房等处的商品和物品的安全。

⑯文保中心负责火灾时存放在库房的文物的安全。

⑰火灾扑灭后，保卫部安排专人保护好火灾现场，协助公安、消防和上级主管部门察看现场，查找原因，配合保管部检查和整理火灾现场的文物，清点损失。

⑱火灾扑灭后，办公室要积极协助配合有关部门开展火灾事故调查，并将火灾事故调查的结果形成书面材料，上报省文化和旅游厅、省文物局和相关部门。

⑲后勤部负责保障供电和设备的正常运行及消防用水、消防设施等的正常使用；负责提供抢险救援的物资保障。在事故调查结果出来后，应及时组织人员清除现场，使现场尽快恢复原貌。

（2）疫情期间的安保处置

通过自己培训、请专家培训、请维保单位培训，湖北省博物馆共培训人员300余人次，印发了新冠肺炎疫情防控手册，基本覆盖了开放部门一线工作人员，提高了工作人员疫情防控等安全意识和处理突发事件的能力。

馆所安全领导小组以管理促安全，提出了“严防严控，确保疫情防控、文物、游客安全”的要求。一是加强对外开放管理。按国务院联防联控指挥部《关于做好新冠肺炎疫情常态化防控工作的指导意见》落实相关工作，并落实“四严格”，即严格落实戴口罩；严格进行人员、场所消毒，对全馆人员个人、各出入口、卫生间发放消毒用品，所有场所每天进行不少于2次消毒；严格落实体温检测与登记制度，到岗职工落实每天3次体温测量，游客实行进馆双测量，所有进馆人员必须有健康证明；严格落实分时预约制度。二是适时调整进馆程序与参观人数。根据疫情防控需要，及时调整游客进馆流程，要求预约的游客凭健康证明、体温检测结果由安检入馆。该流程有效控制了进馆人数，确保了疫情防控，也提高了游客的参观品质。三是加强制度建设。为加强疫情期间管理，湖北省博物馆制定了《湖北省博物馆对外开放疫情防控方案》《湖北省博物馆对外开放疫情防控应急预案》《湖北省博物馆公务接待进出管理（暂行）办法》等制度，有效提高了馆所疫情防控的能力。另外，湖北省博物馆还修订了车辆出入管理规定及“三期”建设施工配合管理流程等制度。

疫情期间安保处置的工作原则是统一领导，分级负责；预防为主、防治结合；快速反应、果断处置；开放有序、确保安全。具体工作有依据馆人员构成及流动情况，判断传染源传入馆区的途径以及员工感染的途径；根据湖北省疫情风险等级评估报告以及属地风险等级划分，结合人员流动情况和对外开放活动确定疫情可能发生的区域、场所或重点人员，其中开放展厅、集中办公区域、公共区域、文创卖场、馆区进出口等人员易聚集区域和进出人员、车辆、物流是重点防控环节。

应急处置步骤如下：

①病例发现

发现本单位人员有发热、干咳、乏力等疑似症状时，发现者及时向指挥部报告，办公室立即发布内部预警通告。发现游客发热、干咳、乏力等疑似症状时劝其立即自行就诊或者送省梨园医院就诊，并登记相关信息，立即报告辖区文旅和卫健部门，并发布内部预警通告。

②临时隔离

发现本单位人员有疑似新冠肺炎早期症状（如发热、乏力、干咳等）和异常情况，立即将疑似病例送至馆隔离观察室单独隔离，不得离开房间活动。

③信息报告

单位对新冠肺炎疑似病例隔离后，办公室立即向区文旅体局、区卫健办、上级主管部门报告疫情信息。

④转诊就医

在疫情防控指挥部的安排下，按照疫情防控相关要求，及时转送疑似病例前往梨园医院。

⑤密切接触者排查

出现确诊病例后，按照内防扩散、外防输出的要求，在对新冠肺炎病例采取隔离、报告、送诊的同时，立即配合疾控部门对其密切接触者进行全面排查，配合有关方面做好密切接触者防控措施。所有密切接触者在隔离场所进行医学观察，禁止外出，拒绝探访，由指定的工作人员每天早晚各进行 1 次体温测量，询问健康状况。

⑥消毒处置

出现病例或疫情传播，立即隔离其工作区域，并根据送医医学观察反馈情况进一步封闭全馆、职工生活场所，严禁无关人员进入，配合区防疫部门对其活动场所及使用物品进行消毒。

⑦封锁

出现病例，保卫部配合属地疫情防控机构和疾控机构对划分为疫区的区域采取封锁措施，限制人员进出，封存设施设备。

⑧整体管控

出现疫情传播后，馆实施内防蔓延、外防输出的防控策略，馆全面停止对外开放，限制人员聚集、流动，待疫情得到控制后再恢复开放，并防止次生、衍生安全事件发生。

⑨响应结束

已隔离人员均得到有效治疗，工作、生活场所已消毒处理，且14天内未发生新增疑似病例及确诊病例，经区疫情防控指挥部核实批准后，宣布内部响应结束。

内部响应结束后，馆在继续加强疫情防控的基础上，全面客观进行分析评估，采取积极稳妥措施，合理调配人员，科学制定计划，按照区疫情防控指挥部批准时间，有序恢复对外开放活动。

附件：湖北省博物馆突发事件应急预案

1. 总则

1.1 编制目的

为确保湖北省博物馆免费开放游客及文物的安全，加强对突发性公共事件处置的组织指挥，提高应急处置能力，及时、有序、高效、妥善地处置在省博物馆内发生的各类突发事件，全面落实准备工作和应对措施，最大限度地减少人员伤亡和财产损失，维护社会稳定，特制定本预案。

1.2 适用范围

本预案适用于湖北省博物馆各类突发事件的应对工作，各相关部门统一执行本应急预案。

1.3 编制依据

根据《国家文物局突发事件应急工作管理办法》《企业事业单位内部治安保卫条例》以及湖北省委办公厅、省政府办公厅《关于进一步加强单位内部治安保卫工作的意见》等相关规定。

1.4 工作原则

1.4.1 统一领导、分级负责、自救与社会救援相结合；

1.4.2 明确职责、落实责任、反应及时、措施果断；

1.4.3 应急救助中，要坚持先主后次、先急后缓、先重后轻的原则，先人员、后物品；先重要物品、后次要物品；

1.4.4 湖北省博物馆所有工作人员都有责任和义务参加或配合应急救援工作，并服从统一指挥。

1.5 预案体系与衔接

1.5.1 应急响应分级

各类突发事件按照其性质、社会危害程度、可控性和影响范围等因素，符合国家突发事件分级标准的按照国家有关规定执行。

按照湖北省博物馆实际情况，根据发生突发事件的可控性、严重程度和影响范围，馆将响应行动分为三级。

1.5.1.1 出现下列情况时，启动三级响应：

已经收到威胁到游客生命财产、文物安全的相关预警信息；发生一般轻微、一般事件，未造成严重影响游客及文物安全的；其他需要启动三级响应的。

三级响应由临时现场指挥（保卫部）启动预案组织实施，负责现场指挥，执行各项应急措施。

1.5.1.2 出现下列情况时，启动二级响应：

已经发生影响到游客生命财产、文物安全的一般事件；发生群体性事件、局部火灾、影响游客及文物安全，影响博物馆正常开放的；其他需要启动二级响应的。

二级响应由指挥长或副指挥长启动预案组织实施，负责现场指挥，执行各项应急措施。

1.5.1.3 出现下列情况时，启动一级响应：

已经发生影响到游客生命财产、文物安全的重大事件；已经实施或者发生恐怖袭击、重大火灾、盗窃抢劫文物的；其他需要启动一级响应的。

一级响应由指挥长启动预案组织实施，负责现场指挥，执行各项应急措施。

1.5.1.4 对于超出本级应急处置能力的，迅速向上一级领导机关报告，启动上一级应急预案实施应急处置。

2. 组织机构及职责

2.1 突发事件应急指挥部

2.1.1 成员组成

总指挥长：馆长

副总指挥长：主管副馆长、安全管理人

其他副馆长

成　员：保卫部主任

保卫部副主任

其他部门主要负责人

保安大队大队长

相关公安部门联系人：公安分局治安大队长

听涛派出所所长

辖区责任民警

2.1.2 指挥部职责：

负责湖北省博物馆突发性应急事件的制定、修改；组建内部应急专业队伍，并组织实施和演练，检查、督促、做好各类应急措施和救援的准备工作；统一指挥、组织发生突发事件时的应急处理，配合专业单位进行抢险救助等工作；协调各部门做好日常应急准备工作，研究重大应急决策和部署，及时向上级请示、报告。在总指挥长或副指挥长未到达现场前，由保卫部组建临时指挥部，担负先期处置任务。

2.1.3 指挥部分工：

总指挥：负责制定突发性应急事件处置预案及组织指挥应急救援

副总指挥：协助总指挥负责制定突发性应急事件处置预案及组织指挥应急救援

办公室：负责协调反恐现场的车辆运输及信息发布等工作

保卫部：负责组织和协助馆内各种应急处置力量进行应急处置工作；配合公安部门处理好善后事宜，做出分析报告；负责应急指挥的通信保障任务

后勤部：负责现场电力、水源、设备等供应控制及现场抢修

社教部、市场部：负责协助观众疏散和伤员的现场初步救治

保管部、文保部：负责现场文物保护与转移

驻馆保安大队：展厅安保人员协助观众疏散，负责馆内通道、出口进行警戒

特勤中队：保安特勤中队负责现场警戒、搜索抓捕和外围封控任务

中心监控室：利用视频监控系统、消防报警系统实时监测现场状况，保存现场重要资料，准确、迅速向指挥人员提供现场数据

2.2 临时指挥

2.2.1 临时现场指挥：

馆内发生各类突发事件，成立临时现场指挥部，临时指挥部设置于监控中心。

临时指挥长：总指挥长和副总指挥长没有到达现场或者不便于组织指挥时，由保卫部主任担任

2.2.2 临时指挥部职责：

组织协调馆内各种应急处置力量，确保三分钟内赶赴现场，进行先期处置；及时报警，协调配合公安消防机关处置现场；利用各种方式搜集信息，及时向总指挥部报告现场状况，为总指挥部提供相关决策依据

3. 单位概况及风险评估

3.1 单位概况

湖北省博物馆位于武汉市武昌区东湖路 160 号，距离湖北省省委、省政府约 5km，与东湖宾馆相邻，交通区位重要；东、北、西三面临路，南面临湖，交通便利，地形复杂。北临东湖路，南靠东湖，西侧与湖北省老年大学相邻，东侧与一大型小区（楚世家）隔路相望。目标核心要害部位为南主馆、北主馆、楚文化馆、临展馆、文保中心。截至 2023 年 2 月，有安保管理人员 22 人（正式职员 10 人、派遣人员 12 人），保安人员 299 人。

3.2 防恐风险评估

3.2.1 可能面对的涉恐案事件

3.2.1.1 社会安全事件。主要指遭遇恐怖分子实施砍杀、爆炸、纵火、冲撞、劫持等恐怖手段，破坏我广场设施，造成秩序混乱、人员伤亡性事件等。

3.2.1.2 公共卫生事件。主要包括因涉恐人员导致的环境污染以及其他严重影响公众健康和生命安全的事件。

3.2.2 预防措施

定期对反恐怖防范设施、系统进行检查、维护、校验，保证设备完好，按照反恐怖工作需要和有关规定要求，积极配备足额的防范应急处置装备设施。配置专职人员，坚持 24 小时值班制度，反恐怖防范工作日间由保卫部负责，夜间由安保人员轮流值班，负责反恐怖防范工作。通过加强与当地公安机关的联系，对拟聘用的工作人员的背景进行审查，防止可疑人员上岗，定期对重点人员进行行为评估。对进入重要部位的外来人员、从事工程项目的人员，须经保卫部门背景审查后方可办理审批、备案、通行手续。重点部位需 24 小时定岗值守和流动巡逻。按照本单位实际情况，必须有 8 名专业保安做为反恐怖防范应急队伍，24 小时随时待命，确保在第一时间具有相对较多的反恐怖防范处置力量。

建立视频安防监控系统，并在重要部位安装频监控探头，能够对监控的场所、部位、通道等进行实时、有效的视频探测、视频监视，图像显示、记录与回放，且具有视频入侵报警功能。

4. 预防与预警

4.1 预防预警信息

指挥部加强日常管理和监测，收集日常信息与传报，对可能发生的涉及公共安全的预警信息进行全面评估和预测，制定有效的监督管理责任制和预防应急控制措施，尽可能做到早发现、早报告、早处置。

4.2 预防预警行动

4.1.1 指挥部对馆加强事前的监督检查，定期演练各种应急预案，确保救援力量随时处于待命状态。

4.1.2 指挥部对各类应急预案要完善，明确安全责任制度，强化日常人力、物力、财力储备，增强应急处理能力。

4.2 预警系统

指挥部在日常工作中，确保安防、消防设施正常运行，出现故障及时要维保人员解决。各出入口、外围岗楼安保人员根据现场形势研判，发现各类危险事件的苗头，立即报告监控中心，监控中心严密监视事态发展，并初步预判，通知应急小分队做了应急处突准备。

4.3 常态防范

馆内安防、消防体系完善。中心监控室 24 小时安排值班，白天 3 人值班，夜间 5 人值班。安防系统由视频监控系统、入侵报警系统及门禁控制系统组成，可以做到重点区域视频监控全覆盖。消防系统由火灾自动报警系统、自动喷淋灭火系统、气体灭火系统、消防广播系统 、消火栓系统组成。常规防范装备有防暴盾牌、钢叉、橡胶棍、防刺背心、防刺手套、辣椒水、防爆头盔、网枪等。博物馆设有 2 道周界警戒线，内周界设有红外对射报警系统和视频监控，外围周界设有电子围栏、铁丝网、视频监控，并建有哨楼，由馆特勤中队 24 小时值守，哨楼配备有报警器、通信设施、摄像探头、探照灯和高音喇叭。大门入口监控系统、身份证录入系统与辖区公安监控网对接，各大门安排有保安员 24 小时值守。为满足观察需要，沿外围墙通道安装了各类照明灯近百盏。

4.4 非常态防范与预警

在馆区接受重要警卫任务、重大节日、重要活动、敏感节点等安保活动以及接到政府及有关部门通报的（事件）预警信息，或通过其他途径获取预警信息时，安全领导小组办公室、保卫部有权决定采取临时性强化防范手段和措施，提升防范能力的管理行为。

4.5 预警解除

由馆安全领导小组和负责人按照相关流程决策后，结束预警，终止已采取的相关加强措施。

5. 现场处置

5.1 信息报告

5.1.1 报告要求：

5.1.1.1 快捷：最先接到突发时间信息的人员应当在第一时间报告控制室或者保卫部。

5.1.1.2 准确：报告内容要真实，不得瞒报、虚报、漏报、迟报。

5.1.2 报告内容

5.1.2.1 发生的时间、地点；

5.1.2.2 造成的影响范围、危害程度；

5.1.2.3 应急处置情况，事态发展情况；

5.1.2.4 其他需上报的有关事项。

5.1.3 其他报告形式：

5.1.3.1 直报：发生特别紧急情况的，要直接报告厅领导和辖区公安部门。

5.1.3.2 续报：在事件发生一段时间内，要连续上报应急处置的进展情况及有关内容。

5.2 预案启动

监控室或应急值班干部在接到发生突发事件的报告后，立即通报保卫部相关领导，保卫部根据突发事件的性质和严重程度提出启动建议，并报指挥长或副指挥长决定。

5.3 现场处置

5.3.1 二级响应以上

5.3.1.1 一旦遇到抢劫、盗窃、火灾、破坏、恐怖袭击等突发事件，首先由现场发现人员向保卫部当天带班干部报告，及时拨打“110”和“119”。展厅保安、武警巡逻人员、特勤岗哨员、中心控制室值班员等将突发事件信息及时向保卫部带班干部汇总。

5.3.1.2 保卫部根据突发事件的性质和严重程度提出启动建议，保卫部带班干部接报后立即向指挥长汇报。通知展厅保安紧急疏散观众并跟踪事态发展，及时向领导汇报；驻馆特勤按照各自分工赶赴现场并迅速封锁外围。

5.3.1.3 保卫部会同驻馆特勤、驻馆武警组织力量携带必要装备器材迅速赶赴现场，果断处置，控制事态发展。同时武警中心监控室值班员通过监控周界动态，及时保存录像。

5.3.1.4 指挥部负责协调安排各部门参与应急处置，以及“110”“119”等现场警力支援；指挥部负责组织撤收警力，收集情况，发布信息。

5.3.1.4 指挥长和各负责人因故不在，必须委托其他人临时担任责任人。

5.4 现场保护

保卫部组织特勤、内保等及时进行现场警戒，保障疏散通道的畅通与疏散秩序管理，疏散完成后，立即拉警戒带管控事故区域。

5.5 应急衔接

5.5.1 公安反恐、消防救援人员到馆后，主要处理任务由到馆公安、消防等专业人员担任，馆应急力量负责引导协助工作，其他安保力量负责警戒、转移伤员。

5.5.2 医院救护人员到馆后，优先向医护人员移交重伤员，并引导医护人员到其他伤员处紧急处理和移交伤员。

5.5.3 馆安保及相关部门负责引导后续救援力量物资到现场并确保救援道路畅通。

5.6 应急结束

当事故处理完，即恐怖分子被控制、并没有别的同伙与其他爆炸等伤害性事件后，以及火灾发生后被全部扑灭，并将文物等贵重馆产妥善处理妥当后，根据上级指示，由指挥长下达解除警戒、完成应急处理的指令，办公室通知全馆，各部门接到应急结束的指令后，清点人员装备，做好善后准备工作。

5.7 善后处置

5.7.1 总结评估

内部响应结束后，指挥部对突发事件应急处置工作进行全面分析，总结经验，查找不足，修订完善预案，有针对性地制定安全防范措施；对事件中受伤的游客开展医疗救治和善后处理，对受损文物进行评估并采取修复、保护措施，组织开展对建筑设施的事后补救和重建工作，及时向社会发布消息，避免事件在社会上造成不良影响。

5.7.2 恢复开放

内部响应结束后，馆在继续加强安全防范的基础上，全面客观进行分析评估，采取积极稳妥措施，合理调配人员，科学制定计划，按照上级批准时间，有序恢复对外开放活动。

5.8 舆情信息

办公室按照指挥部的统一部署，经请示上级部门批准，对现场媒体以及突发事件信息实行统一归口有序管理，信息部负责舆情侦察与通报。

5.9 调查评估

突发事件应急处理结束后，指挥部应当及时组织开展调查评估工作，并在应急处置工作结束后 10 天以内，将书面调查评估报告报送湖北省文旅厅。需要延期上报的，应当报湖北省文旅厅批准。

调查评估报告应当包括以下内容：事故或者事件发生的原因、过程和损失，事故或者事件的性质、影响、处置措施、经验教训、恢复重建计划、意见或者建议等。属于责任事件的，应当对负有责任的单位和个人提出处理意见。

6. 保障措施

6.1 通信保障（见附件）

6.2 队伍保障

建立一支应急处置队伍，各部门要根据各自工作特点，针对可能发生的各类突发事件，完善各项职责，明确应急处置人员；加强与公安、消防等相关单位的联系，确保联络通畅，救援及时。

6.3 装备保障

对应急处置工作的设备、装置设施等，应加强维护、保养，确保其处于良好状态。（装备物资见附件）

6.4 医疗卫生保障

办公室及时了解掌握当地医疗救治和疾病预防控制机构的资源分布、救治能力和专业特长、联系方式等信息，并由办公室派专人负责沟通联络。

6.5 经费保障

与预案相关的物资和经费支出由保卫部向馆院申请，列入博物馆运行经费。

6.6 紧急避难场所保障

馆应急避难场所两个：一号应急避难所，位于北门内北广场，救援车辆从北门出入；二号应急避难所，位于西南门内大巴停车场，救援车辆从西南门出入。

6.7 其他保障

应急避难所内饮用水、伤员应急救援物资由后勤部负责保障，由保卫部负责分发。

内部通信由保卫部负责储备 10 台对讲机作为保障。

7. 预案管理

7.1 宣传培训

指挥部每半年要组织参与应急准备和响应的人员进行一次培训。

7.2 演练

针对可能出现的突发事件，指挥部每半年要组织参与应急准备和响应的人员进行应急演练，提高应急实战能力，熟悉应急预案，掌握应急处置措施。

7.3 预案修订与备案

预案由湖北省博物馆安全领导小组办公室修订、由东湖分局内保大队备案。

7.4 制定与解释

本预案由湖北省博物馆安全领导小组办公室负责解释。

7.5 预案实施时间

本预案自发布之日起实施。

8. 附件

8.1 几类常见袭击事件现场处置方案

8.1.1 驾车冲撞处置方案

8.1.2 刀斧砍杀处置方案

8.1.3 纵火处置方案

8.1.4 爆炸处置方案

8.1.5 劫持人质处置方案

8.2 信息上报程序、途径及处置流程图

8.3 参与应急处置有关部门、机构或人员通讯方式备用通讯方案和通讯录

8.4 关键的路线、标识和图纸

8.4.1 各出入口及重点目标位置图

8.4.2 应急指挥部、应急小分队、应急疏散场位置图

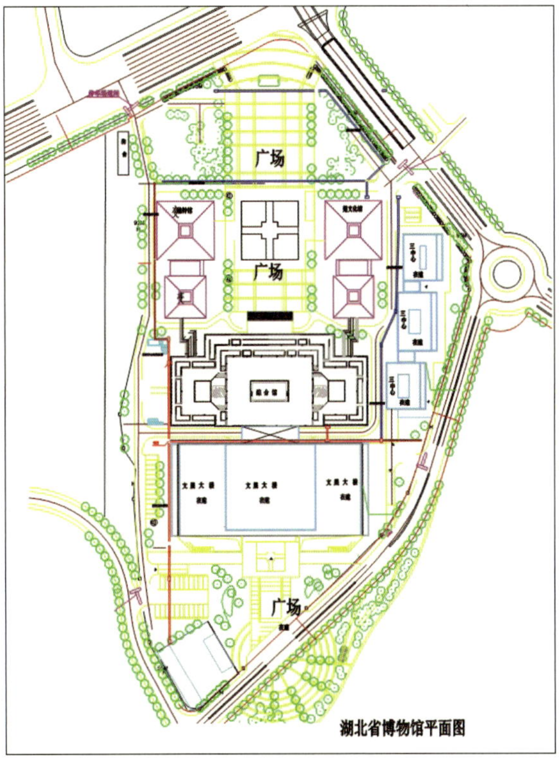

图 12–10　各出入口及重点目标位置图

（三）后勤保障

后勤保障部自建馆之初就是开展基本建设和保障基本运行的部门，最开始设在总务组，后逐步发展到设立后勤部（基建办）。

1. 团队建设与管理

湖北省博物馆在 1989 年馆所分离后将馆内的水、电、维修工作划给了行政科管理，因为馆区范围较小，所以后勤工作只在一个科室内进行管理。2002 年馆、所合并后，二期综合馆基建动工，形成了后勤部，该部门是分管基建、物资采购、水电、房屋资产的独立部门。

2008 年起，根据中宣部、财政部、文化部和国家文物局发布的《关于全国博物馆、纪念馆免费开放的通知》，湖北省博物馆开始对社会全面免费开放。免费开放的实施使得湖北省博物馆的观众接待量大幅上升。观众人数增加的同时伴以观众结构的变化，这对湖北省博物馆开放后一线的现场情况产生了一定的负面影响，主要体现在参观环境变得嘈杂、馆内设备设施损坏率有所增长、观众参观排队等候的时间增加容易导致情绪烦躁等。

面对这些变化，湖北省博物馆要求一线员工不因工作强度加大而降低服务标准，而是根据现场实际情况着力从细节入手，从加强管理的角度不断做出调节，如文展大楼开放后，空调阀门按旺季、淡季的区分进行遥控，旺季时以文展大楼的空调效果最佳为准则，对三个中心办公区域的空调阀门进行一定调节，尽全力保证观众良好的服务体验。

现如今后勤部已将部门工作做了细致划分：负责年度物业服务招标的各项基础工作；负责保洁、绿化、地产、房产等物业管理；负责高、低压配电运行与设施设备的管理、维修、保养，水、电、气的管理与运行维修、保养，电梯检测与运行管理，空调设施设备的管理与维修、保养；负责建筑物、构筑物本体及其附属物的维修与管理工作；负责固定资产及办公用品（含耗材）的采购与管理工作。后勤部已经成长为集日常维保、工程建设、公共卫生、物资管理于一体的后勤保障综合性部门。

为满足物资发放合理和高效的需求，后勤部建立了全馆物资管理制度，对馆内物资统一管理，逐一登记入账，检查账物是否相符。各部门物资，清点登记入账，如遇变动，及时变更，保证各部室物资使用到位。仓库管理制度明确，物品分类摆放，整齐清楚，方便查找，做到种类心中有数，领取准确。及时认真编报办公用品计划，按部室需求报领导批准后购买。

购买的物品登记入账，领用时填写领取单，经分管领导批准后发放。为满足观众观感体验，保证馆内绿化、卫生服务的合理运行，湖北省博物馆决定由维保单位负责馆内外环境管理，建立健全卫生管理机构和制度，建立了专业的保洁及绿化维保队伍，负责全馆内的保洁清洗和绿化管理。为满足馆内维修基建工程的实施需要，后勤部根据领导批示，前期提出工程方案，包含预算、规划、设计，报领导审批上会同意后方能实施，工程实施完毕后，还需要验收、审计直至项目完结。

2. 设施设备建设

（1）设备楼建设

2015 年前，老设备楼位于综合馆外部西南角，2015 年 12 月新设备楼建成，楼内配电房亦完成竣工，配电房 5080 kVA 变压器投入使用。2021 年文展大楼建设中，新设备楼增容升级，主供由 5080 kVA 增容至 10160 kVA，备供由 2540 kVA 增容至 5080 kVA。

新设备楼为负一、负二两层，负一楼为锅炉房和高压配电间，负二楼为空调机组和空调维保值班室。所配备的冷却塔位于设备楼一层地面。

2021 年 12 月新馆文展大楼二级配电房投入使用，1600 kVA 干式变压器负荷范围为文展大楼负一层至四层，涵盖“越王勾践剑”、“楚国八百年”、“曾侯乙”、“曾世家”、书画等展厅。

图 12-11　设备楼电气设备

图 12-12　文展大楼配电房

（2）公共设施

2007 年 10 月二期综合馆对外开放，馆内有观众扶梯 4 部，电梯 4 部，2021 年 12 月新馆对外开放，又增设文展大楼扶梯 8 部，直梯 9 部。

图 12-13　文展大楼扶梯

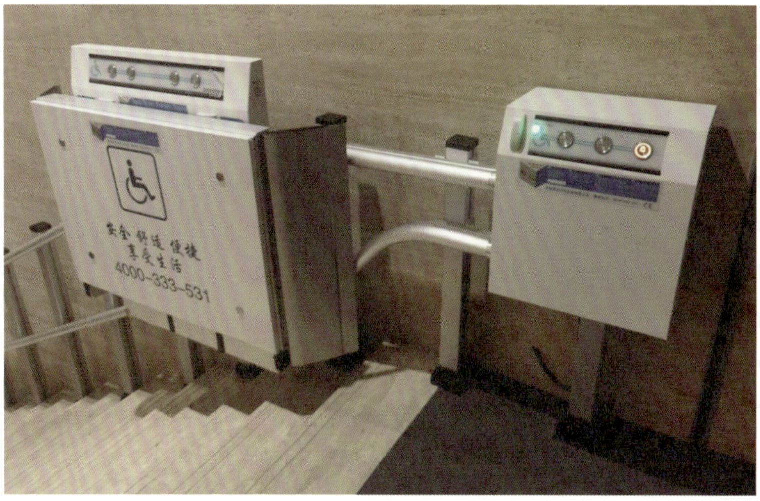

图 12-14　文展大楼无障碍升降平台

文展大楼曾侯乙展厅另配无障碍升降平台，方便乘轮椅者进行垂直或斜向通行。

2007 年二期工程建设了北区地下停车场，初期用于馆内员工停车。2015 年二期项目竣工，馆区范围增加，北区停车场已无法满足馆内车辆停放需求。

三期项目中新馆新建东区、南区停车场，此后东区、北区为馆内办公及接待停车区，南区为观众进出停车位。

南区内部装配升降机械车位 174 个，所有升降平台加装过载过压保护，加设新风系统，自然采光井 2 个，2.2 kW 口径 80 mm 智能抽水泵 18 台，观众车位智能计费器 2 台，智能寻车设备南区、东区各 1 台。

图 12-15　南区停车场

3. 运行保障

目前博物馆的运行保障模式为间接性维护和改善性维护相结合的综合性方式，即以对日常运行的设备自动化监控为主，以专业技术人员的管理及针对性维修措施为辅。例如在高压变配电室中，是以自动化监控一次、二次设备，并辅以人工抄表记录相关数据的方式进行日常运行，这种方式可以在保证博物馆设备正常运行下，大大减少资金的投入量，以达到提高效率的目的。

后勤部对全馆的运行保障做了分工部署，大致分为以下几个部分：

（1）电气部分

后勤部负责全馆电气设备的选型、安装、运行、检查、维护等工作。后勤部运行班、维修班每日定时巡检设备楼、文展大楼配电间、各层展厅配电柜、三中心配电房、水泵房等重要区域，将巡检的情况进行文本及照片记录，以保证日常运行及故障维修时的可靠性。

后勤部严格执行安全用电制度，加强对全馆人员的安全用电教育和用电指导，出台了安全用电制度，以“预防为主，抢修为辅”的方式发现问题并及时解决。

图 12-16　水泵房配电柜检测

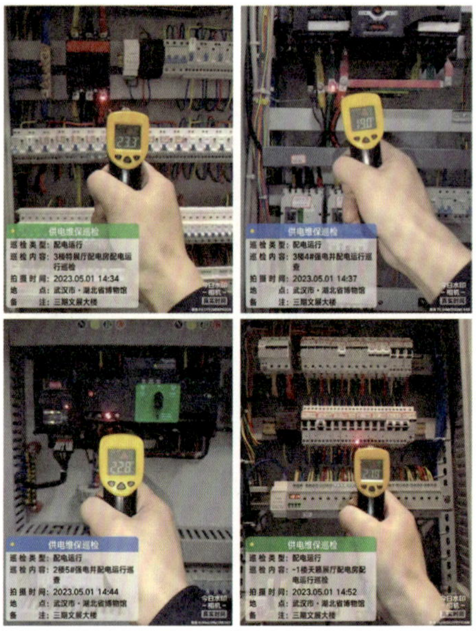

图 12-17　每日对各配电柜的定时测温巡检

（2）空调、供暖部分

后勤部负责全馆空调、供暖设备的维护与管理，每年锅炉使用前、后各进行一次全面检查，发现问题及时上报解决。开炉后每日巡视锅炉安全运行情况，并督促有关人员严格遵守锅炉安全使用制度。空调冷却塔每年定时清洗疏通。并且，在空调及锅炉开启阶段，每日对展区及文物库房温度进行实时监控，根据测量的温度和观众的反馈进行调节。

图 12-18　安全用电培训

图 12-19　安全用电培训

图 12-20　各区域每日定时测温

图 12-21　冷却塔检修

（3）零星维修部分

自 2007 年综合馆开放到三期基建完成，馆区的面积由原来的 7.78 万平方米增加至 11.38 万平方米，维修设备数量也随之扩大。为应对这一挑战，后勤部将原有的整体维修分为几个单独的模块，以灯具、电气、围墙漆面、漏水、空调维修几个方面将维修项目进行分类，分别进行单独的立项、招标和维修。在这一举措下，馆内的零星维修项目摆脱了杂乱难以管理的困境，各个部分以专人专项的形式实施，也保证了责任到人，项目的质量也能得到保障。

（4）保洁服务

后勤部负责全馆区域内保洁服务工作，在楚文化馆、综合馆尚未建成之前，湖北省博物馆仅有编钟馆（现称临展馆）对外开放，保洁工作无法达到令人满意的专业水准，与专业化服务要求相距甚远。

为使保洁质量上一个新台阶，给公众提供一个洁净的环境，在楚文化馆先期开馆时，后勤部将楚文化馆的保洁工作以包工包料的形式外包给有一定经验的专业清洁公司，并与保洁公司一道共同制定了《日常保洁计划书》，将楚文化馆保洁区域内的人员配备、岗位职责、执行情况、保洁程序及标准、服务质量承诺规定得十分清楚，特别易于操作，既避免了随意性，又达到了保洁之目的。从此后勤部不再管具体的人和事，只负责保洁公司与馆窗口部门的协调及对服务质量的监督。

图 12–22　保洁人员清扫堆积落叶、安检房清洗

在博物馆二期项目完成、楚文化馆对外开放的头两年，湖北省博物馆采用老馆老办法、新馆新办法维持着博物馆展区的保洁工作，两种办法并行的结果是逐渐统一了大家的认识，积累了成功的经验。通过两年的试行，总结出的这种外包形式虽在费用开支上比原来稍大，但服务质量是过去无法想象的，新办法使环境焕然一新。并且管理更为便捷，也容易落实，后勤部只要在开始的保洁方案上下足功夫，后期协调、监督到位就行了。通过这次试行，后勤部在人员配比和如何制定较完善的保洁方案上积累了一定经验。

随着 2021 年文展大楼的全面建成并免费对外开放，保洁范围及保洁工作量猛增。我们严格按照政府招标的要求与专业保洁公司签订了服务合同，保洁服务合同由项目名称、承包方式、服务范围、服务期限、工作程序、服务标准、承包费用、结算方式、双方权利及义务、违约责任等组成，服务更规范更精细化了。

为应对新的形势，保洁公司专门编制了《湖北省博物馆日常保洁计划书》，其主要内容包括：日常保洁区域内的人员配备、保洁管理人员岗位职责、保洁管理执行情况、日常保洁程序及执行标准、服务质量承诺及员工手册等。

（5）绿化服务

湖北省博物馆展馆区及其周围共栽种有名贵树木 7 株，其他乔木 370 余株、灌木 310 余株、球形植物 200 余株、色块（小灌木）3000 多平方米、四季常青草坪 12000 平方米、暖季型草坪 4000 多平方米。博物馆原有杆径在 20 厘米以上的乔木约 300 株，屋顶花园有名贵树木 2 株、其他乔木和灌木、色块 120 平方米、草坪 140 平方米。

图 12–23　维保人员修剪树木及摆放花箱

2021年文展大楼正式开放，绿化面积增加7533.16平方米，随着与陈列展览配套的绿化工程的同步交付使用，湖北省博物馆绿化养护工作开始严格按照政府招标采购办法的规定进行，落实了具有国家二级以上园艺资质的专业单位承担绿化园艺维保工作，保证了湖北省博物馆的园艺绿化维保达到一流水准。

在编制《绿化养护方案》和签订绿化养护合同时，将所有与绿化有关的树木、绿地等纳入承包的养护范围。合同明确了管理工作内容、管理期限、承包费用及支付方式、双方权利及义务、违约责任以及其他。

《绿化养护方案》要求承包商在实施绿化养护的过程中，必须详细了解博物馆绿化的工程概况、养护管理办法、人员管理制度、文明养护的技术和措施、养护总计划与月作业计划、养护质量、安全生产的目标，以及在实施绿化养护的过程中必须严格遵守的相关规定。

《绿化养护方案》对中耕、除草、浇水、施肥、整形、修剪、病虫害防治及防治方法等有了明确的要求，如冬季修剪应注意避开严寒天气。在冷暖草坪播种及日常维护方面，对套播、土壤改良、疏草、精细平整、打孔、播种、覆沙、盖无纺布、浇水、养护、修剪、施肥、灌溉、杂草控制等有了详细规范。

（6）固定资产采购与管理

后勤部负责图书资料、公共服务软件、网络控制设备、车辆以外的公用资产的管理，根据《事业单位财务规则》、《文物事业单位财务制度》及国家有关规定，结合本单位的实际情况，编制了《湖北省博物馆财产物资管理办法》（以下简称“《办法》”），《办法》对本单位各种固定资产、低值易耗品及物资材料等财产物资的取得、使用、保管、报废及变价、出租等的统一管理和调配使用进行了规范。

固定资产管理是指按国家规定，一般设备单位价值在500元以上、专用设备单位价值在800元以上，使用期限在一年以上，并在使用过程中基本保持原有物质形态的资产。单位价值虽未达到规定标准，但是耐用时间在一年以上的大批同类物资，也作为固定资产管理。湖北省博物馆的固定资产归口由后勤部统一管理，后勤部指派专职采购员、保管员、技术人员负责固定资产的添置、验收、登记、领用、库存、保管、淘汰、报废等项具体操作。

后勤部具体职责为制定符合馆内实际的资产管理办法并组织实施；负责办理馆内公用国有资产的新增、处置等事项的报批手续；负责报废固定资产的保管、处置以及固定资产日常监督管理工作；接受省财政厅和主管部门对国有资产管理工作的指导和监督；定期组织开展固定资产管理自查工作；对馆内固定资产进行清查盘点，对固定资产的增减及时登记；定期向馆领导提供真实、准确的固定资产信息，并提出意见建议；负责馆内办公楼各项设施设备的日常管理和维护保养工作；建立后勤部固定资产台账。

（四）人事管理

人事工作是湖北省博物馆及湖北省文物考古研究所的一项基础性工作，特别是进入21世纪以来，事业单位管理逐步规范，单位人事管理各项政策逐步发展与完善，促使人事部门的职能朝着人力资源管理的方向不断迈进。

1. 人员管理

（1）在编人员

1953年3月，湖北省博物馆筹备处正式成立时编制10名，之后有所增加。

1953年4月，湖北省文物管理委员会与湖北省博物馆筹备处合署办公，湖北省博物馆筹备处人数不变，湖北省文物管理委员会共有在编人员24人；1955年11月，在编人员总人数达到65人。

1953年4月，湖北省博物馆筹备处与湖北省文物管理委员会分开。1958年初，湖北省博物馆筹备处有编制28个。

1960年10月，湖北省博物馆筹备处与湖北省文物管理处再次合并，在编总人数为78人。

1965年2月，湖北省博物馆有在编人员65人。

1969年1月，湖北省博物馆在编人员增加至79人。

1973年，湖北省博物馆有在编人员83人，其中专业人员68人，大专以上文化程度34人。

1976年12月，湖北省博物馆有正式职工93人。

1978年，湖北省博物馆有正式职工104人，其中专业人员81人，大专以上文化程度35人，专业人员平均年龄39岁。

1983年，湖北省博物馆有在编人员155人，专业人员120人，大专以上文化程度70人，专业人员平均年龄36岁。

根据湖北省机构编制委员会《关于省文化厅直属事业单位机构编制的通知》（鄂机编办函〔1992〕100号），湖北省博物馆核定事业编制105名，湖北省文物考古研究所核定事业编制70名。根据中央编办文件要求，全国十个重点文物考古研究所（院）编制数在“十四五”末达到180名，2021年底，省委编办将湖北省文物考古研究院的编制数增加到100名，2023年初再次增加到115名；2023年1月，省委编办批复，将湖北省文物交流信息中心、湖北省工艺美术研究所整体并入湖北省博物馆，核定编制总数181名。

湖北省博物馆严格控制人员总量，遵循精干、效能、优化的原则，根据岗位职责、任务和业务等，合理设置岗位类别与等级，做到“定编、定岗、定责、定薪”，把控人员结构与比例。

对在编人员的管理，依照《事业单位人事管理条例》的规定，坚持党管干部、党管人才原则，全面准确贯彻民主、公平、竞争、择优的方针，按照“分类管理、科学设岗、明确职责、严格考核、落实报酬”的总体要求，建立健全各项人事管理制度，取消身份界限，打通晋升通道，实行动态管理，发展和谐的聘用关系，保障职工合法权益，建设高素质的文博人员队伍，提高管理水平和运行效率，促进公共服务发展。

（2）非在编人员

1953 年 1 月，湖北省博物馆筹备处成立时有编外人员 1 人。

1960 年 10 月，湖北省博物馆筹备处与湖北省文物管理处再次合并时有编外人员 4 人。

1963 年，湖北省博物馆筹备处正式更名为湖北省博物馆后设立了群众工作部，为适应展览讲解的需要，开始招募临时工作人员担任讲解员。“文革”期间，非在编的讲解员流失。

1979 年，湖北省博物馆有长期编外人员 1 名。

1979 年，曾侯乙墓经整理后的所有出土文物进入馆藏，湖北省博物馆制作了“随县曾侯乙墓出土文物展”，引起了极大轰动。为做好讲解服务，湖北省博物馆每年招募一定数量的讲解员以缓解讲解压力。

1981 年，有临时工作人员 50 人，包括讲解员 19 人，亦工亦农考古人员 31 人。

1987 年，湖北省博物馆正式组建编钟演奏组，编钟演出也开始招募非在编演出人员。而为配合基本建设开展的考古工作任务也较重，一些考古工地开始招募非在编的技工从事考古绘图等辅助性工作。

2007 年，随着二期新馆的开放，湖北省博物馆运行的工作量剧增，在编人员数量偏少，完全无法承担全部任务，湖北省博物馆在运行的多个岗位开始较大幅度地招聘非在编人员，特别是讲解员、演出人员等非在编人员中较大的群体。为规范非在编人员招聘数量，其总数量经省文化厅认定。2017 年审定的湖北省博物馆、湖北省文物考古研究所非在编人员总额为 140 人；后为适应三期新馆开放需要，审定总额增加到 200 名。

对于临时性、辅助性岗位的非在编工作人员，本馆一律严格实行“劳务派遣制度”，通过与劳务派遣单位订立劳务协议方式进行用工。

非在编人员依照湖北省博物馆《劳务派遣员工管理暂行办法》进行管理，员工享有取得劳动报酬、休息休假、获得劳动安全卫生保护、享受社会保险和福利等权利，同时应当履行完成劳动任务、遵守本馆规章制度和职业道德等义务。

2. 人事制度

（1）聘用制度

2002 年之前，湖北省博物馆、湖北省文物考古研究所人事管理主要依据上级和单位的相关制度执行。

2002 年 7 月，根据《国务院办公厅转发人事部〈关于在事业单位试行人员聘用制度的意见〉的通知》（国办发〔2002〕35 号），湖北省委办公厅、省政府办公厅相继出台的《关于加快实施全省事业单位人员聘用制度的通知》（鄂办发〔2003〕1 号），湖北省博物馆开始尝试聘用制工作，于 2003 年底拟定《湖北省博物馆、湖北省文物考古研究所人员聘用制度实施方案》，报上级主管部门批准后，于 2004 年实施。该方案对机构编制、岗位设置、工资分配、岗位聘用、岗位考核、解聘辞聘、人事争议、退休待遇等各方面进行规范，推行人员聘用管理，签订合同 166 份，并兑现工资标准。此举有效推进人事制度改革，对人事管理由身份管理向岗位管理转变，由单纯行政管理向法制管理转变，由行政任用关系向平等协商的聘用关系转变具有积极意义，形成了一个人员能进能出、职务能上能下、待遇能升能降的用人机制。

（2）公开招聘制度

根据《国务院办公厅转发人事部〈关于在事业单位试行人员聘用制度的意见〉的通知》（国办发〔2002〕35 号）和湖北省人社厅《关于印发〈湖北省事业单位公开招聘工作人员暂行办法〉的通知》（鄂人〔2003〕16 号）精神，结合工作实际，湖北省博物馆自 2004 年起，落实公开招聘制度。单位凡出现空岗，除涉密岗位确需使用其他方法选拔任用以外，其他岗位从工作需求出发，统一试行公开招聘。招聘工作坚持“公开、平等、竞争、择优”的原则，坚持面向社会，严格聘用程序，做到“凡进必考”。

此后，中共湖北省委组织部、湖北省人力资源和社会保障厅转发了中共中央组织部、人力资源和社会保障部《关于进一步规范事业单位公开招聘工作的通知》（鄂人社发〔2011〕12 号）、湖北省人力资源和社会保障厅印发了《关于进一步规范全省事业单位公开招聘工作的若干意见》的通知（鄂人社发〔2016〕23 号），使公开招聘制度更加健全、流程更加规范、监管更加强化。

2004 年至今，湖北省博物馆全面推行公开招聘制度，结合本单位工作任务，按照科学合理、精简效能的原则设置岗位，严格遵守招聘流程，实施绩效管理，落实工资待遇。十多年来，湖北省博物馆馆共招录工作人员 44 人，其中，博士研究生 1 人，硕士研究生 25 人；合署办公的湖北省文物考古研究所（院）共招录工作人员 74 人（含人才引进 3 人），其中，博士研究生 10 人（含人才引进 3 人），硕士研究生 37 人，有效充实了人才储备，促进了文博事业发展。

(3)岗位管理制度

湖北省博物馆对专业技术人员、管理人员、工勤技能人员实行岗位管理。根据工作需要，按规定自主确定岗位，自主聘用人员，实现按需设岗、竞聘上岗、按岗聘用、合同管理。

①岗位设置

为深化事业单位人事制度改革，建立健全事业单位岗位设置制度，实现事业单位人事管理的科学化、规范化、制度化，人事部印发了《事业单位岗位设置管理试行办法》(国人部发〔2006〕70号)。根据中共湖北省委办公厅、湖北省政府办公厅《湖北省事业单位岗位设置管理试行意见》(鄂办发〔2008〕1号)的要求以及《关于加强事业单位岗位管理工作的指导意见(试行)》(鄂人社函〔2011〕226号)的相关规定，湖北省博物馆积极响应，结合单位人员情况，拟定专业岗位设置方案，2011年经上报湖北省人力资源和社会保障厅后实施，初次设岗105个，管理岗位、专业技术岗位、工勤技能岗位分别占岗位总量的15.2%、72.4%、12.4%，其中，高级岗位、中级岗位、初级岗位分别占专业技术岗位总量的30%、30%、40%。

2017年，文博事业大发展，受岗位职数限制，湖北省博物馆现有专业技术人员比例设置已不能适应湖北省博物馆作为专业人才密集型单位发展的需要，难以解决职称尤其是高级职称评聘的矛盾与问题。据此，湖北省博物馆申请将专业技术岗位比例提高至80%，高级岗位、中级岗位、初级岗位比例调整为33% ∶ 44% ∶ 23%；合署办公的湖北省文物考古研究所(院)申请将专业技术岗位比例提高至81.4%，专业技术岗位比例调整为33% ∶ 44% ∶ 23%。适度提升中、高级岗位占比，让岗位结构更加优化，以调动专业人才的积极性，促进人才梯队建设，更加契合文博事业发展需要。

②岗位竞聘

根据国务院办公厅、中共湖北省委办公厅、湖北省政府办公厅对于事业单位用人机转换制，实现由身份管理向岗位管理的转变的精神，为贯彻落实《关于加强事业单位岗位管理工作的指导意见》(鄂人社函〔2011〕226号)文件精神，湖北省博物馆于2017年11月制定了《专业技术岗位晋升管理暂行办法》，推行竞争上岗机制，从“熬资历”向“亮成绩”转变，激励广大专业技术人员勤奋学习，钻研技术，立足岗位，公平竞争，营造干事创业的良好氛围。

③聘用合同

根据国务院办公厅转发人事部《关于在事业单位试行人员聘用制度意见的通知》(国办发〔2002〕35号)、人事部《关于印发〈事业单位聘用合同(范本)〉的通知》(国人厅发〔2005〕158号)文件精神，为规范单位人员的聘用关系，湖北省博物馆落实合同聘用管理工作，凡纳入岗位管理的事业单位人员，均以书面形式签订聘用合同，确定单位与受聘人员的聘用关系、明确双方权利和义务、保障双方合法权益。

（4）职称评审制度

职称制度是专业技术人才管理的一项基本制度。我国职称制度的变化和发展与各时期的社会背景、经济发展紧密相连，主要经历了新中国成立初期的供给制与薪金制、20世纪中期的技术职务任命制与职务等级工资制、1978年以来的专业技术职称评定制和职务聘任制三个过程。

①供给制与薪金制

湖北省博物馆筹备处成立后即实行此制度，在编人员9人中，3名按照供给制分别定为第22、19级；6人按照薪金制执行，分别定为第25、24、20、19、16级，1名非在编人员按照第25级执行。

②技术职务任命制与职务等级工资制

1965年前后按照分类对应相应级别，本馆分为行政、艺术、博业三类，行政有第23级至第15级，艺术仅有第12级，博业有第16级至第8级。另有个别高教8级。

1966年全部改为行政级别工资制，档次在第26级至15级之间，极少量人员按照相当于行政20级至16级落实工资发放。

③职称评定制

1978年，湖北省博物馆试行职称评定制度。

1979年11月，国家文物事业管理局制定经国务院批准的《文物、博物馆工作科学研究人员定职升职试行办法》印发，指定本单位职称按照学术职称分研究员、副研究员、助理研究员、研究实习员四级进行评定。1980年10月，国家文物局又以〔1980〕314号文件发布了实施上述办法的暂行规定。同年12月，湖北省博物馆制定了《关于为我馆科学研究人员评定学术职称的方案》并上报湖北省文化局。1981年2月，湖北省文化局批准了方案；3月产生了由11人组成的湖北省博物馆第一个职称评委会；7月，根据湖北省文化局、湖北省人事局发布《关于贯彻执行国务院批准的〈文物、博物馆工作科学研究人员定职升值试行办法〉的实施细则》，湖北省博物馆开展了馆史上第一次科研人员职称评审，共评出研究实习员24人，向湖北省文化局评委会推荐助理研究员15人、副研究员11人。

湖北省博物馆主要依托文化艺术大类下的文物博物系列进行职称评审，考评结合、评聘分开。尤其是在2004年落实聘用管理制度之后，开始实施与职称相对应的岗位聘任制度，打破了“职称就是职务”“职称到手、事业到头”的固化思维，初步形成一个人员能上能下，待遇能升能降，优秀人才能够脱颖而出的用人机制。

2011年，按照省委办公厅、省政府办公厅《湖北省事业单位岗位设置管理试行意见》（鄂办发〔2008〕1号）的要求以及《关于加强事业单位岗位管理工作的指导意见（试行）》（鄂人社函〔2011〕226号）的相关规定，湖北省完成首次设岗，正高级对应专业技术岗位一至四级，副高级对应专业技术岗位五至七级，中级对应专业技术岗位八至十级，初级对应专业技术岗位十一至十三级，取得职称资格成为对应岗位聘任的必要非充分条件。

根据《人力资源社会保障部 文化和旅游部关于深化艺术专业人员职称制度改革的指导意见》（人社部发〔2020〕68）号）、《人力资源社会保障部 国家文物局关于深化文物博物专业人员职称制度改革的指导意见》（人社部发〔2019〕122号）等文件精神和省职称改革工作领导小组办公室工作部署，省文化和旅游厅职改办从健全专业类别、完善评价标准等方面对2019年新修订试行的湖北省文物博物专业职称申报评审条件作进一步修订完善，制定《湖北省文物博物专业技术职务任职资格申报评审条件》（鄂人社职管〔2022〕3号），突出文博行业特点，遵循文博人才成长规律，破除“唯学历、唯资历、唯论文、唯奖励”倾向，有效引导文博专业人员提高能力素质，增强事业心和职业归属感。

（5）考核绩效制度

根据《事业单位人事管理条例》《省委办公厅、省政府办公厅关于进一步深化事业单位人事制度改革的实施意见》（鄂办法〔2014〕30号）、《湖北省事业单位领导人员管理办法（试行）》（鄂办发〔2017〕38号）文件精神，湖北省博物馆对纳入岗位管理的人员实行年度考核，建立以聘用合同和岗位职责为依据、以工作绩效为重点内容、以服务对象满意度为基础的考核办法，并将考核结果作为调整人员岗位、工资以及解除、续订聘用合同的基本依据。

根据《湖北省其他事业单位绩效工资实施意见》（鄂政办发〔2011〕126号）、《关于省直事业单位实施绩效工资有关问题暂行意见的通知》（鄂人社发〔2012〕26号）、《关于其他事业单位实施绩效工资若干具体问题的处理意见》（鄂人社发〔2012〕56号）、《湖北省文化厅直属事业单位绩效工资管理规定》（鄂文党发〔2016〕96号）等文件精神以及湖北省博物馆的实际情况，特制定湖北省博物馆《绩效工资分配方案》。坚持按劳分配，多劳多得，优绩优酬；坚持分级分类管理；坚持统筹兼顾，注重综合平衡。以工作人员实绩和贡献为依据，搞活内部分配，完善与岗位职责、工作业绩、实际贡献紧密联系和鼓励创新的分配激励机制，充分发挥奖惩在人事管理中的激励和约束作用。

3. 人才发展

进入21世纪新阶段，党中央、国务院作出了实施人才强国战略的重大决策，人才发展取得了显著成就，以高层次人才、高技能人才为重点的各类人才队伍不断壮大，人才效能明显提高。湖北省博物馆坚持党管人才原则，用心用情做好人才培养，搭平台、优服务、强政策，加快建设一支高素质专业化人才队伍，点燃发展新引擎。

截止到2023年2月，湖北省博物馆共有专业技术人员84人（含“双肩挑”人员1人），其中，正高级岗位在聘7人（含“双肩挑”人员1人）、副高级岗位在聘18人，持有文博研究馆员职称 11 人、文博副研究馆员职称 14 人，博士研究生 3 人；合署办公的湖北省文物考古研究所（院）共有专业技术人员 61 人（含“双肩挑”人员 3 人），其中，正高级岗位在聘 9 人（含“双肩挑”人员 3 人）、副高级岗位 18 人，持有文博研究馆员职称 12 人、文博副研究馆员职称 16 人，博士研究生 11 人。

馆院共有 4 人享受国务院特殊津贴，2 人获得中宣部文化名家暨“四个一批”人才称号，3 人获“文化部优秀专家”“文化和旅游部优秀专家”称号，1 人获“第六届全国杰出专业技术人才”荣誉称号，2 人获中宣部“宣传思想文化青年英才”称号。

为做好人才工作，湖北省博物馆主要采取了以下措施：

（1）健全工作机制，“走出去”吸引人才

一是用活高端人才引进政策。根据《湖北省事业单位公开招聘工作人员暂行办法》（鄂人〔2003〕16 号）文件规定，湖北省博物馆于 2014 年引进博士 3 人。现在，3 位博士 1 人入选 2019 年中宣部“宣传思想文化青年英才”、1 人入选 2020 年湖北省青年拔尖人才计划，3 人均入选“荆楚百优”宣传思想文化青年人才，充分发挥了高层次人才的引领作用。

二是加强技能岗位人才扶持。为加快技术技能人才的招录，湖北省博物馆结合岗位实际需求，在 2020 年公开招聘中，对招录的非遗技术人员的学历条件放宽至“大专及以上”，着重考察实际操作能力。

三是拓宽紧缺人才招录渠道。为加强文物考古队伍建设，湖北省文物考古研究院 2022 年面向社会专项公开招聘工作人员 32 名，以专项招聘的形式，加强急需紧缺人才引进。

（2）提升创新能级，“强平台”汇聚人才

一是主动或受上级委托举办各种业务培训班或训练班。这种做法在早期更为普遍，每年至少举办一个培训班以上。在 1983 年之前，受湖北省文化局等委托，共为全省文博人员举办保管、讲解、青铜器修复、文物考古、古代建筑及亦工亦农文物考古培训班等 36 期，全省各地市县均有人参加，接受培训人员 1200 余人次。如 1980 年 10 月 11 日至 21 日，湖北省文化局在湖北省博物馆举办了全省有关文博单位的文物保管员培训班，参加培训的人员有来自 28 个单位的 33 人；1982 年 3 月 16 日至 7 月底，湖北省文化局委托湖北省博物馆在随州举办我省首届青铜器修复训练班，学员 20 人。1983 年 1—6 月，受湖北省文化局委托，湖北省博物馆联合武汉大学历史学系举办第二期全省干部专业基础理论知识学习班，招收学员 45 人。还有省外的培训，如 1980 年 9 月 10 日开始，国家文物事业管理局在湖北当阳玉泉寺举办第四期古代建筑测绘训练班，学员 60 多人来自全国各省、市、区。之后同样举办了不少培训班，如 2003 年 9—12 月，湖北省文物局在湖北秭归举办“三峡田野考古培训班”，来自全国各省（直辖市、自治区）的 40 名学员参加，湖北省文物考古研究所陈振裕、杨权喜、李天元、孟华平、张昌平等授课；2003 年 9 月 16 日至 12 月底，湖北省举办第二届青铜器修复培训班，来自湖北 8 个市州的 20 余名专业人员参加培训；2003 年 10 月 20—25 日，湖

北省文物局在武汉举办全省博物馆藏品保管员培训班。

二是积极探索在职深造政策。例如，选派人员送至国家文物局举办的培训中心或兄弟省市组织的专业培训班进行学习，每年均有 20 人次以上分别参加各项业务的培训学习；鼓励员工参加夜大、电大、函授及在职研究生学习等，以提升专业知识水平；以师傅带徒弟的方式传授专业技能技术等支持工作人员提升知识和技能层次，并在不影响工作的前提下，尽量为其提供必要的学习时间和条件，在合规合理范围内保障待遇不过度降低。如近年来有 1 名博士申请获得国家留学基金资助赴英国伦敦大学学院深造，1 名博士赴美国著名高校做访问学者。

三是建立文博人才培养基地。湖北省博物馆、湖北省文物考古研究院联合湖北省社会科学院就全面深化教学、科研和实践等达成战略合作，联合培养文物与博物馆专业硕士，打造我省首个文博人才联合培养基地。

四是健全收入分配制度。深入推进实施绩效工资工作，建立健全与岗位职责、工作业绩、实际贡献等密切联系，充分体现人才价值、激发人才活力、鼓励创新创造的分配激励机制。设立博士津贴和成果奖励，吸引和留住高学历人才。结合绩效工资实施方案出台《湖北省博物馆、湖北省文物考古研究院业务成果奖励办法》，将人才成果转化为奖金计入当年绩效工资总量。充分发挥人才价值、激发人才活力、鼓励创新创造的分配激励机制。

五是发挥科研经费的激励作用。根据《国务院办公厅关于改革完善中央财政科研经费管理的若干意见》（国办发〔2021〕32 号）、《国家社会科学基金项目资金管理办法》（财教〔2021〕237）等文件精神，处理好合理分摊间接成本和对科研人员激励的关系，根据科研人员在项目工作中的实际贡献，结合项目研究进度和完成质量，在核定的间接费用范围内，公开公正安排绩效支出，充分发挥绩效支出的激励作用。

六是加强与高校、科研院所合作，以项目培训人才。湖北省博物馆、湖北省文物考古研究所（院）与北京大学、中国人民大学、中国科学技术大学、武汉大学、中国地质大学（武汉）、武汉音乐学院、中国科学院自然科学史研究所、中国科学院古脊椎动物与古人类研究所、中国社会科学院考古研究所、湖北省社会科学院、中国国家博物馆、南京博物院等数十所高校、科研院所、文博机构乃至国外高校建立合作机制，在田野考古、音乐考古、科技考古、古人类研究、文物保护、文物研究等领域合作，在取得重要成果的同时，也锻炼、培养了人才。如曾侯乙编钟的成功复制就由六个单位共同完成，近年来的盘龙城遗址发掘有美国芝加哥大学参与等。

（3）优化人才服务，“练内功”留住人才

一是坚持党管人才原则，健全党管人才工作格局。推行党委联系服务人才制度，领导班子成员挂钩联系重点人才，定期走访座谈，保持密切联系，加强人才服务，发挥人才在文物博物馆事业建设中的重要作用。

二是做好人才基础信息建设。以中共中央组织部关于深入开展干部人事档案专项审核

工作为契机，全面清理馆所干部人事档案，扎实推进干部人事档案工作科学化、制度化、规范化和信息化建设，及时了解人才动向，准确掌握人才信息，简化优化办事流程，为人才提供规范化服务。

三是做好后勤保障工作，解决后顾之忧。对单位人才主动靠前服务，提供必要的工作环境和工作设备，优化人才服务环境，确保人才能够扎根博物馆，全力投入工作，为文博事业增光添彩。

（五）财务管理

财务工作也是湖北省博物馆的一项基础工作，自成立之日起就成为本单位各项工作的有力保障。

湖北省博物馆筹备处刚成立时没有独立的财务部门，很长一段时间，总务组分管财务事务。20 世纪 80 年代，正式成立计财科。

2002 年湖北省博物馆、湖北省文物考古研究所合署办公后设立新的计划财务部，人员有所增加，业务量也逐步扩大。

在湖北省博物馆发展早期，财务经费主要来自政府财政拨款。20 世纪 80 年代初期以后，随着湖北省博物馆文物外展的开展、文创商店经营的启动，逐步有了事业性的收入。而随着博物馆业务范围的扩大和配合基本建设考古工作的开展，事业性收入也得到了较快提升，为本单位事业的发展创造了更好的条件。

1. 财务管理工作

湖北省博物馆为湖北省文化和旅游厅下属的公益一类事业单位，财务管理遵循的基本原则是执行国家有关法律、法规和财务规章制度；正确处理事业发展需要和资金供给的关系，社会效益和经济效益的关系，国家、单位和个人三者利益的关系。

湖北省博物馆的财务管理工作是在馆长领导下，实行“法人授权、分级审批”的财务管理体制。财务管理活动在分管财务馆长领导下归口计财部统一实施，重大财务事项由馆党委会集体研究决定，各部门按照各自的职责权限，负责配合组织本部门的财务管理工作。

（1）预决算管理

湖北省博物馆的各项收入和支出必须纳入预算，统筹安排，统一管理，按预算项目开支。各部门根据下年度总体工作计划编制经费预算，计财部按照省财政部门预算编制要求，根据各部门上报的经费预算，结合实际工作需求，按照量入为出、保证重点和专款专用的原则，统一汇总、调整，经馆党委会通过后，报上级主管部门和省财政厅审批。结果批复后通知各预算申报部门编制实施计划并抓紧实施。馆会计核算管理以实际发生的经济业务或者事项为依据，将单位的各项收入和支出全部纳入会计核算。馆决算管理是切实履行部门决算的工作组织、编制审核、信息公开、分析利用、数据质量监督检查、数据资料管理以及考核评价等方面的管理职责，做到决算数据真实正确、内容完整，账证相符、账实相符、账表相符、表表相符。

（2）收入管理

湖北省博物馆的收入是在国家法规、政策允许的范围内，依法取得的非偿还性资金。主要包括财政拨款收入、事业收入、经营收入、非同级财政拨款收入、捐赠收入、利息收入和其他收入等。各项事业收入、经营收入、捐赠收入、利息收入和其他收入都及时足额缴存到实拨资金账户，纳入单位统一管理、核算，并按规定使用财政部门和税务部门印制的票据。

（3）支出管理

湖北省博物馆的支出是指馆为开展业务及其他活动发生的资金耗费和损失，包括基本支出、项目支出和其他支出。各项支出强化预算刚性约束，严格执行先有预算、后有支出的原则。严格控制和规范办理预算调整事项，努力缩小预决算差异。同时建立预算执行进度考核机制，实施预算执行进度通报和监督检查制度，促进预算资金均衡使用。进一步规范费用报销审核制度，严格规范开支范围和开支标准，确保支出行为合规、票据真实有效、审批手续和附件齐备。

（4）政府采购管理

湖北省博物馆政府采购由各需求部门根据年度工作计划提出政府采购年度计划，落实资金来源，确定预算额度，在编制部门预算时一并编制政府采购预算。实施的具体程序为，先由采购需求部门按已编制的政府采购计划提出采购项目报告，按照审批权限经馆领导审批后，再由计财部根据项目具体情况，申报政府采购计划实施，或按照内控制度实施，或由采购需求部门自行组织实施。

（5）资产管理

资产是指馆占有或者使用的能以货币计量的经济资源，包括流动资产、固定资产、无形资产等。在编制部门预算时，按照科学规范、从严控制、保障事业发展需要的原则配置，严格按照资产配置标准，合理编制年度资产配置预算。资产购置时，严格按照政府采购相关规定执行。资产处置时，按照规定报上级主管部门或财政部门审批后，按照规定程序公开进行处置，并及时将处置收入上缴国库。

（6）内部控制管理

按照全面性、重要性、制衡性、适应性和有效性的原则，建立和实施内部控制制度，以保证经济活动合法合规、资产安全和使用有效、财务信息真实完整，有效防范舞弊和预算腐败，提高公共服务的效率和效果。对重大项目安排、大额资金使用，采取集体决策和内部监督机制。同时建立内部审计制度，采取外聘第三方审计机构对项目的预决算进行审核，年度支出情况也由审计部门或上级主管部门每年进行审计。每年年终，根据当年内部控制建设工作的实际情况及取得的成效，以能够反映内部控制工作基本事实的相关材料为支撑，编制年度内部控制报告并上报。

2. 规范财务管理

近年来，随着文博事业的快速发展，中央和地方政府对文化事业的投入日益加大，对预算资金使用规范性、安全性的要求越来越高，在执行效率和效益评价等方面的规定越来越细致，并对文化事业单位和文物单位财务管理的规章制度进行了新一轮的修订和完善。这些变化，迫切要求文博事业单位进一步调整思路、改革创新、规范管理，努力使财务管理工作在预算、执行、项目评价等方面全面提升。在这一大背景下，一直困扰着湖北省博物馆的资金量大、资金来源复杂、基建项目资金较多等问题日益突出，预算执行效率低、结余资金多的问题长期存在，财务管理工作面临瓶颈。针对这一问题，湖北省博物馆认真分析问题出现的原因，积极采取一系列措施，取得了较好的成效。

（1）健全财务制度

根据新形势的要求，湖北省博物馆结合自身实际情况，以规范财务管理和提高资金使用效益为目的，重新修订并出台了《湖北省博物馆、湖北省文物考古研究所内部控制手册 / 内部控制规范汇编》《湖北省博物馆、湖北省文物考古研究所财务管理办法》《湖北省博物馆、湖北省文物考古研究所预算管理内部控制规范》《湖北省博物馆、湖北省文物考古研究所收支管理内部控制规范》《湖北省博物馆、湖北省文物考古研究所政府采购管理内部控制规范》《湖北省博物馆、湖北省文物考古研究所国有资产管理内部控制规范》《湖北省博物馆、湖北省文物考古研究所合同管理内部控制规范》等相关文件。通过完善制度来规范财务管理工作，坚持用制度管人，按制度办事，确保整个财务工作在科学、规范的制度框架内运行，树立财务管理制度的权威性和一切按制度办事的良好风气。

（2）严格预算管理

做好财务管理工作，必须加强预算编制和预算执行的管理。编制经费预算时，根据各部门上报的经费预算，遵循“统筹兼顾、勤俭节约、量力而行、讲求绩效、收支平衡”的总原则，坚持“预算编制有目标、预算执行有监控、预算完成有评价、评价结果有反馈、反馈结果有应用”的预算绩效管理机制，测算出符合实际、准确可行的年度财务收支预算。同时，为科学合理编制预算，在编制年度经费预算前，湖北省博物馆专门请省财政厅、省文化厅（省文化和旅游厅）等上级主管部门相关人员就预算编制和执行等问题对馆里的中层干部进行培训，从而进一步保证预算编制的规范完善。

前几年湖北省博物馆的预算执行情况是很不理想的，影响预算执行的主要是部分专项资金的执行，如三期扩建工程建设项目资金、三期陈列布展项目资金和央地共建项目资金等，其主要原因是方案编制时考虑不周全，使用过程中又遇到安全、场地等方面的影响，造成有些项目变更或搁置，项目进度缓慢，导致专项资金历年的结余较大。近几年，湖北省博物馆一方面继续督促加快项目进度，一方面与财政及政府采购部门进行协调沟通，将有关项目的调整变更进行说明，并促其早日重新进入采购程序，一方面对难以执行的部分专项资金的使用方案进行反复商讨，确保不漏项缺项，以保证方案的合理可行。经过采取以上措施，2020 年以来湖北省博物馆年度预算执行率均在 80% 以上，2021 年度更是达到 99.58%，预算执行取得显著成效。

（3）严格控制经费支出

在预算执行过程中，坚持勤俭办事的方针，积极采取措施，精打细算，少花钱多办事，严格控制经费支出。一是实行预算审批。经费开支实行预算审批制度，无预算的各项开支不予报销。根据工作需要，需开支的费用，由经办人和部门负责人填写《经费支出审批表》，经财务部门核定预算和经费支出渠道后，按权限报领导审批，领导审阅批准后方可支出。大额开支要经馆所（院）党委会或馆所（院）长办公会研究同意后方可办理，属于报上级审批的，要正式行文向上级报批，上级批复同意后方可办理。二是把好原始票据审核关。原始单据由经办人及部门负责人签字后，送交财务部门审核、汇总和确认，然后按权限报批。非正式发票、不符合行政事业单位开支项目的发票和无预算项目的发票一律不予报销，物品采购类发票需附采购清单。领导按权限审核签批后财务部门方可进行报账。

（4）规范政府采购工作

严格执行招投标和政府采购的法律法规，所有招标项目严格按照政府采购主管部门审定的方式进行操作。项目招标前，认真仔细核准各项需求，甚至对专业性较强的项目，委托专业单位编制需求。为帮助各部门尽快适应新的工作规则，提高工作效率，湖北省博物馆先后多次组织关于政府采购的培训，介绍财政资金和政府采购的工作流程，资金支付工作中应注意的事项，政府采购的范围、标准、时间要求、采购方式的种类及运用，对工作的规范化、项目发生的前瞻性提出了具体要求和措施，编写了《政府采购流程及须准备的资料》《政府采购方式及适用范围介绍》《政府采购申报、公示、确认所需时间周期》《政府采购废标后应重新组织的工作》等资料分发给各个部门，及时指导各部门的政府采购工作。

同时，结合工作实际进行总结，多次修订完善《湖北省博物馆、湖北省文物考古研究所政府采购管理内部控制规范》，从制度上规范单位的政府采购行为。

为保证采购工作更加规范化、透明化，发挥财务监管的作用，湖北省博物馆通过招标选择了一家造价咨询公司对所有政府采购项目的工程造价预概算进行预审，按审核后的工程报价进行采购，项目完工后再对工程决算进行审计，按审核后的金额支付款项。编制招标文件时，严格按照国家相关规定来确定投标人的资格要求，同时，认真仔细核实各项条款，防止出现歧义，进一步提高招标文件的编制质量。招标过程中，特别是自行询价采购和协议供应商采购过程中，将各项招标公告同时发布在湖北省博物馆网站，让符合资格要求的单位都来参与，如没有符合资格要求的单位来参与，可由采购小组集体研究，随机邀请参与，从而有效防止出现指定招标、围标、串标、陪标等现象。

待招标工作完成后，按照相关规定对招标结果予以公示，待公示结束无异议后在规定的时限内据此签订合同并予以公示。

（5）加强预算绩效管理

实施全面预算绩效管理，按照省财政厅和上级主管部门的要求，对部门预算收支全面纳入绩效管理。绩效目标设定遵循“谁申请资金、谁编制目标”的原则，各部门结合本部门职责、中长期规划和年度计划编制绩效目标，计财部审核汇总。经批复的绩效目标是预算执行、绩效监控、绩效评价、财政监督、财务管理的重要依据，馆里依据批复的绩效目标对资金运行状况及绩效目标的预期实现程度开展绩效监控，确保预算绩效目标的实现。绩效评价一般以预算年度为周期，预算执行结束后，及时对预算执行情况开展绩效评价，对预算执行情况以及政策、项目实施效果开展绩效自评，按照要求提交绩效评价报告。

（6）规范国有资产管理

国有资产管理遵循安全规范、节约高效、公开透明、权责一致的原则，实现实物管理与价值管理相统一，资产管理与预算管理、财务管理相结合，明确了各部门负责的国有资产管理范围和主要职责。

在编制年度预算时，计财部审核汇总各部门提交的下一年度新增资产配置计划，经馆所（院）党委会审议通过后报省财政厅和上级主管部门审批。待预算审批通过后，按照批复的新增资产配置预算及有关政府采购文件要求，办理资产购置手续。在平时的资产管理过程中，本着实物量和价值量并重的原则，建立资产登记、资产与财务有效衔接制度，按照资产信息化管理的要求，及时录入、更新资产信息，实行动态管理。在每年末组织一次资产清查，对资产全面清理检查，根据清查情况，形成准确的资产清单。对盘盈盘亏资产作进一步核实，查明原因，经馆党委会审议后按程序报省财政厅和上级主管部门审批，待批复后及时处置，并进行相应的会计处理，确保账账相符、账实相符。

（7）加强财务管理人才队伍建设

做好财务管理工作，必须加强财务管理人才队伍建设，提高财务管理人员业务素质。然而受传统思想意识的影响，财务管理人员出外参加学习、参加单位组织的各类业务学习活动较少，当前财政体制改革步伐推进较快，新知识、新政策、新要求较多，不及时更新知识，很难更好地适应工作要求。首先抓好后续教育工作，不断提高财务人员的业务水平。组织财务人员参加各种会计业务培训，积极学习新准则和新制度，顺利完成新旧制度的衔接。其次抓好财务人员对各项业务知识的学习。先后多次参加省财政厅国库集中支付和政府采购等培训，参加税务部门关于合理纳税、网上报税、个人所得税、企业所得税、新开户地税申报缴税等涉税专业知识和实务操作的培训，不断提高专业技能。

财务管理工作，是单位管理工作的重要组成部分。加强财务管理，是依法依规理财、提高资金效益和实现科学化精细化管理的必然要求，不仅能减少运行成本，提高资金使用效益，还有利于从源头上有效预防和遏制腐败行为的发生。

十三

行业组织

自20世纪70年代末开始，经湖北省博物馆倡议、牵头或呈报获批成立了多个行业组织，对湖北省博物馆、湖北省文物考古研究所（院）和全省乃至全国文博、考古事业的发展起到了重要的支持作用。

（一）湖北省考古学会

1979年7月13—15日，湖北省考古学会在武汉举行成立大会，参加大会的有省内大专院校、湖北省博物馆以及8个地区、6个市和部分县的文博部门等30余个单位的代表52人。大会收到论文和学术报告24篇，内容涵盖新石器时代至汉唐时期考古等多方面问题，特别是探讨楚文化问题的论文超过半数。大会讨论并制定了“湖北考古八年计划”，讨论并通过了《湖北省考古学会章程》，选举产生了第一届理事会，理事30人，唐长孺当选理事长，王劲、石泉、刘先梅、李建、彭金章、谭维四为副理事长，彭金章兼任秘书长，方酉生、蓝蔚、陈振裕为副秘书长。会上审查和接收了第一批会员，并讨论和决定了出版刊物、成立楚文化研究小组等问题。秘书处暂设于湖北省博物馆。

1980年11月16—25日，湖北省考古学会第二次年会在武昌举行，到会代表40余人，收到论文25篇，中心议题为楚文化问题的探索。与会代表参加了当时在武昌举行的中国考古学会第二次年会的全部活动。

1981年12月21—24日，湖北省考古学会第三次年会在宜昌召开，与会代表64人，收到论文25篇。学者就楚文化渊源与早期中心等问题进行讨论。大会选举产生了第二届理事会，常务理事13人，理事长唐长孺。

1982年12月22—26日，湖北省考古学会第四次年会在孝感召开。湖北省考古工作者、史学工作者和中国社会科学院考古研究所湖北工作队的特邀代表等53人出席，孝感地区各县文博工作者10余人列席。本次会议收到论文40篇，中心议题是探索湖北地区商周时期的文化面貌，并研究楚文化的起源、形成和发展等问题。同时，还召开了学会第二届理事会二次会议。

1983年6月14—16日，为迎接湖北省考古学会第五次年会，湖北省考古学会联合黄石市博物馆在黄石召开了一个小型学术讨论会，28人参会。会上重点研讨鄂东南地区古文化遗存的性质等问题。

1984年12月27—30日，湖北省考古学会第五次年会在大冶铜绿山召开，参会代表63人，收到论文31篇，重点探讨鄂东南地区自新石器时代至商周时期的物质文化特征、发展变化、大致分布范围，商周以来该地区发达的铜矿开采、冶炼等学术问题。理事会审批吸收了新会员，至其时，共有会员156人。

1986年3月11—15日，湖北省考古学会第六次年会在江陵召开，参会人员78人，收到论文52篇，重点围绕江汉地区原始文化、商周文化和楚文化等中心议题开展讨论。年会修订了1979年学会成立时制定的章程，选举产生了第三届理事会，共39名理事、11名常务理事，选举唐长孺为名誉理事长，王劲为理事长，方酉生、余魁、林奇、谭维四为副理事长，林奇为秘书长（兼）。本次年会遴选31篇论文编辑为《湖北省考古学会论文选集》（一），1987年7月由《武汉大学学报》编辑部出版。

1987年6月26—29日，湖北省考古学会和潜江县（今潜江市）文化局在潜江园林镇联合召开"古章华台遗址学术研讨会"。参会人员49名，提交学术论文15篇，后编辑出版《楚章华台学术讨论会论文集》。

1988年8月1—8日，湖北省考古学会第七次年会暨民族考察活动在鄂西土家族自治州境内举行，来自湖北省社会科学院楚史研究所，武汉大学历史学系考古专业，中南民族大学民族学研究所，湖北省博物馆和地、市、州、县博物馆、民族委员会的考古工作者，史学和民族学的学者及中山大学人类学系的来宾等共36个单位的75名代表出席。会议收到学术论文59篇，中心议题是探讨巴楚关系。本次年会举行了第三届理事会第三次会议，遴选本次参会论文32篇编辑为《湖北省考古学会论文选集》（二），1991年7月以《江汉考古》增刊形式公开。

1990年9月11—14日，湖北省考古学会、荆州地区博物馆联合主办的"湖北省新石器时代考古新发现和研究成果交流学术研讨会"在江陵举行，来自北京大学考古学系、中国历史博物馆、中国文物研究所、湖南省文物考古研究所、武汉大学考古专业、湖北省文物考古研究所、湖北省博物馆、长江流域规划办公室考古队和荆州、武汉、咸宁、天门等地市博物馆的30余名新石器时代考古专家、学者参会。

1993年12月21—25日，湖北省考古学会第八次年会在宜昌举行，来自湖北省文物考古研究所，武汉大学历史学系考古专业和楚国历史地理研究室，中南民族大学民研所，湖北省博物馆和荆州、宜昌等地市州博物馆等18个单位的50余位专家学者参会。会议收到论文30余篇，中心议题是配合三峡工程建设考古新发现及峡江地区原始文化序列、文化面貌、巴楚文化关系等。本次会议选举产生了第四届理事会，理事长王劲，副理事长胡美洲、陈振裕、杨宝成、谭维四，秘书长王红星，副秘书长王然、林邦存。

（二）湘鄂豫皖楚文化研究会

湘鄂豫皖楚文化研究会是主要由湘鄂豫皖四省联合发起，并吸纳全国楚文化研究者、爱好者的全国性学术研究团体，为推动楚文化研究工作，提高楚文化研究学术水平作出贡献。本会会址设在湖北省博物馆、湖北省文物考古研究所。

本会接受业务主管单位中国国家文物局和社团登记管理机关中华人民共和国民政部的业务指导和监督管理。自成立以来，该会在研究、宣传和普及楚文化方面做了大量的工作，取得了显著成绩。依章程每两年举行四省楚文化研究会年会，并根据楚文化考古及研究工作的需要，不定期举办考古现场论证会和学术研讨会。每次年会后按期出版《楚文化研究论集》，以及时公布楚文化研究成果，积极推动楚文化考古资料的整理与公布。湘鄂豫皖楚文化研究会为楚文化研究提供了学术交流平台，是深受广大楚文化研究者、爱好者信任支持的学术团体。

1979 年 4 月，全国考古学规划会议和中国考古学会成立大会相继在陕西西安人民大厦召开。4 月 3 日上午，全国考古学规划会议开幕。4 月 6 日上午，继续召开中国考古学会成立大会，会议选举夏鼐任理事长。4 月 7 日下午，夏鼐先生特意在西安人民大厦一间会议室里召开了一次有部分出席中国考古学会代表参加的小型会议，专门研究楚文化问题，提出了成立楚文化研究会的设想。出席会议的有北京大学的苏秉琦，故宫博物院的顾铁符，湖北的谭维四、陈振裕，湖南的高至喜、周世荣，河南的欧阳道力，安徽的胡悦谦、李国梁，以及中国科学院考古研究所的黄展岳、王世民，文物出版社的朱启新、金冲及，中国历史博物馆的李先登及国家文物局办公室的孟铎等。此次会后，楚文化研究会开始筹备，并成立了筹备小组。

1980 年 1 月 16—18 日，为迎接中国考古学会第一届理事会第一次年会——以楚文化为主的学术研讨会在湖北召开，楚文化研究会筹备小组在武昌东湖召开了湖南、河南、安徽、湖北四省楚文化研究情况交流会，参加会议的有四省博物馆的有关领导和专业工作者，北京大学和武汉大学历史学系考古教研室、故宫博物院的有关教授、专家，湖北省文化局和湖北省社会科学院历史研究所等单位的有关人员。中国考古学会理事长、中国社会科学院考古研究所所长夏鼐来报致贺。

1980 年 11 月 17—22 日，中国考古学会第二次年会在湖北武汉东湖召开。会议期间，还召开了楚文化研究会筹备会。会上宣布“湘鄂豫皖楚文化研究会”正式成立，秘书处设在湖北。

1981 年 6 月 8—13 日，“湘鄂豫皖楚文化研究会”成立大会在湖南长沙召开，参加成立大会的有湖南、湖北、河南、安徽四省考古工作者代表 36 人，特邀安志敏、顾铁符、俞伟超三位同志到会指导，他们在会上分别作了学术报告。会议收到学术论文、报告共 25 篇，代表们围绕楚文化各方面进行了深入讨论。大会讨论、通过了《楚文化研究会章程》，选举产生了第一届理事会，俞伟超为理事长，谭维四为常务副理事长，安金槐、裴明相、谭维四、王劲、石泉、高至喜、周世荣、刘和惠、杨德标为理事，安金槐、谭维四、高至喜、刘和惠为常务理事，王劲为秘书长（兼），刘彬徽、何介钧为秘书。会议一致通过聘请苏秉琦、安志敏、沈从文、顾铁符、俞伟超五位同志为研究会顾问，通讯联络地址设在湖北省博物馆内，并决定由四省共同编写《楚文化考古发现与研究大事记》。

1982 年 10 月 22—26 日，湘鄂豫皖楚文化研究会第二次年会在河南郑州召开。参会代表 30 余人，顾铁符出席会议。河南介绍淮阳马鞍冢两座大型战国晚期楚墓和车马坑，湖南介绍石门皂市和澧县遗址，湖北介绍江陵马山砖瓦厂一号楚墓、周梁玉桥遗址等。

1985 年 6 月 21—25 日，第三次年会在安徽合肥举行，来自湖南、湖北、河南、安徽及北京、上海、江苏、山东等省、市的近 80 名代表参加，李学勤、邹衡、安金槐、顾铁符、俞伟超参会。年会收到论文 60 余篇，内容包括楚文化的起源、特征及与其他地区文化的关系，楚墓和楚城址研究，以及楚国货币、工艺、文字、意识形态等方面的问题。经参会代表提议，理事会决定遴选参会论文出版论文集，并确定了编选原则。1987 年 1 月，《楚文化研究论集》（第一集）正式由荆楚书社出版，入选论文 30 篇，书名由著名古文字学家、历史学家、考古学家、文献学家张政烺先生题写，顾铁符先生作序。

1988 年 6 月 17—21 日，第四次年会在湖北江陵召开，参会代表 66 人，收到论文 44 篇。本次年会修改了章程，选举产生了新的理事会，由 25 名理事组成，常务理事 11 人，推选俞伟超为理事长。会议决定发展会员，在湖北省博物馆设立楚文化研究会秘书处。理事会研究决定，由秘书处负责编辑出版《楚文化研究论集》（第二集），1991 年 3 月由湖北人民出版社出版，入选论文 30 篇。

1990 年 6 月 1—5 日，第五次年会在湖南长沙召开，来自四省和北京、江苏的 52 名代表参会，出席湖南省考古学会第四次年会的 45 名代表一起参加，收到论文 81 篇。会议决定继续编辑《楚文化研究论集》（第三集），1994 年 4 月由湖北人民出版社出版，入选论文 36 篇。

1992 年 9 月 4—7 日，第六次年会在河南淅川召开。来自四省和北京、陕西、台湾等地的代表 178 人参会，收到论文 90 篇。年会修改并通过新的章程，进行了换届选举，产生了第三届理事会。俞伟超任理事长，谭维四、舒之梅分别任常务副理事长、秘书长。会后遴选 68 篇论文编辑为《楚文化研究论集》（第四集），1994 年 6 月由河南人民出版社出版。

按照《楚文化研究会章程》，湘鄂豫皖楚文化研究会年会每两年举办一次，由四省轮流举办。1994 年之后至 2000 年，由于多方面原因，第七次年会未能如期举办，按照章程对于理事会的换届工作也暂缓。其间，俞伟超、谭维四继续分别担任理事长、常务副理事长，舒之梅继续任秘书长，副秘书长先后为高至喜、刘彬徽、许道胜。

经中华人民共和国民政部审查批准，旨在推动楚文化研究工作、提高楚文化研究学术水平的跨省级群众性学术团体——湘鄂豫皖楚文化研究会向民政部社团司领取了中华人民共和国社会团体登记证，于 1992 年 9 月 14 日正式注册登记。按照登记证的规定，湘鄂豫皖楚文化研究会的业务范围为理论研究与学术交流，活动地域为湖南、湖北、河南、安徽四省，会址设在湖北省武汉市湖北省博物馆内，理事长为俞伟超先生，社团代码为 50001206-7。

2001年11月2—6日，第七次年会在安徽合肥召开，来自四省和北京、江苏、陕西、浙江、山东、四川、江西等11个省、市的83名代表参会，收到论文及论文题要75篇。本次年会修改和通过了新的章程，选举产生了第四届理事会，俞伟超任理事长，王红星任常务副理事长，李修松、张志清、高至喜任副理事长，后德俊任秘书长，李宏、许道胜、杨立新、裴安平任副秘书长，李想生任秘书。会后编辑了《楚文化研究论集》（第五集），入选论文55篇，2003年6月由黄山书社出版。

2003年10月27—30日，经文化部批准，由湖北省文化厅、宜昌市人民政府、武汉大学联合主办的国际学术研讨会——楚国历史文化国际研讨会暨湘鄂豫皖楚文化研究会第八次年会在湖北宜昌召开，来自国内和美国、日本、韩国的专家、学者140余人参会，收到论文100多篇，重点围绕楚文化考古新发现与研究新进展、楚文化与巴楚文化及其他相关文化关系、楚地出土文献、早期楚文化与楚都等议题展开讨论。由于本年度理事长俞伟超先生去世，本次理事会推选李学勤先生任理事长，其他任职情况不变。理事会决定从已提交的论文中选编出版《楚文化研究论集》（第六集），并专门成立了编辑小组，确定入选论文68篇，2005年6月由湖北教育出版社出版。

2005年10月27—29日，第九次年会在湖南长沙召开，来自四省和北京、重庆、山东、广东、广西、江西、黑龙江等地的专家学者100多人参会（图13-1），收到论文近百篇。本次年会选举产生了第五届理事会，理事会领导人选不变，因许道胜调离湖北，由冯少龙先生任副秘书长，李想生、陈丽新任秘书。会后编辑出版《楚文化研究论集》（第七集），入选论文57篇，2007年9月由岳麓书社出版。

图13-1　湘鄂豫皖楚文化研究会第九次年会学术交流现场

2007年12月4—6日，第十次年会在河南平顶山召开，来自四省和北京、上海、重庆、陕西、四川及台湾等地的专家学者150余人参会，收到论文和论文提要90余篇。会后编辑出版《楚文化研究论集》（第八集），入选论文43篇，2009年9月由大象出版社出版。

2009年9月14—16日，第十一次年会在安徽淮南召开，来自四省和北京、江苏、浙江、江西、陕西、重庆等地的专家学者130余人参会，收到论文近70篇。本次年会修改学会章程，选举产生了第六届理事会，由于秘书长后德俊退休，由孟华平任秘书长，理事会其他领导和学会秘书处其他人员不变。会后编辑出版《楚文化研究论集》（第九集），入选论文36篇，2011年7月由上海古籍出版社出版。

2011年10月25—28日，第十二次年会在湖北武汉召开，参会代表150余人，收到论文及论文提要80余篇。根据上一次年会提议，本次年会论文集须在年会前先行出版。经编辑小组确认遴选57篇论文，编成《楚文化研究论集》（第十集），2011年10月由湖北美术出版社出版。本次年会上，理事会推举包东波为常务副理事长。

2013年11月22—25日，第十三次年会在湖南长沙召开，参会代表160余人，收到论文100余篇。本次年会修改了学会章程，选举产生了第七届理事会，李学勤为名誉理事长，高崇文为理事长，方勤为常务副理事长，孟华平为秘书长，秘书处其他人员不变。会后编辑出版《楚文化研究论集》（第十一集），入选论文58篇，2015年7月由上海古籍出版社出版。

2015年11月7—10日，第十四次年会在河南信阳召开，140余位学者参会，收到论文78篇。本次年会对涉及楚文化相关省份的学术单位、团体和大专院校发出邀请，扩大了楚文化研究会的研究团体。2015年李想生退休，由蔡丹担任秘书。会后编辑出版《楚文化研究论集》（第十二集），入选论文37篇，2017年8月由上海古籍出版社出版。

2017年9月22—24日，第十五次年会在安徽寿县召开，参会代表180余人，收到论文及论文提要近百篇。本次年会选举产生了第八届理事会，李学勤为名誉理事长，高崇文为理事长，方勤为常务副理事长，郭伟民、刘海旺、邓峰为副理事长，冯少龙为秘书长，陈丽新为副秘书长，蔡丹、胡刚、罗恰为秘书。会后编辑出版《楚文化研究论集》（第十三集），入选论文55篇，2018年10月由上海古籍出版社出版。

2019年11月22—24日，第十六次年会在湖北荆州召开，参会代表220余人，是历次年会中人数最多的一次，收到论文及论文摘要113篇。经编辑小组选编，29篇论文入选《楚文化研究论集》（第十四集），2021年12月由上海古籍出版社出版。

原定的第十七次年会拟于2021年11月前后在湖南汨罗召开，因疫情影响，直至2022年底尚未举办。

（三）湖北省博物馆学会

1985年5月31日至6月3日，“湖北省博物馆学会成立大会暨首届学术研讨会”在武昌东湖召开。来自湖北省文化、教育、地质、铁路等系统的61个博物馆、纪念馆的102名代表参会，收到论文50余篇，主要议题是对湖北省博物馆发展方向、陈列设计、藏品保护、群众宣传工作等问题。大会通过了学会章程，选举产生了第一届理事会，胡美洲当选为理事长，孙启康、张志善、林奇、屠忠琳当选副理事长，蔡蔚生、涂传圣为正、副秘书长。会上通过287人为第一批会员，并决定出版首届学术论文集。同年年底，湖北省博物馆学会秘书处编印完成《博物馆学论文选》（1）。

1989年5月，湖北省博物馆学会编辑《博物馆学论文选》（2），并由武汉大学出版社出版。

（四）湖北省博物馆协会

2010年10月，为进一步加强湖北省博物馆行业工作，联系团结博物馆工作者深入进行博物馆学工作理论研究，开展博物馆工作学术交流，全面满足和适应全省博物馆工作走向专业化、规范化、学术化和博物馆事业深入健康协调发展的需要，经研究并请示业务主管单位湖北省文化厅（现更名为湖北省文化和旅游厅）同意，决定由湖北省博物馆、辛亥革命武昌起义纪念馆（现更名为辛亥革命博物院）、武汉博物馆等3家省内重点博物馆发起并申请成立湖北省博物馆协会，协会秘书处设在湖北省博物馆。湖北省博物馆协会成立至今已有十余年，历经两届理事会。

为规范协会各项工作，协会制定了《湖北省博物馆协会章程》《湖北省博物馆协会第一届理事会工作规划》《湖北省博物馆协会常务理事会议事规则》《湖北省博物馆协会秘书处工作规则》《湖北省博物馆协会财务管理办法》《湖北省博物馆协会印鉴、介绍信和档案管理》等相关规章制度。

《湖北省博物馆协会章程》规定协会的业务主管机关是湖北省文化厅（现更名为湖北省文化和旅游厅），登记管理机关是湖北省民政厅，协会自觉接受业务主管单位、社会登记管理机关的业务指导和监督管理，协会每五年换届一次。

协会的业务范围包括加强与博物馆相关的社会服务，接受并落实政府及相关社会机构委托的相关工作。

图 13-2　湖北省博物馆协会成立大会代表合影

1. 第一届理事会（2010 年 10 月—2016 年 8 月）

湖北省博物馆协会于 2010 年 10 月 30 日在武汉举行成立大会（图 13-2），选举产生了第一届理事会。

本届湖北省博物馆协会设荣誉理事长 1 名，由湖北省文化厅原巡视员胡美洲担任；理事长 1 名，由湖北省文化厅原副巡视员吴宏堂担任；设副理事长 8 名，常务理事 16 名，理事 54 名，湖北省博物馆常务副馆长万全文任秘书长（兼），设副秘书长两名。协会办公地点为武汉市武昌东湖路 156 号湖北省博物馆办公楼内。

第一届理事会产生以来，在省文化厅、省民政厅、省文物局等部门的正确领导下，紧紧围绕“满腔热情地提供行业服务，真心实意地反映行业诉求，自觉严格地抓好行业自律”的指导思想和“一年打基础，两年见成效，三年上台阶”的工作目标，始终坚持突出“学术性、服务性、民主性、创新性”的工作重点，各项工作取得了一些可喜的成绩。在学术上，不仅组织会员参加了一些国际、国内的学术研讨活动以开阔视野，而且组织会员撰写论文达 600 多篇，出版学术专著 13 本，使学术办会的氛围越来越浓。在服务上，配合省文物局、省博物馆举办各类培训班近 20 多期，培训会员 2000 多人次，配合全省各会员单位举办展览 600 多个，宣传服务观众超过 2200 万人次，使服务办会的质量越来越高。在组织建设上，成立了高校专委会与宜昌、黄石、咸宁博物馆协会，发展团体会员 263 个，个人会员 1066 人，使民主办会的基础越打越牢。同时，加强与其他省、市博物馆学会、协会的交流，提升办会水平，如 2014 年 5 月 22 日，“全国各地方博物馆社团负责人工作座谈会”在湖北武汉举行，由中国博物馆协会支持，北京博物馆学会、湖北省博物馆协会、陕西省博物馆协会、四川省博物馆学会共同举办，湖北省博物馆承办，各博物馆之间交流了很好的经验。

（1）坚持开放性，学术办会的质量越来越高

为了凸显湖北省博物馆协会的学术职能和特色，努力将协会建设成湖北博物馆行业的学术研究中心，协会始终坚持面向基层、面向社会、开门办会，在提升会员的学术研究能力、搭建会员的学术交流平台、拓展会员的学术培训渠道等方面做到了“三个狠抓”。

① 狠抓会员学术研究能力的提高

一是组织会员撰写论文。坚持把每年一次的理事会开成学术研讨会，每年在召开理事会期间围绕当年的中心工作确定一个研讨主题，然后以文件的形式下发各理事会单位和会员进行学术研讨。2011 年，为实现城市从“功能社会”向“文化城市”的转型，年会研究的主题为“博物馆与城市化”（图 13–3、13–4）；2012 年，为克服博物馆建设中的“千馆一面”，年会研究主题为“博物馆建设与特色彰显”（图 13–5、13–6）；2013 年，为了更好发挥博物馆教育功能和将博物馆建成广大青少年的第二课堂，在全省开展了“博物馆与社会教育”的主题理论研讨（图 13–7）；2014 年，为配合全国第一次可移动文物普查，年会课题研究则围绕“博物馆与可移动文物普查”而展开；2015 年，为了更好地贯彻落实习近平总书记关于“让收藏在禁宫里的文物，陈列在广阔大地上的遗产，书写在古籍里的文字都活起来”的重要指示，年会学术研讨的主题设定为“让博物馆的藏品活起来”。从 2011 年至今，参加学术研讨的人一年比一年多，撰写的论文质量一年比一年好。为了提高论文质量，从 2013 年开始还对论文进行评奖（图 13–8），先后评选出一等奖论文 19 篇、二等奖论文 46 篇，三等奖论文 62 篇，并将获奖论文与其他入选的思想性、学术性较好的文章集结出版。至目前为止，已由湖北人民出版社出版了五本论文集，共计 3424 千字，为普及学术思想和提升全省会员的研讨能力做出了积极贡献。

图 13–3　湖北省博物馆协会 2011 年年会暨学术研讨会开幕式

1
2
3 | 4

1. 图 13-4　湖北省博物馆协会 2011 年年会合影
2. 图 13-5　湖北省博物馆协会 2012 年年会合影
3. 图 13-6　湖北省博物馆协会 2012 年年会开幕式
4. 图 13-7　湖北省博物馆协会 2013 年理事会暨学术研讨会开幕式

图 13–8　2013 年专家审稿会

二是组织会员编撰年鉴。年鉴作为传承文明的知识载体，是一部不断地、动态地记史、记事的大书，具有“记载过去，借鉴现在，启迪未来”的镜鉴作用。通过编撰年鉴，可以承上启下，继往开来，服务当代，功在千秋。为了提高年鉴编撰者的水平，协会请湖北各出版社的编辑专家讲课及召开年鉴编撰经验交流会，促进大家相互学习，相互帮助，共同提高。至目前为止，协会组织会员连续编撰出版了《湖北博物馆年鉴 2010》《湖北博物馆年鉴 2011》《湖北博物馆年鉴 2012》《湖北博物馆年鉴 2013》《湖北博物馆年鉴 2014》共 5 本，不仅为当代博物馆工作者提供了全面、系统的行业发展信息，而且也极大提高了广大会员的学术研究能力。

三是组织会员开展课题研究。针对高校博物馆长期以来只对本校学生开放的封闭状态，协会组织大学博物馆会员开展了“高校博物馆如何为社会服务”的课题研究；为配合可移动文物普查和纪念抗日战争胜利 70 周年等中心工作，分别组织明藩王博物馆与华中师范大学开展了“让不可移动文物活起来”、湖北文物交流信息中心与武汉大学开展了“让可移动文物活起来”、武汉博物馆与江汉大学开展了“武汉沦陷史”的课题研究等，使会员的研究能力得到了显著提高。上述几个课题成果已由出版社公开出版发行。

② 狠抓学术交流平台的搭建

为拓宽会员的视野，增长他们的见识，提高他们的业务素质，协会努力搭建学术交流平台。

一是坚持走出去。积极组织会员参加国际、国内学术研讨会。2010 年以“博物馆致力于社会和谐”为主题的“国际博物馆协会第 22 届大会”在上海召开，为了能让更多的会员能参会学习，湖北省博物馆协会主动联系中国博物馆协会，解决了一部分此前未能注册的会员的参会问题。2012 年，抓住“国际博物馆协会亚太地区联盟大会”在武汉召开的契机，湖北省博物馆协会争取中国博物馆协会常务理事全部列席会议（图 13–9），使大家在这一次会议上进一步明确了当下博物馆的发展将呈现一个更加开放、更加包容和更加民主的趋势。与此同时，湖北省博物馆协会积极为广大会员参加中国博物馆协会及其他省、市在北京、上海、山西、山东、安徽、河南、贵州、湖南、江西等地召开的各种学术研讨会牵线搭桥，

图 13–9 “国际博物馆协会亚太地区联盟 2012 年大会”在武汉召开

排忧解难，使他们在这些活动中拓宽了视野，增长了知识。

二是坚持请进来。邀请全国文博届知名专家为会员作学术报告，既有中国博物馆行业的专家型领导——故宫博物院原院长郑欣淼，国家文物局博物馆司司长段勇，中国博物馆协会副理事长张春雨、安来顺，又有在博物馆领域学术造诣极深的大学教授、博士生导师——陆建松、潘守永等，他们渊博的学识、精彩的演讲极大地促进了湖北省文博工作者学术思想及时更新和专业知识的不断提高。

三是坚持抓交流。为了促进广大会员在学术上互帮互学，共同提高，协会利用每年召开学术研讨会的机会，安排一些研究能力较强的老同志和一些优秀论文作者在大会上进行学术交流。从 2011 年开始，先后安排在大会交流的优秀论文达 50 多篇，既对优秀论文作者以示鼓励，也在一定程度上达到了“传帮带”的示范作用。

③ 狠抓学术培训途径的拓宽

伴随着社会主义文化大发展大繁荣，中国博物馆事业步入了一个前所未有的快速发展期。至 2014 年底，全国共有各类博物馆 4510 座，其中国有博物馆 3528 家，非国有博物馆 982 家。湖北省有博物馆 197 座，其中非国有博物馆 43 家。全省博物馆行业的人才素质与蓬勃发展的博物馆事业不相适应的问题严重制约着博物馆行业的发展。为了提高各会员单位在职人员的素质，湖北省博物馆协会不断创新思路，拓宽新培训渠道。

一是与高校、学院联合办班。先后在武汉大学、华中师范大学、武汉职业艺术学院举办了全省讲解员培训班、可移动文物普查培训班和陈列保管员培训班等，不同程度上促进了全省博物馆专业人才队伍素质的提高，缓解了人才紧张的局面。

二是与湖北省市、州学（协）会、机构联合办班。其中与黄石文化局联合举办了文物摄影培训班；与宜昌、咸宁、荆门等市、州的有关部门分别举办了可移动文物普查培训班和陈列展览、博物馆教育、文物保管班；与黄石博物馆协会、鄂州博物馆联合举办讲解员培训班等。这些培训活动深受广大基层会员的欢迎，他们一致认为“内容丰富，形式多样，具有较强的针对性与指导性”，希望今后多办此类培训班。

三是与高校博物馆专委会联合培训。高校博物馆专委会人才济济，是从事学术研究，开展学术活动，加强会员培训的一支中坚力量。协会联手高校博物馆专委会积极为会员承担课题研究、开展学术活动和参加高校各种学历培训牵线搭桥，既促进了人才培养，也进一步增强了协会的向心力和凝聚力。

（2）坚持创新性，服务办会的成效越来越好

协会作为全省博物馆会员的“娘家”，要想在新常态下有新作为，就必须坚持以人民为中心，把全心全意为文物行政部门和会员服务作为协会工作的出发点和落脚点，不断创新服务思路，提高服务质量。

① 不断创新为行政机关服务的新思路

为了主动承接文物行政部门的一些职能转移，当好参谋助手，协会不断创新服务思路。

一是坚持服务全局。除积极完成省文物行政部门的一些事情之外，针对全省博物馆免费开放后博物馆人气急剧上升，一度出现“爆棚”“井喷”的现象，以及一批基层博物馆馆舍陈旧、展品匮乏、人才紧张、设施简陋等实际困难，协会成立调查组深入到全省各市（州）县，就全省博物馆免费开放工作情况进行调研，并形成《湖北博物馆免费开放的现状与思考》的调查报告上报省文物局，为文物行政部门指导基层博物馆更好贯彻落实“三贴近”，做好免费开放工作提供了真实的信息资料。

二是坚持服务大局。为了落实国务院在全国开展第一次可移动文物普查这一有关博物馆行业大局的工作，交流全省可移动文物普查工作中的经验，推进全省可移动文物普查工作的顺利进行，协会先后组织专家深入有关市、州开展可移动文物普查调研，并在黄石市召开了鄂东片区的“博物馆可移动文物普查座谈会”。为配合省文物局贯彻落实《博物馆条例》，协会除召开不同的座谈会外，还组织协会领导撰写学习《博物馆条例》的心得体会文章，以实际行动贯彻落实《博物馆条例》。

三是坚持服务中心。2012 年，为配合中共武汉市委、武汉市政府提出的要在“十二五”期间建成 100 座博物馆的中心工作和战略目标，协会联合武汉文物学会在武汉博物馆召开了“建设博物馆之城专家座谈会”，与会专家就武汉打造“博物馆之城”的重要意义和如何打造“博物馆之城”提出了一些切实可行的建议，为武汉市打造“博物馆之城”发挥了较好的参谋助手作用。

② 不断创新为行业服务的新形式

为了充分发挥好桥梁纽带作用，协会不断拓宽服务渠道、创新服务形式。

一是为基层单位排忧解难。针对基层博物馆展览场地小，陈展水平低和馆藏文物等级不

明等问题，协会或组织专家为他们编制展览方案，或为他们的展览形式设计提供咨询评估服务，或组织专家深入基层博物馆进行文物鉴定。特别是为了支持长江文明馆的建设，协会不仅向全省各会员单位下发了借展文物的文件，而且深入全省各市、州为他们借展文物牵线搭桥、排忧解难。此外，还对全省许多基层博物馆从陈展大纲的指导思想与编写依据、设计理念到布展宗旨进行指导；从尊重历史、注重创新的布展原则的确立，到突出重点、突出特色、突出实物的布展内容的框架的敲定，多次组织专家现场指导并亲自修改文稿，尤其是策划的“铜绿山与铜矿发现 40 周年学术研讨会”，更赢得了当地领导和理事单位领导的赞扬。

二是促进馆际交流。2011 年，协会与湖北省博物馆一起组织全省各常务理事单位共同举办了“荆楚英华——全省博物馆馆藏文物精品联展”，展出全省各馆选送的文物精品近 300 件（套）。此后几年，分别与辛亥革命武昌起义纪念馆一道承办了“民族魂——徐世鸣国画艺术展”和“孙中山的廉政思想及实践展”，与明藩王博物馆联合举办了“云南民族民俗文化展”，与武汉博物馆联合举办了“衣袭华美——百年海派旗袍的前世今生展”，与荆州博物馆联合举办了“凤舞九天——荆州博物馆 55 周年展”，与鄂州市博物馆、咸宁市博物馆举办“步履生花——中国近代鞋履展”和“银·宴——奥地利施瓦策瑙古堡银器展”等；为落实文化部、中央文明办关于开展 2014 年“我们的中国梦·文化志愿服务基层行”的要求，协会与湖北省文化厅、湖北省文物局、新疆博尔塔纳州文广新局互办了“湖北古建筑图片展”与“青色草原——博尔塔纳民族风情”展；为纪念中法建交 50 周年，与深圳木雅文化公司承办了“飞越欧洲的雄鹰——拿破仑文物特展”等各类展览 30 多个，让湖北观众足不出户就能欣赏到异域的优秀文化遗产。其中“飞越欧洲的雄鹰——拿破仑文物特展”（图 13-10）无论是在湖北省博物馆、天津博物院，还是在南京博物院、辽宁省博物院，都深受观众欢迎。该展在湖北省博物馆展出一天最高接待 22470 人次；在南京博物院展出一个月，接待观众达 20 多万人次，文创产品销售收入近 10 万元人民币。特别是为配合纪念抗日战争胜利 70 周年，与湖北省博物馆一起面向全省各县市博物馆免费提供的“极目楚天舒——老革命家在湖北”摄影展、“羊年说羊”、“新中国第一女性与中国梦”展览、“中国战斗——抗日战争时期木刻展”等更是深受基层博物馆的欢迎。

图 13-10　2014 年与法方商议“飞越欧洲的雄鹰——拿破仑文物特展”

三是加强馆校合作。除了为馆校之间牵线搭桥，加强课题研究之外，还促成了一些学校、科研机构在博物馆建立考古实习基地、培训基地等，实现了大学和博物馆之间的优势互补、资源共享。其中长江文明馆与武汉大学联合成立的“长江文明研究院”，不仅有利于推动长江文明的研究，而且还将有力地推动高校内部资源与外部创新力量的整合，将研究成果推向市场，实现科研成果转化为产业效益，增强自身造血功能，促进文化发展。

③ 不断创新为社会服务的新途径

为了提高服务水平和提升服务质量，协会不断拓宽服务新渠道，开辟服务新领域。

一是全心全心意为学生服务。积极在全省各理事单位开展“博物馆进校园活动”。其中，湖北省博物馆针对广大中小学生推出“探索历史的记忆，走进曾侯乙编钟”被武昌区的“社区课堂”应邀走进武昌区实验小学；武汉博物馆的“轻松小课堂，玩转博物馆——文物知识小课堂”走进武汉常青实验小学；荆州博物馆以小学生组成的“小志愿者讲解员”队伍，以同龄人的视角和理解为小学生团体进行讲解；还有其他各馆策划的夏（冬）令营、参观征文比赛、“历史教室”、“中小学历史教师沙龙”以及为农民工子女、留守儿童服务的多种活动，使博物馆真正成了名副其实的文化教育传播中心和“第二课堂”。为了将活动不断引向深入，结合贯彻落实《湖北省教育厅、文化厅、文物局关于湖北省高校学生走进博物馆（纪念馆）五年行动计划（2014—2018）》的契机，有关部门总结表彰了一批先进单位。其中湖北省博物馆、武汉博物馆、荆州博物馆被评为“湖北省博物馆进校园活动特别奖”，辛亥革命武昌起义纪念馆等 10 家博物馆被评为“湖北省博物馆进校园活动十佳单位”。

二是全心全意为人民服务。积极配合文物行政部门，充分利用“5·18 国际博物馆日”和中国文化遗产日组织全省各博物馆举办流动展览，到军营、学校、福利院、街道、农场、监狱等为人民群众服务。为纪念每年的“5·18 国际博物馆日”，协会先后配合省文物局在武汉、十堰、咸宁、恩施等城市举办了“5·18 国际博物馆日”主题活动，既有图片展览、古乐器表演、文博知识有奖答题，又有志愿者招募和专家免费鉴宝等，极大地拉近了博物馆与公众的距离。至 2014 年底，协会配合全省各博物馆举办各类展览 600 余个，免费接待观众超过 2200 万人次。

三是全心全意为会员服务。始终坚持把服务大多数会员作为协会工作的重中之重，把会员高兴不高兴，满意不满意作为衡量协会工作的主要标准，坚持免费给会员单位和会员赠送书刊，鼓励会员利用协会网络发表文章和评论，积极为会员参观全国博物馆及参与国际、国内大会交流提供方便，主动为会员参加全国志愿者和可移动文物病害评估技术规程培训等牵线搭桥。这些普惠全省广大会员，使基层博物馆工作者得到实惠的举措更加增强了协会的吸引力和凝聚力。

（3）坚持规范性，民主办会的氛围越来越浓

在博物馆行业自律管理体制尚不健全的情况下，协会要实现民主办会的目标，就必须

不断规范行业秩序，加强行业职业道德建设，健全行业评价体系，在坚持依法办会、依规办会和组织建设上做到了“三个不动摇”。

① 坚持依法办会的原则不动摇

协会作为群众性的行业组织，要想不断增强影响力和凝聚力，就必须始终坚持依法办会不动摇。一是严格按《国务院办公厅关于加快推进行业协会商会改革和发展的若干意见》所提出的要求，结合我省实际，配合有关部门，在建立政府主导、法律规范、社会参与的新型博物馆体系等方面组织专家进行一些积极的研讨和探索。

二是严格按照国务院关于“依法设立、民主管理、行为规范、自律发展”的要求，积极拓宽工作领域，突出工作重点，反映会员的管理诉求，在促进博物馆行业健康发展上做出了积极贡献。

三是严格按协会章程办事，大到办会的指导思想、基本原则、工作重点，小到办会的各种规章制度的制定、会费的收支标准，都严格按照协会章程的规定办理。

② 坚持按制度办事的规矩不动摇

为了使工作有章可循，协会从一开始就步入制度化管理的轨道。一是先后出台了《湖北省博物馆协会理事会议事规则》《湖北省博物馆协会常务理事会议事规则》《湖北省博物馆协会财务管理办法》《湖北省博物馆协会印鉴、介绍信和档案管理办法》等规范性的规章制度，严格规范了协会的办事办文程序，基本形成了“按制度办事，靠制度管人”的长效机制，有力促进了协会的科学发展。

二是加强财务管理。严格执行国家有关财务规章制度，坚持参照事业单位的开支规定，委托省博物馆财务人员代管，坚持“一支笔”审批。5000元以下由秘书长审批，5000元至2万元由秘书长审批后报理事长审批，2万元以上由理事长会议集体讨论决策，从而确保了协会有限资金使用的合理、合规、合法，既保证了资金使用的安全性，又提高了资金的使用效益。

三是加强民主决策。始终坚持每年召开一次理事会，每半年召开一次常务理事会，不定期召开理事长会议讨论决策协会事关全局、事关大局的重点工作，凡涉及协会建设发展的目标与思路、重点工作的部署、重点工作计划的审定、重点科研课题的确立、重要人事的变动、重大资金的支出等都必须经过集体讨论、民主决策，绝不容许个人说了算。协会领导严格遵守党和国家有关廉洁自律的多项规定，没有违反党风党纪，没有搞不正之风，没有以权谋私，使“三严三实”的行为准则真正内化于心，外化于形。协会领导集体实行民主集中制的观念和本领在实践中也不断得到提高。

③ 坚持加强组织建设的保障不动摇

为了进一步夯实协会工作的基础，加强协会的组织建设，一是根据协会《章程》的规定，并征得主管部门同意，适时调整了部分副理事长、常务理事和理事，吸收了少数文化企业加入理事会，从而使协会更具社会性、广泛性、代表性。今年，为了进一步促进全省各馆在文物藏品学术成果、专业人才等优势互补和资源共享等，在省文物局的部署下，成立了湖北省博物馆展览联盟。

二是加强组织建设。2012 年，协会指导高校博物馆成立了湖北省博物馆协会高校专委会，促进了全省 112 所高校和 40 多所高校博物馆的资源共享，并指导宜昌、黄石、咸宁成立了博物馆协会或文物学会，为全省 197 座博物馆搭建了一些好的交流平台。

三是加强与各协会的协作。协会先后与高校专委会，武汉市文物学会，宜昌、黄石、咸宁等博物馆协（学）会开展了一些丰富多彩的活动，或联合办展，或联合办班，或联合办会，既活跃了学术气氛，又密切了双方的关系。特别是 2014 年，在中国博物馆协会的大力支持下，联合北京博物馆学会、陕西省博物馆学会、四川省博物馆学会共同举办并由湖北省博物馆承办的“全国各地方博物馆社团负责人工作座谈会”，不仅拉近了湖北省博物馆协会与全国各省博物馆协（学）会之间的距离，而且进一步增强了省级博物馆协（学）会之间的合作。座谈会受到国家文物局领导的高度重视，时任博物馆与社会文物司司长段勇亲临现场为大家作了“当前我国博物馆领域的三个热点问题”的主题报告，使与会代表开阔了眼界，增长了见识，完成了一次知识的充电。

2. 第二届理事会（2016 年 9 月至今）

到 2016 年，第一届理事会任期已满，根据协会章程，报请湖北省文化厅、湖北省民政厅批准，8 月 16 日，湖北省博物馆协会在武汉召开了第二届会员代表大会（图 13-11），选举产生了第二届理事会，理事长方勤，秘书长由副理事长万全文兼任，不再设常务理事，选举理事 28 名、监事 2 名。共有会员单位 127 家。

图 13-11　湖北省博物馆协会第二届会员大会

图 13-12　湖北省博物馆协会第二届三次理事会

第二届理事会产生以来，协会紧密团结和联系全省博物馆工作者以及广大关心、支持博物馆事业的高校、科研院所、企业等社会各界，充分发挥行业优势，抢抓机遇，锐意进取，在搭建交流平台、组织学术活动、编辑出版学术刊物、提供会员服务、加强自身建设等方面，做了大量的、富有成效的工作，取得了显著成绩。

（1）健全博物馆质量评价体系，组织申报第三批国家二、三级博物馆

为全面、充分反映近年来博物馆事业进步成果，健全博物馆质量评价体系，根据国家文物局印发的《博物馆定级评估办法》（文物博发〔2016〕15 号），湖北省博物馆协会受中国博物馆协会和湖北省文物局委托，于 2018 年 3 月组织专家开展了湖北省第三批国家二、三级博物馆评估工作（图 13-13）。

图 13-13　2018 年湖北省国家二、三级博物馆定级评估审核会

经过指导符合条件的博物馆自评申报，湖北省博物馆协会专家评估审核，全国博物馆评估委员会专家复核，并报请国家文物局备案，中国博物馆协会决定同意湖北省上报的空降兵军史馆、湖北明清古建筑博物馆、黄冈市博物馆为国家二级博物馆，浠水县博物馆、京山县博物馆、天门市博物馆、罗田县博物馆、麻城市革命博物馆、中国地质大学逸夫博物馆为国家三级博物馆。同时，湖北省博物馆协会对中国博物馆协会专家组来湖北进行国家一级博物馆运行评估的现场复核进行了协助。

（2）协助省文旅厅、省文物局，办好“5·18国际博物馆日”主场城市活动

2017年5月15日，湖北省“5·18国际博物馆日”主场城市活动在黄冈举办，标志着湖北省系列纪念活动正式启动。“5·18国际博物馆日”前后，全省博物馆结合馆藏文物资源，推出原创特色展览、引进交流展览、流动图片展、第一次可移动文物普查展共四大类近70个临时展览，还开展公众社会教育活动、博物馆进校园活动等500余场次，通过举办系列文化惠民活动，吸引公众走进博物馆，爱上博物馆。

2018年5月15日，为营造“5·18国际博物馆日”宣传活动良好氛围，展示和宣传全省博物馆不断创新方式，通过陈列展览、教育活动、文创产品等多种途径，积极发挥服务公众的重要作用，在天门市举办了2018年全省“5·18国际博物馆日”主场城市活动（图13–14），同时召开了全省博物馆让文物“活起来”工作座谈会。省博物馆、荆州博物馆、黄冈市博物馆、武汉革命博物馆、十五军军史馆、武汉琴台钢琴艺术博物馆等6家单位代表作“让文物‘活’起来”主题发言。会议还宣布了全省博物馆文创联盟LOGO。

图13–14　2018年湖北省“5·18国际博物馆日”主场城市活动

2019 年 5 月 17 日，在湖北省文化和旅游厅的指导下，2019 年全省“5·18 国际博物馆日”主场城市活动在湖北省博物馆举办。活动揭晓了“第三届（2018 年度）湖北省博物馆、纪念馆六大陈列展览精品推介活动”“2019 年度湖北省文博系统‘十佳’社教团队推介展示活动”获奖名单并颁奖。此外，还揭晓了“2019 湖北省博物馆文创产品设计方案征集”活动结果并颁奖，启动了湖北省博物馆协会文创专委会筹委会工作，开展了《博物馆在移动》公众小视频征集活动，举办了与同方知网湖北分公司合作的“传统文化知识大闯关”活动。

2021 年 5 月 12 至 14 日，湖北省文化和旅游厅在宜昌市举办全省博物馆高质量发展培训班及 2021 年全省“5·18 国际博物馆日”主场城市活动。活动揭晓了“第五届（2020 年度）湖北省博物馆、纪念馆六大陈列展览精品推介活动”、2021 年湖北省文博系统红色故事培训班暨“庆祝中国共产党成立 100 周年全国博物馆讲解大赛”湖北选拔赛获奖名单并颁奖（图 13–15），召开了湖北省博物馆协会文化创意发展专业委员会第一届一次会议。

2022 年 5 月 18 日，由国家文物局、湖北省人民政府主办，中国博物馆协会、湖北省文化和旅游厅、武汉市人民政府承办，湖北省博物馆协会、湖北省博物馆协办的第 46 个国际博物馆日中国主会场活动在武汉举行，主会场设在湖北省博物馆（图 13–16）。活动举办了“主题论坛”“青年论坛”，揭晓了“全国博物馆十大陈列展览精品终评会”“第六届（2021 年度）湖北省博物馆、纪念馆六大陈列展览精品推介活动”“2021 年度湖北省博物馆协会学术研讨会论文集”获奖名单并颁奖。武汉地区博物馆和纪念馆将举办一系列特色鲜明的主题活动、陈列展览、学术研讨会、公众互动活动和文化遗产推介活动等，传播中华文明，增强文化自信，促进多元文明交流与融合，讲好中国故事。

（3）围绕文博中心，突出陈列展览和社会教育重点工作

① 组织申报全国博物馆十大陈列展览精品推介的推荐工作

2017 年 4 月，组织省内部分博物馆申报第十四届（2016 年度）全国博物馆十大陈列展览精品推介，其中推荐的长江文明馆基本陈列“长江之歌　文明之旅”获全国十大陈列展览精品奖，江汉关博物馆基本陈列“江汉朝宗——武汉城市现代化历程”获全国十大陈列展览精品推介优胜奖。

2019 年 4 月，组织省内部分博物馆申报第十六届（2018 年度）全国博物馆十大陈列展览精品推介，其中推荐的武汉自然博物馆基本陈列“大河之旅　生命之歌——武汉自然博物馆常设展览”获全国十大陈列展览精品推介优胜奖。

2020 年 4 月，组织省内部分博物馆申报第十七届（2019 年度）全国博物馆十大陈列展览精品推介，其中推荐的武汉革命博物馆基本陈列“纪律建设永远在路上——中国共产党纪律建设历史陈列”获全国十大陈列展览精品推介特别奖，盘龙城遗址博物院基本陈列“江汉泱泱　商邑煌煌——盘龙城遗址陈列”获全国十大陈列展览精品推介精品奖。

2021 年 4 月，组织省内部分博物馆申报第十八届（2020 年度）全国博物馆十大陈列展览

1. 图 13–15　2021 年“庆祝中国共产党成立 100 周年全国博物馆讲解大赛”湖北选拔赛颁奖
2. 图 13–16　2022 年“国际博物馆日”中国主会场开幕式

览精品推介，其中推荐的湖北省博物馆临时展览“华章重现——曾世家文物特展”获全国十大陈列展览精品推介精品奖。

2022 年 4 月，组织省内部分博物馆申报第十九届（2021 年度）全国博物馆十大陈列展览精品推介，其中推荐的湖北省博物馆“湖北省博物馆新馆基本陈列”获全国十大陈列展览精品推介精品奖。

② 组织全省博物馆、纪念馆六大陈列展览精品推介活动

2017 年初，为提升博物馆陈列展览水平，经理事长会议研究，决定从 2017 年开始，每年举办一届“博物馆、纪念馆六大陈列展览精品推介活动”，对上一年度全省博物馆、纪念馆举办的基本陈列、连续展期90天的专题陈列进行评选。湖北省博物馆协会编制了《全省博物馆、纪念馆六大陈列展览精品推介评选办法》。从2017年5月举办“第一届（2016年度）全省博物馆、纪念馆六大陈列展览精品推介活动”至今，该活动已进行到第七届。

第一届（2016年度）活动共9个项目申报，最终长江文明馆“长江之歌　文明之旅”等六个项目获得精品奖，武汉革命博物馆“党之元老·人民公仆——董必武诞辰130周年生平展”等三个项目获优胜奖。

第二届（2017年度）活动共10个项目申报，最终湖北省博物馆“万里茶道”等六个项目获得精品奖，中国地质大学（武汉）博物馆“追求卓越 勇攀高峰的地大人”等四个项目获优胜奖。

第三届（2018年度）活动共12个项目申报，最终武汉革命博物馆“大江弄潮——庆祝改革开放40周年”等六个项目获得精品奖，恩施土家族苗族自治州博物馆“经纬大千——中国土家族西兰卡普主题展”等五个项目获优胜奖，长江文明馆（武汉自然博物馆）“大河之旅　生命之歌——武汉自然博物馆常设展览”获特别奖。

第四届（2019年度）活动共11个项目申报，最终宜昌博物馆“‘峡尽天开’主题展览”等六个项目获得精品奖，长江文明馆（武汉自然博物馆）“长江印记——庆祝中华人民共和国成立70周年实物展”等三个项目获优胜奖，盘龙城遗址博物院“江汉泱泱　商邑煌煌——盘龙城遗址陈列”等两个项目获特别奖。

第五届（2020年度）活动共15个项目申报，最终辛亥革命博物馆“战疫瞬间——武汉抗击新冠肺炎疫情美术作品系列展”等六个项目获得精品奖，武汉市中山舰博物馆“‘舰’证中德交往——中山舰出水文物特展”等二个项目获优胜奖，湖北省博物馆“华章重现——曾世家文物特展”等四个项目获特别奖。

第六届（2021年度）活动共16个项目申报，最终武汉博物馆“武汉戏曲大码头——武汉戏曲历史文化特展”等六个项目获得精品奖，辛亥革命武昌起义纪念馆“不惑之获——辛亥革命武昌起义纪念馆建馆40周年成果展”等六个项目获优胜奖，湖北省文物考古研究院“湖北考古博物馆基本陈列”等四个项目获特别奖。

第七届（2022年度）活动共15个项目申报，最终武汉博物馆（武汉市文物交流中心）“宋窑遗珍　湖泗风华——武汉湖泗窑址群出土文物及标本展”等六个项目获得精品奖，江汉关博物馆“江汉关的故事”等六个项目获优胜奖，湖北省博物馆“尚意千载——宋代书法主题展”等三个项目获特别奖。

③ 组织、承办了多次讲解大赛

2017年4月，受省文物局委托，组织了2017年“中国故事——全国博物馆优秀讲解案例展示推介活动”（湖北赛区）的复赛，从湖北省博物馆，辛亥革命武昌起义纪念馆，武汉革命博物馆，八路军武汉办事处旧址纪念馆及黄冈、荆州、十堰、宜昌市博物馆选送的20名专业讲解员、志愿者中通过选拔，推荐2名专业讲解员、1名成年志愿者、1名18岁以下学生志愿者，参加了5月16日在北京举办的2017年“中国故事——全国博物馆优秀讲解案例展示推介活动”，其中荆州博物馆陶娅获得“中国故事——全国博物馆优秀讲解案例展示推介活动”十佳案例，武汉革命博物馆周全也获得了第十一名的好成绩，湖北省博物馆志愿者吴春芸、吴臻喆分获志愿者组、学生志愿者组“优秀讲解员”，既展示了湖北讲解员和志愿者的风采，也宣传弘扬了荆楚文化。

2017年5月12—14日，在黄冈组织举办了2017年湖北省文博系统“讲好中国故事”优秀案例推介活动。共有77名来自湖北省博物馆协会的各个会员单位、高校博物馆专委会的优秀讲解员及志愿者参赛，经过两天的复赛、半决赛、决赛，本次活动共决出了一、二、三等奖20名，特别奖2名，优胜奖20名，最佳单项奖6个，团体奖15个，其中章悦等10人获得全省十佳，陈林染等分别获得最佳风采等单项奖项。这些活动，以赛代训，推动了博物馆业务工作的发展。

2018年8月22—24日，由湖北省文物局指导，湖北省博物馆协会、湖北省博物馆主办，湖北省博物馆协会社教专委会承办的2018湖北省文博系统“讲好荆楚故事”优秀案例推介活动成功举办（图13-17）。此次活动的主题是“讲好荆楚故事”，以赛代训，培养全省文博系统社教工作新入职人员。推介活动得到了全省文博单位的热烈响应，经过初赛选拔，共有来自全省各地16支代表队的55名25岁以下优秀讲解员及志愿者参赛，经过复赛与决赛两轮角逐，最后评出一等奖4名，二等奖6名，三等奖10名，最佳单项奖5个以及最佳组织奖2个。大赛由斗鱼平台直播，点击量达到了16.2万人次。

图13-17　2018年湖北全省“讲好荆楚故事”优秀案例推介活动代表合影

2018年9月27日至28日，由湖北省文物局、河南省文物局、安徽省文物局联合主办，湖北省博物馆协会、黄冈市文化新闻出版广电局承办的“讲述红色故事——大别山区革命文物优秀讲解案例交流推介活动”在黄冈市举行。本次活动以提升讲解能力、促进相互交流为宗旨，通过全面展示新时期大别山地区博物馆讲解员队伍的精神风貌，进一步提高大别山地区博物馆讲解人员的整体水平，引领和带动大别山地区博物馆讲解、社会教育工作迈上新台阶。活动自当年5月启动以来，得到了各地各单位的热烈响应与积极参与，共有近百家各级各类博物馆、纪念馆的讲解员报名，通过层层选拔，三省最终推荐23家博物馆、纪念馆的45名讲解员参加在黄冈举办的展示交流活动。经过专家评审，活动共推荐产生“十佳讲解员”10名、“优秀讲解员”35名、组织奖6个。其中，湖北省张安安等4位讲解员荣获“十佳讲解员”，熊威等11位讲解员荣获“优秀讲解员”，黄冈市博物馆、黄麻起义和鄂豫皖苏区纪念园获得“最佳组织奖”。

2018年11月1日，受中共湖北省委宣传部、湖北省文物局委托，湖北省博物馆协会主办、湖北省博物馆协会社教专委会承办“红色革命故事”湖北赛区讲解员选拔赛。

2019年9月13日至14日，由湖北省文化和旅游厅指导，湖北省博物馆协会、湖北省博物馆主办，湖北省博物馆协会社教专委会承办的2019年湖北省文博系统“小小讲解员”讲解大赛在湖北省博物馆多功能报告厅成功举行，来自全省文博系统的19支代表队，年龄在10岁至17岁的小选手、领队及选手家长共百余人参加了此次活动。本次讲解大赛采取了模拟讲解的比赛形式，经过决赛的激烈角逐，最后推介出一等奖4名，二等奖6名，三等奖10名，最佳单项奖3个以及最佳组织奖2个。

为提供全省博物馆、纪念馆社教工作的展示、学习、交流平台，湖北省博物馆协会社教专委会组织开展了“荆楚瑰宝背后的故事（云讲瑰宝）——2020年湖北省文博系统线上讲解直播推介活动”，以“发现文物魅力，助力美好生活”为主题，以网络微视频和网络直播为主要传播形式，讲述荆楚故事。活动分为两个阶段，第一阶段为组织推介阶段，由各单位组织申报适宜的“云讲瑰宝”微视频。第二阶段为评审阶段，由湖北省博物馆协会社教专委会组织专家，对各单位推荐的“云讲瑰宝”微视频材料进行评审，并进行线下决赛。2020年12月10—11日，由湖北省文化和旅游厅、湖北省文物局指导，湖北省博物馆协会、孝感市博物馆主办并组织了五名专家对专业组和志愿者组前二十名进行了线下决赛，专业组评选了10名“十佳荆楚瑰宝讲述人”和13名“优秀荆楚瑰宝讲述人，5个特殊贡献奖，志愿者组评选了10名“十佳荆楚瑰宝讲述人”和4名“优秀荆楚瑰宝讲述人。

2021年3月，采取以赛代训方式，组织开展了“庆祝中国共产党成立100周年全国博物馆讲解大赛”湖北选拔赛（图13-18）。比赛分两个阶段，第一阶段提交“讲好红色故事”讲解视频，最终确定专业组50名学员和志愿者组10名学员进入线下红色故事培训班学习和展示；第二阶段为线下集中培训展示，3月20日在李先念故居纪念馆进行线下培训展示活动，最终评出一等奖10名，二等奖16名，三等奖23名。

图 13-18　2021 年湖北省文博系统红色故事培训班暨“庆祝中国共产党成立 100 周年全国博物馆讲解大赛”湖北选拔赛合影

2022 年 10 月，组织开展“奋进新征程　建功新时代”2022 年湖北省文博系统学习贯彻党的二十大精神演讲大赛。比赛分两个阶段，第一阶段提交“奋进新征程　建功新时代”主题演讲视频，共收到来自湖北省各文博单位的近 60 个参赛作品，经过激烈角逐，最终选出 12 名选手进入决赛演讲；第二阶段为线下集中演讲展示。2022 年 11 月，“奋进新征程　建功新时代”2022 年湖北省文博系统学习贯彻党的二十大精神演讲大赛决赛在湖北省博物馆圆满落幕。活动评出一等奖 4 名，二等奖 8 名，三等奖 18 名，优秀奖 24 名。

④ 组织社教案例、社教团队推介活动

2017 年 6—8 月，为反映近年来博物馆社会教育发展成果，结合中国博物馆协会“2015—2017 年度中国博物馆青少年教育课程优秀教学设计推介展示活动”，在湖北省文物局指导下，湖北省博物馆协会组织开展了湖北省“2015—2017 年度中国博物馆青少年教育课程优秀教学设计推介展示活动”。经各博物馆及主管部门和博物馆协（学）会申报，湖北省博物馆协会社教专委会对照申报条件组织专家初评，湖北省博物馆协会组织专家终评，共评出湖北省 2015—2017 年度中国博物馆青少年教育课程“最佳教学设计方案”10 个、“优秀教学设计方案”10 个，并报湖北省文物局备案。其中 10 个“最佳教学设计方案”上报中国博物馆协会参加“2015—2017 年度中国博物馆青少年教育课程优秀教学设计推介展示活动”。

2019 年 4—5 月，组织开展了“2019 年度湖北省文博系统‘十佳’社教团队推介展示活动”。经各博物馆及主管部门和高校专委会申报，湖北省博物馆协会社教专委会对照申报条件组织专家初评，湖北省博物馆协会组织专家终评，从 30 多家申报单位中评出了 2019 年度湖北省文博系统 10 个“最佳社教团队”和 10 个“优秀社教团队”，并报湖北省文化和旅游厅备案。在 2019 年的“5・18 国际博物馆日”主场城市活动中举办了颁奖仪式。

2020 年初新冠肺炎疫情发生以后，湖北省文博系统结合自身优势资源，以多种形式凝聚力量、鼓舞意志、传递真情、共克时艰。其中以闭馆期间不打烊的线上教育活动影响面最广，深受社会公众欢迎。为反映抗疫期间博物馆社教工作及社教人员的风采，根据《湖北省博物馆协会关于开展 2020 年湖北省文博系统抗疫期间“十佳线上教育案例”和“十佳社教人员”推介活动的通知》，湖北省博物馆协会于 2020 年 4—5 月组织开展了 2020 年湖北省文博系统抗疫期间“十佳线上教育案例”和“十佳社教人员”推介活动。共评出 2020 年湖北省文博系统抗疫期间“最佳线上教育案例”10 个和“优秀线上教育案例”3 个，“最佳社教人员”10 人和“优秀社教人员”11 人。

2021 年 4—5 月，为庆祝中国共产党成立 100 周年，促进博物馆研学教育活动的进一步发展，发挥博物馆爱国主义教育职能，湖北省博物馆协会面向全省范围博物馆、纪念馆、自然科学类博物馆征集博物馆优秀研学线路及课程。最终评出 2021 年湖北省文博系统“十佳研学课程”10 个，“优秀研学课程”8 个，“最佳研学线路”5 条，“优秀研学线路”4 条。

2022 年 9 月至 12 月，为积极推动全省各博物馆、纪念馆充分利用馆藏资源，发挥爱国主义教育职能，引导青少年传承、弘扬中华优秀传统文化，发扬志愿精神，增强历史使命感和责任感，湖北省博物馆协会主办、湖北省博物馆协会社教专委会承办了湖北省文博系统“喜迎二十大　强国复兴有我——青少年荆楚文物我来讲”主题志愿服务评选活动，最终评出湖北省文博系统“喜迎二十大　强国复兴有我——青少年荆楚文物我来讲”优秀志愿服务项目 16 个。

⑤ 举办相关培训班

2019 年 12 月 7—9 日，由湖北省文化和旅游厅指导，湖北省博物馆协会、湖北省博物馆主办的 2019 年湖北省文博系统社会教育工作培训班在湖北省博物馆学术报告厅举行。来自全省各地的文博社教工作者近 70 人齐聚一堂，共同探讨、学习、分享博物馆社会教育及志愿服务工作可持续发展的新途径、新办法。

2020 年 12 月 10—11 日，由湖北省文化和旅游厅、湖北省文物局指导，湖北省博物馆协会、孝感市博物馆主办的 2020 年湖北省文博系统社会教育工作培训班于孝感市博物馆学术报告厅举行。来自全省各地的文博社教工作者近 50 人齐聚一堂，共同探讨、学习、分享博物馆社会教育及志愿服务工作可持续发展的新途径、新办法。

2021 年 4 月，湖北省博物馆协会与中国知网联合邀请多位业内资深专家，开展了“2021 年湖北省博物馆协会‘5・18 国际博物馆日’线上研修班”。培训班获得了各级各类博物馆的积极响应，报名总数达到 884 人，报名参与单位 360 家，课程学习总量达到 13692 人次，课程浏览人次达 31273 次。

⑥ 组织开展抗击新冠肺炎先进集体及个人评选活动

2020 年伊始，面对突如其来的新冠肺炎疫情，湖北省博物馆协会各会员单位在各级党委、政府的领导下，众志成城、抗击疫情，打响了一场没有硝烟的战“疫”，涌现出了一大批先进集体及个人。为积极向社会推介在特殊时期做出贡献的博物馆和博物馆人，2020年12月，湖北省博物馆协会举办了评选抗击新冠肺炎先进集体及个人活动。先进集体共评选了1个“抗击新冠肺炎”荣誉，6个“抗击新冠肺炎”突出贡献奖，6个“抗击新冠肺炎”贡献奖。先进个人共评选了1名“抗击新冠肺炎”荣誉奖，10名“抗击新冠肺炎”突出贡献奖，20名“抗击新冠肺炎”贡献奖，若干“抗击新冠肺炎”优秀奖。

（4）秉承学术为本，促进博物馆学术研究水平的提高

在过去的六年中，湖北省博物馆协会继续秉承和发扬优良的学术传统，倡导、举办和协调了一系列学术活动。

① 组织《湖北省博物馆协会学术研讨会论文集》编撰出版工作

2017年，湖北省博物馆协会以“博物馆与弘扬中华优秀传统文化”为主题，组织开展了年度学术研讨会论文征集活动。此次论文的征集，得到了全省会员的积极响应，共提交论文150余篇。9月，经过专家匿名评审，共收录论文111篇，涉及博物馆与弘扬中华优秀传统文化、藏品研究、陈列展览、社会教育、“互联网+”、文创开发、文化遗产保护、交流合作等诸多方面，或是理论思考，或是实践案例，为博物馆弘扬中华优秀传统文化提供了一定的借鉴。此外，论文集还特别编录了获得全国十大陈列精品、全省六大陈列精品，以及全国讲好中国故事优秀案例的材料，既有一定的理论高度，又具有很强的借鉴性。同时，本论文集将获得第一届（2016年度）全省博物馆六大陈列展览精品奖的展览项目作为特稿予以收录，旨在指导各博物馆按照优秀案例的范本打造精品陈列。

2018年，湖北省博物馆协会以“超级连接的博物馆：新公众、新方法”为主题，组织开展了年度学术研讨会论文征集活动。此次论文的征集，共收到论文150余篇。经过专家匿名评审，共收录论文123篇，其中主题论文95篇，探讨了博物馆建设和项目开发、社会教育、公共服务、媒体宣传、博物馆资源、新技术、文化传播等与博物馆连接的必要性、重要性及方式方法，为超级连接下的各博物馆与新方法、新公众搭建了实践的桥梁。论文集还收录其他论文28篇，涉及陈列展览、宣传教育、文物保护、文创工作、博物馆管理和运营等方面内容。所收录的论文较为全面地反映了博物馆工作的各个方面，具有一定的理论探索和经验总结意义，为博物馆工作的开展提供了借鉴。同时，本论文集将获得第二届（2017年度）全省博物馆六大陈列展览精品奖的展览项目作为特稿予以收录，旨在指导各博物馆按照优秀案例的范本打造精品陈列。

2019年，湖北省博物馆协会以“作为文化中枢的博物馆：传统的未来”为主题，组织开展了年度学术研讨会论文征集活动。此次论文的征集，共收到论文170余篇。经过专家匿名评审，共收录论文128篇，探讨了随着向文化中枢不断转化，博物馆探索着对待藏品、历史和传承的新方式，创造着将对后代具有新意义，且与现代全球日趋多元化的观众相关

联的传统。收录论文涉及陈列展览、宣传教育、文物保护、文创工作、博物馆管理和运营等方面内容。同时，本论文集将获得第三届（2018 年度）全省博物馆六大陈列展览精品奖的展览项目作为特稿予以收录，旨在指导各博物馆按照优秀案例的范本打造精品陈列。

2020 年，湖北省博物馆协会以“致力于平等的博物馆：多元和包容”为主题，组织开展了年度学术研讨会论文征集活动。此次论文的征集，得到了全省会员的积极响应，共收到论文 145 篇。经过专家匿名评审，共收录论文 119 篇。收录论文涉及陈列展览、宣传教育、文物保护、文创工作、博物馆管理和运营等方面内容。同时，本论文集将获得第四届（2019 年度）全省博物馆六大陈列展览精品奖的展览项目作为特稿予以收录，旨在指导各博物馆按照优秀案例的范本打造精品陈列。

2021 年，湖北省博物馆协会以“博物馆的未来：恢复与重塑”为主题，组织开展了年度学术研讨会论文征集活动。此次论文的征集，共收到论文 150 余篇。经过专家匿名评审，共收录论文 117 篇。本论文集将获得第五届（2020 年度）全省博物馆六大陈列展览精品奖的展览项目作为特稿予以收录，旨在指导各博物馆按照优秀案例的范本打造精品陈列。

2022 年，湖北省博物馆协会以“博物馆的力量”为主题，组织开展了年度学术研讨会论文征集活动。此次论文的征集，共收到论文 207 余篇。经过专家匿名评审，共收录论文 103 篇。本次论文征集涉及博物馆与文化传承、藏品资源、陈列展览、社会教育、“互联网 +”、文创开发、文化遗产保护、交流合作等诸多方面。同时，本论文集将获得第六届（2021 年度）全省博物馆六大陈列展览精品奖的展览项目作为特稿予以收录，旨在指导各博物馆按照优秀案例的范本打造精品陈列。

② 组织《湖北博物馆年鉴》的编撰出版工作

博物馆年鉴既是各博物馆年度工作的总结，又是提供博物馆相关信息的平台，还是博物馆工作经验交流的载体，湖北省博物馆协会继续推进年鉴的编撰工作。每年的 4 月下发年鉴编撰通知后，承担编撰任务的博物馆积极部署，及时组织，均按时完成了工作任务。湖北省博物馆协会在汇总各博物馆年鉴资料后，经过审核，并增加了相关法律、法规、文件与讲话，形成并出版了《湖北博物馆年鉴 2016》《湖北博物馆年鉴 2017》《湖北博物馆年鉴 2018》《湖北博物馆年鉴 2019》《湖北博物馆年鉴 2020》《湖北博物馆年鉴 2021》。

（5）持续开展学术交流研讨会

2016 年 11 月 19 日，“湖北省博物馆协会 2016 年理事会暨学术研讨会”在襄阳召开。本次年会由湖北省博物馆协会主办，襄阳市文体新广局和襄阳市博物馆承办，会议对协会 2016 年工作进行总结并安排部署了 2017 年工作。省文化厅党组成员、省文物局局长黎朝斌，襄阳市政府副市长丁亚琳，省文物局副局长赵令珍，省文物局博物馆处处长余萍等嘉宾出席，全省百余名博物馆从业人员参加会议研讨。年会期间，黎朝斌主持召开了全省博物馆学习贯彻习近平总书记关于博物馆工作重要指示精神并发表重要讲话。来自湖北省博物馆、武汉博物馆、辛亥革命武昌起义纪念馆、武汉中山舰博物馆、宜城市博物馆、十五军军史博物馆、宜昌市袁裕校家庭博物馆的代表结合业务工作畅谈了各自心得。开幕式上，襄阳市政府副市长丁亚琳致辞，湖北省博物馆协会理事长方勤、襄阳市博物馆副馆长王道文等分别结合博物馆建设情况作了主题报告，来自湖北省博物馆、荆州博物馆、辛亥革命武昌起义纪念馆、武汉革命博物馆、武汉大学万林艺术博物馆、随州博物馆以及中国知网的代表们从博物馆的教育推广、展陈策划能力的提升、文博展览的整合、展览形式设计、知识服务在博物馆创新工作的应用探索以及第一次全国可移动文物普查等方面作了学术交流。年会期间，还对 2016 年湖北省博物馆协会“博物馆与陈列展览”征文比赛中 6 位一等奖、12 位二等奖、20 位三等奖获奖人员进行了表彰。

2017 年 11 月 24—26 日，“湖北省博物馆协会 2017 年理事会暨学术研讨会”在湖北省鄂州市召开（图 13-19），会议紧紧围绕“博物馆与中华优秀传统文化传承发展”的年会主题，进一步推进博物馆服务社会。会议宣布了《关于湖北省博物馆协会 2018 年学术研讨会获奖论文的通知》，为 6 名一等奖论文获奖作者颁奖。南开大学教授黄春雨为会议作了专题讲座。下午，六位一等奖获奖作者就自己的获奖论文作了交流发言。会议坚持以马克思列宁主义、毛泽东思想、邓小平理论、“三个代表”重要思想、科学发展观、习近平新时代中国特色社会主义思想为指导，深入贯彻落实党的十九大精神，培育和践行社会主义核心价值观，推动中华优秀传统文化创造性转化、创新性发展。

图 13-19　湖北省博物馆协会 2017 年理事会暨学术研讨会现场

2018 年 11 月 2 日，“湖北省博物馆协会 2018 年理事会暨学术研讨会”在湖北省天门市召开（图 13-20），会议围绕 2018 年国际博物馆日的主题——“超级连接的博物馆：新方法、新公众”开展交流和研讨。开幕式上，湖北省博物馆协会理事长方勤代表湖北省博物馆协会作了年度工作报告，总结了 2018 年工作，部署了 2019 年工作。副理事长朱祥德分别宣读了相关评审、定级的通知并颁奖。最后，天门市博物馆馆长邓千武作了天门市博物馆工作报告，为各博物馆工作的开展提供了借鉴。开幕式后，北京大学考古文博学院宋向光教授作了“信息（数字）时代的博物馆”的精彩讲座，他从博物馆传播的目的、受众和传播技术对博物馆工作的影响等方面讲解了信息、数字时代博物馆的工作发展思路、方法，为我们打开了博物馆工作的另一扇窗。学术研讨会主旨发言时间，6 位 2018 年学术研讨会征集论文一等奖获得者交流了他们的论文，分别从藏品工作、文物资源平台建设、博物馆与观众、新媒体运用、微信公众号运营与管理、革命类博物馆教育等方面进行探讨，通过理论、实践和大数据相结合等方式，展现了博物馆超级连接的理念、方法，也指出了存在的问题，提出了新的思路，既具有一定的理论性，也具有一定的可操作性。最后，天津恒达公司副总经理李世杰、同方知网（北京）公司旅游文博分公司副总经理郝振国分别跟大家分享了“互联网数字媒体技术助力智慧博物馆建设”“知识服务在文博工作中的应用探索”的报告，为大家开阔了眼界，也为博物馆工作搭建了一个好的平台。

2019 年 12 月 20—22 日，“湖北省博物馆协会 2019 年理事会暨学术研讨会”在宜昌市博物馆召开（图 13-21），紧紧围绕“作为文化中枢的博物馆：传统的未来”主题，进一步推进博物馆的可持续发展。湖北省博物馆协会理事长方勤作 2019 年协会工作报告；湖北省博物馆协会副理事长宣读湖北省“传统文化知识大闯关”活动获奖结果通知并颁发证书；湖北省博物馆协会副理事长宣读 2019 年获奖论文作者名单，并为一、二、三等奖获奖作者颁奖；宜昌博物馆作工作汇报。会议邀请了段勇教授作“当代博物馆的变与不变”专题讲座。下午，湖北省博物馆文保部副主任江旭东作“馆藏青铜文物修复模式的探索与实践——以黄州区博物馆为例”报告，六位一等奖获奖作者就自己的获奖论文作了交流发言。

图 13-20　“湖北省博物馆协会 2018 年理事会暨学术研讨会”现场

1. 图 13–21　“湖北省博物馆协会 2019 年理事会暨学术研讨会”与会代表合影

2. 图 13–22　“湖北省博物馆协会 2020 年理事会暨学术研讨会”与会代表合影

2020 年 1 月 11 日，“2020 年遗址博物馆展示创新研讨会”在湖北武汉召开。本次会议由中国文化遗产研究院、中国文物报社支持，湖北省博物馆协会、中国博物馆协会考古与遗址博物馆专业委员会主办。来自中国博物馆协会、中国文物报社、中国文化遗产研究院、北京大学、浙江大学、武汉大学、南方科技大学、陕西历史博物馆、山西博物院、天津博物馆、良渚博物院、秦始皇帝陵博物院、金沙遗址博物馆、西安半坡博物馆、盘龙城遗址博物院、云南省文物考古研究所、湖北省博物馆、湖北省文物考古研究所等国内知名高校、科研院所、文博单位的 40 余位专家学者参加此次研讨会。与会专家以“遗址博物馆展示创新”为主题开展探讨。

2020 年 12 月 11—12 日，“湖北省博物馆协会 2020 年理事会暨学术研讨会”在孝感市博物馆召开（图 13–22），本次会议由湖北省文化和旅游厅、湖北省文物局指导，湖北省博物馆协会、孝感市文化和旅游局主办，孝感市博物馆承办。会议揭晓了“荆楚瑰宝背后的故事——湖北省文博讲解推介活动”评审结果、“抗击新冠肺炎”先进集体和个人、湖北省博物馆协会 2020 年论文集获奖论文等奖项。湖南师范大学教授李建毛作了关于博物馆陈列展览的精彩讲座，他在梳理了博物馆陈列展览的类型、形式后，结合长期在展陈一线工作的实践，从博物馆陈列展览存在的十个问题等方面入手，以实例印证，逐一剖析、提出对策，使大家有耳目一新、醍醐灌顶式的感受。学术研讨会上，获得湖北省博物馆协会 2020 年论文一等奖的 6 位作者和 2 位二等奖作者分别交流了自己的论文。他们结合国际博物馆日 2020 年的主题“致力于平等的博物馆：多元和包容”，聚焦新冠肺炎疫情和后疫情时代下的博物馆社会教育、传播、公共文化服务和大数据分析等内容，与参会人员进行了分享，在博物馆社会教育、文创开发、文物保护、均等化服务、传播力提升等方面进行了有益探索。

“湖北省博物馆协会 2021 年理事会暨学术研讨会”“湖北省博物馆协会 2022 年理事会暨学术研讨会”均因疫情影响未召开。

（6）以制度建设为基础，不断加强自身建设

① 进一步规范协会管理

自 2016 年 8 月湖北省博物馆协会换届，特别是 2017 年以来，严格按照行业协会清理整顿的要求，进一步加强规范管理，取消了独立的秘书处，由省博物馆办公室负责日常事务，并不再向会员收取会费，严格落实协会领导、理事零取酬制度。

② 建立学术评估制度

为发挥博物馆协会的专家指导作用，提升博物馆协会相关学术水平，经研究决定组建专家库，从全省各博物馆具备副研究馆员以上职称的专业技术人员中遴选了 20 余名专家组建专家库，初步建立了学术评估制度，为诸如博物馆评估、年度研讨会论文评奖、六大精品陈列展览推介相关学术活动把关。

③ 建立社教专委会

当前，社会教育已成为博物馆的一项主要职能，为进一步提升博物馆社会教育人员的能力和水平，促进全省博物馆、纪念馆社会教育工作的交流与合作，并推动其发展，经湖北省博物馆协会理事会研究，社教专委会于 2017 年 12 月初湖北省博物馆志愿者十周年纪念活动时正式成立（图 13–23）。

图 13–23　2017 年湖北省文博系统社会教育论坛暨湖北省博物馆协会社教专委会年会合影

④ 立文化创意发展专业委员会

为加强文旅融合，建立、维护和扩大湖北博物馆文化创意产业资源平台，更好与文化创意产业市场机制相结合，带动湖北博物馆文化创意产业的发展，湖北省博物馆协会成立了文化创意发展专业委员会。文化创意发展专业委员会常设办事机构（秘书处）挂靠在湖北省博物馆市场部。在前期报名的基础上，经湖北省博物馆协会确认，湖北省博物馆等25家单位成为湖北省博物馆协会文化创意发展专业委员会会员单位。2021年5月，在宜昌召开了湖北省博物馆协会文化创意发展专业委员会成立大会，选举产生了第一届专委会（图13-24），同时牵头举办了成员单位的文创产品展示活动。

图13-24　湖北省博物馆协会文创发展专业委员会第一届一次会议现场

湖北省博物馆协会
第一届名誉理事长、理事长、副理事长、常务理事、理事、秘书长、副秘书长名单

名誉理事长

胡美洲　湖北省文化厅原巡视员

理事长

吴宏堂　湖北省文化厅原副巡视员

副理事长

雷　鸣　湖北省文物局博物馆处处长
包东波　湖北省博物馆馆长
万全文　湖北省博物馆常务副馆长
梁华平　辛亥革命武昌起义纪念馆馆长
沈远跃　明代藩王博物馆馆长
刘庆平　武汉博物馆馆长
徐世球　中国地质大学（武汉）博物馆馆长
王明钦　荆州博物馆馆长

秘书长

万全文　湖北省博物馆常务副馆长

副秘书长

张晓云　湖北省文化厅综合处副处长
王　亮　湖北省博物馆办公室主任

常务理事

赵晓琳　武汉市革命博物馆馆长
胡新生　黄石市博物馆馆长
王先福　襄阳市博物馆馆长
肖承云　宜昌市博物馆馆长
胡　勤　十堰市博物馆馆长

蒋俊春　孝感市博物馆馆长
龙永芳　荆门市博物馆馆长
胡莎可　鄂州市博物馆馆长
肖德梅　黄冈市博物馆馆长
黄大建　咸宁市博物馆馆长
黄建勋　随州市博物馆馆长
胡家豪　恩施土家族苗族自治州博物馆馆长
郑　军　仙桃市博物馆馆长
郑爱平　潜江市博物馆馆长
邓千武　天门市博物馆馆长
乔　健　神农架林区博物馆馆长

理事

王瑞华　武汉市中山舰博物馆馆长
万　琳　晴川阁管理处主任
余楚雄　詹天佑故居管理所主任
曾宪松　武汉国民政府旧址纪念馆馆长
许汉琴　八七会议纪念馆馆长
陈益祥　八路军武汉办事处旧址纪念馆馆长
王汉生　武汉二七纪念馆馆长
谢育武　武汉市黄陂区博物馆馆长
刘治云　武汉市江夏区博物馆馆长
谢新明　武汉市新州区博物馆馆长
姚森林　武汉市蔡甸区博物馆馆长
鄂学玉　武汉市盘龙城遗址博物馆馆长
柏贵喜　中南民族大学民族学博物馆馆长
林淑苹　湖北省地质博物馆馆长
姜　胜　大冶市博物馆馆长
柯　忠　阳新县博物馆馆长
王　勇　宜城市博物馆馆长
陈选保　南漳县博物馆馆长
李广安　谷城县博物馆馆长
符德明　老河口市博物馆馆长
陈芝炳　石首市博物馆馆长

孙建华　监利县革命历史博物馆馆长
卢圣前　洪湖市革命历史博物馆馆长
余　波　秭归屈原纪念馆馆长
方亚明　枝江市博物馆馆长
赵　平　宜都市博物馆馆长
罗建平　长阳土家族自治县博物馆馆长
王重宜　车溪农家博物馆馆长
杨晓瑞　丹江口市博物馆馆长
周兴明　郧县博物馆馆长
张爱华　房县博物馆馆长
韩继斌　武当山博物馆馆长
夏少雄　孝感市孝南区博物馆馆长
张　浪　安陆市博物馆馆长
杨文清　云梦县博物馆馆长
王　芳　孝昌县博物馆馆长
陈冬泉　大悟县革命博物馆馆长
何楚平　汉川市博物馆馆长
周代玮　钟祥市博物馆馆长
陈宗富　京山县博物馆馆长
孙在本　黄冈市黄州区博物馆馆长
徐志乐　麻城市革命博物馆馆长
夏红胜　红安县革命博物馆馆长
聂习国　黄梅县博物馆
岑东明　浠水县博物馆馆长
王锦华　浠水县闻一多纪念馆馆长
段涛涛　蕲春县博物馆馆长
陈　彬　蕲春县李时珍纪念馆馆长
胡义斌　英山县博物馆馆长
刘　凯　武穴市博物馆馆长
马勇利　赤壁市博物馆馆长
牟来开　恩施市博物馆馆长
戴德明　鹤峰县博物馆馆长
张国红　广水市博物馆馆长

湖北省博物馆协会第二届理事会名单

理事长

方　勤　湖北省博物馆馆长

副理事长

万全文　湖北省博物馆党委书记
吴晓松　湖北省古建筑保护中心、文物交流信息中心原主任
朱祥德　湖北省水下文化遗产保护中心主任

秘书长

万全文　湖北省博物馆党委书记

监事

王先福　湖北省博物馆副馆长
龙永芳　湖北省古建筑保护中心、文物交流信息中心副主任

理事

吴宏堂　长江文明馆原馆长
王瑞华　武汉博物馆馆长
魏德勋　辛亥革命博物院院长
吴红敬　湖北省古建筑保护中心、文物交流信息中心主任
倪　婉　武汉大学万林艺术博物馆副馆长
王明钦　荆州博物馆馆长
何志林　武汉市中山舰博物馆馆长
万　琳　盘龙城遗址博物院院长
曹　波　武汉革命博物馆馆长
邹晓芳　湖北水泥遗址博物馆馆长
柯尊红　黄石市博物馆馆长
肖承云　宜昌市博物馆馆长
汤学锋　荆门市博物馆馆长
姚　练　襄阳市博物馆馆长
胡　勤　十堰市博物馆馆长

徐　琼　孝感市博物馆馆长
杨　震　鄂州市博物馆馆长
刘　焰　黄冈市博物馆馆长
周小刚　咸宁市博物馆馆长
项　章　随州市博物馆馆长
董祖斌　恩施土家族苗族自治州博物馆馆长
别享兵　仙桃市博物馆馆长
邓千武　天门市博物馆馆长
袁四清　潜江市博物馆馆长
李建华　神农架林区自然博物馆馆长
姜　昊　华中农业大学博物馆馆长
刘宝卿　华中师范大学博物馆馆长
单宏均　江汉关博物馆馆长
刘国斌　大禹文化博物馆馆长
彭　峰　钟祥市博物馆馆长
冯海潮　铜绿山古铜矿遗址博物馆馆长
刘圣德　空降兵军史馆馆长
王桂娥　黄麻起义鄂豫皖苏区纪念馆馆长
朱利人　武钢博物馆馆长

（五）中国博物馆协会乐器专业委员会

1. 专委会概况

中国传统乐器的历史源远流长，各地博物馆藏品丰富多彩。为弘扬祖国优秀的乐器文化，加强馆际间音乐文物的研究、合作与对外交流，在国际博物馆协会乐器专业委员会的倡议、国内音乐院校的协力推动、国家文物局和中国博物馆协会的大力支持与领导下，2012年6月9日，中国博物馆协会、湖北省博物馆、河南博物院、浙江省博物馆、安徽博物院、国家大剧院、中华世纪坛世界艺术馆、广西壮族自治区博物馆、新疆维吾尔自治区博物馆、上海音乐学院东方乐器博物馆、武汉音乐学院湖北音乐博物馆及有关院校的代表在武汉召开筹备会议，发起成立中国博物馆协会乐器专业委员筹备会议。9月26日，中国博物馆协会乐器专业委员会（以下简称“专委会”）正式成立。主任委员方勤，秘书长张翔。多年来在国家文物局和中国博物馆协会的关心指导下，在挂靠单位湖北省博物馆的大力支持下，专委会沿着正确的方向逐步成长，在正确的道路上不断前进。

2012年至2016年，是专委会见证中国音乐文物事业起跑加速的四年，在展览活动、学术研究、人才培养、国际交流等方面取得了不小成绩：国家大剧院联合各地博物馆推出的中国乐器系列展览影响很大，专委会会刊《音乐与社会》第一集出版发行，专委会承办的“中国博协国际音乐考古培训班”开始举办。2015年8月24日，专委会会同中国艺术研究院音乐研究所、中国科学院自然科学史研究所三方联合发起并成立了乐器及其他音乐文化遗产研究平台“编钟研究院”，中科院自然科学史研究所副所长韩琦，北京大学考古文博学院院长杭侃，北京大学考古文博学院教授李伯谦、刘绪等出席会议并讲话。

图13-25 《曾侯乙编钟》首发式学术研究会暨编钟研究院成立会议合影

2017年至2020年，专委会集全体会员的智慧与经验，在博物馆展演、教育、科研、人才培训、国际交流等方面取得丰硕成果的基础上，更加重视并陆续完善专委会机制，更加重视发挥专委会作为社会组织角色的作用，更加重视在全球化背景下各个族群的文化认同和价值体系中看待乐器的文化价值，强调整体遗产观，继续推动中国的音乐文化特别是传统音乐文化的诠释和传播。四年来，专委会的单位会员在境内外共举办了近150场与乐器相关的展览，组织或参加了近100场展演与教育活动。2020年疫情期间，专委会各单位会员积极推出线上展览、云游博物馆等近15场活动。各成员单位积极开展各种形式的展陈提升、藏品管理、展览交流等工作，如故宫博物院完成音乐、戏曲类文物基础影像采集1000件（套）；中国民族博物馆征集了80余个国家的674套民族民间乐器。专委会成员共组织或参加了近50场学术论坛、会议以及学术考察活动，参加项目论证，乐器修复，乐器文物数字采集、测录工作11项，单位成员组织开展学术讲座10场，已结项或完成阶段性成果的研究课题14项，出版学术专著超10种。

随着中国的乐器（音乐）博物馆事业的长足发展，专委会逐渐显露出外向型的特点，专委会成员积极参加国际博物馆协会的重大活动并在国际博物馆协会中任职。2013年8月13日，在国际博物馆协会巴西大会上，专委会秘书长张翔当选国际博物馆协会乐器专业委员会执委，并于2016年7月10日国际博物馆协会米兰大会上获得连任。2019年9月9日，国际博物馆协会京都大会上，专委会专职副秘书长王圆圆当选新一届国际博物馆协会乐器专委会执委，继续在国际博物馆及国际音乐领域为传播中国音乐文化努力工作。

专委会成立以来，与国际博协乐器专委会（CIMCIM）、国际民族音乐学会（ICTM）、国际音乐考古学会（ISGMA）、东亚音乐考古学会（SEAMA）、德国考古研究院（DAI）等国际学术机构保持着密切合作。2017年11月9日，专委会作为咨询机构合作方参与建立上海音乐学院“亚欧音乐研究中心”。专委会在上级组织的指导下，积极开展国内博物馆与境外博物馆、使领馆和文化机构的合作交流项目。其中包括与英国领事馆和英国文化教育处联合举办的“2014英国音乐家在中国”活动，英国爵士音乐家Arun Ghosh与湖北省博物馆编钟乐舞乐团在为期两周的时间内进行中国古典音乐与英国爵士乐的灵感碰撞，Arun为编钟乐舞团创作两首新曲，英国驻武汉领事馆总领事卫亭瀚出席音乐会。

2014年11月23—26日，专委会与东亚音乐考古学会、湖北省博物馆和厦门大学在厦门大学人文学院联合举办“中国博物馆协会乐器专业委员会年会暨第六届东亚音乐考古学会国际研讨会”。研讨会由厦门大学人文学院副院长王日根教授主持，湖北省博物馆馆长方勤、韩国古音盘研究会会长李辅亨、东亚音乐考古学会会长王子初、厦门大学人文学院党委书记王炳华先后致辞。

2016年10月21—25日，专委会与德国考古研究院（DAI）联合举办“第十届国际音乐考古大会”。来自中国、美国、德国、法国、英国、芬兰、挪威、瑞典、西班牙、波兰、奥地利、日本、韩国、泰国等国家和中国香港、中国台湾地区的170余位学者围绕大会主题“人类学视野下的音乐考古”，就“音乐文物研究”“声学与声景”“音乐人类学”等话题展开研讨。

2018 年 9 月 10—16 日，专委会主办的“国际博物馆协会乐器专业委员会 2018 年年会暨理论·技术·方法：博物馆对传统音乐的诠释学术研讨会”由湖北省博物馆和上海音乐学院共同承办，在武汉、上海两地举办。国际博物馆协会副主席、中国博物馆协会副理事长兼秘书长安来顺出席会议，并代表国际博物馆协会主席苏埃·阿克索伊女士致辞。国际博物馆协会乐器专委会主席加伯列先生致开幕词。湖北省文化厅党组成员、湖北省文物局局长黎朝斌，中国博物馆协会副理事长、湖北省博物馆馆长方勤代表承办方欢迎参会代表。来自全球 22 个国家的 47 位博物馆馆长与学者共 130 余名与会人员聆听了 35 篇论文报告，分别就“博物馆与收藏”“媒体的作用与使用”“技术的诠释”“音乐文物的收藏”“音乐博物馆的实践”等 7 个议题，讨论了关于博物馆对传统音乐的诠释话题。

2019 年 10 月 29 日，“中国博物馆协会乐器专业委员会 2019 年年会暨社区文化系统中的馆藏乐器学术研讨会”在湖南长沙开幕，来自全国 15 个省、市、自治区的 33 家会员单位 50 多名代表参加会议。会议由专委会、湖南省博物馆共同主办。开幕式由湖南省博物馆副馆长陈叙良主持。湖南省博物馆党委书记、常务副馆长李建毛，专委会主委、湖北省博物馆馆长方勤，英国皇家音乐学院博物馆馆长、国际博物馆协会乐器专委会前主席加伯列·罗格诺尼，湖南省文化和旅游厅党组成员、副厅长，湖南省文物局局长陈远平先后致辞。“社区文化系统中的馆藏乐器”学术研讨会分为“乐器的数字典藏”“古琴典藏与展示”“乐器与博物馆”“乐器与社区文化”四个主题。来自故宫博物院、湖南省博物馆、湖北省博物馆、浙江省博物馆、河南博物院、上海音乐学院、西安音乐学院艺术博物馆等多家单位的 20 余位代表就各成员单位的重大项目与最新科研成果作主题发言并展开讨论。会议期间，还有 11 名成员参加了专委会与英国皇家音乐学院博物馆联合开设的“MIMO/MINIM 乐器数字典藏标准、数据采集及编目”工作坊，这是专委会与国际博协乐器专委会于 2018 年签署战略合作协议后首次落地的合作项目。

经中国博协批准，2020 年 11 月 29 日，由专委会、青岛市博物馆共同主办的“中国博物馆协会乐器专业委员会 2020 年年会暨馆藏古琴保护及利用学术研讨会”在青岛市博物馆通过线上会议的形式举行。会议首先由张翔秘书长带领学习十九届五中全会精神。来自全国 20 多家会员单位的 29 名代表参加会议。其间还举行了专委会第三次会员大会，选举产生了第三届主委、副主委、秘书长和执委会。国际博物馆协会乐器专业委员会主席弗兰克·P. 鲍尔博士在线发表了贺词。

目前，专委会成员已从最初的 10 家单位会员 15 位个人会员发展到现在的 30 家单位会员 260 名个人会员（按中国博协会籍计）。会员包括并逐步扩大为综合类博物馆、综合性高校博物馆、专业音乐院校博物馆、非国有博物馆等。各成员积极努力地为专委会的建设而创造性地工作，专委会秘书处和挂靠单位湖北省博物馆则为各位成员提供细致贴心的服务。

专委会成立以来，坚持正确的政治方向，并遵从中国博物馆协会的要求，加强党建工作。专委会秘书处依托挂靠单位湖北省博物馆陈列部建立，2 名专职人员均为中共党员，平时参加所属支部的党员生活会。为了方便日常工作，秘书处搭建了“秘书处”“执行委员”及“专委会”（全体会员）微信群。秘书处还利用这些群定期组织中共党员会员以及群内干部开展党建学习。每一次年会的第一项重要议程就是组织会员学习习近平总书记的重要讲话和中央精神，尤其是重点学习习近平总书记对文物工作及博物馆工作的重要指示，号召会员把党中央有关文化工作的要求、国家文物局有关博物馆工作指示落实到实际工作中去。

2. 引领音乐类博物馆学术研究和学科建设

在过去的 9 年里，专委会积极发挥学术研究和学科建设的功能，通过组织学术会议、展览、合作研究以及建设网络平台等形式，促进中国博物馆在音乐文物、乐器学及其相关学术领域（包括音乐考古学、音乐人类学）的进步。

（1）组织和协作重要学术会议

2013 年 12 月 28 日，“中国博物馆协会乐器专委会 2013 年年会暨礼乐中国——叶家山国际学术研讨会”在湖北武汉举行。

2014 年 10 月 12—16 日，与河南博物院协作的“国际音乐考古学术会议——敦煌丝绸之路音乐文化的交流”在甘肃敦煌举行。

2014 年 11 月 23—26 日，“中国博物馆协会乐器专业委员会 2014 年年会暨第六届东亚音乐考古学国际研讨会”在福建厦门举行。

2015 年 8 月 23 日，协作中国艺术研究院在北京举办“中国博物馆协会乐器专业委员 2015 年年会暨《曾侯乙编钟》学术研讨会”，其间与中科院自然科学史研究所、中国艺术研究院音乐研究所联合成立研究平台“编钟研究院”，挂靠专委会秘书处。

2016 年 9 月 13 日，组织在四川成都举办“中国博物馆协会乐器专业委员会 2016 年年会暨第二次会员大会”，选举产生第二届专委会主任委员、副主任委员、秘书长、执委会，并吸纳故宫博物院、陕西历史博物馆在内的四家中国博物馆加入专委会成为单位会员。

2016 年 10 月 22 日，组织在湖北武汉举行“第十届国际音乐考古大会”，会议主题为“人类学视野下的音乐考古”，来自中国、美国、韩国、日本等 17 个国家和地区的 170 多名考古学家、音乐学家，紧紧围绕“音乐文物研究”“声学与声景”“音乐人类学”等话题展开研讨。

2017 年 7 月 16 日，应黑龙江省哈尔滨市文广新局的邀请，专委会组织了“哈尔滨‘音乐之城’大型专题博物馆”首轮专家论证会。

2017 年 12 月 7 日，与中国音乐学院共同组织在北京举办“中国博物馆协会乐器专业委员会 2017 年年会暨第六届全国乐器学研讨会”，会议通过重庆中国三峡博物馆、洛阳博物馆、星海音乐学院博物馆等成为单位会员。

2018年9月10—16日，与上海音乐学院共同组织在湖北武汉、上海举行“国际博物馆协会乐器专业委员会2018年年会暨理论·技术·方法：博物馆对传统音乐的诠释学术研讨会”。

2018年11月22日，组织在福建福州举办“中国博物馆协会乐器专业委员会2018年年会”，会议通过了湖南省博物馆、成都博物馆、修水县黄庭坚纪念馆成为会员单位。

2019年5月28日，在河南郑州协作河南博物院举办“中韩音乐文物国际学术研讨会”。

2019年9月9日，组织国内9名学者赴日本京都参加“国际博物馆协会2019京都大会”，并参加“国际博物馆协会乐器专业委员会学术研讨会”。会上张翔、王圆圆作“由内向外：从音乐出发创建博物馆的教育品牌”的报告。大会同时举行了执委换届选举，专委会专职副秘书长王圆圆当选新一届执委。

2019年10月30日，与湖南省博物馆在湖南长沙共同组织“中国博物馆协会乐器专业委员会2019年年会暨社区文化系统中的馆藏乐器国际学术研讨会”，同时举办湖南省博物馆与英国皇家音乐学院合作项目“国际博物馆音乐数据库培训”。

2019年11月14日，专委会秘书处应俄罗斯音乐博物馆协会主席邀请，出席在俄罗斯圣彼得堡举办的“圣彼得堡国际文化论坛”，张翔、王圆圆在论坛上作了“中国音乐博物馆的责任与任务”的学术报告。

2020年11月29日，与青岛市博物馆共同组织在山东青岛举行“中国博物馆协会乐器专业委员会2020年年会暨馆藏古琴保护及利用学术研讨会”。其间召开了“中国博物馆协会乐器专委会第三次会员大会”，选举产生第三届专委会主任委员、副主任委员、秘书长、执委会。作为疫情之后的第一次专委会年会及学术会议，该会采用线上及线下结合形式。来自中国、法国、日本等地的古琴和漆木器专家在古琴修复与保护、传统古琴斫制、出土古琴、古琴文化传播等方面分享了学术研究成果。

2021年6月7日，协助浙江音乐学院在浙江杭州召开“首届中国石窟寺乐舞研究及学术会议”。

（2）联合国际博物馆及专家学者开展博物馆专业人才培训

曾侯乙编钟出土后，自20世纪70年代末开始，中国逐渐迎来了音乐与考古互为结合的光辉顶点。40多年来，随着曾侯乙编钟不同阶段国际研讨会的举办和各地对相关文物音乐音响性能讨论的展开，音乐考古研究态势从边缘向中心聚拢的历史命运，使得我们有机会从地方视角重新探索华夏文明与现代化进程之间的联系。中国博物馆协会国际音乐考古培训班正是在此种背景和宗旨下应运而生的，其主要的工作是培养跨越型音乐考古人才，构建具有国际视野的合作思维，就音乐考古的理论、规范、应用、方法和国际化发展进程，以及与人类学、民族学之间的相互联系等进行培训和研讨。

2014年7月，经中国博物馆协会批准，专委会启动了国际音乐考古人才培训计划即“中国博物馆协会国际音乐考古培训班”，迄今已举办四期。第一期培训对象以高校教师和文博研究人员为主，课程以文物考古和音乐文物研究为主；第二期培训对象以文物保管人员和民族学博物馆工作人员为主，课程以民族音乐学和人类学影像志为主。两期共培训60人，其中包括3名韩国学员。师资包括10名国际学者，其中联合国音乐类非遗评审委员会前主席权五圣、国际博协乐器专委会秘书长布拉德利均亲自为学员授课。在第二期培训班中，中国民族博物馆起了主导作用，他们除了承担培训班的组织任务，还承担了大部分的培训费用，来自藏、蒙古、壮、苗、瑶、白、满、朝鲜、土家等33名少数民族学员，均为相关少数民族地区的博物馆工作人员。第三期培训对象多为文博界和高校的高职称人员，培训内容以音乐图像学为主，美国的波·劳尔格伦先生、瑞典的卡伊萨都是国际音乐考古学会的创始人，他们亲自为学员授课。第四期培训以“博物馆中民族音乐文化遗产的数字化建设与开发利用”为主题，通过工作坊形式将中国博物馆中的音乐文化遗产数字化保护与开发、利用工作进行集中研讨，并针对其中的问题提出相应的解决方案。四期“中国博协国际音乐考古培训班”，为东亚地区的音乐考古培养了120余位青年学者，形成文博界传统音乐文化研究的基础群体，为中国博物馆在音乐文物、乐器学及相关学术领域的研究和发展打开了新的局面。

（3）网站建设

专委会依托挂靠单位湖北省博物馆，于2012年搭建了专委会主页，作为协会介绍及宣传渠道。

3. 规范音乐类博物馆行业领域专业化发展

专委会多年来一直致力于为中国音乐藏品及考古事业的成长与发展助力，多次组织来自全国的专家团队赴田野考古现场，实地勘察并积极参与考古发掘的工作，为叶家山、擂鼓墩、郭家庙等考古现场贡献专家会员的学术力量。在所承办的四届国际音乐考古培训班中，为学员安排了田野考古工作规程等课程的学习。2013年7月，专委会在上海音乐学院举办了国际音乐数据库（Musical Intstrument Museums Online）MIMO工作坊。MIMO项目是2009年9月经欧洲委员会（The European Commission’s E-Content Plusprogramme）总投资约3197870欧元建设的国际乐器数据库，目前已收录了64166件（组）全球音乐乐器藏品信息。该数据库还把非专业词汇，如同义词、术语和专业词进行分类系统结合，数据库信息被翻译成英语、法语、汉语、德语、意大利语、荷兰语、朝鲜语等11国语言，对于乐器馆藏和音乐文化研究及国际联合研究有着重大的意义，在全球音乐界产生了热烈的反响。2013年10月，在湖南省博物馆举办了“MIMO/MINIM乐器数字典藏标准、数据采集及编目国际音乐数据库数据采集工作坊”。一系列的国际工作坊提供了音乐文物信息采集方法和数据标准的培训，让中国的博物馆界了解了国际同行们在音乐文物收藏和研究方面的工作方法、思路、技术，并参考于实际的工作中。

4. 搭建博物馆沟通和共享的桥梁

专委会作为各单位会员与个人会员之间的纽带，担当了沟通和共享的桥梁工作。

（1）搭建了各博物馆音乐类展览、学术研讨会、音乐会等活动的交流通路

在专委会的帮助下，会员单位间积极合作，交流和策划了多个乐器展览，包括古琴展、口弦展、二胡展。展览在国内多个博物馆交流展出，受到了业内广泛好评。

（2）积极建立保护中国非物质文化遗产及非遗传承人的意识

在2020年疫情之初，专委会会员单位上海音乐学院东方乐器博物馆和武汉音乐学院湖北音乐博物馆联合起来，积极联络全国音乐类非遗传承人，并向他们送达防疫物资。

5. 促进博物馆对外学术交流与合作

专委会正是对标国际博物馆协会乐器专业委员会（CIMCIM）的功能和职责建立起来的，通过组织展览、召开学术会议、开展合作研究、出版专业刊物、建设网络平台等形式，促进中国博物馆在音乐文物、乐器学及其相关学术领域（包括音乐考古学、音乐人类学）的发展，依托国际博物馆协会乐器专业委员会的平台，大力发展对外学术交流与合作。

中国音乐类博物馆起步晚，专委会通过打通交流平台、借鉴国际优秀音乐类博物馆的发展经验，在宣传中国音乐文化的同时，积极协助国内音乐类博物馆的建设与发展，积极组织中国代表团参加大型国际博物馆学术会议及活动。同时作为东道主，邀请国际团体走进中国，加深他们对中国音乐文化的理解与认同，并邀请港澳台优秀专家学者参加专委会活动，此外还定期组织和邀请国际著名音乐类学者到访，举办学术研讨会及作讲座。

6. 组织出版高质量学术研究成果

为了推动中国音乐文化、藏品及考古发掘的发展，专委会组织和协作了业内多个专业研究成果和集刊的出版。2015年出版了专委会集刊《音乐与社会》、CIMCIM中国年刊，以及其他有专委会大量贡献的专业出版物。

7. 支持青年博物馆专业人才成长

专委会除系统性地组织国际音乐考古培训班外，还在全国多家单位会员博物馆及音乐类院校内举办系列学术讲座，专委会秘书处也为有志青年实习提供机会和便利，日常为青

年学者和志愿者举办短期相关培训。

2018 年 7 月 21 日，应邀为郑州大学 2018 年度国家艺术基金项目“音乐考古人才培养”授课，讲授“曾国音乐考古”。

2019 年 7 月 8 日，应邀为广西壮族自治区艺术研究院 2019 年度国家艺术基金项目“广西特色乐器制作工艺人才培养”授课，讲授“乐器文化的技术特征——对乐器发声原理和制作工艺的考察”。

秘书处分别接受了来自中国艺术研究院、武汉大学、武汉音乐学院、清华大学、中国台湾淡水大学、英国剑桥大学、日本金泽大学、韩国汉阳大学、釜山大学、英国莱斯特大学、美国耶鲁大学等国内外青年学子实习。

8. 提供全方位多层次会员服务管理

（1）专委会管理办法

专委会会员分为单位会员和个人会员。国内藏有音乐类藏品的综合性博物馆、音乐类博物馆、音乐类院校，从事音乐文化及乐器研究的个人、乐器手工匠人、音乐家及表演艺术家均可申请成为乐器专业委员会会员。

单位会员和个人会员必须遵守中国博物馆协会章程，个人会员需具有中国博物馆协会会员身份，再向专委会秘书处递交申请。

会员发展和管理的具体工作由专委会秘书处负责，单位会员需专委会委员会议通过。

（2）乐器专业委员会会员享有下列权利和义务

权利：参加全体会员会议，并具有审议权、表决权；参加专委会举办的活动，接受专委会提供的服务；对专委会工作的批评建议权和监督权；针对行业发展面临的共性问题向专委会提案，通过专委会向有关部门反映意见和建议；自愿加入和退出本专委会。

义务：遵守乐器专委会的规则及决议。会员单位需指派本单位的联络员一名，参与本会的日常工作（网络办公），在条件合适时，会员单位可承办本会学术会议。

9. 未来发展规划

专委会将继续按照章程，组织协调各成员单位，通过举办音乐类交流展览、学术会议、国际人才培训、演出团体国际交流、专业人员互访、合作研究课题、国际数字平台开发、合作出版等活动，扩大学术交流，积极促进中国乐器及传统音乐文化“走出去”，增强中华音乐文化的在国际上的影响力，在新时代更好地坚持和发展中国特色的乐器（音乐）博物馆事业。

附　录

湖北省博物馆主要集体荣誉

湖北省博物馆自成立以来获得了各级各类集体、个人荣誉数百项，其中国家级、省部级集体荣誉主要有：

2001 年，湖北省博物馆被授予“全国爱国主义教育示范基地”称号。

2004 年，湖北省博物馆获批“出土木漆器保护国家文物局重点科研基地”，是全国三个首批国家文物局重点科研基地之一。

2008 年，湖北省博物馆获评首批国家一级博物馆。

2009 年，湖北省博物馆获评中央地方共建国家级重点博物馆。

2012 年，湖北省博物馆荣获“全国文化体制改革工作先进单位”称号。

2013 年，湖北省博物馆作为东湖生态文化旅游区五个片区之一获评国家 AAAAA 级旅游景区。

2018 年，全国首个“海峡两岸考古教学交流基地”落户湖北省博物馆、湖北省文物考古研究所。

2018 年，湖北省博物馆荣获“全国文物系统先进集体”荣誉称号。

2022 年，合署办公的湖北省文物考古研究院荣获“全国文物系统先进集体”荣誉称号。

2022 年，湖北省博物馆被认定为“2021—2025 第一批全国科普教育基地”。

后 记

本书是湖北省博物馆筹备处设立后70年（1953—2023）发展历程的回顾与阶段性总结，是集体智慧的结晶。

本书以黄建先生汇总的《湖北省博物馆甲子回眸》初稿（约8万字，分为“走过60年”“文物保管”“陈列展览”“社会教育”“考古”“文物保护”六个部分）为基础，通过进一步收集资料补充完善、增加尚未列入的其他类别编辑而成。

为做好编辑工作，湖北省博物馆专门成立了编辑小组，由副馆长王先福负责，王亮、汪静文、罗恰、刘沙为成员。编辑小组首先对《湖北省博物馆甲子回眸》初稿进行编辑和完善，主要分工是汪静文负责“综合管理”“行业团体”部分，罗恰负责“文物保管”“文物保护”部分，刘沙负责“陈列展览”“社会教育”部分，对这些内容进行编辑并补充相关内容。王先福负责“走过60年”“考古”部分。其余部分则分别撰写后补充完善。

全书分为十三个部分，一、五、十一（一）（三）（四）（五）（六）、十三（一）部分由王先福执笔，二（一）（二）、十二（四）部分由黄娟执笔，二（三）部分由赵明明执笔，二（四）部分及“附录”由汪静文执笔，三部分由蔡路武、罗恰执笔，四部分由汤文韵执笔，六部分由周松峦、江旭东执笔，七部分由王亮执笔，八部分由钱红、张婧、胡伟庆执笔，九（一）（二）（四）部分由王亮、张鹤儿执笔，九（三）部分由罗乐执笔，十部分由杨理胜、庞力、谭健、张慧琴执笔，十一（二）、十三（二）部分由陈丽新执笔，十二（一）部分由余净阳执笔，十二（二）部分由张玉婷执笔，十二（三）部分由郭浩执笔，十二（五）部分由郭庆执笔，十三（三）（四）部分由黄敏执笔，十三（五）部分由王圆圆执笔。全部初稿完成后由汪静文进行汇总、编辑、完善，再由王先福初审提出修改、完善意见后返回各执笔人进行修改；形成定稿后由汪静文再次编辑、王亮审核、王先福审定，并各自进一步补充、完善了文字内容和图片。李焱胜提供了部分早期资料和照片，档案室配合查阅、提供了部分资料，杨理胜进行了审校。

本书收录的资料截至2023年2月湖北省博物馆、湖北省文物考古研究院分开独立运行时。

由于时间紧、任务重、头绪多，又力求全面，而诸多资料特别是早期资料不足、搜集不到位、难以查找或考证，甚至不少记录存在前后矛盾，使得本书的编撰遇到了很大困难，编辑小组虽尽最大努力，仍然感到力不从心，留下不少遗憾。至本书定稿后仍有诸多内容未能完善，也肯定存在诸多错漏，只能说本书是一部初步的总结，寄希望于本馆同人指出并尽可能提供更多资料，期望在下一个大的纪念时点编辑出版一部更好更完备的湖北省博物馆“馆志”。

最后，向为编辑出版本书付出辛勤劳动的各位同人和出版社编辑致以诚挚的谢意！

编　者

2023年9月9日